L'Un et l'autre
LIVRE D'ESTHER

Roland Meynet

L'Un et l'autre
LIVRE D'ESTHER

Rhetorica Biblica et Semitica

XXXIX

PEETERS
LEUVEN — PARIS — BRISTOL, CT
2022

SOCIÉTÉ INTERNATIONALE POUR L'ÉTUDE DE LA RHÉTORIQUE BIBLIQUE ET SÉMITIQUE

Il existe de nombreuses sociétés savantes dont l'objet est l'étude de la rhétorique. La plus connue est la « Société internationale pour l'histoire de la rhétorique ». La RBS est la seule :
- qui se consacre exclusivement à l'étude des littératures sémitiques, la Bible essentiellement, mais aussi d'autres, des textes musulmans par exemple ;
- qui s'attache par conséquent à inventorier et à décrire les lois particulières d'une rhétorique qui a présidé à l'élaboration des textes dont l'importance ne le cède en rien à ceux du monde grec et latin dont la civilisation occidentale moderne est l'héritière. Il ne faudrait pas oublier que cette même civilisation occidentale est héritière aussi de la tradition judéo-chrétienne qui trouve son origine dans la Bible, c'est-à-dire dans le monde sémitique. Plus largement, les textes que nous étudions sont les textes fondateurs des trois grandes religions monothéistes, judaïsme, christianisme et islam. Une telle étude scientifique, condition première d'une meilleure connaissance mutuelle, ne saurait que contribuer au rapprochement entre ceux qui se réclament de ces diverses traditions.

La RBS promeut et soutient la formation, les recherches et les publications :
- surtout dans le domaine biblique, tant du Nouveau que de l'Ancien Testament ;
- mais aussi dans celui des autres textes sémitiques, en particulier ceux de l'islam ;
- et encore chez des auteurs nourris par les textes bibliques, comme saint Benoît et Pascal.

Pour cela, la RBS organise
- les années paires un colloque international dont les actes sont publiés dans la présente collection ;
- chaque année des séminaires de formation à sa méthodologie, en différentes langues.

La RBS accueille et regroupe d'abord les chercheurs et professeurs universitaires qui, dans diverses institutions académiques, travaillent dans le domaine de la rhétorique biblique et sémitique. Elle encourage de toutes les manières les étudiants, surtout de doctorat, dans l'apprentissage de sa technique propre. Elle est ouverte aussi à tous ceux qui s'intéressent à ses activités et entendent les soutenir.

SOCIÉTÉ INTERNATIONALE POUR L'ÉTUDE DE LA RHÉTORIQUE BIBLIQUE ET SÉMITIQUE
Pontificia Università Gregoriana — Piazza della Pilotta, 4 — 00187 Roma (Italie)

Pour plus de renseignements sur la RBS, voir :
www.retoricabiblicaesemitica.org.

ISBN 978-90-429-5027-6
eISBN 978-90-429-5028-3

D/2022/0602/99

A catalogue record for this book is available from the Library of Congress.

© 2022, Peeters, Bondgenotenlaan 153, B-3000 Leuven, Belgium

No part of this book may be reproduced in any form or by any electronic or mechanical means, including information storage or retrieval devices or systems, without prior written permission from the publisher, except the quotation of brief passages for review purposes.

Rhetorica Biblica et Semitica

Beaucoup imaginent que la rhétorique classique, héritée des Grecs à travers les Romains, est universelle. C'est en effet celle qui semble régir la culture moderne, que l'Occident a répandue sur l'ensemble de la planète. Le temps est désormais venu d'abandonner un tel ethnocentrisme : la rhétorique classique n'est pas seule au monde.

La Bible hébraïque, dont les textes ont été écrits surtout en hébreu mais aussi en araméen, obéit à une rhétorique bien différente de la rhétorique gréco-romaine. Il faut donc reconnaitre qu'il existe une autre rhétorique, la « rhétorique hébraïque ».

Quant aux autres textes bibliques, de l'Ancien Testament et du Nouveau, qui ont été soit traduits soit rédigés directement en grec, ils obéissent largement aux mêmes lois. On est donc en droit de parler non seulement de rhétorique hébraïque, mais plus largement de « rhétorique biblique ».

En outre, ces mêmes lois ont ensuite été reconnues à l'œuvre dans des textes akkadiens, ougaritiques et autres, en amont de la Bible hébraïque, puis dans les textes arabes de la Tradition musulmane et du Coran, en aval de la littérature biblique. Il faut donc admettre que cette rhétorique n'est pas seulement biblique, et l'on dira que tous ces textes, qui appartiennent à la même aire culturelle, relèvent d'une même rhétorique qu'on appellera « rhétorique sémitique ».

Contrairement à l'impression que ressent inévitablement le lecteur occidental, les textes de la tradition sémitique sont fort bien composés, à condition toutefois de les analyser en fonction des lois de la rhétorique qui les gouverne. On sait que la forme du texte, sa disposition, est la porte principale qui ouvre l'accès au sens. Non pas que la composition fournisse, directement et automatiquement, la signification. Cependant, quand l'analyse formelle permet d'opérer une division raisonnée du texte, de définir de manière plus objective son contexte, de mettre en évidence l'organisation de l'œuvre aux différents niveaux de son architecture, se trouvent ainsi réunies les conditions qui permettent d'entreprendre, sur des bases moins subjectives et fragmentaires, le travail d'interprétation.

Introduction

L'Un et l'autre Livre d'Esther. Pourquoi un tel titre ? C'est qu'il existe plusieurs livres d'Esther. Le texte hébreu d'abord : c'est le texte canonique des juifs, et aussi des protestants. On le trouve dans le texte massorétique du Codex de Leningrad (1008 de notre ère) que suivent les éditions imprimées. Les chercheurs sont loin d'être d'accord sur le temps de sa rédaction : cela va de l'époque perse (5ᵉ siècle) jusqu'à l'époque romaine (qui commence en 63 avant l'ère commune).

Le texte canonique des chrétiens orthodoxes est la traduction grecque des Septante, traduction commencée au deuxième siècle avant notre ère. Cette traduction est nettement plus longue que le texte hébreu (105 versets en plus des 167 du texte massorétique) : elle comporte sept « additions » dont la caractéristique majeure est de « théologiser » le récit hébreu. En effet, ce dernier ne mentionne jamais le nom de Dieu et ne lui attribue pas, au moins explicitement, la moindre intervention dans une histoire purement humaine. Il existe aussi d'autres versions grecques, en particulier celle dite Lucianique[1].

Quant au texte canonique des catholiques, c'est la Vulgate, traduction latine réalisée par saint Jérôme (347-420). La Vulgate traduit le texte hébreu et y ajoute, en appendice, la traduction des additions grecques de la Septante. C'est donc une traduction composite qui ne traduit pas l'un ou l'autre des textes complets et unifiés que sont le texte massorétique et la version de la Septante.

La très grande majorité des commentaires ne s'occupent que du texte hébreu, mais il en existe aussi qui commentent les additions grecques[2]. Les deux versions principales, le texte hébreu et la traduction grecque de la Septante, donnent un récit complet, mais suffisamment différent, d'une part à cause des sept additions du grec, mais aussi parce que le grec abrège la plupart du temps le texte hébreu. C'est pourquoi le présent commentaire est double : c'est celui du texte hébreu dans la première partie, puis celui de la version grecque des Septante dans la deuxième partie. Après l'analyse de la composition de chaque unité supérieure — passage, sous-séquence, séquence, section et livre —, les deux versions sont comparées, et la version grecque est interprétée en tenant compte de ce qui la différencie de l'original hébreu[3]. Catherine Vialle a commenté les deux livres en utilisant l'analyse narrative[4] ; je le fais à mon tour avec l'analyse rhétorique.

---

[1] Le volume 12 de *La Bible d'Alexandrie* traduit en français l'« Esther de la Septante » (pages paires) et l'« Esther lucianique » (pages impaires).

[2] Le plus connu est celui de C.A. MOORE qui a publié en 1977 : *Daniel, Esther, and Jeremiah: The Additions* ; il avait donné en 1971 un commentaire du texte hébreu : *Esther: Introduction, Translation and Notes*.

[3] Pour de simples raisons de mise en page, il arrive que l'Interprétation soit présentée avant la Comparaison des deux versions.

[4] C. VIALLE, *Une analyse comparée d'Esther TM et LXX.*

8   L'Un et l'autre Livre d'Esther

Dans la bible hébraïque, le Livre d'Esther est rangé dans les Écrits, le troisième corpus du *Tanakh* (*Torah, Nebiyyîm, Ketubîm*, c'est-à-dire la Loi, les Prophètes et les Écrits) ; après Ruth, le Cantique des cantiques, Qohélet et les Lamentations, c'est le dernier des cinq rouleaux, les *Megillôt*. Dans la traduction grecque de la Septante, Esther se trouve presqu'à la fin des Livres historiques, juste avant les livres des Maccabées.

Par ailleurs, dans la tradition liturgique juive, les Cinq Rouleaux sont liés aux grandes fêtes d'Israël durant lesquelles ils sont lus : le Cantique des cantiques à Pâques, Ruth à Pentecôte, les Lamentations le 9 Ab, anniversaire de la destruction du temple, Qohélet à la fête des Tentes et Esther à Pourim.

Dans son monumental commentaire, Jean-Daniel Macchi s'attache à retracer l'histoire rédactionnelle du livre : « Ce commentaire prend en compte la diversité textuelle de l'œuvre et cherche à mettre en évidence la façon dont ce récit a été produit »[5]. À la fin du commentaire de chaque chapitre, il étudie le « processus rédactionnel du chapitre » : du « proto-Esther », au « Travail rédactionnel protomassorétique et émergence du TM », jusqu'aux « Traductions grecques et les modifications tardives du TM ».

Le but du présent commentaire est différent. Il s'intéresse à la composition de l'œuvre dans son état final : d'abord celui du texte massorétique, ensuite dans celui de la Septante. Sans être très nombreuses, les propositions concernant l'architecture du livre hébreu ne manquent pas.

En 1973, Yehuda Radday découvre une composition concentrique de l'ensemble du livre[6] :
A Ouverture et contexte (chap. 1)
  B Le premier édit du roi (chap. 2–3)
    C L'affrontement entre Hamân et Mardochée (chap. 4–5)
      (crise) « Cette nuit-là le roi ne pouvait pas dormir » (6,1)
    C' Le triomphe de Mardochée sur Hamân (chap. 6–7)
  B' Le deuxième édit du roi (chap. 8–9)
A' Épilogue (chap. 10)

En 1983, Michael Fox fait progresser l'analyse[7]. Le principe organisateur est pour lui celui du renversement, tel qu'il est énoncé en 9,1 : « et cela se renversa ». Les deux premiers chapitres sont préparatoires, puis l'opposition systématique entre la série des thèses et antithèses structure le reste du livre. Celui-ci est organisé de manière concentrique autour de 6,9-10, quand le roi ordonne à Hamân d'honorer Mardochée selon les modalités qu'il vient d'énoncer.

---

[5] J.-D. MACCHI, *Le Livre d'Esther*, 11.
[6] Y. RADDAY, « Chiasm in Joshua, Judges and Others », 9.
[7] M.V. FOX, «The Structure of the Book of Esther».

Introduction

En 1979, Sandra Beth Berg reprend Radday et Fox, mais elle est d'avis que le « turning point » de l'histoire se trouve en 4,13-14 quand Mardochée dit à Esther qu'elle ne doit pas croire qu'elle échappera au massacre et que c'est sans doute pour le salut de son peuple qu'elle est parvenue à la royauté[8].

En 1997, Jon D. Levenson affine quelque peu la proposition de Radday[9] :

A Grandeur d'Assuérus (1,1-8)

  B Deux banquets des Perses (1,1-8)

    C Esther s'identifie comme une païenne (2,10-20)

      D Élévation d'Hamân (3,1)

        E Édit antijuif (3,12-15)

          F Échange fatal de Mardochée et Esther (chap. 4)

            G Premier banquet des trois (5,6-8)

A' Grandeur d'Assuérus et de Mardochée (chap. 10)

  B' Deux banquets des juifs (9,20-32)

    C' Les païens s'identifient comme des juifs (8,17)

      D' Élévation de Mardochée (8,15)

        E' Édit projuif (8,9-14)

          F' Échange fatal d'Assuérus et Esther (7,1-6)

            G' Deuxième banquet des trois (7,1-6)

H Procession royale (chap. 6)

En 2010, Fox reprendra ses « thèses – antithèses » qui organisent 3,1–8,17, le « turning point » se trouvant en 6,10[10]. Il divise le livre en douze actes regroupés en trois grandes parties :

– début : Actes I-II (chap. 1–2) ;
– milieu : Actes III-X (3,1–9,19) ;
– fin :   Actes XI-XII (9,20–10,3)[11].

En 2019, après des considérations sur ce qu'il appelle « le macrochiasme » et les conditions de son identification, Anthony J. Tomasino[12] en vient à la revue des études sur la composition concentrique d'Esther, qu'il achève par une liste

---

[8] S.B. BERG, *The Book of Esther*, 106-113 (elle a pu consulter le travail de Fox avant sa publication).

[9] J.D. LEVENSON, *Esther. A Commentary*, 8.

[10] M.V. FOX, *Character and Ideology in the Book of Esther*, 159-162.

[11] M.V. FOX, *Character and Ideology*, 155-156.

[12] A.J. TOMASINO, « Interpreting Esther from the Inside Out: Hermeneutical Implications of the Chiastic Structure of the Book of Esther ».

10 L'Un et l'autre Livre d'Esther

d'auteurs qui suivent Levenson[13]. Il présente ensuite sa propre proposition sur la structure concentrique du livre d'Esther : ses « treize principales scènes » sont focalisées sur le moment où Esther invite le roi à son banquet (5,1-8) :

A Introduction : la gloire d'Assuérus (1,1-2)
  B Les deux fêtes du roi ; la chute de Vashti (1,3-22)
   C Esther triomphe de sa rivale ; triomphe célébré par une fête (2,1-18)
    D Mardochée déjoue le complot contre le roi (2,19-23)
     E Le conflit entre Hamân et Mardochée est amorcé (3,1-6)
      F Hamân demande au roi la mort des Juifs (3,7-15)
       G Esther et Mardochée complotent contre Hamân (ch. 4)
        H Esther invite le roi à une fête (5,1-8)
       G' Zeresh et Hamân complotent contre Mardochée (5,9-14)
      F' Hamân va demander au roi la mort de Mardochée (ch. 6)
     E' Le conflit entre Hamân et Mardochée est achevé (ch. 7)
    D' Mardochée déjoue le complot contre les juifs (ch. 8)
   C' Les juifs triomphent de leurs rivaux ; triomphe célébré par une fête (9,1-17)
  B' Les deux fêtes des juifs ; la chute d'Hamân (9,18-32)
A' Conclusion: la gloire d'Assuérus et de Mardochée (10,1-3)

Il faut ajouter que la plupart des commentateurs n'accordent pratiquement aucune attention à la composition du livre[14]. Beaucoup se contentent de diviser le livre en scènes ou parties : en seize[15], en treize[16], en neuf[17], etc., sans beaucoup se soucier de justifier leur découpage.

Un texte, surtout s'il a les dimensions d'un livre, ne saurait être organisé à un seul niveau, comme c'est le cas des sept divisions de Radday ou des quinze de Levenson et de Tomasino. Fox, au contraire, reconnaît deux niveaux de composition : les parties extrêmes se subdivisent en deux actes, tandis que la partie centrale, la plus développée, compte dix actes.

Il faut toutefois aller au-delà et conduire une analyse systématique à tous les niveaux de l'organisation textuelle :

– depuis le « membre » (ou, en grec, le colon) ;
– le « segment », qui comprend un, deux ou trois membres ;
– le « morceau », qui comprend un, deux ou trois segments ;
– la « partie », qui comprend un, deux ou trois morceaux ;
– le « passage », qui comprend une ou plusieurs parties ;
– la « séquence », qui comprend un ou plusieurs passages ;
– la « section », qui comprend une ou plusieurs séquences ;
– jusqu'au « livre », qui comprend une ou plusieurs sections.

---

[13] A.J. TOMASINO, « Interpreting Esther », 110.
[14] Ainsi, par ex., ceux de Vílchez Líndez et de Minissale.
[15] Clines, 9.13 : chap. 1–2 : sept scènes ; chap. 3,1–8,17 : neuf scènes.
[16] Moore (1971), 13.
[17] Queen-Sutherland, 213-214.

Introduction 11

À quoi il faut ajouter, quand c'est nécessaire, les niveaux
– de la « sous-partie »,
– de la « sous-séquence »,
– de la « sous-section », ce qui fait un total de onze niveaux.

Si, selon l'adage bien connu — « la forme est la porte du sens » —, la forme
d'un texte, sa composition mérite qu'on y accorde la plus grande attention. Le
sens est celui des rapports qu'entretiennent les parties dans un tout hiérarchisé, à
chacun de ses niveaux. C'est pourquoi l'interprétation sera menée à chacun des
niveaux supérieurs, à partir de celui du « passage » (ou « péricope »), puis celui
de la « séquence » (et de la « sous-séquence »), de la « section » (et de la « sous-
section »), pour finir par l'ensemble du « livre », soit à six niveaux.

On se demandera peut-être pourquoi l'« Interprétation » n'intervient pas à
tous les niveaux mais seulement à partir des niveaux supérieurs, dits aussi
« autonomes »[18]. Tout simplement pour des raisons pratiques : rédiger une interprétation aux niveaux de chaque segment, de chaque morceau et de chaque
partie (et sous-partie) alourdirait le commentaire de manière déraisonnable.

Comme d'habitude dans cette collection, le commentaire se développe en
quatre rubriques : 1. Texte ; 2. Composition ; 3. Contexte ; 4. Interprétation.
Toutefois, quand le texte ne présente pas de difficulté, ni de critique textuelle, ni
de grammaire ni de lexicographie, la rubrique « Texte » est omise, ce qui arrive
souvent pour le livre d'Esther. Il en va de même pour le « Contexte ».

La traduction est très littérale au niveau du passage : elle calque de près
l'original. Aux niveaux supérieurs, en revanche, elle est plus lisible.

Comme pour les précédents volumes, je n'ai pas jugé nécessaire de renvoyer
constamment aux ouvrages que j'ai consultés, certains plus fréquemment que
d'autres, suivant les besoins : J.-D. Macchi, J. Vílchez Líndez, A. Minissale,
M.V. Fox, J.D. Levenson, C.A. Moore, et d'autres.

Remerciements

Sylvaine Reboul a bien voulu relire mon manuscrit. Son acribie a permis de
corriger bien des erreurs. Qu'elle en soit vivement remerciée[19].

---

[18] Ou unités « de citation » ; les niveaux supérieurs, ou autonomes, sont dits aussi « de récita-
tion » ; voir *Traité* 2007.2013, 133.195-196 ; *Traité* 2021, 54-55.114-115.

[19] Elle me pardonnera d'avoir adopté l'orthographe « modernisée » en 1990, « recommandée »
par l'Académie française. Le lecteur ne s'étonnera donc pas de lire « maitre » au lieu de « maître »,
« interpelé » au lieu d'« interpellé », « relai » au lieu de « relais ».

SIGLES ET ABRÉVIATIONS

AB	Anchor Bible
al.	*alii,* autres
BEThL	Bibliotheca Ephemeridum theologicarum Lovaniensium
BJ	Bible de Jérusalem
chap.	Chapitre
ed.	edidit, ediderunt
Gr.	*Gregorianum*
JBL	*Journal of Biblical Literature*
Joüon	P. Joüon, *Grammaire de l'hébreu biblique*, Rome 1923
JSOT.S	Journal for the Study of the Old Testament. Supplement series
LB	*Linguistica Biblica*
litt.	littéralement
nt.	Note
Osty	*La Bible*, trad. É. Osty, Paris 1973
OTG	Old Testament guides
OTL	Old Testament Library
p.	page(s)
par ex.	par exemple
RBS	Société internationale pour l'étude de la Rhétorique Biblique et Sémitique
RBSem	Rhetorica Biblica et Semitica (Peeters)
RhBib	Rhétorique biblique (Cerf)
RhSem	Rhétorique sémitique (Lethielleux, Gabalda)
SBLDS	Society of Biblical Literature. Dissertation Series
Traité 2007.2012	R. Meynet, *Traité de rhétorique biblique*, RhSem 4, Paris 2007 ; 2e éd. revue et corrigée, RhSem 12, Pendé 2013
Traité 2021	R. Meynet, *Traité de rhétorique biblique*. 3e édition revue et augmentée, RBSem 28, Leuven 2021
TOB	Traduction Œcuménique de la Bible
trad.	traduction
v.	verset(s)
vol.	volume(s)

Les commentaires ne sont cités que par le nom de l'auteur (ou des auteurs) en minuscules, suivi des numéros de page(s). Ex. : Macchi, 11.

Les abréviations des livres bibliques sont celles de *La Bible de Jérusalem* (BJ).

LEXIQUE DES TERMES TECHNIQUES

1. TERMES QUI DÉSIGNENT LES UNITÉS RHÉTORIQUES

Il arrive souvent, dans les ouvrages d'exégèse, que les termes « section », « passage », mais surtout « morceau », « partie »..., ne soient pas utilisés de façon univoque. Voici la liste des termes qui désignent les unités textuelles à leurs niveaux successifs.

Les niveaux « inférieurs » (ou non autonomes)

À part les deux premières (le terme et le membre), les unités de niveau inférieur sont formées de *une*, *deux* ou *trois* unités du niveau précédent.

TERME
: le terme correspond en général à un « lexème », ou mot qui appartient au lexique : substantif, adjectif, verbe, adverbe.

MEMBRE
: le membre est un syntagme, ou groupe de « termes » liés entre eux par des rapports syntaxiques étroits. Le « membre » est l'unité rhétorique minimale ; il peut arriver que le membre comporte un seul terme (le terme d'origine grecque est « stique »).

SEGMENT
: le segment comprend un, deux ou trois membres ; on parlera de segment « unimembre » (le terme d'origine grecque est « monostique »), de segment « bimembre » (ou « distique ») et de segment « trimembre » (ou « tristique »).

MORCEAU
: le morceau comprend un, deux ou trois segments.

PARTIE
: la partie comprend un, deux ou trois morceaux.

Les niveaux « supérieurs » (ou autonomes)

Ils sont tous formés soit d'*une*, soit de *plusieurs* unités du niveau précédent.

PASSAGE
: le passage — l'équivalent de la « péricope » des exégètes — est formé d'une ou de plusieurs parties.

SÉQUENCE
: la séquence est formée d'un ou de plusieurs passages.

SECTION
: la section est formée d'une ou de plusieurs séquences.

LIVRE
: enfin le livre est formé d'une ou de plusieurs sections.

16   L'Un et l'autre Livre d'Esther

Il est quelquefois nécessaire d'avoir recours aux niveaux intermédiaires de la « sous-partie », de la « sous-séquence » et de la « sous-section » ; ces unités intermédiaires ont la même définition que la partie, la séquence et la section.

VERSANT   ensemble textuel qui précède ou qui suit le centre d'une construction ; si le centre est bipartite, le versant correspond à chacune des deux moitiés de la construction.

2. TERMES QUI DÉSIGNENT LES RAPPORTS ENTRE LES UNITÉS SYMÉTRIQUES

Symétries totales

CONSTRUCTION
PARALLÈLE   figure de composition où les unités en rapport deux à deux sont disposées de manière parallèle : A B C D E | A'B'C'D'E'.

                     Quand deux unités parallèles entre elles encadrent un élément unique, on parle de parallélisme pour désigner la symétrie entre ces deux unités, mais on considère l'ensemble (l'unité de niveau supérieur) comme une construction concentrique : A | x | A'.

                     Pour « construction parallèle », on dit aussi « parallélisme » (qui s'oppose à « concentrisme »).

CONSTRUCTION
SPÉCULAIRE   figure de composition où les unités en rapport deux à deux sont disposées de manière antiparallèle ou « en miroir » :

                         A B C D E | E'D'C'B'A'.

                     Comme la construction parallèle, la construction spéculaire n'a pas de centre ; comme la construction concentrique, les éléments en rapport se correspondent en miroir.

                     Quand la construction ne comprend que quatre unités, on parle aussi de « chiasme » : A B | B'A'.

CONSTRUCTION
CONCENTRIQUE   figure de composition où les unités symétriques sont disposées de manière concentrique : A B C D E | x | E'D'C'B'A', autour d'un élément central (cet élément peut être une unité de l'un quelconque des niveaux de l'organisation textuelle).

                     Pour « construction concentrique », on peut aussi dire « concentrisme » (qui s'oppose à « parallélisme »).

CONSTRUCTION
ELLIPTIQUE   figure de composition où les deux foyers de l'ellipse articulent les autres unités textuelles : A | x | B | x | A'.

Lexique des termes techniques

Symétries partielles

TERMES INITIAUX   termes ou syntagmes identiques ou semblables qui marquent le début d'unités textuelles symétriques ; l'« anaphore » de la rhétorique classique.

TERMES FINAUX   termes ou syntagmes identiques ou semblables qui marquent la fin d'unités textuelles symétriques ; l'« épiphore » de la rhétorique classique.

TERMES EXTRÊMES   termes ou syntagmes identiques ou semblables qui marquent les extrémités d'une unité textuelle ; l'« inclusion » de l'exégèse traditionnelle.

TERMES MÉDIANS   termes ou syntagmes identiques ou semblables qui marquent la fin d'une unité textuelle et le début de l'unité qui lui est symétrique ; le « mot-crochet » ou « mot-agrafe » de l'exégèse traditionnelle.

TERMES CENTRAUX   termes ou syntagmes identiques ou semblables qui marquent les centres de deux unités textuelles symétriques.

Pour plus de détails, voir R. MEYNET, *Traité de rhétorique biblique*, RhSem 4, Paris 2007 ; 2ᵉ éd. revue et corrigée, RhSem 12, Pendé 2013 ; 3ᵉ édition revue et augmentée, RBSem 28, Leuven 2021.

Principales règles de réécriture
– à l'intérieur du membre, les termes sont généralement séparés par des blancs ;
– chaque membre est généralement réécrit sur une seule ligne ;
– les segments sont séparés par une ligne blanche ;
– les morceaux sont séparés par une ligne discontinue ;
– la partie est délimitée par deux filets ; il en va de même pour les sous-parties.
– à l'intérieur du passage, les parties sont encadrées (sauf si elles sont très courtes, comme une introduction ou une conclusion) ; les éventuelles sous-parties sont disposées dans des cadres contigus ;
– à l'intérieur de la séquence ou de la sous-séquence, les passages, réécrits en prose, sont disposés dans des cadres séparés par une ligne blanche ;
– à l'intérieur de la séquence, les passages d'une sous-séquence sont disposés dans des cadres contigus.

Sur les règles de réécriture, voir *Traité*, 2007.2011, chap. 5, 283-344 (sur la réécriture des tableaux synoptiques, voir chap. 9, 471-506) : 3ᵉ éd. 2021, 215-269 ; 297-432.

PREMIÈRE PARTIE

LE TEXTE HÉBREU

PERSPECTIVE CAVALIÈRE
DU LIVRE HÉBREU D'ESTHER

Le livre d'Esther est organisé en trois sections :

A. Esther,	pupille de Mardochée, devient reine		à la place de Vashti	1,1–2,23

B. LES SORTS SONT RENVERSÉS	3,1–9,19

C. Mardochée, tuteur d'Esther,	devient second du roi	à la place d'Hamân	9,20–10,3

ESTHER, PUPILLE DE MARDOCHÉE, DEVIENT REINE À LA PLACE DE VASHTI

La section A

Est 1,1–2,23

24 Texte hébreu : la première section (Est 1–2)

La première section comprend deux séquences :

| A1 : **V**ASHTI PERD LA COURONNE ROYALE | 1,1-22 |

| A2 : **E**STHER REÇOIT LA COURONNE ROYALE | 2,1-23 |

I. Vashti perd la couronne royale

La séquence A1 : 1,1-22

La première séquence comprend trois sous-séquences. Chacune des sous-séquences extrêmes (1,1-9 ; 16-22) comprend deux passages, tandis que la sous-séquence centrale n'en compte qu'un seul.

LE ROI AKHASHVÉROSH   **FAIT MONTRE DE**   **SA ROYAUTÉ**

UN BANQUET DE CENT-QUATRE-VINGTS JOURS	POUR TOUT LE ROYAUME	1,1-4
UN AUTRE BANQUET DE SEPT JOURS	POUR SUSE-LA-CITADELLE	5-9

LA REINE VASHTI REFUSE DE SE MONTRER	10-15

LA REINE VASHTI   **N'EXERCERA PLUS**   **LA ROYAUTÉ**

MEMOUKÂN	CONSEILLE AU ROI DE FAIRE UN ÉDIT POUR DÉTRÔNER VASHTI	16-20
LE ROI	SUIT LE CONSEIL ET PUBLIE SON ÉDIT DANS TOUT LE ROYAUME	21-22

A. LE ROI AKHASHVÉROSH FAIT MONTRE DE SA ROYAUTÉ

La première sous-séquence : 1,1-9

La sous-séquence comprend deux passages.

1. UN BANQUET DE CENT-QUATRE-VINGTS JOURS POUR TOUT LE ROYAUME

Le premier passage : 1,1-4

TEXTE

1,[1] C'était aux jours d'Akhashvérosh,   lui (est) Akhashvérosh le régnant   depuis l'Inde et jusqu'à Koush   sur cent-vingt-sept provinces.   [2] En ces jours-là,   quand siégeait le roi Akhashvérosh sur le trône de sa royauté   lequel (était) à Suse-la-Citadelle,   [3] l'année troisième de son règne, il fit un banquet pour tous ses princes et ses serviteurs,   l'armée des Perses et des Mèdes,   les nobles et les princes des provinces devant sa face,   [4] pour leur faire-voir la richesse de la gloire de son règne   et l'éclat de la splendeur de sa grandeur,   des jours nombreux,   cent-quatre-vingts jours.

V. 1A : « AKHASHVÉROSH »

La Septante a « Artaxerxès », souvent identifié à Xerxès 1er le Grand, que la Vulgate rend par « Assuérus ». Comme l'analyse porte sur le texte massorétique, on retient sa graphie qui veut rendre la prononciation perse, ce qui permet aussi d'éviter une identification précise avec un personnage historique.

V. 1D : «CENT-VINGT-SEPT »

Il n'a pas paru indispensable de conserver l'ordre des mots de l'hébreu : « sept et vingt et cent »... Il en va de même pour 4d, où « quatre-vingts » traduit un seul terme. Les chiffres sont évidemment largement exagérés : nous sommes dans une fiction qui ne manque pas non plus d'humour, voire de moquerie.

V. 2D : « SUSE-LA-CITADELLE »

Il s'agit du centre vital de la ville, de son acropole ; on pourrait traduire « la Citadelle de Suse ».

Séquence A1 : 1,1-22

Composition

+ 1,[1] C'était	aux *JOURS*	d'**Akhashvérosh**,	
+ lui (est)	**Akhashvérosh**	le RÉGNANT	
.. depuis l'Inde	et jusqu'à Koush		
.. sur *CENT*	*VINGT-*	*SEPT*	provinces.

– [2] En ces *JOURS*	là,		
:: quand siégeait	LE ROI	**Akhashvérosh**	
:: sur le trône	de sa ROYAUTÉ		
:: lequel (était)	à Suse-	la-Citadelle,	
– [3] l'année	troisième	de son RÈGNE,	
+ il fit	un banquet	pour tous ses princes	et ses serviteurs,
+ l'armée	de Perse	et de Médie,	
+ les nobles	et les princes	des provinces	devant sa face,
- [4] pour leur faire-voir	la richesse	de la gloire	de son RÈGNE
- et l'éclat	de la splendeur	de sa grandeur,	
.. des *JOURS*	nombreux,		
.. *CENT*	*QUATRE-VINGTS*	*JOURS*.	

La première partie, de la taille d'un morceau, présente le personnage du roi Akhashvérosh (1ab) dans les limites de son immense empire (1c) et de ses nombreuses « provinces » (1d).

Dans le premier morceau de la deuxième partie (2-3a), les « jours » (2a) dont il avait été question au début (1a) sont précisés dans l'unimembre final (3a) : « la troisième année de son règne » ; le trimembre central dit en finale le lieu de l'action, « Suse-la-Citadelle ». Le second morceau en arrive au fait, « le banquet » ; le premier segment énumère les invités, le second le but de l'opération, le troisième la durée du banquet. Les deux occurrences de « jours » font inclusion (2a.4d).

« Aux jours » et « En ces jours-là » (1a.2a) remplissent la fonction de termes initiaux pour les deux parties ; les chiffres «cent-vingt-sept» et « cent quatre-vingts » (1d.4d) de termes finaux ; « jours » de 1a et de 4cd de termes extrêmes. Les termes de la racine de la royauté reviennent cinq fois (1b ; 2b.c.3a.4a), « provinces » deux fois (1d.3d).

INTERPRÉTATION

LA GRANDEUR

En Israël, pour signifier toute l'étendue du pays, on coordonne le nom des villes qui en marquent les frontières nord et sud : « de Dan à Beer Sheva » (1S 3,20 ; 2S 17,11 etc.). Le royaume d'Akhashvérosh s'étend, quant à lui, « de l'Inde jusqu'à l'Éthiopie », du cœur de l'Asie à celui de l'Afrique, en somme les limites du monde connu en ce temps-là. Et, comme pour dépasser les limites, le narrateur ajoute le nombre des provinces que comptait l'empire. Pas moins de «cent-vingt-sept», un chiffre qui dépasse notablement celui des quarante satrapies connues des historiens.

L'EMPIRE DE LA DÉMESURE

L'empire d'Akhashvérosh est immense, mais la grandeur qu'il entend étaler devant l'ensemble de ses sujets atteint des proportions dignes des épopées les plus délirantes. Un banquet pour une foule inimaginable d'invités, ses princes et serviteurs, non seulement de la capitale, mais aussi des cent-vingt-sept provinces, rien moins que « l'armée de Perse et de Médie ». Et pour couronner le tout, le banquet s'étend sur une durée de « cent-quatre-vingts jours », soit de six mois ! Une telle démesure de la part du roi est inquiétante. À moins de comprendre que c'est une fable qui nous est contée. Le décor en est planté et le lecteur est ainsi averti qu'il peut s'attendre à tout...

Séquence A1 : 1,1-22   29

2. UN AUTRE BANQUET DE SEPT JOURS POUR SUSE-LA-CITADELLE

Le deuxième passage : 1,5-9

TEXTE

1,⁵ Et étant remplis les jours ceux-là, il fit le roi pour tout le peuple se trouvant à Suse-la-Citadelle du grand et jusqu'au petit un banquet de sept jours dans la cour du jardin du palais du roi. ⁶ Dentelle, mousseline et pourpre (étaient) prises par des cordelettes de lin et d'écarlate à des anneaux d'argent et des colonnes d'albâtre ; (il y avait) des lits d'or et d'argent sur un pavement de jade et d'albâtre et de nacre et de jais. ⁷ Et on versait dans des coupes d'or, et les coupes des coupes (étaient) différentes ; et le vin du royaume (était) abondant comme la main du roi. ⁸ Et la boisson selon l'édit (était) sans contrainte car ainsi avait ordonné le roi à chaque maitre de sa maison de faire selon la volonté d'un homme et d'un homme. ⁹ Aussi Vashti la reine fit un banquet de femmes dans la maison du royaume qui (est) du roi Akhashvérosh.

V. 7C.8D : « ABONDANT » ET « MAITRE »

Ces deux termes sont presque identiques en hébreu (*rāb* et *rab*), ce qui laisse percevoir un jeu de mots. On aurait pu les rendre par « important ».

V. 7D : « COMME LA MAIN DU ROI »

La Septante a compris : « celui que buvait le roi ». Macchi traduit par « selon le standard du roi » ; on pourrait rendre l'expression par « royalement », c'est-à-dire avec une extrême prodigalité.

V. 8A : « L'ÉDIT »

Le terme est d'origine persane, il revient vingt-et-une fois dans Est, et surtout dans les textes araméens de Dn et Esd. Trois autres édits seront promulgués au cours du livre. Il s'agit d'un « document de portée générale établissant un point de droit impérial »[1].

COMPOSITION

La première partie rapporte le banquet offert par le roi aux hommes, la dernière celui que la reine Vashti organise pour les femmes. La longue partie centrale décrit le faste du banquet des hommes.

Dans la première partie, après notation de temps de l'unimembre initial, les deux segments suivants commencent par le verbe « il fit » (5b) et le complément d'objet, « un banquet » (5e). Le deuxième segment nomme les bénéficiaires du banquet, le dernier en indique la durée (e) et le lieu (f). « Tout le peuple » (5b)

[1] Macchi, 162.

30   Texte hébreu : la première section (Est 1–2)

est repris par « du grand et jusqu'au petit » (d). « Jours » revient dans les segments extrêmes et « roi » aux extrémités des deux derniers segments.

+ 1,⁵ Et étant remplis	*les jours*	ceux-là,	
− *IL FIT*	**LE ROI**	pour tout	le peuple
− se trouvant	à Suse-	la-Citadelle	
− du grand	et jusqu'au	petit	
:: *UN BANQUET*	de sept	*jours*	
:: *dans la cour*	du jardin	du palais	**DU ROI.**

.. ⁶ Dentelle,	mousseline	et pourpre	
.. (étaient) prises	par des cordelettes	de lin	et d'écarlate
.. à des anneaux	d'argent	et des colonnes	d'albâtre ;
.. (il y avait) des lits	**D'OR**	et d'argent	
.. sur un pavement	de jade	et d'albâtre	
.. et de nacre	et de jais.		
.. ⁷ Et on versait	dans des coupes	**D'OR,**	
.. et les coupes	des coupes	(étaient) différentes ;	
− et le vin	**DU ROYAUME**	(était) *abondant*	
− comme la main	**DU ROI.**		
− ⁸ Et *LA BOISSON*	selon l'édit		
− (était) sans	contrainte		
− car ainsi	avait ordonné	**LE ROI**	
− à chaque	*maître*	*de sa maison*	
− *DE FAIRE*	selon la volonté	d'un homme	et d'un homme.

+ ⁹ Aussi	*Vashti*	**LA REINE**	
+ *FIT*	*UN BANQUET*	de femmes	
:: *dans la maison*	**DU ROYAUME**		
:: qui (est)	**DU ROI**	*Akhashvérosh.*	

Aux extrémités de la dernière partie, les noms du roi et de la reine (9a.d). Le second segment précise le lieu du banquet des femmes.

Le premier morceau de la partie centrale décrit le décor du banquet : les matières des tentures (6a) et leurs attaches (6bc), puis celles des lits (6d) sur les pavements (6ef). Le dernier morceau est consacré à la matière principale du banquet, « la boisson » (8). Quant au morceau central, son premier segment (7ab) décrit la matière des récipients du vin dont « l'or » renvoie à « l'or » du morceau précédent, tandis que son deuxième segment (7cd) parle du contenu des coupes, « le vin », dont il sera question dans le morceau suivant ; « abondant » (7c, *rāb*) annonce « maitre » (8d, *rab*).

À la fin des parties extrêmes, les lieux des banquets sont différents, « dans la cour du jardin du palais du roi » (5f) pour les hommes, « dans la maison du royaume » (9c) pour les femmes.

Les deux dernières parties sont agrafées par les reprises de « maison » (8d.9c) et de « faire » (8e.9b).

Dans la partie centrale, « boisson » (8a, $\check{s}^e tiyy\hat{a}$) est de même racine que « banquet » (5e.9b, *mišteh*).

INTERPRÉTATION

UN BANQUET RAISONNABLE...

Après le banquet fantastique de six mois, organisé pour tous les responsables de l'empire, de l'Inde à l'Éthiopie, voici un autre banquet plus raisonnable, pour les habitants de la capitale, Suse-la-Citadelle. Un double banquet, celui du roi pour les hommes et celui de la reine pour les femmes. Un banquet d'une semaine, voilà qui rentre dans les limites que nous avons connues il n'y a pas si longtemps, dans la campagne de Normandie par exemple, pour un mariage.

...MAIS SANS CONTRAINTE

Le luxe est à la mesure de la richesse du roi et de la reine. Rien n'est trop beau pour honorer les invités au banquet, tentures des tissus les plus précieux attachés aux colonnes d'albâtre par des anneaux d'argent, coupes d'or de toutes formes. Et surtout, aucune limite n'a été posée à la profusion des vins. Le souverain y a veillé personnellement et a donné des ordres formels à ses majordomes. Vin à volonté ! Il faut que la générosité du roi passe en proverbe. On comprend sans peine que la reine ne sera pas en reste pour les femmes qu'elle a invitées. La gloire et la splendeur du royaume l'exigent.

32   Texte hébreu : la première section (Est 1–2)

3. LE ROI AKHASHVÉROSH FAIT MONTRE DE SA ROYAUTÉ

L'ensemble de la première sous-séquence : 1,1-9

COMPOSITION

1,[1] C'était aux *JOURS* d'AKHASHVÉROSH ; lui est AKHASHVÉROSH qui régnait depuis l'Inde et jusqu'à l'Éthiopie sur cent-vingt-sept provinces.

[2] En ces *JOURS*-là, quand le roi AKHASHVÉROSH siégeait sur le trône de sa royauté qui était à Suse-la-Citadelle, [3] la troisième année de son règne, *IL FIT* UN BANQUET *pour tous* ses princes et ses serviteurs, l'armée des Perses et des Mèdes, les nobles et les princes des provinces devant sa face, [4] pour leur faire voir la richesse de la gloire de son règne et l'éclat de la splendeur de sa GRANDEUR, de *nombreux JOURS*, cent-quatre-vingts *JOURS*.

---

[5] Ces *JOURS*-là étant remplis, le roi *FIT pour tout* le peuple qui se trouvait à Suse-la-Citadelle, du PLUS GRAND au plus petit, UN BANQUET de sept *JOURS* dans la cour du jardin du palais du roi.

[6] Dentelle, mousseline et pourpre étaient retenues par des cordelettes de lin et d'écarlate à des anneaux d'argent et à des colonnes d'albâtre ; il y avait des lits d'or et d'argent sur un pavement de jade et d'albâtre et de nacre et de jais. [7] Et l'on versait dans des coupes d'or et les coupes étaient différentes les unes des autres, et le vin du royaume était *abondant* selon la main du roi. [8] Et selon l'édit LA BOISSON était sans limite, car le roi avait ordonné ainsi à chacun des *maîtres* de sa maison de faire selon la volonté de chaque homme.

[9] La reine Vashti aussi *FIT* UN BANQUET pour les femmes dans la maison du royaume qui est du roi AKHASHVÉROSH.

Les occurrences de « Akhashvérosh » (1a bis.9b) jouent le rôle de termes extrêmes, celles de « jours » en 1a et 5a de termes initiaux, celles de 4bc et 5a.b de termes médians, et de même « grandeur » et « grand » (4b.5b).

Au « banquet » de « cent-quatre-vingts jours » du premier passage, « fait » pour tous les notables du règne (3), correspondent celui « de sept jours » qui est « fait » pour les habitants de Suse-la-Citadelle (5b) et celui « fait » par la reine pour les femmes (9). Dans la première partie sont énumérés les invités (3bc), et dans la deuxième sont énumérées les richesses et la grandeur du roi (6-8) que celui-ci voulait faire voir à ses convives (4ab). Dans le premier passage, le banquet est offert « pour tous les princes » (3ab), dans le deuxième, « pour tout le peuple » (5a).

Les termes de la racine de la royauté reviennent cinq fois dans la première partie, huit fois dans la deuxième. « À Suse-la-Citadelle » revient une fois dans chaque passage (2b.5ab) ; « nombreux » (4b), « abondant » (7c) et « maîtres » (8b) sont de même racine.

Séquence A1 : 1,1-22

CONTEXTE

LA REINE DE SABA REND VISITE À SALOMON

Le début du livre d'Esther peut faire penser à la visite que la reine de Saba rendit à Salomon (1R 10). La richesse du roi, sa munificence y est décrite avec une exagération semblable à celle du roi Akhashvérosh. Toutefois, pour fabuleux qu'ils soient l'un et l'autre, ils n'en sont pas moins fort différents. Ce que la reine de Saba vient chercher auprès de Salomon est avant tout la sagesse. Et elle n'était pas la seule : « Toute la terre cherchait à voir Salomon afin d'écouter la sagesse que Dieu avait mise dans son cœur » (1R 10,24). Quant au roi, il n'avait pas besoin d'organiser des banquets pour ses sujets afin de faire montre de la splendeur et de la gloire de son règne. La reine de Saba reconnait que le Seigneur l'a « établi roi pour exercer la justice et le droit » (1R 10,9).

L'IVROGNERIE

Le livre des Proverbes met en garde contre l'ivrognerie avec une description piquante de ses effets.

29 Pour qui les « Ah ! » ?	Pour qui les « Hélas ! » ?
Pour qui les querelles ?	Pour qui les plaintes ?
Pour qui les disputes sans raison ?	Pour qui les yeux qui voient double ?

30 Pour ceux qui s'attardent au vin,   pour ceux qui recherchent les boissons capiteuses.
31 Ne regarde pas le vin qui rougeoie,   qui donne toute sa couleur dans la coupe !
et qui glisse facilement !
32 En fin de compte, il mord comme un serpent,   il pique comme une vipère.
33 Tes yeux verront des choses étranges,   et ton esprit te fera tenir des propos absurdes.
34 Tu seras comme un homme couché en pleine mer,   couché au sommet d'un mât.
35 « On m'a frappé... ! Je n'ai pas mal !   On m'a battu... ! Je n'ai rien senti !
Quand m'éveillerai-je... ?   J'en demanderai encore ! » (Pr 23 ; trad. TOB).

INTERPRÉTATION

BANQUETS ET BEUVERIES

Aux banquets d'Akhashvérosh, le vin coule à flots. Si le récit insiste sur le vin, il ne mentionne aucun mets. Comme si ces banquets étaient avant tout des beuveries. Du reste, c'est bien là, en hébreu, le sens du terme qu'il est convenu de traduire par « banquet ». Or, dans la tradition biblique, la sobriété est fortement recommandée, car l'excès de boisson porte à l'ivresse qui est l'exact opposé de la sagesse.

34 Texte hébreu : la première section (Est 1–2)

POURQUOI TANT D'EXHIBITION ?

Le but de ces banquets fastueux à l'extrême n'est pas destiné à éblouir quelque nation étrangère. Nous ne sommes pas dans le contexte international des rapports entre Salomon et la reine de Saba. Ces festivités prodigieuses sont organisées pour les sujets du royaume « pour leur faire voir la richesse de la gloire de son règne et l'éclat de la splendeur de sa grandeur » (1,4). Ce serait donc que la richesse et la gloire du roi ne sauteraient pas aux yeux de tous ? Il faudrait donc les mettre en valeur, en faire en quelque sorte la publicité... Plus qu'un signe de grandeur, on ne peut s'empêcher de subodorer une marque de faiblesse. Il pourrait se faire qu'Akhashvérosh trahisse ainsi un énorme manque de confiance en soi, quelque doute sur la réalité de son pouvoir.

B. LA REINE VASHTI REFUSE DE SE MONTRER

La deuxième sous-séquence : 1,10-15

Cette séquence est de la taille d'un passage qui comprend deux parties (1,10-12 et 13-15).

TEXTE

1,¹⁰ Au jour septième,   comme (était) bien le cœur du roi à cause du vin,   il dit à Mehoumân, Bizta, Harbona,   Bigta et Avagta, Zétar et Karkas,   les sept eunuques   qui servent la face du roi Akhashvérosh,   ¹¹ de faire-venir Vashti la reine   devant la face du roi avec la couronne de la royauté,   pour faire-voir aux peuples et aux princes sa beauté   car belle à voir elle.   ¹² Mais refusa la reine Vashti   de venir selon la parole du roi   laquelle par la main des eunuques ;   et s'irrita le roi beaucoup   et sa colère s'enflamma en lui. ¹³ Et dit le roi aux sages   sachant les temps,   car ainsi (allait) la parole du roi   devant la face de tous les sachant édit et droit.   ¹⁴ Et proches de lui (étaient)   Karshena, Shétar, Admata, Tarshish,   Mérès, Marsena, Memoukân, sept princes de Perse et de Médie,   voyant la face du roi,   qui siégeaient au premier-rang dans le royaume :   ¹⁵ « Comme édit que faire   à la reine Vashti   parce qu'elle n'a pas fait   la parole du roi Akhashvérosh par la main des eunuques ? »

V. 13B : « QUI SAVENT LES TEMPS »

Ce sont des personnages qui connaissent les faits de l'histoire (voir 1Ch 12,33 ; 29,30).

V. 14 : « ET PROCHES DE LUI [...] DANS LE ROYAUME »

Cette phrase nominale est une incise qui sépare « Et dit le roi aux sages qui savent les temps » (13ab) des paroles que le roi prononce (15). La proposition qui précède l'incise est aussi nominale, mais c'est une causale régie par la principale de 13a.

Séquence A1 : 1,1-22

V. 15E: « PAR LA MAIN »

C'est-à-dire, transmise « par le moyen de ».

COMPOSITION

LA PREMIÈRE PARTIE : 1,10-12

+ 1,[10] Au jour	*septième,*		
+ comme (était) bien	le cœur	DU ROI	à cause du vin,
: *il dit*	à Mehoumân,	Bizta,	Harbona,
: Bigta	et Avagta,	Zétar	et Karkas,
– *les sept*	EUNUQUES		
– qui servent	la face	DU ROI	Akhashvérosh,
:: [11] DE FAIRE-VENIR	VASHTI	LA REINE	
:: devant la face	DU ROI	avec la couronne	DE LA ROYAUTÉ,
.. pour faire-voir	aux peuples	et aux princes	sa beauté
.. car belle	à voir	elle.	
– [12] Mais refusa	LA REINE	VASHTI	
– *DE VENIR*	*selon la parole*	DU ROI	
– laquelle	par la main	DES EUNUQUES ;	
= et s'irrita	LE ROI	beaucoup	
= et sa colère	s'enflamma	en lui.	

Le premier morceau précise d'abord les circonstances, le jour (10a) et l'état du roi (10b), puis les noms des destinataires de sa parole (10cd), dont la fonction est enfin définie (10ef). « Les sept » dans le premier membre du dernier segment (10e) rappelle « septième » dans le premier membre du premier segment.

Le deuxième morceau énonce l'ordre du roi (11ab) et la raison de cet ordre (11cd). Le dernier morceau rapporte le refus de la reine de se rendre à l'invitation du roi (12abc) et la colère de ce dernier (12de). Les syntagmes « Vashti la reine/la reine Vashti » ainsi que « venir » jouent le rôle de termes initiaux pour les deux derniers morceaux. « Eunuques » revient dans les morceaux extrêmes (10e.12c) ; « selon la parole » (12b) renvoie à « il dit » (10c). « Roi/royauté » sont repris deux fois dans chaque morceau.

36   Texte hébreu : la première section (Est 1–2)

LA DEUXIÈME PARTIE : 1,13-15

+ 1,[13] ET DIT	LE ROI	aux sages		
:: *sachant*	les temps,			
+ car ainsi (venait)	*UNE AFFAIRE*	DU ROI		
:: devant la face	*de tous les sachant*	ÉDIT	et droit :	
– [14] Et proches	de lui (étaient)			
– Karshena,	Shétar,	Admata,	Tarshish,	
– Mérès,	Marsena,	Memoukân,		
: sept	princes	de Perse	et de Médie	
: voyant	la face	DU ROI		
: qui siégeaient	au premier-rang	DANS LE ROYAUME –		
- [15] « Comme ÉDIT,	que	*faire*		
- À LA REINE	Vashti			
.. parce qu'	*elle n'a pas fait*			
.. LE DIT	DU ROI	Akhashvérosh		
.. par la main	des eunuques ? »			

Le premier morceau (13) est une phrase de récit qui annonce les paroles du roi rapportées dans le dernier morceau (15). Le morceau central explicite qui sont les « sages » consultés par le roi (14).

Dans le premier segment du premier morceau, « les sages » (13a) sont ceux qui « savent les temps » (13b). Introduit par *kî*, le second segment est une causale : les affaires du roi sont soumises à l'avis des experts. « Le roi » revient dans les premiers membres, accompagné par deux termes du même champ sémantique, « dit » (*'mr*) et « affaire » (litt. « parole », *dbr*) ; dans les seconds membres, les deux « sachant » ont pour objet « les temps », puis « édit et droit ».

Le deuxième morceau énumère d'abord les noms des sept sages qui entourent le roi (14abc), puis expose leurs fonctions (14def).

Dans le troisième morceau, la question de ce qu'il faudra faire (15ab) est motivée par la désobéissance passée de Vashti (15cde). « Faire » est repris dans les premiers membres des deux segments (15a.c).

Dans les morceaux extrêmes revient « édit » en termes médians à distance (13d.15a) ; au « dit du roi » (15d) correspond d'abord « il dit » (même racine *'mr*, 13a), mais aussi « une affaire » (*dābār*, qui peut signifier aussi bien « parole » que « chose », « affaire », 13c). Les termes de la racine *mlk*, « régner », reviennent deux fois dans chaque morceau.

Séquence A1 : 1,1-22

L'ENSEMBLE DU PASSAGE

+ 1,[10] Au jour	SEPTIÈME,		
+ comme (était) bien	le cœur	DU ROI	à cause du vin,
: IL DIT	*à Mehoumân,*	*Bizta,*	*Harbona,*
: *Bigta*	*et Avagta,*	*Zétar*	*et Karkas,*
– LES SEPT	EUNUQUES		
– qui servent	*LA FACE*	DU ROI	AKHASHVÉROSH,
:: [11] de faire-venir	VASHTI	LA REINE	
:: *DEVANT LA FACE*	DU ROI	avec la couronne	DE LA ROYAUTÉ,
.. *POUR FAIRE-VOIR*	aux peuples	et aux *princes*	sa beauté
.. car belle	*À VOIR*	elle.	
– [12] Mais refusa	LA REINE	VASHTI	
– de venir	*SELON LA PAROLE*	DU ROI	
– laquelle	PAR LA MAIN	DES EUNUQUES ;	
= et s'irrita	LE ROI	beaucoup	
= et sa colère	s'enflamma	en lui.	

+ [13] ET DIT	LE ROI	aux sages	
:: sachant	les temps,		
+ car ainsi (venait)	UNE AFFAIRE	DU ROI	
:: *DEVANT LA FACE*	de tous les sachant	édit	et droit :
– [14] Et proches	de lui (étaient)		
– *Karshena,*	*Shétar,*	*Admata,*	*Tarshish,*
– *Mérès,*	*Marsena,*	*Memoukân,*	
: SEPT	*princes*	de Perse	et de Médie
: *VOYANT*	*LA FACE*	DU ROI	
: qui siégeaient	au premier-rang	DANS LE ROYAUME –	
- [15] « Comme édit,	que	faire	
- À LA REINE	VASHTI		
.. parce qu'	elle n'a pas fait		
.. LE DIT	DU ROI	AKHASHVÉROSH	
.. PAR LA MAIN	DES EUNUQUES ? »		

Les deux parties sont de même longueur : chacune compte quinze membres. Les reprises lexicales sont nombreuses entre les deux parties. On notera en particulier qu'aux extrémités « le dit » (15d) répond à « il dit » (10c, même racine *'mr*) et qu'en termes médians « une affaire » (13c) correspond à « la parole » (12b, même racine *dbr*). Les occurrences de « Akhashvérosh » font inclusion (10f.15d) ; « (devant) la face » revient deux fois dans chaque passage (10f.11b ; 13d.14e). On peut dire qu'en termes initiaux s'opposent deux types de conseillers : « le vin » (10b) et « les sages » (13a).

38 Texte hébreu : la première section (Est 1–2)

À la liste des « sept » eunuques (10cd) correspond celle des « sept » princes (14bc). Par leurs sonorités, leurs noms se correspondent partiellement de manière spéculaire :

– limhûmān
               bizzᵉtā’   ḥarbônā’   bigtā’
     : wa’ăbagtā’
        - zētar
            + wᵉkarkas

            + karšᵉnā’
        - šētar
     : ’admātā’
               taršîš   meres   marsᵉnā’
– mᵉmûkān

INTERPRÉTATION

« LE SEPTIÈME JOUR »

Au terme du banquet, le roi se devait de clore les festivités par un coup d'éclat. Pour les juifs, le septième jour représente le sommet de la semaine, c'est un jour de repos, consacré « pour le Seigneur ». À Suse-la-Citadelle, le septième jour du banquet sera pour le roi Akhashvérosh, pour sa gloire, pour consacrer sa splendeur.

« À CAUSE DU VIN »

Le décor de la scène est planté dès les premiers mots : le roi est pris de vin, il est ivre. On peut donc s'attendre à ce qu'il déraisonne. Il risque en effet de prendre une décision dont il n'aura pas mesuré les conséquences. Certes, il prendra conseil auprès des sages, mais ce sera trop tard. Il eût sans doute été mieux inspiré de le faire avant de convoquer la reine. Le vin n'est pas le plus indiqué des sages, il ne connait pas les temps.

LA REINE REFUSE DE VENIR !

Le narrateur ne dit pas pourquoi la reine « refuse de venir ». Par conséquent, le lecteur peut être tenté d'en deviner la raison. C'est peut-être qu'elle n'a vraiment pas envie d'être la proie de gens avinés : ils pourraient attenter de quelque manière à sa dignité. N'aurait-elle pas mesuré le risque qu'elle prenait en se conduisant de manière arrogante ? En tout cas, elle refuse, sans fournir la moindre raison, sans avancer quelque prétexte, sans même chercher à s'excuser. On pourra y voir de la pure insolence, un grave manque de respect pour la royauté, mais au contraire un sens de la dignité qui se doit de braver tous les risques. Le féminisme de notre temps trouve là du grain à moudre. Il faut bien convenir que l'accent ne porte pas sur le comportement de la reine, mais sur celui, insensé, du roi.

UN PROBLÈME POLITIQUE DE LA PLUS HAUTE IMPORTANCE

Le roi a perdu la face. Il ne l'a pas perdue en privé ; il ne s'agit pas d'une simple querelle conjugale. Il est humilié en public, non seulement devant tous les hommes, ses propres invités, mais aussi devant toutes les femmes qui participent au banquet de la reine. L'incident revêt donc une dimension politique de premier plan puisqu'il touche non seulement la royauté, mais l'ensemble du peuple. Il requiert par conséquent une solution de même nature. Et c'est pourquoi le roi convoque tous les spécialistes de jurisprudence et de droit.

RIEN MOINS QU'UN ÉDIT ROYAL

La réaction de la reine semble avoir dégrisé le roi. Arraché aux brumes de l'ivresse, il retrouve la voie de la sagesse. Et la sagesse d'un roi se vérifie sur sa capacité d'en référer aux plus compétents de ses sujets, les sages, ceux qui connaissent l'histoire du royaume et de ses vicissitudes, ceux qui n'ignorent rien des questions juridiques. Toutefois, le roi a déjà compris que la question est si grave qu'il devra proclamer un édit qui, devant tout l'empire, sanctionnera la désobéissance de la reine.

40 Texte hébreu : la première section (Est 1–2)

C. LA REINE VASHTI N'EXERCERA PLUS LA ROYAUTÉ

La troisième sous-séquence : 1,16-22

La sous-séquence comprend deux passages.

1. MEMOUKÂN CONSEILLE DE FAIRE UN ÉDIT POUR DÉTRÔNER VASHTI

Le premier passage : 1,16-20

TEXTE

1,16 Et dit Memoukân à la face du roi et des princes : « Pas au roi seul a fait-du-tort Vashti la reine   mais à tous les princes et à tous les peuples   qui (sont) dans toutes les provinces du roi Akhashvérosh   17 car sortira l'affaire de la reine vers toutes les femmes   pour les faire-mépriser leurs maris à leurs yeux en disant : "Le roi Akhashvérosh avait dit   de faire-venir Vashti la reine devant sa face   et point n'est venue."   18 Et en ce jour même   parleront les princesses de Perse et de Médie   qui ont entendu l'affaire de la reine   à tous les princes du roi   et cela causera mépris et fureur.   19 Si pour le roi (c'est) bon,   que sorte une parole de royauté de devant sa face   et que soit écrit dans les édits de Perse et de Médie et ne passe pas   que ne viendra plus Vashti   devant la face du roi Akhashvérosh   et que sa royauté (la) donne le roi   à une autre meilleure qu'elle.   20 Et sera entendu le décret du roi   lequel il a fait   dans tout son royaume   car il est grand lui :   et toutes les femmes donneront honneur à leurs maris   du (plus) grand et jusqu'au (plus) petit. »

V. 18E : « ET CELA CAUSERA »

Litt., « et comme suffit ». Cette expression se retrouve, par exemple, en Lv 25,26 qu'Osty rend ainsi : « et *trouve de quoi* opérer son rachat ». On pourrait paraphraser par « et ce qui suffirait à provoquer... ».

V. 20A : « LE DÉCRET »

D'origine persane, le substantif *pitgām* est utilisé aussi en hébreu (Qo 8,11) ; c'est un synonyme de « édit ».

COMPOSITION

| 1,[16] Et dit | Memoukân | *à la face* | DU ROI | ET DES PRINCES : |

: « Pas AU ROI	seul	a fait-du-tort	VASHTI	LA REINE
: mais à *tous*	LES PRINCES	et à *tous*	les peuples	
: qui (sont)	dans *toutes*	les provinces	DU ROI	Akhashvérosh,
.. [17] car sortira	L'AFFAIRE	DE LA REINE	vers *toutes*	LES FEMMES
.. pour les faire-mépriser	LEURS MARIS	à leurs yeux	en disant :	
+ "LE ROI	Akhashvérosh	avait dit		
+ de faire-venir	VASHTI	LA REINE	*devant sa face*	
– et point	n'est venue."			
: [18] Et en ce jour	même			
- parleront	LES PRINCESSES	de Perse	et de Médie	
- qui	ont entendu	L'AFFAIRE	DE LA REINE	
- à *tous*	LES PRINCES	DU ROI		
.. et cela causera	*mépris*	et fureur.		

:: [19] Si POUR LE ROI	(c'est) bon,			
:: que sorte	UNE PAROLE	DE ROYAUTÉ	*de devant sa face*	
:: et que soit écrit	dans les édits	de Perse	et de Médie	et ne passe pas
- que	ne viendra plus	VASHTI		
- *devant la face*	DU ROI	Akhashvérosh		
. et SA ROYAUTÉ	qu'il (la) donne	LE ROI		
. à une autre	meilleure	qu'elle.		
+ [20] Et sera entendu	le décret	DU ROI		
+ lequel	il a fait			
+ dans *tout*	SON ROYAUME			
+ car il est grand	lui :			
– et *toutes*	LES FEMMES	donneront	honneur	À LEURS MARIS
– du (plus) grand	et jusqu'au	(plus) petit. »		

Après l'unimembre de récit qui introduit le discours (16a), les deux parties principales sont de même longueur : chacune compte treize membres. La deuxième partie (16b-18) expose les conséquences prévisibles de la conduite de la reine ; dans la dernière partie vient la proposition d'une décision.

Dans la deuxième partie, le premier morceau (16b-17), le fait que l'action de Vashti concerne tout le monde dans le royaume (16bcd), est motivé dans les deux derniers segments par le discours (17cde) que tiendront les femmes à leurs maris (17ab). « Vashti (la reine) » revient dans chaque segment (16b.17a.d) ; « tous/toutes » est repris quatre fois dans les deux premiers segments et le nom du roi « Akhashvérosh » dans les segments extrêmes. Dans le deuxième morceau, deux unimembres encadrent un trimembre. Ce qui était dit de « toutes les femmes » (17a) dans le premier morceau est repris ici pour « les princesses » seulement (18b). Le « mépris » final (18e) renvoie à « pour les faire mépriser » de 17b. « Princes/princesses » revient en 16a ; 16c.18b.d).

Dans le premier morceau de la dernière partie, Memoukân propose que le roi émette « une parole » qui trouvera sa place parmi les « édits » (19abc) aux termes duquel Vashti sera détrônée (19de) et remplacée (19fg). Le second morceau expose les effets heureux d'un tel décret : il sera connu de tous (20abcd) et les femmes respecteront leurs maris (20ef).

« Tous/toutes les femmes » et « maris » se retrouvent aux extrémités (16cd. 17ab ; 20c.ef). Dans la dernière partie, « Vashti » (19d) a perdu son titre de « reine » (16b.17a.d). Le même terme est traduit par « affaire » dans la deuxième partie (17a.18c) et par « parole » dans la troisième (19b). « Devant ta/sa/la face » revient en 17d et en 19b.e, le nom du roi « Akhashvérosh » en 16d.17c et 19e.

Interprétation

Un péril immense

Dernier nommé des sept sages consultés, Memoukân prend la parole, exprimant sans doute l'opinion de tous ses collègues, car personne n'interrompt son discours. Sages et experts sont tous des hommes. Ils craignent à l'évidence que l'exemple de la reine ne soit suivi par toutes les femmes du royaume. Memoukân en est convaincu. Il insiste sur le fait que « tous les princes » et « tous les peuples » « dans toutes les provinces » vont se trouver méprisés par « toutes les femmes ». Il est aussi possible de comprendre que les paroles de Memoukân sont celles d'un courtisan. Il ne saurait se permettre de minimiser l'incident : ce serait rabaisser l'importance capitale du roi dont la conduite ne peut qu'être le modèle de celle de tous ses sujets.

Aux grands maux les grands remèdes

Un crime de lèse-majesté, dont, en outre, les conséquences seraient incalculables, mérite une solution radicale. Vashti a méprisé le roi, bien plus la royauté, elle n'en est donc plus digne. Du reste, il ne sera pas difficile de trouver une autre reine... Cette décision requiert un édit, de sorte qu'elle soit portée à la connaissance de tout un chacun dans le royaume. Et tout rentrera dans l'ordre de toujours, les femmes respectant leur mari, à tous les niveaux de la société.

Séquence A1 : 1,1-22   43

2. LE ROI SUIT LE CONSEIL ET PUBLIE SON ÉDIT

Le deuxième passage : 1,21-22

TEXTE

1,21 Et fut-bonne la parole   aux yeux du roi et des princes   et fit le roi selon la parole de Memoukân.   22 Et il envoya des lettres   vers toutes les provinces du roi,   vers province et province selon son écriture   et vers peuple et peuple selon sa langue,   afin que soit tout homme gouvernant dans sa maison   et parlant selon la langue de son peuple.

V. 22 : « ET IL ENVOYA [...]DE SON PEUPLE »

Le dernier verset ne se trouve pas dans la Septante.

V. 22F : « ET PARLANT SELON LA LANGUE DE SON PEUPLE »

Le dernier membre a fait difficulté et a donc donné lieu à plusieurs propositions de corrections. Il semble plus prudent de s'en tenir au texte massorétique.

COMPOSITION

+ 1,21 Et fut-bonne	*LA PAROLE*		
– aux yeux	DU ROI	et des princes	
– et fit	LE ROI		
+ selon *LA PAROLE*	de Memoukân.		
....			
– 22 Et il envoya	des lettres		
– *vers toutes*	*les provinces*	DU ROI,	
:: *vers province*	*et province*	selon son écriture	
:: *et vers peuple*	et peuple	*selon sa langue,*	
= afin que soit	tout homme	gouvernant	dans sa maison
= *ET PARLANT*	*selon la langue*	de son peuple,	

Les deux segments du premier morceau se correspondent de manière spéculaire, appréciation d'abord (21ab), acceptation ensuite (cd).

Les deux premiers segments du deuxième morceau sont liés par « vers toutes les provinces » et « vers province et province » (22bc), les deux derniers segments par les reprises de « peuple » et « selon sa langue » (22d.f). Le deuxième segment précise le premier, car les provinces se distinguent par leurs langues. Le dernier segment exprime le but de l'opération. Son second membre semble indiquer le moyen par lequel ce que dit le premier membre pourra se réaliser, ou se manifester : tout homme sera maitre dans sa maison s'il y impose sa propre langue.

« Roi » revient dans les deux morceaux (21bc ; 22b), « parlant » (22f) renvoie à « parole » (21a.d).

INTERPRÉTATION

SURPRISE FINALE

Ayant entendu le discours de Memoukân et le conseil précis qu'il donna, le lecteur pourrait être surpris que les lettres envoyées par le roi dans toutes les provinces de son empire ne mentionnent ni le crime de Vashti, ni sa répudiation. En réalité, si le narrateur n'en parle pas, c'est sans doute que cela va de soi. Il saute directement à l'effet que l'édit ne manquera pas d'avoir sur tous les sujets du royaume, comme Memoukân l'avait annoncé. Quoi qu'il en soit, le récit ne manque ni de piquant, ni d'une franche ironie.

UNE FINALE ÉNIGMATIQUE

La dernière proposition surprend. Non pas par son contenu, mais parce qu'on se demande ce qu'elle peut bien vouloir dire. Il n'est pas étonnant que plusieurs exégètes aient tenté de corriger un texte jugé incompréhensible. À s'en tenir à la lettre, il s'agirait du cas des couples mixtes, c'est-à-dire dont les conjoints n'appartiennent pas au même peuple et dont la langue maternelle est différente. Le mari devrait donc imposer sa propre langue chez lui, à toute sa maisonnée, à commencer, bien sûr, par sa femme. Toutefois, une telle consigne ne saurait s'appliquer à toute la population. Il est donc possible de penser à un usage métaphorique de l'expression, peut-être même à un dit proverbial. Imposer la langue de son peuple serait une manière de faire respecter les coutumes établies, avant tout celle qui veut que ce soit l'homme qui commande dans sa maison.

Séquence A1 : 1,1-22

3. La reine Vashti n'exercera plus la royauté

La troisième sous-séquence : 1,16-22

COMPOSITION

1,16 MEMOUKÂN dit en présence DU ROI et *des princes* : « Ce n'est pas au roi seulement que la reine Vashti a fait du tort, mais *à tous les princes* et À TOUS LES PEUPLES qui sont DANS TOUTES LES PROVINCES DU ROI Akhashvérosh, 17 car L'AFFAIRE de la reine sortira vers toutes les femmes pour les faire mépriser leurs maris à leurs yeux en disant : "Le roi Akhashvérosh avait dit de faire venir la reine Vashti en sa présence et elle n'est point venue." 18 Et en ce jour même, les princesses de Perse et de Médie qui ont entendu L'AFFAIRE de la reine parleront à *tous les princes* DU ROI et cela causera mépris et fureur.

19 *S'il parait bon pour* LE ROI, qu'UNE PAROLE de royauté sorte de sa présence et que ce soit écrit dans les édits de Perse et de Médie et que cela ne passe pas : que Vashti ne viendra plus en présence du roi Akhashvérosh et que le roi donne sa royauté à une autre meilleure qu'elle.
20 Et le décret que le roi a fait sera entendu DANS TOUT SON ROYAUME, car il est grand : *et toutes les femmes donneront honneur à leurs maris, depuis le plus grand et jusqu'au plus petit.* »

21 *Et parut bonne* LA PAROLE *aux yeux* DU ROI *et des princes* et le roi agit selon LA PAROLE de MEMOUKÂN.

22 Il envoya des lettres À TOUTES LES PROVINCES DU ROI, À CHAQUE PROVINCE selon son écriture et À CHAQUE PEUPLE selon sa langue, *afin que tout homme gouverne dans sa maison et parle selon la langue de son peuple.*

Les mêmes personnages se retrouvent dans les deux passages : le roi et les princes (16a.b.18c ; 21a) ainsi que le sage Memoukân (16a ; 21b). L'enjeu de l'affaire ne concerne pas moins que « tous les peuples » et « toutes les provinces » (16bc.20a ; 22ab).

« Et parut bonne la parole aux yeux du roi » au début du deuxième passage (21a) renvoie à « S'il parait bon pour le roi » au début de la dernière partie du premier passage (19a).

À la fin des deux passages, « le décret » est envoyé par « lettres » « dans tout le royaume » (20a ; 22ab). Dans le premier passage, le respect des femmes pour leur mari est présenté par Memoukân comme la conséquence de l'édit (20bc) ; dans le deuxième passage, au contraire, il est considéré par le roi comme son objectif, sa finalité (22cd).

INTERPRÉTATION

IN CAUDA VENENUM

C'est sans doute la fin de l'histoire qui permet d'en dévoiler le sens. L'édit que le roi envoya dans toutes les provinces de son pays, dument traduit dans toutes les langues de son immense empire, contient un ordre : dorénavant, tout homme devra gouverner dans sa maison. Il fallait donc un décret royal pour imposer une loi qui, à l'époque et dans cette région, ne devait être remise en question par personne ? La chose est difficilement concevable et c'est peut-être bien pour cette raison que le dernier verset ne se trouve pas dans la Septante. Il faut bien reconnaitre que cette finale ne manque pas de sel : le roi se ridiculise.

LA RÉALITÉ DÉPASSE LA FICTION

Memoukân n'avait pas conseillé au roi d'ordonner que les femmes respectent leur mari. L'édit qu'il préconisait contenait seulement la nouvelle de la répudiation de la reine qui serait remplacée. Que toutes les femmes donnent honneur à leur mari était présenté comme la conséquence de l'édit, pas du tout comme matière et sa finalité. Il est possible d'estimer que Memoukân avait indument monté en épingle un incident qui aurait pu être réglé localement, sans publicité, sans qu'il soit besoin d'un édit communiqué avec une telle solennité. À se demander si le sage Memoukân ne cherchait pas à se moquer du roi.

Séquence A1 : 1,1-22

D. VASHTI PERD LA COURONNE ROYALE

L'ensemble de la séquence A1 : 1,1-22

COMPOSITION

La séquence est formée de trois sous-séquences. Les sous-séquences extrêmes (2,1-11 ; 18-23) comprennent chacune deux passages ; la sous-séquence centrale n'en compte qu'un seul.

LE ROI AKHASHVÉROSH   FAIT MONTRE DE   SA ROYAUTÉ

UN BANQUET DE CENT-QUATRE-VINGTS JOURS	POUR TOUT LE ROYAUME	1,1-4
UN AUTRE BANQUET DE SEPT JOURS	POUR SUSE-LA-CITADELLE	5-9

LA REINE VASHTI REFUSE DE SE MONTRER	10-15

LA REINE VASHTI   N'EXERCERA PLUS   LA ROYAUTÉ

MEMOUKÂN	CONSEILLE AU ROI DE FAIRE UN ÉDIT POUR DÉTRÔNER VASHTI	16-20
LE ROI	SUIT LE CONSEIL ET PUBLIE SON ÉDIT DANS TOUT LE ROYAUME	21-22

48   Texte hébreu : la première section (Est 1–2)

LES RAPPORTS ENTRE LES TROIS SOUS-SÉQUENCES

1,[1] C'était aux jours d'AKHASHVÉROSH, cet AKHASHVÉROSH qui **régnait** depuis l'Inde et jusqu'à l'Éthiopie sur cent-vingt-sept provinces. [2] En ces jours-là, quand **le roi** AKHASHVÉROSH siégeait sur le trône de sa **royauté** qui était à Suse-la-Citadelle, [3] la troisième année de son **règne**, il fit un banquet pour tous ses PRINCES et ses serviteurs, l'armée *de Perse et de Médie*, les nobles et les PRINCES des provinces devant lui, [4] pour leur faire voir la richesse de la gloire de son **règne** et l'éclat de la splendeur de sa grandeur, durant de nombreux jours, cent-quatre-vingts jours.

[5] Ces jours-là étant remplis, **le roi** fit pour tout le peuple qui se trouvait à Suse-la-Citadelle, du plus grand au plus petit, un banquet de sept jours dans la cour du jardin du palais du **roi**. [6] Dentelle, mousseline et pourpre étaient retenues par des cordelettes de lin et d'écarlate à des anneaux d'argent et des colonnes d'albâtre ; il y avait des lits d'or et d'argent sur un pavement de jade et d'albâtre et de nacre et de jais. [7] Et on servait à boire dans des coupes d'or et chaque coupe était différente des autres, et le vin du **royaume** était abondant selon la main du **roi**. [8] Et selon l'**ÉDIT** la boisson était sans limite, car c'est ainsi que **le roi** avait ordonné à tous les maitres de sa maison de faire selon la volonté de chaque homme. [9] La reine VASHTI aussi fit un banquet pour les femmes dans la maison de **royauté** du **roi** AKHASHVÉROSH.

[10] Au septième jour, comme le cœur du **roi** était bien à cause du vin, il dit à Mehoumân, Bizta, Harbona, Bigta et Avagta, Zétar et Karkas, les sept eunuques qui servent devant la face du **roi** AKHASHVÉROSH, [11] de faire venir LA REINE VASHTI devant la face du **roi** avec la couronne de la **royauté**, pour faire voir aux peuples et aux PRINCES sa beauté, car elle était belle à voir. [12] Mais la reine VASHTI refusa de venir selon la parole du **roi** transmise par les eunuques, et **le roi** s'irrita beaucoup et sa colère s'enflamma en lui.

[13] Et **le roi** dit aux sages, connaissant les temps, car c'est ainsi qu'allait la parole du **roi** devant la face de tous ceux qui connaissaient ÉDIT et droit. [14] Et proches de lui étaient Karshena, Shétar, Admata, Tarshish, Mérès, Marsena, Memoukân, les sept PRINCES *de Perse et de Médie* qui voyaient la face du **roi** et siégeaient au premier rang dans le **royaume** : [15] « Comme **ÉDIT**, que faire à la reine VASHTI du fait qu'elle n'a pas fait la parole du **roi** AKHASHVÉROSH transmise par les eunuques ? »

[16] Memoukân dit à la face du **roi** et des PRINCES : « Ce n'est pas seulement au **roi** que la reine VASHTI a fait du tort, mais à tous les PRINCES et à tous les peuples qui sont dans toutes les provinces du **roi** AKHASHVÉROSH, [17] car l'affaire de la reine sortira vers toutes les femmes pour les faire mépriser leurs maris à leurs yeux en disant : "Le **roi** AKHASHVÉROSH avait dit de faire venir la reine VASHTI devant sa face et elle n'est pas venue." [18] Et en ce jour même, les princesses *de Perse et de Médie* qui ont entendu l'affaire de la reine parleront à tous les PRINCES du **roi**, et cela causera mépris et fureur. [19] Si cela parait bon au **roi**, qu'une parole de **royauté** sorte de sa face et que soit écrit dans les **ÉDITS** *de Perse et de Médie* et que cela ne passera pas : que VASHTI ne viendra plus devant la face du **roi** AKHASHVÉROSH et que **le roi** donne sa **royauté** à une de ses compagnes meilleure qu'elle. [20] Et le décret que **le roi** a fait soit entendu dans tout son **royaume**, car il est grand ; et toutes les femmes donneront honneur à leurs maris du plus grand au plus petit. »

[21] Cette parole parut bonne aux yeux du **roi** et des PRINCES et **le roi** agit selon la parole de Memoukân. [22] Il envoya des lettres à toutes les provinces du **roi**, à chaque province selon son écriture et à chaque peuple selon sa langue, afin de tout homme gouverne dans sa maison et parle selon la langue de son peuple.

Séquence A1 : 1,1-22   49

Les trois sous-séquences s'enchainent du point de vue narratif :

– la deuxième sous-séquence rapporte ce qui arrive le dernier jour du banquet de sept jours offert par le roi Akhashvérosh aux habitants de Suse ;
– la troisième sous-séquence contient la réponse et la réaction à la question posée par le roi à ses sages.

Les termes qui sont repris dans les trois sous-séquences sont les suivants :

– le nom du roi « Akhashvérosh » est repris en 1a bis.2a.9b ; 10c.15b ; 16c. 17b.19c ;
– celui de « la reine (Vashti) » en 9a ; 11a.12a.15a ; 16ab.17a.bc.18b.19b ;
– les termes de la racine *mlk*, « roi/reine », « royauté/règne », « régner », sont évidemment très nombreux : 1a.2a.b.3a.4a.5a.b.7b bis.8b.9a.b bis ; 10a.c.11a bis.11b.12a bis.12b.13a bis.14c.d.15a.b ; 16a ter.16c.17a.17b bis.18b bis.18b bis.19a bis.19c ter.20a bis.21a bis.22a ;
– « princes » : 3b.c ; 11b.14b ; 16a.b.18b.21a ;
– « de Perse et de Médie » revient en 3b ; 14bc ; 18ab.19b ;
– « édit(s) » : 8b ; 13b.15a ; 19b.

50   Texte hébreu : la première section (Est 1–2)

LES RAPPORTS ENTRE LES DEUX PREMIÈRES SOUS-SÉQUENCES

1,[1] C'était aux jours d'AKHASHVÉROSH, cet AKHASHVÉROSH qui régnait depuis l'Inde et jusqu'à l'Éthiopie sur cent-vingt-SEPT provinces. [2] En ces jours-là, quand le roi AKHASHVÉROSH SIÉGEAIT sur le trône de sa royauté qui était à Suse-la-Citadelle, [3] la troisième année de son règne, il fit un banquet pour tous ses PRINCES et ses serviteurs, l'armée *de Perse et de Médie*, les nobles et les PRINCES des *provinces* devant lui, [4] pour leur faire voir la richesse de la gloire de son règne et l'éclat de la splendeur de sa grandeur, durant de nombreux jours, cent-quatre-vingts jours.

[5] Ces jours-là étant remplis, le roi fit pour tout le peuple qui se trouvait à Suse-la-Citadelle, du plus grand au plus petit, un banquet de SEPT jours dans la cour du jardin du palais du roi. [6] Dentelle, mousseline et pourpre étaient retenues par des cordelettes de lin et d'écarlate à des anneaux d'argent et des colonnes d'albâtre ; il y avait des lits d'or et d'argent sur un pavement de jade et d'albâtre et de nacre et de jais. [7] Et on servait à boire dans des coupes d'or et chaque coupe était différente des autres, et le VIN du royaume était abondant selon la main du roi. [8] Et selon l'ÉDIT la boisson était sans limite, car c'est ainsi que le roi avait ordonné à tous les maitres de sa maison de faire selon la volonté de chaque homme. [9] La reine VASHTI aussi fit un banquet pour les femmes dans la maison de royauté du roi AKHASHVÉROSH.

---

[10] Au SEPTIÈME jour, comme le cœur du roi était bien à cause du VIN, il dit à Mehoumân, Bizta, Harbona, Bigta et Avagta, Zétar et Karkas, les SEPT eunuques qui servent devant la face du roi AKHASHVÉROSH, [11] de faire venir la reine VASHTI devant la face du roi avec la couronne de la royauté, pour faire voir aux peuples et aux PRINCES sa beauté, car elle était belle à voir. [12] Mais la reine VASHTI refusa de venir selon la parole du roi transmise par les eunuques, et le roi s'irrita beaucoup et sa colère s'enflamma en lui. [13] Et le roi dit aux sages, connaissant les temps, car c'est ainsi qu'allait la parole du roi devant la face de tous ceux qui connaissaient ÉDIT et droit. [14] Et proches de lui étaient Karshena, Shétar, Admata, Tarshish, Mérès, Marsena, Memoukân, les SEPT PRINCES *de Perse et de Médie* qui voyaient la face du roi et SIÉGEAIENT au premier rang dans le royaume : [15] « Comme ÉDIT, que faire à la reine VASHTI du fait qu'elle n'a pas fait la parole du roi AKHASHVÉROSH transmise par les eunuques ? »

La sous-séquence centrale se passe « le septième jour » des banquets dont il est question dans le deuxième passage de la première sous-séquence (5-9).

– Les deux passages de la première sous-séquence et la sous-séquence centrale commencent avec une notation de temps où revient le mot « jours » ;

– les termes de la racine *mlk*, « roi/reine », « régner », « royaume/royauté » sont nombreux ; « (le roi) Akhashvérosh » revient en 1a bis.2a.9b ; 10c.15b ; « la reine Vashti » : 9a ; 11a.12a.15a ;

– « princes » : 3b.c ; 11b.14b ;

– « de Perse et de Médie » : 3b ; 14c ;

– « sept(ième) » est repris en 1b.5b ; 10a.b.14b ;

– « vin » revient en 7b et 10a ;

– « édit » : 8b ; 13b ;

– « siéger » : 2a ; 14c.

Séquence A1 : 1,1-22

LES RAPPORTS ENTRE LES DEUX DERNIÈRES SOUS-SÉQUENCES

> [10] Au septième jour, comme le cœur du roi était bien à cause du vin, il dit à Mehoumân, Bizta, Harbona, Bigta et Avagta, Zétar et Karkas, les **sept** eunuques qui servent *devant la face du* roi AKHASHVÉROSH, [11] de faire venir LA REINE VASHTI *devant la face du roi* avec la couronne de la royauté, pour faire voir aux peuples et aux PRINCES sa beauté, car elle était belle à voir. [12] Mais LA REINE VASHTI refusa de venir selon la PAROLE du roi transmise par les eunuques, et le roi s'irrita beaucoup et sa colère s'enflamma en lui.
>
> [13] Et le roi dit aux sages, connaissant les temps, car c'est ainsi qu'allait la PAROLE du roi *devant la face* de tous ceux qui connaissaient ÉDIT et droit. [14] Et proches de lui étaient Karshena, Shétar, Admata, Tarshish, Mérès, Marsena, MEMOUKÂN, les sept PRINCES *de Perse et de Médie* qui voyaient *la face du roi* et siégeaient au premier rang dans le royaume : [15] « Comme ÉDIT, que faire à LA REINE VASHTI du fait qu'elle n'a pas fait la PAROLE du roi AKHASHVÉROSH transmise par les eunuques ? »

> [16] MEMOUKÂN dit à *la face du roi* et des PRINCES : « Ce n'est pas seulement au roi que LA REINE VASHTI a fait du tort, mais à tous les PRINCES et à tous les peuples qui sont dans toutes les provinces du roi AKHASHVÉROSH, [17] car l'affaire de LA REINE sortira vers toutes les femmes pour les faire mépriser leurs maris à leurs yeux en disant : "Le roi AKHASHVÉROSH avait dit de faire venir LA REINE VASHTI *devant sa face* et elle n'est pas venue." [18] Et en ce jour même, les princesses *de Perse et de Médie* qui ont entendu L'AFFAIRE de LA REINE parleront à tous les PRINCES du roi, et cela causera mépris et fureur. [19] Si cela parait bon au roi, qu'une PAROLE de royauté sorte *de sa face* et que soit écrit dans les ÉDITS *de Perse et de Médie* et que cela ne passera pas : que VASHTI ne viendra plus *devant la face du* roi AKHASHVÉROSH et que le roi donne sa royauté à une de ses compagnes meilleure qu'elle. [20] Et le décret que le roi a fait soit entendu dans tout son royaume, car il est grand ; et toutes les femmes donneront honneur à leurs maris du plus grand au plus petit. »
>
> [21] Cette PAROLE parut bonne aux yeux du roi et des PRINCES et le roi agit selon la PAROLE de MEMOUKÂN. [22] Il envoya des lettres à toutes les provinces du roi, à chaque province selon son écriture et à chaque peuple selon sa langue, afin de tout homme gouverne dans sa maison et parle selon la langue de son peuple.

La dernière sous-séquence donne la réponse à la question par laquelle s'achevait la sous-séquence centrale.
– « Memoukân » revient en 14b ; 16a.21b ;
– « (le roi) Akhashvérosh » : 10c.15b ; 16c.17b.19c ;
– « (devant) la/ta/sa face (du roi) » : 10bc.11a.13b.14c ; 16a.17c.19a.c ;
– « (la reine) Vashti » : 11a.12a.15a ; 16ab.17a.b.18b.19b ;
– « princes » : 11b.14b ; 16a.b.18b.21a ;
– « de Perse et de Médie » ; 14bc ; 18ab.19b ;
– « affaire/parole » (*dābār*) : 12a.13a.15a ; 18a.19a.21a bis ;
– « édit(s) » : 13b.15a ; 19b.

52   Texte hébreu : la première section (Est 1–2)

LES RAPPORTS ENTRE LES SOUS-SÉQUENCES EXTRÊMES

1,[1] C'était aux jours d'AKHASHVÉROSH, cet AKHASHVÉROSH qui régnait depuis l'Inde et jusqu'à l'Éthiopie sur cent-vingt-sept PROVINCES. [2] En ces jours-là, quand le roi AKHASHVÉROSH siégeait sur le trône de sa royauté qui était à Suse-la-Citadelle, [3] la troisième année de son règne, il fit un banquet pour tous ses PRINCES et ses serviteurs, l'armée *de Perse et de Médie*, les nobles et les PRINCES des PROVINCES devant lui, [4] pour leur faire voir la richesse de la gloire de son règne et l'éclat de la splendeur de sa grandeur, durant de nombreux jours, cent-quatre-vingts jours.

[5] Ces jours-là étant remplis, le roi fit pour tout le peuple qui se trouvait à Suse-la-Citadelle, du plus grand au plus petit, un banquet de sept jours dans la cour du jardin du palais du roi. [6] Dentelle, mousseline et pourpre étaient retenues par des cordelettes de lin et d'écarlate à des anneaux d'argent et des colonnes d'albâtre ; il y avait des lits d'or et d'argent sur un pavement de jade et d'albâtre et de nacre et de jais. [7] Et on servait à boire dans des coupes d'or et chaque coupe était différente des autres, et le vin du royaume était abondant selon la main du roi. [8] Et selon l'ÉDIT la boisson était sans limite, car c'est ainsi que le roi avait ordonné à tous les maitres de sa maison de faire selon la volonté de chaque homme. [9] La reine VASHTI aussi fit un banquet pour les femmes dans la maison de royauté du roi AKHASHVÉROSH.

[...]

[16] Memoukân dit à la face du roi et des PRINCES : « Ce n'est pas seulement au roi que la reine VASHTI a fait du tort, mais à tous les PRINCES et à tous les peuples qui sont dans toutes les PROVINCES du roi AKHASHVÉROSH, [17] car l'affaire de la reine sortira vers toutes les femmes pour les faire mépriser leurs maris à leurs yeux en disant : "Le roi AKHASHVÉROSH avait dit de faire venir la reine VASHTI devant sa face et elle n'est pas venue." [18] Et en ce jour même, les princesses *de Perse et de Médie* qui ont entendu l'affaire de la reine parleront à tous les PRINCES du roi, et cela causera mépris et fureur. [19] Si cela parait bon au roi, qu'une parole de royauté sorte de sa face et que soit écrit dans les ÉDITS *de Perse et de Médie* et que cela ne passera pas : que VASHTI ne viendra plus devant la face du roi AKHASHVÉROSH et que le roi donne sa royauté à une de ses compagnes meilleure qu'elle. [20] Et le décret que le roi a fait soit entendu dans tout son royaume, car il est grand ; et toutes les femmes donneront honneur à leurs maris du plus grand au plus petit. »

[21] Cette parole parut bonne aux yeux du roi et des PRINCES et le roi agit selon la parole de Memoukân. [22] Il envoya des lettres à toutes les PROVINCES du roi, à chaque PROVINCE selon son écriture et à chaque peuple selon sa langue, afin de tout homme gouverne dans sa maison et parle selon la langue de son peuple.

– Le nom du roi « Akhashvérosh » est repris en 1a bis.2a.9b ; 16c.17b.19c ;
– celui de « la reine (Vashti) » en 9a ; 16a.17a.b.18b.19b ;
– les termes de la racine *mlk*, « roi/reine », « royauté/règne », « régner », sont évidemment très nombreux ;
– « princes » : 3b.c ; 16a.b.18b.21a ;
– « de Perse et de Médie » revient en 3b ; 18a.19b ;
– « édit(s) » : 8b ; 19b ;
– « province(s) » : 1b.3c ; 16b.22a bis ;
– « du plus grand au plus petit » dans les passages médians : 5b ; 20b.

Séquence A1 : 1,1-22   53

INTERPRÉTATION

UN CONTE FANTASTIQUE

Dès le début, le ton est donné. Avec ce banquet qui, dans tout l'immense empire du roi Akhashvérosh, se prolonge pendant six mois, chacun comprend que ce ne sont pas les actes officiels d'un royaume réel qui sont rapportés. Il s'agit, à l'évidence, d'un conte, et d'un conte fantastique, d'un conte oriental. Celui-ci met en scène un monarque affecté d'une mégalomanie exacerbée. Il faut dire que les dimensions de son royaume dépassent tout ce qu'on pourrait imaginer. Il n'est donc pas étonnant que ce roi ait perdu la tête, que le sens des limites lui fasse défaut. Est significatif à ce propos que le vin coule à flots, sans la moindre retenue.

LE COUP D'ARRÊT DE LA REINE

Enivré par le vin, mais surtout par le sentiment de sa toute-puissance, le roi ne se sent plus tenu par quoi que ce soit. Tout lui appartient, tous lui sont soumis. Arrivé au sommet du banquet offert dans un luxe inouï aux hommes de la capitale, il veut finir dans une apothéose digne de lui : faire éclater la gloire de sa splendeur en exhibant la beauté de la reine son épouse. Coup de tonnerre dans un ciel serein : la reine refuse. Elle pose une limite à l'omnipotence du roi son mari. Manifestement, l'homme ne s'y attendait pas le moins du monde ! Un minuscule grain de sable bloque soudain toute la machine emballée. Le roi tout à coup est dégrisé.

QUE FAIRE ?

Akhashvérosh aurait pu minimiser l'incident, le ramener à ses justes dimensions, celles d'une simple escarmouche conjugale. Au contraire, il le monte en épingle, ne souffrant pas la moindre atteinte à sa dignité devant ses invités. Il a décidé que l'affaire le dépasse, que le refus de la reine met en péril sa royauté, qu'il est obligé d'émaner rien moins qu'un édit. Il lui faut réagir officiellement. Mais ce roi, qui se croit tout-puissant, ne peut rien décider seul : il doit consulter sages et juristes. Car telle est la coutume à laquelle il ne saurait se dérober.

LE ROI PERD LA FACE

Pour sauvegarder son image, celle qu'il se fait de lui-même, celle qu'il veut offrir à tout son royaume, le roi va perdre la face. Memoukân, le dernier des sept sages, entre dans son jeu et, sans qu'il s'en rende compte, va le ridiculiser. Le roi veut un édit ? Il l'aura. Et tous, de l'Inde à l'Éthiopie, sauront qu'il s'est montré incapable de se faire respecter par sa femme. La sage grossit l'affaire jusqu'à lui faire atteindre une importance délirante. Elle ne concerne pas que le roi, mais tous les princes et tous les peuples. Toutes les femmes du royaume se rebelleront contre leurs maris qui seront tous méprisés. Voilà ce qu'il faut éviter à tout prix. Au terme d'un tel discours, convaincu de la gravité d'un tel danger, le roi ordonne de manière solennelle que, dans chaque province et dans tous les peuples du royaume, tout homme gouverne dans sa maison. Et pour que la mesure du ridicule soit dépassée, il ajoute que dans sa maison le mari « parle la langue de son peuple ».

II. Esther reçoit la couronne royale

La séquence A2 : 2,1-23

La deuxième séquence de la première section comprend trois sous-séquences. Chacune des sous-séquences extrêmes (2,1-11 ; 18-23) comprend deux passages, tandis que la sous-séquence centrale n'en compte qu'un seul.

LA PUPILLE DE MARDOCHÉE   CANDIDATE À   LA ROYAUTÉ

QUE L'ON SÉLECTIONNE	LES PLUS BELLES FILLES DU ROYAUME	2,1-4
ESTHER EST RETENUE PARMI	LES PLUS BELLES FILLES DU ROYAUME	5-11

ESTHER DEVIENT REINE À LA PLACE DE VASHTI	12-17

LA PUPILLE DE MARDOCHÉE   EXERCE   LA ROYAUTÉ

LA REINE ESTHER	CONTINUE À OBÉIR À SON TUTEUR MARDOCHÉE	18-20
LA REINE ESTHER	TRANSMET AU ROI LE MESSAGE DE MARDOCHÉE	21-23

A. LA PUPILLE DE MARDOCHÉE CANDIDATE À LA ROYAUTÉ

La première sous-séquence : 2,1-11

La sous-séquence comprend deux passages.

1. QUE L'ON SÉLECTIONNE LES PLUS BELLES FILLES DU ROYAUME

Le premier passage : 2,1-4

COMPOSITION

+ 2,[1] Après	CES CHOSES-	là,	
+ quand se fut apaisée	la fureur	DU ROI	Akhashvérosh,
:: il se souvint	de VASHTI	et de ce qu'	elle avait fait
:: et de ce qui	avait été décrété	contre elle.	

+ [2] Et dirent	les jeunes-gens	DU ROI	ses officiants :
– « Qu'on cherche	pour LE ROI	des jeunes-filles	vierges
.. *belles*	*à voir* ;		
- [3] que commissionne	LE ROI	des commissaires	
- dans toutes	les provinces	de son royaume.	
– Et qu'ils rassemblent	toutes	les jeunes-filles	vierges
.. *belles*	*à voir*,		
- à Suse-	la-Citadelle,	à la maison	*des femmes*,
- sous la main	de Hégaï,	l'eunuque	DU ROI,
- gardien	*des femmes*,	et qu'on donne	leurs onguents ;
= [4] et la jeune-fille	laquelle	*SERA-BONNE*	
= AUX YEUX	DU ROI		
= RÈGNERA	à la place	de VASHTI. »	

+ Et *FUT-BONNE*	LA PAROLE	
+ AUX YEUX	DU ROI	
= et il fit	ainsi.	

La première partie rappelle que Vashti a été privée de la royauté. Dans la deuxième, les officiants du roi lui disent comment trouver une jeune fille qui la remplacera ; et dans la dernière, le roi suit ce conseil.

La première partie commence par un complément de temps accompagné d'une temporelle (1ab), qui sont suivis de la principale et de ses compléments (1cd). Même quand sa fureur est passée, le roi ne se souvient que de la conduite de Vashti et de son sort.

Dans la deuxième partie, le long discours des serviteurs du roi s'organise en deux morceaux. Le roi doit d'abord faire chercher de belles jeunes filles (2bc) partout dans le royaume (3ab) ; quand celles-ci auront été rassemblées à Suse et confiées à l'eunuque chargé des femmes (3c-g), le roi pourra choisir parmi elles celle qui succèdera à Vashti (4abc).

Le même terme (*dābār*), traduit par « choses » et par « parole », marque le début des parties extrêmes (1a.4d). Les deux dernières parties sont agrafées par la reprise de « être-bonne » (4a.d) et de « aux yeux du roi » (4b.e).

INTERPRÉTATION

LE RESSENTIMENT

Avec le temps, la fureur d'Akhashvérosh contre Vashti a fini par s'apaiser. Cependant, le roi semble incapable de tourner la page. Il ne peut s'arrêter de ressasser l'affront qu'elle lui a fait et la décision qui a été prise à son encontre. Alors, pour l'arracher à sa rancœur et à son obsession, les jeunes gens qui l'assistent prennent l'initiative de lui proposer une solution.

UN CONCOURS DE BEAUTÉ

Vashti était très belle et le roi, son époux, en était extrêmement fier. Or, il ne manque pas, dans toutes les provinces du royaume, de jeunes filles « belles à voir ». Que le roi donne donc des ordres pour que toutes soient rassemblées dans la capitale, sous la garde de l'eunuque chargé de la maison des femmes. Pour parfaire et exalter leur beauté, des onguents leur seront donnés. Et le roi n'aura que l'embarras du choix pour trouver une reine qui remplacera Vashti.

UN ROI QUI ÉCOUTE LES CONSEILS

Ce roi a certes le mérite d'écouter les conseils qu'on lui donne, mais il ne semble pas doué pour la réflexion personnelle : il faut que ses subalternes lui soufflent des solutions pour résoudre des problèmes qu'il est incapable d'affronter par lui-même. Il ne fait preuve ni d'imagination ni d'initiative. Et l'on pourrait même se demander s'il n'aurait pas aussi bien suivi un avis contraire à celui qu'il a accepté sans discuter.

58 Texte hébreu : la première section (Est 1–2)

2. ESTHER EST RETENUE PARMI LES PLUS BELLES FILLES DU ROYAUME

Le deuxième passage : 2,5-11

TEXTE

V. 5D-6A : « HOMME BENJAMINITE, LEQUEL... »

Ce syntagme et le relatif qui le suit renvoient à Qish, le nom propre le plus proche. C'est ce dernier qui fut déporté par Nabuchodonosor, l'action de son arrière-petit-fils Mardochée étant située sous Xerxès, bien longtemps après la déportation.

V. 9GH : « ET IL LA TRANSFÉRA... »

Certains préfèrent comprendre ce verbe, comme le fait la Septante, dans le sens de « élever ».

V. 10A : « SA PARENTÉ »

Litt. « sa naissance, son engendrement ». « Le pays de la naissance » désigne le pays natal, la patrie (Gn 11,28 ; 24,7 ; Jr 22,10). En Gn 12,1 (« Va-t'en de ton pays, *de ta naissance*, de la maison de ton père, vers le pays que je te montrerai »), le sens de *môledet* est très proche de celui de « ton pays » et « la maison de ton père ». En Est 8,6 certains traduisent ce terme, qui est mis en parallèle avec « mon peuple », par « ma race ».

COMPOSITION

La première partie introduit les personnages de Mardochée et d'Esther. Le premier morceau présente Mardochée. Avec « juif » et « Suse-la-Citadelle » l'unimembre annonce la suite : le premier trimembre donne son nom et sa généalogie de juif benjaminite, le trimembre suivant, rapportant la déportation de son ancêtre, explique pourquoi ce juif ne se trouve pas à « Jérusalem », mais déporté à Suse. Le second morceau présente Esther en relation avec son parent Mardochée, son tuteur car elle est orpheline (7abc.fg), le segment central louant sa beauté (7de). Le nom de « Mardochée » revient aux extrémités (5b.7g) ; les deux occurrences de « fille » (7b.g) correspondent aux trois occurrences de « fils » (5bc).

Dans le premier morceau de la deuxième partie, après l'unimembre initial temporel, les deux segments suivants sont parallèles : une fois les jeunes filles réunies « à Suse », Esther est prise « à la maison du roi » (8b.d), sous la responsabilité de Hégaï (8c.e). Tout le second morceau est consacré à Esther : la jeune fille trouve grâce aux yeux du gardien des femmes (9ab), il la comble (9cde) et l'installe dans un meilleur lieu (9fg). Les membres extrêmes commencent par des mots de même racine, les deux derniers segments

Séquence A2 : 2,1-23

s'achèvent par « la maison du roi/des femmes » (9e.g). D'un morceau à l'autre, « jeune(s)-fille(s) » est repris au début (8b.9a), puis « maison du roi » (8d.9d) et les deux occurrences de « des femmes » jouent le rôle de termes finaux (8e.9g).

+ 2,[5] Un homme	juif	était	à Suse-	la-Citadelle
. et son nom	MARDOCHÉE,	FILS	de Yaïr,	
. FILS	de Shiméï,	FILS	de Qish,	
. homme	benjaminite,			
- [6] lequel	avait été déporté	de Jérusalem	avec la déportation,	
- laquelle	avait été déportée	avec Jékonias	roi	de Juda,
- laquelle	avait déporté	Nabuchodonosor	roi	de Babylone.
− [7] Et il était	tuteur	de Hadassa,		
+ elle (est)	ESTHER	FILLE	de son oncle,	
− car pas	à elle	père	ni mère	
:: et LA JEUNE-FILLE	(était) belle	d'aspect		
:: et bonne	à voir			
− et à la mort	de son père	et de sa mère		
+ la prit	MARDOCHÉE	pour lui	comme FILLE.	

:: [8] Et il fut	quand furent obéis	la parole	DU ROI	et son édit
: et rassemblées	LES JEUNES-FILLES	à Suse-	la-Citadelle	
.. sous la main	de Hégaï			
: et fut prise	ESTHER	À LA MAISON	DU ROI	
.. sous la main	de Hégaï	gardien	des femmes.	
: [9] Et fut-bonne	LA JEUNE-FILLE	à ses yeux		
: et suscita	faveur	à sa face		
- et il se hâta	ses onguents	et ses portions	de donner	à elle
- et sept	JEUNES-FILLES	en vue	de donner	à elle
- DE LA MAISON	DU ROI			
. et il la transféra	et ses jeunes-filles			
. dans la bonne	MAISON	des femmes.		

- [10] N'avait pas dit	ESTHER	son peuple	et sa parenté
- car MARDOCHÉE	avait ordonné	à elle	
- que	elle ne dise pas ;		
. [11] et chaque	jour	et jour	
. MARDOCHÉE	allait-et-venait		
. devant	la cour	DE LA MAISON	des femmes
.. pour connaitre	la santé	d'ESTHER	
.. et ce qui	était fait	à elle.	

60 — Texte hébreu : la première section (Est 1–2)

+ 2,[5] Un homme	juif	était	à Suse-	la-Citadelle
. et son nom	*MARDOCHÉE*,	**FILS**	de Yaïr,	
. **FILS**	de Shiméï,	**FILS**	de Qish,	
. homme	benjaminite,			
- [6] lequel	*avait été déporté*	de Jérusalem	*avec la déportation,*	
- laquelle	*avait été déportée*	avec Jékonias	roi	de Juda,
- laquelle	*avait déporté*	Nabuchodonosor	roi	de Babylone.
— [7] Et il était	tuteur	de Hadassa,		
+ elle (est)	**ESTHER**	**FILLE**	de son oncle,	
— car pas	à elle	*père*	*ni mère*	
:: et LA JEUNE-FILLE	(était) belle	d'aspect		
:: et bonne	à voir			
— et à la mort	*de son père*	*et de sa mère*		
+ la prit	*MARDOCHÉE*	pour lui	comme **FILLE**.	

:: [8] Et il fut	quand furent obéis	la parole	DU ROI	et son édit
: et rassemblées	LES JEUNES-FILLES	à Suse-	la-Citadelle	
.. *sous la main*	*de Hégaï*			
: et fut prise	**ESTHER**	À LA MAISON	DU ROI	
.. *sous la main*	*de Hégaï*	gardien	*des femmes.*	
: [9] Et parut-bonne	LA JEUNE-FILLE	à ses yeux		
: et suscita	faveur	à sa face		
- et il se hâta	ses onguents	et ses portions	de donner	à elle
- et sept	JEUNES-FILLES	en vue	de donner	à elle
- DE LA MAISON	DU ROI			
. et il la transféra	et ses jeunes-filles			
. dans la bonne	MAISON	*des femmes.*		

- [10] *N'avait pas dit*	**ESTHER**	son peuple	et sa parenté
- car *MARDOCHÉE*	avait ordonné	à elle	
- que	*elle ne dise pas ;*		
. [11] et chaque	jour	et jour	
. *MARDOCHÉE*	allait-et-venait		
. devant	la cour	DE LA MAISON	*des femmes*
.. pour connaitre	la santé	d'**ESTHER**	
.. et ce qui	était fait	à elle.	

Dans la dernière partie, les deux derniers segments, qui forment une seule phrase, s'opposent en quelque sorte au premier : Mardochée ne veut pas que l'on sache qu'Esther est juive, mais il veut connaitre ce qui lui arrive. Le nom de « Mardochée » revient dans les deux premiers segments, celui d'« Esther » aux extrémités.

Le nom de Mardochée revient deux fois dans les parties extrêmes et il est, en quelque sorte, remplacé par celui de Hégaï qui revient deux fois dans la partie centrale.

CONTEXTE

LES NOMS PROPRES

Bien qu'ils soient juifs, les principaux personnages, Mardochée et Esther, portent des noms à consonance païenne. Celui de Mardochée ressemble à celui de Mardouk, le dieu babylonien. Quant à Esther, son nom est fort proche de celui de la déesse Ishtar ; son nom hébreu « Hadassa » signifie « myrte ».

LA LOI DU RACHAT

Quand un membre de la famille se trouve dépourvu, son plus proche parent a le droit et le devoir de « rachat », de « rédemption » (g^e '*ûlâ*), il est son « goël ». Si l'homme en difficulté se voit contraint de vendre son champ, son goël a le devoir de le lui racheter pour que le champ ne sorte pas de la famille (Lv 25,25-28) ; s'il est réduit en esclavage, son goël se doit de le racheter (Lv 25,47-55). C'est pourquoi Mardochée prend soin de sa cousine Esther, la traitant comme sa propre fille.

INTERPRÉTATION

DES JUIFS INTÉGRÉS

Mardochée est l'arrière-petit-fils de Qish, benjaminite déporté à Babylone par Nabuchodonosor après la prise de Jérusalem et la destruction de toutes les institutions d'Israël en 597. Après tant d'années, comme bien d'autres exilés, Mardochée est devenu ce qu'on appelle aujourd'hui un juif intégré. Son nom, comme celui d'Esther, sa pupille, ne sont pas des noms hébreux, mais des noms perses, et qui plus est, très proches de ceux des divinités païennes de leur pays d'adoption. Et Mardochée est si bien intégré qu'il est un familier du palais royal et qu'il a le loisir d'« aller et venir devant la cour de la maison des femmes ». Il peut ainsi prendre des nouvelles de sa pupille.

UN JUIF DE DEVOIR

Selon la loi du rachat, un homme se doit de prendre soin d'un parent en diffi-culté. Mardochée se montre un fidèle observant de la loi quand il traite sa jeune cousine, orpheline de père et de mère, comme sa propre fille. Il devient son tuteur, remplaçant ses parents trop tôt disparus.

Une jeune juive remarquée

Parmi toutes les jeunes filles venues de chacune des cent-vingt-sept provinces du royaume, Esther a fait la conquête de Hégaï, le gardien des femmes. Le verbe choisi par le narrateur, « elle suscita faveur », est beaucoup plus fort que l'habituel « elle trouva faveur » : il semble souligner l'attitude active d'Esther, qui a su se faire apprécier plus que toutes les autres jeunes filles. C'est pourquoi il se hâte de lui donner tout ce qu'il lui faut, nourriture et onguents, et même un beau groupe de sept compagnes de haut rang que Hégaï s'empresse de transférer dans la meilleure maison des femmes.

Un prudent incognito

Si Mardochée interdit à sa pupille de révéler ses « origines juives », c'est par sagesse. Il sait qu'il peut craindre que son identité soit un handicap dans le processus qui pourrait la conduire à la plus haute situation. Elle n'est, somme toute, qu'une étrangère, descendante de déportés. Si la chose venait à se savoir, qui sait si cela ne jouerait pas contre elle ? Il vaut mieux ne pas donner d'armes à ceux qui pourraient se révéler des ennemis.

Séquence A2 : 2,1-23

3. LA PUPILLE DE MARDOCHÉE CANDIDATE À LA ROYAUTÉ

L'ensemble de la première sous-séquence : 2,1-11

COMPOSITION

2,[1] Après ces choses-là, quand se fut apaisée la fureur du roi Akhashvérosh, il se souvint de Vashti et de ce qu'elle **avait fait** et de ce qui avait été décrété contre elle.

[2] Et les jeunes-gens du roi ses officiants dirent : « Qu'on cherche pour le roi des JEUNES-FILLES VIERGES *BELLES À VOIR* ; [3] que le roi commissionne des commissaires dans toutes les provinces de son royaume. Et qu'ils rassemblent toutes les JEUNES-FILLES VIERGES *BELLES À VOIR* à *Suse-la-Citadelle* À LA MAISON DES FEMMES SOUS LA MAIN DE HÉGAÏ, EUNUQUE DU ROI GARDIEN DES FEMMES et QU'ON DONNE LEURS ONGUENTS ; [4] et LA JEUNE-FILLE laquelle sera bonne aux yeux du roi règnera à la place de Vashti. »

Et la parole *parut-bonne aux yeux du roi* et **il fit** ainsi.

---

[5] Un homme juif était à *Suse-la-Citadelle* et son nom était Mardochée, fils de Yaïr, fils de Shiméï, fils de Qish, homme benjaminite, [6] lequel avait été déporté de Jérusalem avec la déportation, laquelle avait été déportée avec Jékonias roi de Juda, laquelle avait déporté Nabuchodonosor roi de Babylone. [7] Et il était tuteur de Hadassa – c'est Esther – fille de son oncle, car elle n'avait ni père ni mère et LA JEUNE-FILLE était *BELLE D'ASPECT ET BONNE À VOIR* et à la mort de son père et de sa mère Mardochée la prit pour lui comme fille.

[8] Et quand furent obéis la parole du roi et son édit et quand furent rassemblées les JEUNES-FILLES à *Suse-la-Citadelle* SOUS LA MAIN DE HÉGAÏ, Esther fut prise À LA MAISON DU ROI SOUS LA MAIN DE HÉGAÏ GARDIEN DES FEMMES. [9] Et LA JEUNE-FILLE *parut-bonne à ses yeux* et elle suscita faveur devant lui et il se hâta DE LUI DONNER SES ONGUENTS et ses portions et de lui donner sept JEUNES-FILLES de regard de la maison du roi et il la transféra avec ses JEUNES-FILLES DANS LA MEILLEURE MAISON DES FEMMES.

[10] Esther n'avait pas parlé de son peuple et de sa parenté car Mardochée lui avait ordonné qu'elle n'en parle pas ; [11] et jour après jour Mardochée allait-et-venait DEVANT LA COUR DE LA MAISON DES FEMMES pour connaitre la santé d'Esther et ce qu'on lui **faisait**.

Après le conseil donné au roi par ses serviteurs (1-4), le deuxième passage rapporte comment ce conseil a été suivi (5-11). D'où les nombreuses reprises lexicales :
– « jeune(s)-fille(s) (vierges) » : 2b.3bc.4ab ; 7b.8b.9a.c.d ;
– « belles à voir » (2b.3c) et « belle d'aspect et bonne à voir » (7bc) ;
– « sous la main de Hégaï (eunuque du roi) gardien des femmes » : 3cd ; 8b.c ;
– « donner » « les onguents » : 3d ; 9b ;
– « maison des femmes/du roi » : 3c ; 8b.9d.11b ;
– « à Suse-la-Citadelle » : 3c ; 5a.8b ;
– « parut-bonne à ses yeux » (9) rappelle « parut-bonne aux yeux du roi » (4c) ;

Les occurrences de « faire », qui font inclusion dans le premier passage (1b.4c), jouent le rôle de termes finaux pour les deux passages (4c.11b).

INTERPRÉTATION

UN IMMENSE RASSEMBLEMENT DE JEUNES FILLES

Le conseil donné au roi par ses jeunes gens, ses officiants, est à la démesure de leur souverain. De toutes les provinces d'un royaume qui s'étend de l'Inde à l'Éthiopie, on fait venir les plus belles jeunes filles vierges vers la capitale, dans la maison des femmes. Le narrateur ne précise pas leur nombre, le laissant à l'imagination de son lecteur. Celui-ci pourra se demander combien de beautés seront sélectionnées dans chacune des cent-vingt-sept provinces. Ce ne saurait être qu'une foule impressionnante, comme il se doit pour un tel roi.

LA PETITE JUIVE

Le second passage mentionne le grand rassemblement, mais dans une simple proposition circonstancielle, subordonnée à une principale qui focalise l'attention sur la seule Esther. À part la circonstancielle, tout le reste du récit ne parle que d'elle, de sa beauté, et d'abord des lointaines origines de son tuteur qui la traite comme sa fille. Puis on raconte à loisir comment elle a conquis la faveur de Hégaï, l'eunuque du roi, chargé de la maison des femmes, comment celui-ci lui accorde un traitement hors du commun. Le narrateur revient en finissant sur le personnage de Mardochée et sur le soin attentif et prudent qu'il accorde à sa pupille, à laquelle il tient comme à la prunelle de ses yeux. Toutes les autres jeunes filles sont purement et simplement éclipsées par la petite juive.

Séquence A2 : 2,1-23

B. ESTHER DEVIENT REINE À LA PLACE DE VASHTI

La deuxième sous-séquence : 2,12-17

Cette sous-séquence ne comprend qu'un seul passage qui est formé de deux parties (2,12-14 et 15-17).

TEXTE

2,12 Et quand arrivait le tour d'une jeune-fille et d'une jeune-fille   pour venir chez le roi Akhashvérosh,   après qu'ont été à elle, selon le décret des femmes,   dix et deux mois   – car ainsi s'emplissaient les jours de leurs massages,   six mois à l'huile de myrrhe   et six mois aux baumes et crèmes des femmes –   13 et avec cela la jeune-fille venait chez le roi   et tout ce qu'elle disait était donné à elle   pour venir avec elle de la maison des femmes   à la maison du roi.   14 Au soir elle elle venait   et au matin elle retournait   à la maison des femmes la deuxième, sous la main de Shaashgaz,   l'eunuque du roi,   gardien des concubines ;   elle ne venait pas de nouveau chez le roi   sauf si désirait elle le roi   et était appelée par (son) nom.   15 Et quand arriva le tour d'Esther,   fille d'Abihaïl oncle de Mardochée,   laquelle il avait prise pour lui comme fille,   pour venir chez le roi,   elle ne demanda pas une chose   sauf ce qu'avait dit Hégaï, eunuque du roi, gardien des femmes.   Et fut Esther suscitant grâce   aux yeux de tous les voyant elle ;   16 et fut prise Esther chez le roi Akhashvérosh   à la maison de sa royauté,   au mois dixième,   lui le mois Tebet,   l'année septième de sa royauté.   17 Et il aima le roi Esther (plus) que toutes les femmes,   et elle suscita grâce et faveur devant sa face   (plus) que toutes les vierges   et il mit la couronne de la royauté sur sa tête   et il la fit-reine à la place de Vashti.

V. 14C : « LA MAISON DES FEMMES LA DEUXIÈME »

La Septante a compris qu'il s'agit de « la deuxième maison des femmes ». Toutefois, l'adjectif *šēnî*, « deuxième », qualifiant « la maison », devrait avoir l'article ; c'est pourquoi certains pensent qu'il s'agit d'un adverbe, « une deuxième fois », mais « une deuxième fois » se dit *šēnît* (voir v. 19a) et non *šēnî*.

V. 15H.17C : « SUSCITER GRÂCE »

L'expression habituelle est « trouver grâce » (Gn 6,8 ; 18,3 ; Est 5,8 ; 7,3) ; « susciter grâce » souligne le rôle actif d'Esther.

66   Texte hébreu : la première section (Est 1–2)

COMPOSITION

LA PREMIÈRE PARTIE : 2,12-14

+ 2,¹² Quand arrivait	le tour	D'UNE JEUNE-FILLE	ET D'UNE JEUNE-FILLE
+ POUR VENIR	CHEZ LE ROI	Akhashvérosh,	
:: après qu'	ont été	à elle,	
- selon le décret	des femmes,		
:: *dix*	*et deux*	mois	
– car ainsi	s'emplissaient	les jours	de leurs massages,
: six	mois	à l'huile	de myrrhe
: et six	mois	aux baumes	et crèmes des femmes –
+ ¹³ et avec cela	LA JEUNE-FILLE	VENAIT	CHEZ LE ROI
+ et tout ce qu'	elle disait	était donné	à elle
.. POUR VENIR	avec elle	de la maison	des femmes
.. à la maison	DU ROI.		
+ ¹⁴ Au soir	ELLE	VENAIT	
+ et au matin	elle	retournait	
.. à la maison	des femmes	la deuxième,	
: sous la main	de Shaashgaz,		
: l'eunuque	du roi,		
: gardien	des concubines ;		
- ELLE NE VENAIT PAS	DE NOUVEAU	CHEZ LE ROI	
- sauf si	désirait	elle	le roi
- et était appelée	par (son) nom.		

Les deux premiers morceaux (12-13) forment une seule phrase complexe. Une temporelle (12a) régissant une infinitive (12b) est suivie d'une deuxième temporelle (12cde), elle-même suivie d'une incise (fgh) qui détaille les douze mois de 12e. Le second morceau commence par les deux principales coordonnées (13ab), suivies par une infinitive de sens final (13cd). Les deux morceaux commencent avec « jeune-fille » et « venir chez le roi » (12ab.13a) ; « pour venir chez le roi » (12b) et « pour venir [...] à la maison du roi » (13cd) font inclusion pour les deux premiers morceaux.

Le troisième morceau représente le point d'arrivée de toute la longue préparation de douze mois, à savoir la nuit passée avec le roi (14a) et surtout ce qui suit : le retour, dans la deuxième maison des femmes (14bc), où la jeune-fille rejoint les « concubines » (14def), le dernier segment énonçant les conditions de son éventuel rappel chez le roi (14ghi). À « elle venait » au début du premier segment (14a) correspond « elle ne venait pas » au début du dernier (14g).

« Venir chez le roi », qui marque le début des deux premiers morceaux (12b.13a) ainsi que leurs extrémités (12b.13cd), se retrouve au début et à la fin du troisième (14a.g).

Séquence A2 : 2,1-23

LA DEUXIÈME PARTIE : 2,15-17

+ 2,[15] Et quand arriva	le tour	d'ESTHER,	
+ fille	d'Abihaïl	oncle	de Mardochée,
+ laquelle	il avait prise	pour lui	comme fille,
= pour venir	chez LE ROI,		
– elle ne demanda pas	une chose		
– sauf	ce qu'	avait dit	Hégaï,
– eunuque	du roi,	gardien	des femmes.
:: Et fut	ESTHER	SUSCITANT	GRÂCE
:: aux yeux	de tous	les voyant elle ;	
+ [16] et fut prise	ESTHER	chez LE ROI	Akhashvérosh
+ à la maison	DE SA ROYAUTÉ,		
- au mois	dixième,		
- lui	le mois	Tebet,	
- l'année	septième	DE SA ROYAUTÉ.	
+ [17] Et il aima	LE ROI	ESTHER	
.. (plus) que toutes	les femmes ;		
+ ET ELLE SUSCITA	GRÂCE	et faveur	devant sa face
.. (plus) que toutes	les vierges		
= et il mit	la couronne	DE LA ROYAUTÉ	sur sa tête
= et IL LA FIT-REINE	à la place	de Vashti.	

Le premier morceau est de construction concentrique autour de la proposition finale. Le premier segment est une temporelle, le dernier la principale : 15b donne l'identité d'Esther et 15g celle de Hagaï.

Dans le deuxième morceau, le narrateur commence par dire combien Esther a été appréciée par tous ceux qui la voyaient, puis est rapporté le fait qu'elle a été prise chez le roi (16ab) et la date de cet évènement est précisée (16cde).

Les deux premiers segments du dernier morceau sont parallèles, le sujet des premiers membres passant du roi (17a) à Esther (17c). Le dernier segment est l'aboutissement de toute l'histoire, le couronnement d'Esther.

Les deux derniers morceaux sont liés en particulier par la reprise de « susciter grâce » (15h.17c).

68 Texte hébreu : la première section (Est 1–2)

L'ENSEMBLE DU PASSAGE

2,12 ET QUAND ARRIVAIT LE TOUR DE CHAQUE JEUNE-FILLE *POUR VENIR CHEZ LE ROI* AKHASHVÉROSH, après qu'elle a eu, selon le décret des femmes, douze *mois* – car ainsi s'emplissaient les jours de leurs massages, six *mois* à l'huile de myrrhe et six *mois* aux baumes et crèmes des femmes –

13 et avec cela LA JEUNE-FILLE *VENAIT CHEZ LE ROI et tout ce qu'elle disait lui était donné POUR VENIR* avec elle de la maison des femmes à la maison DU ROI.

14 Au soir *ELLE VENAIT* et au matin elle retournait à la deuxième maison des femmes, sous la main de Shaashgaz, *l'eunuque* DU ROI, *gardien* des concubines ; *ELLE NE VENAIT PAS DE NOUVEAU CHEZ LE ROI* sauf si le roi la désirait et si elle était appelée par son nom.

15 ET QUAND ARRIVA LE TOUR D'ESTHER, fille d'Abihaïl oncle de Mardochée, qu'il avait prise pour lui comme sa fille, *POUR VENIR CHEZ LE ROI, elle ne demanda rien* sauf ce qu'avait dit Hégaï, *eunuque* DU ROI, *gardien* des femmes.

Et ESTHER suscita grâce aux yeux de tous ceux qui la voyaient ; 16 et ESTHER *FUT PRISE CHEZ LE ROI* AKHASHVÉROSH à la maison *DE SA ROYAUTÉ*, au dixième *mois* – c'est le *mois* Tebet –, la septième année *DE SA ROYAUTÉ*.

17 Et *LE ROI* aima ESTHER plus que toutes les femmes ; et elle suscita grâce et faveur devant lui plus que toutes les vierges et il mit la couronne DE LA ROYAUTÉ sur sa tête et IL LA FIT-REINE à la place de Vashti.

Les deux passages commencent avec le même syntagme traduit par « Et quand arrivait/arriva le tour de ». Le premier passage concerne « chaque jeune fille », le deuxième la seule « Esther ». Le premier morceau du deuxième passage (15abc) correspond aux deux premiers morceaux du premier passage (12-13) : il s'agit de la préparation des filles, mais Esther se distingue de toutes les autres, car elle ne demande rien (15b), alors qu'elle aurait pu le faire (13). En revanche, la rencontre entre chaque jeune fille et le roi n'est mentionnée que dans le dernier morceau du premier passage, tandis qu'il occupe les deux derniers morceaux du deuxième passage.

On peut dire que jouent le rôle de termes médians les deux eunuques, « Shaashgaz, eunuque du roi, gardien des concubines », à la fin du premier passage (14b), et « Hégaï, eunuque du roi, gardien des femmes », au début du second passage (15c).

Séquence A2 : 2,1-23

INTERPRÉTATION

LA RÈGLE

Dans un premier temps, c'est « le décret des femmes » qui est exposé. Il s'applique à toutes et à chacune. Une période d'une année entière doit les préparer physiquement, par différents massages, à la rencontre avec le roi : huile de myrrhe d'abord, baumes et crèmes ensuite. Quand venait son tour d'être introduite chez le roi, la jeune fille pouvait demander ce qu'elle voulait pour lui plaire et le conquérir ; et l'on imagine les bijoux et les parures que chacune réclamait. Après une nuit en compagnie du roi, la jeune fille était transférée dans la maison des concubines, espérant que le souverain veuille bien la rappeler.

L'EXCEPTION

Comme pour les autres jeunes filles, vient aussi le tour d'Esther. Elle se distingue aussitôt de toutes les autres, car elle ne demande rien pour rencontrer le roi ; elle se contente de ce que lui avait dit Hégaï, l'eunuque chargé de préparer les jeunes filles pour le roi. Elle n'a besoin d'aucun artifice pour plaire à tous ceux qui la voient. Le roi, lui aussi, tombe sous son charme qui lui fait oublier toutes les autres. Et c'est ainsi qu'Esther est choisie pour devenir reine à la place de Vashti.

UN ÉVÈNEMENT QUI FAIT DATE

La date de la rencontre entre Esther et le roi Akhashvérosh est marquée d'une pierre blanche. Les deux chiffres du mois et de l'année ont une valeur symbolique évidente : « dix » et « sept » connotent tous deux la totalité, la perfection. Dix comme les dix paroles par lesquelles le monde a été créé, comme les dix paroles du résumé de toute la Loi, le « décalogue » ; sept comme les jours de la semaine originelle, comme les sept branches du chandelier sacré qui illuminait le temple de Jérusalem.

C. LA PUPILLE DE MARDOCHÉE EXERCE LA ROYAUTÉ

La troisième sous-séquence : 2,18-23

La sous-séquence comprend deux passages.

1. LA REINE ESTHER CONTINUE À OBÉIR À SON TUTEUR

Le premier passage : 2,18-20

TEXTE

2,18 Et fit le roi un banquet grand   pour tous ses princes et ses serviteurs,   le banquet d'Esther, et un dégrèvement pour les provinces il fit   et il donna des présents comme la main du roi. 19 Au rassemblement de jeunes-filles une deuxième (fois),   Mardochée était assis à la porte du roi.   20 Pas Esther avait dit sa naissance et son peuple   comme avait ordonné à elle Mardochée et la parole de Mardochée Esther faisait   comme quand elle était sous sa tutelle avec lui.

V. 18D : « DÉGRÈVEMENT »

Le terme *hănāḥâ* est un hapax, interprété comme « repos », ou, mieux, comme « dégrèvement », selon une pratique attestée.

V. 18E : « COMME LA MAIN DU ROI »

C'est-à-dire « royalement » (voir 1,7 p. 29).

V. 19A : « AU RASSEMBLEMENT DES JEUNES-FILLES UNE DEUXIÈME (FOIS) »

Ce membre fait difficulté, car on ne voit pas à quoi il fait référence : pourquoi des jeunes filles auraient-elles été rassemblées une deuxième fois après qu'Esther a été couronnée ? Beaucoup d'hypothèses ont été avancées. Le membre ne se trouve pas dans la Septante. Ce nouveau rassemblement ne jouera aucun rôle dans la suite du récit. On notera qu'il se trouve au centre de la construction et que le centre d'une composition concentrique est très souvent énigmatique !

COMPOSITION

Dans le premier morceau, le roi « fait » deux choses, un banquet « pour ses princes et serviteurs » (18abc) et faveurs « pour les provinces » (18de). De la taille d'un seul segment, le deuxième morceau présente Mardochée comme un familier de la maison royale. Quant au troisième morceau, il insiste sur l'obéissance d'Esther, qui n'a pas révélé qu'elle était juive, sur l'ordre de Mardochée (20ab), et qui continue à faire ce qu'il lui dit comme par le passé (20cd). Les seconds membres commencent par le même « comme ».

Séquence A2 : 2,1-23

+ 2,18 ET FIT	LE ROI	un banquet	grand
+ pour tous	ses princes	et ses serviteurs,	
+ le banquet	d'ESTHER,		
– et un dégrèvement	pour les provinces	IL FIT	
– et il donna	des présents	comme la main	DU ROI.
: 19 Et au rassemblement	de jeunes-filles	une deuxième (fois),	
: et MARDOCHÉE	était assis	à la porte	DU ROI.
- 20 Pas ESTHER	avait dit	sa naissance	et son peuple
- comme	avait ordonné	à elle	MARDOCHÉE
.. et la parole	de MARDOCHÉE	ESTHER	FAISAIT
.. comme (quand)	elle était	sous sa tutelle	avec lui.

Alors que le premier morceau mentionne « le roi » et « Esther », le dernier montre comment la nouvelle reine reste soumise à son tuteur. Le morceau central met en relation le roi et Mardochée. « Faire » a pour sujet le roi dans le premier morceau (18a.d), et Esther dans le dernier (20c).

INTERPRÉTATION

MARDOCHÉE ET LE ROI

Le contraste est frappant entre la souveraineté du roi et celle de Mardochée. Pour fêter dignement l'intronisation de la nouvelle reine, le roi « fait » les choses en grand : il manifeste ainsi son pouvoir et sa grandeur, non seulement sur « ses princes et ses serviteurs », mais aussi jusque dans toutes les provinces du royaume. Quant à la nouvelle reine, c'est la parole de son tuteur qu'elle « fait ». C'est Mardochée qui règne sur la reine qui, discrètement, lui obéit en tout.

UN DEUXIÈME RASSEMBLEMENT DE JEUNES FILLES

Il se pourrait que la lourde machine administrative des commissaires chargés de trouver de belles jeunes filles dans tout le royaume n'ait pas pu s'arrêter d'un seul coup, dès que l'une d'elles fut choisie pour reine. L'essentiel est que Mardochée tienne son poste à la porte du roi, pour qu'Esther puisse bénéficier de sa protection et de ses conseils éclairés. Et si le harem royal se voit pourvu d'un autre contingent de concubines, cela n'empêchera la pupille de Mardochée de régner.

72   Texte hébreu : la première section (Est 1–2)

2. LA REINE ESTHER TRANSMET AU ROI LE MESSAGE DE SON TUTEUR

Le deuxième passage : 2,21-23

TEXTE

2,²¹ En ces jours-là   Mardochée était assis   à la porte du roi ;   furent mécontents Bigtân et Téresh,   deux eunuques du roi   parmi les gardiens du seuil   et ils cherchèrent à porter la main sur le roi Akhashvérosh.   ²² Et fut connue la chose de Mardochée   et il (la) rapporta à Esther la reine   et (le) dit Esther au roi   au nom de Mardochée.   ²³ Et fut recherchée la chose et elle fut trouvée   et ils furent pendus les deux au bois ;   et (ce) fut écrit dans le livre des choses des jours   devant la face du roi.

V. 23A : « FUT RECHERCHÉE LA CHOSE ET ELLE FUT TROUVÉE

« La chose » (*dābār*), ou « l'affaire » fut examinée par une enquête ; et « elle fut trouvée », c'est-à-dire « elle fut établie » ou « prouvée ».

V. 23C : « LE LIVRE DES CHOSES DES JOURS »

C'est-à-dire les annales, ou les chroniques. Tel est, en hébreu, le titre du Livre des Chroniques, *dibrê hayyāmîm*, litt. « les choses des jours ».

COMPOSITION

+ 2,²¹ EN CES JOURS-	là		
+ *MARDOCHÉE*	était assis		
+ *à la porte*	DU ROI ;		
– furent mécontents	Bigtân	et Téresh,	
– **deux**	eunuques	DU ROI	
– parmi les gardiens	*du seuil*		
:: et ILS CHERCHÈRENT	à porter	la main	
:: SUR LE ROI	Akhashvérosh.		
.. ²² Et fut connue	LA CHOSE	de *MARDOCHÉE*	
- et il (la) rapporta	à Esther	la reine	
- et (le) dit	Esther	AU ROI	
.. au nom	de *MARDOCHÉE.*		
: ²³ Et FUT RECHERCHÉE	LA CHOSE	et elle fut trouvée	
: et ils furent pendus	*les deux*	au bois ;	
– et (ce) fut écrit	dans le livre	DES CHOSES	DES JOURS
– devant la face	DU ROI.		

Le premier morceau rapporte comment deux eunuques, mécontents (21def), voulurent tuer le roi (21gh) ; le premier segment (21abc) mentionne la position de Mardochée « à la porte » du roi, proche donc des gardiens « du seuil » (21f).

Le deuxième morceau est construit de manière spéculaire : le nom de « Mardochée » revient aux extrémités, tandis que dans les membres médians il s'agit d'« Esther » qui transmet le message au roi.

Dans le dernier morceau, la trahison avérée (23a), les coupables sont justiciés (23b), après quoi les faits sont consignés dans les annales royales (23cd).

Les deux derniers morceaux sont reliés par les trois occurrences de « chose(s) » (22a.23a.c). Le nom de « Mardochée » revient dans les deux premiers morceaux (21b.22a.d). Dans les morceaux extrêmes, les deux occurrences de « jours » font inclusion ; reviennent aussi « deux » (21e.23b) et « chercher » (21g.23a). « Roi » est repris dans chaque morceau (21c.e.g.22c.23d).

INTERPRÉTATION

UN LOYALISME SAGE

Par son intervention, Mardochée se montre loyal sujet de son roi. Ce faisant, il lui sauve la vie. Cela n'empêche pas qu'il sauve aussi la reine, car on peut se demander ce qu'il lui serait arrivé si le roi son époux avait péri sous les coups des conjurés. C'était donc lui-même en définitive que Mardochée protégeait en neutralisant les ennemis du roi. C'est en effet ce qu'il montre en faisant préciser à la reine que l'information venait de lui et que c'était « en son nom » qu'elle intervenait.

UN FAIT MÉMORABLE

L'évènement fut jugé suffisamment important pour qu'on prenne le soin d'en consigner par écrit le récit dans les annales du royaume. Il est vrai que la chose était très grave, à tel point que les coupables, leur crime dûment établi, avaient subi la peine capitale, exécutée par pendaison au bois de la potence. Toutefois, comme il convenait, les circonstances de l'affaire, depuis son début, devaient faire partie du mémoire ; en particulier, le nom de celui qui avait découvert le complot et l'avait dénoncé ne pouvait évidemment pas être passé sous silence. Ainsi, le nom de Mardochée se trouvait mentionné dans les annales du royaume.

74 Texte hébreu : la première section (Est 1–2)

3. LA PUPILLE DE MARDOCHÉE EXERCE LA ROYAUTÉ

L'ensemble de la dernière sous-séquence : 2,18-23

COMPOSITION

2,[18] Et LE ROI fit un grand banquet pour tous ses princes et ses serviteurs, le banquet d'ESTHER, et il fit un dégrèvement pour les provinces et il donna des présents à la manière d'un ROI.

[19] Au deuxième rassemblement de jeunes-filles, MARDOCHÉE ÉTAIT ASSIS À LA PORTE DU ROI.

[20] ESTHER n'avait pas dit sa naissance et son peuple, comme MARDOCHÉE le lui avait ordonné, et ESTHER faisait LA PAROLE de MARDOCHÉE, comme quand elle était avec lui sous sa tutelle.

---

[21] En ces jours-là, MARDOCHÉE ÉTAIT ASSIS À LA PORTE DU ROI ; furent mécontents Bigtân et Téresh, deux eunuques du ROI parmi les gardiens du seuil, et ils cherchèrent à porter la main sur LE ROI Akhashvérosh.

[22] LA CHOSE fut connue de MARDOCHÉE et il la rapporta à LA REINE ESTHER et ESTHER le dit au ROI au nom de MARDOCHÉE.

[23] LA CHOSE fut instruite et elle fut établie et les deux furent pendus au bois et ce fut écrit dans le livre des CHOSES des jours devant LE ROI.

La même proposition, « Mardochée était assis à la porte du roi » revient au centre du premier passage (19) et au début du deuxième (21a). La fin du premier passage qui dit qu'Esther obéit à celui qui était son tuteur (20), a son correspondant au centre du deuxième passage où elle transmet au roi ce dont Mardochée l'a chargée (22).

INTERPRÉTATION

ASSIS À LA PORTE DU ROI

Il est mentionné par deux fois que Mardochée « était assis à la porte du roi ». Le narrateur insiste donc sur ce détail, mais ne précise pas ce qu'il y fait. S'il s'y trouve si souvent, s'il peut, par ailleurs, aller et venir « devant la cour de la maison des femmes » (11) sans être inquiété, c'est qu'il y est connu et sans doute qu'il y occupe une charge quelconque. On peut raisonnablement penser que si cette charge avait été importante, le narrateur n'aurait pas manqué de la signaler. Il suffit que l'on sache que c'est un familier de ce lieu stratégique, lieu de passage, d'informations et d'échanges, comme c'était le cas pour la porte de la ville, où se traitaient les affaires, dans son pays d'origine.

Séquence A2 : 2,1-23

D. ESTHER REÇOIT LA COURONNE ROYALE

L'ensemble de la séquence A2 : 2,1-23

COMPOSITION

La séquence est formée de trois sous-séquences. Les sous-séquences extrêmes (2,1-11 ; 18-23) comprennent chacune deux passages ; la sous-séquence centrale n'en compte qu'un seul.

LA PUPILLE DE MARDOCHÉE   CANDIDATE À   LA ROYAUTÉ

QUE L'ON SÉLECTIONNE	LES PLUS BELLES FILLES DU ROYAUME	2,1-4
ESTHER EST SÉLECTIONNÉE PARMI	LES PLUS BELLES FILLES DU ROYAUME	5-11

ESTHER EST COURONNÉE REINE	12-17

LA PUPILLE DE MARDOCHÉE   EXERCE   LA ROYAUTÉ

LA REINE ESTHER	CONTINUE À OBÉIR À SON TUTEUR MARDOCHÉE	18-20
LA REINE ESTHER	TRANSMET AU ROI LE MESSAGE DE MARDOCHÉE	21-23

76 — Texte hébreu : la première section (Est 1–2)

LES RAPPORTS ENTRE LES TROIS SOUS-SÉQUENCES

2,1 Après ces CHOSES-là, quand se fut apaisée la fureur DU ROI AKHASHVÉROSH, il se souvint de Vashti et de ce qu'elle avait fait et de ce qui avait été décrété contre elle. 2 Et les jeunes-gens du ROI ses serviteurs dirent : « Qu'on cherche pour le ROI des *jeunes-filles* vierges belles à voir ; 3 que le ROI commissionne des commissaires dans toutes les provinces de son ROYAUME. Et qu'ils rassemblent toutes les *jeunes-filles* vierges belles à voir à Suse-la-Citadelle à la maison des femmes sous *la main* de Hégaï, **eunuque** du ROI *gardien* des femmes et qu'on *DONNE* leurs onguents ; 4 et *la jeune-fille* qui sera bonne aux yeux du ROI RÈGNERA à la place de Vashti. » Et la PAROLE parut-bonne aux yeux du ROI et il fit ainsi.

5 Un homme juif était à Suse-la-Citadelle et son nom était MARDOCHÉE, fils de Yaïr, fils de Shiméï, fils de Qish, homme benjaminite, 6 qui avait été déporté de Jérusalem avec la déportation qui avait été déportée avec Jékonias ROI de Juda, laquelle avait déporté Nabuchodonosor ROI de Babylone. 7 Et il était tuteur de Hadassa, c'est ESTHER fille de son oncle, car elle n'avait ni père ni mère et *la jeune-fille* était belle d'aspect et bonne à voir, et à la mort de son père et de sa mère MARDOCHÉE la prit pour lui comme fille. 8 Et quand furent obéis la PAROLE du ROI et son édit et quand furent rassemblées les *jeunes-filles* à Suse-la-Citadelle sous *la main* de Hégaï, ESTHER fut prise à la maison du ROI sous *la main* de Hégaï *gardien* des femmes. 9 Et *la jeune-fille* fut bonne à ses yeux et elle gagna sa faveur devant lui et il se hâta de lui *DONNER* ses onguents et ses portions et de lui *DONNER* sept *jeunes-filles* de regard de la maison du ROI et il la transféra avec ses *jeunes-filles* dans la meilleure maison des femmes. 10 ESTHER n'avait pas parlé de son peuple et de sa naissance car MARDOCHÉE lui avait ordonné qu'elle n'en parle pas ; 11 et jour après jour MARDOCHÉE allait-et-venait devant la cour de la maison des femmes pour connaitre la santé d'ESTHER et ce qu'on lui faisait.

12 Et quand arrivait le tour de chaque *jeune-fille* pour venir chez LE ROI AKHASHVÉROSH, après qu'elle a eu, selon le décret des femmes, douze mois – car ainsi s'emplissaient les jours de leurs massages, six mois à l'huile de myrrhe et six mois aux baumes et crèmes des femmes – 13 et avec cela *la jeune-fille* venait chez le ROI et tout ce qu'elle disait lui *ÉTAIT DONNÉ* pour venir avec elle de la maison des femmes à la maison du ROI. 14 Au soir elle venait et au matin elle retournait à la deuxième maison des femmes, sous *la main* de Shaashgaz, l'**eunuque** du ROI, *gardien* des concubines ; elle ne venait pas de nouveau chez le ROI, sauf si le ROI la désirait et si elle était appelée par son nom.
15 Et quand arriva le tour d'ESTHER, fille d'Abihaïl oncle de MARDOCHÉE, qu'il avait prise pour lui comme fille, pour venir chez le ROI, elle ne demanda pas une CHOSE sauf ce qu'avait dit Hégaï, **eunuque** du ROI, *gardien* des femmes. Et ESTHER suscita grâce aux yeux de tous ceux qui la voyaient ; 16 et ESTHER fut prise chez LE ROI AKHASHVÉROSH à la maison de sa ROYAUTÉ, au dixième mois – c'est le mois Tebet – la septième année de sa ROYAUTÉ. 17 Et le ROI aima ESTHER plus que toutes les femmes ; et elle suscita grâce et faveur devant lui plus que toutes les vierges et il mit la couronne de la ROYAUTÉ sur sa tête et il la FIT-REINE à la place de Vashti.

18 Et le ROI fit un grand banquet pour tous ses princes et ses serviteurs, le banquet d'ESTHER, et il fit un dégrèvement pour les provinces et il *DONNA* des présents comme *la main* du ROI. 19 Au deuxième rassemblement de *jeunes-filles*, MARDOCHÉE était assis à la porte du ROI. 20 ESTHER n'avait pas dit sa naissance et son peuple, comme MARDOCHÉE le lui avait ordonné et ESTHER faisait le dire de MARDOCHÉE, comme quand elle était avec lui sous sa tutelle.

21 En ces jours-là, MARDOCHÉE était assis à la porte du ROI ; furent mécontents Bigtân et Téresh, deux **eunuques** du ROI parmi les *gardiens* du seuil, et ils cherchèrent à porter *la main* sur LE ROI AKHASHVÉROSH. 22 La CHOSE fut connue de MARDOCHÉE et il la rapporta à la REINE ESTHER et ESTHER le dit au ROI au nom de MARDOCHÉE. 23 La CHOSE fut instruite et elle fut établie et les deux furent pendus au bois et ce fut écrit dans le livre des CHOSES des jours devant le ROI.

Séquence A2 : 2,1-23

Les noms des trois personnages principaux se retrouvent dans les trois sous-séquences :

– « le roi Akhashvérosh » : une fois dans les sous-séquences extrêmes (1a ; 21bc) et deux fois dans la sous-séquence centrale (12a.16a) ;
– « Mardochée » : 5a.7c.10b.11b ; 15a ; 19b.20b.c.21a.22a.b, soit un total de onze fois.
– « Esther » : 7a.8b.10a.11c ; 15a.c.16a.17b ; 18a.20a.b.22a bis, soit un total de treize fois.

Reviennent en outre :

– les termes de la même racine : « roi », « reine », « royaume », « royauté », régner », « faire-reine », qui sont très nombreux ;
– « jeune(s)-fille(s) » : 2b.3b.4a ; 7b.8b.9a.c.d ; 12a.13a ; 19b ;
– « chose(s)/parole » (*dābār*) : 1a.4b.8a ; 15b ; 22a.23a.b (noter que les deux occurrences du terme au pluriel font inclusion : 1a ; 23b) ;
– « donner » : 3d.9b.c ; 13b ; 18b;
– « gardien(s) » : 3c.8c ; 14c.15c ; 21b ;
– « eunuque(s) : 3d ; 14c.15c ; 21b
– « la main » : 3c.8b.c ; 14b ; 18b.21b.

78   Texte hébreu : la première section (Est 1–2)

LES RAPPORTS ENTRE LES DEUX PREMIÈRES SOUS-SÉQUENCES

2,[1] Après ces choses-là, quand se fut apaisée la fureur du roi Akhashvérosh, il se souvint de Vashti et de ce qu'elle avait fait et de ce qui avait été décrété contre elle. [2] Et les jeunes-gens du roi ses serviteurs dirent : « Qu'on cherche pour le roi des jeunes-filles *VIERGES* belles à voir ; [3] que le roi commissionne des commissaires dans toutes les provinces de son royaume. Et qu'ils rassemblent toutes les jeunes-filles *VIERGES* belles à voir à Suse-la-Citadelle à la maison des femmes sous la main de HÉGAÏ, EUNUQUE DU ROI GARDIEN DES FEMMES et qu'on donne leurs onguents ; [4] et la jeune-fille qui sera bonne aux yeux du roi RÈGNERA À LA PLACE DE VASHTI. » Et la parole parut-bonne aux yeux du roi et il fit ainsi.

[5] Un homme juif était à Suse-la-Citadelle et son nom était Mardochée, fils de Yaïr, fils de Shiméï, fils de Qish, homme benjaminite, [6] qui avait été déporté de Jérusalem avec la déportation qui avait été déportée avec Jékonias roi de Juda, laquelle avait déporté Nabuchodonosor roi de Babylone. [7] Et il était tuteur de Hadassa, c'est Esther fille de son oncle, car elle n'avait ni père ni mère et la jeune-fille était belle d'aspect et bonne à voir, et à la mort de son père et de sa mère Mardochée LA PRIT POUR LUI COMME FILLE. [8] Et quand furent obéis la parole du roi et son édit et quand furent rassemblées les jeunes-filles à Suse-la-Citadelle sous la main de Hégaï, Esther fut prise à *LA MAISON DU ROI* sous la main de HÉGAÏ GARDIEN DES FEMMES. [9] Et la jeune-fille fut bonne à ses yeux et ELLE SUSCITA FAVEUR devant lui et il se hâta de lui donner ses onguents et ses portions et de lui donner sept jeunes-filles de regard de *LA MAISON DU ROI* et il la transféra avec ses jeunes-filles dans la meilleure MAISON DES FEMMES. [10] Esther n'avait pas parlé de son peuple et de sa naissance car Mardochée lui avait ordonné qu'elle n'en parle pas ; [11] et jour après jour Mardochée allait-et-venait devant la cour de LA MAISON DES FEMMES pour connaitre la santé d'Esther et ce qu'on lui faisait.

---

[12] Et quand arrivait le tour de chaque jeune-fille pour venir chez le roi Akhashvérosh, après qu'elle a eu, selon le décret des femmes, douze mois – car ainsi s'emplissaient les jours de leurs massages, six mois à l'huile de myrrhe et six mois aux baumes et crèmes des femmes – [13] et avec cela la jeune-fille venait chez le roi et tout ce qu'elle disait lui était donné pour venir avec elle de LA MAISON DES FEMMES à *LA MAISON DU ROI*. [14] Au soir elle venait et au matin elle retournait à LA DEUXIÈME MAISON DES FEMMES, sous la main de Shaashgaz, l'eunuque du roi, gardien des concubines ; elle ne venait pas de nouveau chez le roi, sauf si le roi la désirait et si elle était appelée par son nom.
[15] Et quand arriva le tour d'Esther, fille d'Abihaïl oncle de Mardochée, QU'IL AVAIT PRISE POUR LUI COMME FILLE, pour venir chez le roi, elle ne demanda rien sauf ce qu'avait dit HÉGAÏ, EUNUQUE DU ROI, GARDIEN DES FEMMES. Et Esther suscita grâce aux yeux de tous ceux qui la voyaient ; [16] et Esther fut prise chez le roi Akhashvérosh à *LA MAISON DE SA ROYAUTÉ*, au dixième mois – c'est le mois Tebet – la septième année de sa royauté. [17] Et le roi aima Esther plus que toutes les femmes ; et ELLE SUSCITA grâce et FAVEUR devant lui plus que toutes les *VIERGES* et il mit la couronne de la royauté sur sa tête et IL LA FIT-REINE À LA PLACE DE VASHTI.

Ne sont pas repris ici les termes communs aux trois sous-séquences.

– « vierges » : 2b.3b ; 17b ;
– « Hégaï (eunuque du roi) gardien des femmes » : 3c.8c ; 15bc ;
– « règnera/fit-reine à la place de Vashti » : à la fin du premier passage (4a) et à la fin du dernier (17c) ;
– « la prit/qu'il avait pris pour lui comme fille » : 7c ; 15ab ;
– « la maison du roi/de sa royauté » : 8c.9c ; 13b.16b ;
– « elle suscita [...] faveur devant lui » : 9b ; 17b.

Séquence A2 : 2,1-23

LES RAPPORTS ENTRE LES DEUX DERNIÈRES SOUS-SÉQUENCES

[12] Et quand arrivait le tour de chaque jeune-fille pour venir chez le roi Akhashvérosh, après qu'elle a eu, selon le décret des femmes, douze mois – car ainsi s'emplissaient les jours de leurs massages, six mois à l'huile de myrrhe et six mois aux baumes et crèmes des femmes – [13] et avec cela la jeune-fille venait chez le roi et tout ce qu'elle disait lui était donné pour venir avec elle de la maison des femmes à la maison du roi. [14] Au soir elle venait et au matin elle retournait à la DEUXIÈME maison des femmes, sous la main de Shaashgaz, l'eunuque du roi, gardien des concubines ; elle ne venait pas de nouveau chez le roi, sauf si le roi la désirait et si elle était appelée PAR SON NOM.
[15] Et quand arriva le tour d'Esther, fille d'Abihaïl oncle de Mardochée, qu'il avait prise pour lui comme fille, pour venir chez le roi, elle ne demanda pas une chose sauf ce qu'avait dit Hégaï, eunuque du roi, gardien des femmes. Et Esther suscita grâce aux yeux de tous ceux qui la voyaient ; [16] et Esther fut prise chez le roi Akhashvérosh à la maison de sa royauté, au dixième mois – c'est le mois Tebet – la septième année de sa royauté. [17] Et le roi aima Esther plus que toutes les femmes ; et elle suscita grâce et faveur *DEVANT LUI* plus que toutes les vierges et il mit la couronne de la royauté sur sa tête et il la fit-reine à la place de Vashti.

[18] Et le roi fit un grand banquet pour tous ses princes et ses serviteurs, le banquet d'Esther, et il fit un dégrèvement pour les provinces et il donna des présents comme la main du roi. [19] Au DEUXIÈME rassemblement de jeunes-filles, Mardochée était assis à la porte du roi. [20] Esther n'avait pas dit sa naissance et son peuple, comme Mardochée le lui avait ordonné et Esther faisait le dire de Mardochée, comme quand elle était avec lui sous sa tutelle.

[21] En ces jours-là, Mardochée était assis à la porte du roi ; furent mécontents Bigtân et Téresh, deux eunuques du roi parmi les gardiens du seuil, et ils cherchèrent à porter la main sur le roi Akhashvérosh. [22] La chose fut connue de Mardochée et il la rapporta à la reine Esther et Esther le dit au roi AU NOM de Mardochée. [23] La chose fut instruite et elle fut établie et les deux furent pendus au bois et ce fut écrit dans le livre des choses des jours *DEVANT LE ROI*.

À part les nombreux termes qui se retrouvent dans trois sous-séquences, les deux dernières sous-séquences n'ont en commun que deux termes :
– « par son nom/ au nom » (le même $b^e\check{s}\bar{e}m$) : 14d ; 22b ;
– « devant lui/le roi » (litt. « devant sa face/la face du roi ») : 17b ; 23b.

80 Texte hébreu : la première section (Est 1–2)

LES RAPPORTS ENTRE LES SOUS-SÉQUENCES EXTRÊMES

2,[1] Après ces choses-là, quand se fut apaisée la fureur du roi Akhashvérosh, il se souvint de Vashti et de ce qu'elle avait fait et de ce qui avait été décrété contre elle. [2] Et *les jeunes-gens du roi ses officians* dirent : « Qu'on cherche pour le roi des jeunes-filles vierges belles à voir ; [3] que le roi commissionne des commissaires dans toutes LES PROVINCES de son royaume. Et *QU'ILS RASSEMBLENT* toutes les jeunes-filles vierges belles à voir à Suse-la-Citadelle à la maison des femmes sous la main de Hégaï, eunuque du roi gardien des femmes et qu'on donne leurs onguents ; [4] et la jeune-fille qui sera bonne aux yeux du roi règnera à la place de Vashti. » Et la parole parut-bonne aux yeux du roi et il fit ainsi.

---

[5] Un homme juif était à Suse-la-Citadelle et son nom était Mardochée, fils de Yaïr, fils de Shiméï, fils de Qish, homme benjaminite, [6] qui avait été déporté de Jérusalem avec la déportation qui avait été déportée avec Jékonias roi de Juda, laquelle avait déporté Nabuchodonosor roi de Babylone. [7] Et il était TUTEUR de Hadassa, c'est Esther fille de son oncle, car elle n'avait ni père ni mère et la jeune-fille était belle d'aspect et bonne à voir, et à la mort de son père et de sa mère, Mardochée la prit pour lui comme fille. [8] Et quand furent obéis la parole du roi et son édit et quand *FURENT RASSEMBLÉES* les jeunes-filles à Suse-la-Citadelle sous la main de Hégaï, Esther fut prise à la maison du roi sous la main de Hégaï gardien des femmes. [9] Et la jeune-fille fut bonne à ses yeux et elle suscita faveur devant lui et il se hâta de lui donner ses onguents et ses portions et de lui donner sept jeunes-filles de regard de la maison du roi et il la transféra avec ses jeunes-filles dans la meilleure maison des femmes. [10] *Esther n'avait pas parlé de son peuple et de sa naissance, car Mardochée lui avait ordonné qu'elle n'en parle pas* ; [11] et jour après jour Mardochée allait-et-venait devant la cour de la maison des femmes pour connaitre la santé d'Esther et ce qu'on lui faisait.

[...]

---

[18] Et le roi fit un grand banquet pour *tous ses princes et ses serviteurs*, le banquet d'Esther, et il fit un dégrèvement pour LES PROVINCES et il donna des présents comme la main du roi. [19] Au deuxième *RASSEMBLEMENT* de jeunes-filles, Mardochée était assis à la porte du roi. [20] *Esther n'avait pas dit sa naissance et son peuple, comme Mardochée le lui avait ordonné* et Esther faisait la parole de Mardochée, comme quand elle était avec lui sous sa TUTELLE.

---

[21] En ces jours-là, Mardochée était assis à la porte du roi ; furent mécontents Bigtân et Téresh, deux eunuques du roi parmi les gardiens du seuil, et ils cherchèrent à porter la main sur le roi Akhashvérosh. [22] La chose fut connue de Mardochée et il la rapporta à la reine Esther et Esther le dit au roi au nom de Mardochée. [23] La chose fut instruite et elle fut établie et les deux furent pendus au bois et ce fut écrit dans le livre des choses des jours devant le roi.

– « les provinces » : 3b ; 18b ;

– « rassembler/rassemblement » : 3bc.8b ; 19b ;

– « tuteur », « tutelle » : 7a ; 20c ;

– le silence sur les origines d'Esther : 10ab ; 20ab ;

– il est aussi possible de voir un rapport entre « les jeunes-gens du roi ses officiants » (2ab) et « tous ses princes et ses serviteurs » (18a).

Séquence A2 : 2,1-23

INTERPRÉTATION

UN GRAND ROI... BIEN FRAGILE

Dès le début, Akhashvérosh se montre un roi bien faible. Il faut que ce soient ses jeunes officiants qui lui indiquent la solution de son problème. Le lecteur en retire l'impression qu'il n'est pas capable par lui-même de le résoudre. Et quand on le voit accepter ce qui lui est proposé, il peut paraître un roi qu'il n'est pas difficile de piloter. À la fin, ce roi aurait pu être éliminé par deux conjurés si n'était pas intervenu un personnage de second plan, sans doute un petit fonctionnaire. Ce qui laisse supposer que les services de renseignement de ce grand roi n'avaient pas fonctionné comme ils auraient dû. En somme, celui qui se trouve à la tête d'un immense empire est un être bien falot.

CHERCHER PARTOUT CE QU'ON AVAIT SOUS LA MAIN

Si le but de l'opération imaginée par les jeunes conseillers du roi était de trouver la plus belle jeune fille du royaume, il est clair qu'il fallait que le concours de beauté soit systématique et s'étende à chacune des cent-vingt-sept provinces du royaume. Cela dit, il se trouve que celle qui sera finalement élue, ayant suscité grâce aux yeux de Hégaï d'abord, puis du souverain lui-même, ne venait pas d'une lointaine province, mais habitait Suse-la-Citadelle, en somme à deux pas du palais royal. Ce n'est sans doute pas le moindre des traits d'ironie de ce récit.

ESTHER N'ÉTAIT PAS LA PLUS BELLE !

Esther l'a emporté sur toutes les autres, mais ce n'est pas par sa beauté. Certes, il est dit qu'« elle était belle d'aspect et bonne à voir » (7), mais il est précisé que ce n'est pas sur la beauté qu'elle s'appuie, ne demandant rien de particulier pour la rehausser, avant de rencontrer le roi, au contraire des autres filles. Et si le roi « l'aima plus que toutes les femmes », il n'est pas dit que c'est pour sa beauté, mais parce qu'elle a suscité grâce et faveur à ses yeux « plus que toutes les vierges » (17).

LE CONSEILLER DE LA REINE

Si le roi a ses conseillers, dont il écoute les paroles, la reine a, elle aussi, le sien. Les conseillers du roi sont ses sujets qui doivent lui obéir, mais c'est en quelque sorte l'inverse qui se produit. La reine aussi obéit à un autre, mais c'est son tuteur, celui qui la traite comme sa fille, celui qui est pour elle son père. Au-delà de sa propre personne et de son lien de parenté, celui-là représente la voix de son peuple et, en définitive, du Dieu qu'il sert. Certes, son nom n'est pas prononcé, il est même tu, comme sont tues la parenté et la race de la reine. La double mention de ce silence prudent souligne en réalité sa discrète présence.

3. Esther, pupille de Mardochée, devient reine à la place de Vashti

L'ensemble de la section A : 1,1–2,23

COMPOSITION

Les deux séquences sont de même construction : alors que les sous-séquences extrêmes comptent chacune deux passages, la sous-séquence centrale n'en comprend qu'un seul.

LE ROI AKHASHVÉROSH FAIT MONTRE DE SA ROYAUTÉ

UN BANQUET DE CENT-QUATRE-VINGTS JOURS	POUR TOUT LE ROYAUME	1,1-4
UN AUTRE BANQUET DE SEPT JOURS	POUR SUSE-LA-CITADELLE	5-9

LA REINE VASHTI REFUSE DE SE MONTRER	10-15

LA REINE VASHTI N'EXERCERA PLUS LA ROYAUTÉ

MEMOUKÂN CONSEILLE AU ROI DE FAIRE UN ÉDIT POUR DÉTRÔNER VASHTI	16-20
LE ROI SUIT LE CONSEIL ET PUBLIE SON ÉDIT DANS TOUT LE ROYAUME	21-22

LA PUPILLE DE MARDOCHÉE CANDIDATE À LA ROYAUTÉ

QUE L'ON SÉLECTIONNE LES PLUS BELLES FILLES DU ROYAUME	2,1-4
ESTHER EST SÉLECTIONNÉE PARMI LES PLUS BELLES FILLES DU ROYAUME	5-11

ESTHER DEVIENT REINE À LA PLACE DE VASHTI	12-17

LA PUPILLE DE MARDOCHÉE EXERCE LA ROYAUTÉ

LA REINE ESTHER CONTINUE À OBÉIR À SON TUTEUR MARDOCHÉE	18-20
LA REINE ESTHER TRANSMET AU ROI LE MESSAGE DE MARDOCHÉE	21-23

84 Texte hébreu : la première section (Est 1–2)

Les trois sous-séquences de chaque séquence se correspondent de manière spéculaire.

LES RAPPORTS ENTRE LES SOUS-SÉQUENCES EXTRÊMES

> 1,[1] *C'était aux jours* d'Akhashvérosh, cet Akhashvérosh qui régnait depuis l'Inde et jusqu'à l'Éthiopie **sur cent-vingt-sept provinces**. [2] *En ces jours-là*, quand le roi Akhashvérosh ÉTAIT ASSIS sur le trône de sa royauté qui était à Suse-la-Citadelle, [3] la troisième année de son règne, IL FIT UN BANQUET POUR TOUS SES PRINCES ET SES SERVITEURS, l'armée de Perse et de Médie, les nobles et les princes des **provinces** devant lui, [4] pour leur faire voir la richesse de la gloire de son règne et l'éclat de la splendeur de sa grandeur, durant de nombreux *jours*, cent-quatre-vingts jours.

> [5] *Ces jours-là* étant remplis, le roi FIT POUR TOUT LE PEUPLE QUI SE TROUVAIT À SUSE-LA-CITADELLE, DU PLUS GRAND AU PLUS PETIT, UN BANQUET de sept jours dans la cour du jardin du palais du roi. [6] Dentelle, mousseline et pourpre étaient retenues par des cordelettes de lin et d'écarlate à des anneaux d'argent et des colonnes d'albâtre ; il y avait des lits d'or et d'argent sur un pavement de jade et d'albâtre et de nacre et de jais. [7] Et on servait à boire dans des coupes d'or et chaque coupe était différente des autres, et le vin du royaume était abondant *comme la main du roi*. [8] Et selon l'édit, la boisson était sans limite, car c'est ainsi que le roi avait ordonné à tous les maitres de sa maison de faire selon la volonté de chaque homme. [9] LA REINE VASHTI aussi FIT UN BANQUET POUR LES FEMMES dans la maison de royauté du roi Akhashvérosh.

[...]

> 2,[18] Et le roi FIT UN grand BANQUET POUR TOUS SES PRINCES ET SES SERVITEURS, le banquet d'Esther, et il fit un dégrèvement pour **les provinces** et il donna des présents *comme la main du roi*. [19] Au deuxième rassemblement de jeunes-filles, Mardochée ÉTAIT ASSIS à la porte du roi. [20] Esther n'avait pas dit sa naissance et son peuple, comme Mardochée le lui avait ordonné et Esther faisait le dire de Mardochée, comme quand elle était avec lui sous sa tutelle.

> [21] *En ces jours-là*, Mardochée ÉTAIT ASSIS à la porte du roi ; furent mécontents Bigtân et Téresh, deux eunuques du roi parmi les gardiens du seuil, et ils cherchèrent à porter la main sur le roi Akhashvérosh. [22] La chose fut connue de Mardochée et il la rapporta à LA REINE ESTHER et Esther le dit au roi au nom de Mardochée. [23] La chose fut instruite et elle fut établie et les deux furent pendus au bois et ce fut écrit dans le livre des choses *des jours* devant le roi.

Aux banquets du début, de six mois « pour tous ses princes et ses serviteurs » (1,3), puis de sept jours pour tout le peuple de Suse pour les hommes (5) et pour les femmes (9), répond le banquet d'Esther à la fin « pour tous ses princes et ses serviteurs » (2,18).

Tout cela concerne « les provinces » du royaume (1,1.3 ; 2,18).

Le vin et les présents sont abondants « comme la main du roi » (1,7 ; 2,18).

À la fin des sous-séquences se trouvent deux reines, « la reine Vashti » (1,9) et « la reine Esther » (2,22).

Le roi « est assis » sur son trône (1,2), Mardochée « à la porte du roi » (2,19.21).

On notera aussi la reprise de « En ces jours-là » (1,2 ; 2,21) ; « jours » revient en 1,1.4.5 et en 2,23.

L'ensemble de la section A

LES RAPPORTS ENTRE LES SOUS-SÉQUENCES CENTRALES

1,[10] Au septième jour, comme le cœur du roi était bien à cause du vin, il dit à Mehoumân, Bizta, Harbona, Bigta et Avagta, Zétar et Karkas, les sept *eunuques* qui servent devant la face DU ROI AKHASHVÉROSH, [11] de **FAIRE-VENIR** LA REINE VASHTI devant la face du roi avec *LA COURONNE DE LA ROYAUTÉ*, pour faire voir aux peuples et aux princes sa beauté, car elle était bonne à voir. [12] Mais LA REINE VASHTI refusa de **VENIR** selon la parole du roi transmise par *les eunuques*, et le roi s'irrita beaucoup et sa fureur s'enflamma en lui.

[13] Et le roi dit aux sages, connaissant les temps, car c'est ainsi qu'allait la parole du roi devant la face de tous ceux qui connaissaient édit et droit. [14] Et proches de lui étaient Karshena, Shétar, Admata, Tarshish, Mérès, Marsena, Memoukân, les sept princes de Perse et de Médie qui voyaient la face du roi et étaient assis au premier rang dans le royaume : [15] « Comme édit, que faire à LA REINE VASHTI du fait qu'elle n'a pas fait la parole DU ROI AKHASHVÉROSH transmise par *les eunuques* ? »

[...]

2,[12] Et quand arrivait le tour de chaque jeune-fille pour **VENIR** chez LE ROI AKHASHVÉROSH, après qu'elle a eu, selon le décret des femmes, douze mois – car ainsi s'emplissaient les jours de leurs massages, six mois à l'huile de myrrhe et six mois aux baumes et crèmes des femmes – [13] et avec cela la jeune-fille **VENAIT** chez le roi et tout ce qu'elle disait lui était donné pour **VENIR** avec elle de la maison des femmes à la maison du roi. [14] Au soir elle **VENAIT** et au matin elle retournait à la deuxième maison des femmes, sous la main de Shaashgaz, *l'eunuque* du roi, gardien des concubines ; elle **NE VENAIT PAS** de nouveau chez le roi, sauf si le roi la désirait et si elle était appelée par son nom.

[15] Et quand arriva le tour d'Esther, fille d'Abihaïl oncle de Mardochée, qu'il avait prise pour lui comme fille, pour **VENIR** chez le roi, elle ne demanda pas une chose, sauf ce qu'avait dit Hégaï, *eunuque* du roi, gardien des femmes. Et Esther suscita grâce aux yeux de tous ceux qui la voyaient ; [16] et Esther fut prise chez LE ROI AKHASHVÉROSH à la maison de sa royauté, au dixième mois – c'est le mois Tebet – la septième année de sa royauté. [17] Et le roi aima Esther plus que toutes les femmes ; et elle suscita grâce et faveur devant lui plus que toutes les vierges et il mit *LA COURONNE DE LA ROYAUTÉ* sur sa tête et il la **FIT-REINE** à la place de VASHTI.

Ces deux passages ont d'abord en commun d'être formés de deux parties. Il y est question de la reine : dans la première séquence, de « la reine Vashti » qui refuse de « venir » à l'appel du roi « avec la couronne de la royauté » (1,11-12), ce qui va entraîner la question de ce qui doit lui être fait (15) ; dans la deuxième séquence, de celle que le roi « fit reine à la place de Vashti », lui ayant mis sur la tête « la couronne de la royauté » (2,15).

Le nom du « roi Akhashvérosh » revient deux fois dans chaque passage (1,10.15 ; 2,12.16).

En outre, « eunuque » revient au pluriel en 1,10.12.15 et au singulier en 2,14.15 ; « venir » et « faire-venir » en 1,11.12 et en 2,12.13 bis.14 bis.15.

86 Texte hébreu : la première section (Est 1–2)

LES RAPPORTS ENTRE LES SOUS-SÉQUENCES MÉDIANES

1,[16] Memoukân dit à la face du roi et des princes : « *Ce n'est pas seulement au roi que la reine* Vashti *a fait du tort, mais à tous les princes et à tous les peuples qui sont* **dans toutes les provinces du roi** *Akhashvérosh,* [17] *car l'affaire de la reine sortira vers toutes les femmes pour les faire mépriser leurs maris à leurs yeux en disant : "Le roi Akhashvérosh avait dit de faire-venir la reine* Vashti *devant sa face et elle n'est pas venue." [18] Et en ce jour même, les princesses de Perse et de Médie qui ont entendu l'affaire de la reine parleront à tous les princes du roi, et cela causera mépris et fureur. [19] Si cela parait bon au roi, qu'une parole de royauté sorte de sa face et que soit écrit dans les édits de Perse et de Médie et que cela ne passera pas : que* Vashti *ne viendra plus devant la face du roi Akhashvérosh* et que le roi donne sa royauté à une de ses compagnes meilleure qu'elle. [20] *Et le décret que le roi a fait soit entendu* **dans tout son royaume**, *car il est grand ; et toutes les femmes donneront honneur à leurs maris du plus grand au plus petit.* »

[21] Et la parole parut bonne aux yeux du roi et des princes et le roi fit selon la parole de Memoukân. [22] Il envoya des lettres *à toutes les provinces du roi, à chaque province* selon son écriture et à chaque PEUPLE selon sa langue, afin que tout homme gouverne dans sa maison et parle selon la langue de son PEUPLE.

[...]

2,[1] Après ces choses-là, quand se fut apaisée la fureur du roi Akhashvérosh, il se souvint de Vashti et de ce qu'elle avait fait et de ce qui avait été décrété contre elle. [2] Et les jeunes-gens du roi ses officiants dirent : « *Qu'on cherche pour le roi des jeunes-filles vierges bonnes à voir ;* [3] *que le roi commissionne des commissaires* **dans toutes les provinces de son royaume**. *Et qu'ils rassemblent toutes les jeunes-filles vierges bonnes à voir à Suse-la-Citadelle à la maison des femmes sous la main de Hégaï, eunuque du roi gardien des femmes et qu'on donne leurs onguents ;* [4] et la jeune-fille qui sera-bonne aux yeux du roi règnera à la place de Vashti. » Et la parole parut-bonne aux yeux du roi et il fit ainsi.

[5] Un homme juif était à Suse-la-Citadelle et son nom était Mardochée, fils de Yaïr, fils de Shiméï, fils de Qish, homme benjaminite, [6] qui avait été déporté de Jérusalem avec la déportation qui avait été déportée avec Jékonias roi de Juda, laquelle avait déporté Nabuchodonosor roi de Babylone. [7] Et il était tuteur de Hadassa, c'est Esther fille de son oncle, car elle n'avait ni père ni mère et la jeune-fille était belle d'aspect et bonne à voir, et à la mort de son père et de sa mère, Mardochée la prit pour lui comme fille. [8] Et quand furent obéis la parole du roi et son édit et quand furent rassemblées les jeunes-filles à Suse-la-Citadelle sous la main de Hégaï, Esther fut prise à la maison du roi sous la main de Hégaï gardien des femmes. [9] Et la jeune-fille fut-bonne à ses yeux et elle gagna sa faveur devant lui et il se hâta de lui donner ses onguents et ses portions et de lui donner sept jeunes-filles de regard de la maison du roi et il la transféra avec ses jeunes-filles dans la meilleure maison des femmes. [10] Esther n'avait pas parlé de son PEUPLE et de sa naissance, car Mardochée lui avait ordonné qu'elle n'en parle pas ; [11] et jour après jour, Mardochée allait-et-venait devant la cour de la maison des femmes pour connaitre la santé d'Esther et ce qu'on lui faisait.

Les deux séquences sont agrafées par deux scènes où des courtisans donnent un conseil au roi, « Memoukân » (1,16-20), puis « les jeunes gens du roi ses officiants » (2,2-4). Le décret du roi devra être entendu « dans tout son royaume » (1,20) et le roi le fit connaitre « à toutes les provinces du roi » (22) ; quant à la recherche des jeunes filles, il est suggéré au roi de nommer des commissaires « dans toutes les provinces de son royaume » (2,3). Il s'agit de trouver une remplaçante à Vashti (1,19 ; 2,4). « Et la parole fut bonne aux yeux du roi », et c'est ce qu'« il fit » (1,21 ; 2,4).

L'ensemble de la section A

AUTRES RAPPORTS

1,[1] C'était aux jours d'Akhashvérosh, cet Akhashvérosh qui régnait depuis l'Inde et jusqu'à l'Éthiopie sur cent-vingt-sept provinces. [2] En ces jours-là, quand le roi Akhashvérosh était assis sur le trône de sa royauté qui était à Suse-la-Citadelle, [3] *la troisième année de son règne*, il fit un banquet pour tous ses princes et ses serviteurs, l'armée de Perse et de Médie, les nobles et les princes des provinces devant lui, [4] pour leur faire voir la richesse de la gloire de son règne et l'éclat de la splendeur de sa grandeur, durant de nombreux jours, cent-quatre-vingts jours.

[5] Ces jours-là étant remplis, le roi fit pour tout le peuple qui se trouvait à Suse-la-Citadelle, du plus grand au plus petit, un banquet de sept jours dans la cour du jardin du palais du roi. [6] Dentelle, mousseline et pourpre étaient retenues par des cordelettes de lin et d'écarlate à des anneaux d'argent et des colonnes d'albâtre ; il y avait des lits d'or et d'argent sur un pavement de jade et d'albâtre et de nacre et de jais. [7] Et on servait à boire dans des coupes d'or et chaque coupe était différente des autres, et le vin du royaume était abondant comme la main du roi. [8] Et selon l'édit, la boisson était sans limite, car c'est ainsi que le roi avait ordonné à tous les maitres de sa maison de faire selon la volonté de chaque homme. [9] La reine Vashti aussi fit un banquet pour les femmes dans la maison de royauté du roi Akhashvérosh.

[10] Au septième jour, comme le cœur du roi était bien à cause du vin, il dit à Mehoumân, Bizta, Harbona, Bigta et Avagta, Zétar et Karkas, les sept eunuques qui servent devant la face du roi Akhashvérosh, [11] de faire-venir la reine Vashti devant la face du roi avec la couronne de la royauté, pour faire voir aux peuples et aux princes sa BEAUTÉ, car elle était bonne à voir. [12] Mais la reine Vashti refusa de venir selon la parole du roi transmise par les eunuques, et le roi s'irrita beaucoup et sa FUREUR s'enflamma en lui.

[13] Et le roi dit aux sages, connaissant les temps, car c'est ainsi qu'allait la parole du roi devant la face de tous ceux qui connaissaient édit et droit. [14] Et proches de lui étaient Karshena, Shétar, Admata, Tarshish, Mérès, Marsena, Memoukân, les sept princes de Perse et de Médie qui voyaient la face du roi et étaient assis au premier rang dans le royaume : [15] « Comme édit, que faire à la reine Vashti du fait qu'elle n'a pas fait la parole du roi Akhashvérosh transmise par les eunuques ? »

[16] Memoukân dit à la face du roi et des princes : « Ce n'est pas seulement au roi que la reine Vashti a fait du tort, mais à tous les princes et à tous les peuples qui sont dans toutes les provinces du roi Akhashvérosh, [17] car l'affaire de la reine sortira vers toutes les femmes pour les faire mépriser leurs maris à leurs yeux en disant : "Le roi Akhashvérosh avait dit de faire-venir la reine Vashti devant sa face et elle n'est pas venue." [18] Et en ce jour même, les princesses de Perse et de Médie qui ont entendu l'affaire de la reine parleront à tous les princes du roi, et cela causera mépris et fureur. [19] Si cela parait bon au roi, qu'une parole de royauté sorte de sa face et que soit écrit dans les édits de Perse et de Médie et que cela ne passera pas : que Vashti ne viendra plus devant la face du roi Akhashvérosh et que le roi donne sa royauté à une de ses compagnes meilleure qu'elle. [20] Et quele décret que le roi a fait soit entendu dans tout son royaume, car il est grand ; et toutes les femmes donneront honneur à leurs maris du plus grand au plus petit. »

[21] Et cette parole parut bonne aux yeux du roi et des princes et le roi fit selon la parole de Memoukân. [22] Il envoya des lettres à toutes les provinces du roi, à chaque province selon son écriture et à chaque peuple selon sa langue, afin que tout homme gouverne dans sa maison et parle selon la langue de son peuple.

Toute la première séquence se passe « la troisième année de son règne » (1,3) et le couronnement d'Esther advient « la septième année de sa royauté » (2,16). La « fureur » du roi au centre de la première séquence (1,12) s'est apaisée au début de la seconde (2,1). Esther, comme Vashti, est « belle » et « bonne à voir » (1,11 ; 2,7).

88   Texte hébreu : la première section (Est 1–2)

2,[1] Après ces choses-là, quand se fut apaisée la FUREUR du roi Akhashvérosh, il se souvint de Vashti et de ce qu'elle avait fait et de ce qui avait été décrété contre elle. [2] Et les jeunes-gens du roi ses serviteurs dirent : « Qu'on cherche pour le roi des jeunes-filles vierges *bonnes à voir* ; [3] que le roi commissionne des commissaires dans toutes les provinces de son royaume. Et qu'ils rassemblent toutes les jeunes-filles vierges *bonnes à voir* à Suse-la-Citadelle à la maison des femmes sous la main de Hégaï, eunuque du roi gardien des femmes et qu'on donne leurs onguents ; [4] et la jeune-fille qui sera-bonne aux yeux du roi règnera à la place de Vashti. » Et la parole parut-bonne aux yeux du roi et il fit ainsi.

[5] Un homme juif était à Suse-la-Citadelle et son nom était Mardochée, fils de Yaïr, fils de Shiméï, fils de Qish, homme benjaminite, [6] qui avait été déporté de Jérusalem avec la déportation qui avait été déportée avec Jékonias roi de Juda, laquelle avait déporté Nabuchodonosor roi de Babylone. [7] Et il était tuteur de Hadassa, c'est Esther fille de son oncle, car elle n'avait ni père ni mère et la jeune-fille était BELLE d'aspect et *bonne à voir*, et à la mort de son père et de sa mère, Mardochée la prit pour lui comme fille. [8] Et quand furent obéis la parole du roi et son édit et quand furent rassemblées les jeunes-filles à Suse-la-Citadelle sous la main de Hégaï, Esther fut prise à la maison du roi sous la main de Hégaï gardien des femmes. [9] Et la jeune-fille fut-bonne à ses yeux et elle gagna sa faveur devant lui et il se hâta de lui donner ses onguents et ses portions et de lui donner sept jeunes-filles de regard de la maison du roi et il la transféra avec ses jeunes-filles dans la meilleure maison des femmes. [10] Esther n'avait pas parlé de son peuple et de sa naissance, car Mardochée lui avait ordonné qu'elle n'en parle pas ; [11] et jour après jour, Mardochée allait-et-venait devant la cour de la maison des femmes pour connaitre la santé d'Esther et ce qu'on lui faisait.

[12] Et quand arrivait le tour de chaque jeune-fille pour venir chez le roi Akhashvérosh, après qu'elle a eu, selon le décret des femmes, douze mois – car ainsi s'emplissaient les jours de leurs massages, six mois à l'huile de myrrhe et six mois aux baumes et crèmes des femmes – [13] et avec cela la jeune-fille venait chez le roi et tout ce qu'elle disait lui était donné pour venir avec elle de la maison des femmes à la maison du roi. [14] Au soir elle venait et au matin elle retournait à la deuxième maison des femmes, sous la main de Shaashgaz, l'eunuque du roi, gardien des concubines ; elle ne venait pas de nouveau chez le roi, sauf si le roi la désirait et si elle était appelée par son nom.

[15] Et quand arriva le tour d'Esther, fille d'Abihaïl oncle de Mardochée, qu'il avait prise pour lui comme fille, pour venir chez le roi, elle ne demanda pas une chose sauf ce qu'avait dit Hégaï, eunuque du roi, gardien des femmes. Et Esther suscita grâce aux yeux de tous ceux qui la voyaient ; [16] et Esther fut prise chez le roi Akhashvérosh à la maison de sa royauté, au dixième mois – c'est le mois Tebet – *la septième année de sa royauté.* [17] Et le roi aima Esther plus que toutes les femmes ; et elle suscita grâce et faveur devant lui plus que toutes les vierges et il mit la couronne de la royauté sur sa tête et il la fit-reine à la place de Vashti.

[18] Et le roi fit un grand banquet pour tous ses princes et ses serviteurs, le banquet d'Esther, et il fit un dégrèvement pour les provinces et il donna des présents comme la main du roi. [19] Au deuxième rassemblement de jeunes-filles, Mardochée était assis à la porte du roi. [20] Esther n'avait pas dit sa naissance et son peuple, comme Mardochée le lui avait ordonné et Esther faisait le dire de Mardochée, comme quand elle était avec lui sous sa tutelle.

[21] En ces jours-là, Mardochée était assis à la porte du roi ; furent mécontents Bigtân et Téresh, deux eunuques du roi parmi les gardiens du seuil, et ils cherchèrent à porter la main sur le roi Akhashvérosh. [22] La chose fut connue de Mardochée et il la rapporta à la reine Esther et Esther le dit au roi au nom de Mardochée. [23] La chose fut instruite et elle fut établie et les deux furent pendus au bois et ce fut écrit dans le livre des choses des jours devant le roi.

L'ensemble de la section A

INTERPRÉTATION

UN COLOSSE AUX PIEDS D'ARGILE

L'empire d'Akhashvérosh est immense, ses cent-vingt-sept provinces s'étendent de l'Inde jusqu'à l'Éthiopie. La munificence du roi est à la mesure de la grandeur de son royaume. Le banquet qu'il organise pour les dignitaires de toutes les provinces et son armée durera six mois. Et, comme si cela ne suffisait pas, il y ajoute pour tout le peuple de Suse, sa capitale, un autre banquet somptueux, et la reine en fera autant pour les femmes. Le corollaire d'une grandeur aussi démesurée est la complexité et la pesanteur de son organisation et de son fonctionnement. Pour appeler la reine à se rendre à l'invitation du roi, il ne faut pas moins que les sept eunuques préposés au service de sa majesté ; il faudra aussi sept princes pour conseiller le roi sur les mesures à prendre après le refus de la reine. Quatre années seront nécessaires pour trouver une autre reine à la place de Vashti. L'organisation du concours de beauté dans chaque province ne manquera pas de réclamer beaucoup de temps. La préparation des candidates requiert une année entière de massages divers. Sans parler de l'interminable défilé des jeunes filles dans le lit du roi avant qu'arrive enfin le tour d'Esther. Or, une administration aussi colossale sera grippée par le petit grain de sable d'une femme, la reine qui refuse de céder au caprice du roi. Et finalement, le sort et la vie même du roi se trouvent menacés par deux subalternes mécontents. Et c'est grâce à plus petit qu'eux que la tête de l'immense empire est sauvée. Les services de renseignement du roi, qu'on aurait pu penser extrêmement efficaces, se sont révélés déficients, aussi bien pour découvrir les conjurés que pour connaitre la véritable identité de la nouvelle reine. Ainsi d'humbles membres du peuple d'Israël tiennent en échec le roi de Perse et de Médie.

LE COLOSSE ET LES DEUX REINES

Le roi Akhashvérosh est tout-puissant. Et pourtant, il est trompé par chacune des deux femmes qu'il avait couronnées. La première a l'audace de décliner l'invitation qu'il lui a faite de se présenter devant tout le peuple de Suse-la-Citadelle. Il entendait rehausser sa propre gloire par la beauté de son épouse. Le camouflet est cinglant et il perd la face devant tous. Il faut donc chasser la rebelle et la remplacer par une autre. Ses courtisans lui conseillent de sélectionner des jeunes filles en fonction de leur beauté. À leurs yeux, c'est là le critère décisif pour le choix d'une reine. N'était-ce pas ce que le roi appréciait chez Vashti ? Quant à Esther, elle aussi était « belle d'aspect et bonne à voir ». Toutefois, il ne semble pas que ce soit sa beauté qui suscita l'amour et la faveur du roi, mais sa grâce. Et pourtant, Esther aussi trompe le roi : sur le conseil de son tuteur, elle lui cache qu'elle est juive. Les deux femmes ont en commun le souci de conserver leur liberté. L'une refuse d'être instrumentalisée, mais n'a pas la sagesse de trouver un moyen d'éviter les coups ; l'autre, bien guidée par son tuteur, évite, par son silence, d'affronter le lion. En refusant de paraitre, Vashti desobéit au roi, son seigneur ; Esther se montre obéissante en refusant, elle aussi, de paraitre pour ce qu'elle est. Cependant, ce n'est pas au roi qu'elle obéit, mais à une autre autorité, qui pour elle compte davantage, son tuteur Mardochée. Avec leur peuple, il représente une instance supérieure à celle du monarque perse.

LE COLOSSE ET SES CONSEILLERS

Si les deux reines successives, Vashti et Esther, sont mises en parallèle, il est aussi possible de voir quelque rapport entre, d'un côté, le grand nombre des conseillers officiels du roi Akhashvérosh et, de l'autre, le seul Mardochée. Le contraste est d'autant plus grand que ce que l'on peut considérer comme le conseil de Mardochée n'intervient qu'à la fin de la section, et de manière inattendue. Bel exemple de surprise finale ! Cette scène où l'on voit un étranger sauver la vie du roi prend d'autant plus de relief que c'est sur elle que reste le lecteur quand s'achève le récit. « Les sept eunuques qui servent devant la face du roi », « les sept princes de Perse et de Médie qui voyaient sa face et siégeaient au premier rang dans le royaume », et de même « les jeunes gens du roi ses officiants », personne n'a eu vent de la conspiration contre le souverain. C'est au conseil de Mardochée, confié discrètement à la reine Esther sa messagère, que le roi Akhashvérosh doit la vie.

LES SORTS SONT RENVERSÉS

La section B

Est 3,1–9,19

92 Texte hébreu : la deuxième section (Est 3,1–9,19)

La deuxième section comprend sept séquences, organisées en trois sous-sections :

1re sous-section : HAMÂN ET SON PROJET DE DESTRUCTION

| B1 : HAMÂN | OBTIENT DU ROI UN ÉDIT | POUR QUE LES JUIFS SOIENT EXTERMINÉS PAR LEURS ENNEMIS | 3,1-15 |

| B2 : Dans les pleurs et le jeûne, | la reine se risquera auprès du roi | 4,1-17 |

2e sous-section : LA CHUTE D'HAMÂN

| B3 : Au premier banquet d'Esther, | Hamân s'exalte devant les siens malgré Mardochée | 5,1-14 |

| **B4 : Hamân commence à tomber devant Mardochée** | 6,1-14 |

| B5 : Au second banquet d'Esther, | Hamân est élevé sur la potence faite pour Mardochée | 7,1-10 |

3e sous-section : MARDOCHÉE ET SON PROJET DE SALUT

| B6 : MARDOCHÉE | OBTIENT DU ROI UN ÉDIT | POUR QUE LES JUIFS SE DÉFENDENT CONTRE LEURS ENNEMIS | 8,1-17 |

| B7 : Dans la joie et les banquets, | les juifs célèbrent leur victoire | 9,1-19 |

I. Hamân et son projet de destruction

La première sous-section : 3–4

La sous-section comprend deux séquences.

1. Hamân obtient du roi un édit pour que les juifs soient exterminés par leurs ennemis

La séquence B1 : 3,1-15

La séquence comprend trois passages :

HAMÂN CHERCHE À	SE VENGER	DU JUIF MARDOCHÉE	3,1-7

HAMÂN OBTIENT DU ROI D'ANÉANTIR LE PEUPLE JUIF	8-11

HAMÂN ORGANISE	L'EXTERMINATION	DE TOUS LES JUIFS	12-15

94 Texte hébreu : la deuxième section (Est 3,1–9,19)

a. HAMÂN CHERCHE À SE VENGER DU JUIF MARDOCHÉE

Le premier passage : 3,1-7

TEXTE

3,[1] Après ces choses-là,   fit-grand le roi Akhashvérosh   Hamân fils de Hamdata l'Agaguite   et il l'éleva et plaça son trône   au-dessus de tous les princes   lesquels (étaient) avec lui.   [2] Et tous les serviteurs du roi   qui (étaient) à la porte du roi   s'agenouillaient et se prosternaient devant Hamân   car ainsi leur avait ordonné le roi   mais Mardochée ne s'agenouillait ni ne se prosternait.   [3] Et dirent les serviteurs du roi   qui (étaient) à la porte du roi à Mardochée : « Pourquoi, toi, tu transgresses l'ordre du roi ? »   [4] Et il fut que disant à lui jour après jour   et il n'écoutait pas eux,   et ils (le) rapportèrent à Hamân,   pour voir si tiendraient les paroles de Mardochée   car il avait rapporté à eux   que lui (était) juif.   [5] Et vit Hamân   que point Mardochée s'agenouillait   et se prosternait à lui   et se remplit Hamân de colère   [6] et fut méprisable à ses yeux   d'envoyer la main sur Mardochée seul,   car ils avaient rapporté à lui le peuple de Mardochée.   Et cherchait Hamân   à exterminer tous les juifs   qui (étaient) dans tout le règne d'Akhashvérosh,   le peuple de Mardochée.   [7] Au mois premier,   lui (est) le mois de Nisan,   l'année dix et deux du roi Akhashvérosh,   fut jeté le Pour,   lui (est) le sort,   devant Hamân,   d'un jour à un jour   et d'un mois au mois dix et deux,   lui (est) le mois d'Adar.

V. 3F : « LESQUELS (ÉTAIENT) AVEC LUI »

Le référent du pronom final, « lui », semble être le personnage le plus proche, c'est-à-dire « Hamân », plutôt que « le roi Akhashvérosh ».

V. 7H : « ET D'UN MOIS AU MOIS DIX ET DEUX »

La fin du verset fait problème et les corrections sont nombreuses. Déjà la Septante semble avoir voulu combler une lacune, en s'inspirant du verset 13 : « jour après jour, mois après mois, de façon à anéantir en un jour la race de Mardochée, et le sort tomba sur le quatorzième jour du mois qui est Adar ». Le texte hébreu ne parait pas vouloir fixer une date pour l'extermination des juifs. Les deux avant-derniers membres sont simplement parallèles : on a jeté les sorts jour après jour, mois après mois jusqu'au douzième.

COMPOSITION

Le passage comprend deux parties.

LA PREMIÈRE PARTIE : 3,1-4

Les trois morceaux sont du type ABB. Dans le premier segment du premier morceau, Hamân est grandi par le roi ; dans le segment suivant, il est élevé au-dessus de tous les autres princes.

Séquence B1 : 3,1-15   95

Le deuxième morceau rapporte comment tous révèrent Hamân, sauf Mardochée (2e) ; le dernier segment rapporte la question que les serviteurs du roi adressent à Mardochée (3abc). Les segments extrêmes commencent de manière analogue : « les serviteurs du roi qui étaient à la porte du roi » (2ab. 3ab) . Ils insistent sur le fait que c'est le roi qui a commandé de se prosterner devant Hamân (2d.3c).

Dans le troisième morceau, devant l'entêtement de Mardochée, ils le dénoncent à Hamân (4abc) et le dernier segment énonce le but de leur démarche : vérifier si le motif avancé par Mardochée, à savoir qu'il est juif (4f), tiendra, c'est-à-dire s'il sera retenu comme valable. « Rapporter » revient en 4c et 4e.

+ 3,[1] Après	*CES CHOSES*-	là,		
+ fit-grand	**LE ROI**	Akhashvérosh		
+ **HAMÂN**	fils de Hamdata	l'Agaguite		
:: et il l'éleva	et plaça	son trône		
:: au-dessus	de tous	les princes		
:: lesquels (étaient)	avec lui.			
: [2] Et tous	*les serviteurs*	**DU ROI**		
: qui (étaient)	*à la porte*	**DU ROI**		
= *s'agenouillaient*	*et se prosternaient*	devant **HAMÂN**		
= *car ainsi*	*AVAIT COMMANDÉ POUR LUI*	**LE ROI**		
– mais *MARDOCHÉE*	*ne s'agenouillait*	*ni ne se prosternait.*		
. [3] Et dirent	*les serviteurs*	**DU ROI**		
. qui (étaient)	*à la porte*	**DU ROI**	à *MARDOCHÉE* :	
. « Pourquoi,	toi,	tu transgresses	*LE COMMANDEMENT*	**DU ROI** ? »
– [4] Et il fut	que disant	à lui	jour	après jour
- et il n'écoutait pas	eux,			
- et ils (le) *rapportèrent*	à **HAMÂN**,			
.. pour voir	si tiendraient	*LES PAROLES*	de *MARDOCHÉE*	
.. car il avait rapporté	à eux			
.. que	lui (était)	juif.		

On pourra remarquer que « ces choses » et « les paroles » (le même *dābār* : 1a.4d) font inclusion.

96 Texte hébreu : la deuxième section (Est 3,1–9,19)

LA DEUXIÈME PARTIE : 3,5-7

+ 3,⁵ *Et vit*	**HAMÂN**			
+ que point	*MARDOCHÉE*	s'agenouillait		
+ et se prosternait	à lui			
– et se remplit	**HAMÂN**	de colère		
.. ⁶ et fut méprisable	*à ses yeux*			
.. d'envoyer	la main	sur *MARDOCHÉE*	SEUL,	
:: car ils avaient rapporté	à lui			
:: *le peuple*	de *MARDOCHÉE.*			
.. Et cherchait	**HAMÂN**			
.. à exterminer	TOUS	LES JUIFS		
:: qui (étaient)	dans TOUT	LE RÈGNE	D'AKHASHVÉROSH,	
:: *le peuple*	de *MARDOCHÉE.*			
:: ⁷ *Au mois*	*premier,*			
: *lui (est)*	*le mois*	*de Nisan,*		
:: l'année	dix	et deux	DU ROI	AKHASHVÉROSH,
- fut jeté	*le Pour,*			
: *lui (est)*	*le sort,*			
- devant	**HAMÂN,**			
:: d'un jour	à un jour			
:: et d'un mois	*au mois*	*dix*	*et deux,*	
: *lui (est)*	*le mois*	*d'Adar.*		

Dans le premier morceau, le premier segment rapporte le fait constaté par Hamân et le deuxième segment ses réactions, de colère (5d) puis de vengeance générale (6ab) ; le troisième segment donne la raison du dessein d'Hamân, à savoir que Mardochée appartient au peuple juif.

Le deuxième morceau énonce clairement le projet de génocide d'Hamân ; le deuxième segment est une expansion de « tous les juifs ».

Le premier segment du dernier morceau fournit les coordonnées temporelles du mois (7ab) et de l'année (7c), le deuxième énonce l'action (7def) et le troisième précise les modalités de l'action du tirage au sort : ce fut exécuté pour chaque jour (7g) et du premier au dernier mois de l'année (7hi). Les noms du premier mois et du dernier sont énoncés de la même manière (7b.7i). « Dix et deux » (soit « douzième ») est repris dans les segments extrêmes (7c.h). La structure syntaxique du membre central du segment central (7e) est la même que celle des membres qui énoncent les noms du premier et du dernier mois de l'année (7b.i).

Les deux occurrences de « le peuple de Mardochée » (6d.h) jouent le rôle de termes finaux pour les deux premiers morceaux ; « envoyer la main sur Mardochée seul » (6b) s'oppose à « exterminer tous les juifs » (6f). Les seuls rapports entre les deux premiers morceaux et le dernier est la reprise de « Hamân » (5a.d.6e.7f) et de « le règne/le roi Akhashvérosh » (6g.7c).

Séquence B1 : 3,1-15

L'ENSEMBLE DU PASSAGE : 3,1-7

+ 3,[1] Après	ces choses-	là
+ fit-grand	LE ROI	AKHASHVÉROSH
+ HAMÂN	fils de Hamdata	l'Agaguite
– et il l'éleva	et plaça	son trône
– au-dessus	de tous	les princes
– lesquels étaient	avec lui.	
: [2] Et tous	les serviteurs	du roi
: qui étaient	à la porte	du roi
- S'AGENOUILLAIENT	ET SE PROSTERNAIENT	devant HAMÂN
- car ainsi	avait commandé pour lui	le roi
- mais MARDOCHÉE	NE S'AGENOUILLAIT	NI NE SE PROSTERNAIT.
. [3] Et dirent	les serviteurs	du roi
. qui étaient	à la porte	du roi à MARDOCHÉE :
. « Pourquoi,	toi,	tu transgresses le commandement du roi ? »
- [4] Et il fut	que disant	à lui JOUR APRÈS JOUR
- et il n'écoutait pas	eux,	
- et ils le rapportèrent	à HAMÂN,	
.. pour voir	si tiendraient	les paroles de MARDOCHÉE
.. car il avait rapporté	à eux	
.. que	lui était	JUIF.

+ [5] Et vit	HAMÂN	
+ que point	MARDOCHÉE	S'AGENOUILLAIT
+ ET SE PROSTERNAIT	à lui	
– et se remplit	HAMÂN	de colère
– [6] et fut méprisable	à ses yeux	
– d'envoyer	la main	sur MARDOCHÉE seul,
:: car ils avaient rapporté	à lui	
:: le peuple	de MARDOCHÉE.	
.. Et cherchait	HAMÂN	
.. à exterminer	TOUS	LES JUIFS
.. qui étaient	dans tout le règne	d'Akhashvérosh,
:: le peuple	de MARDOCHÉE.	
:: [7] Au mois	premier,	
: lui est	le mois	de Nisan,
:: l'année	dix	et deux DU ROI AKHASHVÉROSH,
- fut jeté	le Pour,	
: lui est	le sort,	
- devant	HAMÂN,	
:: D'UN JOUR	À UN JOUR	
:: et d'un mois	au mois	dix et deux,
: lui est	le mois	d'Adar.

98 Texte hébreu : la deuxième section (Est 3,1–9,19)

Les deux parties sont complémentaires. La première rapporte la rébellion de Mardochée (2) qui est dénoncée à Hamân (3-4), la deuxième la réaction de ce dernier : Hamân constate par lui-même que Mardochée ne s'agenouille pas, ni ne se prosterne devant lui (5abc), comme la première partie l'avait raconté (2) et comme les serviteurs du roi le lui avaient reproché (3). La première partie s'achève sur le qualificatif de « juif » que Mardochée avait révélé aux autres serviteurs du roi (4f), et dans la partie suivante, Hamân veut exterminer « tous les juifs » (6f).

Le dernier morceau (7) est très différent de tout ce qui précède. Il surprend, car, s'il dit que le Pour est jeté, il n'est rien dit de son objet, même si le lecteur peut se douter que cela aura quelque chose à voir avec le projet sanguinaire d'Hamân ; il ne dit rien non plus du résultat de la consultation. Les rapports formels avec le reste du texte sont limités : « d'un jour à un jour » (7g) rappelle « jour après jour » (4a).

CONTEXTE

« L'AGAGUITE »

Cinq fois dans le livre, Hamân est appelé « l'Agaguite » (3,1.5 ; 8,3.5 ; 9,24) ; c'est là son épithète de nature ; celui de Mardochée est « le juif » (5,13 ; 6,10 ; 8,7 ; 9,31 ; 10,3). « L'Agaguite » rappelle Agag, roi des Amalécites, ennemi juré d'Israël auquel il s'était opposé quand il sortait d'Égypte (Ex 17,8-16). Israël reçoit l'ordre d'« effacer la mémoire d'Amaleq de dessous les cieux » (Dt 25,17-18). Le roi Saül ayant vaincu les Amalécites aurait dû les vouer à l'anathème ; ayant épargné la vie d'Agag, leur roi, Saül sera condamné par Samuel et perdra la royauté (1S 15).

« S'AGENOUILLER ET SE PROSTERNER »

Ces gestes d'hommage envers certains personnages éminents ne sont pas inconnus en Israël ; ainsi, Bethsabée se prosterne devant David (1R 1,16, voir aussi Gn 23,7.12). Mais les fils d'Israël ne devront pas plier le genou et se prosterner devant d'autres dieux que le Seigneur (Ex 20,5 ; 23,24 ; Ps 22,30 ; 95,6).

LE PREMIER MOIS

C'est au premier mois que les fils d'Israël sortirent du pays d'Égypte, et c'est au premier mois qu'on célèbre la Pâque qui rappelle et réactualise l'évènement (Ex 12,2 ; Lv 23,5 ; Nb 9,1-2) ; c'est aussi au premier mois que la Tente du Rendez-vous est dressée (Ex 40,1.17). Ce sera encore au premier mois que les fils d'Israël traverseront le Jourdain pour entrer dans la terre promise (Jos 4,19 ; 1Ch 12,16).

Séquence B1 : 3,1-15

LE SORT

En Israël, comme dans bien d'autres peuples et cultures, on s'en remet au sort, c'est-à-dire à la divinité, quand la décision ne peut pas être prise par les hommes (voir, par ex., Nb 26,55-56 ; 1S 14,42 ; Jon 1,7). C'est à Dieu qu'on s'en remet, comme quand il s'est agi de remplacer Judas :

[23] On en présenta deux, Joseph dit Barsabbas, surnommé Justus, et Matthias. [24] Alors ils firent cette prière : « Toi, Seigneur, qui connais le cœur de tous les hommes, montre-nous lequel de ces deux tu as choisi [25] pour occuper, dans le ministère de l'apostolat, la place qu'a délaissée Judas pour s'en aller à sa place à lui. » [26] Alors on tira au sort et le sort tomba sur Matthias, qui fut mis au nombre des douze apôtres (Ac 1,23-26).

INTERPRÉTATION

LE PARTICULARISME JUIF

Devant les serviteurs du roi, dont il fait partie, Mardochée justifie sa conduite étrange par son particularisme. Étant juif, il ne saurait plier le genou devant Hamân, élevé par le roi au plus haut degré après lui. Ses collègues lui font remarquer qu'il désobéit ainsi au souverain : ils semblent convaincus que personne, sous aucun prétexte, ne peut se soustraire à l'autorité suprême. Par loyalisme, sans doute, ils informent Hamân, pour vérifier si le fait d'être juif pourrait exempter Mardochée de se soumettre au commandement royal. Cependant, rien ni personne ne saurait plier la détermination de Mardochée. C'est donc que, pour lui, la chose est de la plus haute importance. Céder serait renoncer à son identité ; s'il le faisait, il serait infidèle à sa judaïté, il ne serait plus juif. Il doit bien être conscient du risque qu'il encourt, mais il l'affronte en toute lucidité. S'il refuse de se soumettre au « commandement » du roi, c'est qu'il obéit au commandement d'un autre qui n'est pas nommé, mais dont l'identité ne saurait faire aucun doute pour le lecteur juif.

LE DÉLIRE DE TOUTE-PUISSANCE

C'est un ordre du roi que Mardochée a transgressé. C'est donc le roi qui devrait être informé du délit et décider du châtiment. Mais, étant donné l'élévation d'Hamân, il est impossible de ne pas passer par lui. Or Hamân se met en colère à la place de celui qui est offensé et il décide lui-même de la peine qui devra frapper celui qui est coupable de lèse-majesté. C'est en fait sa toute-puissance à lui qui, à ses yeux, est atteinte. Elle se révèle de manière éclatante dans la décision qu'il prend d'exterminer tous les juifs. Ce sera la solution finale. Le délire n'a pas de limites. Pour sacraliser sa décision, Hamân s'en remet au sort. Il en appelle ainsi à l'autorité suprême, celle de la divinité, non pas pour lui obéir, mais pour la mettre à son service, la plier à ce qu'il a déjà résolu. Le choix

100 Texte hébreu : la deuxième section (Est 3,1–9,19)

du sort ne portera pas sur le fait lui-même de l'extermination des juifs, mais seulement sur une date dans les limites d'une seule année.

b. HAMÂN OBTIENT DU ROI D'ANÉANTIR LE PEUPLE JUIF

Le deuxième passage : 3,8-11

COMPOSITION

– 3,[8] *Et dit*	*HAMÂN*	**AU ROI**	*Akhashvérosh* :	
- « Il y a	UN PEUPLE	unique	dispersé	et séparé
- parmi	les peuples	*dans toutes*	les provinces	de ton royaume
. et *leurs édits* (sont)	différents	*de tout*	peuple	
. et *les édits*	**DU ROI**	ils ne sont pas	faisant	
= et **AU ROI**	il n'y a pas	intérêt	à les laisser-en-repos.	
:: [9] Si	pour **LE ROI**	(c'est) BON,		
:: qu'il soit écrit	de les anéantir ;			
– et dix-	mille	talents	D'ARGENT	
– je pèserai	aux mains	des agents	**DU ROYAUME**	
– pour les verser	aux trésors	**DU ROI. »**		

- [10] Et retira	**LE ROI**	son anneau	
- de sur	sa main ;		
.. et IL LE DONNA	à *HAMÂN*,		
.. fils	de Hamdata	l'Agaguite,	
.. le persécuteur	DES JUIFS.		

+ [11] *Et dit*	**LE ROI**	*à HAMÂN* :	
– « L'ARGENT	(est) DONNÉ	à toi	
:: ET LE PEUPLE	pour lui faire	comme BON	à tes yeux. »

Alors que les parties extrêmes rapportent le dialogue entre Hamân et le roi, la partie centrale est de récit.

Le premier morceau du discours d'Hamân (8b-f) se développe en trois temps : il est un peuple différent des autres (8bc) qui n'obéit pas aux édits du roi (8de) et qu'il ne faut donc pas laisser en repos (8f). Dans le morceau suivant, Hamân propose au roi d'anéantir ce peuple (9ab), ce qui lui rapportera beaucoup (9cde).

Dans la dernière partie, le roi répond à la proposition de Hamân de manière spéculaire : « l'argent » (9cde) sera pour lui (11b) et il fera du peuple (9ab) ce qu'il veut (11c).

Dans la partie centrale, le roi donne son anneau à Hamân, c'est-à-dire lui cède son pouvoir de sceller en son nom ce qu'il voudra.

Séquence B1 : 3,1-15

Aux deux occurrences de « peuple » qui font inclusion (8b.11c) correspond « les juifs » dans la partie centrale (10e). « Donner » revient en 10c et 11b, « bon » en 9a (pour le roi) et 11d (pour Hamân).

CONTEXTE

DIX-MILLE TALENTS

Mesure de poids, le talent vaut 34,272 kg. Dix-mille talents représentent donc 342 720 kg, soit un peu plus de 342 tonnes d'argent. C'est une somme faramineuse, bien dans le style du livre, comme dans le cas du premier banquet qui dura 180 jours, c'est-à-dire six mois. Cette somme se retrouvera dans la parabole du débiteur impitoyable :

> « [23] À ce propos, il en va du Royaume des Cieux comme d'un roi qui voulut régler ses comptes avec ses serviteurs. [24] L'opération commencée, on lui en amena un qui devait dix-mille talents... (Mt 18,23-35).

L'ANNEAU

Ce genre d'anneau est le sceau qui permet de sceller, c'est-à-dire de signer, d'authentifier tous les documents importants. Quand le roi donne son anneau à une autre personne, il lui confie le pouvoir royal :

> [41] Pharaon dit à Joseph : « Vois : je t'établis sur tout le pays d'Égypte » [42] et Pharaon ôta son anneau de sa main et le mit à la main de Joseph, il le revêtit d'habits de lin fin et lui passa au cou le collier d'or... (Gn 41,41-42).

INTERPRÉTATION

UNE RHÉTORIQUE FORT HABILE...

Hamân se garde bien de prononcer le nom du peuple qu'il dénonce. Il fait en réalité comme si ce n'était pas un peuple, en tout cas pas comme les autres : ce peuple en effet n'a pas de territoire spécifique, mais il se trouve parmi tous les autres peuples, comme s'il les contaminait. Et du reste, il se distingue des autres par ses lois particulières, ce qui est déjà suspect. Et l'argument le plus fort est réservé pour la fin : ils n'obéissent pas aux lois du roi. C'est très habile de généraliser à tout le peuple le comportement de Mardochée sur un seul commandement particulier, celui de révérer Haman. Conclusion : il ne serait certainement pas dans l'intérêt du roi de ne pas intervenir en les laissant tranquilles. Après ce réquisitoire vient la requête d'une décision royale. Là aussi, la formulation est astucieuse : un passif où le sujet est passé sous silence, « qu'il soit écrit » ; et puis le passage en douceur, pour ainsi dire, de « ne pas les laisser en repos » à « les anéantir » !

102   Texte hébreu : la deuxième section (Est 3,1–9,19)

Enfin, pour sceller le tout, l'argument économique qui a son poids en politique, un argument dument chiffré. Quand ce peuple sera exterminé, une somme énorme entrera au trésor du roi, et ce n'est certainement pas là un détail négligeable.

...ET EFFICACE

Le roi ne discute pas, ne demande pas de preuves, ne cherche même pas de complément d'information. À peine Hamân a-t-il achevé son réquisitoire que, sans demander l'avis d'autres personnes, le roi donne son anneau à son premier ministre pour qu'il fasse ce qu'il veut. Ce n'est pas qu'il lui signe un chèque en blanc : il lui donne la signature du chéquier. En précisant l'identité de celui qui reçoit les pleins pouvoirs, le narrateur révèle, au dernier mot, l'identité du peuple qu'il persécute. Pour le roi, au contraire, il ne s'agit que de ce « peuple » anonyme dont lui a parlé Hamân dont il ne cherche même pas à connaitre le nom. Non seulement il accorde à Hamân la permission d'anéantir ce peuple, mais cette action méritoire sera largement récompensée par le don de la somme qu'Hamân avait promise.

D'OÙ VIENT TOUT CET ARGENT ?

Hamân se garde bien de révéler d'où il tirera les dix-mille talents qu'il promet de verser au trésor. Les prélèverait-il sur son propre patrimoine ? Dans ce cas, on pourra le juger tout à fait désintéressé et fort généreux, ne pensant qu'au bien du royaume. Mais cela signifierait quand même que sa fortune est immense. Une autre interprétation ne peut pas ne pas se présenter à l'esprit. Il ne déboursera rien de sa poche, mais il reversera au trésor royal les biens des juifs qu'il aura en quelque sorte nationalisés. On pourra même se demander si les dix-mille talents représentent la totalité des richesses du peuple juif ou si, en réalité, tout en assouvissant sa vengeance, il ne pense pas aussi à réaliser une bonne affaire. Le moins qu'on puisse dire, c'est qu'il n'agit pas avec la plus grande transparence. Il a tu le nom du peuple qu'il veut supprimer, il ne dit rien non plus d'où il tirera l'argent promis. Bien pire, il dit que c'est lui qui versera la somme, comme s'il voulait laisser entendre que c'est un don personnel qu'il fera au trésor.

Séquence B1 : 3,1-15

c. HAMÂN ORGANISE L'EXTERMINATION DE TOUS LES JUIFS

Le troisième passage : 3,12-15

COMPOSITION

Ce passage s'organise en trois parties.

LA PREMIÈRE PARTIE (3,12)

+ 3,[12] Et furent convoqués	*LES LETTRÉS*	DU ROI,	
+ au mois	premier		
+ au trois	dix	jour	en lui.
– Et *IL FUT ÉCRIT*	selon tout ce qu'	avait commandé	Hamân
.. aux préfets	DU ROI		
.. et aux gouverneurs	qui (étaient)	*sur une province*	*et une province*
.. et aux princes	d'un peuple	et d'un peuple,	
. une province	*et une province*	selon *SON ÉCRITURE*	
. et un peuple	et un peuple	selon sa langue.	
– Au nom	DU ROI	Akhashvérosh	*IL FUT ÉCRIT*
– et il fut scellé	avec le sceau	DU ROI.	

Le premier morceau précise la date à laquelle sont convoqués les spécialistes qui devront écrire.

Le second morceau donne d'abord le nom de celui qui a décidé du contenu de l'écrit (12d), puis la liste de ses destinataires (12efg), et enfin ses modalités linguistiques (12hi).

Dans le troisième morceau, le caractère royal de l'écrit est double : le texte est écrit au nom du roi, et le sceau est celui du roi.

Les deux premiers morceaux commencent par un verbe passif, « furent convoqués » et « il fut écrit » ; quant au dernier morceau, ses deux verbes, en termes médians, sont aussi au passif. À « lettrés » du premier morceau (12a) correspondent les trois termes de même racine des morceaux suivants, « il fut écrit » (12d.j) et « son écriture » (12h).

104 Texte hébreu : la deuxième section (Est 3,1–9,19)

LA DEUXIÈME PARTIE (3,13)

+ [13] Et furent envoyées	des lettres	par la main	des coursiers
+ à TOUTES	les provinces	du roi,	
– *pour* exterminer,	*pour* tuer		
– et *pour* anéantir	TOUS	les juifs,	
– depuis le jeune	et jusqu'au vieux,		
– enfant	et femmes,		
.. en un jour	*SEUL*,		
.. le trois	dix	du mois	deux dix
.. lui (est)	le mois	Adar	
– et leur butin	*pour* piller.		

Les deux premiers morceaux sont agrafés par la reprise de « toutes/tous ». Dans le deuxième morceau, la double accumulation des deux premiers segments expriment la radicalité de l'opération ordonnée par les « lettres ». Le contraste est frappant entre le massacre de « tous » les juifs (13d) qui aura lieu dans « toutes les provinces » (13b) et le « seul » jour durant lequel il devra être accompli entièrement (13g). Le dernier morceau donne le deuxième but de l'opération, le pillage (13j).

LA TROISIÈME PARTIE (14-15)

+ [14] Copie	de l'écrit	POUR ÊTRE DONNÉ	(comme) ÉDIT
+ dans *toute*	province	et province,	
+ promulgué	à *tous*	les peuples,	
= pour être	prêts	pour ce jour-	là ;
:: [15] des coursiers	sortirent	rapides	
:: sur la parole	*du roi.*		
+ Et L'ÉDIT	FUT DONNÉ	*à Suse-*	*la-Citadelle* ;
.. et *le roi*	et Hamân	s'assirent	pour boire
.. et *la ville*	*de Suse*	(fut) désemparée.	

Les deux morceaux commencent avec « édit » et « donner » qui jouent le rôle de termes initiaux. L'édit est donné « dans toute province » et « à tous les peuples » (14abc), mais aussi « à Suse-la-Citadelle » (15c.e). Pendant que les coursiers envoyés par « le roi » partent livrer les copies de l'édit (15ab), le roi et son second fêtent l'évènement (15d), tandis que Suse est désemparée (15e).

Séquence B1 : 3,1-15

L'ENSEMBLE DU PASSAGE (3,12-15)

: 3,[12] **Furent convoqués**	LES LETTRÉS	DU ROI,	
: AU PREMIER	MOIS		
: AU TREIZIÈME	JOUR	EN LUI.	
– Et IL FUT ÉCRIT	selon tout ce qu'	avait commandé	HAMÂN
.. aux préfets	DU ROI		
.. et aux gouverneurs	qui (étaient)	sur une province	et une province
.. et aux princes	d'un peuple	et d'un peuple	
. une province	et une province	selon SON ÉCRITURE	
. et un peuple	et un peuple	selon sa langue.	
– Au nom	DU ROI	Akhashvérosh	IL FUT ÉCRIT
– et **il fut scellé**	avec le sceau	DU ROI.	

: [13] Et **furent envoyées**	DES LETTRES	par la main	DES COURSIERS
: à toutes	les provinces	DU ROI,	
– pour exterminer,	pour tuer		
– et pour anéantir	tous	les juifs,	
– depuis les jeunes	et jusqu'aux vieux,		
– enfants	et femmes,		
.. EN UN JOUR	SEUL,		
.. LE TREIZIÈME	DU DOUZIÈME	MOIS	
.. lui (est)	le mois	Adar	
– et leur butin	pour piller.		

: [14] Copie	de L'ÉCRIT	**pour être donnée**	comme édit
: dans toute	province	et province,	
: **fut promulguée**	à tous	les peuples	
= pour être	prêts	POUR CE JOUR-	LÀ ;
:: [15] DES COURSIERS	sortirent	rapides	
:: sur la parole	DU ROI,		
.. Et l'édit	**fut donné**	à Suse-	la-Citadelle
.. et LE ROI	et HAMÂN	s'assirent	pour boire
.. et la ville	de Suse	**fut désemparée**.	

Tandis que la première partie donne la date où l'édit est rédigé, le treize du premier mois de l'année (12bc), la seconde partie énonce celle où l'extermination des juifs devra être perpétrée, le treize du dernier mois (13h). Dans la troisième partie, « ce jour-là » (14d) renvoie au treize du mois d'Adar (13hi).

Il ne s'agit, tout au long du passage, que du texte de l'édit, « l'écrit » (14a) qui « fut écrit » (12d.j) et qui sera communiqué à chaque province « selon son écriture » (12h) ; les deux premières parties commencent avec un terme de même racine, appartenant au même champ sémantique de « écrit », « lettrés » et « lettres » (12a.13a). Chaque partie insiste sur le fait que l'écrit sera porté dans chaque « province » et « peuple » (12f.h ; 13b ; 14b) ; les parties extrêmes y ajoutent « les peuples » (12g.i ; 14c).

Si « le roi » est nommé dans chaque partie (12a.e.j.k ; 13b ; 15b.d), sept fois au total, le nom de Hamân ne revient discrètement qu'aux extrémités (12d.15d). Les « coursiers » sont mentionnés dans les deux dernières parties (13a.15a).

Un des traits les plus marquants est le grand nombre de verbes au nifal, traduits par des passifs (12a.d.j.k ; 13a ; 14a.15c), au total sept fois, encore le chiffre de la totalité, à quoi on ajoutera le participe passif « promulguée » (14c).

INTERPRÉTATION

L'EXTRÊME DISCRÉTION D'HAMÂN

Tout est fait au nom du roi. Hamân se tient en retrait, effacé derrière la personne du roi qui est habilement mise en avant. Les choses se font, sont faites comme d'elles-mêmes, celui qui dirige tout, se dissimulant derrière une file serrée de passifs : les lettrés sont convoqués, il fut écrit, l'écrit est scellé, les lettres furent envoyées, copie de l'écrit est donnée, elle est promulguée. Par qui ? Mais « sur la parole du roi », bien sûr, comme sortirent les rapides coursiers ! C'est dans une simple subordonnée que l'on dit, comme en passant, que c'est « selon tout ce qu'avait commandé Hamân » (12d). Après quoi, son nom ne revient qu'en finale, quand le roi trinque avec lui au bon succès de son entreprise. Cet homme est vraiment le roi de la dissimulation.

TUER POUR PILLER

C'est au cœur du passage que le but de l'édit royal est énoncé. Le contraste est surprenant entre ce qu'on peut appeler les deux volets de l'opération : autant l'extermination des personnes est détaillée en trois segments totalisant sept membres (13cdefghi), autant le pillage de leurs biens n'est mentionné qu'en finale, en un seul membre court (13j). Le massacre est ainsi présenté avec tant de force que la prise du butin semble un détail tout à fait secondaire. Le procédé est tellement gros qu'un doute ne saurait manquer de s'insinuer : et si le plus important pour celui qui organise le génocide des juifs ne serait pas de s'enrichir de leurs dépouilles ? La manière dont Hamân présente les choses trahit non seulement ses véritables intentions, mais aussi la manière dont il les dissimule.

d. HAMÂN OBTIENT DU ROI UN ÉDIT POUR QUE LES JUIFS SOIENT EXTERMINÉS PAR LEURS ENNEMIS

L'ensemble de la séquence B1 : 3,1-15

COMPOSITION

La séquence B1 comprend trois passages :

HAMÂN CHERCHE À	SE VENGER	DU JUIF MARDOCHÉE	3,1-7

HAMÂN OBTIENT DU ROI D'ANÉANTIR LE PEUPLE JUIF	8-11

HAMÂN ORGANISE	L'EXTERMINATION	DE TOUS LES JUIFS	12-15

108 Texte hébreu : la deuxième section (Est 3,1–9,19)

3,¹ Après ces CHOSES-là, LE ROI AKHASHVÉROSH grandit **HAMÂN fils de Hamdata l'Agaguite** et il l'éleva et plaça son siège au-dessus de tous les princes qui sont avec lui. ² Et tous les serviteurs du roi qui sont à la porte du roi s'agenouillaient et se prosternaient devant **HAMÂN**, car c'est ainsi le roi avait COMMANDÉ pour lui, mais *MARDOCHÉE* ne s'agenouillait pas ni ne se prosternait. ³ Les serviteurs du roi qui étaient à la porte du roi dirent à *MARDOCHÉE* : « Pourquoi, toi, tu transgresses le COMMANDEMENT du roi ? » ⁴ Et il advint qu'ils le lui disaient jour après jour mais il ne les écoutait pas ; alors ils le dirent à **HAMÂN** pour voir si les paroles de *MARDOCHÉE* tiendraient, car il leur avait rapporté qu'il était JUIF.

⁵ **HAMÂN** vit que *MARDOCHÉE* ne s'agenouillait et ne se prosternait pas devant lui et **HAMÂN** se remplit de colère ; ⁶ et il fut méprisable à ses yeux de porter la main sur le seul *MARDOCHÉE*, car on lui avait rapporté quel était le peuple de *MARDOCHÉE* et **HAMÂN** cherchait à **EXTERMINER** TOUS LES JUIFS qui étaient dans tout LE RÈGNE D'AKHASHVÉROSH, le peuple de *MARDOCHÉE*. ⁷ Au premier mois qui est le mois de Nisan, la douzième année du ROI AKHASHVÉROSH, fut jeté le Pour — c'est le sort — devant **HAMÂN**, jour après jour et d'un mois au douzième mois qui est le mois d'Adar.

⁸ **HAMÂN** dit au ROI AKHASHVÉROSH : « Il y a **un peuple** unique dispersé et séparé parmi les peuples dans toutes les provinces de ton royaume et leurs *édits* sont différents de tout autre peuple et ils n'obéissent pas aux *édits* du roi et le roi n'a pas intérêt à les laisser en repos. ⁹ Si cela parait bon au roi, qu'il soit écrit de les **ANÉANTIR** et je pèserai dix-mille talents *d'argent* aux mains des agents du royaume pour les verser aux trésors du roi. »

¹⁰ Et le roi retira son ANNEAU de sa main et le *DONNA* à **HAMÂN fils de Hamdata l'Agaguite**, le persécuteur des JUIFS.

¹¹ Et le roi dit à **HAMÂN** : « *L'argent* t'*EST DONNÉ* ainsi que **le peuple** pour lui faire comme il est bon à tes yeux. »

¹² Furent convoqués les lettrés du roi au premier mois au treizième jour et il fut écrit selon tout ce qu'AVAIT COMMANDÉ **HAMÂN** aux préfets du roi et aux gouverneurs de chaque province et aux princes de chaque peuple, chaque province selon son écriture et chaque peuple selon sa langue ; cela fut écrit au nom du ROI AKHASHVÉROSH et fut scellé avec L'ANNEAU du roi.

¹³ Des lettres furent envoyées par des coursiers à toutes les provinces du roi pour **EXTERMINER**, **TUER** et **ANÉANTIR** TOUS LES JUIFS, depuis les jeunes et jusqu'aux vieux, enfants et femmes, en un seul jour, le treizième jour du douzième mois qui est le mois d'Adar et pour piller leur *butin*.

¹⁴ Copie de l'écrit pour *ÊTRE DONNÉ* comme *édit* dans chaque province fut promulguée à tous les peuples, afin qu'ils soient prêts pour ce jour-là ; ¹⁵ des coursiers sortirent rapides sur la PAROLE du roi. Et *l'édit* *FUT DONNÉ* à Suse-la-Citadelle ; et le roi et **HAMÂN** s'assirent pour boire et la ville de Suse fut désemparée.

Dans le premier passage, Hamân cherche à « exterminer » tous les juifs (6b) ; dans le passage central, il conseille au roi de les « anéantir » (9a), et dans le dernier ces deux verbes sont repris et encadrent le verbe « tuer » (13ab). Alors que dans le passage central, Hamân évite de dire le nom du « peuple » (8a.11a) qu'il veut anéantir, dans les passages extrêmes, il est bien question d'exterminer « tous les juifs » (6c.13b).

Dans le premier passage, c'est au « commandement » du roi (2c.3c) que l'on reproche à Mardochée de désobéir ; dans le dernier, c'est Hamân qui « commande » (12b).

Les deux premiers passages sont liés par la reprise de « Hamân fils de Hamdata l'Agaguite » (1a.10b).

Dans les deux derniers passages reviennent « édit(s) » (8b.c ; 14a.15b), « anneau » (10a.12d), « donner » (10b.11a ; 14a.15b) ; « butin » (13c) renvoie à « argent » (9b.11a).

Dans les passages extrêmes reviennent « au premier mois » (7a.12a) et « le douzième mois qui est le mois d'Adar » (7bc.13c) ; tandis qu'à la fin du premier passage il est simplement dit qu'on jeta le sort du premier mois au dernier, dans le dernier passage, les jours de ces mois sont précisés, aussi bien « le treizième jour » du premier mois où est écrit l'édit (12a), que « le treizième jour » du dernier mois qui doit être celui du massacre des juifs (13c).

Le nom du « roi/règne (d')Akhashvérosh » revient trois fois dans le premier passage (1a.6c.7a) et une fois seulement dans chacun des deux passages suivants (8a ; 12d) ; le nom de « Hamân » est repris sept fois dans le premier passage, deux fois dans les deux derniers passages. Quant au nom de « Mardochée » qui revient sept fois dans le premier passage, il disparait complètement par la suite.

INTERPRÉTATION

QUI A DÉCIDÉ DES DATES ?

Il est impossible d'écarter le problème que pose le dernier verset de la première partie (7). Il est rapporté que l'on consulte le sort, mais rien n'est dit du résultat de la consultation. Il faut prendre au sérieux le texte hébreu et ne pas se réfugier trop vite sous l'interprétation de la Septante qui, elle, précise le jour du massacre des juifs (voir p. 94). Les jours seront précisés dans le dernier passage, le treize du premier mois de l'année pour la rédaction de l'édit, le treize du dernier mois pour l'exécution ; mais là, il n'est pas dit que c'est le sort qui en a décidé. En revanche, il est affirmé que c'est « selon tout ce qu'avait commandé Hamân » que le texte est rédigé. Serait-ce que la consultation du sort n'aurait rien donné ? Qu'au contraire, tout ait été planifié par le seul Hamân ? Voire même qu'Hamân n'aurait tenu aucun compte de ce que le sort aurait indiqué ? Le moins que l'on puisse dire, c'est que le doute est permis, et même qu'il n'est pas impossible qu'il soit induit par le récit. Ce ne serait pas étonnant, étant donné ce que nous savons de ce triste personnage.

LA BEAUTÉ DU DIABLE

Il faut avouer qu'Hamân est brillant ! Il sait mener sa barque, il sait mener le roi par le bout du nez. Il ne faut peut-être pas dire trop vite que le roi est un personnage falot, dépourvu de toute intelligence. Il est vrai qu'il ne donne pas de lui-même une image très flatteuse, mais encore faut-il savoir le manœuvrer. Ce qui n'est sans doute pas sans danger, car il détient le pouvoir suprême. Hamân est passé maitre dans l'art de la politique, celle qui consiste à arriver, quitte à écraser les autres. C'est certainement une personne fort capable pour être arrivée au plus haut poste, juste après le roi. On peut imaginer qu'il n'est pas pour rien dans le commandement du roi qui exige de tous qu'ils s'agenouillent et se prosternent devant lui. On a déjà noté l'habileté de son réquisitoire contre le peuple qu'il veut exterminer. Pour la suite, il sait se mettre en retrait, restant dans les coulisses du pouvoir, s'abritant derrière la personne du souverain, organisant tout comme si les choses se faisaient d'elles-mêmes. On ne saurait s'empêcher d'admirer la beauté du diable.

UN PLAN DIABOLIQUE

Hamân veut tout, il ne supporte aucune limite. Il n'est que le second dans le royaume, mais il manipule souverainement le roi. Un seul refuse de plier le genou devant lui et il ne peut le supporter. Il aurait pu fermer les yeux, ne pas s'abaisser à son niveau, étant bien au-dessus de ce ridicule manque de respect. Mais non, dans son délire de toute-puissance, il est incapable d'accepter le moindre manque. Il a probablement compris que, comme Mardochée, les juifs n'adorent qu'un seul Dieu et ne se prosternent pas devant les idoles. Or les idoles sont insatiables. Elles prennent tout sans jamais rien donner. Hamân n'a donc pas d'autre choix que de réduire à néant la totalité de ceux qui ne l'adorent pas et de se rassasier de leurs biens. Comme le dieu Moloch qui, sous la forme d'un four ardent, dévorait par les flammes tout ce qu'on lui présentait.

2. Dans les pleurs et le jeûne, la reine se risquera auprès du roi

La séquence B2 : 4,1-17

COMPOSITION

La séquence comprend trois passages :

MARDOCHÉE ET TOUS LES JUIFS	REVÊTENT LE SAC ET JEÛNENT	4,1-4

MARDOCHÉE DEMANDE À ESTHER D'INTERVENIR AUPRÈS DU ROI	5-12

AVANT D'ALLER CHEZ LE ROI,	ESTHER DEMANDE À TOUS LES JUIFS DE JEÛNER	13-17

112   Texte hébreu : la deuxième section (Est 3,1–9,19)

a. MARDOCHÉE ET TOUS LES JUIFS REVÊTENT LE SAC ET JEÛNENT

Le premier passage : 4,1-4

TEXTE

4,¹ Et Mardochée apprit tout ce qui se faisait   et il déchira Mardochée ses habits   et il se vêtit de sac et cendre   et il sortit dedans la ville   et il clama une clameur grande et amère.   ² Et il vint jusque devant la porte du roi   car il n'y a pas de venir à la porte du roi   en vêtement de sac. ³ Et dans toute province et province,   lieu dans lequel la parole du roi   et son édit arrivaient (c'était) deuil grand pour les juifs   et jeûne et pleur et lamentation ;   sac et cendre s'étendaient pour de nombreux.   ⁴ Et vinrent les jeunes-filles d'Esther et ses eunuques   et ils rapportèrent à elle   et trembla la reine beaucoup ;   et elle envoya des habits   pour revêtir Mardochée   et pour retirer son sac de dessus lui   mais point ne voulut.

V. 3F : « ÉTAIENT ÉTENDUS »

On traduit souvent, explicitant le sens, par « était le lit de beaucoup ».

V. 4C : « ET TREMBLA »

À la forme hitpalpel, ce verbe est un hapax. Les autres formes permettent de le comprendre (voir, par ex., Ps 29,8 : « La voix de Yhwh fait-trembler le désert »).

COMPOSITION

Ce passage comprend deux parties.

LA PREMIÈRE PARTIE : 4,1-3

Le premier morceau dépeint la douleur de Mardochée. Le second segment concerne son vêtement, le troisième ses cris. Alors qu'à la fin du premier morceau, il était sorti dans la ville, dans le deuxième il vient à la porte du roi, contrevenant à la loi (2bc). Le troisième morceau étend la douleur (3def) à toutes les provinces (3abc).

Dans les morceaux extrêmes, le premier segment dit que les personnages, Mardochée puis toutes les provinces apprennent la nouvelle. À la clameur « grande » de Mardochée (1e) correspond le deuil « grand » des juifs (3d) ; « sac et cendre » reviennent en 1c et 3f. À la fin du morceau central, « en vêtement de sac » renvoie à « il se vêtit de sac » (1c) et annonce « sac et cendre » (3f).

Séquence B2 : 4,1-17

+ 4,[1] Et *Mardochée*	apprit	tout ce qui	se faisait
.. et il déchira	*Mardochée*	ses habits	
.. et *IL SE VÊTIT*	de **SAC**	ET CENDRE	
- et il sortit	dedans	la ville	
- et il clama	une clameur	GRANDE	et amère.

.[2] Et il vint	jusque devant	la porte	du roi
. car il n'y a pas	de venir	à la porte	du roi
. *EN VÊTEMENT*	de **SAC**.		

–[3] Et dans toute	province	et province,	
– lieu	dans lequel	la parole	du roi
– et son édit	arrivaient,		
.. (c'était) deuil	GRAND	pour les juifs	
.. et jeûne	et pleur	et lamentation ;	
.. **SAC**	ET CENDRE	étaient étendus	pour de nombreux.

LA DEUXIÈME PARTIE : 4,4

Le premier segment a pour sujet les serviteurs d'Esther, le second Esther, le troisième Mardochée. Le dernier membre se distingue des deux précédents par sa brièveté : à la fébrilité de la reine, de ses jeunes filles et de ses eunuques, s'oppose la détermination absolue de Mardochée.

+[4] Et vinrent	les jeunes-filles	d'Esther	et ses eunuques
+ et ils rapportèrent	à elle		
+ et trembla	la reine	beaucoup ;	
:: et elle envoya	des habits		
:: pour revêtir	Mardochée		
:: et pour retirer	son sac	de dessus lui	
– mais point	ne voulut.		

114 Texte hébreu : la deuxième section (Est 3,1–9,19)

L'ENSEMBLE DU PASSAGE : 4,1-4

+ 4,[1] Et MARDOCHÉE	apprit	tout ce qui	se faisait
.. et il déchira	MARDOCHÉE	*SES HABITS*	
.. et *IL SE VÉTIT*	de SAC	et cendre	
- et il sortit	dedans	la ville	
- et il clama	une clameur	grande	et amère.
. [2] Et il vint	jusque devant	la porte	du roi
. car il n'y a pas	de venir	à la porte	du roi
. *EN VÊTEMENT*	de SAC.		
— [3] Et dans toute	province	et province,	
– lieu	dans lequel	la parole	du roi
– et son décret	arrivaient		
.. (c'était) deuil	grand	pour les juifs	
.. et jeûne	et pleur	et lamentation ;	
.. SAC	et cendre	s'étendaient	pour de nombreux.

+ [4] Et vinrent	les jeunes-filles	d'Esther	et ses eunuques
+ et ils rapportèrent	à elle		
+ et trembla	la reine	beaucoup ;	
: et elle envoya	*DES HABITS*		
: pour *REVÊTIR*	MARDOCHÉE		
: et pour retirer	SON SAC	de dessus lui	
– mais point	ne voulut.		

Au début des deux parties, c'est d'abord Mardochée qui apprend la nouvelle (1a), puis la reine, informée par ses serviteurs (4ab). Les seuls rapports lexicaux qui lient les deux parties sont « Mardochée » (1a.b.4e), « habits » (1b.4d), « se vêtir/vêtement/revêtir » (1c.2c.4e) et « sac » (1c.2c.4f).

INTERPRÉTATION

LA REINE, DERNIÈRE INFORMÉE

La reine apprend la nouvelle après Mardochée. Le narrateur rapporte même que toutes les provinces sont au courant de la situation et se mettent à jeûner sous le sac et la cendre, avant de dire que la reine, elle aussi, en est informée. En outre, c'est par son entourage, ses jeunes filles et ses eunuques, qu'Esther l'apprend. Elle semble donc la dernière à le savoir. Et on se demande même quelle est exactement la nouvelle qui lui est transmise : il se pourrait bien que ce soit seulement le fait que Mardochée s'est approché de la porte du roi vêtu de sac.

Séquence B2 : 4,1-17   115

LA CRAINTE DE LA REINE

Si Esther « tremble », on pourrait penser que c'est pour tout le peuple juif dont il vient d'être question ; mais il semble que c'est d'abord et peut-être seulement pour Mardochée. En effet, il risque sa vie car il a bravé l'interdit en se rendant à la porte du roi « en vêtement de sac » (2c). C'est pourquoi sa première pensée est de lui envoyer des habits en lui demandant d'abandonner son sac. Et du reste, elle ne lui parle pas d'autre chose. Bien que toute proche du roi, elle est bien protégée de tout ce qui se trame au-dehors du harem.

b. MARDOCHÉE DEMANDE À ESTHER D'INTERVENIR AUPRÈS DU ROI

Le deuxième passage : 4,5-12

TEXTE

4,5 Et appela Esther Hatak,   (un) des eunuques du roi   qu'il avait institué devant elle ;   et le manda à Mardochée pour savoir   quoi cela   et pour quoi cela.   6 Et sortit Hatak vers Mardochée   vers la place de la ville   qui (est) devant la porte du roi.   7 Et rapporta Mardochée tout ce qui lui était arrivé   et la somme d'argent   qu'avait dit Hamân   pour verser dans les trésors du roi   sur les juifs pour les anéantir.   8 Et une copie de l'écrit de l'édit   qui avait été donné à Suse pour les exterminer   il lui donna pour faire voir à Esther   et pour rapporter à elle   et commander à elle   d'aller chez le roi demander-grâce à lui   et pour demander devant sa face pour son peuple.   9 Et alla Hatak   et il rapporta à Esther les paroles de Mardochée.   10 Et dit Esther à Hatak   et le manda vers Mardochée :   11 « Tous les serviteurs du roi   et le peuple des provinces du roi   savent que tout homme et femme   qui vient chez le roi dans la cour intérieure qui n'est pas appelé   un seul édit à lui la mise-à-mort,   à moins que lui tende le roi   le sceptre d'or.   Et il est que moi je n'ai pas été appelée   à venir chez le roi cela (fait) trente jours. »   12 Et ils rapportèrent à Mardochée les paroles d'Esther.

V. 5D.9D : « LE MANDA »

Litt., « commanda » (*ṣwh*) ; ce verbe se retrouve aussi en 8d (« commander »).

COMPOSITION

Le passage s'organise en deux parties, chacune formée de trois sous-parties.

116 Texte hébreu : la deuxième section (Est 3,1–9,19)

LA PREMIÈRE PARTIE : 4,5-6

+ 4,[5] Et appela	ESTHER	**HATAK,**
+ (un) des eunuques	du roi	
+ *lequel*	il avait placé	*devant elle* ;
:: et elle le manda	à MARDOCHÉE	pour savoir
:: quoi (était)	*cela*	
:: et pour quoi	*cela.*	
= [6] Et sortit	**HATAK**	vers MARDOCHÉE
= vers la place	de la ville	
= *laquelle* (est)	*devant*	la porte du roi.

= [7] *ET RAPPORTA*	MARDOCHÉE		
= tout ce qui	lui était arrivé		
+ et la somme	d'argent		
+ laquelle	avait dit	Hamân	
+ pour peser	dans les trésors	du roi	
+ sur les juifs	*pour les anéantir.*		
– [8] Et une copie	de l'écrit	de l'édit	
– lequel	avait été donné	à Suse	*pour les exterminer*
– il lui donna	pour faire voir	à Esther	
: *ET POUR RAPPORTER*	à elle	et commander	à elle
: *D'ALLER*	chez le roi	pour demander-grâce	à lui
: et pour demander	devant sa face	en faveur de son peuple.	

= [9] ET ALLA	**HATAK**		
= *ET IL RAPPORTA*	à ESTHER	les paroles	DE MARDOCHÉE.

Dans la première sous-partie, Hatak est envoyé vers Mardochée (5-6) ; dans la dernière, il retourne rendre compte de sa mission (9). Au centre, ce que Mardochée « rapporte » (7-8).

Dans le premier segment de la première sous-partie, Hatak est convoqué ; dans le dernier, il sort. Le nom de l'eunuque se trouve dans les premiers membres (5a.6a), les troisièmes membres sont des relatives introduites par le même relatif (en hébreu) où se retrouve « devant » (5c.6c). Au centre, les deux questions indirectes qu'Hatak est envoyé poser à Mardochée (5ef).

Dans la deuxième sous-partie, Mardochée réfère verbalement les évènements à Hatak (7), puis les confirme par une copie de l'édit transmise à Esther (8abc) afin qu'elle intervienne auprès du roi (8def). Les deux morceaux sont liés par les finales « pour les anéantir » et « pour les exterminer » (7f.8b). « Rapporter » fait inclusion (7a.8d).

Séquence B2 : 4,1-17

Dans la dernière sous-partie (9), Hatak s'acquitte de sa mission. Les deux dernières sous-parties sont agrafées par les reprises de « rapporter » (8d.9b) et « aller » (8e.9a).

LA DEUXIÈME PARTIE : 4,10-12

– [10] *Et dit*	ESTHER	à Hatak		
– et le manda	vers MARDOCHÉE :			
: [11] « Tous	les serviteurs	**du roi**		
: et le peuple	des provinces	**du roi**		
: savent	que	tout homme	et femme	
. qui	vient	**chez le roi**	dans la cour	intérieure
. qui	N'EST PAS APPELÉ,			
. un seul	édit à lui	la mise-à-mort,		
- à moins	que	lui tende	**le roi**	
- le sceptre	d'or.			
:: Et il est	que moi	JE N'AI PAS ÉTÉ APPELÉE		
:: à venir	**chez le roi**	cela (fait)	trente	jours. »
= [12] *Et ils rapportèrent*	à MARDOCHÉE	les paroles	d'ESTHER.	

Les sous-parties extrêmes sont narratives, tandis que la longue sous-partie centrale est de discours. Les sous-parties extrêmes se correspondent : les paroles adressées à Hatak pour Mardochée (10) sont référées à leur destinataire (12).

Dans son discours, Esther commence par rappeler longuement la règle en vigueur pour les rencontres avec le roi (11a-h) : elle rappelle d'abord avec insistance que tous, aussi bien « le peuple des provinces » que « les serviteurs du roi », connaissent cette règle (11abc) — comme si Mardochée l'avait oubliée —, puis elle énonce l'édit de mort pour qui viendrait chez le roi sans être appelé (11def), et finit avec l'exception (11gh). Dans le court morceau suivant, elle expose sa propre situation : elle n'a pas été appelée, et depuis bien longtemps. « Le roi » revient dans chaque segment.

118 Texte hébreu : la deuxième section (Est 3,1–9,19)

L'ENSEMBLE DU PASSAGE : 4,5-12

+ 4,⁵ Et appela	ESTHER	HATAK,
+ (un) des eunuques	du roi	
+ qu'il	avait institué	devant elle ;
:: ET LE MANDA	à MARDOCHÉE	pour savoir
:: quoi	cela	
:: et pour quoi	cela.	
= ⁶ Et sortit	HATAK	vers MARDOCHÉE
= vers la place	de la ville	
= qui (est)	devant	la porte du roi.

= ⁷ Et rapporta	MARDOCHÉE		
= tout ce qui	lui était arrivé		
+ et la somme	d'argent		
+ qu'	avait dit	Hamân	
+ pour peser	dans les trésors	du roi	
+ sur les juifs	pour les anéantir.		
— ⁸ Et une copie	de l'écrit	de l'édit	
— qui	avait été donné	à Suse	pour les exterminer
— il lui donna	pour faire voir	à ESTHER	
: et pour rapporter	à elle	ET COMMANDER	à elle
: d'aller	chez le roi	demander-grâce	à lui
: et pour demander	devant sa face	pour son peuple.	

= ⁹ Et alla	HATAK		
= et il rapporta	à ESTHER	les paroles	de MARDOCHÉE.

— ¹⁰ Et dit	ESTHER	à HATAK		
— ET LE MANDA	vers MARDOCHÉE :			
: ¹¹ « Tous	les serviteurs	du roi		
: et le peuple	des provinces	du roi		
: savent	que	tout homme	et femme	
. qui	vient	chez le roi	dans la cour intérieure	
. qui	n'est pas appelé			
. un seul	édit à lui	la mise-à-mort,		
- à moins	que	lui tende	le roi	
- le sceptre	d'or.			
:: Et il est	que moi	je n'ai pas été appelée		
:: à venir	chez le roi	depuis	trente	jours. »

= ¹² Et ils rapportèrent	à MARDOCHÉE	les paroles	d'ESTHER.

Les deux parties sont parallèles, chacune formée de trois sous-parties. Dans la première partie, Mardochée répond à Hatak, d'abord en informant Esther du danger mortel qui les menace (7), ensuite en lui demandant d'intervenir auprès du roi (8). Dans la deuxième partie, par l'entremise de Hatak, Esther répond au commandement de Mardochée en lui expliquant qu'elle risque la mort si elle se présente d'elle-même chez le roi.

INTERPRÉTATION

UNE REINE DÉSEMPARÉE

Esther est l'épouse d'un roi dont l'empire s'étend sur un territoire immense, elle a été choisie entre toutes pour devenir reine. Et pourtant, elle se trouve réduite à bien peu de chose. Elle est la dernière à savoir ce qui se passe. La seule information qui lui a été transmise est le deuil de Mardochée dont elle ignore la raison. Elle se voit dans l'obligation de charger l'eunuque que le roi a mis à son service pour aller se renseigner auprès de son tuteur. Quand enfin elle apprend le grand malheur qui a été décidé contre son peuple, quand Mardochée lui intime d'intervenir, elle se voit totalement impuissante. Il lui faut avouer la situation préoccupante dans laquelle elle se trouve : cela fait un mois entier que le roi ne l'a pas appelée, elle, la reine. Elle a de quoi se demander s'il ne l'a pas oubliée, au profit d'une autre, de quelque concubine. Après trente jours de disgrâce, pourrait-elle prendre l'initiative de se présenter devant lui, sans risquer la mort ?

UN HOMME D'ACTION

Dans sa réponse à Esther, Mardochée fait preuve de lucidité et de détermination. Il a très bien compris le jeu d'Hamân : l'intérêt économique est loin d'être secondaire. Si Mardochée le mentionne d'entrée de jeu, c'est sans doute qu'il y a décelé la motivation fondamentale du projet de génocide. Les juifs sont riches et suscitent bien des tentations. Les anéantir représente un moyen efficace de s'enrichir vite et bien. Mardochée a pris la précaution de se procurer une copie de l'édit d'extermination, car il se doute qu'Esther ne voudra pas le croire sur parole, tant la chose lui paraîtra invraisemblable. Mais il ne suffit pas d'informer, de dénoncer le danger, il faut agir. S'il demande à la reine d'intervenir, c'est qu'il pense que c'est là le plus sûr moyen de contrer le malheur.

120   Texte hébreu : la deuxième section (Est 3,1–9,19)

c. Avant d'aller chez le roi, Esther demande à tous de jeûner

Le troisième passage : 4,13-17

TEXTE

4,13 Et dit Mardochée   pour répondre à Esther :   « N'imagine pas toi-même   que tu échapperas en la maison du roi   (plus) que tous les juifs,   14 car si te taisant tu te tais en ce temps-ci,   soulagement et délivrance se lèveront pour les juifs d'un lieu autre   et toi et la maison de ton père vous serez anéantis ;   et qui sait   si pour un temps comme celui-ci tu es arrivée à la royauté ? »   15 Et dit Esther   pour répondre à Mardochée :   16 « Va, rassemble tous les juifs qui se trouvent à Suse   et jeûnez pour moi et ne mangez ni ne buvez   trois jours, nuit et jour ; moi aussi et mes jeunes-filles je jeûnerai ainsi   et ainsi j'irai chez le roi   que pas comme l'édit et si je serai anéantie,   je serai anéantie. »   17 Et s'écarta Mardochée et il fit   tout comme avait ordonné à lui Esther.

V. 14B : « SOULAGEMENT ET DÉLIVRANCE SE LÈVERONT POUR LES JUIFS D'UN LIEU AUTRE »

Le premier terme (*rewaḥ*) est un quasi hapax ; il ne se retrouve qu'en Gn 32,17 où il signifie « espace » ; il est traduit ici par « repos », « soulagement ».

La Septante et les targums, ainsi que la plupart des commentateurs, comprennent qu'il s'agit d'une affirmation, à savoir que pour Mardochée, le salut viendra d'ailleurs, « l'autre lieu » faisant référence discrète à Dieu, d'autant plus que le terme *māqôm* indique souvent le temple, c'est-à-dire le lieu de la présence divine : « au lieu que le Seigneur a choisi pour y faire habiter son nom » (Dt 14,23 ; voir aussi 12,11 ; 15,20, etc.).

On a proposé récemment de considérer la phrase comme une question, même si elle manque de marque linguistique d'interrogation, ce qui est possible[1]. Elle signifierait donc que personne d'autre qu'Esther ne saurait procurer aux juifs le salut[2]. Cette solution permet d'éliminer la référence à Dieu, ce qui, pour ceux qui la soutiennent, va dans le sens de tout le livre dont Dieu est absent.

COMPOSITION

Le troisième passage comprend deux parties (4,13-14 et 15-17).

LA PREMIÈRE PARTIE : 4,13-14

Dans le premier segment du discours de Mardochée, « toi-même » s'oppose à « tous les juifs » (13c.e) ; il en va de même dans le segment suivant entre « les juifs » qui seront sauvés (14b) et « toi et la maison de ton père » qui périront (14c).

---

[1] Joüon, 161*a*.
[2] Voir en particulier Macchi (302-307) qui adopte cette interprétation.

Séquence B2 : 4,1-17 121

Le dernier segment pose la question de la finalité providentielle de l'accession
d'Esther à la royauté. « Un temps comme celui-ci » (14e) renvoie à « en ce temps-
ci » (14a). Dans le premier segment, personne, pas même Esther, ne pourra
échapper à l'anéantissement ; dans le dernier, une possibilité de salut est envisagée
grâce à Esther. Le segment central envisage le cas où elle refuserait de parler au
roi : les juifs seront sauvés, mais pas elle, ni la maison de son père.

+ [13] Et dit	Mardochée				
+ pour répondre	à Esther :				
: « N'imagine pas	*en toi-même*				
: que tu échapperas	en la maison	**du roi**			
: (plus) que *tous*	*les juifs,*				
– [14] car si te taisant	tu te tais	**en ce temps-**	**ci,**		
:: soulagement	et délivrance	se lèveront	*pour les juifs*	d'un lieu	autre
– *et toi*	*et la maison*	*de ton père*	vous périrez ;		
- et qui	sait				
- si pour **un temps**	**comme celui-ci**	tu es arrivée	**à la royauté** ? »		

LA DEUXIÈME PARTIE : 15-17

Les sous-parties extrêmes sont de récit, la longue sous-partie centrale de
discours. Les noms des personnages se répondent de manière spéculaire. Esther
demande que tous les juifs jeûnent durant trois jours (16a-d) ; elle fera de même
(16e), puis elle se rendra chez le roi (16fg), même si elle devait périr (16hi).

= [15] Et dit	ESTHER		
= pour répondre	à MARDOCHÉE :		
- [16] « Va,	rassemble	tous	les juifs
- qui se trouvent	à Suse		
: et jeûnez	pour moi	et ne mangez	ni ne buvez
: trois	jours,	nuit	et jour ;
: moi aussi	et mes jeunes-filles	je jeûnerai	ainsi
.. et ainsi	j'irai	chez le roi	
.. que	pas comme l'édit		
– et si	je périrai,		
– je périrai. »			
+ [17] Et s'écarta	MARDOCHÉE	et il fit	
+ tout comme	avait ordonné	à lui	ESTHER.

122 Texte hébreu : la deuxième section (Est 3,1–9,19)

L'ENSEMBLE DU PASSAGE : 4,13-17

+ 4,[13] *Et dit*	MARDOCHÉE		
+ *pour répondre à*	ESTHER :		
: « N'imagine pas	toi-même		
: que tu échapperas	en la maison	du roi	
: (plus) que tous	LES JUIFS,		
– [14] car si te taisant	tu te tais	en ce temps-	ci,
:: soulagement	et délivrance	se lèveront	POUR LES JUIFS d'un lieu autre
– et toi	et la maison	de ton père	VOUS SEREZ ANÉANTIES ;
- et qui	sait		
- si pour un temps	comme celui-ci	tu es arrivée	à la royauté ? »

= [15] *Et dit*	ESTHER		
= *pour répondre à*	MARDOCHÉE :		
- [16] « Va,	rassemble	TOUS	LES JUIFS
- qui se trouvent	à Suse		
: et jeûnez	pour moi	et ne mangez	ni ne buvez
: trois	jours,	nuit	et jour ;
: moi aussi	et mes jeunes-filles	je jeûnerai	ainsi
.. et ainsi	j'irai	chez le roi	
.. que	pas comme l'édit		
– et si	JE SERAI ANÉANTIE,		
– JE SERAI ANÉANTIE. »			

+ [17] *Et s'écarta*	MARDOCHÉE	et il fit	
+ *tout comme*	avait ordonné	à lui	ESTHER.

Les deux parties commencent par des phrases de récit semblables (13ab. 15ab) ; la première est la réponse de Mardochée à Esther, la seconde celle d'Esther à Mardochée.

Il s'agit dans les deux parties du sort des « juifs » (13e.14b ; 16a). Dans la première, Mardochée prédit à Esther qu'elle et la maison de son père « périront » (14c) si elle n'intervient pas et, dans la seconde partie, Esther accepte de prendre le risque d'« être anéantie » quand elle interviendra en allant chez le roi sans y avoir été invitée (16hi).

CONTEXTE

« TOI ET LA MAISON DE TON PÈRE »

Ici, l'expression peut faire problème, car les parents d'Esther sont morts et c'est Mardochée qui est son père adoptif. Ce dernier devrait donc périr avec elle

Séquence B2 : 4,1-17   123

si elle se taisait ? En réalité, l'expression est stéréotypée, un individu étant solidaire de sa famille et ne pouvant en être dissocié.

LE JEÛNE DE SUPPLICATION

Le jeûne est une manière de supplier Dieu pour échapper à une menace. Ainsi, au livre de Jonas, le roi de Ninive appelle à un jeûne pour éviter la destruction de la ville :

> « Hommes et bêtes, gros et petit bétail ne goûteront rien, ne mangeront pas et ne boiront pas d'eau. [8] On se couvrira de sacs, on criera vers Dieu avec force, et chacun se détournera de sa mauvaise conduite et de l'iniquité que commettent ses mains. [9] Qui sait si Dieu ne se ravisera pas et ne se repentira pas, s'il ne reviendra pas de l'ardeur de sa colère, en sorte que nous ne périssions point ? » [10] Dieu vit ce qu'ils faisaient pour se détourner de leur conduite mauvaise. Aussi Dieu se repentit du mal dont il les avait menacés, il ne le réalisa pas (Jon 4,7-10).

INTERPRÉTATION

DIEU N'EST PAS ABSENT

Le jeûne qu'observeront tous les juifs en même temps qu'Esther est évidemment un geste religieux, une manière de supplier Dieu pour qu'il détourne le malheur. Il le fera si Esther se rend chez le roi, bien qu'il ne l'ait pas appelée, car c'est la seule façon d'obtenir de lui la révocation de l'édit manigancé par Hamân. Pour Esther, comme pour l'ensemble du peuple juif, Dieu n'est pas absent : il écoute la prière et voit le jeûne qui la concrétise corporellement. Pour Mardochée aussi, du « lieu » où il est, Dieu ne saurait manquer d'intervenir en faveur de son peuple, mais aussi de châtier ceux qui ne feraient rien pour venir à son secours.

L'HOMME NE PEUT PAS S'ABSENTER

Dieu est présent, mais il n'agit pas sans le concours des hommes. C'est Dieu qui ouvrit la mer Rouge pour faire passer son peuple, mais il n'aurait pas pu le faire si Moïse n'avait pas étendu sa main sur la mer, comme le Seigneur le lui avait ordonné ; s'il ne l'avait pas étendue une deuxième fois pour faire refluer les eaux qui engloutirent l'ennemi. De même, il ne fera rien si Esther ne lui fait pas confiance en affrontant le risque d'être engloutie dans la mort qui la menace. Comme avec Débora, comme avec Judith, c'est par une femme qu'Israël, encore une fois, sera sauvé.

124 Texte hébreu : la deuxième section (Est 3,1–9,19)

d. Dans les pleurs et le jeûne, la reine se risquera auprès du roi

L'ensemble de la séquence B2 : 4,1-17

COMPOSITION

La séquence comprend trois passages :

MARDOCHÉE ET TOUS LES JUIFS REVÊTENT LE SAC ET JEÛNENT	4,1-4

MARDOCHÉE DEMANDE À ESTHER D'INTERVENIR AUPRÈS DU ROI	5-12

AVANT D'ALLER CHEZ LE ROI, ESTHER DEMANDE À TOUS LES JUIFS DE JEÛNER	13-17

« Édit » revient quatre fois : le premier, qui concerne l'extermination de tous les juifs, se trouve dans les deux premiers passages (3b.8b), le second, qui regarde l'impossibilité d'aller chez le roi sans y avoir été invité, se trouve dans les deux derniers passages (11c.16c).

« Aller » est repris huit fois : en 2a.b il s'agit de l'interdit d'aller à la porte du roi revêtu de sac, en 8c.11b.d.16c d'aller chez le roi sans avoir été appelé par lui.

Aux extrémités, il est question de « jeûne » pour « les juifs » de toutes les provinces (3b) puis pour ceux de Suse (16c) ; les « jeunes-filles » d'Esther sont mentionnées en 4a et 16c, « lieu » en 3b et 14b.

Dans les deux derniers passages, « (com)mander » revient quatre fois (5b.8c. 10a ; 17ab), « anéantir » quatre fois (7b ; 14bc.16cd bis).

INTERPRÉTATION

TOUS EN PRIÈRE

À peine Mardochée a-t-il appris la nouvelle du massacre des juifs programmé par Hamân, qu'il se tourne vers Dieu en revêtant le sac et la cendre, en se lamentant. Cette panoplie de manifestations extérieures ont certes une fonction sociale ; c'est, en effet, « dans la ville » que Mardochée sort pour pousser son grand cri amer, c'est à la porte du roi qu'il se présente en habits de deuil. Tous, en ville et au palais et jusque dans la dernière des provinces du royaume, doivent savoir comment les juifs réagissent à la nouvelle du désastre. Ils y répondent en

Séquence B2 : 4,1-17

se tournant vers leur Dieu, car lamentation, pleur et jeûne sont la manière traditionnelle de montrer son repentir et de supplier le seul qui est capable de les sauver. Ce langage est compris de tous, de tous ceux qui entendent leurs cris et les voient sous le sac et la cendre, et, avant tout, du Dieu qui ne peut manquer d'entendre et d'exaucer la prière. Quant à Esther, en conclusion de l'épisode, cri, pleur et lamentation ont disparu ; elle ne préconise pour elle, comme pour tous les autres juifs, que le jeûne, un jeûne total de trois jours, sans manger ni boire.

4,¹ Mardochée apprit tout ce qui se faisait et Mardochée déchira ses habits et il se vêtit de sac et cendre et il sortit dans la ville et il poussa une grande clameur amère. ² Et **il alla** jusque devant la porte du roi car on ne peut **aller** à la porte du roi vêtu de sac. ³ Et dans chacune des provinces, **LIEU** où la parole du roi et son **ÉDIT** arrivaient, c'était grand deuil pour **LES JUIFS** et *JEÛNE* et pleur et lamentation ; sac et cendre était le lit de maintes gens.

⁴ Et les *JEUNES-FILLES* d'Esther et ses eunuques **allèrent** et le lui rapportèrent, et la reine trembla beaucoup ; et elle envoya des habits pour revêtir Mardochée et lui faire retirer son sac de dessus lui, mais il ne voulut pas.

---

⁵ Et Esther appela Hatak, un des eunuques du roi qu'il avait institué devant elle et elle le MANDA à Mardochée pour savoir ce que c'était et pour quoi ; ⁶ et Hatak sortit vers Mardochée, sur la place de la ville qui est en face de la porte du roi.
   ⁷ Et Mardochée rapporta tout ce qui lui était arrivé et la somme d'argent que Hamân avait dit qu'il pèserait dans les trésors du roi, pour ANÉANTIR **LES JUIFS**. ⁸ Et il lui donna une copie de l'écrit de **L'ÉDIT** qui avait été donné à Suse pour les exterminer, pour le faire voir à Esther et pour lui rapporter et COMMANDER **d'aller** chez le roi lui demander grâce et intercéder devant lui en faveur de son peuple.
⁹ Et Hatak **alla** et rapporta à Esther les paroles de Mardochée.
¹⁰ Et Esther dit à Hatak en le MANDANT vers Mardochée :
   ¹¹ « Tous les serviteurs du roi et le peuple des provinces du roi savent que tout homme ou femme qui **va** chez le roi dans la cour intérieure sans être appelé, le seul **ÉDIT** pour lui est la mise à mort, à moins que le roi lui tende le sceptre d'or. Et il se trouve que moi je n'ai pas été appelée à **aller** chez le roi depuis trente jours. »
¹² Et l'on rapporta à Mardochée les paroles d'Esther.

---

¹³ Et Mardochée dit pour répondre à Esther : « N'imagine pas toi-même que tu échapperas dans la maison du roi plus que **TOUS LES JUIFS**, ¹⁴ car si te taisant tu te tais en ce temps-ci, soulagement et délivrance se lèveront pour **LES JUIFS** d'un autre **LIEU**, et toi et la maison de ton père VOUS SEREZ ANÉANTIES ; et qui sait si ce n'est pas pour un temps comme celui-ci que tu es arrivée à la royauté ? »

¹⁵ Et Esther dit pour répondre à Mardochée ; ¹⁶ « Va, rassemble **TOUS LES JUIFS** qui se trouvent à Suse et *JEÛNEZ* pour moi et ne mangez ni ne buvez trois jours, nuit et jour. Moi aussi et mes *JEUNES-FILLES JE JEÛNERAI* ainsi et ainsi *j'irai* chez le roi, ce qui est contre **L'ÉDIT**, et si JE DOIS ÊTRE ANÉANTIE, JE SERAI ANÉANTIE. » ¹⁷ Et Mardochée s'écarta et il fit tout comme Esther le lui AVAIT COMMANDÉ.

TROIS JOURS

Le Midrash des psaumes applique le Ps 22 à Esther ; en référence au jeûne de trois jours et de trois nuits observé par les juifs et par la reine elle-même, il

126   Texte hébreu : la deuxième section (Est 3,1–9,19)

explique : « Pourquoi trois jours ? Parce que le Saint – béni soit-il ! – ne laisse jamais Israël dans l'angoisse plus de trois jours. » Et il donne comme exemples Gn 22,4 ; 42,17 ; Ex 15,22 ; 2R 20,5.8 ; Jos 2,16 ; Jon 2,1 ; Os 6,2 : « Après deux jours il nous fera revivre, le troisième jour il nous relèvera et nous vivrons en sa présence[3]. » Le jeûne est une manière de reconnaitre devant Dieu que la vie ne vient pas de ce que l'homme mange, c'est-à-dire du fruit de son travail, mais de celui qui la donne. C'est une manière de demander à Dieu de nous assurer la vie. Cela est particulièrement évident quand on se trouve devant une menace de mort. Telle est la situation d'Esther et, avec elle, de tout le peuple juif.

COMPTER SUR DIEU ET AGIR

Si Mardochée brave l'interdit de venir à la porte du roi vêtu de sac, c'est pour lui la seule manière de faire savoir à la reine Esther que quelque chose de grave est arrivé. Son initiative fonctionne, puisque les compagnes d'Esther et ses eunuques lui rapportent ce que fait son tuteur. Le processus est alors enclenché et la reine lui envoie aussitôt un messager pour s'informer. Au centre de la séquence se manifeste clairement la façon de voir de Mardochée : il ne se contente pas de mettre au courant la reine du désastre qui les menace, il la somme d'intervenir. La prière doit se conjuguer avec l'action. Dieu n'intervient pas directement, en dehors des hommes, sans qu'ils ne fassent rien. Il agit à travers ses fidèles. Esther devra braver un autre interdit et affronter la mort. Il faudra que sa foi aille jusqu'à cette extrémité, comme les fils d'Israël qui acceptèrent de s'enfoncer dans la mer sur la parole de Moïse.

LES VOIES DU SEIGNEUR

Quand Joseph se fait reconnaitre de ses frères, il interprète ce qui lui est arrivé, ce qui leur est arrivé : « Dieu m'a envoyé en avant de vous pour assurer la permanence de votre race dans le pays et sauver vos vies pour une grande délivrance. Ainsi, ce n'est pas vous qui m'avez envoyé ici, c'est Dieu » (Gn 45,7-8). Discrètement, Mardochée donne ainsi à Esther l'exemple de celui qui avait affronté la mort et était devenu, par les voies secrètes du Seigneur, le sauveur de son peuple. Son accession à la royauté n'est sans doute pas le fruit du hasard. Mardochée y reconnait le doigt d'un « autre lieu ».

---

[3] *Midrash Tehillîm*, 183 (voir P. BEAUCHAMP, *Psaumes nuit et jour*, 236 *sq.*). Jésus ressuscitera le troisième jour (Mt 16,21).

3. Hamân et son projet de destruction

L'ensemble de la sous-section B1–B2

COMPOSITION

Les deux séquences sont de même construction : chacune comprend trois passages.

Séquence B1 : HAMÂN DÉCIDE LE ROI À EXTERMINER LE PEUPLE JUIF

HAMÂN CHERCHE À SE VENGER DU JUIF MARDOCHÉE	3,1-7

HAMÂN OBTIENT DU ROI D'ANÉANTIR LE PEUPLE JUIF	8-11

HAMÂN ORGANISE L'EXTERMINATION DE TOUS LES JUIFS	12-15

Séquence B2 : MARDOCHÉE DÉCIDE LA REINE À INTERCÉDER POUR LEUR PEUPLE

MARDOCHÉE ET TOUS LES JUIFS REVÊTENT LE SAC ET JEÛNENT	4,1-4

MARDOCHÉE DEMANDE À ESTHER D'INTERVENIR AUPRÈS DU ROI	5-12

AVANT D'ALLER CHEZ LE ROI, ESTHER DEMANDE À TOUS LES JUIFS DE JEÛNER	13-17

128   Texte hébreu : la deuxième section (Est 3,1–9,19)

B1 : HAMÂN DÉCIDE LE ROI À EXTERMINER LE PEUPLE JUIF

3,[1] Après ces choses-là, le roi Akhashvérosh **grandit** Hamân fils de Hamdata l'Agaguite et il l'éleva et plaça son siège au-dessus de tous les princes qui sont avec lui. [2] Et tous les serviteurs du roi qui sont *à la porte du roi* s'agenouillaient et se prosternaient devant Hamân, car c'est ainsi le roi AVAIT COMMANDÉ pour lui, mais Mardochée ne s'agenouillait pas ni ne se prosternait. [3] Les serviteurs du roi qui étaient *à la porte du roi* dirent à Mardochée : « Pourquoi, toi, tu transgresses LE COMMANDEMENT du roi ? » [4] Et il advint qu'ils le lui disaient jour après jour, mais il ne les écoutait pas ; alors ils le dirent à Hamân pour voir si les paroles de Mardochée tiendraient, car il leur avait rapporté qu'il était JUIF.

[5] Hamân vit que Mardochée ne s'agenouillait et ne se prosternait pas devant lui et Hamân se remplit de colère ; [6] et il fut méprisable à ses yeux de porter la main sur le seul Mardochée, car on lui avait rapporté quel était LE PEUPLE DE MARDOCHÉE et Hamân cherchait à EXTERMINER TOUS LES JUIFS qui étaient dans tout le règne d'Akhashvérosh, LE PEUPLE DE MARDOCHÉE. [7] Au premier mois qui est le mois de Nisan, la douzième année du roi Akhashvérosh, fut jeté le Pour — c'est le sort — devant Hamân, jour après jour et d'un mois au douzième mois qui est le mois d'Adar.

[8] Hamân dit au roi Akhashvérosh : « Il y a UN PEUPLE unique dispersé et séparé parmi les peuples dans toutes les provinces de ton royaume et leurs ÉDITS sont différents de tout autre peuple et ils n'obéissent pas aux ÉDITS du roi et le roi il n'a pas intérêt à les laisser en repos. [9] Si cela parait bon au roi, qu'il soit écrit de les ANÉANTIR et *JE PÈSERAI* dix-mille talents *D'ARGENT* aux mains des agents du royaume *POUR LES VERSER AUX TRÉSORS DU ROI.* »

[10] Et le roi retira son anneau de sa main
et le donna à Hamân fils de Hamdata l'Agaguite, le persécuteur des juifs.

[11] Et le roi dit à Hamân : « L'argent t'est donné ainsi que LE PEUPLE pour lui faire comme il est bon à tes yeux. »

[12] Furent convoqués les lettrés du roi au premier mois au treizième jour et il fut écrit selon tout ce qu'AVAIT COMMANDÉ Hamân aux préfets du roi et aux gouverneurs de *CHAQUE PROVINCE* et aux princes de chaque peuple, *CHAQUE PROVINCE* selon son écriture et chaque peuple selon sa langue ; cela fut écrit au nom du roi Akhashvérosh et fut scellé avec l'anneau du roi.

[13] Des lettres furent envoyées par des coursiers à *TOUTES LES PROVINCES* du roi pour EXTERMINER, tuer et ANÉANTIR TOUS LES JUIFS, depuis les jeunes et jusqu'aux vieux, enfants et femmes, en un seul jour, le treizième jour du douzième mois qui est le mois d'Adar et pour piller leur butin.

[14] Copie de l'écrit pour être donnée comme ÉDIT dans *CHAQUE PROVINCE* fut promulguée à tous les peuples, afin qu'ils soient prêts pour ce jour-là ; [15] des coursiers sortirent rapides sur la parole du roi. Et L'ÉDIT fut donné à SUSE-LA-CITADELLE ; et le roi et Hamân s'assirent pour **boire** et la ville de SUSE fut désemparée.

Dans les premiers passages : les syntagmes « à/devant la porte du roi » reviennent deux fois dans chaque passage (3,2.3 ; 4,2 bis) et pas ailleurs ; de même, au début de ces passages, « grande » (4,1) renvoie à « grandit » (3,1).

Dans les passages centraux : Hamân persuade le roi d'« anéantir » les juifs et de « verser de l'argent aux trésors du roi » (3,9), et Mardochée informe Esther de ce malheur (4,7).

La sous-section B1–B2

B2 : MARDOCHÉE DÉCIDE LA REINE À INTERCÉDER POUR LEUR PEUPLE

4,[1] Mardochée apprit tout ce qui se faisait et Mardochée déchira ses habits et il se vêtit de sac et cendre et il sortit dans la ville et il poussa une **grande** clameur amère. [2] Et il alla jusque *devant la porte du roi* car on ne peut aller *à la porte du roi* vêtu de sac. [3] Et dans CHACUNE DES PROVINCES, lieu où la parole du roi et son ÉDIT arrivaient, c'était grand deuil pour LES JUIFS et jeûne et pleur et lamentation ; sac et cendre était le lit de maintes gens.

[4] Et les jeunes-filles d'Esther et ses eunuques allèrent et le lui rapportèrent, et la reine trembla beaucoup ; et elle envoya des habits pour revêtir Mardochée et lui faire retirer son sac de dessus lui, mais il ne voulut pas.

[5] Et Esther appela Hatak, un des eunuques du roi qu'il avait institué devant elle et elle le MANDA à Mardochée pour savoir ce que c'était et pour quoi ; [6] et Hatak sortit vers Mardochée, sur la place de la ville qui est en face de la porte du roi.

[7] Et Mardochée rapporta tout ce qui lui était arrivé et la somme *D'ARGENT* que Hamân avait dit qu'*IL PÈSERAIT DANS LES TRÉSORS DU ROI*, pour ANÉANTIR LES JUIFS. [8] Et il lui donna une copie de l'écrit de L'ÉDIT qui avait été donné à Suse pour les EXTERMINER, pour le faire voir à Esther et pour lui rapporter et COMMANDER d'aller chez le roi lui demander grâce et intercéder devant lui en faveur de son peuple. [9] Et Hatak alla et rapporta à Esther les paroles de Mardochée.

[10] Et Esther dit à Hatak en le MANDANT vers Mardochée : [11] « Tous les serviteurs du roi et le peuple des provinces du roi savent que tout homme ou femme qui va chez le roi dans la cour intérieure sans être appelé, le seul ÉDIT pour lui est la mise à mort, à moins que le roi lui tende le sceptre d'or. Et il se trouve que moi je n'ai pas été appelée à aller chez le roi depuis trente jours. » [12] Et l'on rapporta à Mardochée les paroles d'Esther.

[13] Et Mardochée dit pour répondre à Esther : « N'imagine pas toi-même que tu échapperas dans la maison du roi plus que TOUS LES JUIFS, [14] car si te taisant tu te tais en ce temps-ci, soulagement et délivrance se lèveront pour LES JUIFS d'un autre lieu, et toi et la maison de ton père VOUS SEREZ ANÉANTIES ; et qui sait si ce n'est pas pour un temps comme celui-ci que tu es arrivée à la royauté ? »

[15] Et Esther dit pour répondre à Mardochée : [16] « Va, rassemble TOUS LES JUIFS qui se trouvent à SUSE et jeûnez pour moi et ne mangez **ni ne buvez** trois jours, nuit et jour. Moi aussi et mes jeunes-filles je jeûnerai ainsi et ainsi j'irai chez le roi, ce qui est contre L'ÉDIT, et si JE DOIS ÊTRE ANÉANTIE, JE SERAI ANÉANTIE. » [17] Et Mardochée s'écarta et il fit tout comme Esther le lui AVAIT COMMANDÉ.

Dans les derniers passages : c'est seulement là qu'il est question de « Suse » (3,15 bis ; 4,15). Tandis que le roi et Hamân « boivent » (3,15), Esther et tous les juifs jeûnent et s'abstiennent de « boire » (4,16).

Dans les passages médians : c'est là que reviennent « chaque province/toutes les provinces » (3,12 bis.13.14 ; 4,3).

Les deux séquences sont donc reliées par des termes initiaux, centraux, finaux et médians.

Outre les noms des personnages d'Hamân et de Mardochée, « édit » revient quatre fois dans chaque séquence (3,8 bis.14.15 ; 4,3.8.11.16), « anéantir » et « exterminer » (3,6.9.13 bis ; 4,7.8.14.16 bis), « (tous les) juif(s) » (3,4.6.13 ; 4,3.7.13.14.16), à quoi il faut ajouter « le peuple (de Mardochée) » (3,6 bis.8.11).

INTERPRÉTATION

« À LA PORTE DU ROI »

En toute situation, Mardochée se tient « à la porte du roi ». C'est son office. Personne ne pourrait demeurer en un tel lieu sans y être habilité. Mardochée fait partie des « serviteurs du roi » Akhashvérosh. C'est un serviteur fidèle : il vient de le prouver quand il a sauvé la vie du roi en dénonçant les deux eunuques qui voulaient le tuer. En même temps, il se révèle fidèle à un autre roi, dont le nom n'est pas prononcé. Sa bouche ne le nomme pas, mais son corps l'indique sans ambiguïté. S'il refuse de s'agenouiller et de se prosterner devant un homme, fût-il le second du royaume, c'est par fidélité à son Dieu, le seul devant lequel il plie les genoux. S'il revêt sac et cendre, s'il jeûne et se lamente, c'est bien sûr pour faire connaître sa douleur et son angoisse à ceux qui l'entourent, dans la ville et devant le palais, mais c'est avant tout pour supplier le seul dans lequel il peut mettre son espérance d'être délivré de la mort.

AUX PORTES DE LA MORT

Quand Mardochée refuse d'obéir au commandement du roi qui a décidé que tous devraient se prosterner devant Hamân, il assume un risque majeur, celui de la peine capitale. Cependant, sa seule mort ne saurait satisfaire l'orgueil de celui que le roi a élevé « au-dessus de tous les princes » (3,1). Tout son peuple devra être systématiquement « anéanti » et « exterminé », « depuis les jeunes et jusqu'aux vieux, enfants et femmes, en un seul jour » (3,13). Quand la chose est décidée et ordonnée, Mardochée prend le risque de se présenter « à la porte du roi » sous le sac et la cendre, ce qui ne peut se faire (4,2). Quant à Esther, elle devra affronter l'interdit de se présenter devant le roi sans y avoir été invitée sous peine de mort (4,11), ce qu'elle décide de faire en définitive (4,16). La fidélité des juifs à leur peuple et à son Dieu les conduit inévitablement à cette extrémité.

II. La chute d'Hamân

La deuxième sous-section : 5–7

Composition

Les trois séquences sont organisées de manière concentrique :

B3 : Au premier banquet d'Esther, Hamân s'exalte devant les siens malgré Mardochée	5,1-14

B4 : Hamân commence à tomber devant Mardochée	6,1-14

B5 : Au second banquet d'Esther, Hamân est élevé sur la potence faite pour Mardochée	7,1-10

Les rapports sont particulièrement étroits entre les séquences extrêmes. Quant à la séquence centrale, elle est liée aux deux autres par leurs passages finaux.

1. Après le premier banquet d'Esther, Hamân projette de faire pendre Mardochée

La séquence B3 : 5,1-14

La séquence comprend trois passages :

REÇUE PAR LE ROI,	ESTHER L'INVITE AVEC HAMÂN À UN BANQUET	5,1-5c

AU BANQUET, ESTHER LES INVITE À UN DEUXIÈME BANQUET	5d-8

LIBÉRÉ DE MARDOCHÉE,	HAMÂN IRA JOYEUX AU BANQUET D'ESTHER	9-14

134 Texte hébreu : la deuxième section (Est 3,1–9,19)

a. Reçue par le Roi, Esther l'invite avec Hamân à son banquet

Le premier passage : 5,1-5c

COMPOSITION

Le passage comprend deux parties.

LA PREMIÈRE PARTIE : 5,1-2

– **5,**[1] Et il fut	au jour	troisième		
– et revêtit	Esther	*une royauté*		
: *ET ELLE SE TINT*	*DANS LA COUR*	de la maison	DU ROI	intérieure
- *face à*	*la maison*	DU ROI ;		
: et LE ROI	était assis	**sur le trône**	*de sa royauté*	
: dans la maison	*de la royauté*			
- *face à*	l'entrée	*de la maison.*		

. . . .

– [2] Et il fut	quand vit	LE ROI	
– Esther	*la reine*		
:: *SE TENANT*	*DANS LA COUR,*		
:: elle suscita	grâce	à ses yeux	
– et tendit	LE ROI	à Esther	
– **le sceptre**	d'or	qui (était)	dans sa main ;
+ et s'approcha	Esther		
+ et toucha	la tête	**du sceptre.**	

Dans le premier morceau, les deux premiers segments ont pour sujet Esther, tandis que le sujet du dernier segment est le roi. Esther revêt un habit de « royauté » (1b) et le roi est assis « sur le trône de sa royauté » (1e). Elle « se tint » debout « dans la cour », tandis que le roi « est assis » « dans la maison ». Les derniers membres des deux derniers segments sont complémentaires, les deux personnages se faisant face : la reine est « face à la maison du roi », le roi « face à l'entrée de la maison ».

Dans le deuxième morceau, les deux premiers segments se correspondent de manière spéculaire, ce que fait le roi aux extrémités (2ab.ef), ce que fait la reine en termes médians (2c.d). Le nom d'« Esther » revient dans chaque segment.

Les deux morceaux commencent avec « Et il fut ». En même position, Esther est dite « se tenir dans la cour » (1c.2c).

Séquence B3 : 5,1-14 — 135

LA DEUXIÈME PARTIE : 5,3-5C

+ 5,[3] *Et dit*	*à elle*	LE ROI :		
- « Quoi à toi,	ESTHER	*la reine,*		
- et quelle (est)	ta requête ?			
- Jusqu'à la moitié	du royaume	et elle sera donnée	à toi. »	
= [4] *Et dit*	ESTHER :			
. « Si AU ROI	(c'est) bon,			
. que viennent	LE ROI	et *HAMÂN*	aujourd'hui	
. au banquet	que	J'AI FAIT	pour lui.	
+ [5] *Et dit*	LE ROI :			
: « Pressez	*HAMÂN*			
: DE FAIRE	la parole	d'ESTHER. »		

Les trois morceaux correspondent aux trois temps du dialogue entre le roi et Esther. À la double question du roi, assortie d'une promesse (3), Esther répond par une invitation à un banquet (4). Comme Hamân est invité avec le roi, ce dernier ordonne que son second obéisse à Esther (5). « Faire » revient dans les deux derniers morceaux (4d.5c). Le pronom singulier « lui » à la fin du morceau central (4d) est ambigu : il peut renvoyer au « roi », mais aussi au dernier nommé, « Hamân ».

Texte hébreu : la deuxième section (Est 3,1–9,19)

L'ENSEMBLE DU PREMIER PASSAGE : 5,1-5C

– **5,**[1] Et il arriva	au jour	troisième		
– que revêtit	ESTHER	*la royauté*		
: et elle se tint	dans la cour	de la maison	DU ROI	intérieure
- face à	la maison	DU ROI ;		
: et LE ROI	était assis	**sur le trône**	*de sa royauté*	
: dans la maison	*de la royauté*			
- face à	l'entrée	de la maison.		

– [2] Et il arriva	quand vit	LE ROI	
– ESTHER	*la reine*		
– se tenant	dans la cour,		
:: qu'elle suscita	grâce	à ses yeux	
:: et que tendit	LE ROI	à ESTHER	
:: le sceptre	d'or	qui était	dans sa main ;
+ et s'approcha	ESTHER		
+ et toucha	la tête	**du sceptre**.	

+ [3] Et dit	à elle	LE ROI :	
- « Quoi à toi,	ESTHER	*la reine*,	
- et quelle est	ta requête ?		
- Jusqu'à la moitié	*du royaume*	sera donnée	à toi. »
= [4] Et dit	ESTHER :		
. « Si AU ROI	c'est bon,		
. que viennent	LE ROI	et Hamân	aujourd'hui
. au banquet	que	j'ai fait	pour lui.
+ [5] Et dit	LE ROI :		
: « Pressez	Hamân		
: de faire	la parole	d'ESTHER. »	

Séquence B3 : 5,1-14

La première partie rapporte la rencontre entre Esther et le roi, la deuxième le dialogue entre les deux personnages. Le nom d'« Esther » revient sept fois, celui du « roi » neuf fois. « Royauté » (1b.e.f) et « royaume » (3d) traduisent le même terme hébreu.

INTERPRÉTATION

L'ANGOISSE FINIT PAR S'ÉVANOUIR

Dans sa sobriété, le narrateur s'en tient à un simple rapport des faits. Toutefois, la mention du troisième jour ne peut manquer de rappeler au lecteur que la reine est encore en plein jeûne, qu'elle n'a ni mangé ni bu depuis trois jours quand elle revêt son habit royal pour s'approcher de la maison du roi. Elle n'a pas été appelée et sait ce qu'elle risque. Se tenant face à la maison du roi, elle enfreint la loi et s'expose à la mort. Le jeûne strict que la reine a observé n'a rien ôté à sa grâce et le roi y est heureusement sensible. Touchant l'extrémité du sceptre que le roi lui tend, elle sait que le danger est désormais écarté.

UNE REQUÊTE SURPRENANTE

Par sa double question, le roi montre qu'il a compris que la reine a quelque chose à demander. Il se déclare prêt à lui donner tout ce qu'elle voudra ; jusqu'à la moitié de son royaume, ce qui n'est pas rien. Or, Esther ne demande rien pour elle ; elle ne veut rien recevoir, elle entend au contraire lui offrir quelque chose. Elle a préparé pour lui un banquet, c'est-à-dire un moment de joie. Sa générosité va jusqu'à inviter aussi celui dont il a fait son second. Cela ne déplaira sûrement pas au roi que la reine reconnaisse ainsi le choix qu'il a fait dans la personne d'Hamân. Effectivement, le roi donne l'ordre qu'Hamân soit pressé de se rendre avec lui au banquet de la reine.

138   Texte hébreu : la deuxième section (Est 3,1–9,19)

b. Au banquet, Esther les invite à un deuxième banquet

Le deuxième passage : 5,5D-8

COMPOSITION

– 5,[5d] ET VINRENT	LE ROI	ET HAMÂN	
– *au banquet*	*que*	FAISAIT	ESTHER
+ [6] *et dit*	LE ROI	*à* ESTHER	
+ *durant le banquet*	de vin :		
....			
. « Quelle (est)	TA DEMANDE,	et *CE SERA DONNÉ*	à toi ;
. et quelle (est)	*TA REQUÊTE,*		
. jusqu'à la moitié	**du royaume**	et ce *SERA FAIT* ? »	

= [7] *Et répondit*	ESTHER	*et elle dit :*	
....			
– « MA DEMANDE	et *MA REQUÊTE* ?		
: [8] Si j'ai trouvé	grâce	aux yeux	DU ROI
: et si AU ROI (c'est)	bon		
: *DE DONNER*	MA DEMANDE	et de *FAIRE*	*MA REQUÊTE,*
- QUE VIENNENT	LE ROI	ET HAMÂN	
- *au banquet*	*que*	JE FERAI	pour eux
- et demain	JE FERAI	selon la parole	DU ROI. »

Dans la première partie, les deux segments narratifs sont liés non seulement par les termes « le roi » et « Esther », mais aussi « banquet » qui revient au début des seconds membres. Suit la double question du roi, assortie d'une double promesse. Les deux occurrences du verbe « faire » font inclusion, le premier ayant Esther comme sujet (5e), le second étant promis par le roi (6e).

La deuxième partie est la longue réponse d'Esther. Elle commence par un unimembre (7b), qui sera développé dans les deux trimembres suivants : le premier est une double proposition conditionnelle de courtoisie, le second une nouvelle invitation à un banquet. Les deux premiers segments sont liés par la reprise de « ma demande » et de « ma requête » (7b.8c), les deux derniers par la triple occurrence de « faire » (8c.e.f).

Dans les deux parties, reviennent « demande » et « requête » (6cd ; 7b.8c). Les verbes « donner » et « faire » sont couplés dans la question du roi (6c.e) et dans la réponse d'Esther (8c). « Faire » est repris cinq fois (5e.6e ; 8c.e.f) : aux extrémités, le sujet est Esther (5e ; 8e.f), en termes médians, c'est le roi (6e ; 8c). Au premier segment (5de) correspondent les deux premiers membres du dernier segment (8de).

INTERPRÉTATION

IN VINO VERITAS

Le vin réjouit le cœur de l'homme (Ps 104,15) ; abaissant les défenses, il délie la langue qui ne manque pas de révéler au grand jour les pensées du cœur. Le roi ne peut imaginer que l'invitation d'Esther ne soit pas intéressée, que la reine n'ait rien à demander. Elle entend certainement obtenir de lui qu'il lui « donne » quelque chose. Il ne peut imaginer que quelqu'un puisse désirer autre chose que de posséder des richesses ou d'exercer quelque pouvoir. C'est pourquoi il parle de « la moitié de son royaume ».

POURQUOI RENVOYER À DEMAIN ?

Esther commence sa réponse par ce qui semble bien une question. Comme si elle était surprise que le roi ait deviné qu'elle avait quelque chose à lui demander. Pourquoi remet-elle au lendemain ce qu'elle a hâte de solliciter, ce que Mardochée et tous les juifs sont impatients d'obtenir ? Craint-elle un refus ? A-t-elle peur de la réaction prévisible d'Hamân ? Entend-elle au contraire aiguiser le désir du roi ? Il lui a, certes, exprimé son extrême bienveillance, mais il serait prudent de s'en assurer. La réponse de la reine est énigmatique, non seulement pour le lecteur, mais d'abord pour le roi, et sans doute aussi pour Hamân.

140 Texte hébreu : la deuxième section (Est 3,1–9,19)

c. LIBÉRÉ DE MARDOCHÉE, HAMÂN IRA, JOYEUX, AU BANQUET D'ESTHER

Le troisième passage : 5,9-14

COMPOSITION

Ce passage est formé de deux parties.

LA PREMIÈRE PARTIE : 5,9-11

:: 5,[9] Et sortit	*HAMÂN*	ce jour-	là,
:: joyeux	et bon	de cœur.	
– Mais quand vit	*HAMÂN*	Mardochée	
– à la porte	**DU ROI**		
– et il ne se leva pas	ni ne trembla	devant lui,	
= fut rempli	*HAMÂN*	contre Mardochée	de colère
= [10] mais se domina	*HAMÂN.*		
+ Et il alla	dans sa maison		
+ et il envoya	et fit-venir	ses amis	
+ et Zéresh	sa femme.		
:: [11] Et il raconta	à eux	*HAMÂN*	
:: la gloire	de sa richesse		
:: et la multitude	de ses fils		
:: et tout ce dont	l'avait grandi	**LE ROI**	
:: et ce dont	il l'avait élevé	au-dessus des princes	
:: et des serviteurs	**DU ROI.**		

Dans la première sous-partie, la joie d'Hamân (9ab) est bien vite obscurcie par l'attitude de Mardochée (9cde) qui le remplit d'une colère qu'il lui faut maitriser (9f-10a).

Dans la deuxième sous-partie, Hamân arrive chez lui et convoque ses proches (10bcd), devant lesquels il se glorifie d'abord de ses richesses et de ses fils (11abc), puis de son élévation au-dessus de tous les autres (11def).

D'une sous-partie à l'autre, à Mardochée qui ne l'honore pas comme il devrait (9c-10a) s'opposent les amis et la femme d'Hamân (10bcd) devant lesquels il pourra se glorifier ; alors que Mardochée ne se lève pas devant Hamân, celui-ci fait venir ses proches auprès de lui.

Séquence B3 : 5,1-14

LA DEUXIÈME PARTIE : 5,12-14

– 5,^{12} *Et dit*	HAMÂN :		
+ « Oui, n'a pas fait-venir	Esther	la reine	avec LE ROI
+ AU BANQUET	que	elle a fait,	sinon moi
+ et aussi demain	moi (je suis)	appelé chez elle	avec LE ROI ;
– ^{13} mais tout cela	n'a pas	de valeur	pour moi
– toutes les fois	que	moi	je vois
– *MARDOCHÉE*	le juif		
– assis	à la porte	DU ROI. »	
– ^{14} *Et dit*	*à lui*	*Zéresh*	*sa femme*
– *et tous*	*ses amis :*		
– « Qu'on fasse	UNE POTENCE		
– sa hauteur	cinquante	coudées	
– et au matin	dis	AU ROI	
– et ils pendront	*MARDOCHÉE*	sur elle	
+ et va	avec LE ROI	AU BANQUET,	joyeux. »
– Et fut-bonne	la parole	devant	HAMÂN
– et il fit	LA POTENCE.		

La première sous-partie contient le discours d'Hamân, la seconde le conseil qu'il reçoit en réponse, et la troisième ce qu'il se hâte de mettre en œuvre.

Dans la première sous-partie, la joie d'avoir été le seul invité avec le roi au banquet d'Esther (12bcd) est ternie par le comportement de Mardochée (13).

Dans la deuxième sous-partie, les proches d'Hamân lui disent ce qu'il doit faire contre Mardochée (14c-f), après quoi il retrouvera la joie au banquet d'Esther (14g) ; Hamân est heureux de faire ce qu'on lui a conseillé (14hi).

La réponse de l'épouse et des amis d'Hamân correspond en miroir au discours qu'il leur avait fait : le banquet d'aujourd'hui et celui de demain aux extrémités (12bcd ; 14g), l'affaire de Mardochée en termes médians (13 ; 14c-f).

142 Texte hébreu : la deuxième section (Est 3,1–9,19)

L'ENSEMBLE DU PASSAGE

+ 5,[9] Et sortit	HAMÂN	ce jour-	là
+ JOYEUX	et bon	de cœur.	
– Mais quand VIT	HAMÂN	MARDOCHÉE	
– À LA PORTE	DU ROI		
– ET IL NE SE LEVA PAS	ni ne trembla	devant lui	
– et fut rempli	HAMÂN	contre MARDOCHÉE de colère	
– [10] mais se domina	HAMÂN.		

+ Et il alla	dans sa maison	
+ et il envoya	et fit-venir	SES AMIS
+ ET ZÉRESH	SA FEMME.	
:: [11] Et il raconta	à eux	HAMÂN
:: la gloire	de sa richesse	et la multitude de ses fils
:: et tout ce dont	l'avait grandi	LE ROI
:: et ce dont	il l'avait élevé	au-dessus des princes
:: et des serviteurs	DU ROI.	

– [12] Et dit	HAMÂN :		
:: « Oui, n'a pas fait-venir	Esther	la reine	avec LE ROI
:: au banquet	que	elle a fait	sinon moi
:: et aussi demain	moi	on a appelé à elle	avec LE ROI.
– [13] Mais tout cela	n'a pas	de valeur	pour moi
– toutes les fois	que	moi	JE VOIS
– MARDOCHÉE	le juif		
– ASSIS	À LA PORTE	DU ROI. »	

– [14] Et dit	à lui	ZÉRESH	SA FEMME
– et tous	SES AMIS :		
- « Qu'on fasse	une potence		
- sa hauteur	cinquante	coudées	
- et au matin	dis	AU ROI	
- et ils pendront	MARDOCHÉE	sur elle ;	
+ et va	avec LE ROI	au banquet,	JOYEUX. »
– Et fut-bonne	la parole	devant	HAMÂN
– et il fit	la potence.		

Alors que la première partie est narrative, la seconde est de discours. Les paroles d'Hamân, rapportées au style indirect dans la deuxième sous-partie de la première partie (11), sont suivies par d'autres paroles en discours direct dans la première sous-partie de la deuxième partie (12-13).

Les premières sous-parties sont parallèles. À la joie que ressent Hamân en sortant du banquet d'Esther (9a) correspond le rapport qu'il en fait aux siens (12bc), à quoi il ajoute qu'il est encore invité pour le lendemain (12d). À l'honneur que lui fait la reine s'oppose la colère rentrée que lui cause l'attitude de Mardochée qui, « à la porte du roi » (9d.13d), « ne se lève pas » (9e) et reste « assis » (13d).

Dans les deuxièmes sous-parties, c'est d'abord Hamân qui se glorifie devant ses amis et sa femme de tout ce qu'il possède comme richesses et honneurs (11), puis ce sont sa femme et ses amis qui lui disent comment éliminer l'obstacle que représente Mardochée (14c-f), après quoi il pourra se rendre joyeux au deuxième banquet auquel Esther l'a invité (14g).

Les deux occurrences de « joyeux » (9b.14g) font inclusion pour l'ensemble du passage.

INTERPRÉTATION

UN SEUL OBSTACLE À SON BONHEUR

Pour Hamân, tout va pour le mieux. Il est très riche, il a de nombreux enfants, le roi l'a élevé au-dessus de tous ; il a même été le seul avec le roi à avoir été invité au banquet par la reine. Il a tout, sauf une seule chose, ce qui lui gâte tout son bonheur : un homme s'obstine à lui refuser l'honneur qu'il prétend obtenir de tous. Cela lui est insupportable, le remplit de colère, l'obsède : il est incapable de se laisser aller à la joie de son immense succès, sans que vienne le perturber au plus profond la seule chose qui échappe à son pouvoir. Il lui suffirait pourtant d'attendre que Mardochée périsse avec tous les autres juifs et de savourer à l'avance sa vengeance. Il est incapable de patienter.

LA SOLUTION EST POURTANT SIMPLE

Il est pourtant une autre solution au problème qui le trouble, une solution immédiate. Chose curieuse, il semble être le seul à n'y avoir pas pensé. Il aura fallu que ce soit sa femme et tous ses amis qui la lui suggèrent. Étant donné sa position, la faveur dans laquelle le tient le roi, il n'aura qu'un mot à dire et l'obstacle sera définitivement éliminé. Le bois d'une potence fera l'affaire. Mais il faudra que ce soit une potence à la hauteur de l'affront que le coupable a commis : « cinquante coudées » sont l'équivalent de vingt-deux mètres et demi ! À la hauteur aussi de celui qui a été si injustement bafoué.

144 Texte hébreu : la deuxième section (Est 3,1–9,19)

d. Après le premier banquet d'Esther, Hamân projette de faire pendre Mardochée

L'ensemble de la séquence B3 : 5,1-14

Composition

La séquence comprend trois passages :

Reçue par le Roi,	Esther l'invite avec Hamân à son banquet	5,1-5c

Au banquet, Esther les invite à un deuxième banquet	5d-8

Libéré de Mardochée,	Hamân ira joyeux au banquet d'Esther	9-14

Dans les deux premiers passages, en des termes très semblables, le roi demande à Esther ce qu'elle désire et lui promet que cela lui sera accordé, « Jusqu'à la moitié du royaume elle te sera donnée/ et ce sera fait » (3 ; 6). La réponse de la reine commence dans les deux cas par une conditionnelle semblable, la principale consistant à une invitation à un banquet auquel Hamân est convié lui aussi (4 ; 7-8).

Dans le troisième passage, quand Hamân raconte aux siens qu'il a été le seul, avec le roi à être invité aux deux banquets offerts par la reine (12), cela représente la confirmation et le couronnement de son élévation. Cependant, c'est le problème posé par l'insubordination de Mardochée qui prend le dessus, mais qui sera résolu de sorte qu'Hamân pourra se rendre, joyeux, au deuxième banquet d'Esther (14c).

« Au troisième jour » (1a) et « ce jour-là » (9a) jouent le rôle de termes initiaux pour les passages extrêmes, les trois occurrences de « faire » + « la parole » (5ab.8cd.14c), précédées de « banquet », de termes finaux pour les trois passages. Les deux occurrences de « assis » (1b.13b) peuvent être dites remplir la fonction de termes extrêmes.

Séquence B3 : 5,1-14

5,¹ Et il arriva AU TROISIÈME JOUR qu'Esther revêtit la royauté et elle se tint dans la cour intérieure de la maison du roi, face à la maison du roi ; et le roi était ASSIS sur le trône de sa royauté dans la maison de la royauté, face à l'entrée de la maison. ² Et il arriva, quand le roi vit qu'elle se tenait dans la cour, qu'elle suscita grâce à ses yeux ; et le roi tendit à Esther le sceptre d'or qui était dans sa main et Esther s'approcha et toucha la tête du sceptre.

³ Et le roi lui dit : « Qu'as-tu, reine Esther, et quelle est ta requête ? JUSQU'À LA MOITIÉ DU ROYAUME ELLE TE SERA DONNÉE. » ⁴ Et Esther dit : « *Si c'est bon pour le roi, que le roi et Hamân viennent aujourd'hui au BANQUET que j'ai fait pour lui.* » ⁵ Et le roi dit : « Pressez Hamân de *FAIRE* la PAROLE d'Esther. »

> ⁵ᵈ Et le roi et Hamân vinrent au *BANQUET* que faisait Esther. ⁶ Et le roi dit à Esther durant le *BANQUET* de vin : « Quelle est ta demande et elle te sera donnée et quelle est ta requête, JUSQU'À LA MOITIÉ DU ROYAUME ET CE SERA FAIT. »
> ⁷ Et Esther répondit et dit : « Ma demande et ma requête ? ⁸ *Si j'ai trouvé grâce aux yeux du roi et s'il est bon pour le roi de donner ma demande et de faire ma requête, que le roi et Hamân viennent au BANQUET que je ferai pour eux* ; et demain *JE FERAI* selon la PAROLE du roi. »

⁹ Et Hamân sortit CE JOUR-LÀ, joyeux et bon de cœur. Mais quand Hamân vit Mardochée à la porte du roi qui ne se leva pas ni ne trembla devant lui, Hamân fut rempli de colère contre Mardochée, ¹⁰ mais Hamân se domina. Et il alla dans sa maison et il envoya faire venir ses amis et sa femme Zéresh. ¹¹ Et Hamân leur raconta la gloire de sa richesse et la multitude de ses fils et tout ce dont l'avait grandi le roi et ce dont il l'avait élevé au-dessus des princes et des serviteurs du roi.

¹² Et Hamân dit : « *La reine Esther m'a fait venir avec le roi au BANQUET qu'elle a fait, moi seul,* et demain aussi on m'a appelé, moi, chez elle avec le roi ; ¹³ mais tout cela n'a pas de valeur pour moi, chaque fois que moi, je vois Mardochée le juif ASSIS à la porte du roi. » ¹⁴ Et sa femme Zéresh et tous ses amis lui dirent : « Qu'on fasse une potence d'une hauteur de cinquante coudées et, au matin, dis au roi qu'on y pende Mardochée ; et va avec le roi au *BANQUET*, joyeux. » Et cette PAROLE fut bonne pour Hamân et *IL FIT* la potence.

INTERPRÉTATION

LA RENTRÉE EN GRÂCE D'ESTHER

Trente jours sans être appelée par le roi, le temps devait sembler bien long pour la reine. Elle pouvait se demander si le roi ne l'avait pas délaissée au profit de quelque autre de ses nombreuses concubines. Et l'on comprend sa réticence à se présenter au roi de sa propre initiative, et son soulagement quand il lui tendit son sceptre d'or. Vraiment, la partie n'était pas gagnée d'avance. Non seulement le roi ne l'a pas repoussée, mais il lui a démontré toute sa bienveillance en allant jusqu'à lui promettre la moitié de son royaume, et par deux fois. Et il accepte bien volontiers l'invitation au banquet qu'elle s'empresse de réitérer. Il semble en outre qu'il apprécie qu'Hamân, son second, soit invité avec lui, comme si Esther confirmait par là le choix de son homme lige. C'est pourquoi il le presse de se rendre au banquet que la reine a fait pour eux deux.

L'APOTHÉOSE D'HAMÂN

Pour Hamân aussi et surtout, voici un jour à marquer d'une pierre blanche. Il dépasse tous les autres princes et serviteurs du roi, puisque la reine l'a invité, lui seul, avec le roi au banquet du jour et aussi du lendemain. À l'entendre se vanter ainsi devant les siens, on voit que cela représente pour lui le sommet de sa carrière. Il cumule en effet les faveurs du roi et celles de la reine. Que pouvait-il donc espérer de plus ? Il est vrai qu'il y a une ombre à ce tableau idyllique : ce Mardochée qui reste assis et refuse de se lever quand il passe à la porte du roi. Plus qu'une ombre, une écharde dans sa chair. Mais sa femme et ses amis ont tôt fait de trouver la solution : une belle potence de vingt coudées fera l'affaire et le roi ne saurait lui refuser cette ultime faveur.

2. Hamân commence à tomber devant Mardochée

La séquence B4 : 6,1-14

La séquence comprend trois sous-séquences :

MARDOCHÉE N'A PAS ÉTÉ ÉLEVÉ	6,1-3

LE RÊVE D'HAMÂN SE BRISE	4-11

HAMÂN A COMMENCÉ À TOMBER	12-14

148   Texte hébreu : la deuxième section (Est 3,1–9,19)

A. MARDOCHÉE N'A PAS ÉTÉ ÉLEVÉ

La première sous-séquence : 6,1-3

Cette sous-séquence ne comprend qu'un seul passage.

COMPOSITION

+ 6,[1] Cette nuit-	là	fuyait	le sommeil	DU ROI
+ et il dit	de faire-venir	le livre	des mémoires,	
+ LES CHOSES	des jours ;			
– et ils étaient	lisant	devant	LE ROI.	
: [2] Et fut trouvé	écrit			
: ce qu'	avait rapporté	MARDOCHÉE		
- sur Bigtana	et Téresh,			
- deux	eunuques	DU ROI	parmi les gardiens	du seuil,
.. lesquels	avaient cherché			
.. à envoyer	la main	SUR LE ROI	Akhoshvérosh.	
+ [3] *Et dit*	LE ROI :			
. « Quoi	*a été fait*,	honneur	et grandeur,	
. à MARDOCHÉE	pour cela ? »			
– *Et dirent*	*les jeunes-gens*	DU ROI	*ses serviteurs :*	
- « N'a été faite	avec lui	UNE CHOSE. »		

Dans le premier morceau, insomniaque, le roi se fait lire le livre des chroniques de son règne. Dans le deuxième, on trouve le récit de la dénonciation que Mardochée avait faite (2ab) du complot de deux eunuques (2cd) contre la vie du roi (2ef). Enfin, le dernier morceau rapporte le court dialogue entre le roi et ses serviteurs : rien n'a été fait pour honorer la loyauté de Mardochée.

Les deux occurrences de « chose(s) » font inclusion. « Roi » revient deux fois dans chaque morceau.

INTERPRÉTATION

L'INSOMNIE, REMÈDE À L'AMNÉSIE

La nuit est le temps des songes et de leurs révélations. Mais quand le sommeil fuit les yeux du dormeur, il est une autre manière de recevoir la lumière, surtout pour qui exerce une responsabilité de premier plan. Rien ne serait plus néfaste pour un roi d'oublier les faits et les personnes qui ont accompagné son chemin.

Séquence B4 : 6,1-14 149

Voilà pourquoi Akhashvérosh demande qu'on lui fasse la lecture des Chroniques royales. Ainsi il perdra le sommeil, mais il retrouvera la mémoire.

DES MÉMOIRES QUI RÉVÈLENT UN OUBLI

Ayant entendu le récit du geste de Mardochée, le souverain s'étonne qu'aucune récompense n'ait été enregistrée dans le livre. Il se peut que le mémorialiste ait oublié de le mentionner ; mais il est aussi possible qu'on n'ait pas pensé honorer Mardochée. Quoi qu'il en soit, le résultat est le même : ce qui n'a pas été mis par écrit n'a pas existé, juridiquement. Le lecteur imagine l'immense embarras du roi.

B. LE RÊVE D'HAMÂN SE BRISE

La deuxième sous-séquence : 6,4-11

Cette sous-séquence comprend trois passages :

Hamân	est venu	pour faire pendre	Mardochée	6,4-5

LE RÊVE D'HAMÂN	6-9

Hamân	est contraint	d'honorer	Mardochée	10-11

150 Texte hébreu : la deuxième section (Est 3,1–9,19)

a. HAMÂN EST VENU POUR FAIRE PENDRE MARDOCHÉE

Le premier passage : 6,4-5

COMPOSITION

+ 6,⁴ *Et dit*	LE ROI :	
: « Qui (est)	DANS LA COUR ? »	
- Et Hamân	*ÉTAIT VENU*	DANS LA COUR
- de la maison	DU ROI	la première
.. pour dire	AU ROI	
.. de pendre	Mardochée	sur la potence
.. laquelle	il avait préparée	pour lui.
– ⁵ *Et dirent*	*les jeunes-gens*	DU ROI · *à lui* :
: « Voici	Hamân	se tenant · DANS LA COUR. »
+ *Et dit*	LE ROI :	
- « *QU'IL VIENNE* ! »		

La question du premier morceau (4ab) et la réponse des jeunes gens (5ab) sont séparées par un morceau de récit : le premier segment situe Hamân, le second son intention. Dans le dernier morceau, la réponse des serviteurs est suivie par l'ordre du roi (5cd). « Dans la cour » revient dans chaque morceau (4b.c.5b) et « venir » marque le début du deuxième morceau et la fin du troisième (4c.5d).

INTERPRÉTATION

DEUX PROJETS CONTRAIRES

Le lecteur n'a sans doute pas oublié le dessein que caresse Hamân dans son cœur, et le narrateur prend soin de le lui rappeler. Quant au désir qui meut le roi, on se doute bien qu'il est l'exact opposé de celui d'Hamân, car le récit qu'on vient d'entendre laisse supposer que le roi a en tête de réparer la faute commise à l'égard de Mardochée.

UNE IGNORANCE RÉCIPROQUE

En revanche, chacun des deux protagonistes de l'histoire ignore totalement ce que l'autre a en tête, ce qu'il attend d'une rencontre que tous deux désirent intensément. La tension de l'attente se devine chez Hamân et chez le roi ; elle est au maximum chez le lecteur qui sait ce qui se prépare.

Séquence B4 : 6,1-14   151

b. LE RÊVE D'HAMÂN

Le deuxième passage : 6,6-9

COMPOSITION

+ 6,[6] Et vint	Hamân			
+ *et dit*	*à lui*	*le roi* :		
• « Que	**faire**	**pour l'homme**		
– *QUE*	*LE ROI*	*DÉSIRE*	*HONORER ? »*	

= *Et dit*	*Hamân*	*dans son cœur* :	
- « **À qui**	*DÉSIRE*	*LE ROI*	
- **faire**	*HONNEUR*	**plus qu'**	**à moi ? »**

= [7] *Et dit*	*Hamân*	*au roi* :		
– « **Un homme**	*QUE*	*LE ROI*	*DÉSIRE*	*HONORER ?*
:: [8] Qu'ils fassent-venir	**un habit**	*de royauté*		
:: que	s'habille	avec lui	le roi,	
.. et **un cheval**	que	monte	sur lui	le roi
.. et dont	soit donnée	la couronne	*de la royauté*	sur sa tête.
- [9] Et on donnera	**l'habit**	**et le cheval**		
- à la main d'un homme	des princes	du roi	nobles.	
:: Et **ils habilleront**	**l'homme**			
– *QUE*	*LE ROI*	*DÉSIRE*	*HONORER*	
.. et ils le feront monter	**sur le cheval**	à la place	de la ville.	
+ Et ils crieront	devant lui :			
• « **Ainsi**	**est fait**	**à l'homme**		
– *QUE*	*LE ROI*	*DÉSIRE*	*HONORER. »*	

La première partie énonce la courte question que le roi pose à Hamân de but en blanc. Dans la seconde partie, Hamân répond intérieurement à la question du roi par une autre question. Quant à la troisième partie où Hamân répond au roi, elle est beaucoup plus développée, Hamân savourant par avance son exaltation.

Dans cette troisième partie, la première sous-partie (7a), de récit, introduit le long discours suivant. La deuxième sous-partie se développe en trois morceaux. Dans le premier, après un unimembre que la plupart considèrent comme une question oratoire (7b), il s'agit d'abord du vêtement royal (8ab), puis du cheval du roi harnaché d'une couronne royale (8cd). Dans le second morceau, habit et cheval sont confiés à un haut dignitaire (9). Et enfin, dans le dernier morceau, l'homme

152   Texte hébreu : la deuxième section (Est 3,1–9,19)

ainsi vêtu et monté sur le cheval du roi sera conduit sur la place de la ville (9cde),
où il sera donné en exemple de l'homme que le roi désire honorer (9fgh).

Les trois parties sont liées par la reprise lancinante de « l'homme que le roi
désire honorer » et autres expressions très proches (6cd ; 6fg ; 7b.9cd.gh).

INTERPRÉTATION

L'AMOUR AVEUGLE

Hamân est tellement sûr de lui, tellement imbu de sa personne, qu'il ne peut
imaginer qu'un autre que lui puisse être honoré par le roi. Il en est tristement
ridicule. Ce qui ne manquera pas de réjouir ceux qui sont terrifiés par son projet
d'exterminer les juifs. « L'amour est aveugle », et d'abord celui que l'on porte à
soi-même, s'il exclut tout autre.

LE DÉSIR DE LA ROYAUTÉ

Le roi demande à son ministre ce qu'il devrait faire pour l'homme qu'il désire
honorer. Dans sa réponse largement circonstanciée, Hamân révèle en réalité son
propre désir. Celui-ci n'est rien moins que celui de la royauté. Il se voit déjà
revêtu d'un habit que porte le roi, chevauchant un des chevaux que monte le roi.
Et le tout culmine sur « la couronne de la royauté sur sa tête » (8d). Certes, cette
couronne est demandée pour orner la tête du cheval, prudence oblige, mais le
lecteur se doute bien qu'Hamân désire au fond qu'elle vienne ceindre son propre
front. Même si c'est pour un moment seulement, c'est la royauté que désire
l'Agaguite. C'est en effet la seule chose qui lui manque.

c. HAMÂN EST CONTRAINT D'HONORER MARDOCHÉE

Le troisième passage : 6,10-11

COMPOSITION

La première partie rapporte l'ordre du roi adressé à Hamân, la seconde son
exécution.

Le discours de la première partie comprend trois bimembres : les deux premiers regardent « habit et cheval » (10bc), mais appliqués à Mardochée (10de) ;
quant au dernier segment (10fg), il renvoie à ce qu'Hamân y a ajouté. Les
deuxièmes membres des segments extrêmes insistent sur le fait qu'Hamân doit
faire exactement comme il a dit.

La deuxième partie compte deux trimembres, le premier concernant « l'habit
et le cheval », le second la proclamation sur la place de la ville.

Les deux parties sont donc parallèles entre elles, même si leurs six membres sont arrangés différemment.

6,[10] Et dit	LE ROI	à HAMÂN :	
+ « Dépêche-toi,	prends	L'HABIT	et *LE CHEVAL*
.. *comme*	*tu as dit*		
- et fais	ainsi	à *MARDOCHÉE*	le juif
- qui est assis	à la porte	DU ROI.	
:: Ne néglige	(aucune) parole		
.. *de tout*	*ce dont*	*tu as parlé*. »	

+ [11] Et prit	HAMÂN	L'HABIT	et *LE CHEVAL*
- et il habilla	*MARDOCHÉE*		
- et le fit-monter	à la place	de la ville.	
:: Et il cria	devant lui :		
.. « Ainsi	fait-on	à l'homme	
.. que	LE ROI	désire	honorer. »

INTERPRÉTATION

UN ACCORD SUR TOUS LES POINTS

Le roi accorde une confiance absolue à son second : il accepte tout en bloc, non seulement le vêtement et le cheval, mais aussi tout le reste qu'il ne mentionne même pas. L'essentiel est que rien ne soit omis de ce qu'a proposé Hamân. Ce dernier est donc pris à son propre piège et ne peut rien négliger, même et surtout pas le dernier acte prévu, sans doute le plus douloureux, car c'était celui qui devait couronner son triomphe. La proclamation qu'il lui faut élever sur la place publique à la louange de son ennemi doit lui écorcher la bouche et faire saigner son cœur.

154 Texte hébreu : la deuxième section (Est 3,1–9,19)

d. LE RÊVE D'HAMÂN SE BRISE

L'ensemble de la sous-séquence : 6,4-11

COMPOSITION

6,⁴ Le roi dit : « Qui est dans la cour ? »

Hamân était venu dans la première cour de la maison du roi pour dire au roi de PENDRE Mardochée SUR la potence qu'il avait préparée pour lui.

⁵ Les jeunes-gens du roi lui dirent : « *Voici Hamân se tenant dans la cour.* » Et le roi dit : « *Qu'il vienne !* »

---

⁶ Hamân *vient* et le roi lui dit : « Que faire pour un homme que le roi désire honorer ? »

Hamân dit dans son cœur : « À qui désire le roi faire honneur plus qu'à moi ? »

⁷ Hamân dit au roi : « L'homme que le roi désire honorer ? ⁸ Qu'on fasse-venir un HABIT de royauté dont le roi S'HABILLE, et UN CHEVAL sur lequel monte le roi et dont soit donnée la couronne de la royauté sur sa tête. ⁹ Et on donnera *L'HABIT* et LE CHEVAL à la main d'un des princes nobles du roi. ON HABILLERA l'homme que le roi désire honorer et ON LE FERA MONTER SUR LE CHEVAL *à la place de la ville*. Et on criera devant lui : « Ainsi est fait à l'homme que le roi désire honorer. »

---

¹⁰ Le roi dit à Hamân : « Dépêche-toi, prends *L'HABIT* et LE CHEVAL comme tu as dit et fais ainsi à *Mardochée le juif qui est assis à la porte du roi*. Ne néglige aucune parole de tout ce dont tu as parlé. »

¹¹ Hamân prit *L'HABIT* et LE CHEVAL et *IL HABILLA* Mardochée et LE FIT-MONTER *à la place de la ville*. Et il cria devant lui : « Ainsi fait-on à l'homme que le roi désire honorer. »

Les rapports sont très nombreux entre les deux dernières parties : en effet, sont exécutées dans la dernière les mesures qu'Hamân avait préconisées dans la partie centrale.

Les relations entre la première partie et les deux autres ne sont pas évidentes. Toutefois, on pourra remarquer une opposition entre Hamân « se tenant dans la cour » du roi (5) et Mardochée « qui est assis à la porte du roi » (10b). Alors qu'Hamân était venu pour demander que Mardochée « soit pendu sur » la potence qu'il avait préparée pour lui (4c), il devra « le faire monter sur » le cheval (9c.11a), comme il l'avait demandé.

Les deux premières parties sont agrafées par la reprise de « venir » (5b.6a).

Séquence B4 : 6,1-14

INTERPRÉTATION

UN ÉPISODE DU PLUS HAUT COCASSE

Surplombant la scène, le lecteur voit avec délectation les deux protagonistes de l'affaire mener chacun son projet dans une totale ignorance du dessein de l'autre. Hamân qui vient pour demander au roi de faire pendre Mardochée, l'élevant sur une potence démesurément haute et qui est contraint à le faire monter lui-même sur un cheval royal. C'est tellement drôle de voir Hamân préparer dans le détail l'exaltation de Mardochée, persuadé qu'il est d'organiser la liturgie grandiose de son propre triomphe. Quelle jouissance de le voir s'effondrer, non pas dans la fosse creusée pour son ennemi, mais dans l'exaltation programmée pour lui-même !

LE RIRE DU SOULAGEMENT

Ce n'est pas seulement le côté cocasse de la scène qui suscite le rire. C'est tout autant la détente qui survient après la résolution de la tension extrême à laquelle le lecteur était soumis. Mardochée ne sera pas pendu : quel soulagement, multiplié par sa promotion ! Certes, il ne savait pas ce qu'Hamân avait décidé de demander et d'obtenir du roi, pas plus qu'il ne pouvait se douter que son ennemi préparait, sans le savoir, son exaltation. Le lecteur, lui, savait et le rire provoqué par l'élimination du danger est à la mesure de l'angoisse à laquelle il était soumis.

156 Texte hébreu : la deuxième section (Est 3,1–9,19)

C. HAMÂN A COMMENCÉ À TOMBER

La troisième sous-séquence : 6,12-14

Cette sous-séquence est de la taille d'un seul passage.

COMPOSITION

+ 6,[12] Et retourna	*MARDOCHÉE*	à la porte	DU ROI ;
– et HAMÂN	se précipita	dans sa maison	
– en deuil	et voilé	de tête ;	
.. [13] et raconta	HAMÂN		
.. *à Zéresh*	*sa femme*	*et à tous*	*ses amis*
.. tout	ce qui	lui était arrivé.	
Et lui dirent	*ses sages*	*et Zéresh*	*sa femme* :
: « Si de la race	des juifs	(est) *MARDOCHÉE*	
- lequel	tu as commencé	à tomber	devant lui,
: tu ne pourras (rien)	contre lui		
- car pour tomber	tu tomberas	devant lui. »	
+ [14] Eux encore	parlant	avec lui,	
+ et les eunuques	DU ROI	arrivèrent	et se hâtèrent
: de faire-venir	HAMÂN	au banquet	
: lequel	avait fait	Esther.	

Deux morceaux de récit encadrent le seul de discours (13d-h). Dans le premier morceau, tandis que le retour de Mardochée à sa place habituelle est signalé de manière on ne peut plus laconique (12a), celui d'Hamân, au contraire, est décrit dans le détail (12b-13c). Dans le deuxième morceau, le verdict des sages et de la femme d'Hamân est sans appel : la chute commencée (13ef) ira jusqu'au bout (13gh). Dans le dernier morceau, le répit d'Hamân dans sa maison est bien vite interrompu par les eunuques qui viennent le chercher pour le conduire au banquet de la reine. À « se hâtèrent » (14b) correspond « se précipita » (12b).

INTERPRÉTATION

HAMÂN CHERCHE REFUGE CHEZ LES SIENS

Se voilant la tête pour dissimuler un visage défiguré par la douleur, Hamân se réfugie précipitamment dans sa maison, tandis que, tranquillement, Mardochée rejoint en silence sa place, à la porte du roi. Comme un homme frappé par la mort, Hamân porte le deuil, la tête couverte. Il lui faut se décharger de son fardeau près des siens, en leur racontant tout ce qui vient de lui arriver, sa déconvenue à la mesure de ses espérances folles.

LES SIENS NE PEUVENT QUE L'ENFONCER

Ceux auxquels il s'adresse, son épouse et ses amis les plus proches, ne peuvent lui être d'aucun secours. Avec sagesse, ils ne tentent pas de le consoler en lui cachant la vérité. Il vaut mieux pour lui, comme pour eux, affronter la situation telle qu'elle est, c'est-à-dire désespérée, il faut bien le dire. Ce n'est pas pour l'enfoncer, mais pour qu'il se prépare au pire qui ne manquera pas d'arriver. C'est qu'ils semblent mesurer le pouvoir des juifs auquel leur ennemi ne saura échapper.

INVITATION AU SUPPLICE

Quand les eunuques du roi surgissent pour escorter Hamân au banquet offert par la reine, on a l'impression qu'ils viennent le chercher pour le conduire au supplice. Et c'est peut-être ce qu'il ressent lui aussi, alors qu'il se félicitait il y a peu d'avoir été le seul avec le roi à avoir été invité par la reine.

D. HAMÂN COMMENCE À TOMBER DEVANT MARDOCHÉE

L'ensemble de la séquence B4 : 6,1-14

COMPOSITION

La séquence comprend trois sous-séquences :

MARDOCHÉE N'A PAS ÉTÉ ÉLEVÉ	6,1-3

LE RÊVE D'HAMÂN SE BRISE	4-11

HAMÂN A COMMENCÉ À TOMBER	12-14

158 Texte hébreu : la deuxième section (Est 3,1–9,19)

6,[1] Cette nuit-là, fuyait le sommeil du roi et il dit de faire-venir le livre des mémoires, les paroles des jours ; et ils lisaient devant le roi. [2] Fut trouvé écrit ce qu'avait rapporté Mardochée sur Bigtana et Téresh, deux EUNUQUES DU ROI parmi les gardiens du seuil, eux qui avaient cherché à porter la main sur le roi Akhashvérosh. [3] Le roi dit : « Qu'a-t-il été fait, d'honneur et de grandeur, à Mardochée pour cela ? » *Les Jeunes-gens du roi* ses serviteurs dirent : « N'a été faite avec lui *AUCUNE CHOSE*. »

[4] Le roi dit : « Qui est dans la cour ? » Hamân était venu dans la première cour de la maison du roi pour dire au roi de pendre Mardochée sur la potence qu'il avait préparée pour lui. [5] *Les Jeunes-gens du roi* lui dirent : « Voici Hamân qui se tient dans la cour. » Le roi dit : « Qu'il vienne ! »

[6] Hamân vient et le roi lui dit : « Que faire pour un homme que le roi désire honorer ? » Hamân dit dans son cœur : « À qui le roi désire-t-il faire honneur plus qu'à moi ? » [7] Hamân dit au roi : « L'homme que le roi désire honorer ? [8] Qu'on fasse-venir un habit de royauté dont le roi s'habille, et un cheval que monte le roi et dont soit donnée la couronne de la royauté sur sa tête. [9] On donnera l'habit et le cheval à la main d'un des princes nobles du roi. On habillera l'homme que le roi désire honorer et on le fera monter sur le cheval à la place de la ville. Et on criera devant lui : « Ainsi est fait à l'homme que le roi désire honorer ! »

[10] Le roi dit à Hamân : « Dépêche-toi, prends l'habit et le cheval comme tu as dit et fais ainsi à *Mardochée le juif* qui est assis *à la porte du roi* ; ne néglige *AUCUNE CHOSE* de tout ce dont tu as parlé. » [11] Hamân prit l'habit et le cheval et il habilla Mardochée et le fit-monter à la place de la ville. Et il cria *devant lui* : « Ainsi fait-on à l'homme que le roi désire honorer ! »

[12] Mardochée retourna *à la porte du roi* ; et Hamân se précipita dans sa maison, en deuil et la tête voilée. [13] Hamân raconta à Zéresh sa femme et à tous ses amis tout ce qui lui était arrivé. Ses sages et Zéresh sa femme lui dirent : « *Si Mardochée est de la race des juifs* lequel tu as commencé à tomber *devant lui*, tu ne pourras rien contre lui car pour tomber tu tomberas *devant lui*. » [14] Tandis qu'ils parlaient encore avec lui, les EUNUQUES DU ROI arrivèrent et se hâtèrent de faire-venir Hamân au banquet qu'avait fait Esther.

Les sous-séquences extrêmes sont les seules où apparaissent les « eunuques du roi » (2b.14b).

« Les jeunes gens du roi » se retrouvent dans les deux premiers passages (3b.5a). Les deux derniers passages sont liés par les reprises de « à la porte du roi » (10b.12a), « devant lui » (11b.13c.d) ; « Mardochée le juif » (10b) et « Si Mardochée est de la race des juifs » (13bc).

« Aucune chose » revient en 3c et 10bc.

Séquence B4 : 6,1-14

INTERPRÉTATION

LE PETIT GRAIN DE SABLE...

Le marchand de sable est passé, mais le roi n'a toujours pas sommeil. C'est bien long de ne pas pouvoir s'endormir... Comment faire passer le temps qui n'en finit pas de passer ? Une insomnie et tout est changé. La mécanique fonctionnait à la perfection... jusqu'au moment où un minuscule grain de sable vient tout déranger. Et les choses s'enchainent de manière imprévue, inexorablement. Et si nous lisions les Chroniques du royaume ? Pourquoi pas ? Ça ou autre chose... Survient alors la vieille histoire de Mardochée qui avait sauvé la vie du roi. Ce qui, après quelques péripéties, va sauver la vie de Mardochée. À quoi donc tiennent les choses ! Le narrateur s'en tient strictement aux faits. Il se garde bien d'interpréter. Sa totale discrétion, son retrait laisse tout l'espace au lecteur. Celui-ci se rappellera peut-être une autre situation, tout à fait emblématique, où un grain de sable changea le sort du peuple : « Il enraya les roues de leurs chars [...] Les Égyptiens dirent : "Fuyons devant Israël, car le Seigneur combat pour eux contre l'Égypte" » (Ex 14,25).

...QUI CHANGE TOUT

À partir de là, tout change, et sans que les protagonistes en aient conscience. Hamân était venu pour demander au roi de faire pendre Mardochée, mais le roi le fait venir avec une toute autre idée en tête. Aveuglé par son orgueil démesuré, Hamân prépare de main de maitre l'exaltation de son pire ennemi et sa propre humiliation. Le roi répare l'oubli dans lequel avait été relégué Mardochée en approuvant sans réserve le conseil de son ministre, sans même se rendre compte qu'il l'avilit de la pire façon. La femme d'Hamân et ses amis ne s'y trompent pas : cette première chute ne fait qu'annoncer celles qui ne sauraient manquer de le conduire à une ruine pleine et entière. Qui sait ce qui l'attend au banquet de la reine où il a été convié ?

3. Après le second banquet d'Esther, Hamân est pendu à la place de Mardochée

La séquence B5 : 7,1-10

La séquence comprend trois passages :

ESTHER	DEMANDE LA VIE,	POUR ELLE ET POUR SON PEUPLE	7,1-4

HAMÂN TOMBE	5-8

HAMÂN	EST PENDU,	SUR LE BOIS QU'IL AVAIT FAIT POUR MARDOCHÉE	9-10

162   Texte hébreu : la deuxième section (Est 3,1–9,19)

a. ESTHER DEMANDE LA VIE, POUR ELLE ET POUR SON PEUPLE

Le premier passage : 7,1-4

TEXTE

V. 4B : « POUR ÊTRE EXTERMINÉS... »

Litt., « pour exterminer... ».

V. 4EF : « CAR POINT L'OPPRESSION NE VAUDRAIT LE DÉRANGEMENT DU ROI »

Déjà les versions anciennes témoignent de la difficulté que représente l'interprétation de la fin du verset. Le premier problème est celui du sens de *haṣṣār*, qui peut signifier soit « l'oppression », soit « l'oppresseur ». Certains comprennent ainsi : « mais le persécuteur/l'adversaire ne saurait compenser le dommage fait au roi » (BJ ; Osty). Dans le droit fil du segment précédent, « l'oppression » est celle de l'esclavage dont il vient d'être question (4c) : s'il ne s'agissait que de réduction en esclavage, Esther se serait tue, parce que cela ne mériterait pas qu'on dérange le roi pour si peu.

COMPOSITION

Dans la première partie, l'insistance est mise sur « le banquet », qui comme la racine du mot le signifie, est essentiellement un « banquet de vin ». Le second morceau réitère la double question que le roi adresse à Esther. « Esther la reine » revient au début des deux morceaux.

La deuxième partie est la réponse de la reine. Après la double formule de courtoisie habituelle (3bc), Esther fait sa demande : celle-ci est double, d'abord sa propre « vie » (3d), puis celle de son « peuple » (3e). Le second morceau commence avec la motivation de la requête (4ab) ; les deux segments suivants envisagent une situation qui ne mériterait pas que le roi soit dérangé (4c-f).

Alors que dans la double question du roi, « demande » et « requête » concernent la reine seule (2c-f), dans sa réponse, à son propre sort (3d) Esther ajoute celui de son peuple (3e). « Être donnée » est repris en 2d et 3d.

INTERPRÉTATION

ENFIN LE REINE EXPRIME SA REQUÊTE

Le roi sait que, si la reine l'a invité à un banquet, c'est qu'elle a quelque chose à lui demander. Si sa requête a été reportée à un deuxième banquet, c'est que la chose doit être vraiment importante et délicate. De manière solennelle, le roi réitère alors sa question, promettant à Esther que c'est accordé d'avance, et

Séquence B5 : 7,1-10　　　　163

même si cela devait lui coûter la moitié de son royaume. Alors, encouragée par des paroles si bienveillantes, la reine peut parler.

– **7,**[1] Et alla	**LE ROI**	et Hamân	
– *pour banqueter*	AVEC ESTHER	LA REINE ;	
+ [2] *et dit*	**LE ROI**	À ESTHER	
+ aussi au jour	deuxième	*au banquet*	*de vin* :
: « Quelle (est)	TA DEMANDE,	ESTHER	LA REINE ?
. ET ELLE SERA DONNÉE	à toi ;		
: et quelle (est)	*TA REQUÊTE* ?		
. jusqu'à la moitié	du royaume	et ce sera fait. »	

+ [3] *Et répondit*	ESTHER	LA REINE	*et elle dit* :
- « Si j'ai trouvé	grâce	aux yeux	**DU ROI**
- et si	pour **LE ROI**	(c'est) bon,	
. QUE ME SOIENT DONNÉS	ma vie	POUR MA DEMANDE	
. et mon peuple	POUR MA REQUÊTE.		
: [4] Car nous sommes vendus,	moi	et mon peuple,	
: pour être exterminés,	pour être tués	et pour être anéantis ;	
.. et si	en esclaves	et en servantes	nous avions été vendus,
.. je me tairais,			
.. car point	l'oppression	ne vaudrait	
.. le dérangement	**DU ROI.** »		

UNE QUESTION DE VIE OU DE MORT

Dans une seule déclaration, Esther confesse devant le roi, et devant Hamân, qu'elle appartient au peuple juif et qu'elle est donc condamnée, avec lui, à être exterminée, tuée et anéantie. Elle a l'habileté de ne pas remettre en question la persécution des juifs décidée par le roi. Elle se dit prête à accepter l'esclavage, pour elle-même et pour son peuple, pourvu que la vie leur soit épargnée. Quoi qu'il en soit, elle sait que, par un tel aveu, elle risque le tout pour le tout.

JOUER SUR LES MOTS

À la fin de son discours, Esther se montre prudente à l'extrême. Elle accuse sans accuser. Ce que le roi peut comprendre comme « l'oppression » peut aussi être interprété comme « l'oppresseur ». Il ne peut y voir d'oppression sans quelque oppresseur. De manière indirecte, jouant sur l'ambiguïté du terme, elle soulève la question de l'identité de celui qui est à l'origine d'une telle décision.

164 Texte hébreu : la deuxième section (Est 3,1–9,19)

b. HAMÂN TOMBE

Le deuxième passage : 7,5-8

COMPOSITION

+ 7,⁵ *Et dit*	**LE ROI**	*Akhashvérosh*
+ *et il dit*	À ESTHER	LA REINE :
- « Qui	est-il	*celui-là*
- et où	*celui-là*	est-il
. dont	est plein	le cœur
. de faire	ainsi ? »	
– ⁶ *Et dit*	*Esther :*	
.. « L'homme	oppresseur	et ennemi,
.. (c'est) HAMÂN	*LE MAUVAIS*	*celui-là.* »
= Et HAMÂN	fut terrifié	
= *devant la face*	**DU ROI**	ET DE LA REINE.

+ ⁷ Et **LE ROI**	*se leva*	dans sa colère	
+ du banquet	de vin		
+ vers le jardin	du pavillon ;		
– et HAMÂN	*se dressa*		
– pour requêter	sa vie	À ESTHER	LA REINE
:: car il avait vu	qu'était achevé	pour lui	
:: *LE MALHEUR*	de la part	**DU ROI.**	
- ⁸ Et **LE ROI**	retourna	du jardin	du pavillon
- à la maison	du banquet	de vin	
- et HAMÂN	était tombé	sur le lit	
- lequel	ESTHER	(était) dessus.	
+ *Et dit*	**LE ROI :**		
: « Aussi	pour violer	LA REINE,	
: avec moi	dans la maison ? »		
= La parole	sortit	de la bouche	**DU ROI**
= *et la face*	d'HAMÂN	ils couvrirent.	

Dans la première partie, la double question du roi est introduite par une double phrase de récit qui semble traduire le trouble et même la colère du roi. Dans sa réponse, les trois qualificatifs négatifs qu'Esther attribue à Hamân trahissent l'extrême tension où elle se trouve. Dans le deuxième morceau, la dénonciation d'Esther (6abc) terrifie Hamân (6de).

Séquence B5 : 7,1-10   165

La deuxième partie se développe en trois morceaux : alors que le roi s'éloigne dans sa colère, Hamân supplie la reine pour avoir la vie sauve (7) ; à son retour, le roi trouve son ministre « tombé » sur le lit d'Esther (8a-d) ; à cette vue, le roi accuse Hamân de violenter la reine, ce qui entraine aussitôt la condamnation du coupable (8e-i).

À « le mauvais » (*hārā'*, 6c) correspond « le malheur » (*hārā'â*, 7g). Les derniers segments des deux parties se correspondent, après les paroles de la reine (6de) et celles du roi (8hi) : y sont repris « Hamân », « le roi » et « la face ».

INTERPRÉTATION

« CELUI-LÀ »

La double phrase qui introduit les paroles que le roi Akhashvérosh adresse à la reine Esther est tout à fait unique : elle traduit la tension extrême des personnages et le paroxysme de la situation. Nul doute que, dans les derniers mots d'Esther (4ef), le roi a entendu qu'il s'agissait non pas seulement d'une « oppression » pour ainsi dire abstraite, mais surtout de son instigateur concret, en chair et en sang. Et c'est pourquoi il demande le nom de « celui-là » et où il se trouve. Alors, la reine peut reprendre dans son accusation le même terme, mais cette fois-ci désignant l'individu qu'elle qualifie aussi d'« ennemi » et de « mauvais » : « celui-là », c'est Hamân.

LA CHUTE

Après cet instant où le récit est suspendu dans la stupeur de l'échange de regards entre Hamân et le couple royal, les évènements se précipitent inexorablement. Sans rien dire, le roi « se lève » et s'éloigne dans le jardin, tandis qu'Hamân « se dresse » en espérant fléchir la reine. Non sans une ironie mordante, le narrateur reprend le verbe « tomber » pour décrire l'attitude d'Hamân qui marquera la dernière étape de sa chute. À peine le roi a-t-il lancé sa question interloquée, que les serviteurs du roi couvrent la tête de celui qui est ainsi traité comme un condamné à mort. La face d'Hamân disparait ainsi (8hi) « devant la face du roi et de la reine » (6de). Le mal du « mauvais » appelle le « malheur ».

166 Texte hébreu : la deuxième section (Est 3,1–9,19)

c. Hamân est pendu sur le bois qu'il avait fait pour Mardochée

Le troisième passage : 7,9-10

COMPOSITION

– ⁹ *Et dit*	*Harbona,*		
– un	des eunuques	à la face	DU ROI :
: « Aussi	voici	*LA POTENCE*	
: *LAQUELLE*	*AVAIT FAITE*	HAMÂN	POUR MARDOCHÉE
: lequel	avait parlé	bon	pour LE ROI
.. est dressée	dans la maison	d'HAMÂN	
.. haute	de cinquante	coudées. »	
+ *Et dit*	LE ROI :		
– « **Pendez-le**	sur elle. »		
= ¹⁰ Et **ils pendirent**	HAMÂN	*SUR LA POTENCE*	
= *LAQUELLE*	*IL AVAIT PRÉPARÉE*	*POUR MARDOCHÉE*	
:: et la colère	DU ROI	s'apaisa.	

Dans la première partie, Harbona prend bien soin de rappeler que Mardochée « avait parlé bon pour le roi » quand il avait dénoncé le complot ourdi contre sa vie. Dans leur allure informative, ses paroles n'en suggèrent pas moins le mode d'exécution qui s'impose pour le coupable. Après le morceau central où le roi donne son verdict, c'est l'exécution qui seule pouvait apaiser la colère du roi. Dans les morceaux extrêmes, l'insistance est mise sur le fait que la potence — littéralement, « le bois » — où est pendu Hamân est celle qu'il avait préparée pour Mardochée (9d.10b).

INTERPRÉTATION

« IL TOMBE DANS LE TROU QU'IL A FAIT »

La fin d'Hamân illustre à la perfection le proverbe : « Qui creuse une fosse y tombe, qui roule une roche, elle revient sur lui » (Ps 26,27). Le psalmiste y reviendra plus d'une fois : « Il ouvre une fosse et la creuse, il tombera dans le trou qu'il a fait ; sa peine reviendra sur sa tête, sa violence lui retombera sur le crâne » (Ps 7,16-17). L'image de la fosse est traditionnelle. Elle dit bien la chute. Celle de la potence lui est contraire, apparemment : il s'agit d'une élévation. Et, en l'occurrence, d'une élévation remarquable, cinquante coudées. Nouveau trait ironique d'un récit qui n'en manque pas.

Séquence B5 : 7,1-10

d. APRÈS LE SECOND BANQUET D'ESTHER, HAMÂN EST PENDU À LA PLACE DE MARDOCHÉE

L'ensemble de la séquence B5 : 7,1-10

COMPOSITION

La séquence comprend trois passages :

ESTHER	DEMANDE LA VIE,	POUR ELLE ET POUR SON PEUPLE	7,1-4

HAMÂN TOMBE	5-8

HAMÂN	EST PENDU,	SUR LE BOIS QU'IL AVAIT FAIT POUR MARDOCHÉE	9-10

168 Texte hébreu : la deuxième section (Est 3,1–9,19)

7,[1] Le roi alla avec Hamân pour banqueter avec la reine Esther ; [2] et le roi dit à Esther aussi au deuxième jour *au banquet de vin* : « Quelle est ta demande, reine Esther ? Elle te sera donnée ; et quelle est TA REQUÊTE ? Jusqu'à la moitié du royaume et ce sera fait. » [3] La reine Esther répondit et dit : « Si j'ai trouvé grâce aux yeux du roi et si pour le roi c'est bon, que me soient donnés MA VIE pour ma demande et mon peuple pour MA REQUÊTE. [4] Car nous sommes vendus, moi et mon peuple, pour être exterminés, pour être tués et pour être anéantis ; si comme esclaves et servantes nous avions été vendus, je me tairais, car cette OPPRESSION ne vaudrait pas qu'on dérange le roi. »

[5] Le roi Akashvérosh dit, et il dit à la reine Esther : « Qui est-il celui-là et où celui-là est-il, dont le cœur est plein de faire ainsi ? » [6] Esther dit : « L'homme OPPRESSEUR et ennemi, c'est Hamân le mauvais celui-là. » Et Hamân fut terrifié en face du roi et de la reine.
[7] Le roi se leva dans SA COLÈRE *du banquet de vin* vers le jardin du pavillon ; et Hamân SE DRESSA pour REQUÊTER SA VIE à la reine Esther car il avait vu qu'était achevé pour lui le malheur de la part du roi. [8] Le roi retourna du jardin du pavillon à la maison *du banquet de vin* et Hamân était tombé sur le lit sur lequel Esther se trouvait. Et le roi dit : « Aussi pour violer la reine, avec moi dans la maison ? » À peine la parole sortit de la bouche du roi qu'ils couvrirent la face d'Hamân.

[9] Harbona, un des eunuques à la face du roi, dit : « Aussi voici que la potence qu'avait faite Hamân pour Mardochée, dont la parole avait été bonne pour le roi, EST DRESSÉE dans la maison d'Hamân, haute de cinquante coudées. » Et le roi dit : « Pendez-le sur elle. » [10] Ils pendirent Hamân sur la potence qu'il avait préparée pour Mardochée et LA COLÈRE du roi s'apaisa.

Les rapports entre les deux premiers passages :
– « le banquet de vin » (2b ; 7a.8b) ;
– Esther expose au roi sa « requête » pour sa « vie » (2c.3b.c) ; Hamân fait de même auprès de la reine (7b), mais on n'entend pas ses paroles ;
– « oppression » (4c) et « oppresseur » (6b) traduisent le même terme.

Les rapports entre les deux derniers passages :
– « en face du roi » (6c ; 9a) ;
– la « colère » du roi (7a ; 10b) ;
– « se dresser/être dressée » (7b ; 9b).

Les rapports entre les passages extrêmes :
– dans le premier passage, Esther révèle au roi qu'elle avec son peuple est vouée à la mort ; dans le dernier passage, c'est Harbona qui révèle au roi qu'Hamân avait préparé la mort de Mardochée.

Séquence B5 : 7,1-10

INTERPRÉTATION

LE SEUL QU'ON N'ENTEND PAS

Tous les acteurs de la scène prennent la parole. On entend la double question que le roi pose à Esther (2), puis la longue réponse de la reine (3-4). C'est ensuite une autre double question du roi Akhashvérosh à la reine Esther (5), puis l'accusation de celle-ci (6). Quand le roi revient du jardin et découvre Hamân dans une attitude suspecte, on entend sa stupéfaction (8c). C'est enfin l'eunuque Harbona qui informe le roi (9abc) et ce dernier qui prononce un verdict (9cd) aussitôt exécuté. Le seul dont les paroles ne sont pas rapportées, c'est Hamân, dont le narrateur dit pourtant qu'il supplie la reine pour avoir la vie sauve. C'est qu'Esther ne veut pas l'entendre, malgré ses objurgations.

UNE ULTIME RÉVÉLATION INATTENDUE

C'est seulement à la fin du récit, au moment où Hamân est encagoulé pour être conduit au supplice, que le roi, et la reine, apprennent ce qu'il avait tramé contre Mardochée, n'ayant pas eu la patience d'attendre le massacre général des juifs pour le supprimer. On comprend alors qu'Esther avait eu raison de ne pas vouloir prêter l'oreille au plaidoyer de celui qui avait planifié de les exterminer tous, à commencer par celui qui remplace son père. Sans en être conscient, sans doute, Harbona confirme, s'il en était besoin, les menées meurtrières de celui dont le roi avait fait son second.

4. La chute d'Hamân

L'ensemble de la sous-section B3–B5

COMPOSITION

Les trois séquences sont organisées de manière concentrique :

B3 : Après le 1er banquet d'Esther, Hamân projette de faire pendre Mardochée	5,1-14

B4 : Hamân commence à tomber devant Mardochée	6,1-14

B5 : Après le 2e banquet d'Esther, Hamân est pendu à la place de Mardochée	7,1-10

Les rapports sont particulièrement étroits entre les séquences extrêmes. Quant à la séquence centrale, elle est liée aux deux autres par leurs passages finaux.

172   Texte hébreu : la deuxième section (Est 3,1–9,19)

LES RAPPORTS ENTRE LES SÉQUENCES EXTRÊMES

5,[1] Et il arriva ***au troisième jour*** qu'Esther revêtit la royauté et elle se tint dans la cour intérieure de la maison du roi, face à la maison du roi ; et le roi était assis sur le trône de sa royauté dans la maison de la royauté, face à l'entrée de la maison. [2] Et il arriva, quand le roi vit qu'elle se tenait dans la cour, qu'elle suscita grâce à ses yeux ; et le roi tendit à Esther le sceptre d'or qui était dans sa main et Esther s'approcha et toucha la tête du sceptre. [3] Et le roi lui dit : « QU'AS-TU, REINE ESTHER, ET QUELLE EST TA REQUÊTE ? JUSQU'À LA MOITIÉ DU ROYAUME ELLE TE SERA DONNÉE. » [4] Et Esther dit : « *Si c'est bon pour le roi*, que le roi et Hamân viennent aujourd'hui au banquet que j'ai fait pour lui. » [5] Et le roi dit : « Pressez Hamân de faire la parole d'Esther. »

Et le roi et Hamân vinrent au banquet que faisait Esther. [6] Et le roi dit à Esther durant le banquet de vin : « QUELLE EST TA DEMANDE ET ELLE TE SERA DONNÉE ET QUELLE EST TA REQUÊTE, JUSQU'À LA MOITIÉ DU ROYAUME ET CE SERA FAIT. » [7] Et Esther répondit et dit : « Ma demande et ma requête ? [8] *Si j'ai trouvé grâce aux yeux du roi et s'il est bon pour le roi* de donner ma demande et de faire ma requête, que le roi et Hamân viennent au banquet que je ferai pour eux ; et demain je ferai selon la parole du roi. »

---

[9] Et Hamân sortit ce jour-là, joyeux et bon de cœur. Mais quand Hamân vit Mardochée à la porte du roi qui ne se leva pas ni ne trembla devant lui, Hamân fut rempli de COLÈRE contre Mardochée, [10] mais Hamân se domina. Et il alla dans sa maison et il envoya faire venir ses amis et sa femme Zéresh. [11] Et Hamân leur raconta la gloire de sa richesse et la multitude de ses fils et tout ce dont l'avait grandi le roi et ce dont il l'avait élevé au-dessus des princes et des serviteurs du roi.
[12] Et Hamân dit : « La reine Esther m'a fait venir avec le roi au banquet qu'elle a fait, moi seul, et demain aussi on m'a appelé, moi, chez elle avec le roi ; [13] mais tout cela n'a pas de valeur pour moi, chaque fois que moi, je vois Mardochée le juif assis à la porte du roi. » [14] Et sa femme Zéresh et tous ses amis lui dirent : « QU'ON FASSE UNE POTENCE D'UNE HAUTEUR DE CINQUANTE COUDÉES ET, AU MATIN, DIS AU ROI QU'ON Y PENDE MARDOCHÉE ; et va avec le roi au banquet, joyeux. » Et *cette parole fut bonne pour Hamân* et IL FIT LA POTENCE.

– Les séquences commencent avec « au troisième jour » (5,1a) et « au deuxième jour » (7,2b) ;

– le roi et Hamân vont au banquet de la reine (5,5c ; 7,1) ;

– le roi pose des questions très semblables à la reine sur sa requête (5,3ab.6bc ; 7,2bc) ;

– la reine commence ses réponses par les formules de courtoisie habituelles (5,4a.8ab ; 7,3b).

La sous-section B3–B5   173

7,¹ *Le roi alla avec Hamân pour banqueter avec la reine Esther* ; ² et le roi dit à Esther aussi **au deuxième jour** au banquet de vin : « QUELLE EST TA DEMANDE, REINE ESTHER ? ELLE TE SERA DONNÉE ; ET QUELLE EST TA REQUÊTE ? JUSQU'À LA MOITIÉ DU ROYAUME ET CE SERA FAIT. » ³ La reine Esther répondit et dit : « *Si j'ai trouvé grâce aux yeux du roi et si pour le roi c'est bon*, que me soient donnés ma vie pour ma demande et mon peuple pour ma requête. ⁴ Car nous sommes vendus, moi et mon peuple, pour être exterminés, pour être tués et pour être anéantis ; si comme esclaves et servantes nous avions été vendus, je me tairais, car cette oppression ne vaudrait pas qu'on dérange le roi. »

---

⁵ Le roi Akashvérosh dit et il dit à la reine Esther : « Qui est-il celui-là et où celui-là est-il, dont le cœur est plein de faire ainsi ? » ⁶ Esther dit : « L'homme oppresseur et ennemi, c'est Hamân le mauvais celui-là. »

Et Hamân fut terrifié en face du roi et de la reine.

⁷ Le roi se leva dans sa COLÈRE du banquet de vin vers le jardin du pavillon ; et Hamân se dressa pour requêter sa vie à la reine Esther car il avait vu qu'était achevé pour lui le malheur de la part du roi. ⁸ Le roi retourna du jardin du pavillon à la maison du banquet de vin et Hamân était tombé sur le lit sur lequel Esther se trouvait. Et le roi dit : « Aussi pour violer la reine, avec moi dans la maison ? » À peine la parole sortit de la bouche du roi qu'ils voilèrent la face d'Hamân.

---

⁹ Harbona, un des eunuques à la face du roi, dit : « AUSSI VOICI QUE LA POTENCE QU'AVAIT FAITE HAMÂN POUR MARDOCHÉE, **dont la parole avait été bonne pour le roi**, EST DRESSÉE DANS LA MAISON D'HAMÂN, HAUTE DE CINQUANTE COUDÉES. » Et le roi dit : « PENDEZ-LE SUR ELLE. » ¹⁰ ILS PENDIRENT HAMÂN SUR LA POTENCE QU'IL AVAIT PRÉPARÉE POUR MARDOCHÉE et la COLÈRE du roi s'apaisa.

– Dans les derniers passages, la femme d'Hamân et tous ses amis lui conseillent de faire une potence et de demander au roi qu'on y pende Mardochée (5,14) ; mais à la fin, Hamân est pendu sur la potence qu'il avait préparée pour Mardochée (7,9-10) ;

– à la fin de la première séquence, « cette parole fut bonne pour Hamân » (5,14cd), c'est-à-dire la parole des siens qui lui conseillent de faire pendre Mardochée ; à la fin de la dernière séquence, l'eunuque du roi rappelle l'action de Mardochée « dont la parole avait été bonne pour le roi » (7,9b).

174   Texte hébreu : la deuxième section (Est 3,1–9,19)

LES RAPPORTS ENTRE LES PASSAGES FINAUX DES TROIS SÉQUENCES

> 5,[9] Et Hamân sortit ce jour-là, joyeux et bon de cœur. Mais quand Hamân vit MARDOCHÉE *à la porte du roi* qui ne se leva pas ni ne trembla devant lui, Hamân fut rempli de colère contre MARDOCHÉE, [10] mais Hamân se domina. Et il alla *DANS SA MAISON* et il envoya faire venir **ses amis et sa femme Zéresh**. [11] Et Hamân leur *RACONTA* la gloire de sa richesse et la multitude de ses fils et tout ce dont l'avait grandi le roi et ce dont il l'avait élevé au-dessus des princes et des serviteurs du roi. [12] Et Hamân dit : « La reine Esther m'a fait venir avec le roi au banquet qu'elle a fait, moi seul, et demain aussi on m'a appelé, moi, chez elle avec le roi ; [13] mais tout cela n'a pas de valeur pour moi, chaque fois que moi, je vois MARDOCHÉE le juif assis *à la porte du roi*. » [14] Et **sa femme Zéresh et tous ses amis** lui dirent : « QU'ON FASSE UNE POTENCE D'UNE HAUTEUR DE CINQUANTE COUDÉES ET, AU MATIN, DIS AU ROI QU'ON Y PENDE MARDOCHÉE ; et va avec le roi au banquet, joyeux. » Et cette parole fut bonne pour Hamân et IL FIT LA POTENCE.

> 6,[12] MARDOCHÉE retourna *à la porte du roi* ; et Hamân se précipita *DANS SA MAISON*, en deuil et *la tête VOILÉE*. [13] Hamân *RACONTA à Zéresh sa femme et à tous ses amis* tout ce qui lui était arrivé. **Ses sages et Zéresh sa femme** lui dirent : « Si MARDOCHÉE est de la race des juifs lequel tu as commencé à tomber devant lui, tu ne pourras rien contre lui car pour tomber tu tomberas devant lui. » [14] Tandis qu'ils parlaient encore avec lui, LES EUNUQUES du roi arrivèrent et se hâtèrent de faire venir Hamân au banquet qu'avait fait Esther.

7,[8hi] À peine la parole sortit de la bouche du roi,   qu'*ILS VOILÈRENT la face* d'Hamân.

> 7,[9] Harbona, un des EUNUQUES à la face du roi, dit : « AUSSI VOICI QUE LA POTENCE QU'AVAIT FAITE HAMÂN POUR MARDOCHÉE, dont la parole avait été bonne pour le roi, EST DRESSÉE DANS LA MAISON D'HAMÂN, HAUTE DE CINQUANTE COUDÉES. » Et le roi dit : « PENDEZ-LE SUR ELLE. » [10] ILS PENDIRENT HAMÂN SUR LA POTENCE QU'IL AVAIT PRÉPARÉE POUR MARDOCHÉE et la colère du roi s'apaisa.

À la fin des deux premières séquences,
– Mardochée se trouve « à la porte du roi » (5,9b.13b ; 6,12a) ;
– Hamân va « dans sa maison » (5,10a ; 6,12a) ;
– il « raconte » à « ses amis et sa femme Zéresh » (5,10b-11a ; 6,13a) ce qui lui était arrivé, en bien dans la première séquence, en mal dans la deuxième.

À la fin des deux dernières séquences,
– Hamân rentre chez lui « la tête voilée » (6,12b) et à la fin « ils lui voilèrent la face » (7,8i) ;
– « les eunuques » interviennent à la fin de la deuxième séquence (6,14ab) et à la fin de la dernière séquence « Harbona, un des eunuques à la face du roi » (7,9a).

La sous-section B3–B5

LA SPÉCIFICITÉ DE LA SÉQUENCE CENTRALE

6,[1] Cette nuit-là, fuyait le sommeil du roi et il dit de faire-venir le livre des mémoires, les paroles des jours ; et ils lisaient devant le roi. [2] Fut trouvé écrit ce qu'avait rapporté Mardochée sur Bigtana et Téresh, deux eunuques du roi parmi les gardiens du seuil, eux qui avaient cherché à porter la main sur le roi Akhashvérosh. [3] Le roi dit : « Qu'a-t-il été fait, d'honneur et de grandeur, à Mardochée pour cela ? » Les jeunes-gens du roi ses serviteurs dirent : « N'a été faite avec lui aucune chose. »

[4] Le roi dit : « Qui est dans la cour ? » Hamân était venu dans la première cour de la maison du roi pour dire au roi de pendre Mardochée sur la potence qu'il avait préparée pour lui. [5] Les jeunes-gens du roi lui dirent : « Voici Hamân qui se tient dans la cour. » Le roi dit : « Qu'il vienne ! »

[6] Hamân vient et le roi lui dit : « Que faire pour un homme que le roi désire honorer ? » Hamân dit dans son cœur : « À qui le roi désire-t-il faire honneur plus qu'à moi ? » [7] Hamân dit au roi : « L'homme que le roi désire honorer ? [8] Qu'on fasse-venir un habit de royauté dont le roi s'habille, et un cheval que monte le roi et dont soit donnée la couronne de la royauté sur sa tête. [9] On donnera l'habit et le cheval à la main d'un des princes nobles du roi. On habillera l'homme que le roi désire honorer et on le fera monter sur le cheval à la place de la ville. Et on criera devant lui : « Ainsi est fait à l'homme que le roi désire honorer ! »

[10] Le roi dit à Hamân : « Dépêche-toi, prends l'habit et le cheval comme tu as dit et fais ainsi à Mardochée le juif qui est assis à la porte du roi ; ne néglige aucune chose de tout ce dont tu as parlé. » [11] Hamân prit l'habit et le cheval et il habilla Mardochée et le fit monter à la place de la ville. Et il cria devant lui : « Ainsi fait-on à l'homme que le roi désire honorer ! »

[12] Mardochée retourna à la porte du roi ; et Hamân se précipita dans sa maison, en deuil et la tête voilée. [13] Hamân raconta à Zéresh sa femme et à tous ses amis tout ce qui lui était arrivé. Ses sages et Zéresh sa femme lui dirent : « Si Mardochée est de la race des juifs devant qui tu as commencé à tomber, tu ne pourras rien contre lui car pour tomber tu tomberas devant lui. » [14] Tandis qu'ils parlaient encore avec lui, les eunuques du roi arrivèrent et se hâtèrent de faire-venir Hamân au banquet qu'avait fait Esther.

Si le dernier passage est fortement lié aux passages finaux des deux autres séquences, les deux premiers passages s'en distinguent nettement. Le seul rapport entre le premier passage qui rapporte l'insomnie du roi et la lecture des Chroniques du royaume et le reste de la sous-section est le nom de Mardochée. Quant au passage central, si le narrateur mentionne en commençant qu'Hamân était venu chez le roi pour lui dire de pendre Mardochée, le récit prend une tout autre direction, si bien que toute la scène tranche sur le reste du récit.

176 Texte hébreu : la deuxième section (Est 3,1–9,19)

INTERPRÉTATION

L'ŒIL DU CYCLONE

Il n'est pas étonnant que la scène centrale de la sous-séquence soit celle qui focalise l'attention. Son côté burlesque n'y est pas pour rien. C'est là, en effet, que tout bascule. Venu auprès du roi pour lui demander de pendre Mardochée sur la potence qu'il avait préparée pour lui, Hamân savoure par avance son propre triomphe, alors que, sans le savoir, il met en scène celui du seul ennemi qui lui pourrissait la vie. Après un délicieux moment de calme où il peut croire que ses ennuis ont trouvé la meilleure solution qu'il pouvait espérer, le voilà replongé dans une tourmente dont il ne pourra plus sortir et qui l'emportera.

L'OMBRE DE LA POTENCE

Hamân est désormais arrivé au sommet de sa gloire. Il est le second du roi qui lui a manifesté sa totale confiance en lui donnant son anneau pour qu'il puisse faire payer à tout le peuple des juifs l'affront que le seul Mardochée lui fait tous les jours en refusant de plier le genou devant lui. Mais le jour de la vengeance est encore trop loin. La solution que sa femme et ses amis énoncent comme une évidence pour régler radicalement le problème qui gâche tout son bonheur, c'est la disparition du seul opposant. Pour être satisfaisante, cette disparition doit être publique, au vu et au su de tous et, elle aussi, justifiée par un édit royal. Hamân n'aura pas l'occasion de mettre à exécution son projet mauvais : bien loin de pouvoir adresser sa requête au roi, celui-ci le conduit à proposer exactement le contraire de ce qu'il avait prévu. Et, en fin de compte, ce sera celui qui aura préparé la potence qui y sera pendu. Le renversement carnavalesque de la scène centrale de la sous-séquence trouve sa solution dramatique dans la mort infligée à celui qui l'avait projetée pour sa victime.

III. Mardochée et son projet de salut

La troisième sous-section : 8,1–9,19

La sous-section comprend deux séquences.

1. Mardochée obtient du roi un édit
pour que les juifs se défendent contre leurs ennemis

La séquence B6 : 8,1-17

La séquence comprend trois sous-séquences :

MARDOCHÉE VIENT DEVANT LE ROI ET REÇOIT SON ANNEAU	8,1-2

MARDOCHÉE ÉCRIT UN NOUVEL ÉDIT AU NOM DU ROI	3-14

MARDOCHÉE SORT DE DEVANT LE ROI EN VÊTEMENTS ROYAUX	15-17

A. MARDOCHÉE VIENT DEVANT LE ROI ET REÇOIT SON ANNEAU

La première sous-séquence : 8,1-2

Cette sous-séquence ne comprend qu'un seul passage.

COMPOSITION

+ 8,[1] En ce jour-	là,			
+ DONNA	LE ROI	Akhashvérosh	à ESTHER	la reine
+ LA MAISON	D'HAMÂN,	l'oppresseur	des juifs ;	
:: et *MARDOCHÉE*	vint	en face	DU ROI	
:: car avait raconté	ESTHER	ce que	lui (était)	pour elle.
:: [2] Et retira	LE ROI	son anneau		
:: lequel	il avait enlevé	à HAMÂN		
:: et IL LE DONNA	à *MARDOCHÉE* ;			
+ et mit	ESTHER	*MARDOCHÉE*	SUR LA MAISON	D'HAMÂN.

Dans le premier morceau, ce qui arrive à Esther (1abc) est suivi de ce qui arrive à Mardochée (1de) ; inversement, le second morceau rapporte d'abord ce que le roi donne à Mardochée (2abc), puis ce qu'Esther lui confie (2d). Ainsi, le roi « donne » d'abord la maison d'Hamân à Esther, puis il « donne » l'anneau qu'il avait enlevé à Hamân. Aux extrémités, « la maison d'Hamân » donnée à Esther par le roi est confiée par cette dernière à Mardochée.

INTERPRÉTATION

GRÂCE À ESTHER, MARDOCHÉE REMPLACE HAMÂN

Ce n'est pas à Mardochée que le roi donne les possessions d'Hamân, mais à la reine. Et si Mardochée est admis en présence du roi, c'est parce qu'Esther lui avait dit ce qu'il était pour elle. Le rôle de la reine est primordial dans toute cette affaire. Cependant, ce n'est pas à Esther que le roi donne son anneau, mais à Mardochée, qui reçoit ainsi l'insigne de son nouveau pouvoir. Après quoi, la reine lui confie la gestion de la fortune de l'oppresseur des juifs.

Séquence B6 : 8,1-17 179

B. MARDOCHÉE ÉCRIT UN NOUVEL ÉDIT AU NOM DU ROI

La deuxième sous-séquence : 8,3-14

Cette sous-séquence comprend trois passages :

Esther supplie le roi de révoquer l'édit contre les juifs	8,3-6

LE ROI DIT À ESTHER ET MARDOCHÉE D'ÉCRIRE UN NOUVEL ÉDIT	7-9

Mardochée envoie l'édit pour la défense des juifs	10-14

a. ESTHER SUPPLIE LE ROI DE RÉVOQUER L'ÉDIT CONTRE LES JUIFS

Le premier passage : 8,3-6

COMPOSITION

+ 8,3 Et ajouta	ESTHER	ET ELLE PARLA	en face	DU ROI
+ et elle tomba	en face	de ses pieds		
+ et elle pleura	et supplia	lui		
- de faire passer	LE MALHEUR	d'Hamân	l'Agaguite	
- et SON PROJET	lequel	IL AVAIT PROJETÉ	CONTRE LES JUIFS.	

= 4 Et tendit	LE ROI	à ESTHER	le sceptre	d'or
= et se leva	ESTHER			
= et elle se tint	en face	DU ROI	5 ET ELLE DIT :	
. « Si	pour LE ROI	(c'est) bon		
- et si	j'ai trouvé	grâce	à sa face	
. et convient	la chose	en face	DU ROI	
- et bonne	moi	à ses yeux,		
:: qu'on écrive	pour révoquer	les lettres,		
:: LE PROJET	d'Hamân	fils d'Hamdata	l'Agaguite,	
.. lesquelles	il avait écrites	pour anéantir	LES JUIFS	
.. lesquels (sont)	dans toutes	les provinces	DU ROI ;	
– 6 car comment	pourrais-je	voir	LE MALHEUR	
– lequel	trouvera	mon peuple		
– et comment	pourrais-je	voir	l'anéantissement	de ma parenté ? »

+ 8,³ Et ajouta	ESTHER	ET ELLE PARLA	en face	DU ROI
+ et elle tomba	en face	de ses pieds		
+ et elle pleura	et supplia	lui		
- de faire passer	LE MALHEUR	d'Hamân	l'Agaguite	
- et SON PROJET	lequel	IL AVAIT PROJETÉ	CONTRE LES JUIFS.	

= ⁴ Et tendit	LE ROI	à ESTHER	le sceptre	d'or
= et se leva	ESTHER			
= et elle se tint	en face	DU ROI	⁵ ET ELLE DIT :	
. « Si	pour LE ROI	(c'est) bon		
- et si	j'ai trouvé	grâce	à sa face	
. et convient	la chose	en face	DU ROI	
- et bonne	moi	à ses yeux,		
:: qu'on écrive	pour révoquer	les lettres,		
:: LE PROJET	d'Hamân	fils d'Hamdata	l'Agaguite,	
.. lesquelles	il avait écrites	pour anéantir	LES JUIFS	
.. lesquels (sont)	dans toutes	les provinces	DU ROI ;	
– ⁶ car comment	pourrais-je	voir	LE MALHEUR	
– lequel	trouvera	mon peuple		
– et comment	pourrais-je	voir	l'anéantissement	de ma parenté ? »

Dans la première partie, le narrateur rapporte comment Esther supplie le roi (3abc) de révoquer le projet d'Hamâm (3de). Au début de la deuxième partie, le roi accepte d'écouter la reine (4) qui développe longuement sa supplique. C'est d'abord une suite de quatre conditionnelles construites en parallèle : la chose doit être agréée par le roi (4d.f) et la personne qui la demande lui être agréable (4e.g). Le dernier morceau est la requête proprement dite : un nouvel écrit (4hi) doit révoquer le précédent (4jk). Le trimembre final en donne la raison (6).

D'une partie à l'autre, on remarquera surtout la reprise du « projet » de « Hamân l'Agaguite » (3de.4ij) et de la « face » du roi (3ab.4c.e.f).

INTERPRÉTATION

LES LETTRES D'HAMÂN GARDENT FORCE DE LOI...

Même si Hamân est mort, son projet d'anéantir les juifs a été officialisé par un édit scellé du sceau royal et envoyé dans toutes les provinces de l'empire. Rien ne peut donc arrêter la machine infernale mise ainsi en route de manière définitive. Un édit du roi est irrévocable. Il ne peut tomber en désuétude de lui-même. Le danger pour le peuple juif reste tel que l'a voulu et organisé son auteur. Ce qui est écrit garde force de loi.

Séquence B6 : 8,1-17 181

...À MOINS QU'ELLES SOIENT ANNULÉES PAR D'AUTRES LETTRES

La seule solution pour stopper le processus mortel enclenché par l'édit préparé par Hamân, est que soit proclamé, par lettres dument scellées avec le sceau royal, un autre édit qui annule le premier. C'est ce que demande, avec tant d'insistance, la reine Esther. Il y va de la vie de son peuple qui avait été et demeure voué à l'anéantissement. Si elle y met autant de cœur, osant même affronter l'épreuve du sceptre d'or, c'est qu'elle a bien conscience que la partie n'est pas gagnée d'avance.

b. LE ROI DIT À ESTHER ET MARDOCHÉE D'ÉCRIRE UN NOUVEL ÉDIT

Le deuxième passage : 8,7-9

COMPOSITION

+ 8,[7] Et dit	LE ROI	Akhashvérosh	
+ à Esther	la reine	et à *MARDOCHÉE*	LE JUIF :
:: « Voici	la maison	d'Hamân	j'ai donnée à Esther
:: et lui	on a pendu	au bois	
:: parce qu'	il avait envoyé	sa main	CONTRE LES JUIFS ;
– [8] et vous,	*ÉCRIVEZ*	AUX JUIFS	
– comme bon	à vos yeux	*au nom*	DU ROI
– et scellez	avec le sceau	du roi	
.. car *L'ÉCRIT*	lequel	*EST ÉCRIT*	*au nom* DU ROI
.. et est scellé	avec le sceau	du roi	
.. il n'est pas	révocable. »		

+ [9] Et furent convoqués	*LES LETTRÉS*	DU ROI	
: en ce temps-	là	au mois	troisième
: lui (est)	le mois	de Siwân	
: au trois	et vingt	en lui.	
- Et *IL FUT ÉCRIT*	selon tout ce qu'	avait commandé	*MARDOCHÉE* AUX JUIFS
- et aux préfets	et gouverneurs	et princes	*des provinces,*
. lesquels	depuis l'Inde	et jusqu'à Koush,	
. sept	et vingt	et cent	provinces,
.. *une province*	et *une province*	selon son écriture	
.. et un peuple	et un peuple	selon sa langue	
:: et AUX JUIFS	selon leur écriture	et selon leur langue.	

La première partie rapporte la réponse du roi à la demande d'Esther. Le roi s'adresse non seulement à la reine, mais aussi à Mardochée. Il commence par dire ce qu'il a déjà fait, le don de la maison d'Hamân à Esther et l'exécution de celui qui avait décrété la mort des juifs (7cde). Suit ce qu'Esther et Mardochée devront faire : préparer une lettre et la sceller (8abc), car un tel écrit ne peut être révoqué (8def).

La seconde partie raconte comment la lettre fut préparée. Elle fut rédigée par les « lettrés », rédacteurs officiels des documents royaux (9a), datée de manière précise, du 23 Siwân, troisième mois de l'année (9bcd). Avec le nom de l'inspirateur de son contenu viennent les destinataires (9ef), dans toute l'étendue de l'empire (9gh), et enfin les modalités linguistiques (9ijk).

« Écrire » (8a.d bis.9e) et « lettrés » (9a) appartiennent au même champ sémantique.

+ 8,[7] Et dit	LE ROI	Akhashvérosh	
+ à Esther	la reine	et à *MARDOCHÉE*	LE JUIF :
:: « Voici	la maison	d'Hamân	j'ai donnée à Esther
:: et lui	on a pendu	au bois	
:: parce qu'	il avait envoyé	sa main	CONTRE LES JUIFS ;
− [8] et vous,	*ÉCRIVEZ*	AUX JUIFS	
− comme bon	à vos yeux	*au nom*	DU ROI
− et scellez	avec le sceau	du roi	
.. car *L'ÉCRIT*	lequel	*EST ÉCRIT*	*au nom* DU ROI
.. et est scellé	avec le sceau	du roi	
.. il n'est pas	révocable. »		

+ [9] Et furent convoqués	*LES LETTRÉS*	DU ROI	
: en ce temps-	là	au mois	troisième
: lui (est)	le mois	de Siwân	
: au trois	et vingt	en lui.	
- Et *IL FUT ÉCRIT*	selon tout ce qu'	avait commandé	*MARDOCHÉE* AUX JUIFS
- et aux préfets	et gouverneurs	et princes	*des provinces,*
. lesquels	depuis l'Inde	et jusqu'à Koush,	
. sept	et vingt	et cent	provinces,
.. *une province*	et *une province*	selon son écriture	
.. et un peuple	et un peuple	selon sa langue	
:: et AUX JUIFS	selon leur écriture	et selon leur langue.	

INTERPRÉTATION

AUX JUIFS ET À TOUS LES OFFICIELS

Avec une totale confiance, le roi s'en remet à Esther et à Mardochée pour la suite à donner à l'affaire qui les préoccupe. Ils ont carte blanche pour rédiger un nouvel écrit qui révoquera le précédent. Ils écriront donc « aux juifs », comme pour les tranquilliser sur leur sort. Toutefois, cela ne saurait suffire, et c'est

Séquence B6 : 8,1-17   183

pourquoi Mardochée envoie les lettres, non seulement aux juifs, mais à tous les responsables des provinces, « préfets, gouverneurs et princes », les seuls en réalité qui détiennent le pouvoir et ont la responsabilité de faire appliquer la loi, dans chacune des cent-vingt-sept provinces de l'empire.

DANS TOUTES LES LANGUES ET ÉCRITURES

Il ne suffit pas que le nouvel édit soit communiqué à tous les responsables, il est aussi nécessaire que chacun puisse en avoir connaissance dans sa propre langue. C'est que l'empire est immense et regroupe de nombreux peuples, chacun parlant sa propre langue. Les systèmes d'écriture, eux aussi, sont très différents les uns des autres. Le respect de chacun et surtout la volonté que tous soient informés de l'unique loi supposent un énorme travail de traduction, seule condition pour que l'unité soit assurée dans la diversité.

c. MARDOCHÉE ENVOIE L'ÉDIT POUR LA DÉFENSE DES JUIFS

Le troisième passage : 8,10-14

TEXTE

8,[10] Et il écrivit au nom du roi Akhashvérosh   et il scella avec le sceau du roi   et il envoya des lettres par la main des coursiers à cheval   montant des équipages impériaux   fils de sélectionnés,   [11] (à savoir) que donne le roi aux juifs   lesquels dans toute ville et ville   de se rassembler et de se tenir sur leur vie   d'exterminer et de tuer et d'anéantir   toute bande de peuple et de province   qui opprimerait eux enfants et femmes   et leur butin pour piller,   [12] en un jour seul   dans toutes les provinces du roi Akhashvérosh   au trois dix du mois deux dix   lui (est) le mois d'Adar.   [13] Copie de l'écrit pour être donné (comme) édit   dans toute province et province   promulgué à tous les peuples   et pour que soient les juifs   prêts pour ce jour-là   pour se venger de leurs ennemis.   [14] Des coursiers montant des équipages impériaux   sortirent rapides et véloces   sur la parole du roi   et l'édit fut donné à Suse-la-Citadelle.

V. 10DE : « MONTANT DES ÉQUIPAGES IMPÉRIAUX, FILS DE SÉLECTIONNÉS »

Ces deux segments, qui n'ont pas d'équivalent au chapitre 3, sont hérissés de difficultés : le terme rare traduit par « équipages » est utilisé en parallèle avec « chevaux » en 1R 5,8. Celui qui est rendu par « impériaux » ne revient ailleurs qu'en 14a ; il est d'origine persane. Le dernier est un hapax, de sens incertain.

V. 11C : « SE TENIR SUR LEUR VIE

C'est-à-dire se tenir prêts pour défendre leur vie. On pourrait traduire « se tenir sur le qui-vive ».

V. 11FG : « *OPPRIMANT EUX ENFANTS ET FEMMES ET LEUR BUTIN POUR PILLER* »

La phrase peut sembler ambiguë : la plupart pensent qu'« enfants et femmes » sont compléments d'objet de « exterminer, tuer et anéantir » et que « leur butin pour piller » est coordonné à « pour exterminer... ». Ainsi, les juifs seraient autorisés à tuer les enfants et les femmes de leurs ennemis et à piller leurs biens. Ce serait là le pendant strict de l'édit d'Hamân (voir 3,13, p. 104) ; les juifs feraient à leurs ennemis ce que ceux-ci avaient prévu de leur faire. D'autres sont d'un avis contraire : ce seraient les ennemis des juifs qui les oppriment, enfants et femmes compris, et qui pillent leurs biens. La cohérence du segment 11efg conduit à privilégier cette interprétation : c'est « toute armée de peuple » qui opprime tous les juifs sans distinction d'âge ni de sexe, et qui s'empare de leurs possessions. Du reste, quand les juifs passeront à l'acte, il ne sera plus question de femmes et d'enfants, et, par deux fois, il sera dit que « sur le butin ils ne portèrent pas la main (9,10.15).

COMPOSITION

La première partie ne forme qu'une seule phrase complexe. Le premier morceau rapporte les actes successifs de l'écriture, du scellement et de l'envoi des lettres. Les deux morceaux suivants donnent le contenu des lettres, d'abord la faculté accordée aux juifs de se défendre et de se venger (11), puis date et lieux (12). « Toute(s) » revient en 11b.e.12b ; « du roi Akhashvérosh » est repris dans les premiers segments des morceaux extrêmes (10a.12b).

Dans la deuxième partie, le premier morceau rapporte d'abord la communication de l'écrit partout (13abc) puis en donne le contenu (13def). Le deuxième morceau joint la distribution de l'édit par poste (14abc) à sa proclamation dans la capitale (14d). Les deux occurrences de « être donné » avec « édit » font inclusion (13a.14d).

La deuxième partie correspond à la première de manière spéculaire : son premier morceau renvoie aux deux derniers morceaux de la première partie, tandis que les morceaux extrêmes parlent de la distribution des exemplaires de la lettre par les services de la poste impériale. À « toute(s) » de 11b.e.12b de la première partie correspondent « toute/tous » dans la deuxième (13b.c). À la fin, « sur la parole du roi » (14c) rappelle « au nom du roi » et « avec le sceau du roi » au début (10a.b).

Séquence B6 : 8,1-17

+ 8,[10] *ET IL ÉCRIVIT*	**au nom**	DU ROI	Akhashvérosh
+ et il scella	**avec le sceau**	DU ROI	
: et il envoya	*DES LETTRES*	par la main	DES COURSIERS à cheval
: MONTANT	DES ÉQUIPAGES	IMPÉRIAUX	
: fils	de sélectionnés,		
. [11] (à savoir) que	*DONNE*	le roi	AUX JUIFS
. lesquels	dans **toute**	ville	et ville
- de se rassembler	et de se tenir	sur leur vie	
- d'exterminer	et de tuer	et d'anéantir	
.. **toute** armée	de *PEUPLE*	et de PROVINCE	
.. opprimant	eux	enfants	et femmes
.. et leur butin	pour piller,		
+ [12] EN UN JOUR	SEUL		
. dans **toutes**	LES PROVINCES	DU ROI	Akhashvérosh
+ au trois	dix	du mois	deux dix
+ lui (est)	le mois	d'Adar.	

- [13] Copie	de *L'ÉCRIT*	*POUR ÊTRE DONNÉ*	(comme) *édit*
- dans **toute**	PROVINCE	ET PROVINCE	
- promulgué	à **tous**	les *PEUPLES*	
. et pour que soient	LES JUIFS	prêts	
. POUR CE JOUR-	LÀ		
. pour se venger	de leurs ennemis.		
— [14] DES COURSIERS	MONTANT	DES ÉQUIPAGES	IMPÉRIAUX
— sortirent	rapides	et véloces	
— **sur la parole**	DU ROI		
— et *l'édit*	*FUT DONNÉ*	à Suse-	la-Citadelle.

INTERPRÉTATION

LES JUIFS ONT DES ENNEMIS PARTOUT

Hamân, l'oppresseur des juifs, est mort. Et l'on pourrait penser que, de ce fait, le danger encouru par les juifs est écarté. Or il n'en est rien. Derrière le conflit entre Hamân et Mardochée se cache en réalité une opposition entre les juifs et les populations parmi lesquelles ils sont disséminés. Ils sont à la merci de groupes armés qui menacent jusqu'aux enfants et aux femmes, sans parler du butin qu'ils feraient de leurs biens. Aussi devront-ils d'abord se rassembler, prêts à défendre leur vie.

186 Texte hébreu : la deuxième section (Est 3,1–9,19)

LA MODÉRATION DE MARDOCHÉE

Dans l'édit qu'il écrit au nom du roi et qu'il scelle du sceau qu'il lui a confié, Mardochée ne part pas en guerre contre les ennemis de son peuple. Il concède aux juifs de se défendre en cas d'oppression manifeste de leur part. Ils pourront aussi se venger s'ils se trouvaient victimes d'agression. Ils ne pourront le faire que durant une seule journée fixée à l'avance, le treize du dernier mois de l'année. Cette date est celle qu'Hamân avait arrêtée pour le génocide qu'il avait programmé contre l'ensemble du peuple juif. L'opposition est flagrante : alors qu'Hamân visait l'extermination systématique de tout un peuple, Mardochée organise la défense et la vengeance contre les seuls des autres nations qui voudraient opprimer les juifs.

d. Mardochée écrit un nouvel édit au nom du roi

L'ensemble de la sous-séquence : 8,3-14

COMPOSITION

8,³ ESTHER parla à nouveau devant LE ROI et elle tomba devant ses pieds et elle pleura et le supplia de révoquer le malheur d'Hamân l'Agaguite et le projet qu'il avait projeté contre LES JUIFS. ⁴ LE ROI tendit à ESTHER le sceptre d'or et ESTHER se leva et se tint devant le roi ⁵ et elle dit : « Si cela parait bon pour le roi et si j'ai trouvé grâce devant lui et si la chose convient au roi et si je suis bonne à ses yeux, *QU'ON ÉCRIVE* pour révoquer les lettres, le projet d'Hamân fils d'Hamdata l'Agaguite, qu'il *AVAIT ÉCRITES* pour anéantir LES JUIFS qui sont DANS TOUTES LES PROVINCES du roi ; ⁶ car comment pourrais-je voir le malheur que trouvera mon peuple et comment pourrais-je voir l'anéantissement de ma parenté ? »

⁷ LE ROI AKHASHVÉROSH dit à la reine ESTHER et à MARDOCHÉE LE JUIF : « Voici que j'ai donné la maison d'Hamân à Esther et que lui on l'a pendu au bois, parce qu'il avait envoyé sa main contre LES JUIFS ; ⁸ et vous, *ÉCRIVEZ* aux JUIFS comme il parait bon à vos yeux au nom du ROI et SCELLEZ avec LE SCEAU du roi, car *L'ÉCRIT* qui *EST ÉCRIT* au nom du roi et SCELLÉ avec le SCEAU du roi n'est pas révocable. ⁹ Et furent convoqués les lettrés du roi en ce temps-là, *au troisième mois qui est le mois de Siwân, le vingt-trois du mois*. Et *FUT ÉCRIT* selon tout ce qu'avait commandé MARDOCHÉE aux JUIFS et aux préfets et gouverneurs et princes des PROVINCES, lesquelles sont depuis l'Inde et jusqu'à Koush, CENT-VINGT-SEPT PROVINCES, CHAQUE PROVINCE selon son *ÉCRITURE* et *CHAQUE PEUPLE* selon sa langue et aux JUIFS selon leur *ÉCRITURE* et selon leur langue.

¹⁰ *IL ÉCRIVIT* au nom du ROI AKHASHVÉROSH et IL SCELLA avec LE SCEAU du roi et il envoya des lettres par des coursiers à cheval montant des équipages impériaux, fils de sélectionnés, ¹¹ à savoir que le roi donne aux JUIFS qui sont dans chaque ville de se rassembler et de se tenir sur leurs gardes, d'exterminer, de tuer et d'anéantir toute armée de *PEUPLE* et de PROVINCE qui les opprimerait enfants et femmes et pillerait leurs biens, ¹² en un seul jour, DANS TOUTES LES PROVINCES du ROI AKHASHVÉROSH, *le treize du douzième mois qui est le mois d'Adar*. ¹³ Copie de *L'ÉCRIT* sera donné comme édit DANS CHAQUE PROVINCE et promulguée *À TOUS LES PEUPLES*, pour que LES JUIFS soient prêts pour ce jour-là, afin de se venger de leurs ennemis. ¹⁴ Des coursiers montant des équipages impériaux sortirent, rapides et véloces, sur la parole du ROI et l'édit fut donné à Suse-la-Citadelle.

Le premier passage se passe entre le roi et la reine Esther qui lui demande de révoquer l'édit d'Hamân contre son peuple. Dans le second passage, le roi s'adresse à Esther et à Mardochée, pour leur dire de préparer un nouvel écrit, comme il leur parait bon ; puis Esther s'efface, puisque l'écrit est rédigé « selon tout ce qu'avait commandé Mardochée » (9bc). Enfin, dans le dernier passage, c'est le roi qui s'efface, laissant au seul Mardochée le soin d'agir « au nom du roi ».

Du début à la fin, il s'agit d'« écrire » et d'« écrit » (5c.d ; 8a.b bis.9b.e bis ; 10a.13a), de toutes les « provinces » et à tous les « peuples » (5d ; 9c.d.e ; 11c.12ab.13a), des « juifs » (3b.5d ; 7a.c.8a.9c.e ; 11b.13b). Mardochée « écrit » « au nom du roi » et « scelle avec le sceau du roi » (8abc ; 10a).

INTERPRÉTATION

PAS DE TEMPS À PERDRE

Le nouvel édit est scellé et envoyé soixante-dix jours après celui qu'Hamân avait préparé le treize du premier mois (3,12). On pourrait s'étonner qu'Esther et Mardochée n'attendent pas plus longtemps. En effet, l'extermination des juifs décidée par Hamân n'était prévue que pour le treize du douzième mois ; rien ne presse, car il reste près de neuf mois avant la date fatidique. Le narrateur ne s'explique pas sur les raisons de ce calendrier. On perçoit cependant dans la fébrilité de la reine une angoisse certaine, qui se calmera seulement quand un autre édit aura officiellement révoqué celui dont la validité demeure. Plus vite les ennemis des juifs seront informés de ce qui les attend s'ils s'attaquaient à leurs personnes et à leurs biens, plus vite le danger sera éloigné.

LA LOURDE MACHINE ADMINISTRATIVE D'UN EMPIRE IMMENSE

La force d'inertie d'une manœuvre administrative est proportionnelle à la masse de l'institution. Même avec un système postal bien organisé et performant, l'information ne peut que prendre un temps considérable pour franchir les distances entre Suse-la-Citadelle, la capitale d'où émanent les décrets, et les limites d'un empire qui s'étend, à travers cent-vingt-sept provinces, de l'Inde à l'Éthiopie.

188 Texte hébreu : la deuxième section (Est 3,1–9,19)

C. MARDOCHÉE SORT DE DEVANT LE ROI EN VÊTEMENTS ROYAUX
La dernière sous-séquence : 8,15-17

Cette sous-séquence est de la taille d'un seul passage.

COMPOSITION

+ [15] Et *Mardochée*	sortit	**de la face**	**DU ROI**
:: dans un habit	de royauté,	pourpre	et dentelle,
:: et une couronne	d'or	grande	
:: et un manteau	de lin	et d'écarlate ;	
= et la ville	de Suse	criait	ET SE RÉJOUISSAIT.

.. [16] *Pour les juifs*	ce fut	lumière	
.. ET JOIE	et allégresse	et honneur.	
- [17] Et dans toute	province	et province	
- et dans toute	ville	et ville,	
. lieu	dans lequel	**la parole**	**DU ROI**
. et son édit	étaient arrivés,		
— JOIE	et allégresse	*pour les juifs*,	
— banquet	et jour	bon.	
= Et nombreux	parmi les peuples	du pays	*se faisaient-juifs*
= car était tombée	la terreur	*des juifs*	sur eux.

La première partie décrit la gloire de Mardochée (15bcd) quand il sort de chez le roi (15a), ce qui réjouit la population de Suse (15e).

La deuxième partie rapporte ce qui se passe hors de la capitale, dans toute province et ville (17ab), « joie et allégresse » « pour les juifs » (16ab.17ef) ; dans le dernier morceau, le triomphe des juifs se manifeste sur « les peuples du pays » (17gh).

À la gloire de Mardochée à Suse (15) correspond le triomphe des juifs dans les provinces (16-17). Les deux occurrences de « joie » (16b.17e) renvoient à « se réjouissait » (15e) et « la parole du roi » (17c) à « la face du roi » (15a). La réaction des « peuples du pays », à la fin de la deuxième partie (17gh), correspond à celle de « la ville de Suse » à la fin de la première partie (15e).

INTERPRÉTATION

JOIE ET TERREUR

Pour les juifs, partout où ils sont dispersés dans l'immense empire perse, « la joie et l'allégresse » sont à la mesure de la terreur où ils avaient été plongés par le décret d'Hamân qui avait planifié leur extermination. Quant aux autres peuples, ceux de la ville de Suse « crient et se réjouissent » avec des juifs (15e). On comprend donc que les juifs ont des amis sincères parmi les autres peuples qui constituent l'ensemble de l'empire. Toutefois, ils ont aussi des ennemis qui, devant leur renversement de fortune, prennent peur. Poussés par l'amitié ou par la crainte, le fait est qu'un grand nombre parmi les peuples du pays « se font juifs ». Si le narrateur ne précise pas en quoi consiste cette démarche, il serait vain de chercher à en savoir davantage.

D. MARDOCHÉE OBTIENT DU ROI UN ÉDIT POUR QUE LES JUIFS SE DÉFENDENT CONTRE LEURS ENNEMIS

L'ensemble de la séquence B6 : 8,1-17

COMPOSITION

La séquence comprend trois sous-séquences :

MARDOCHÉE	VIENT	DEVANT LE ROI	ET REÇOIT SON ANNEAU	8,1-2

MARDOCHÉE ÉCRIT UN NOUVEL ÉDIT AU NOM DU ROI	3-14

MARDOCHÉE	SORT	DE DEVANT LE ROI	EN VÊTEMENTS ROYAUX	15-17

190   Texte hébreu : la deuxième section (Est 3,1–9,19)

> **8,**[1] En ce jour-là LE ROI AKHASHVÉROSH donna à la reine Esther la maison d'Hamân, l'oppresseur des JUIFS, ET MARDOCHÉE VINT EN FACE DU ROI, car Esther avait raconté ce qu'il était pour elle. [2] Et le roi retira son SCEAU qu'il avait enlevé à Hamân et il le donna à Mardochée ; et Esther établit Mardochée sur la maison d'Hamân.

> [3] Et à nouveau Esther parla EN FACE DU ROI et elle tomba en face de ses pieds et elle pleura et le supplia de révoquer le malheur d'Hamân l'Agaguite et le projet qu'il avait projeté contre les JUIFS. [4] Et le roi tendit à Esther le sceptre d'or et Esther se leva et se tint EN FACE DU ROI [5] et elle dit : « Si cela parait bon pour le roi et si j'ai trouvé grâce à sa face et si la chose convient en face du roi et si je suis bonne à ses yeux, qu'on écrive pour révoquer les lettres, le projet d'Hamân fils d'Hamdata l'Agaguite, qu'il avait écrites pour anéantir les JUIFS qui sont dans toutes les ***provinces*** du roi, [6] car comment pourrais-je voir le malheur que trouvera mon peuple et comment pourrais-je voir l'anéantissement de ma parenté ? »

>> [7] Et LE ROI AKHASHVÉROSH dit à la reine Esther et à Mardochée le JUIF : « Voici que j'ai donné la maison d'Hamân à Esther et lui on l'a pendu au bois, parce qu'il avait envoyé sa main contre les JUIFS ; [8] et vous, écrivez aux JUIFS comme il bon à vos yeux au nom du roi et SCELLEZ avec le SCEAU du roi, car l'écrit qui est écrit au nom du roi et SCELLÉ avec le SCEAU du roi, il est impossible de le révoquer.
>> [9] Et on convoqua les sages du roi en ce temps-là, au troisième mois qui est le mois de Siwân, le vingt-trois du mois. Et on écrivit selon tout ce qu'avait commandé Mardochée aux JUIFS et aux préfets et aux gouverneurs et aux princes des ***provinces*** depuis l'Inde et jusqu'à Koush, cent-vingt-sept ***provinces***, chaque ***province*** selon son écriture et chaque **peuple** selon sa langue et aux JUIFS selon leur écriture et selon leur langue.

> [10] Et il écrivit au nom du ROI AKHASHVÉROSH et il SCELLA avec le SCEAU du roi et il envoya des lettres par des coursiers à cheval montant des équipages impériaux, fils de sélectionnés, [11] à savoir que le roi donne aux JUIFS qui sont dans chaque ville de se rassembler et de se tenir sur leurs gardes, d'exterminer, de tuer et d'anéantir toute armée de **peuple** et de ***province*** qui opprimerait enfants et femmes et de piller leurs biens, [12] en un seul jour, dans toutes les ***provinces*** du roi Akhashvérosh au treize du douzième mois qui est le mois d'Adar. [13] Copie de l'écrit sera donnée comme *ÉDIT* dans chaque ***province*** et promulguée pour tous les **peuples**, pour que les JUIFS soient prêts pour ce jour-là, afin de se venger de leurs ennemis. [14] Des coursiers montant des équipages impériaux sortirent, rapides et véloces, sur la parole du roi et *L'ÉDIT* fut donné à **SUSE**-la-Citadelle.

> [15] ET MARDOCHÉE SORTIT DE LA FACE DU ROI dans un habit royal, pourpre et dentelle, et une grande couronne d'or et un manteau de lin et d'écarlate ; et la ville de **SUSE** criait et se réjouissait. [16] Pour les JUIFS ce fut lumière, joie, allégresse et honneur ; [17] et dans chaque ***province*** et dans chaque ville où la parole du roi et son *ÉDIT* étaient arrivés, ce fut joie et allégresse pour les JUIFS, banquet et jour bon ; et nombreux parmi les **peuples** du pays se faisaient JUIFS, car était tombée sur eux la terreur des JUIFS.

LES RAPPORTS ENTRE LES SOUS-SÉQUENCES EXTRÊMES

Chacune ne comprend qu'un seul passage. Au début, « Mardochée vint en face du roi » (1b), à la fin « Mardochée sortit de la face du roi » (15a). Après avoir reçu du roi son « sceau » (2a), il se trouve vêtu d'habits royaux et portant « une grande couronne d'or » (15ab).

Séquence B6 : 8,1-17 191

LES RAPPORTS ENTRE LES DEUX PREMIÈRES SOUS-SÉQUENCES

– Mardochée vint « en face du roi » (1b) et Esther parla « en face du roi » (3a), puis se tint « en face du roi » (4) ;
– avec le « sceau » que le roi lui a donné (2a), Mardochée scellera l'écrit qu'il rédigera au nom du roi (8.10).

LES RAPPORTS ENTRE LES DEUX DERNIÈRES SOUS-SÉQUENCES

– Les deux occurrences de « Suse » (14b.15b) agrafent les deux sous-séquences ;
– « province(s) » revient en 5d.9c.d bis.11c.12b.13a ; 17a ;
– « peuple(s) » aussi est repris en 9e.11c.13b ; 17c ;
– « édit » revient dans les deux derniers passages (13a.14b ; 17b).

CONTEXTE

JOSEPH DEVIENT LE SECOND DU PHARAON

Les parties extrêmes prises ensemble rappellent l'élévation de Joseph en Égypte comme second du Pharaon :

[40] C'est toi qui seras mon maitre du palais et tout mon peuple se conformera à tes ordres, je ne te dépasserai que par le trône. » [41] Pharaon dit à Joseph : « Vois : je t'établis sur tout le pays d'Égypte » [42] et Pharaon ôta son anneau de sa main et le mit à la main de Joseph, il le revêtit d'habits de lin fin et lui passa au cou le collier d'or. [43] Il le fit monter sur le meilleur char qu'il avait après le sien et on criait devant lui « Abrek ». Ainsi fut-il établi sur tout le pays d'Égypte (Gn 41,40-43).

On y retrouve le don de l'anneau et des habits précieux ; le collier d'or reçu par Joseph ressemble à la couronne d'or de Mardochée.

INTERPRÉTATION

L'ÉLÉVATION DE MARDOCHÉE

Présenté par la reine, Mardochée est admis à se tenir à la face du roi. Celui-ci lui remet son anneau, celui qu'il avait enlevé à Hamân, lui marquant ainsi la plus haute confiance, celle de pouvoir sceller au nom du roi ses ordonnances. Quand Mardochée se retire de la présence du roi, il a reçu de lui habits royaux de grand prestige et il porte une couronne d'or. Et ce n'est pas pour une courte exhibition à cheval sur la place de la ville. Mardochée est ainsi élevé à la plus haute dignité après celle du roi lui-même.

LA SAGESSE D'ESTHER

La reine ne se contente pas d'introduire son parent et tuteur auprès du roi. C'est elle qui prend l'initiative de supplier ardemment le monarque afin qu'il révoque l'édit préparé par Hamân contre le peuple juif. Elle met tout son poids dans sa requête. Seule l'épouse du roi pouvait apitoyer son époux sur son propre sort : elle ne serait pas capable de voir le malheur s'abattre sur son peuple et voir sa propre famille anéantie.

« AU NOM DU ROI »

À partir de là, le roi s'adresse non seulement à la reine Esther, mais aussi à Mardochée, afin qu'ils préparent ensemble un autre écrit pour remplacer celui d'Hamân. Le roi ordonne qu'ils le rédigent « au nom du roi » et qu'ils le scellent avec l'anneau royal. La reine alors s'efface devant celui qui est devenu le second du roi et agit en son nom. Le document est écrit « selon tout ce qu'avait commandé Mardochée » (9b). C'est lui qui le scelle du sceau du roi et veille à sa distribution dans toutes les provinces de l'immense empire d'Akhashvérosh. Tout le système des coursiers se trouve ainsi à la disposition de celui qui désormais commande à tous « au nom du roi ».

2. Dans la joie et les banquets, les juifs célèbrent leur victoire

La séquence B7 : 9,1-19

La séquence comprend trois passages :

LE 13 ADAR, LES JUIFS FRAPPENT LEURS ENNEMIS	DANS LES PROVINCES ET À SUSE-LA-CITADELLE	9,1-11

ESTHER DEMANDE AU ROI UN JOUR DE PLUS POUR SUSE	12-14

LE 14 ADAR, LES JUIFS FRAPPENT AUSSI A SUSE	COMME ILS AVAIENT FAIT AILLEURS LA VEILLE	15-19

194 Texte hébreu : la deuxième section (Est 3,1–9,19)

a. LE 13 ADAR, LES JUIFS FRAPPENT LEURS ENNEMIS
DANS LES PROVINCES ET À SUSE-LA-CITADELLE

Le premier passage : 9,1-11

TEXTE

9,[1] Et au deux dixième mois,   lui le mois d'Adar,   au trois dixième jour dans lui,   quand arriva la parole du roi et son édit   pour être fait en (ce) jour,   quand espéraient les ennemis des juifs de dominer sur eux,   fut renversé cela   quand dominèrent les juifs eux sur leurs haïssant.   [2] Se rassemblèrent les juifs dans leurs villes   dans toutes les provinces du roi Akhashvérosh   pour envoyer la main sur les cherchant leur malheur   et un homme ne tint pas devant eux   car tomba leur terreur sur tous les peuples.   [3] Et tous les princes des provinces   et les satrapes et les gouverneurs   et les faisant le travail qui (est) au roi   soutenaient les juifs   car était tombée la terreur de Mardochée sur eux,   [4] car grand (était) Mardochée dans la maison du roi   et sa réputation allait dans toutes les provinces   car l'homme Mardochée allait et était grand.   [5] Et frappèrent les juifs tous leurs ennemis,   frappement d'épée et tuerie et anéantissement,   et ils firent à leurs haïssant selon leur volonté   [6] et dans Suse-la-Citadelle ils tuèrent les juifs   et anéantirent cinq cents hommes.   [7] Et Parshândata et Dalfôn et Aspata,   [8] et Porata et Adalya et Aridata   [9] et Parmashta et Arisaï et Aridaï et Waïzata,   [10] les dix fils d'Amân fils d'Hamdata oppresseur des juifs ils tuèrent   mais sur le butin n'envoyèrent pas leurs mains.   [11] En ce jour- là vint le nombre des tués dans Suse-la-Citadelle   devant le roi.

V. 11 : « FUT RENVERSÉ CELA »

Le verbe est à l'infinitif absolu introduit par *waw*, « et ». C'est la structure syntaxique de la longue phrase complexe du verset 1 qui permet d'identifier la fonction de ce verbe suivi de son sujet. Les trois premiers membres sont un complément de temps (1abc) ; introduits par « quand » (*'ăšer*), les deux segments suivants (1de.1fg) sont des propositions temporelles. Précédée par le *waw* d'apodose, vient ensuite la principale, traduite par « la situation se renversa » (Osty) ou par « il y eut un renversement de situation » (TOB) ; la traduction par « fut renversé » respecte mieux la valeur passive du nifal. Le troisième « quand » introduit une temporelle régie par la principale.

COMPOSITION

Le passage comprend trois parties.

LA PREMIÈRE PARTIE : 9,1

Le premier morceau énonce la date de l'évènement, le treize du douzième mois. Dans le second morceau, le premier segment précise que c'est ce même jour que l'édit du roi arrive. Les deux derniers segments s'opposent : la situation se renverse et les juifs dominent leurs ennemis (1ij), alors que ceux-ci pensaient les dominer (1gh). Les trois *'ăšer* ont été traduits par « quand ».

Séquence B7 : 9,1-19   195

+ 9,[1] Et au deuxième	dixième	mois,		
+ lui	le mois	d'Adar,		
+ AU TROISIÉME	DIXIÉME	JOUR	dans lui,	
: quand	arriva			
: la parole	du roi	et son édit		
: *pour être fait*	EN (CE) JOUR,			
– quand	espéraient	les ennemis	des juifs	
.. *dominer*	sur eux,			
– fut renversé	cela			
.. quand	*dominèrent*	les juifs	eux	sur leurs haïssant.

LA DEUXIÈME PARTIE : 9,2-5

Dans les morceaux extrêmes, « les juifs » écrasent « les cherchant leur malheur » (2c), « leurs ennemis » (5a), « leurs haïssant » (5c), en « envoyant la main » sur eux (2c) et en les « frappant de l'épée » (5b).

Dans le morceau central, les segments extrêmes mettent en relation les responsables des provinces (3abc) avec Mardochée qui est « dans la maison du roi », donc dans la capitale (4). Les juifs bénéficient du soutien de tous les fonctionnaires (3a-d), à cause de « la terreur de Mardochée » (3e-4). « Et tous les princes des provinces » et « dans toutes les provinces » font inclusion (3a.4b).

Les deux premiers morceaux sont liés par « car tomba la terreur » (2e.3e). « Tous/toutes » revient dans chaque partie (2b.e ; 3a.4b ; 5a), en tout cinq fois.

: 9,[2] Se rassemblèrent	**les juifs**	dans leurs villes	
: *DANS **toutes***	*LES PROVINCES*	du roi	Akhashvérosh
: *pour envoyer*	*la main*	sur les cherchant	leur malheur
= et un homme	ne tint pas	devant eux	
= CAR TOMBA	LEUR TERREUR	*SUR **tous***	*LES PEUPLES.*
- [3] *ET **tous***	les princes	*DES PROVINCES*	
- et les satrapes	et les gouverneurs		
- et les faisant	le travail	lequel (est)	au roi
= soutenaient	**les juifs**		
= CAR ÉTAIT TOMBÉE	LA TERREUR	de *Mardochée*	sur eux,
. [4] car *grand* (était)	*Mardochée*	dans la maison	du roi
. et sa réputation	*allait*	*DANS **toutes***	*LES PROVINCES*
. car l'homme	*Mardochée*	*allait*	et (était) *grand*.
+ [5] Et *frappèrent*	**les juifs**	**tous**	leurs ennemis,
+ *frappement*	*d'épée*	et tuerie	et anéantissement,
+ et ils firent	à leurs haïssant	selon leur volonté.	

196 Texte hébreu : la deuxième section (Est 3,1–9,19)

LA TROISIÈME PARTIE : 9,6-11

– [6] *ET DANS SUSE-*	*LA-CITADELLE*	ILS TUÈRENT	**les juifs**	
– et anéantirent	*cinq*	*cents*	*hommes*.	

. [7] Et Parshândata	et Dalfôn	et Aspata,		
. [8] et Porata	et Adalya	et Aridata		
. [9] et Parmashta	et Arisaï	et Aridaï	et Waïzata,	
- [10] *les dix*	*fils*	d'Hamân	fils	d'Hamdata,
- oppresseur	**des juifs**,	ILS TUÈRENT		
= et sur le butin	n'envoyèrent pas	leurs mains.		

: [11] En ce jour-	là			
: vint	*le nombre*	DES TUÉS	*DANS SUSE-*	*LA-CITADELLE*
: devant	le roi.			

Dans les morceaux extrêmes, revient « dans Suse-la-Citadelle » (6a.11b). « Le nombre » (11b) renvoie à « cinq cents hommes » (6b).

Le second morceau est consacré aux dix fils d'Hamân (7.8.9) qui sont tués eux aussi (10ab) ; dans l'unimembre final, le narrateur tient à préciser que les juifs ne firent pas de butin (10c).

« Tuer » revient dans chaque morceau (6a ; 10b ; 11b), « juifs » est repris dans les deux premiers morceaux (6a ; 10b).

L'ENSEMBLE DU PASSAGE : 9,1-11

La première partie est introductive : elle dit d'abord la date de l'évènement (1abc), puis le renversement de situation en faveur des juifs. La deuxième partie rapporte ce qui se passe en dehors de la capitale, « dans leurs villes, dans toutes les provinces » (2ab.e.3a.4b) ; dans la troisième partie, c'est ce que font les juifs « dans Suse-la-Citadelle » (6a.11b).

À la fin de la partie finale, « en ce jour-là » (11a) rappelle « au troisième dixième jour », c'est-à-dire « au treizième jour » (1c) et « en ce jour » (1f). On pourra aussi noter la reprise de « faire » (1f.3c).

En termes finaux des deux premières parties sont repris « les ennemis » et « leurs haïssant » (1g.j ; 5a.c).

Séquence B7 : 9,1-19

+ 9,[1] Et au deux	dixième	mois,			
+ lui	le mois	d'Adar,			
+ AU TROISIÈME	DIXIÈME	JOUR	dans lui,		
: quand	arriva				
: la parole	du roi	et son édit			
: *pour être fait*	EN (CE) JOUR,				
– quand	espéraient	LES ENNEMIS	**des juifs**		
.. dominer	sur eux,				
– fut renversé	cela				
.. quand	dominèrent	**les juifs**	eux	SUR LEURS HAÏSSANT.	

: [2] Se rassemblèrent	**les juifs**	*DANS LEURS VILLES*		
: *DANS TOUTES*	*LES PROVINCES*	du roi	Akhashvérosh	
: pour envoyer	la main	sur les cherchant	leur malheur	
= et un homme	ne tint pas	devant eux		
= car tomba	leur terreur	*SUR TOUS*	*LES PEUPLES*.	
- [3] *ET TOUS*	les princes	*DES PROVINCES*		
- et les satrapes	et les gouverneurs			
- *et les faisant*	le travail	qui (est)	au roi	
= soutenaient	**les juifs**			
= car était tombée	la terreur	de Mardochée	sur eux,	
. [4] car grand (était)	Mardochée	dans la maison	du roi	
. et sa réputation	allait	*DANS TOUTES*	*LES PROVINCES*	
. car l'homme	Mardochée	allait	et était grand.	
+ [5] Et frappèrent	**les juifs**	*TOUS*	LEURS ENNEMIS	
+ frappement	d'épée	et tuerie	et anéantissement	
– *et ils firent*	À LEURS HAÏSSANT	selon leur volonté.		

– [6] ET DANS SUSE-	LA-CITADELLE	ils tuèrent	**les juifs**	
– et anéantirent	cinq	cents	hommes.	
. [7] Et Parshândata	et Dalfôn	et Aspata,		
. [8] et Porata	et Adalya	et Aridata		
. [9] et Parmashta	et Arisaï	et Aridaï	et Waïzata,	
- [10] les dix	fils	d'Amân	fils	d'Hamdata
- oppresseur	**des juifs**	ils tuèrent		
= mais sur le butin	n'envoyèrent pas	leurs mains.		
: [11] EN CE JOUR-	LÀ			
: vint	le nombre	des tués	DANS SUSE-	LA-CITADELLE
: devant	le roi.			

CONTEXTE

LA DÉFAITE ET LA MORT DE NICANOR

C'est un treize Adar (en 160 avant J.-C.) que Nicanor, général du roi séleucide Démétrius Ier et ennemi juré des juifs, est battu par Judas Maccabée. « On statua que ce jour serait célébré chaque année le treize d'Adar » (1M 7,49) ; « tous décrétèrent, par un vote public, de ne pas laisser passer ce jour sans le commémorer, mais de célébrer le treizième jour du douzième mois, appelé Adar en araméen, la veille du jour de Mardochée » (2M 15,36).

INTERPRÉTATION

LE TREIZE ADAR

L'édit d'Hamân fut rédigé le 13 du premier mois, le mois de Nisân (3,12), et il prévoyait que l'extermination des juifs aurait lieu le 13 du douzième mois, le mois d'Adar (3,13). Après la mort de l'oppresseur des juifs, un nouvel édit fut rédigé, sous les ordres de Mardochée, le 23 du troisième mois, le mois de Siwân (8,9) : ce serait le 13 du dernier mois, le mois de Nisân, que les juifs écraseraient leurs ennemis (8,12). L'exécution des deux édits étaient donc programmée pour le même jour.

LE RENVERSEMENT

Quel est l'édit qui arriva le treizième jour ? Celui de Hamân qui ordonnait le massacre des juifs, ou celui de Mardochée qui les autorisait à se défendre contre leurs ennemis ? Les avis sont partagés. Il semble que l'ambiguïté soit voulue. Les deux décrets arrivent à échéance le même jour et ceux qui cherchent le malheur des juifs n'ont pas renoncé à leur projet. C'est pourquoi les juifs doivent se défendre. Alors qu'on aurait pu croire que le projet de Hamân avait été contrecarré et annulé par celui de Mardochée, le combat est devenu inévitable et l'on assiste à un nouveau renversement, celui qui résoudra enfin le conflit quand les juifs dominèrent ceux qui entendaient les dominer.

LA TERREUR DES JUIFS DANS TOUTES LES PROVINCES

La terreur que suscitent les juifs, « dans toutes les provinces du roi Akhashvérosh », semble d'abord être due à leur organisation et leur détermination (2). Toutefois, on apprend aussi qu'ils sont soutenus par tous les responsables de l'administration de l'empire, « princes », « satrapes et gouverneurs », en somme tous les fonctionnaires du roi (3). Enfin, cette terreur généralisée est inspirée par celui qui est devenu le second du roi, son représentant, le juif Mardochée (4).

Séquence B7 : 9,1-19 199

DANS SUSE-LA-CITADELLE

Après l'ensemble des provinces, l'attention se concentre sur la capitale de l'empire, et en particulier la partie haute de la ville, où se trouvent les organes de l'administration centrale. Là aussi, les juifs ne manquent pas d'ennemis. « Cinq cents hommes » qui avaient juré la perte des juifs seront anéantis, ainsi que les dix fils d'Hamân dont les noms sont cités. Il est bien précisé que ce ne fut pas l'appât du butin qui avait motivé l'entreprise des juifs : ils n'y portèrent pas les mains. Le roi, comme il se doit, est aussitôt informé du nombre des tués.

b. ESTHER DEMANDE AU ROI UN JOUR DE PLUS POUR SUSE

Le deuxième passage : 9,12-14

COMPOSITION

+ 9,12 *Et dit*	*le roi*	*à Esther*	*la reine :*	
. « DANS SUSE-	LA-CITADELLE	tuèrent	les juifs	
. et anéantirent	cinq	cents	hommes	
. ET LES DIX	FILS	D'HAMÂN.		
- *DANS LE RESTE*	*DES PROVINCES*	*DU ROI*		
- quoi	auront-ils fait ?			
:: Et quelle (est)	ta demande	et CE SERA DONNÉ	à toi	
:: et quelle (est)	ta requête	encore	et *ELLE SERA FAITE* ? »	

– 13 *Et dit*	*Esther :*		
: « Si (c'est)	pour le roi	bon,	
- QUE SOIT DONNÉ	aussi	demain	
- AUX JUIFS	QUI (SONT)	À SUSE	
:: *DE FAIRE*	comme L'ÉDIT	d'aujourd'hui	
.. ET QUE LES DIX	FILS D'HAMÂN	ILS PENDENT	sur le bois. »

+ 14 *Et dit*	*le roi :*		
; « *QU'IL SOIT FAIT*	ainsi ! »		
:: Et FUT DONNÉ	L'ÉDIT	À SUSE	
.. ET LES DIX	FILS D'HAMÂN	ILS PENDIRENT.	

Dans la première partie, le roi commence par rappeler le bilan de ce qui s'est passé à Suse-la-Citadelle (12bcd), il se demande ensuite ce qui a bien pu se passer dans les provinces (12ef), avant de promettre à la reine qu'il lui accordera ce qu'elle lui demandera (12gh).

200 Texte hébreu : la deuxième section (Est 3,1–9,19)

+ 9,[12] *Et dit*	*le roi*	*à Esther*	*la reine :*
. « DANS SUSE-	LA-CITADELLE	tuèrent	les juifs
. et anéantirent	cinq	cents	hommes
. ET LES DIX	FILS	D'HAMÂN.	
- *DANS LE RESTE*	*DES PROVINCES*	*DU ROI*	
- quoi	auront-ils fait ?		
:: Et quelle (est)	ta demande	et CE SERA DONNÉ	à toi
:: et quelle (est)	ta requête	encore	et *ELLE SERA FAITE* ? »

– [13] *Et dit*	*Esther:*		
: « Si (c'est)	pour le roi	bon,	
- QUE SOIT DONNÉ	aussi	demain	
- AUX JUIFS	QUI (SONT)	À SUSE	
:: *DE FAIRE*	comme L'ÉDIT	d'aujourd'hui	
.. ET QUE LES DIX	FILS D'HAMÂN	ILS PENDENT	sur le bois. »

+ [14] *Et dit*	*le roi :*		
: « *QU'IL SOIT FAIT*	ainsi ! »		
:: Et FUT DONNÉ	L'ÉDIT	À SUSE	
.. ET LES DIX	FILS D'HAMÂN	ILS PENDIRENT.	

Dans la deuxième partie, la reine expose sa requête : que dans la ville basse de Suse les juifs puissent poursuivre leur lutte contre leurs ennemis, à quoi elle ajoute que les dix fils d'Hamân soient pendus.

La troisième partie rapporte l'accord du roi (14ab) et son exécution (14cd).

Il est question des « dix fils d'Hamân » dans les trois parties (12d.13f.14d). Le couple « être donné » et « faire/être fait » revient dans les trois parties (12gh. 13c.e.14bc) ; la dernière fois, l'ordre est inversé. « Suse » (13d.14c) s'oppose à « Suse-la-Citadelle » (12b), comme la ville basse à la ville haute.

CONTEXTE

TUER ET PENDRE

La mort ne suffit pas au châtiment, il faut que la dépouille soit exposée aux regards de tous. C'est ce qui arriva à Nicanor dont la tête et le bras droit dont il avait menacé le temple furent exposés à Jérusalem (1M 7,47 ; 2M 15,30-35).

Séquence B7 : 9,1-19   201

INTERPRÉTATION

IL FAUT ALLER JUSQU'AU BOUT

Tous les ennemis des juifs ne se trouvaient pas seulement dans la Citadelle de Suse. Il fallait certes commencer par frapper les plus dangereux, les membres de l'administration du royaume. Toute la journée du treize Adar avait été nécessaire pour les débusquer et les faire disparaitre. Cependant, il était impossible de ne pas en faire autant pour ceux qui résidaient dans le reste de la ville. De même, il était nécessaire de mettre à mort les dix fils d'Hamân, le persécuteurs des juifs, mais cela ne suffisait pas : leurs cadavres devaient être exposés aux regards de tous, comme l'avait été celui de leur père, pendu sur le bois de la potence qu'il avait préparée pour Mardochée.

c. LE 14 ADAR, LES JUIFS FRAPPENT AUSSI À SUSE
COMME ILS AVAIENT FAIT AILLEURS LA VEILLE

Le troisième passage : 9,15-19

COMPOSITION

Le passage compte deux parties, parallèles entre elles.

LA PREMIÈRE PARTIE : 9,15-17

+ 9,¹⁵ ET SE RASSEMBLÈRENT	LES JUIFS	LESQUELS (SONT)	À SUSE	
+ AUSSI LE JOUR	QUATRE	DIX	DU MOIS	D'ADAR
+ ET ILS TUÈRENT	à Suse	*trois*	*cents*	*hommes*
= *et sur le butin*	*n'envoyèrent pas*	*leurs mains.*		
: ¹⁶ Et le reste	DES JUIFS	LESQUELS (SONT)	DANS LES PROVINCES	DU ROI
- SE RASSEMBLÈRENT	et se tenant	sur leurs vies	et se reposant	de leurs ennemis
- ET TUANT	de leurs haïssant	*cinq*	*et septante*	*mille* ;
= *et sur le butin*	*n'envoyèrent pas*	*leurs mains*		
+ ¹⁷ AU JOUR	TROIS	DIX	DU MOIS	D'ADAR
– et se reposant	le quatre	dix	en lui	
– et faisant	lui	jour	de banquet	et de joie.

Le premier morceau dit ce que font les juifs de Suse, le quatorze Adar (15b), le deuxième morceau ce qu'ils font dans les provinces, le treize du même mois (17a) ; ils « se rassemblent » (15a.16b) et « tuent » (15c.16c) « trois cents hommes » à Suse (15c) et dans les provinces « soixante-quinze-mille » (16c). Ni à Suse ni dans les provinces ils ne prennent de butin (15d.16d). Le deuxième morceau ajoute que, pour les juifs des provinces, ils se reposèrent le quatorze (17bc) pendant que ceux de Suse poursuivaient leur lutte contre leurs ennemis (15b).

202 Texte hébreu : la deuxième section (Est 3,1–9,19)

LA DEUXIÈME PARTIE : 9,18-19

+ [18] ET LES JUIFS	LESQUELS (SONT)	À SUSE		
+ SE RASSEMBLÈRENT	le trois	dix	en lui	
+ et	le quatre	dix	en lui	
– *et se reposant*	*le cinq*	*dix*	*en lui*	
= *et faisant*	*lui*	*jour*	*de banquet*	*et de joie.*
+ [19] C'EST POURQUOI	LES JUIFS	RURAUX		
+ HABITANT	DANS LES VILLES	RURALES		
– font	*le jour*	*quatre*	*dix*	
– **du mois**	**d'Adar**			
= *joie*	*et banquet*	*et jour*	*bon*	
= et envoyant	des portions	(chaque) homme	pour son prochain.	

Les deux morceaux opposent les juifs de Suse (18) et les juifs ruraux (19). Dans le premier morceau, le narrateur rappelle que ceux de Suse se sont rassemblés contre leurs ennemis durant deux jours, le treize et le quatorze (18bc), avant de se reposer et de faire la fête le quinze (18de). Dans le deuxième morceau, le jour de bataille n'est pas mentionné, mais seulement le lendemain, le quatorze Adar (19cd) qui devient jour de fête (18ef).

L'ENSEMBLE DU PASSAGE : 9,15-19

Les deux parties sont parallèles : leurs premiers morceaux traitent des « juifs qui sont à Suse » (15.18), tandis que leurs seconds morceaux concernent ceux des provinces, « les juifs ruraux » (16-17 ; 19).

Ainsi à Suse, les juifs affrontent leurs ennemis non seulement le treize Adar (17a.18b), mais aussi le quatorze (18c.15b) ; dans la première partie, il est dit qu'ils « se rassemblèrent » et « tuèrent » leurs ennemis (15a.c.16bc), alors que dans la deuxième partie, il est dit seulement qu'ils « se rassemblèrent » (18b). Les juifs des provinces « se reposent » le quatorze (17b), tandis que ceux de Suse le font le quinze (18d). Les uns et les autres font de ce jour un « jour de banquet et de joie » (17d.18e). Dans le dernier morceau, il n'est plus question du jour de tuerie, mais seulement du jour de joie et de banquet (19e), à quoi s'ajoute une nouveauté : le partage de nourriture avec le prochain (19f). En réalité, on a quitté l'histoire pour donner la raison pour laquelle les juifs ruraux célèbrent la fête de Pourim le quatorze Adar et non le quinze, comme ceux de la capitale.

Séquence B7 : 9,1-19   203

+ 9,[15] ET SE RASSEMBLÈRENT	LES JUIFS	LESQUELS (sont)	À SUSE	
+ *aussi le jour*	*quatre*	*dix*	*du mois*	*d'Adar*
+ et ils tuèrent	à Suse	trois	cents	hommes
: mais sur le butin	n'envoyèrent pas	leurs mains.		
:: [16] ET LE RESTE	DES JUIFS	LESQUELS	DANS LES PROVINCES	DU ROI
:: se rassemblèrent	et se tenant	sur leurs vies	et se reposant	de leurs ennemis
:: et tuant	de leurs haïssant	cinq	et septante	mille ;
: mais sur le butin	n'envoyèrent pas	leurs mains		
: [17] au jour	trois	dix	*du mois*	*d'Adar*
− *ET SE REPOSANT*	*le quatre*	*dix*	*en lui*	
= *et faisant*	*lui*	*jour*	*de banquet*	*et de joie.*

+ [18] ET LES JUIFS	LESQUELS (sont)	À SUSE	
+ SE RASSEMBLÈRENT	le trois	dix	en lui
+ et	le quatre	dix	en lui
− *ET SE REPOSANT*	*le cinq*	*dix*	*en lui*
= *et faisant*	*lui*	*jour*	*de banquet*	*et de joie.*
:: [19] C'EST POURQUOI	LES JUIFS	RURAUX	
:: HABITANT	DANS LES VILLES	RURALES	
: font	*le jour*	*quatre*	*dix*
: *du mois*	*d'Adar*		
= *joie*	*et banquet*	*et jour*	*bon*
= et envoyant	des portions	(chaque) homme	pour son prochain.

INTERPRÉTATION

« SUR LE BUTIN ILS NE PORTÈRENT PAS LES MAINS »

Ce n'est pas pour une razzia que les juifs se rassemblent. Les biens de leurs
ennemis ne les intéressent pas. Ils n'ont pas d'autre préoccupation de « préserver
leurs vies », de « se reposer de leurs ennemis » (16b). Ce n'est pas une opération
offensive qu'ils entreprennent ; ils ne font que se défendre contre leurs « ennemis », contre « ceux qui les haïssent », ceux qui avaient décidé « de les exterminer, de les tuer et de les anéantir ». Le nombre des hommes qu'ils auront tués se
comptera certes par dizaines de milliers, mais c'était le seul moyen pour que tout
leur peuple ne soit pas systématiquement supprimé.

DE L'HISTOIRE AU RITE

Le récit des évènements prend son temps pour exposer la différence entre ce
qui est arrivé dans les provinces d'une part, et dans la ville de Suse de l'autre.
Alors que l'éradication des ennemis a pu se faire en un seul jour dans les
provinces du royaume — le treize Adar, comme il avait été prévu —, en

204   Texte hébreu : la deuxième section (Est 3,1–9,19)

revanche, pour la capitale, il aura fallu un premier jour pour éliminer ceux qui haïssaient les juifs dans la ville haute, mais aussi le lendemain pour se libérer de ceux de la ville basse. « C'est pourquoi » (19a), aujourd'hui, la victoire est célébrée le quatorze pour les juifs ruraux. La fête, « jour bon », est instituée avec ses obligations, en particulier celle de s'échanger des portions de nourriture.

d. DANS LA JOIE ET LES BANQUETS, LES JUIFS CÉLÈBRENT LEUR VICTOIRE

L'ensemble de la séquence B7 : 9,1-19

COMPOSITION

La séquence compte trois passages :

LE 13 ADAR, LES JUIFS FRAPPENT LEURS ENNEMIS	DANS LES PROVINCES ET À SUSE-LA-CITADELLE	9,1-11

ESTHER DEMANDE AU ROI UN JOUR DE PLUS POUR SUSE	12-14

LE 14 ADAR, LES JUIFS FRAPPENT AUSSI À SUSE	COMME ILS AVAIENT FAIT AILLEURS LA VEILLE	15-19

LES RAPPORTS ENTRE LES PASSAGES EXTRÊMES

Dans le premier passage est rapporté ce que firent les juifs le 13 Adar, dans les provinces (2-5) et à Suse-la-Citadelle (6-11). Dans le dernier passage, la même alternance se retrouve, mais doublée : d'abord ce que firent les juifs dans la ville basse de Suse le 14 Adar (15), puis ce qu'ils avaient fait dans les provinces le 13 Adar, se reposant ensuite le 14 (16-17), ensuite une sorte de résumé avec ce que firent les juifs à Suse les 13 et 14 Adar (18), après quoi ils se reposèrent le 15, et ce que font les juifs ruraux qui se reposent et font la fête le 14 Adar (19).
– le nombre des morts est donné dans le premier passage seulement pour Suse-la-Citadelle le 13 Adar (6 ; « 500 hommes ») ; dans le dernier passage, de nouveau pour Suse-la-Citadelle, mais le 14 Adar (15 : « 300 hommes »), puis pour les provinces le 13 Adar (16 : « 75 000 ») ;
– à Suse-la-Citadelle et dans le reste de la ville, comme dans les provinces, « sur le butin ils ne jetèrent pas les mains » (10b ; 15b.16bc).

Séquence B7 : 9,1-19

9,[1] Et au douzième mois, c'est LE MOIS D'ADAR, LE TREIZE DU MOIS, quand arriva la parole du roi et son édit pour qu'il soit fait en ce jour, quand les ennemis des juifs espéraient les dominer, il y eut un renversement quand les juifs dominèrent ceux qui les haïssaient.

[2] *Les juifs se rassemblèrent dans leurs villes, dans toutes les provinces* du roi Akhashvérosh, pour porter la main contre ceux qui cherchaient leur malheur, et pas un seul homme ne tint devant eux, car leur terreur était tombée sur tous les peuples. [3] Et tous les princes des provinces et les satrapes et les gouverneurs et fonctionnaires du roi soutenaient les juifs, car la terreur de Mardochée était tombée sur eux, [4] car Mardochée était grand dans la maison du roi et sa réputation se répandait dans toutes les provinces, car l'homme Mardochée allait grandissant. [5] Et les juifs frappèrent tous leurs ennemis — frappement d'épée et tuerie et anéantissement — et ils firent à ceux qui les haïssaient comme ils voulurent.

[6] Et dans Suse-la-Citadelle, les juifs TUÈRENT ET ANÉANTIRENT CINQ CENTS HOMMES. [7] Et Parshândata et Dalfôn et Aspata, [8] et Porata et Adalya et Aridata [9] et Parmashta et Arisaï et Aridaï et Waïzata, [10] *LES DIX FILS D'HAMÂN* fils d'Hamdata oppresseur des juifs, ils tuèrent, *mais sur le butin ne jetèrent pas les mains*. [11] En ce jour-là, le nombre des tués dans Suse-la-Citadelle parvint devant le roi.

[12] Le roi dit à la reine Esther : « Dans Suse-la-Citadelle, les juifs ONT TUÉ ET ANÉANTI CINQ CENTS HOMMES et *LES DIX FILS D'HAMÂN*. *Dans le reste des provinces du roi*, qu'auront-ils fait ? Quelle est ta demande ? Cela te sera donné ! Et quelle est ta requête encore ? Elle sera faite ! »

[13] Esther dit : « Si cela est bon pour le roi, que demain aussi soit donné aux juifs de Suse de faire selon l'édit d'aujourd'hui et que *LES DIX FILS D'HAMÂN* soient pendus au bois. » [14] Et le roi dit : « Qu'il soit fait ainsi ! » Et l'édit fut donné à Suse et *LES DIX FILS D'HAMÂN* furent pendus.

[15] Et les juifs de Suse se rassemblèrent aussi LE QUATORZE DU MOIS D'ADAR et ILS TUÈRENT à Suse TROIS CENTS HOMMES ; *mais sur le butin ne jetèrent pas les mains*.

[16] *Et le reste des juifs qui sont dans les provinces du roi se rassemblèrent*, se tenant sur le qui-vive et se reposant de leurs ennemis et TUANT SOIXANTE-QUINZE-MILLE de ceux qui les haïssaient ; *mais sur le butin ne jetèrent pas les mains* [17] LE TREIZE DU MOIS D'ADAR et ils se reposèrent le quatorze, en faisant de ce jour un jour de banquet et de joie.

[18] Les juifs de Suse se rassemblèrent LE TREIZE DU MOIS ET LE QUATORZE, et ils se reposèrent le quinze, faisant de ce jour un jour de banquet et de joie.

[19] *C'est pourquoi les juifs ruraux habitant dans les villes rurales* font du QUATORZE DU MOIS D'ADAR joie et banquet et jour de fête et envoient des portions chacun à son prochain.

LES RAPPORTS ENTRE LES DEUX PREMIERS PASSAGES

– « Les dix fils d'Hamân » (10a ; 12b.13b.14a) ;
– « dans Suse-la-Citadelle » (6a.11b ; 12a), « les juifs tuèrent et anéantirent cinq cents hommes » (6ab ; 12ab).

LES RAPPORTS ENTRE LES DEUX DERNIERS PASSAGES

– « Les juifs de Suse » (13a ; 15a.18a).

INTERPRÉTATION

LE GRAND RENVERSEMENT

Jusqu'au dernier moment, jusqu'au treize Adar, l'issue du conflit demeurait incertaine. Les ennemis des juifs n'avaient pas désarmé, malgré l'édit que Mardochée avait scellé au nom du roi après la mort d'Hamân. Même si le narrateur ne signale pas de victimes dans les rangs des juifs, il ne faut pas imaginer que tous les morts — 75 000 dans les provinces, 800 dans la capitale, sans compter les dix fils d'Hamân — étaient, si l'on peut dire, des civils innocents. La bataille fit rage dans tout l'empire, et elle dut être prolongée d'une journée dans Suse. En définitive, ce furent les juifs qui défirent ceux qui les haïssaient et avaient comploté de les exterminer et qui, le jour venu, avaient pensé pouvoir les dominer.

LES MAINS PROPRES

En aucun cas, les juifs n'ont agi par intérêt économique. Systématiquement, tout au long de la séquence, le narrateur tient à souligner que ni à Suse-la-Citadelle (10), ni dans la ville basse de Suse (15), ni dans les provinces (16) les juifs n'ont jeté les mains sur le butin. Leur but n'était en aucun cas de s'enrichir des dépouilles de leurs ennemis, mais simplement de sauver leur vie, d'éviter d'être exterminés, tués et anéantis.

ALLER JUSQU'AU BOUT

La double demande d'Esther, au centre de la séquence, ne manque pas de surprendre. Était-il vraiment nécessaire de purger la ville basse de Suse après que les ennemis de la ville haute, c'est-à-dire les personnages importants de l'administration royale, eurent été éliminés ? Ce qui leur était arrivé aurait pu être suffisant pour décourager les ennemis du petit peuple. Et si les dix fils d'Hamân avaient été tués, était-il indispensable que leurs cadavres fussent en outre pendus au bois ? La reine semble sans pitié. Il faut se garder de juger selon nos critères qui ne sont plus ceux qui étaient en vigueur en ce temps-là. Il était normal, il fallait absolument que le renversement aille jusqu'au bout. Le châtiment que leur père avait prévu d'infliger à son ennemi devait se retourner non seulement contre lui, mais aussi contre ses fils pour être total. Et il devait en être de même pour que tous les ennemis des juifs soient mis hors d'état de nuire.

3. Mardochée et son projet de salut

L'ensemble de la sous-section B6–B7

COMPOSITION

Les deux séquences sont de même construction concentrique. Alors que la deuxième comprend trois passages, la première est plus développée car elle compte cinq passages organisés en trois sous-séquences : la sous-séquence centrale (8,3-14) comprend trois passages.

B6 : MARDOCHÉE OBTIENT DU ROI UN ÉDIT POUR QUE LES JUIFS SE DÉFENDENT CONTRE LEURS ENNEMIS

MARDOCHÉE	VIENT	DEVANT LE ROI	ET REÇOIT SON ANNEAU	8,1-2

MARDOCHÉE ÉCRIT UN NOUVEL ÉDIT AU NOM DU ROI	3-14

MARDOCHÉE	SORT	DE DEVANT LE ROI	EN VÊTEMENTS ROYAUX	15-17

B7 : DANS LA JOIE ET LES BANQUETS, LES JUIFS CÉLÈBRENT LEUR VICTOIRE

LE 13 ADAR, LES JUIFS FRAPPENT LEURS ENNEMIS	DANS LES PROVINCES ET À SUSE-LA-CITADELLE	9,1-11

ESTHER DEMANDE AU ROI UN JOUR DE PLUS POUR SUSE	12-14

LE 14 ADAR, LES JUIFS FRAPPENT AUSSI A SUSE	COMME ILS AVAIENT FAIT AILLEURS LA VEILLE	15-19

208 Texte hébreu : la deuxième section (Est 3,1–9,19)

B6 : MARDOCHÉE OBTIENT DU ROI UN ÉDIT
POUR QUE LES JUIFS SE DÉFENDENT CONTRE LEURS ENNEMIS

8,[1] En ce jour-là, le roi Akhashvérosh donna à la reine Esther la maison d'Hamân, l'oppresseur des juifs, et Mardochée vint en face du roi, car Esther avait raconté ce qu'il était pour elle. [2] Et le roi retira son sceau qu'il avait enlevé à Hamân et il le donna à Mardochée ; et Esther établit Mardochée sur la maison d'Hamân.

[3] Et à nouveau Esther parla en face du roi et elle tomba en face de ses pieds et elle pleura et le supplia de révoquer le malheur d'Hamân l'Agaguite et le projet qu'il avait projeté contre les juifs. [4] Et le roi tendit à Esther le sceptre d'or et Esther se leva et se tint en face du roi [5] et elle dit : « *Si cela parait bon pour le roi* et si j'ai trouvé grâce à sa face, si la chose convient en face du roi et si je suis bonne à ses yeux, qu'on écrive pour révoquer les lettres, le projet d'Hamân fils d'Hamdata l'Agaguite, qu'il avait écrites pour anéantir les juifs qui sont dans toutes les provinces du roi ; [6] car comment pourrais-je voir le malheur que trouvera mon peuple et comment pourrais-je voir l'anéantissement de ma parenté ? »

[7] Et le roi Akhashvérosh dit à la reine Esther et à Mardochée le juif : « Voici que j'ai donné la maison d'Hamân à Esther ET LUI ON L'A PENDU AU BOIS, parce qu'il avait envoyé sa main contre les juifs ; [8] et vous, écrivez aux juifs comme il parait bon à vos yeux au nom du roi et scellez avec le sceau du roi, car l'écrit qui est écrit au nom du roi et scellé avec le sceau du roi, il est impossible de le révoquer. »
[9] Et on convoqua les sages du roi en ce temps-là, au troisième mois qui est le mois de Siwân, le vingt-trois du mois. Et on écrivit selon tout ce qu'avait commandé Mardochée aux juifs et aux préfets et aux gouverneurs et aux princes des provinces depuis l'Inde et jusqu'à Koush, cent-vingt-sept provinces, chaque province selon son écriture et chaque peuple selon sa langue et aux juifs selon leur écriture et selon leur langue.

[10] Et il écrivit au nom du roi Akhashvérosh et il scella avec le sceau du roi et il envoya des lettres par des coursiers à cheval, montant des équipages impériaux, fils de sélectionnés, [11] à savoir que le roi donne aux juifs qui sont dans chaque ville de SE RASSEMBLER et de se tenir sur leurs gardes, d'exterminer, de tuer et d'anéantir toute armée de peuple et de province qui opprimerait enfants et femmes *ET DE PILLER LEURS BIENS*, [12] en un seul jour, dans toutes les provinces du roi Akhashvérosh au treize du douzième mois qui est le mois d'Adar. [13] Copie de l'écrit sera donnée comme ÉDIT dans chaque province et promulguée pour tous les peuples, pour que les juifs soient prêts pour ce jour-là, afin de se venger de leurs ennemis. [14] Des coursiers montant des équipages impériaux sortirent, rapides et véloces, sur LA PAROLE DU ROI ET L'ÉDIT fut donné à Suse-la-Citadelle.

[15] Et Mardochée sortit de la face du roi dans un habit royal, pourpre et dentelle, et une grande couronne d'or et un manteau de lin et d'écarlate ; et la ville de Suse criait et se RÉJOUISSAIT. [16] Pour les juifs ce fut lumière, JOIE, allégresse et honneur ; [17] et dans chaque province et dans chaque ville où LA PAROLE DU ROI ET SON ÉDIT étaient arrivés, ce fut JOIE et allégresse pour les juifs, BANQUET et JOUR BON ; et nombreux parmi les peuples du pays se faisaient juifs, car était tombée sur eux la **terreur** des juifs.

– La requête d'Esther au roi commence de la même façon (8,5 ; 9,13) ;
– Hamân a été pendu au bois (8,7b) et Esther obtient que ses dix fils le soient aussi (9,13bc.14b) ;
– l'édit scellé au nom du roi par Mardochée prévoit que les juifs « se rassemblent » pour se défendre (8,11a) ; ce qu'ils feront le jour venu (9,2a.15a.16a.18a).

La sous-section B6–B7

B7 : Dans la joie et les banquets,
les juifs célèbrent leur victoire

9,[1] Et au douzième mois, c'est le mois d'Adar, le treize du mois, quand arriva LA PAROLE DU ROI ET SON ÉDIT pour qu'il soit fait en ce jour, quand les ennemis des juifs espéraient les dominer, il y eut un renversement quand les juifs dominèrent ceux qui les haïssaient. [2] Les juifs SE RASSEMBLÈRENT dans leurs villes, dans toutes les provinces du roi Akhashvérosh, pour porter la main contre ceux qui cherchaient leur malheur, et pas un seul homme ne tint devant eux, car leur **terreur** était tombée sur tous les peuples. [3] Et tous les princes des provinces et les satrapes et les gouverneurs et fonctionnaires du roi soutenaient les juifs, car la **terreur** de Mardochée était tombée sur eux, [4] car Mardochée était grand dans la maison du roi et sa réputation se répandait dans toutes les provinces, car l'homme Mardochée allait grandissant. [5] Et les juifs frappèrent tous leurs ennemis — frappement d'épée et tuerie et anéantissement — et ils firent à ceux qui les haïssaient comme ils voulurent [6] et dans Suse-la-Citadelle les juifs tuèrent et anéantirent cinq cents hommes. [7] Et Parshândata et Dalfôn et Aspata, [8] et Porata et Adalya et Aridata [9] et Parmashta et Arisaï et Aridaï et Waïzata, [10] les dix fils d'Hamân fils d'Hamdata oppresseur des juifs, ils tuèrent *MAIS SUR LE BUTIN NE JETÈRENT PAS LES MAINS*. [11] En ce jour-là, le nombre des tués dans Suse-la-Citadelle parvint devant le roi.

[12] Le roi dit à la reine Esther : « Dans Suse-la-Citadelle, les juifs ont tué et anéanti cinq cents hommes et les dix fils d'Hamân. Dans le reste des provinces du roi, qu'auront-ils fait ? Quelle est ta demande ? Cela te sera donné ! Et quelle est ta requête encore ? Elle sera faite ! » [13] Esther dit : « *Si cela est bon pour le roi*, que demain aussi soit donné aux juifs de Suse de faire selon L'ÉDIT d'aujourd'hui et que les dix fils d'Hamân SOIENT PENDUS AU BOIS. » [14] Et le roi dit : « Qu'il soit fait ainsi ! » Et L'ÉDIT fut donné à Suse et les dix fils d'Hamân FURENT PENDUS.

[15] Et les juifs de Suse SE RASSEMBLÈRENT aussi le quatorze du mois d'Adar et ils tuèrent à Suse trois cents hommes ; *MAIS SUR LE BUTIN NE JETÈRENT PAS LES MAINS*. [16] Et le reste des juifs qui sont dans les provinces du roi SE RASSEMBLÈRENT, se tenant sur le qui-vive et se reposant de leurs ennemis et tuant soixante-quinze-mille de ceux qui les haïssaient ; *MAIS SUR LE BUTIN NE JETÈRENT PAS LES MAINS* [17] le treize du mois d'Adar et ils se reposèrent le quatorze, en faisant de ce jour un jour de BANQUET et de JOIE. [18] Les juifs de Suse SE RASSEMBLÈRENT le treize du mois et le quatorze, et ils se reposèrent le quinze, faisant de ce jour un jour de BANQUET et de JOIE. [19] C'est pourquoi les juifs ruraux habitant dans les villes rurales font du quatorze du mois d'Adar JOIE et BANQUET et JOUR BON et envoient des portions chacun à son prochain.

– cet édit prévoit que les juifs pourront non seulement tuer leurs ennemis, mais aussi « piller leurs biens » (8,11c) ; « mais sur le butin ne jetèrent pas les mains » (9,10b.15b.16c) ;

– la date de l'exécution de l'édit est celle du « treize du mois d'Adar » (8,12bc ; 9,1a.17a.18a) ;

– « l'édit » est mentionné trois fois dans chaque séquence (8,13a.14b.17b ; 9,1b.13b.14a ;

– En termes médians, « édit » est accompagné de « la parole du roi » (8,14b. 17b ; 9,1ab) ; « terreur » (8,17d ; 9,2c.3b) ;

– les deux séquences s'achèvent sur la « joie », les « banquets » et le « jour bon », c'est-à-dire « jour de fête » (8,15b.16b.17bc ; 9,17b.18b.19b).

INTERPRÉTATION

ESTHER ET MARDOCHÉE

C'est Mardochée qui « commande » ce que doit contenir le nouvel édit du roi, c'est lui qui le scelle avec l'anneau du roi et qui l'envoie en son nom dans toutes les provinces du royaume (8,9-10). Si les princes, satrapes, gouverneurs et autres fonctionnaires soutiennent les juifs, c'est que « la terreur de Mardochée était tombée sur eux, car Mardochée était grand dans la maison du roi » (9,3-4). Toutefois, Mardochée n'adresse jamais la parole au roi. Avec le souverain, c'est Esther qui mène le jeu, du début à la fin. C'est elle qui lui présente Mardochée (8,1), c'est elle qui se prosterne devant lui pour solliciter que le projet d'Hamân et l'édit qu'il avait scellé en son nom soient révoqués (8,3-6), c'est encore elle qui, au soir du treize Adar, demande encore au roi que l'édit soit prorogé un jour de plus pour que la défaite des ennemis des juifs soit complète (9,12-14).

LA TERREUR ET LA JOIE

Les deux séquences sont agrafées par « la terreur » des juifs et en particulier de Mardochée (8,17 ; 9,2.3). Leur terreur s'abat sur « les peuples du pays », « sur tous les peuples », sur leurs ennemis, ceux qui les haïssaient. Mais « il y eut un renversement » (9,1) et les deux séquences s'achèvent dans une « joie » exubérante, à la mesure de la crainte dont ils furent libérés : « Pour les juifs ce fut lumière, joie, allégresse et honneur » (8,16). « Joie », « banquets » de vin, « jour de fête », déjà à Suse quand le nouvel édit y fut donné et que Mardochée sortit de chez le roi, portant couronne et vêtements royaux (8,14-17), mais surtout quand la victoire sur l'ennemi fut remportée dans toutes les provinces et dans toute la ville de Suse (9,15-19).

« IL Y EUT UN RENVERSEMENT »

Esther agit, Mardochée aussi. C'est à la terreur de Mardochée qu'est attribué le soutien des hauts fonctionnaires, représentants du roi et responsables de l'ordre dans les provinces. Toutefois, au moment crucial, « au douzième mois, qui est le mois d'Adar, le treize du mois, quand arriva la parole du roi et son édit pour qu'ils soient exécutés en ce jour-là », c'est-à-dire au moment où les juifs et leurs ennemis se trouvent face à face, « il y eut un renversement » (9,1). C'est la première fois qu'apparait ce terme et il n'a pas de sujet. Ou plutôt celui qui opère le renversement décisif n'est pas nommé. Son identification est laissée à la sagesse du lecteur, à sa foi.

IV. Les sorts sont renversés

L'ensemble de la section B : 3,1–9,19

COMPOSITION

Les trois sous-sections forment une construction concentrique. Les sous-sections extrêmes comprennent deux séquences, tandis que la sous-section centrale en compte trois :

1re sous-section : HAMÂN ET SON PROJET DE DESTRUCTION

B1 : HAMÂN	OBTIENT DU ROI UN ÉDIT	POUR QUE LES JUIFS SOIENT EXTERMINÉS PAR LEURS ENNEMIS	3,1-15

B2 : Dans les pleurs et le jeûne,	la reine se risquera auprès du roi	4,1-17

2e sous-section : LA CHUTE D'HAMÂN

B3 : Après le 1er banquet d'Esther, Hamân projette de faire pendre Mardochée	5,1-14

B4 : Hamân commence à tomber devant Mardochée	6,1-14

B5 : Après le 2e banquet d'Esther, Hamân est pendu à la place de Mardochée	7,1-10

3^E SOUS-SECTION : MARDOCHÉE ET SON PROJET DE SALUT

B6 : MARDOCHÉE	OBTIENT DU ROI UN ÉDIT	POUR QUE LES JUIFS SE DÉFENDENT CONTRE LEURS ENNEMIS	8,1-17

B7 : Dans la joie et les banquets,	les juifs célèbrent leur victoire	9,1-19

212 Texte hébreu : la deuxième section (Est 3,1–9,19)

LES RAPPORTS ENTRE LES SOUS-SECTIONS EXTRÊMES

Les deux sous-sections se correspondent en parallèle.

Les rapports entre les séquences B1 et B6

B1 : Hamân obtient du roi un édit pour que les juifs soient exterminés par leurs ennemis

> 3,¹ *Après ces choses-là*, LE ROI AKHASHVÉROSH grandit HAMÂN FILS DE HAMDATA L'AGAGUITE et il l'éleva et plaça son siège au-dessus de tous les princes qui sont avec lui. ² Et tous les serviteurs du roi qui sont à la porte du roi s'agenouillaient et se prosternaient devant Hamân, car c'est ainsi que le roi avait commandé pour lui, mais Mardochée ne s'agenouillait pas ni ne se prosternait. ³ Les serviteurs du roi qui étaient à la porte du roi dirent à Mardochée : « Pourquoi, toi, tu transgresses le commandement du roi ? » ⁴ Et il advint qu'ils le lui disaient jour après jour, mais il ne les écoutait pas ; alors ils le dirent à Hamân pour voir si les paroles de Mardochée tiendraient, car il leur avait rapporté qu'il était juif. ⁵ Hamân vit que Mardochée ne s'agenouillait et ne se prosternait pas devant lui et Hamân se remplit de colère ; ⁶ et il fut méprisable à ses yeux de porter la main sur le seul Mardochée, car on lui avait rapporté quel était le peuple de Mardochée et Hamân cherchait à **EXTERMINER** tous les juifs qui étaient dans tout le règne d'Akhashvérosh, le peuple de Mardochée. ⁷ Au premier mois qui est le mois de Nisan, la douzième année du roi Akhashvérosh, fut jeté le Pour — c'est le sort —, devant Hamân, jour après jour et d'un mois au douzième mois qui est le mois d'Adar.

> ⁸ Hamân dit au roi Akhashvérosh : « Il y a un peuple unique dispersé et séparé parmi les peuples dans toutes les provinces de ton royaume et leurs édits sont différents de tout autre peuple et ils n'obéissent pas aux édits du roi et le roi il n'a pas intérêt à les laisser en repos. ⁹ *Si cela parait bon au roi*, *qu'il soit écrit* de les **ANÉANTIR** et je pèserai dix-mille talents d'argent aux mains des agents du royaume pour les verser aux trésors du roi. » ¹⁰ *ET LE ROI RETIRA SON SCEAU* de sa main *ET LE DONNA À* HAMÂN FILS DE HAMDATA L'AGAGUITE, L'OPPRESSEUR DES JUIFS. ¹¹ Et le roi dit à Hamân : « L'argent t'est donné ainsi que le peuple pour lui faire *comme il est bon à tes yeux*. »

> ¹² Et furent convoqués les lettrés du roi au *premier* mois au treizième jour et il fut écrit selon tout ce qu'avait commandé Hamân aux préfets du roi et aux gouverneurs de chaque province et aux princes de chaque peuple, chaque province selon son écriture et chaque peuple selon sa langue ; cela fut écrit au nom du roi Akhashvérosh et fut scellé avec le sceau du roi. ¹³ Des lettres furent envoyées par des coursiers à toutes les provinces du roi pour **EXTERMINER**, **TUER** et **ANÉANTIR** tous les juifs, depuis les jeunes et jusqu'aux vieux, enfants et femmes, en un seul jour, le treize du douzième mois qui est le mois d'Adar et pour piller leur butin. ¹⁴ Copie de l'écrit sera donnée comme édit dans chaque province promulguée à tous les peuples, afin qu'ils soient prêts pour ce jour-là ; ¹⁵ des coursiers sortirent rapides sur la parole du roi. Et l'édit fut donné à Suse-la-Citadelle ; et le roi et Hamân s'assirent pour BOIRE ET LA VILLE DE SUSE fut désemparée.

– Les deux séquences commencent avec « Après ces choses-là/En ce jour-là, le roi Akhashvérosh » (3,1 ; 8,1) ;

– « Hamân fils de Hamdata l'Agaguite », « le persécuteur des juifs » (3,1a.10bc ; 8,1ab.3b.5c) avait cherché à « exterminer », « tuer » et « anéantir » les juifs (3,6c. 9a.13b ; 8,5c.6b), mais à la fin ce sont les juifs qui pourront le faire (8,11b) ;

– le roi avait d'abord retiré son sceau et l'avait donné à Hamân (3,10ab), puis il le donnera à Mardochée (8,2ab) ;

– « Si cela parait bon au roi, qu'il soit écrit... » (3,9a ; 8,5ab) ;

L'ensemble de la section B
213

B6 : Mardochée obtient du roi un édit pour que les juifs se défendent contre leurs ennemis

8,[1] *En ce jour-là,* LE ROI AKHASHVÉROSH donna à la reine Esther la maison d'*HAMÂN, L'OPPRESSEUR DES JUIFS*, et Mardochée vint en face du roi, car Esther avait raconté ce qu'il était pour elle. [2] *ET LE ROI RETIRA SON SCEAU* qu'il avait enlevé à Hamân *ET IL LE DONNA À* Mardochée ; et Esther établit Mardochée sur la maison d'Hamân.

[3] Et à nouveau Esther parla en face du roi et elle tomba en face de ses pieds et elle pleura et le supplia de révoquer le malheur d'*HAMÂN L'AGAGUITE* et le projet qu'il avait projeté contre les juifs. [4] Et le roi tendit à Esther le sceptre d'or et Esther se leva et se tint en face du roi [5] et elle dit : « *Si cela paraît bon au roi* et si j'ai trouvé grâce à sa face et si la chose convient en face du roi et si je suis bonne à ses yeux, **qu'il soit écrit** pour révoquer les lettres, le projet d'*HAMÂN FILS D'HAMDATA L'AGAGUITE*, qu'il avait écrites pour **ANÉANTIR** les juifs qui sont dans toutes les provinces du roi, [6] car comment pourrais-je voir le malheur que trouvera mon peuple et comment pourrais-je voir **L'ANÉANTISSEMENT** de ma parenté ? »

[7] Et le roi Akhashvérosh dit à la reine Esther et à Mardochée le juif : « Voici que j'ai donné la maison d'Hamân à Esther et lui on l'a pendu au bois, parce qu'il avait envoyé sa main contre les juifs ; [8] et vous, écrivez aux juifs *comme il est bon à vos yeux* au nom du roi et scellez avec le sceau du roi, car l'écrit qui est écrit au nom du roi et scellé avec le sceau du roi, il est impossible de le révoquer. [9] Et furent convoqués les lettrés du roi en ce temps-là, au *troisième* mois qui est le mois de Siwân, le vingt-trois du mois. Et il fut écrit selon tout ce qu'avait commandé Mardochée aux juifs et aux préfets et aux gouverneurs et aux princes des provinces depuis l'Inde et jusqu'à Koush, cent-vingt-sept provinces, chaque province selon son écriture et chaque peuple selon sa langue et aux juifs selon leur écriture et selon leur langue.

[10] Et il écrivit au nom du roi Akhashvérosh et il scella avec le sceau du roi et il envoya des lettres par des coursiers à cheval montant des équipages impériaux, fils de sélectionnés, [11] à savoir que le roi donne aux juifs qui sont dans chaque ville de se rassembler et de se tenir sur leurs gardes, d'**EXTERMINER**, de **TUER** et d'**ANÉANTIR** toute armée de peuple et de province qui opprimerait enfants et femmes et de piller leurs biens, [12] en un seul jour, dans toutes les provinces du roi Akhashvérosh le treize du douzième mois qui est le mois d'Adar. [13] Copie de l'écrit sera donnée comme édit dans chaque province et promulguée à tous les peuples, pour que les juifs soient prêts pour ce jour-là, afin de se venger de leurs ennemis. [14] Des coursiers montant des équipages impériaux sortirent, rapides et véloces, sur la parole du roi et l'édit fut donné à Suse-la-Citadelle.

[15] Et Mardochée sortit de la face du roi dans un habit royal, pourpre et dentelle, et une grande couronne d'or et un manteau de lin et d'écarlate ; ET LA VILLE DE SUSE criait et se réjouissait. [16] Pour les juifs ce fut lumière, joie, allégresse et honneur ; [17] et dans chaque province et dans chaque ville où la parole du roi et son édit étaient arrivés, ce fut joie et allégresse pour les juifs, BANQUET et jour bon ; et nombreux parmi les peuples du pays se faisaient juifs, car était tombée sur eux la terreur des juifs.

– à partir de la convocation des lettrés (3,12 ; 8,9), les deux récits de l'écriture des édits, de leur sceau avec l'anneau royal et de leur envoi dans les provinces, reprennent largement les mêmes termes (3,12-15 ; 8,9-14), mais dans le premier cas, c'est Hamân qui agit contre les juifs et dans le deuxième cas, c'est Mardochée pour leur défense ;

– à la fin de la séquence B1, « la ville de Suse » fut désemparée et le roi « boit » (*šātāh*) avec Hamân (3,15c), tandis qu'à la fin de la séquence B7, la même ville crie et se réjouit (8,15b) et les juifs boivent au « banquet » (*mišteh* ; 17c).

214 Texte hébreu : la deuxième section (Est 3,1–9,19)

Les rapports entre les séquences B2 et B7

B2 : Dans les pleurs et le jeûne, la reine se risquera auprès du roi

4,[1] Mardochée apprit tout ce qui se faisait et Mardochée *DÉCHIRA SES HABITS* et il se vêtit de *SAC ET CENDRE* et il sortit dans la ville et il poussa une *GRANDE CLAMEUR AMÈRE*. [2] Et il alla jusque devant la porte du roi car on ne peut aller à la porte du roi vêtu de sac. [3] Et dans chacune des provinces, lieu où la parole du roi et son édit arrivaient, c'était grand *DEUIL* pour les juifs et *JEÛNE* et *PLEUR* et *LAMENTATION* ; *SAC ET CENDRE* était le lit de maintes gens. [4] Et les jeunes-filles d'Esther et ses eunuques allèrent et le lui rapportèrent, et la reine trembla beaucoup ; et elle envoya des habits pour revêtir Mardochée et lui faire retirer *SON SAC* de dessus lui, mais il ne voulut pas.

[5] Et Esther appela Hatak, un des eunuques du roi qu'il avait institué devant elle et elle le manda à Mardochée pour savoir ce que c'était et pour quoi ; [6] et Hatak sortit vers Mardochée, sur la place de la ville qui est en face de la porte du roi. [7] Et Mardochée rapporta tout ce qui lui était arrivé et la somme d'argent qu'Hamân avait dit qu'il pèserait dans les trésors du roi, pour **ANÉANTIR** les juifs. [8] Et il lui donna une copie de l'écrit de l'édit qui avait été donné à Suse pour les **EXTERMINER**, pour le faire voir à Esther et pour lui rapporter et commander d'aller chez le roi lui demander grâce et intercéder devant lui en faveur de son peuple. [9] Et Hatak alla et rapporta à Esther les paroles de Mardochée. [10] Et Esther dit à Hatak en le mandant vers Mardochée : [11] « Tous les serviteurs du roi et le peuple des provinces du roi savent que tout homme ou femme qui va chez le roi dans la cour intérieure sans être appelé, le seul édit pour lui est d'**ÊTRE TUÉ**, à moins que le roi lui tende le sceptre d'or. Et il se trouve que moi je n'ai pas été appelée à aller chez le roi depuis trente jours. » [12] Et l'on rapporta à Mardochée les paroles d'Esther.

[13] Et Mardochée dit pour répondre à Esther : « N'imagine pas toi-même que tu échapperas dans la maison du roi plus que tous les juifs, [14] car si te taisant tu te tais en ce temps-ci, soulagement et délivrance se lèveront pour les juifs d'un autre lieu, et toi et la maison de ton père *VOUS SEREZ ANÉANTIS* ; et qui sait si ce n'est pas pour un temps comme celui-ci que tu es arrivée à la royauté ? » [15] Et Esther dit pour répondre à Mardochée : [16] « Va, ʀᴀssᴇᴍʙʟᴇ tous les juifs qui se trouvent à Suse et *JEÛNEZ* pour moi et *NE MANGEZ NI NE BUVEZ* trois jours, nuit et jour. Moi aussi et mes jeunes-filles *JE JEÛNERAI* ainsi et ainsi j'irai chez le roi, ce qui est contre l'édit, et *SI JE DOIS ÊTRE ANÉANTIE, JE SERAI ANÉANTIE.* » [17] Et Mardochée s'écarta et il fit tout comme Esther le lui avait commandé.

– Au début de la séquence B2, de la part de Mardochée, ce ne sont que manifestations de « deuil » et de « lamentation », « sac et cendre », vêtements déchirés et « jeûne » (4,3b), et à la fin de la séquence, Esther et tous les juifs entament un « jeûne » de trois jours sans « manger » ni « boire » (16abc) ; au contraire, à la fin de la séquence B7, ce n'est que « joie » et « banquets » et « portions » échangées (9,17-19)[1] ;

---

[1] « Boire » (4,16b) et « banquet » (9,17b.18b.19b) sont de même racine.

L'ensemble de la section B

B7 : Dans la joie et les banquets, les juifs célèbrent leur victoire

9,[1] Et au douzième mois, c'est le mois d'Adar, le treize du mois, quand arriva la parole du roi et son édit pour qu'il soit fait en ce jour, quand les ennemis des juifs espéraient les dominer, il y eut un renversement quand les juifs dominèrent ceux qui les haïssaient. [2] Les juifs SE RASSEMBLÈRENT dans leurs villes, dans toutes les provinces du roi Akhashvérosh, pour porter la main contre ceux qui cherchaient leur malheur et pas un seul homme ne tint devant eux, car leur terreur était tombée sur tous les peuples. [3] Et tous les princes des provinces et les satrapes et les gouverneurs et fonctionnaires du roi soutenaient les juifs, car la terreur de Mardochée était tombée sur eux, [4] car Mardochée était grand dans la maison du roi et sa réputation se répandait dans toutes les provinces, car l'homme Mardochée allait grandissant. [5] Et les juifs frappèrent tous leurs ennemis — frappement d'épée et **TUERIE** et **ANÉANTISSEMENT** — et ils firent à ceux qui les haïssaient comme ils voulurent [6] et dans Suse-la-Citadelle les juifs **TUÈRENT** et **ANÉANTIRENT** cinq cents hommes. [7] Et Parshândata et Dalfôn et Aspata, [8] et Porata et Adalya et Aridata [9] et Parmashta et Arisaï et Aridaï et Waïzata, [10] les dix fils d'Hamân fils d'Hamdata oppresseur des juifs, **ILS TUÈRENT** mais sur le butin ne jetèrent pas les mains. [11] En ce jour-là, le nombre des **TUÉS** dans Suse-la-Citadelle parvint devant le roi.

> [12] Le roi dit à la reine Esther : « Dans Suse-la-Citadelle les juifs **ONT TUÉ** et **ANÉANTI** cinq cents hommes et les dix fils d'Hamân. Dans le reste des provinces du roi qu'auront-ils fait ? Quelle est ta demande ? Cela te sera donné ! Et quelle est ta requête encore ? Elle sera faite ! » [13] Esther dit : « Si cela est bon pour le roi, que demain aussi soit donné aux juifs de Suse de faire selon l'édit d'aujourd'hui et que les dix fils d'Hamân soient pendus au bois. » [14] Et le roi dit : « Qu'il soit fait ainsi ! » Et l'édit fut donné à Suse et les dix fils d'Hamân furent pendus.

[15] Et les juifs de Suse SE RASSEMBLÈRENT aussi le quatorze du mois d'Adar et **ILS TUÈRENT** à Suse trois cents hommes ; mais sur le butin ne jetèrent pas les mains. [16] Et le reste des juifs qui sont dans les provinces du roi SE RASSEMBLÈRENT, se tenant sur le qui-vive et se reposant de leurs ennemis et **TUANT** soixante-quinze-mille de ceux qui les haïssaient ; mais sur le butin ne jetèrent pas les mains [17] le treize du mois d'Adar et ils se reposèrent le quatorze, en faisant de ce jour un jour de **BANQUET** et de JOIE. [18] Les juifs de Suse SE RASSEMBLÈRENT le treize du mois et le quatorze, et ils se reposèrent le quinze, faisant de ce jour un jour de **BANQUET** et de JOIE. [19] C'est pourquoi les juifs ruraux habitant dans les villes rurales font du quatorze du mois d'Adar JOIE et **BANQUET** et JOUR DE FÊTE et envoient des **PORTIONS** chacun à son prochain.

– dans la séquence B2, le jeûne est provoqué par le projet d'Hamân d'« anéantir » et « exterminer » les juifs (4,7c.8b), et la reine doit affronter le risque d'être « tuée » et « anéantie » (11c.14bc.16d) ; au contraire, dans la séquence B7, ce sont les juifs qui « tuent » et « anéantissent » leurs ennemis (9,5b.6a.10b.11a. 12a.15a.16c), mais « exterminer » n'est pas repris dans cette séquence ;
– à la fin de la séquence B2, la reine Esther demande à Mardochée de « rassembler » les juifs pour un jeûne de trois jours (4,16a) ; dans la séquence B7, les juifs « se rassemblent » pour se défendre contre leurs ennemis (9,2a.15a. 16b.18a).

216 Texte hébreu : la deuxième section (Est 3,1–9,19)

LES RAPPORTS ENTRE LES TROIS SOUS-SECTIONS

B3 5,1 Et il arriva au troisième jour qu'Esther revêtit la royauté et elle se tint dans la cour intérieure de la maison du roi, face à la maison du roi ; et le roi était assis sur le trône de sa royauté dans la maison de la royauté, face à l'entrée de la maison. **2 Et il arriva, quand le roi vit qu'elle se tenait dans la cour, qu'elle suscita grâce à ses yeux ; et le roi tendit à Esther le sceptre d'or qui était dans sa main et Esther s'approcha et toucha la tête du sceptre.** *3 Et le roi lui dit : « Qu'as-tu, reine Esther, et quelle est ta requête ? Jusqu'à la moitié du royaume elle te sera donnée. » 4 Et Esther dit : « Si c'est bon pour le roi, que le roi et Hamân viennent aujourd'hui au banquet que j'ai fait pour lui. » 5 Et le roi dit : « Pressez Hamân de faire la parole d'Esther. »*

Et le roi et Hamân vinrent au banquet que faisait Esther. *6 Et le roi dit à Esther durant le banquet de vin : « Quelle est ta demande et elle te sera donnée et quelle est ta requête, jusqu'à la moitié du royaume et ce sera fait. » 7 Et Esther répondit et dit : « Ma demande et ma requête ? 8 Si j'ai trouvé grâce aux yeux du roi et s'il est bon pour le roi de donner ma demande et de faire ma requête, que le roi et Hamân viennent au banquet que je ferai pour eux ; et demain je ferai selon la parole du roi. »*

9 Et Hamân sortit ce jour-là, joyeux et bon de cœur. ***Mais quand Hamân vit Mardochée à la porte du roi qui ne se leva pas ni ne trembla devant lui, Hamân fut rempli de colère contre Mardochée***, 10 mais Hamân se domina. Et il alla dans sa maison et il envoya faire venir ses amis et sa femme Zéresh. 11 Et Hamân leur raconta la gloire de sa richesse et la multitude de ses fils et tout ce dont l'avait grandi le roi et ce dont il l'avait élevé au-dessus des princes et des serviteurs du roi.12 Et Hamân dit : « La reine Esther m'a fait venir avec le roi au banquet qu'elle a fait, moi seul, et demain aussi on m'a appelé, moi, chez elle avec le roi ; 13 ***mais tout cela n'a pas de valeur pour moi, chaque fois que moi, je vois Mardochée le juif assis à la porte du roi***. » 14 Et sa femme Zéresh et tous ses amis lui dirent : « Qu'on fasse une potence d'une hauteur de cinquante coudées et, au matin, dis au roi qu'on y pende Mardochée ; et va avec le roi au banquet, joyeux. » Et cette parole fut bonne pour Hamân et il fit la potence.

B4 6,1 Cette nuit-là, fuyait le sommeil du roi et il dit de faire-venir le livre des mémoires, les paroles des jours ; et ils lisaient devant le roi. 2 Fut trouvé écrit ce qu'avait rapporté Mardochée sur Bigtana et Téresh, deux eunuques du roi parmi les gardiens du seuil, eux qui avaient cherché à porter la main sur le roi Akhashvérosh. 3 Le roi dit : « Qu'a-t-il été fait, d'honneur et de grandeur, à Mardochée pour cela ? » Les jeunes-gens du roi ses serviteurs dirent : « N'a été faite avec lui aucune chose. »

4 Le roi dit : « Qui est dans la cour ? » Hamân était venu dans la première cour de la maison du roi pour dire au roi de pendre Mardochée sur la potence qu'il avait préparée pour lui. 5 Les jeunes-gens du roi lui dirent : « Voici Hamân qui se tient dans la cour. » Le roi dit : « Qu'il vienne ! »

6 Hamân vient et le roi lui dit : « Que faire pour un homme que le roi désire honorer ? » Hamân dit dans son cœur : « À qui le roi désire-t-il faire honneur plus qu'à moi ? » 7 Hamân dit au roi : « L'homme que le roi désire honorer ? 8 Qu'on fasse-venir un habit de royauté dont le roi s'habille, et un cheval que monte le roi et dont soit donnée la couronne de la royauté sur sa tête. 9 On donnera l'habit et le cheval à la main d'un des princes nobles du roi. On habillera l'homme que le roi désire honorer et on le fera monter sur le cheval à la place de la ville. Et on criera devant lui : « Ainsi est fait à l'homme que le roi désire honorer ! »

10 Le roi dit à Hamân : « Dépêche-toi, prends l'habit et le cheval comme tu as dit et fais ainsi à Mardochée le juif qui est assis à la porte du roi ; ne néglige aucune chose de tout ce dont tu as parlé. » 11 Hamân prit l'habit et le cheval et il habilla Mardochée et le fit monter à la place de la ville. Et il cria devant lui : « Ainsi fait-on à l'homme que le roi désire honorer ! »

12 Mardochée retourna à la porte du roi ; et Hamân se précipita dans sa maison, en deuil et la tête voilée. 13 Hamân raconta à Zéresh sa femme et à tous ses amis tout ce qui lui était arrivé. Ses sages et Zéresh sa femme lui dirent : « ***Si Mardochée est de la race des juifs devant qui tu as commencé à tomber, tu ne pourras rien contre lui car pour tomber tu tomberas devant lui***. » 14 Tandis qu'ils parlaient encore avec lui, les eunuques du roi arrivèrent et se hâtèrent de faire-venir Hamân au banquet qu'avait fait Esther.

L'ensemble de la section B

> **B5**   7,1 Le roi alla avec Hamân pour banqueter avec la reine Esther ; *2 et le roi dit à Esther aussi au deuxième jour au banquet de vin : « Quelle est ta demande, reine Esther ? Elle te sera donnée ; et quelle est ta requête ? Jusqu'à la moitié du royaume et ce sera fait. » 3 La reine Esther répondit et dit : « Si j'ai trouvé grâce aux yeux du roi et si pour le roi c'est bon, que me soient donnés ma vie pour ma demande et mon peuple pour ma requête. 4 Car nous sommes vendus, moi et mon peuple, pour être exterminés, pour être tués et pour être anéantis ; si comme esclaves et servantes nous avions été vendus, je me tairais, car cette oppression ne vaudrait pas qu'on dérange le roi. »*

> 5 Le roi Akashvérosh dit et il dit à la reine Esther : « Qui est-il celui-là et où celui-là est-il, dont le cœur est plein de faire ainsi ? » 6 Esther dit : « L'homme oppresseur et ennemi, c'est Hamân le mauvais celui-là. » Et Hamân fut terrifié en face du roi et de la reine. 7 Le roi se leva dans sa colère du banquet de vin vers le jardin du pavillon ; et Hamân se dressa pour requêter sa vie à la reine Esther car il avait vu qu'était achevé pour lui le malheur de la part du roi. 8 Le roi retourna du jardin du pavillon à la maison du banquet de vin et Hamân était tombé sur le lit sur lequel Esther se trouvait. Et le roi dit : « Aussi pour violer la reine, avec moi dans la maison ? » À peine la parole sortit de la bouche du roi qu'ils voilèrent la face d'Hamân.

> *9 Harbona, un des eunuques à la face du roi, dit : « Aussi voici que la potence qu'avait faite Hamân pour Mardochée, dont la parole avait été bonne pour le roi, est dressée dans la maison d'Hamân, haute de cinquante coudées. » Et le roi dit : « Pendez-le sur elle. » 10 Ils pendirent Hamân sur la potence qu'il avait préparée pour Mardochée et la colère du roi s'apaisa.*

– En termes médians, l'extrême tension de la fin de la première sous-section où Esther a décidé de prendre le risque de se présenter au roi sans avoir été appelée (4,16) se résout au début de la sous-section centrale quand le roi lui tend son sceptre d'or (5,2). Le roi lui demande alors ce qu'elle désire et elle le lui dit une première fois (5,3-5), puis une seconde fois (5,6-8) ; et cela annonce une scène similaire au début de la dernière séquence, quand le roi demande à la reine ce qu'elle veut durant le deuxième banquet et où elle le supplie de la sauver, elle et son peuple (7,2-4).

– Le premier passage de la première sous-section (3,1-7) rapporte longuement comment Mardochée refuse de se prosterner devant Hamân, et le dernier passage de la première séquence de la sous-section centrale revient sur ce thème (5,9.13) ; à la fin de la séquence centrale de la sous-section centrale, la femme et les amis d'Hamân lui annoncent qu'il tombera devant Mardochée (6,13), et à la fin de la dernière séquence, la potence que les sages et la femme d'Hamân lui avaient dit de préparer pour Mardochée (5,14) sert à pendre Hamân (7,9-10). Ainsi, le début de la première sous-section annonce la fin de chacune des trois séquences de la sous-section centrale ; on peut dire que c'est un cas particulier de termes extrêmes.

– La séquence centrale de la deuxième sous-section tranche sur tout le reste. La soudaine insomnie du roi et la lecture des chroniques du royaume (6,1-3) enclenchent un revirement totalement inattendu qui se matérialise dans la sous-séquence centrale quand Hamân se voit contraint d'honorer Mardochée dans les termes mêmes de la glorification qu'il avait rêvée pour lui-même (6,4-11).

218 Texte hébreu : la deuxième section (Est 3,1–9,19)

Une dernière remarque, d'ordre quantitatif : la sous-section centrale se distingue des deux autres, non seulement parce qu'elle comprend trois séquences, mais aussi parce que ses séquences sont plus courtes (le compte est fait en nombres de signes espaces compris sans numéros de versets) :

B1: 2 178
B2: 2 017   4 195

    B3: 1 858
    B4: 1 891
    B5: 1 343   5 092

B6: 2 582
B7: 2 171   4 753

INTERPRÉTATION

LA FIDÉLITÉ DE MARDOCHÉE

Tous les malheurs des juifs sont dus à Mardochée qui refuse de se prosterner devant Hamân, malgré le commandement du roi. C'est là le point de départ de tout le drame (3,1-7). Mardochée est le seul qui se distingue ainsi de tous les autres serviteurs du roi. Et cela est insupportable, d'abord à ses collègues qui lui reprochent chaque jour de transgresser le commandement du roi. Il leur avait rapporté être juif, comme une explication ou une justification de son attitude rebelle. C'est qu'un juif ne s'agenouille et ne se prosterne que devant celui dont le commandement dépasse celui du roi. Mardochée et son peuple tout entier se trouveront menacés de mort par celui qui se croit méprisé par lui. Sa fidélité de juif le perdra, mais sa fidélité au roi le sauvera. Au cœur de la section, sans que rien n'ait semblé préparer une telle péripétie, le roi ne peut dormir et il se fait lire les Chroniques du royaume : on y retrouve le témoignage de la fidélité de Mardochée à son souverain quand il dénonça les deux eunuques qui avaient voulu porter la main sur lui. Or cette fidélité, qui alors n'avait pas reçu de récompense, lui sauvera la vie et celle de tout son peuple.

LA CONVERSION D'ESTHER

Dans la première séquence (B1), Esther n'est pas nommée. Elle le sera tout au long de la deuxième séquence (B2) à partir du moment où elle est informée que Mardochée est sous le sac et la cendre, elle résiste longuement aux arguments de Mardochée et c'est seulement à la fin qu'elle accepte de risquer la mort en se présentant au roi sans avoir été appelée. D'une certaine façon, le tournant pour elle se situe à la charnière des deux premières sous-sections. À partir de là, c'est elle qui mène le jeu. Ayant évité la mort, dans la première séquence de la sous-section centrale elle invite le roi et Hamân à un banquet, et durant le banquet les invite de nouveau pour le lendemain (B3). Après une éclipse durant la séquence centrale de la sous-section (B4), durant le second banquet elle implore le salut pour elle et pour son peuple et dénonce Hamân, « l'oppresseur et ennemi », et elle obtient satisfaction (B7). Au début de la première séquence de la dernière sous-section, c'est à elle que le roi donne la maison d'Hamân, qui fait venir Mardochée en présence du roi, qui l'établit sur la maison d'Hamân, qui obtient ensuite du roi qu'on écrive un autre édit pour révoquer celui d'Hamân ; après quoi elle laisse Mardochée écrire cet édit, le sceller et l'envoyer dans toutes les provinces (B6). Mais ce n'est pas encore fini : au cœur de la dernière séquence, c'est Esther qui, au soir du treize Adar, demandera au roi de prolonger d'un jour l'édit pour la ville de Suse.

« *CELA FUT RENVERSÉ* »

C'est seulement au début de la dernière séquence que le mot est lâché (9,1). C'est au matin du 13 Adar, quand les juifs prennent le dessus sur ceux qui espéraient les dominer. Le renversement, en réalité, marque toute la section. Il est manifeste entre les sous-sections extrêmes. L'édit préparé par Hamân contre les juifs (B1) sera révoqué ou tout le moins neutralisé par celui de Mardochée le juif (B6) ; le deuil et le jeûne de Mardochée, d'Esther et de tous les juifs suite au décret d'Hamân (B2) laisseront la place à la joie et aux banquets de la victoire finale sur les ennemis (B7). Le passage entre la fin de la première sous-section et le début de la deuxième marque aussi un renversement décisif quand le roi tend son sceptre d'or à Esther au lieu de la faire mourir. Un autre renversement se voit au début de la séquence centrale (B4), quand on découvre que la fidélité passée de Mardochée n'avait pas été récompensée, ce qui fait basculer dans la scène suivante les sorts respectifs d'Hamân et de Mardochée. À la fin de la sous-section centrale, le renversement est définitif quand Hamân est pendu à la potence qu'il avait fait dresser pour Mardochée. Dans tout cet enchaînement de retournements, le lecteur ne peut se défendre de voir le doigt de celui qui aide et sauve les siens, mais rien n'aurait été possible si Mardochée et Esther n'avaient pris leurs responsabilités. « Crois en Dieu comme si tout le cours des choses dépendait de toi, en rien de Dieu. Cependant, mets tout en œuvre en elles, comme si rien ne devait être fait par toi, et tout par Dieu seul. »[2]

---

[2] La formule de Gábor Hevenesi, jésuite hongrois, est attribuée à saint Ignace de Loyola dans ses *Scintillae Ignatianae*, Vienne 1705, 2.

MARDOCHÉE, TUTEUR D'ESTHER, DEVIENT SECOND DU ROI À LA PLACE D'HAMÂN

La section C

Est 9,20–10,3

222   Texte hébreu : la troisième section (Est 9,20–10,3)

La dernière section comprend deux séquences :

C1 : Mardochée et Esther instituent la fête de Pourim	9,20-32

C2 : Mardochée est institué second du roi	10,1-3

1. Mardochée et Esther instituent la fête de Pourim

La séquence C1 : 9,20-32

La première séquence comprend trois passages :

Mardochée écrit une lettre aux juifs	9,20-22

La célébration de Pourim	23-28

Esther et Mardochée écrivent une lettre aux juifs	29-32

a. Mardochée écrit une lettre aux juifs

Le premier passage : 9,20-22

COMPOSITION

Le premier morceau dit quels sont les destinataires des lettres de Mardochée : le second segment précise que « tous les juifs » (20b) sont répartis « dans toutes les provinces » de l'empire.

Les deux morceaux suivants donnent le contenu de ces lettres. Dans le deuxième morceau sont d'abord énoncées les dates anniversaires du quatorze et du quinze Adar, les deux membres suivants rappelant ce qui s'était passé alors, les « jours » de repos après la victoire sur les ennemis (22ab), le « mois » du renversement (22cd).

Le troisième morceau (22efg) dit ce qu'il faut faire ces jours-là : banquet et partage avec les voisins et les pauvres.

Séquence C1 : 9,20-32

Les deux derniers morceaux commencent avec deux verbes aux mêmes modalités indiquant la double finalité visée par les lettres de Mardochée ; en outre, les premiers membres de ces morceaux contiennent les deux occurrences de « faire » (21a.22e). Ces morceaux sont agrafés par les deux occurrences de « joie » et par celles de « jour(s) » (21b.c. 22a.d.e). « Les juifs » reviennent dans les deux premiers morceaux (20b.22b).

+ 9,[20] Et écrivit	Mardochée	ces choses-	là	
+ et il envoya	des lettres	*à tous*	LES JUIFS	
- lesquels (sont)	*dans toutes*	les provinces	du roi	Akhashvérosh
- les proches	et les lointains,			
: [21] POUR ÉTABLIR	sur eux	qu'ils soient	**FAISANT**	
: LE JOUR	*quatre*	*dix*	du mois	d'Adar
: et LE JOUR	*cinq*	*dix*	chaque année	et année,
.. [22] comme LES JOURS	*lesquels*	ils se reposèrent	en eux	
. LES JUIFS	de leurs ennemis			
.. et le mois	*lequel*	fut renversé	pour eux	
. du tourment	À LA JOIE	et du deuil	EN JOUR	bon,
:: POUR **FAIRE**	d'eux	DES JOURS	de banquet	ET DE JOIE
:: et envoi	de portions	(chaque) homme	à son prochain	
:: et de cadeaux	aux pauvres.			

INTERPRÉTATION

CÉLÉBRER LE SALUT DU PASSÉ

Les quatorze et quinze Adar de chaque année, on fera mémoire des jours où, au lendemain du jour où les juifs furent libérés du danger qu'avaient fait peser sur eux leurs ennemis, ils purent se reposer dans la joie. Ainsi, ce n'est pas la victoire sur l'ennemi qui est célébrée, mais le repos, les banquets et la joie qui s'en sont suivis le lendemain et le surlendemain.

ACTUALISER LE SALUT DANS LA FÊTE

La célébration ne serait pas complète si elle se limitait au rappel d'un évènement du passé. Elle doit réitérer ce qui se fit alors, et ce seront de nouveau « des jours de banquet et de joie ». Le partage avec le « prochain » par les échanges de portions en sera le signe, mais l'actualisation trouvera sa réalisation la plus visible et concrète quand les pauvres recevront le salut dans les cadeaux qui leur seront faits à cette occasion : ils passeront ainsi « du tourment à la joie ».

224 Texte hébreu : la troisième section (Est 9,20–10,3)

b. LA CÉLÉBRATION DE POURIM

Le deuxième passage : 9,23-28

COMPOSITION

Cette partie comprend deux parties.

La première partie : 9,23-25

+ 9,²³ Et acceptèrent	LES JUIFS		
+ ce qu'ils	avaient commencé	à faire	
+ et ce qu'	*AVAIT ÉCRIT*	Mardochée	sur eux :
– ²⁴ qu'Hamân	**fils** de	Hamdata	l'Agaguite,
– l'oppresseur	de tous	LES JUIFS,	
– AVAIT PROJETÉ	contre LES JUIFS	*pour les anéantir*	
:: et il avait jeté	le Pour,	lui (c'est)	le sort,
:: pour les terroriser	*et les anéantir ;*		
= ²⁵ et quand elle vint	à la face	du roi,	
= il dit	avec *UNE LETTRE*		
: que retournerait	SON PROJET	mauvais	
: lequel	IL AVAIT PROJETÉ	contre LES JUIFS	sur sa tête
: et qu'on pendrait	lui	et ses **fils**	sur le bois.

Dans le premier morceau, non seulement les juifs acceptent ce qu'avait écrit Mardochée (23a.c), mais ils avaient déjà commencé à le pratiquer (23b). Ce morceau introduit les deux suivants qui rappellent les faits passés.

Le premier est le projet qu'Hamân avait fait d'« anéantir » les juifs (24abc)[1] et pour cela avait jeté le « Pour » (24de), le second est l'intervention de la reine auprès du roi (25a) qui lui fait écrire « une lettre » (25b) qui annonçait que le projet d'Hamân se serait retourné contre lui (25cde).

« Les juifs » revient dans les trois morceaux (23a ; 24b.c ; 25d). « Projet/ projeter » revient dans les deux derniers morceaux (24c.25c.d) ainsi que « fils » (24a.25e). Dans les morceaux extrêmes, « une lettre » (25b) peut rappeler « avait écrit » (23c).

---

[1] On pourra noter un jeu de mots entre « Hamân » (24a : *hāmān*) et « terroriser » (24e : *hummām*), comme si le verbe laissait entendre quelle est la nature d'Hamân.

Séquence C1 : 9,20-32

La deuxième partie : 9,26-28

- ²⁶ *C'est pourquoi*	on a appelé	CES JOURS-	LÀ
- POURIM	d'après le nom	de POUR.	
.. *C'est pourquoi*	selon tous les mots	DE CETTE MISSIVE-	là
.. *et ce qu'*	ils ont vu	sur cela	
.. *et ce qui*	était arrivé	sur eux,	
— ²⁷ *ils établirent*	et acceptèrent	LES JUIFS	sur eux
— *et SUR LEUR DESCENDANCE*	et sur tous	les s'attachant	sur eux :
: *et on ne passera pas*	d'être	faisant	
: CES DEUX	JOURS-	LÀ	
: selon LEUR ÉCRITURE	et selon leur temps	en toute année	et année,
- ²⁸ ET DE CES JOURS-	LÀ	on se souviendra	et l'on fera
- en tout âge	et âge,	famille	et famille,
- province	et province	et ville	et ville,
. ET LES JOURS	de ces POURIM-	LÀ	
. ne passeront pas	du milieu	DES JUIFS	
. et leur souvenir	ne finira pas	DANS LEUR DESCENDANCE.	

Le premier morceau donne le nom de « ces jours-là » et son origine.

Les deux morceaux suivants exposent l'établissement de cette fête. Dans le deuxième morceau, les juifs acceptent, pour eux-mêmes et les leurs, descendance et prosélytes (27ab), les termes de la « missive » de Mardochée qui rappelle les évènements passés (26cde).

Le dernier morceau est consacré aux jours futurs de Pourim. Les segments extrêmes insistent sur la pérennité de la fête : « on ne passera pas » du début (27c) est repris à la fin par « ne passeront pas » et « ne finira pas » (28e.f). Les deux premiers segments soulignent par tous les moyens que le mémorial sera fait chaque « année » (27e), dans chaque « âge » et « famille », chaque « province » et « ville » (28bc). « Faire » revient dans les deux premiers segments (27c.28a) et « ces/les jours-là » dans chaque segment (27d.28a.d).

Les deux premiers morceaux commencent avec « C'est pourquoi » (26a.c). « Les juifs » et « leur descendance » jouent le rôle de termes finaux pour les deux derniers morceaux (27ab.28ef). « Ces jours-là » du premier morceau (26a) est repris en écho trois fois dans le dernier morceau (27d.28a.d) ; de même « Pourim » revient en 26b et 28d.

226 Texte hébreu : la troisième section (Est 9,20–10,3)

L'ensemble du passage : 9,23-28

+ 9,[23] Et ACCEPTÈRENT	LES JUIFS		
+ ce qu'ils	avaient commencé	À FAIRE	
+ et ce qu'	AVAIT ÉCRIT	Mardochée	sur eux :
– [24] qu'Hamân	fils de	Hamdata	l'Agaguite,
– l'oppresseur	de tous	LES JUIFS,	
– avait projeté	contre LES JUIFS	pour les anéantir	
:: et il avait jeté	le POUR,	lui (c'est)	le sort,
:: pour les terroriser	et les anéantir ;		
+ [25] et quand elle vint	à la face	du roi,	
+ il dit	avec UNE LETTRE		
: que retournerait	son projet	mauvais	
: lequel	il avait projeté	contre LES JUIFS	sur sa tête
: et qu'on pendrait	lui	et ses fils	sur le bois.

- [26] C'est pourquoi	on a appelé	ces jours-	là
- POURIM	d'après le nom	de POUR.	
.. C'est pourquoi	selon tous les mots	DE CETTE MISSIVE-	là
.. et ce qu'	ils ont vu	sur cela	
.. et ce qui	était arrivé	sur eux,	
– [27] ils établirent	et ACCEPTÈRENT	LES JUIFS	sur eux
– et sur leur descendance	et sur tous	les s'attachant	sur eux :
: et on ne passera pas	d'être	FAISANT	
: ces deux	jours-	là	
: selon LEUR ÉCRITURE	et selon leur temps	en toute année	et année,
- [28] et de ces jours-	là	on se souviendra	ET L'ON FERA
- en tout âge	et âge,	famille	et famille,
- province	et province	et ville	et ville,
. et les jours	de ces POURIM-	là	
. ne passeront pas	du milieu	DES JUIFS	
. et leur souvenir	ne finira pas	dans leur descendance.	

Séquence C1 : 9,20-32

La lettre de Mardochée rappelle dans la première partie les évènements qui, dans la deuxième partie, devront être commémorés chaque année.

Reviennent dans les deux parties « les juifs » (23a.24b.c.25d ; 27a.28e), qui « acceptèrent » (23a.27a) ce que Mardochée « avait écrit » (23c), sa « missive » (26c) ; « une lettre » (25b) et « leur écriture » (27e) appartiennent au même champ sémantique. « Pour » revient en 24d et 26b ; « faire » en 23b.27c.28a.

On notera en particulier le rapport entre « et ses fils » et « leur descendance » en termes finaux des deux parties (25e.28f).

INTERPRÉTATION

UNE LETTRE DE CONFIRMATION

La lettre de Mardochée ne tombe pas du ciel comme un commandement absolu, un édit semblable aux précédents. Il n'arrive certainement pas au lendemain de la bataille qui a opposé les juifs à leurs ennemis. En effet, les juifs avaient déjà commencé spontanément à célébrer l'anniversaire de la libération. Avec sa lettre, Mardochée confirme une coutume déjà établie, mais il lui donne valeur de loi. Il l'officialise, jouant le rôle de législateur suprême, guide de toute la communauté.

LE RETOURNEMENT DES SORTS

« Pour » et son pluriel « Pourim » sont des termes étrangers, puisque le narrateur éprouve le besoin de traduire : le « pour » est « le sort ». Hamân avait jeté le sort pour fixer la date du génocide des juifs. Or leurs sorts ont été retournés du tout au tout. Ce qu'Hamân avait projeté lui est retombé sur la tête et il a fini sur la potence qu'il avait dressée pour Mardochée. Et cela advint grâce à l'intervention d'une femme dont le nom n'est curieusement pas prononcé, mais que personne, évidemment, n'est prêt d'oublier. Pourim, ou « les sorts », est la commémoration annuelle de ce grand retournement.

LA DESCENDANCE

Hamân fut anéanti alors qu'il avait projeté ce sort pour les juifs, et il fut même réduit au néant le plus absolu, puisqu'il disparut sans laisser de descendance, tous ses fils ayant été anéantis avec lui. En revanche, les juifs, dont Hamân avait voulu exterminer même les enfants, ont échappé au massacre et leurs descendants célèbrent leur salut de génération en génération, « et leur souvenir ne finira pas dans leur descendance ».

228 Texte hébreu : la troisième section (Est 9,20–10,3)

c. ESTHER ET MARDOCHÉE ÉCRIVENT UNE LETTRE AUX JUIFS

Le troisième passage : 9,29-32

COMPOSITION

+ 9,²⁹ *ET ÉCRIVIT*	ESTHER	la reine	fille	d'Abihaïl
+ et MARDOCHÉE	le juif	en toute	autorité	
+ POUR ÉTABLIR	*LA MISSIVE*	DE CES POURIM	CEUX-LÀ	la deuxième.
: ³⁰ Et il envoya	*DES LETTRES*	à tous	les juifs	
: aux sept	et vingt	et cent	provinces	du royaume d'Akhashvérosh,
= PAROLES	de paix	et de vérité,		
: ³¹ POUR ÉTABLIR	les jours	DE CES POURIM-	LÀ	en leurs temps
:: **ainsi qu'**	AVAIENT ÉTABLI	**sur eux**	MARDOCHÉE	le juif
:: et ESTHER	la reine			
:: **et ainsi qu'ils**	AVAIENT ÉTABLI	**sur eux**	et sur leur descendance	
= des PAROLES	de jeûnes	et leurs clameurs.		
+ ³² Et le dire	d'ESTHER	ÉTABLIT		
+ les PAROLES	DE CES POURIM-	LÀ		
+ *ET IL FUT ÉCRIT*	*DANS LA LETTRE.*			

Le premier morceau fait état d'une seconde missive concernant les Pourim, rédigée par Esther et Mardochée.

Selon le troisième morceau, lui aussi de la taille d'un seul trimembre, l'institution des Pourim est attribuée à la seule Esther.

Beaucoup plus développé, le morceau central commence par rapporter que Mardochée fit parvenir le texte de la missive aux juifs de tout l'empire (30abc). Ces lettres de Mardochée et Esther fixent les jours de Pourim (31abc) ; le dernier segment ajoute que ces jours ne sont pas établis seulement sur eux, mais aussi « sur leur descendance ». Les derniers membres des segments extrêmes (30c. 31e) se répondent de manière complémentaire : ce que commémorent les jours de Pourim, c'est le renversement des « paroles de jeûnes et leurs clameurs » aux « paroles de paix et de vérité ».

Les deux occurrences de « écrire » (29a.32c) font inclusion ; les deux occurrences de « lettre(s) » marquent le début du morceau central et la fin du dernier morceau (30a.32c), et « missive » à la fin du premier morceau (29c) en est un synonyme. Au centre (31bc) se retrouvent les noms d'Esther et de Mardochée comme au début (29ab), mais en ordre inverse. « Établir » du premier morceau (29c) est repris trois fois dans le deuxième morceau (31a.b.d) et une fois dans le dernier (32a).

Séquence C1 : 9,20-32

INTERPRÉTATION

ESTHER ET MARDOCHÉE

Dès le début, il est bien précisé que la missive qui établit les Pourim fut écrite conjointement par la reine Esther et par Mardochée. Et cela sera répété au centre du passage, l'inversion des noms propres de Mardochée et d'Esther semblant suggérer que leur initiative est vraiment commune. Or il est surprenant qu'à la fin le nom de Mardochée ait disparu et que ce soit seulement à Esther que sont attribuées et l'institution de Pourim et son écriture dans la lettre. La contradiction a suscité diverses interprétations : certains corrigent le premier verset, supprimant le nom de Mardochée, d'autres sont d'avis que le dernier verset rapporterait une troisième missive due à la seule Esther. Il semble plus raisonnable de penser que le dernier verset, faisant inclusion avec le premier, a pour fonction non seulement de clôturer le passage, mais aussi d'insister sur le rôle de la reine dans toute cette affaire.

PAIX ET DE CLAMEURS

Les lettres d'Esther et de Mardochée ne contiennent pas seulement des « paroles de paix et de vérité » (30d), mais aussi des « paroles de jeûnes et de leurs clameurs » (30e). C'est là une manière de rappeler toute la série des renversements qui ont abouti à écarter du peuple juif le malheur qui avait été projeté contre eux par Hamân et qui a retourné son deuil en joie, son jeûne en banquets.

PARTOUT ET TOUJOURS

Mardochée prend soin de faire parvenir les lettres qui instituent les jours de Pourim à tous les juifs habitant dans les cent-vingt-sept provinces du royaume, mais avec Esther ils ajoutent que cette commémoration annuelle ne devra pas se limiter « en leurs temps », mais s'étendre aussi à leur descendance, à toutes les générations qui viendront dans le futur.

230 Texte hébreu : la troisième section (Est 9,20–10,3)

d. Mardochée et Esther instituent la fête de Pourim

L'ensemble de la séquence C1 : 9,20-32

COMPOSITION

LES RAPPORTS ENTRE LES PASSAGES EXTRÊMES

9,[20] Et *ÉCRIVIT* MARDOCHÉE ces choses-là et il envoya des *LETTRES à tous les juifs qui sont dans toutes les provinces du roi Akhashvérosh, les proches et les lointains*, [21] pour établir sur eux qu'ils fassent le quatorze du mois d'Adar et le quinze année après année, [22] comme LES JOURS où les juifs se reposèrent de leurs ennemis et le mois où se renversa pour eux du *tourment* à la joie et du *deuil* en jour de fête, pour faire d'eux DES JOURS de banquet et de joie et envoi de portions l'un à l'autre et de cadeaux aux pauvres.

[...]

[29] Et *ÉCRIVIT* la reine Esther, fille d'Abihaïl, et MARDOCHÉE le juif en toute autorité pour établir la deuxième *MISSIVE* de ces Pourim-là. [30] Et il envoya des *LETTRES à tous les juifs aux cent-vingt-sept provinces du royaume d'Akhashvérosh*, paroles de paix et de vérité, [31] pour établir LES JOURS DE CES POURIM-LÀ en leurs temps, ainsi qu'avaient établi sur eux MARDOCHÉE le juif et Esther la reine et ainsi qu'ils avaient établi sur eux et sur leur descendance des paroles de *jeûnes* et leurs *clameurs*. [32] Et le dire d'Esther établit les paroles de ces Pourim-là et *CE FUT ÉCRIT* dans la lettre.

– « Et écrivit Mardochée » (20a) et « Et écrivit Esther [...] et Mardochée » (29a) jouent le rôle de termes initiaux ;
– Mardochée « envoya des lettres à tous les juifs [...] du roi/du royaume (d') Akashvérosh » (20abc.30ab) ;
– « établir » (21a ; 29b.31a bis.31b.32a) ;
– « jours » (22a.c ; 31a) ;
– au passage du « tourment » et du « deuil » à la « joie » et au « jour de fête » (22b) correspond le passage des « jeûnes » et « clameurs » (31c) à la « paix » et la « vérité » (30bc).

LES RAPPORTS ENTRE LES TROIS PASSAGES

– « Mardochée » (20a ; 23b ; 29a.31b) ;
– « juif(s) » (20a.22a ; 23a.24b bis.25c.27a.28d ; 29a.30a.31b) ;
– « établir » (21a ; 27a ; 29b.31a bis.31b.32a) ;
– « jours » (22a.c ; 26a.27c.28b.c ; 31a) ;
– « écrire/écriture » (20a ; 23ab.27c ; 29a.32b) ;
– « lettre(s) » (20a ; 25b ; 30a.32b) ; et le synonyme « missive » (26b ; 29b).

Séquence C1 : 9,20-32   231

9,20 Et *ÉCRIVIT* MARDOCHÉE ces choses-là et il envoya des *LETTRES* à tous *LES JUIFS* qui sont dans toutes les provinces du roi Akhashvérosh, les proches et les lointains, 21 pour **établir** sur eux qu'ils FASSENT le quatorze du mois d'Adar et le quinze **année après année**, 22 comme LES JOURS où *LES JUIFS* se reposèrent de leurs ennemis et le mois où SE RENVERSA pour eux du tourment à la joie et du deuil en jour de fête, pour FAIRE d'eux DES JOURS de banquet et de joie et envoi de portions l'un à l'autre et de cadeaux aux pauvres.

23 Et *LES JUIFS* acceptèrent ce qu'ils avaient commencé à FAIRE et ce que leur *AVAIT ÉCRIT* MARDOCHÉE : 24 qu'Hamân, fils de Hamdata l'Agaguite, l'oppresseur de tous *LES JUIFS*, avait projeté contre *LES JUIFS* de les anéantir et il avait jeté le Pour – c'est le sort – de les terroriser et les anéantir ; 25 et quand elle vint en présence du roi, il dit avec *UNE LETTRE* que RETOURNERAIT sur sa tête son projet mauvais qu'il avait projeté contre *LES JUIFS* et qu'on les pendrait lui et ses fils sur le bois.
26 C'est pourquoi on a appelé CES JOURS-LÀ POURIM d'après le nom de POUR. C'est pourquoi selon tous les termes de cette *MISSIVE*-là et ce qu'ils ont vu sur cela et ce qui était arrivé sur eux, 27 *LES JUIFS* **établirent** et acceptèrent pour eux et pour LEUR DESCENDANCE et pour tous ceux qui s'attachaient à eux : et on ne passera pas de FAIRE CES DEUX JOURS-LÀ selon leur *ÉCRITURE* et selon leur temps **année après année**, 28 et de CES JOURS-LÀ on se souviendra et l'on FERA en tout âge, dans chaque famille, chaque province et chaque ville et LES JOURS DE CES POURIM-LÀ ne passeront pas du milieu des *JUIFS* et leur souvenir ne finira pas chez LEUR DESCENDANCE.

29 Et *ÉCRIVIT* la reine Esther, fille d'Abihaïl, et MARDOCHÉE *LE JUIF* en toute autorité pour **établir** la deuxième *MISSIVE* de CES POURIM-LÀ. 30 Et il envoya des *LETTRES* à tous *LES JUIFS* aux cent-vingt-sept provinces du royaume d'Akhashvérosh, paroles de paix et de vérité, 31 pour **établir** LES JOURS DE CES POURIM-LÀ en leurs temps, ainsi qu'**avaient établi** sur eux MARDOCHÉE *LE JUIF* et Esther la reine, et ainsi qu'ils **avaient établi** sur eux et sur LEUR DESCENDANCE des paroles de jeûnes et leurs clameurs. 32 Et le dire d'Esther **établit** les paroles de CES POURIM-LÀ et *CE FUT ÉCRIT* dans la *LETTRE*.

LES RAPPORTS ENTRE LES DEUX PREMIERS PASSAGES

– « faire » (21b.22b ; 23a.27b.28b) ;
– « année après année » (21bc.27c) ;
– « se renverser » et « retourner » (22b.25b) sont synonymes.

LES RAPPORTS ENTRE LES DEUX DERNIERS PASSAGES

– « Pourim/Pour » (24b.26a bis.28c ; 29b.31a.32b) ;
– « leur descendance » (27ab.28d ; 31bc) qui est à mettre en relation avec les « fils » d'Hamân qui n'aura pas de descendance (25c).

INTERPRÉTATION

MARDOCHÉE, LES JUIFS, ESTHER

Le premier passage rapporte l'ordre que Mardochée avait donné à tous les juifs de commémorer, le quatorze et le quinze Adar de chaque année, la libération de leurs ennemis. Dès le début du deuxième passage, le narrateur a bien soin d'ajouter que les juifs n'avaient pas attendu les lettres de Mardochée pour célébrer l'anniversaire d'un tel évènement, et ils acceptèrent d'autant plus volontiers la décision de Mardochée qu'elle rejoignait la leur. Enfin, les lettres envoyées par Mardochée sont confirmées par une seconde lettre rédigée conjointement par la reine Esther et Mardochée. Pourim n'est pas la fête qu'un seul homme aurait instituée, elle est, dès l'origine, celle que, spontanément, tout un peuple avait instituée. Cependant, il était naturel qu'elle soit confirmée par les plus hautes instances de la communauté.

LE RETOURNEMENT DES SORTS

Le sort qu'avait jeté Hamân pour fixer la date de l'extermination des juifs se renverse complètement au jour prévu. Chacun des trois passages revient sur ce qui représente le cœur de l'évènement et de sa commémoration dans la célébration des Pourim. Du jour d'angoisse et de mort, de « tourment » et de « deuil » on était passé, les jours suivants, à la « joie » et à la « fête » (22). Le « projet » fomenté par l'oppresseur des juifs « de les terroriser et de les anéantir » (24) se retourne contre lui et contre ses fils qui seront pendus au bois (25). La deuxième lettre, elle aussi, souligne comment des « jeûnes et des clameurs » (31c) les juifs avaient goûté « la paix et la vérité » (30bc). Un tel salut radical qui fit passer de l'extermination à la jubilation méritait d'être célébré chaque année, à l'image de la Pâque qui fit passer le peuple hébreu de la mort à la vie à travers les eaux de la mer.

« ET POUR LEUR DESCENDANCE »

La fête n'est pas instituée seulement pour ceux qui ont échappé au massacre, mais aussi « pour leur descendance » (27.28 ; 31). C'est que, si le projet de génocide avait été perpétré, si les pères avaient péri, ils n'auraient pas eu de descendance. Tout le peuple passé et futur aurait disparu. C'est au contraire ce qui est arrivé à Hamân, l'oppresseur des juifs. Ses dix fils, toute sa descendance fut pendue au bois comme lui (25). La solution finale qu'il avait programmée pour les juifs lui est retombée sur la tête. On comprend donc pourquoi les descendants, génération après génération, sont si attachés à cette fête de Pourim : c'est en effet leur propre salut qu'ils célèbrent.

2. Mardochée est institué second du roi

La séquence C2 : 10,1-3

Cette dernière séquence ne comprend qu'un seul passage.

COMPOSITION

+ 10,[1] Et imposa	LE ROI	AKHASHVÉROSH	un impôt
+ sur la terre	et sur les iles	de la mer.	
+ [2] Et toutes	les œuvres	de sa puissance	et de sa vaillance
– et la somme	DE LA GRANDEUR	*DE MARDOCHÉE*	
– par laquelle	L'AVAIT GRANDI	LE ROI	
.. ne (sont-ils) pas	eux	écrits	
.. sur le livre	des choses	des jours	
.. DES ROIS	de Médie	et de Perse ?	
: [3] Car *MARDOCHÉE*	le juif		
: (était) le second	POUR LE ROI	AKHASHVÉROSH	
- et GRAND	pour les juifs		
- et agréé	par la multitude	de ses frères,	
.. cherchant	le bien	de son peuple	
.. et parlant	la paix	à toute sa descendance.	

Dans le premier morceau, il n'est question que du roi Akhashvérosh.

Dans le second, ce qui est écrit dans les annales royales (2def) sont « les œuvres » du roi (2a) et la « grandeur » de Mardochée reçue du roi (2bc).

Le troisième morceau revient d'abord sur le lien particulier entre Mardochée et le roi (3ab) avant de s'attarder sur ceux qu'il entretient avec ses frères juifs.

« Le roi Akhashvérosh » revient au début des morceaux extrêmes, et « le roi » deux fois dans le morceau central (2c.f), « Mardochée » est repris dans les deux derniers morceaux (2b.3a), ainsi que « grandeur/grandir/grand » (2b.c.3c) ; le référent des pronoms de 2a est « le roi » du morceau précédent (1a).

CONTEXTE

LE SECOND DU ROI

Mardochée est présenté sous les traits de Joseph, fils de Jacob, qui devint le second de Pharaon (Gn 41,40-43). L'impôt imposé par le roi sur le pays semble être dû à la sagesse de Mardochée qui ressemble à celle de Joseph lequel, pendant les sept années d'abondance, emmagasina le blé en prévision du futur

234 Texte hébreu : la troisième section (Est 9,20–10,3)

(Gn 41,46-49). Cela représente un changement radical dans l'administration du royaume telle qu'elle est présentée au début du livre, marquée par les libéralités inconsidérées du roi (Est 1,1-9).

INTERPRÉTATION

« À TOUT SEIGNEUR, TOUT HONNEUR »

L'imposition de l'impôt est attribuée au seul roi Akhashvérosh. On se doute bien que Mardochée y est pour quelque chose, mais il convenait que tout l'honneur en revienne non pas au second du royaume mais au premier. Il était normal que du second on ne parle que dans un deuxième temps.

LA GRANDEUR DE MARDOCHÉE

C'est au roi que Mardochée doit sa « grandeur ». C'est aussi parce que le roi l'a grandi que son nom se trouve attaché à celui de son maitre dans les annales du royaume. Il est clair que cette grandeur n'est pas sans cause et que Mardochée a su la mériter par la sagesse de sa collaboration avec le roi. Si, de leur côté, les juifs le considèrent « grand » eux aussi, ce n'est pas seulement dû au poste officiel qu'il occupe dans le royaume, mais aussi parce qu'il cherche le bien de son peuple. Sa fidélité est double, au roi perse et au peuple juif, et double est donc sa grandeur.

3. Mardochée, tuteur d'Esther, devient second du roi à la place d'Hamân

L'ensemble de la section C : 9,20–10,3

COMPOSITION

– « le roi/royaume (d')Akhashvérosh » revient deux fois dans chaque séquence (9,20b.30b ; 10,1a.3b) ;
– « Mardochée » (9,20a.23b.29a.31b ; 10,2c.3a) ; Mardochée est dit « le juif » dans le dernier passage de la première séquence (9,29a.31b) et dans la deuxième séquence (10,3a) ;
– « juif(s) » (9,20a.22a.23a.24b bis.27a.28c.29a.30b.31b ; 10,3a.b) ;

L'ensemble de la section C

9,²⁰ Et *ÉCRIVIT* **MARDOCHÉE** ces choses-là et il envoya des *LETTRES* à tous *LES JUIFS* qui sont dans toutes les provinces du roi Akhashvérosh, les proches et les lointains, ²¹ pour établir sur eux qu'ils fassent le quatorze du mois d'Adar et le quinze année après année, ²² comme les jours où *LES JUIFS* se reposèrent de leurs ennemis et le mois où se renversa pour eux du tourment à la joie et du deuil en jour de fête, pour faire d'eux des jours de banquet et de joie et envoi de portions l'un à l'autre et de cadeaux aux pauvres.

²³ Et *LES JUIFS* acceptèrent ce qu'ils avaient commencé à faire et ce que leur *AVAIT ÉCRIT* **MARDOCHÉE** : ²⁴ qu'Hamân fils de Hamdata l'Agaguite, l'oppresseur de tous *LES JUIFS*, avait projeté contre *LES JUIFS* de les anéantir et il avait jeté le Pour – c'est le sort –, de les terroriser et les anéantir ; ²⁵ et quand elle vint en présence du roi, il dit avec une *LETTRE* que retournerait sur sa tête son projet mauvais qu'il avait projeté contre *LES JUIFS* et qu'on les pendrait lui et ses fils sur le bois.
²⁶ C'est pourquoi on a appelé ces jours-là Pourim d'après le nom de Pour. C'est pourquoi selon tous les termes de cette missive-là et ce qu'ils ont vu sur cela et ce qui était arrivé sur eux, ²⁷ *LES JUIFS* établirent et acceptèrent pour eux et pour *LEUR DESCENDANCE* et pour tous ceux qui s'attachaient à eux : et on ne passera pas de faire ces deux jours-là selon leur écriture et selon leur temps année après année, ²⁸ et de ces jours-là on se souviendra et l'on fera en tout âge, dans chaque famille, chaque province et chaque ville et les jours de ces Pourim-là ne passeront pas du milieu des *JUIFS* et leur souvenir ne finira pas chez *LEUR DESCENDANCE*.

²⁹ Et *ÉCRIVIT* la reine Esther, fille d'Abihaïl, et **MARDOCHÉE** *LE JUIF* en toute autorité pour établir la deuxième missive de ces Pourim-là. ³⁰ Et il envoya des *LETTRES* à tous *LES JUIFS* aux cent-vingt-sept provinces du royaume d'Akhashvérosh, paroles de PAIX et de vérité, ³¹ pour établir les jours de ces Pourim-là en leurs temps, ainsi qu'avait établi sur eux **MARDOCHÉE** *LE JUIF* et Esther la reine, et ainsi qu'ils avaient établi sur eux et sur *LEUR DESCENDANCE* des paroles de jeûnes et leurs clameurs. ³² Et le dire d'Esther établit les paroles de ces Pourim-là et ce *FUT ÉCRIT* dans la *LETTRE*.

– « écrire » (9,20a.23ab.29a.32b ; 10,2c) ;
– « lettre/livre » (*sēper* : 9,20a.25b.30a.32b ; 10,2c) ;
– « leur/sa descendance » (9,27b.28c.31c ; 10,3c) ;
– « paroles de paix/parlant la paix » (9,30b ; 10,3c).

10,¹ Et le roi Akhashvérosh imposa un impôt sur la terre et sur les iles de la mer. ² Et toutes les œuvres de sa puissance et de sa vaillance et la somme de la grandeur de **MARDOCHÉE** par laquelle le roi l'avait grandi ne sont-elles pas *ÉCRITES* dans *LE LIVRE* des choses des jours des rois de Médie et de Perse ? ³ Car **MARDOCHÉE** *LE JUIF* était le second pour le roi Akhashvérosh et grand pour *LES JUIFS* et agréé par la multitude de ses frères cherchant le bien de son peuple et parlant LA PAIX à toute *SA DESCENDANCE*.

Interprétation

Ce fut écrit

Toute la première séquence insiste sur le fait que les ordonnances des festivités de Pourim sont mises par écrit. Elles le sont même deux fois, d'abord par Mardochée puis par la reine Esther, accompagnée de Mardochée. Cette mise par écrit ne tient pas seulement au fait que ces ordonnances doivent parvenir jusqu'aux provinces les plus reculées du royaume. L'écrit assure aussi leur pérennité. Il en va de même pour ce qui est écrit dans les annales des rois de Médie et de Perse. L'écrit sera le témoin, pour les générations futures, de ce que fut le rôle de Mardochée aux côtés du roi Akhashvérosh.

Paroles de paix

À la fin de la première séquence, le résultat du grand renversement des sorts, sur lequel insiste chacun des trois passages, est résumé, pour ainsi dire, par la formule « paroles de paix » (9,30). C'est cela qui est célébré à Pourim. Cependant, le don de la paix n'est pas limité aux jours de la fête. Ce que Mardochée et la reine Esther avaient décrété pour cette occasion annuelle, Mardochée l'étend à tout le temps où il seconde le roi Akhashvérosh. Ainsi les deux séquences sont complémentaires.

LE TEXTE HÉBREU

L'ensemble du livre

238 L'Un et l'autre Livre d'Esther

COMPOSITION

Le livre d'Esther est organisé en trois sections :

| A. Esther, | pupille de Mardochée, devient reine | à la place de Vashti | 1,1–2,23 |

| B. **LES SORTS SONT RENVERSÉS** | 3,1–9,19 |

| C. Mardochée, tuteur d'Esther, | devient second du roi | à la place d'Hamân | 9,20–10,3 |

DONNÉES CHIFFRÉES

Les sections extrêmes comprennent deux séquences (A1–2 et C1–2) ; la section centrale en compte sept organisées en trois sous-sections, de deux séquences aux extrémités (B1–2 et B6–7) et de trois au centre (B3–5).

Le bel arrangement de cette architecture est toutefois déséquilibré si l'on considère les masses, en particulier pour les sections extrêmes. En effet, la dernière (C) est nettement plus courte que la première (A) ; et le même phénomène d'abréviation se reproduit à l'intérieur de la dernière section où la deuxième séquence (C2) est beaucoup plus courte que la première (C1).

La section centrale est la plus développée : elle représente presque le double du total des deux autres sections (les comptes sont faits en nombre de signes, espaces compris, de la translittération).

A1:	**2 660**		
A2:	**3 083**	**5 743**	
B1:	**2 178**		
B2:	**2 017**	**4 195**	
B3:	**1 858**		
B4:	**1 891**		
B5:	**1 343**	**5 092**	
B6:	**2 582**		
B7:	**2 171**	**4 753**	**14 040**
C1:	**1 757**		
C2:	**336**	**2 093**	
Total		**21 876**	

Texte hébreu : l'ensemble du livre

LES RAPPORTS ENTRE LES SECTIONS EXTRÊMES (A ET C)

Les rapports entre les sections A et C ne sautent pas aux yeux. Leur situation dans le récit est en effet très différente : les évènements rapportés dans la première section regardent ce qui précède et ce qui prépare la grande crise de la section centrale — le remplacement de la reine Vashti par Esther, la pupille de Mardochée —, tandis que ceux de la dernière section narrent ce qui advient après la victoire des juifs sur leurs persécuteurs — l'instauration de la fête de Pourim qui célèbre cette victoire et l'instauration de la paix dans tout le royaume. Toutefois, la fête de Pourim célèbre le renversement des sorts, quand Hamân périt sur la potence qu'il avait fait dresser pour Mardochée (9,25-26), quand Mardochée devint « le second du roi » (10,3) à la place de Hamân. C'est pourquoi les titres qui ont été donnés à ces deux sections soulignent leur rapport essentiel :

A : Esther, pupille de Mardochée, devient reine à la place de Vashti
C : Mardochée, tuteur d'Esther, devient second du roi à la place d'Hamân

Il faut aussi noter quelques rapports particulièrement significatifs entre les deux sections.

Entre les premières séquences (A1 et C1)

– Au début de A1, Akhashvérosh est dit régner sur « cent-vingt-sept provinces » (1,1) et à la fin « il envoya des lettres à toutes les provinces du roi » (1,22) ; de même, aux extrémités de C1, Mardochée « envoya des lettres à tous les juifs qui sont dans toutes les provinces du roi » (9,20) et « il envoya des lettres à tous les juifs aux cent-vingt-sept provinces du royaume » (9,30) ;
– la séquence A1 commence par trois « banquets », pour tous les princes des provinces (1,3), pour tout le peuple de Suse (5), et de même fit la reine Vashti pour les femmes (9) ; dans le premier passage de la séquence C1, les jours de Pourim sont « jours de banquets » (9,22).

Entre les deuxièmes séquences (A2 et C2)

– Esther devient reine en A2, et en C2 Mardochée est devenu le second du roi ;
– à la fin de A2, ce que fit Mardochée pour sauver le roi de l'attentat des deux eunuques « fut écrit dans le livre des choses des jours devant le roi » (2,23), et en C2 les œuvres du roi et la grandeur de Mardochée « ne sont-ils pas écrits dans le livre des choses des jours des rois de Médie et de Perse ? » (10,2) ;
– tandis qu'en A2 Mardochée demande à Esther de ne pas dévoiler son identité juive (2,10.20), en C2 le second du roi est appelé « Mardochée le juif » et il protège son peuple au vu et au su de tous (10,3 ; déjà en 9,29) ;
– alors qu'à la fin de A2, le roi « fit un dégrèvement pour les provinces et donna des présents comme la main du roi » (2,18), au début de C2, « il impose un impôt sur le pays et sur les iles de la mer » (10,1).

240 · L'Un et l'autre Livre d'Esther

Entre les séquences extrêmes (A1 et C2)

– Au début, le roi veut faire voir à tous « la richesse de la gloire de son règne et l'éclat de la splendeur de sa grandeur » (1,4) ; à la fin, ce sont « les œuvres de sa puissance et de sa vaillance », jointes à « la grandeur de Mardochée », qui sont consignées dans les annales (10,2) ;
– les largesses immenses et somptueuses que fait le roi au début (1,4-8) sont remplacées à la fin par un « impôt » que devront acquitter tout le pays et les îles de la mer (10,1) ; le caractère laconique de cette mention de l'impôt s'oppose à la longue énumération des richesses déployées au début.

LES RAPPORTS ENTRE LES TROIS SECTIONS

Les banquets

Un premier rapport formel très évident est la récurrence des banquets :

• Dans la première section,
– la première séquence (A1) commence par une série de banquets :
   . celui de cent-quatre-vingt-dix jours (soit de six mois) offert par le roi à ses princes dans tout le royaume (1,3-4),
   . suivi d'un banquet de sept jours pour tout le peuple de Suse (1,5-8),
   . et enfin celui que la reine Vashti offre aux femmes (1,9).

– À la fin de la deuxième séquence (A2), après le couronnement d'Esther, « le roi fit un grand banquet pour tous ses princes et ses serviteurs, le banquet d'Esther » (2,18).

• Dans la deuxième section,
– à la fin de la première séquence (B1), pour fêter l'envoi de l'édit de l'extermination des juifs dans toutes les provinces, « le roi et Hamân s'assirent pour boire »[1] (3,15) ;
– la première séquence de la sous-section centrale (B3) est consacrée au premier banquet auquel la reine Esther invite le roi et Hamân (5,1-14) ;
– la dernière séquence de cette même sous-section (B5) rapporte le deuxième banquet que fit la reine Esther pour le roi et Hamân (7,1-10).

• Dans la troisième section,
– les jours de la fête de Pourim sont « des jours de banquet » (9,22).

---

[1] Il faut rappeler que « boire » est de la même racine que « banquet » ; en 5,6 et en 7,2.7.8 les banquets organisés par Esther pour le roi et pour Hamân sont dits « banquet de vin ». En 7,1 le verbe « boire » a été traduit par « banqueter ».

Texte hébreu : l'ensemble du livre 241

Des renversements entre des couples de personnages

La section centrale est l'histoire d'un renversement. Celui-ci est préparé par celui qui, dans la première section, fait accéder Esther à la royauté à la place de Vashti. Ces renversements sont, pour ainsi dire, incarnés par deux couples parallèles : deux païens, l'épouse du roi, Vashti, et le second du roi, Hamân, et deux juifs, Esther, la seconde épouse du roi, et Mardochée qui deviendra second du roi à la place d'Hamân. Il s'agit donc d'abord de deux femmes, puis de deux hommes, tous en relation très étroite avec le roi.

Quant à la troisième section, reste un premier couple de personnages, Esther et Mardochée qui instituent la fête de Pourim pour célébrer chaque année les renversements qui ont abouti au salut du peuple juif (C1), et dans la dernière séquence, celui du roi Akhashvérosh et de son second Mardochée le juif (C2).

Les annales royales

Il en est question en des lieux symétriques :
– à la fin de la première section, quand l'attentat contre le roi et la démarche de Mardochée, dénonciateur des deux eunuques conspirateurs, sont relatés « dans le livre des choses des jours » (2,23) ;
– au début de la séquence centrale de la section centrale, quand on lit au roi insomniaque ce qui est écrit dans « le livre des mémoires, les choses des jours » (6,1), à savoir comment Mardochée avait dénoncé le complot des deux eunuques qui avaient voulu porter la main sur le roi ;
– à la fin de la dernière section, quand les œuvres du roi et la grandeur de Mardochée sont écritess « dans le livre des choses des jours des rois de Médie et de Perse » (10,2).

LES RAPPORTS ENTRE LES DEUX PREMIÈRES SECTIONS

Pourquoi Esther est devenue reine

À la fin de la première sous-section de la section centrale (B2), quand Esther objecte qu'elle ne peut aller demander au roi la grâce des juifs car il lui est impossible de se présenter devant lui sans y avoir été invitée, Mardochée lui fait répondre : « et qui sait si c'est pour un temps comme celui-ci que tu es arrivée à la royauté ? » (4,14). Toute la première section est le récit de l'accession d'Esther à la royauté.

Le complot contre le roi éventé par Mardochée

La première section s'achève par le récit du complot que les deux eunuques, Bigtân et Téresh, avaient ourdi contre le roi et que Mardochée avait dénoncé au roi, fait qui fut consigné dans les annales du royaume (2,21-23). La séquence centrale de la section B commence par l'épisode crucial qui voit le roi, gagné par l'insomnie, demander qu'on lui lise les annales ; on y trouve le rapport de la

242 L'Un et l'autre Livre d'Esther

démarche de Mardochée qui avait dénoncé le complot des eunuques contre le roi. Et c'est cela qui va déclencher le grand renversement sur lequel est centrée la section centrale, et donc tout le livre.

LES RAPPORTS ENTRE LES DEUX DERNIÈRES SECTIONS

Pourim fait mémoire du renversement des sorts

Les deux dernières sections sont liées d'abord par des termes médians très forts. La section centrale s'achève par une première mention de Pourim, comme au début de la dernière section :

> B7 9,[18] Les juifs de Suse [...] se reposèrent **le quinze**, faisant de ce jour UN JOUR DE BANQUET ET DE JOIE. [19] C'est pourquoi les juifs ruraux habitant dans les villes rurales font du **quatorze du mois d'Adar** JOIE ET BANQUET et **jour de fête** et *envoient des portions* chacun à son prochain.

> C1 9,[21] pour établir sur eux qu'ils fassent **le quatorze du mois d'Adar et le quinze** année après année, [22] comme les jours où les juifs se reposèrent de leurs ennemis et le mois où se renversa pour eux du tourment à la joie et du deuil en **jour de fête**, pour faire d'eux des JOURS DE BANQUET ET DE JOIE et *envoi de portions* l'un à l'autre et de cadeaux aux pauvres.

Toute la séquence C1 résume ce qui est arrivé durant la section centrale :

> 9,[23] Et les juifs acceptèrent ce qu'ils avaient commencé à faire et ce que leur avait écrit Mardochée :
> • [24] qu'Hamân fils de Hamdata l'Agaguite, l'oppresseur de tous les juifs, avait projeté contre les juifs de les anéantir et il avait jeté le Pour – c'est le sort – de les terroriser et les anéantir ;
> • [25] et quand elle vint en présence du roi, il dit avec une lettre que retournerait sur sa tête son projet mauvais qu'il avait projeté contre les juifs et qu'on les pendrait lui et ses fils sur le bois.

Elle prévoit la célébration, chaque année, du renversement des sorts par lequel les juifs ont été sauvés.

CONTEXTE

Comme d'autres, les rapports du livre d'Esther avec le reste de la littérature biblique sont d'ordre figuratif ou typologique. Je m'en suis déjà expliqué ailleurs[2], et, plus récemment, dans l'introduction à mon commentaire du Cantique des cantiques[3].

---

[2] R. MEYNET, *Mort et ressuscité selon les Écritures* ; repris avec deux articles de Paul Beauchamp et des illustrations tirées de la *Biblia pauperum*, du *Speculum humanae salvationis* et des tapisseries de la Chaise-Dieu dans *« Selon les Écritures ». Lecture typologique des récits de la Pâque du Seigneur* ; voir aussi « Résurgence de l'exégèse typologique ».
[3] R. MEYNET, *Le Cantique des cantiques*, 9-20.

Texte hébreu : l'ensemble du livre

JOSEPH

La figure de Mardochée rappelle celle de Joseph, fils de Jacob, exilé en Égypte et devenu par sa sagesse d'abord l'administrateur des biens de Potiphar, eunuque de Pharaon et commandant des gardes (Gn 39,4-6), puis le second du Pharaon lui-même qui lui remit son anneau (Gn 41,41-42 ; voir p. 101) ; il sut administrer les biens de tout le pays (Gn 41,46-49).

À Esther qui est effrayée à l'idée de se présenter au roi pour demander la grâce de son peuple, sans y avoir été invitée, Mardochée lui fait remarquer : « Qui sait si ce n'est pas pour un temps comme celui-ci que tu es arrivée à la royauté ? » (4,14). Ces mots ne sont pas sans rapport avec ce que Joseph dit à ses frères quand il vient de se faire reconnaitre d'eux :

« Je suis Joseph, votre frère, que vous avez vendu en Égypte. [5] Mais maintenant ne soyez pas chagrins et ne vous fâchez pas de m'avoir vendu ici, *car c'est pour préserver vos vies que Dieu m'a envoyé en avant de vous.* [6] Voici, en effet, deux ans que la famine est installée dans le pays et il y aura encore cinq années sans labour ni moisson. [7] *Dieu m'a envoyé en avant de vous pour assurer la permanence de votre race dans le pays et sauver vos vies pour une grande délivrance.* [8] Ainsi, ce n'est pas vous qui m'avez envoyé ici, *c'est Dieu*, et il m'a établi comme père pour Pharaon, comme maître sur toute sa maison, comme gouverneur dans tout le pays d'Égypte » (Gn 45,4-8).

MOÏSE ET L'EXODE

Joseph avait fait venir en Égypte les fils de Jacob-Israël, son père. Moïse les en fera sortir quand ils auront été asservis par un pharaon qui ne connaissait pas Joseph. Les fils d'Israël devenant de plus en plus nombreux, les Égyptiens voulurent d'abord limiter leur croissance en leur imposant des travaux toujours plus durs, sans succès (Ex 1,8-14). Ils décrétèrent alors une sorte de génocide, en faisant mourir les garçons à la naissance (Ex 1,15-16), puis en les jetant au fleuve (Ex 1,22). L'extermination décidée par Hamân est une autre manière de faire disparaitre le peuple hébreu, cette fois-ci en un seul jour.

Quand, après bien des péripéties, les fils d'Israël, sous la conduite de Moïse, s'apprêtent à sortir d'Égypte, ils sont poursuivis par toute l'armée du Pharaon qui s'engage derrière eux dans la mer. Survient alors un renversement inattendu quand la mer se referme sur les agresseurs qui meurent à la place de ceux qu'ils voulaient faire mourir.

La Pâque, commémoration annuelle du salut, se célèbre à la pleine lune du premier mois de l'année, le 15 Nisân (Ex 12,1-14) ; Pourim, qui commémore le salut des juifs dans le royaume du roi des Perses et des Mèdes, se célèbre à la pleine lune d'Adar, le dernier mois de l'année. Ainsi la boucle est bouclée. Pourim est une actualisation de Pâque pour les juifs qui, comme leurs pères en Égypte, sont dispersés parmi les nations païennes.

244 L'Un et l'autre Livre d'Esther

AMALEK

Hamân, le persécuteur des Juifs, est dit « l'Agaguite » (voir p. 98), du nom d'Agag, roi des Amalécites. Moïse et Josué durent combattre les Amalécites pour en effacer la mémoire à jamais (Ex 17,8-16). Plus tard, Saül dut lui aussi les combattre (1S 15) ; il les vainquit, mais au lieu de les vouer à l'anathème comme le Seigneur avait ordonné, il laissa en vie Agag, leur roi, et mit la main sur le butin. Cet acte de désobéissance le fit rejeter comme roi d'Israël. Comme Saül, Mardochée est un benjaminite : contrairement à ce que fit Saül, les juifs qui combattirent sous la conduite de Mardochée « ne jetèrent pas les mains sur le butin » (Est 9,10.15.16).

INTERPRÉTATION

UN CONTE BURLESQUE

Le début du livre ne laisse aucun doute. Nous sommes en pleine fantasmagorie. Tout commence en effet par un banquet qui dure cent-quatre-vingts jours, c'est-à-dire pas moins de six mois ! Le lecteur est dument averti : ce récit n'est pas historique, c'est un conte. Et un conte oriental, marqué par le merveilleux le plus irréel. C'est aussi un conte burlesque qui prête à sourire, et même à rire franchement. La reine qui a désobéi à son mari doit être détrônée car, si on ne sévit pas contre elle, sa conduite ne manquera pas d'inciter toutes les femmes du royaume à mépriser leur mari. Il ne faudra pas moins d'un édit royal, envoyé dans toutes les provinces du roi, pour étouffer dans l'œuf une révolte insupportable, « afin que tout homme gouverne dans sa maison » (1,22). Cela dit, pour irréel qu'il soit, ce conte ne manque pas de faire réagir le lecteur — et surtout les lectrices — d'aujourd'hui. Puis ce sera l'organisation d'un concours de beauté qui fait basculer le récit vers un conte de fées qui voit l'orpheline étrangère accéder à la royauté.

UNE RÉALITÉ EFFROYABLE

Un contraste strident oppose la dernière section du livre à la première. On n'est plus dans la fiction d'un conte, mais dans l'organisation d'un rite, et d'un rite qui, institué autrefois par Mardochée et Esther, est célébré par les juifs, partout où ils se trouvent dans le monde, chaque année, jusqu'à nos jours. Ils font ainsi mémoire d'un salut qui les a arrachés, comme leurs pères à la sortie d'Égypte, d'un danger qui menaçait de les exterminer. Le caractère historique du récit est, hélas, confirmé par la « solution finale » qui fut mise en œuvre il y a moins d'un siècle et qui fit des millions de victimes, parmi lesquelles les derniers survivants peuvent encore témoigner aujourd'hui.

Texte hébreu : l'ensemble du livre

JUIFS ASSIMILÉS ET INASSIMILABLES

Mardochée est « assis à la porte du roi » (2,21). C'est un fonctionnaire du royaume, proche du roi. Quand sa pupille fut sélectionnée parmi les plus belles filles du pays, son tuteur prit bien soin de lui recommander de ne rien dire de ses « origines juives » (2,10.20). Elle ne doit surtout pas se distinguer des autres, si elle veut sauvegarder ses chances d'accéder à la royauté. Et elle y accède. Quant à Mardochée, il se conduit comme un fidèle serviteur de son roi, quand il dénonce les conspirateurs. Mais vient un jour où il lui faut justifier sa différence : s'il ne peut pas se prosterner devant Hamân, comme tous les autres, c'est qu'il est juif (3,4). Le juif assimilé se révèle inassimilable, et c'est ce qui va déclencher la persécution contre tout son peuple. Il est des régimes qui ne supportent pas la différence et n'hésitent pas vouloir par tous les moyens l'abolir. Ce n'était pas le cas des Perses, mais ce le sera plus tard avec Antiochus Épiphane au temps des Séleucides, pour ne parler que des temps anciens. Mardochée a dû déclarer sa judaïté dès le début de la deuxième section. Quant à Esther, elle ne le fera qu'à la fin de la sous-section centrale, lors du second banquet auquel elle a convié le roi et Hamân (7,3-4). À partir de là, Mardochée et Esther sont acceptés pour ce qu'ils sont et n'ont plus à se cacher. Mardochée sera appelé officiellement « le juif » et cela ne l'empêchera pas d'accéder, comme son ancêtre Joseph, au plus haut poste du royaume païen, à savoir le second du roi. Sans être assimilé, il est, comme la reine, intégré au monde dans lequel ils vivent.

« ET DIEU DANS TOUT ÇA ? »

Le nom de Dieu n'apparait pas une seule fois dans le livre hébreu d'Esther. Ni le narrateur ni aucun de ses personnages ne prononcent jamais son nom. À tel point qu'on a pu en conclure qu'il en était totalement absent. À vrai dire, bien que fort discrète, sa présence n'en est pas moins réelle. Si Mardochée refuse de plier le genou et de se prosterner devant Hamân, ce n'est pas par inimitié personnelle, c'est parce qu'il est juif et qu'un juif qui se respecte ne se prosterne devant personne sinon devant son Dieu. Quand Mardochée menace Esther en disant : « Si tu te tais en ce temps-ci, soulagement et délivrance se lèveront pour les juifs d'un autre lieu » (4,14), c'est sa foi en la toute-puissance de son Seigneur qui s'exprime là. Et quand il ajoute : « et qui sait si ce n'est pas pour un temps comme celui-ci que tu es arrivée à la royauté ? », on entend un écho des paroles de Joseph à ses frères : « car c'est pour préserver vos vies que Dieu m'a envoyé en avant de vous » (Gn 45,5). Et, en fin de compte, qui pourrait soutenir que la célébration annuelle de Pourim, un mois exactement avant celle de Pâques, est une fête laïque, sans présence de Dieu ?

DEUXIÈME PARTIE

LA VERSION GRECQUE
DES SEPTANTE

PERSPECTIVE CAVALIÈRE
DE LA VERSION GRECQUE D'ESTHER

La version grecque de la Septante se distingue du texte hébreu avant tout par ce qu'on appelle traditionnellement les « additions ». Les plus importantes sont au nombre de six, identifiées, depuis le début du XXe siècle, par les lettres A à F[1] :

– A : Le songe de Mardochée et le complot des eunuques (1,1a-r)
– B : Le texte de l'édit d'Hamân (3,13a-g)
– C : Les prières de Mardochée et d'Esther (4,17a-z)
– D : La venue d'Esther auprès du roi (5,1a-f ; 5,2a-b)
– E : Le texte de l'édit de Mardochée (8,12a-v)
– F : L'explication du songe de Mardochée et le colophon (10,3a-l)

L'identification des versets par les lettres minuscules qui suivent le numéro du verset du texte massorétique est due à l'édition de la Septante de Rahlfs ; c'est ce système que suit la BJ. Pour des raisons pratiques, nous utiliserons les numéros de versets de chaque expansion, comme font maintenant la plupart des commentaires ; nous adoptons la numérotation de *La Bible d'Alexandrie* (qui est aussi celle de la TOB).

Toutes les additions méritent cette appellation sauf la quatrième (D) qui est une large amplification des deux premiers versets du chapitre 5.

Il faut cependant signaler deux autres additions mineures :
– 4,8a :

+ Te souvenant	des jours	de ton humiliation,
+ quand tu étais nourrie	de ma main,	
– puisqu'Aman,	le second	du royaume,
– *parla*	*contre nous*	POUR LA MORT,
:: invoque	le Seigneur	
.. et *parle*	au roi	*pour nous*
.. et libère-nous	DE LA MORT.	

– 9,19a :

. Or les habitants	dans les métropoles	aussi le quinze	d'Adar
. jour	de joie	bonne	qu'ils célèbrent
. envoyant	des dons	aux voisins.	

---

[1] H.B. SWETE, *The Old Testament in Greek according to the Septuagint*, vol. II, VII.

250 La version grecque

Les additions ne forment pas un texte continu et il pourra paraitre étrange de parler de leur « composition ». Et pourtant, Claudine Cavalier a remarqué qu'elles forment « une structure en chiasme »[2] :

A. Rêve de Mardochée
  B. Édit contre les juifs
    4,8a : Appel de Mardochée à Esther
      C (1-11)   Prière de Mardochée
      C (12-30) Prière d'Esther
    D.   Appel d'Esther au roi
  E. Édit en faveur des Juifs
 F. Interprétation du rêve.

– Tous les auteurs notent que les additions extrêmes (A et F) se correspondent, la première précédant le texte hébreu, la dernière le suivant : fort énigmatique quand il est rapporté (A), le rêve de Mardochée est interprété par lui en finale (F), à la lumière des évènements dont il a été un des protagonistes les plus importants.

– De la même manière, tous remarquent que les deux édits se trouvent en position symétrique, en seconde (B) et en avant-dernière position (E)[3].

– Non sans raisons, Claudine Cavalier voit un rapport entre la courte addition de 4,8a (voir p. 249) et D : en effet, en 4,8a Mardochée prie instamment Esther d'aller parler au roi pour que son peuple puisse échapper à la mort, et en D elle le fait.

– Le centre de la structure est occupé par l'expansion C, la double prière de Mardochée et d'Esther.

Une autre manière d'envisager la « composition » est de considérer où les six grandes additions ont été insérées dans le texte hébreu, pour voir si l'architecture de ce dernier a été préservée ou non.

---

[2] *La Bible d'Alexandrie. 12, Esther*, 39. Les renfoncements et les couleurs ont été ajoutés pour une meilleure visualisation de la composition.
[3] Par ex., Macchi, 20.

Perspective cavalière

251

Les cinq véritables additions sont insérées en des points symétriques de la composition du texte hébreu :

> **A : Le songe de Mardochée et le complot contre le roi** (1,1a-r)

> A1 : Vashti perd la couronne royale (1,1-22)
>
> A2 : Esther reçoit la couronne royale (2,1-23)

> > B1 : Édit d'Hamân pour que les juifs soient exterminés par leurs ennemis (3,1-15)
> >
> > > **B : Texte de l'édit d'Hamân** (3,13a-g)
> >
> > B2 : Dans les pleurs et le jeûne, 4,8a la reine se risquera auprès du roi (4,1-17)
> >
> > | **C : PRIÈRE DE MARDOCHÉE ET D'ESTHER (4,17a-z)** | B3 : Au 1er banquet d'Esther, Hamân s'exalte (D + 5,1-14) |
> > | --- | --- |
> > | | B4 : Hamân commence à tomber devant Mardochée (6,1-14) |
> > | | B5 : Au 2e banquet d'Esther, Hamân est pendu (7,1-10) |
> >
> > B6 : Édit de Mardochée pour que les juifs se défendent contre leurs ennemis (8,1-17)
> >
> > > **E : Texte de l'édit de Mardochée** (8,12a-v)
> >
> > B7 : Dans la joie et les banquets, les juifs célèbrent leur victoire (9,1-19) 19a

> C1 : Mardochée et Esther instituent la fête de Pourim (9,20-32)
>
> C2 : Mardochée est institué comme second du roi (10,1-3)

> **F : L'explication du songe de Mardochée et le colophon** (10,3a-l)

La première (A) est placée avant le début du livre hébreu et la dernière (F) après sa conclusion.

Les copies des deux édits se trouvent en position symétrique à la charnière des deux premières séquences de la deuxième section (B1 et B2) et des deux dernières séquences (B6 et B7) ; plus précisément, la première (B) est insérée avant les deux derniers versets de la séquence B1 (voir p. 108), la deuxième (E) à la fin de la sous-séquence centrale de la séquence B6 (voir p. 190).

La plus développée des expansions, qui contient la prière de Mardochée et celle d'Esther, est placée en introduction à la sous-section centrale de la deuxième section, celle qui constitue le cœur du livre, là où tout se joue dans un renversement décisif.

Quant à la quatrième (D), on a déjà noté que ce n'est pas une « addition » comme les cinq autres, mais une large amplification des deux premiers versets de la sous-section centrale (5,1-2). Elle suit immédiatement les prières angoissées de Mardochée et d'Esther et souligne fortement le caractère dramatique de la rencontre entre Esther et le roi.

252   La version grecque

On ne peut donc pas dire que « la présence au sein du texte grec des additions A à F en modifie l'organisation générale »[4]. Au contraire, elle la respecte et même la conforte.

Les cinq additions insérées, greffées sur le texte hébreu, sont de la taille d'autant de séquences. La question se posait de savoir comment les nommer. Il semblait aller de soi que la première (A) devait être appelée « Prologue » ou « Prélude » et la dernière (F) « Épilogue » ou « Postlude ». Les autres additions affectent la section centrale. Il paraissait naturel de nommer les trois séquences de sa première sous-section B1, B2 (l'édit d'Aman) et B3 ; et ainsi de suite. C'est ainsi que j'ai d'abord procédé. Je voulais montrer que la version grecque avait sa propre architecture, différente de celle de l'hébreu : la sous-section centrale du grec aurait compté dix séquences contre les sept de l'hébreu.

Toutefois, s'est peu à peu imposé le fait qu'une telle présentation aurait causé une confusion regrettable, pour le lecteur, entre la numérotation des séquences de l'hébreu et celle du grec, la B3 du grec correspondant à la B2 de l'hébreu et ainsi de suite. Il fallait procéder autrement, pour des raisons « pédagogiques ». Les séquences du grec parallèles à celles de l'hébreu garderaient leur numéro et les autres seraient nommées autrement. Outre la raison « pédagogique », une autre raison pouvait être évoquée : les additions seraient considérées comme telles. La Vulgate de saint Jérôme serait ainsi honorée et ce serait une manière de respecter le canon catholique ! La seule différence entre cette présentation et la Vulgate étant que les additions ne seront pas regroupées à la fin du livre, après la traduction du texte hébreu, mais retrouveraient leur place naturelle, les greffons ne pouvant être séparés du tronc hébreu où ils avaient si bien pris, sous peine de se dessécher par manque de sève.

Le problème alors était de choisir des appellations pour les additions. Au lieu d'en inventer, il m'a paru préférable de les emprunter aux oratorios de Marc-Antoine Charpentier, *Historia Esther* (H 396), composé en 1670, et de Georg Friedrich Haendel, *Esther* (HWV 50), composé en 1732 : les additions extrêmes seront donc appelées « Prélude » et « Postlude », les deux édits « récitatifs » et la supplication qui introduit la sous-section centrale « Chœurs des juifs » (comme le *Chorus Judaeorum* de Charpentier ou le *Chorus of Israelites* de Haendel). La Septante serait ainsi considérée comme une mise en musique du texte hébreu !

---

[4] Macchi, 121-122.

Perspective cavalière 253

La version grecque du livre d'Esther est organisée en trois sections, précédées par un Prélude (l'addition A) et suivies par un Postlude (l'addition F) :

Prélude : Mardochée entre en lice	A

SECTION A : Esther, pupille de Mardochée, devient reine à la place d'Astin

A1 : ASTIN PERD LA COURONNE ROYALE	1,1-22

A1 : ESTHER REÇOIT LA COURONNE ROYALE	2,1-23

SECTION B : Les sorts sont renversés

1re sous-section : Aman et son projet de destruction

B1 : AMAN OBTIENT DU ROI UN ÉDIT POUR QUE LES JUIFS SOIENT EXTERMINÉS	3,1-15

RÉCITATIF : L'ÉDIT ROYAL PRÉPARÉ PAR AMAN	B,1-15 et 3,14-15

B2 : DANS LES PLEURS ET LE JEÛNE, LA REINE SE RISQUERA AUPRÈS DU ROI	4,1-17

2e sous-section : Question de vie et de mort

CHŒUR DES JUIFS C	B3 : AU 1ER BANQUET D'ESTHER, AMAN S'EXALTE LUI-MÊME	D,1-16–5,3-14
	B4 : AMAN COMMENCE À TOMBER DEVANT MARDOCHÉE	6,1-14
	B5 : AU 2E BANQUET D'ESTHER, AMAN EST ÉLEVÉ SUR LE BOIS	7,1-10

3e sous-section : Mardochée et son projet de salut

B6 : ESTHER OBTIENT DU ROI UN ÉDIT POUR QUE LES JUIFS SOIENT SAUVÉS	8,1-12

RÉCITATIF : L'ÉDIT ROYAL PRÉPARÉ PAR MARDOCHÉE	E,1-24 et 8,13-17

B7 : DANS LA JOIE ET LES BANQUETS, LES JUIFS CÉLÈBRENT LEUR VICTOIRE	9,1-19

SECTION C : Mardochée, tuteur d'Esther, devient second du roi à la place d'Aman

C1 : MARDOCHÉE ET ESTHER INSTITUENT LA FÊTE DE POURIM	9,20-32

C1 : MARDOCHÉE EST INSTITUÉ COMME SECOND DU ROI	10,1-3

Postlude : « De Dieu est advenu cela »	F

MARDOCHÉE ENTRE EN LICE

Prélude : A, 1-17

256 Version grecque : Mardochée entre en lice

Le prélude comprend deux passages qui forment une séquence :

Mardochée voit en songe le combat de deux peuples	1-11

Mardochée évente le complot des deux eunuques	12-17

A. Mardochée voit en songe le combat de deux peuples

Le premier passage : A,1-11

Composition

Dans la première partie, le premier segment commence par dater (1a) le songe de Mardochée (1b) dont est précisée la généalogie (1c) ; le troisième segment, lui aussi, continue sur son origine de déporté, tandis qu'au centre le deuxième segment dit sa position actuelle, « à Suse » et « à la cour ».

La deuxième partie décrit le songe. Dans le premier morceau, après l'uni-membre initial qui introduit toute la partie, ce sont les « deux dragons » (5abc) précédés d'une situation apocalyptique (4bc). Le « cri grand » des deux dragons (5c) s'ajoute aux « cris » du séisme (4b). Le deuxième morceau est de construction concentrique : dans le premier trimembre, la guerre se prépare entre « toute nation » païenne contre « la nation des justes », et dans le dernier trimembre ce dernier c'est le bouleversement mais aussi la prière de « toute la nation juste ». Le trimembre central (7), introduit par « et voici », décrit ce « bouleversement » dans des termes qui rappellent le deuxième segment du premier morceau (4bc). Quant au troisième morceau (9-10), il annonce un renversement de situation (10bc). Le « fleuve grand » (9c) s'oppose aux deux « grands » dragons (5a) et au bouleversement « grand » (7c) ; « la lumière et le soleil » (10a) s'opposent à « ténèbres et obscurité » (7a). Alors que les deux occurrences de « cri » agrafent les deux premiers morceaux (5c.6a), celles de « hurlèrent/hurlement » agrafent les deux derniers (8c.9a).

Dans la dernière partie, Mardochée se réveille. Comprenant que le songe exprime le projet divin (11ab), il cherche à le déchiffrer (11cde).

« Songe » revient au début de chaque partie (1b.4a.11a), « voir » au début des parties extrêmes (1b.11a). Le nom de « Dieu » apparait deux fois, à la fin du morceau central de la partie centrale (8c) et dans la dernière partie (11b).

Prélude : A,1-17

: A,[1] L'année	deuxième	**régnant**	Artaxerxès	*LE GRAND*,
: le premier	de Nisan,	*UN SONGE*	VIT	Mardochée,
: (fils) de Yaïr,	(fils) de Shiméï,	(fils) de Qish,	de la tribu	de Benjamin,
- [2] homme	juif	habitant	à Suse	la ville
- homme	*GRAND*	servant	à la cour	**du roi** ;
..[3] or il était	de la déportation			
.. que	déporta	Nabuchodonosor,	**roi**	de Babylone
.. de Jérusalem,	avec Jékonias,	**roi**	de Juda.	

= [4] Et ceci	de lui	*LE SONGE* :	
– **et voici**	**cris**	et fracas,	
– tonnerres	et séisme,	*bouleversement*	*sur la terre* ;
– [5] **et voici**	deux	dragons	*GRANDS*,
– ***prêts***	vinrent	l'un et l'autre	à combattre,
– et *il arriva*	d'eux	**un cri**	*GRAND*.
:: [6] Et **au cri**	d'eux		
:: ***s'apprêtèrent***	*TOUTES*	*LES NATIONS*	à la guerre
:: de sorte que	soit guerroyée	*DES JUSTES*	*LA NATION*.
– [7] **Et voici**	jour	de ténèbres	et d'obscurité,
– tribulation	et détresse,		
– *malheur*	et *bouleversement*	*GRAND*	*sur la terre*.
:: [8] Et *fut bouleversée*	*LA JUSTE*	*TOUTE*	*NATION*
:: craignant	leurs propres	*maux,*	
:: et ***s'apprêtèrent***	à périr	**et hurlèrent**	vers DIEU.
+ [9] Or, ***du hurlement***	d'eux,		
+ *il arriva*	comme	d'une petite	source,
+ un fleuve	*GRAND*,	d'eau	nombreuse ;
+ [10] la lumière	et le soleil	se leva	
+ et les humbles	furent exaltés		
+ et dévorèrent	les puissants.		

: [11] Et réveillé,	Mardochée	AYANT VU	*CE SONGE*-	là
: et ce que	DIEU	voulait	faire,	
- tenait	lui	dans son cœur		
- et en toute	façon	s'efforçait		
- de comprendre	lui	jusqu'à la nuit.		

INTERPRÉTATION

PRÉSENTATION DE MARDOCHÉE

La première partie se devait de présenter le personnage de Mardochée. Le texte hébreu ne le fait qu'au début du deuxième passage de la seconde séquence (2,5-6), c'est-à-dire quand il entre en scène en tant que tuteur de la jeune Esther

258 Version grecque : Mardochée entre en lice

qui va être sélectionnée avec toutes les plus belles filles de l'empire comme candidate à remplacer sur le trône la reine Vashti qui a perdu la royauté.

UNE VISION APOCALYPTIQUE

La vision commence avec les caractéristiques habituelles des apocalypses : le monde est complètement bouleversé : c'est la terreur et les cris que provoquent les forts tremblements de terre, surtout quand ils sont accompagnés d'un énorme grondement. Le plus effrayant est certainement l'apparition de deux dragons qui s'affrontent dans un cri épouvantable. Mais voilà que leur cri appelle l'ensemble des nations à une guerre impitoyable contre l'un d'entre eux, la nation des justes qui se voit menacée de destruction totale.

LA PRIÈRE DES JUSTES

Dans ce tableau de fin du monde, voici qu'un personnage dont le nom apparait soudain est invoqué par ceux qui hurlent vers lui pour réclamer son aide. Sa réponse ne se fait pas attendre, mais elle se présente très humblement, non par des éclairs et des tonnerres dont la force ferait plier celle des dragons et de leurs armées, mais comme « une petite source », dont les eaux cependant grossissent pour devenir un grand fleuve aux eaux abondantes. Et c'est alors une lumière, celle du soleil qui dissipe les ténèbres du mal et apporte la victoire des humbles sur ceux qui se croyaient tout-puissants.

L'INTERPRÉTATION DES SONGES

Le songe est ténébreux comme le jour d'obscurité ; la tribulation et la détresse qui s'abattent sur la terre (7). Mardochée y réfléchira tout le jour « jusqu'à la nuit », pour tenter de comprendre son message. Il est pourtant une chose qu'il a saisie : c'est que le Dieu invoqué par le peuple des justes et des humbles le sauvera, le libérera de ceux qui voulaient le faire périr.

B. MARDOCHÉE ÉVENTE LE COMPLOT DES DEUX EUNUQUES

Le deuxième passage : A,12-17

COMPOSITION

Le premier morceau rapporte le complot contre le roi que Mardochée déjoue, en trois temps : présentation des personnages (12), enquête de Mardochée (13abc), dénonciation qui porte à l'interrogatoire et à la condamnation à mort (16d-14).

Dans le court second morceau, le roi consigne les faits par écrit dans les mémoires du royaume, et Mardochée écrit lui aussi.

Prélude : A,1-17 259

Dans le troisième morceau, Mardochée reçoit une charge et des présents (16), mais Aman, qui a la faveur du roi (17ab), cherche à lui nuire à cause des deux eunuques (17cd).

Les morceaux extrêmes se correspondent : à la fin, Aman se révèle lié aux deux eunuques qui avaient comploté contre le roi.

+ A¹² Et logeait	MARDOCHÉE	à la cour	avec Bigtân	et Téresh,
+ *DEUX*	*EUNUQUES*	**DU ROI,**	gardes	de la cour ;
: ¹³ et, ayant entendu	d'eux	les raisonnements	et les desseins	d'eux,
: il examina	et apprit			
: qu'ils s'apprêtaient	à les mains	porter	sur Artaxerxès	**LE ROI,**
- et il informa	**LE ROI**	sur eux		
- ¹⁴ et questionna	**LE ROI**	*LES DEUX*	*EUNUQUES,*	
- et ayant avoué,	ils furent emmenés.			
¹⁵ *Et écrivit*	**LE ROI**	ces faits-	là	dans le mémorial
et MARDOCHÉE	*écrivit*	sur ces faits-	là.	
+ ¹⁶ Et commanda	**LE ROI**	à MARDOCHÉE	de servir	à la cour
+ et donna	à lui	des dons	pour ces choses ;	
– ¹⁷ et était	Aman,	(fils d')Amadathos, le Bouguéen,		
– en honneur	devant	**LE ROI,**		
– et il cherchait	de faire-du-mal	à MARDOCHÉE	et au peuple	de lui,
– *À CAUSE DES DEUX*	*EUNUQUES*	**DU ROI.**		

INTERPRÉTATION

MARDOCHÉE, COURTISAN FIDÈLE

Faisant partie de la cour, Mardochée est au service du roi Artaxerxès. Il se révèle un courtisan averti et fidèle. Ayant surpris quelque conversation suspecte, il mène son enquête et découvre le complot contre le roi. Fidèle au monarque, il l'informe et celui-ci prend les choses en main, comme il se doit. Mardochée a rempli sa fonction avec intelligence et loyauté.

AMAN, COURTISAN JALOUX

Si l'intervention de Mardochée suscite la reconnaissance du roi, elle n'est pas du goût d'un autre courtisan. Aman cherche à lui faire du mal, et non seulement à sa personne mais aussi au peuple auquel il appartient, le peuple juif. C'est « à cause des deux eunuques » qui avaient trahi le roi. Il n'est pas nécessaire de penser qu'Aman avait partie liée avec eux, qu'il était leur complice. C'est sans doute, tout simplement, par jalousie. Il aurait voulu avoir éventé le complot, pour obtenir, lui seul, la faveur du roi. Et voilà qu'il lui faut partager. Ce lui est

Version grecque : Mardochée entre en lice

insupportable et il lui faudra le faire payer à celui qui est désormais devenu son adversaire, ainsi qu'à tous les siens.

SCRIPTA MANENT

La tradition orale a ses vertus indéniables, mais il faut bien reconnaitre qu'une mise par écrit est plus sûre, malgré tout, surtout dans un royaume aussi grand que celui d'Artaxerxès. C'est pourquoi l'administration prévoit que tous les évènements significatifs soient enregistrés par écrit dans les Mémoires de l'État. Fonctionnaire zélé et prudent, Mardochée de son côté ne manque pas de laisser, lui aussi, une trace écrite de ce qui s'est passé.

C. MARDOCHÉE ENTRE EN LICE

L'ensemble de la séquence du Prélude : A,1-17

COMPOSITION

– Aux extrémités, deux personnages sont présentés avec leur généalogie, Mardochée (1b) et Aman (17a) ;
– « le roi/le règne (d')Artaxerxès » est nommé dans chaque passage (1a.13b) ;
– Mardochée loge « à la cour » (12a) et il « sert à la cour » (2a.16a) ;
– « le peuple » de Mardochée (17b) est appelé « la nation des justes » (6b), « la nation juste » (8b).

INTERPRÉTATION

LE PREMIER MOIS DE L'ANNÉE

Tout commence au début du premier mois de l'année, le mois de Nisan. C'est un mois de bon augure : c'est, en effet, au milieu de ce premier mois qu'est célébrée la Pâque, la libération de l'esclavage au pays d'Égypte. La narration du texte hébreu commencera la troisième année du règne (1,3) ; le songe de Mardochée est situé une année auparavant, « la deuxième année du règne d'Artaxerxès » (1).

Prélude : A,1-17

A,[1] La deuxième année du RÈGNE D'ARTAXERXÈS le grand, le premier de Nisan, *MARDOCHÉE, fils de Yaïr, fils de Shiméï, fils de Qish, de la tribu de Benjamin*, vit un songe. [2] C'était un juif habitant à Suse la ville, homme grand, SERVANT *à la cour* du roi ; [3] il était de la déportation que fit Nabuchodonosor, roi de Babylone de Jérusalem, avec Jékonias, roi de Juda.

[4] Et tel est le songe : et voici cris et fracas, tonnerres et séisme, bouleversement sur la terre ; [5] et voici deux grands dragons, vinrent l'un et l'autre prêts à combattre, et ils poussèrent un grand cri. [6] Et à leur cri toutes les nations s'apprêtèrent à la guerre pour guerroyer *la nation des justes*. [7] Et voici : jour de ténèbres et d'obscurité, tribulation et détresse, malheur et grand bouleversement sur la terre. [8] Et toute *la nation juste* fut bouleversée, craignant leurs propres maux, et ils s'apprêtèrent à périr et hurlèrent vers Dieu. [9] Or, de leur hurlement, arriva comme d'une petite source, un grand fleuve, d'eau abondante ; [10] la lumière et le soleil se levèrent et les humbles furent exaltés et dévorèrent les puissants.

[11] S'étant réveillé, *MARDOCHÉE* ayant vu ce songe-là et ce que Dieu voulait faire, le tenait dans son cœur et de toutes les façons s'efforçait de le comprendre jusqu'à la nuit.

[12] *MARDOCHÉE* logeait *à la cour* avec Bigtân et Téresh, deux eunuques du roi, gardes de *la cour* ; [13] ayant entendu leurs raisonnements et leurs desseins, il examina et apprit qu'ils s'apprêtaient à porter les mains sur LE ROI ARTAXERXÈS, et il informa le roi sur eux [14] et le roi questionna les deux eunuques, et ayant avoué, ils furent emmenés.

[15] Le roi écrivit ces faits-là dans les mémoires et *MARDOCHÉE* écrivit sur ces faits-là.

[16] Le roi commanda à *MARDOCHÉE* de SERVIR *à la cour* et lui donna des dons pour ces choses ; [17] mais Aman, *fils de Hamdata, le Bouguéen*, était en honneur devant le roi et il cherchait de faire-du-mal à *MARDOCHÉE* et à *son peuple*, à cause des deux eunuques du roi.

L'INTERVENTION DE DIEU

Le texte hébreu rapporte la grande clameur de Mardochée et les lamentations des juifs quand ils apprennent ce qui a été décidé contre eux (4,1.3), mais il n'est pas dit explicitement à qui ils sont adressés. En revanche, dans le songe de Mardochée, c'est « vers Dieu » qu'ils hurlèrent (8) et à ce hurlement répond l'apparition d'une petite source, d'eau et de lumière qui annonce le salut. Quant à Mardochée, il est convaincu que le songe qu'il a vu signifie que Dieu veut faire quelque chose, même s'il se voit incapable d'en saisir le sens et la portée.

ESTHER, PUPILLE DE MARDOCHÉE, DEVIENT REINE À LA PLACE D'ASTIN

La section A

Est 1,1–2,23

264 Version grecque : la première section (Est 1–2)

La première section comprend deux séquences :

| A1 : ASTIN | PERD | LA COURONNE ROYALE | 1,1-22 |

| A2 : ESTHER | REÇOIT | LA COURONNE ROYALE | 2,1-23 |

I. Astin perd la couronne royale

La séquence A1 : 1,1-22

La première séquence comprend trois passages.

LE ROI ARTAXERXÈS	FAIT MONTRE DE	SA ROYAUTÉ	1,1-9

LA REINE ASTIN REFUSE L'INVITATION DU ROI	10-15

LA REINE ASTIN	N'EXERCERA PAS	LA ROYAUTÉ	16-22

1. Le roi Artaxerxès fait montre de sa royauté

Le premier passage : 1,1-9

COMPOSITION

Dans la première partie, les deux premiers segments sont parallèles : leurs premiers membres disent le temps du récit, celui des « jours » du roi Artaxerxès, leurs deux derniers membres les lieux, celui de toute l'étendue du royaume (1bc), puis celui de la capitale, la ville de Suse (2bc). Le troisième segment commence par préciser « l'année » de « ces jours-là », et enfin vient la principale (3bc).

La deuxième partie commence avec deux « après » (4a) et deux temporelles (4.5a) qui la rattachent à première partie. Après le « festin » général de « cent-quatre-vingts jours », c'est maintenant un « banquet » de « six jours » « dans la ville » de Suse. Le dernier morceau qualifie « la cour du palais » (5e), par ses tentures (6ab) portées par « socles » et « colonnes », du plus grand luxe. Les trois « jours » de la deuxième partie (4c.5a.5d) correspondent aux deux « jours » et à « l'année » de la première partie (1a.2a.3a).

La troisième partie poursuit la description amorcée à la fin de la partie précédente (6a-d), en décrivant les « lits » du banquet sur le pavement (6efg) avec leurs « couvertures » (6hi). Après les lits viennent « les coupes », « d'or et d'argent » elles aussi (7abc) et le vin qui y est servi (7de). Les deuxième et troisième parties sont liées par la reprise de « d'or et d'argent » (6c.6e.7a) et aussi celle du fameux marbre « de Paros ».

Dans la dernière partie (8-9), le premier morceau relève la caractéristique unique du banquet de six jours dont parlent les deux parties précédentes : contrairement à « la loi établie » (8a), la volonté du roi était que ses économes s'en remettent à la volonté des convives (8bcd). Le deuxième morceau ajoute le « banquet » fait par la reine pour les femmes.

Ainsi, chaque partie est systématiquement reliée à la précédente, non seulement par les reprises lexicales, mais aussi par la syntaxe. Au « festin » du début (3b) succèdent les « banquets » du roi (5b.8a) et de la reine (9a). Le dernier mot, « Artaxerxès » (9c), fait inclusion avec les trois occurrences de ce même nom dans la première partie (1a.b.2b).

Séquence A1 : 1,1-22

+ 1,[1] Or il advint	*après* les choses	celles-ci,	aux *jours*	d'ARTAXERXÈS,
+ celui-ci (est)	l'ARTAXERXÈS (qui)	depuis l'Inde		
+ cent-	vingt-	sept	provinces	gouvernait,
– [2] en ces	*jours*-là,			
– quand	trônait	LE ROI	ARTAXERXÈS	
– en Suse	la ville,			
: [3] la troisième	année	de son règne,		
: UN FESTIN	IL FIT	à ses amis	et au reste	des nations,
: et des Perses	et des Mèdes	aux glorieux	et aux chefs	des satrapes.

: [4] Et *après* cela,	*après* avoir montré	à eux	la richesse	de son royaume,
: et la gloire	de l'allégresse	de sa richesse,		
: pendant *jours*	cent	quatre-vingts,		
+ [5] quand	furent remplis	*les jours*	de la noce,	
+ IL FIT	LE ROI	UN BANQUET		
+ pour les nations	se trouvant	dans la ville		
– pendant *jours*	six			
– dans la cour	du palais	DU ROI,		
:: [6] ornée	de byssus	et de gazes	tendus	
:: sur des cordes	de byssus	et de pourpres		
.. sur des socles	*D'OR*	*ET D'ARGENT*,		
.. sur des colonnes	DE PAROS	et de pierre.		

- Des lits	*D'OR*	*ET D'ARGENT*,	
- sur une mosaïque	d'émeraude	pierre,	
- et de nacre	ET DE PAROS	pierre ;	
. et des couvertures	transparentes,	diversement	parées,
. en cercle	de roses	brodées.	
- [7] Des coupes	*D'OR*	*ET D'ARGENT*,	
- et une en diamant	coupelle	exposée	
- de talents	trente-mille ;		
. un vin	abondant	et doux,	
. celui que	lui-même	LE ROI	buvait.

+ [8] Et CE BANQUET	pas selon l'établie	loi	advint ;
– ainsi	*avait voulu*	LE ROI,	
+ et il avait ordonné	à ses économes		
– de faire	*sa volonté*	et (celle) des hommes.	
· [9] Et Astin	LA REINE	FIT	UN BANQUET
: pour les femmes	dans la résidence-royale		
: où (était)	LE ROI	ARTAXERXÈS.	

268   Version grecque : la première section (Est 1–2)

COMPARAISON DES DEUX VERSIONS

HÉBREU

> 1,[1] C'ÉTAIT AUX JOURS D'AKHASHVÉROSH ; LUI EST AKHASHVÉROSH QUI régnait DEPUIS L'INDE et jusqu'à l'Éthiopie SUR CENT-VINGT-SEPT PROVINCES.
> [2] EN CES JOURS-LÀ, QUAND LE ROI AKHASHVÉROSH siégeait sur le trône de sa royauté qui était À SUSE-LA-CITADELLE, [3] LA TROISIÈME ANNÉE DE SON RÈGNE, IL FIT UN BANQUET pour tous ses princes et ses serviteurs, l'armée DES PERSES ET DES MÈDES, les nobles et les princes des provinces devant sa face, [4] POUR LEUR FAIRE VOIR LA RICHESSE *DE LA GLOIRE* DE SON RÈGNE et l'éclat de la splendeur de sa grandeur, de nombreux JOURS, CENT-QUATRE-VINGTS JOURS.
>
> [5] CES JOURS-LÀ ÉTANT REMPLIS, LE ROI FIT POUR tout le peuple QUI SE TROUVAIT À Suse-la-Citadelle, du plus grand au plus petit, UN BANQUET DE sept JOURS DANS LA COUR du jardin DU PALAIS DU ROI.
> [6] Dentelle, mousseline et pourpre ÉTAIENT RETENUES PAR DES CORDELETTES DE LIN et d'écarlate à des anneaux d'argent ET À DES COLONNES d'albâtre ; il y avait DES LITS D'OR ET D'ARGENT sur un pavement de jade et d'albâtre et de nacre et de jais. [7] Et l'on versait dans DES COUPES D'OR et les coupes étaient différentes les unes des autres, ET LE VIN du royaume ÉTAIT ABONDANT selon la main du roi. [8] Et selon l'édit, la boisson était sans limite, car LE ROI AVAIT ORDONNÉ ainsi à chacun des maitres de sa maison de faire SELON LA VOLONTÉ de chaque homme.
> [9] LA REINE VASHTI aussi FIT UN BANQUET POUR LES FEMMES DANS la maison du royaume qui est du ROI AKHASHVÉROSH.

Les traductions du texte hébreu et de la version grecque sont présentées en synopse pour faciliter la comparaison :

– les éléments très semblables sont en Arial Narrow
  . en même position :   petites capitales   ROUGE
  . en position différente : petites capitales italiques *ROUGE*

– les éléments différents sont en PT Barnum
  . en même position :   petites capitales   marron
  . en position différente : petites capitales italiques *marron*

– les éléments propres à l'hébreu :   minuscules   bleu

– les éléments propres au grec :   minuscules italiques   *vert*

Il apparait clairement que :
– la composition globale est la même : les limites entre les morceaux se correspondent ;
– en revanche, la division en segments et en membres n'est pas la même.
– Pour les deux premiers morceaux, le grec abrège nettement l'hébreu.

L'hébreu est de la taille d'une sous-séquence qui comprend deux passages clairement distincts : le premier raconte le banquet de 180 jours organisé pour tout le royaume (1-4), le deuxième le banquet de sept jours offert par le roi aux habitants de Suse et celui de la reine pour les femmes (5-9).

GREC

> 1,[1] OR IL ADVINT *après ces choses*, AUX JOURS D'ARTAXERXÈS, CELUI-CI EST L'ARTAXERXÈS QUI gouvernait DEPUIS L'INDE CENT-VINGT-SEPT PROVINCES, [2] EN CES JOURS-LÀ, QUAND trônait LE ROI ARTAXERXÈS EN SUSE LA VILLE, [3] LA TROISIÈME ANNÉE DE SON RÈGNE, IL FIT UN FESTIN à ses amis et au reste des nations, et aux glorieux DES PERSES ET DES MÈDES et aux chefs des satrapes.
> [4] *Et après cela, après* LEUR AVOIR MONTRÉ LA RICHESSE DE SON ROYAUME *ET LA GLOIRE* de l'allégresse de sa richesse, PENDANT CENT-QUATRE-VINGTS JOURS, [5] QUAND FURENT REMPLIS LES JOURS *de la noce*, LE ROI FIT UN BANQUET POUR les nations SE TROUVANT DANS la ville PENDANT six JOURS DANS LA COUR DU PALAIS DU ROI, [6] ornée de byssus et de gazes TENDUS SUR DES CORDES DE BYSSUS et de pourpres *sur des socles d'or et d'argent*, SUR DES COLONNES de Paros et de pierre. DES LITS D'OR ET D'ARGENT, sur une mosaïque d'émeraude pierre et de nacre et de pierre de Paros; *et des couvertures transparentes, diversement parées, brodées de roses en cercle.*
> [7] DES COUPES D'OR *et d'argent, et une coupelle en diamant exposée de trente-mille talents* ; UN VIN ABONDANT *et doux, celui que buvait le roi lui-même.*
> [8] *Et ce banquet n'advint pas selon la loi établie* ; ainsi avait voulu le roi ET IL AVAIT ORDONNÉ à ses économes DE FAIRE SA VOLONTÉ et celle des hommes. [9] ET LA REINE ASTIN FIT UN BANQUET POUR LES FEMMES DANS la résidence-royale où était LE ROI ARTAXERXÈS.

Dans la version grecque, le récit se développe en un seul passage dont les quatre parties sont étroitement liées les unes aux autres. Les deux compositions sont donc très différentes, car les divisions ne coïncident pas du tout.

Les différences de contenu les plus notables sont les suivantes :
– en hébreu, les invités au festin initial sont seulement les notables, tandis qu'en grec y est adjoint « le reste des nations » (3) ;
– le grec dit que ce festin est celui de la « noce » (5) ;
– alors que le banquet de Suse dure « sept » jours en hébreu, en grec il est réduit à « six » jours ;
– aux « colonnes », le grec ajoute « les socles », au lieu des « anneaux » (6) ;
– sur les lits, le grec ajoute les « couvertures [...] brodées » (6) ;
– et aux coupes d'or, il ajoute les coupes en argent et la coupelle de diamant (7) ;
– l'hébreu dit que « la boisson est sans limites », le grec se contente de dire qu'il est « abondant et doux » et surtout que c'est « celui que buvait le roi » (7) ;
– tandis qu'en hébreu l'ordre du roi concerne seulement la quantité de vin, en grec il est plus large et regarde tous les désirs des convives (8).

INTERPRÉTATION

LA NOCE

Pour le banquet donné au peuple de Suse, la cour du palais royal est décorée de manière somptueuse et la version grecque en amplifie la description en ajoutant les couvertures brodées pour les lits, et même une coupelle de diamant d'une très

270 Version grecque : la première section (Est 1–2)

grande valeur. Toutefois, ces différences ne touchent pas à la nature du banquet. La version grecque signale, comme incidemment, qu'il s'agit d'un festin de « noce ». Un seul petit mot change tout. Étant donné l'ampleur des festivités, le narrateur n'avait pas besoin de préciser qu'il s'agit des noces du roi et de la reine Astin. Et c'est pourquoi la reine, elle aussi, organise un banquet pour les femmes.

2. La reine Astin refuse de se montrer

Le deuxième passage : 1,10-15

COMPOSITION

+ 1,[10] Dans le jour	septième,		
+ satisfait	étant devenu	LE ROI,	
:: il dit	à Aman	et Bazan	et Tharra
:: et Barazi	et Zatholtha	et Abataza	et Tharaba,
:: les sept	EUNUQUES	serviteurs	DU ROI Artaxerxès,

= [11] *d'amener*	LA REINE	vers lui	
.. pour la faire-reine	et poser	à elle	le diadème,
= et *la montrer*	à tous LES CHEFS	et aux nations	
.. sa beauté	parce que belle	elle était ;	
- [12] mais point n'obéit	à lui	ASTIN	LA REINE
- de venir	AVEC LES EUNUQUES,		
- et fut affligé	LE ROI	et il s'irrita.	
+ [13] Et il dit	à ses amis :		
– « Selon ces choses	a dit	LA REINE,	
– faites donc	à ce sujet	*loi*	et jugement. »

: [14] Et s'approchèrent	de lui		
: Arcésée,	Sarsathée	et Maliséar,	
. LES CHEFS	des Perses	et des Mèdes,	
. les proches	DU ROI,		
. les premiers	s'asseyant près	DU ROI	
- [15] et firent-connaitre	à lui	*selon les lois*	
- comme il fallait	faire	À ASTIN	LA REINE,
- car point n'avait fait	les (choses) par LE ROI prescrites	AU MOYEN DES EUNUQUES.	

Séquence A1 : 1,1-22

La première partie rapporte comment la reine refusa de se rendre à l'invitation du roi. Le premier morceau pose le cadre de l'action, « le jour » et l'état du roi (10ab), avant de présenter les sept eunuques auxquels s'adresse le roi. Dans le deuxième morceau, les deux premiers segments énoncent les deux raisons pour lesquelles le roi invite la reine : son couronnement (11ab) et sa présentation à tous (11cd). Le dernier segment dit le refus de la reine et la colère du roi. Les deux morceaux s'achèvent avec « eunuques » et « roi ».

Dans la deuxième partie, le roi demande l'avis de ses « amis » (13). Le second morceau présente longuement ces amis, noms (14b) et fonctions (14cde) qui donnent leur réponse « selon les lois » du royaume (15). « Selon les lois » (15a) renvoie à « loi et jugement » (13c).

« Roi » revient trois fois dans chaque partie (10b.e.12c ; 14d.e.15c) ; « la reine » et « Astin la reine » sont repris en 11a.12a et en 13b.15b. À la liste des noms des sept eunuques (10cd) correspond celle des trois « amis » du roi (14b). « Les chefs » reviennent en 11c ct 14c.

INTERPRÉTATION

INTRONISATION MANQUÉE

Au terme des cent-quatre-vingts jours de festin dans tout le royaume, au cours du banquet qui, dans la capitale, venait clôturer les festivités des noces royales, le roi désirait introniser officiellement son épouse comme reine en la couronnant du diadème royal, et la présenter à ses dignitaires et à tout le peuple de Suse. Or, sans que l'on en connaisse la raison, Astin refuse de suivre les eunuques que le roi avait envoyés pour la conduire jusqu'à lui. Le lecteur peut imaginer qu'elle ne savait pas pourquoi le roi l'appelait, car ce faisant, elle repousse la couronne que le roi entendait déposer sur sa tête, elle refuse la royauté.

UNE AFFAIRE D'ÉTAT

La dérobade de la reine n'est pas une simple anicroche de conflit conjugal. C'est un affront public, un crime de lèse-majesté. Pire, c'est un attentat à la sûreté de l'État. Une telle affaire doit donc être portée devant les autorités constituées, devant les conseillers les plus proches du monarque, les spécialistes des lois. Et l'on peut penser que la peine sera proportionnée à l'extrême gravité du crime.

272 — Version grecque : la première section (Est 1–2)

COMPARAISON DES DEUX VERSIONS

HÉBREU

+ 1,[10] AU JOUR	SEPTIÈME,		
+ comme (était) bien	le cœur	DU ROI	à cause du vin,
: IL DIT	À Mehoumân,	Bizta,	Harbona,
: Bigta	et Avagta,	Zétar	et Karkas,
— LES SEPT	EUNUQUES		
— QUI SERVENT	la face	DU ROI	AKHASHVÉROSH,
:: [11] DE FAIRE-VENIR	Vashti	LA REINE	
:: devant la face	du roi	avec la couronne	de la royauté,
.. POUR FAIRE-VOIR	AUX PEUPLES	ET AUX PRINCES	SA BEAUTÉ
.. CAR BELLE	à voir	elle.	
— [12] Mais refusa	LA REINE	VASHTI	
— DE VENIR	selon la parole	du roi	
— laquelle	PAR LA MAIN	DES EUNUQUES ;	
= ET S'IRRITA	LE ROI	beaucoup	
= et sa colère	s'enflamma	en lui.	

+ [13] ET DIT	le roi	aux sages	
:: sachant	les temps,		
+ car ainsi (venait)	une affaire	du roi	
:: devant la face	de tous les sachant	ÉDIT	ET DROIT :
— [14] Et proches	DE LUI (étaient)		
— Karshena,	Shétar,	Admata,	Tarshish,
— Mérès,	Marsena,	Memoukân,	
: sept	PRINCES	DE PERSE	ET DE MÉDIE
: voyant	la face	DU ROI	
: QUI SIÉGEAIENT	AU PREMIER-RANG	dans le royaume —	
- [15] « Comme édit,	que	FAIRE	
- À LA REINE	VASHTI		
.. PARCE QU'	ELLE N'A PAS FAIT		
.. LE DIT	DU ROI	Akhashvérosh	
.. PAR LA MAIN	DES EUNUQUES ? »		

Le grec abrège notablement l'hébreu, réduisant ses 30 membres à 23.

L'hébreu précise que si le cœur du roi est bien, c'est à cause du vin (10b), ce que le grec s'est gardé de reprendre.

Alors que l'hébreu rapporte que le roi demande que son épouse vienne « avec la couronne de la royauté », dans la version grecque c'est pour l'introniser comme reine et la couronner qu'il veut la faire venir (11b).

Séquence A1 : 1,1-22

GREC

+ 1,[10] DANS LE JOUR	SEPTIÈME,		
+ satisfait	étant devenu	LE ROI,	
:: IL DIT	À Aman	et Bazan	et Tharra
:: et Barazi	et Zatholtha	et Abataza	et Tharaba,
:: LES SEPT	EUNUQUES	SERVITEURS	DU ROI ARTAXERXÈS,
= [11] D'AMENER	LA REINE	*vers lui*	
.. *pour la faire-reine*	*et poser*	*à elle*	le diadème,
= ET LA MONTRER	À *tous* LES CHEFS	ET AUX NATIONS	
.. SA BEAUTÉ	PARCE QUE BELLE	elle était ;	
- [12] mais point n'obéit	à lui	ASTIN	LA REINE
- DE VENIR	AVEC LES EUNUQUES,		
- et fut affligé	LE ROI	ET IL S'IRRITA.	
+ [13] ET IL DIT	à ses amis :		
− « *Selon ces choses*	*a dit*	*la reine,*	
− *faites donc*	*à ce sujet*	LOI	ET JUGEMENT. »
: [14] Et s'approchèrent	DE LUI		
: Arcesée,	Sarsathée	et Maliséar,	
. LES CHEFS	DES PERSES	ET DES MÈDES,	
. les proches	du roi,		
. LES PREMIERS	S'ASSEYANT PRÈS	du roi	
- [15] *et ils firent-connaitre*	*à lui*	selon les lois	
- *comme il fallait*	FAIRE	À ASTIN	LA REINE,
- CAR POINT N'AVAIT FAIT	LES (CHOSES) PAR LE ROI	PRESCRITES	AU MOYEN DES EUNUQUES.

Selon l'hébreu, le roi veut faire venir Vashti uniquement pour l'exhiber devant tous (11cd) ; selon le grec, c'est d'abord pour la couronner comme reine (11ab) et, secondairement, pour faire voir sa beauté à tous (11cd).

La composition de la deuxième partie est différente. Alors qu'en hébreu les paroles du roi forment le troisième morceau, après l'incise du verset 14 qui donne les noms des eunuques et leurs rôles, en grec les paroles du roi forment le premier morceau ; en hébreu, ces paroles sont une question, en grec un ordre.

Par ailleurs, seul le grec dit que le roi rapporte les paroles qu'a prononcées Astin (13b ; La Bible d'Alexandrie traduit : « Voici comment a parlé Astin »).

La liste des sept noms des eunuques conseillers du roi est réduite à trois seulement par le grec (14b).

En outre, le dernier segment du grec rapporte que les trois eunuques donnent leur réponse à la question du roi. Selon l'hébreu, au contraire, le récit s'achève sur la question du roi.

274 · Version grecque : la première section (Est 1–2)

3. La reine Astin n'exercera pas la royauté

Le troisième passage : 1,16-22

COMPOSITION

: 1,[16] Et dit	MOUKHAIOS	AU ROI	ET AUX CHEFS :
– « Pas au ROI	seul	a fait-tort	ASTIN LA REINE,
– mais aussi à **tous**	LES CHEFS	et gouverneurs	**DU ROI.** »
: [17] Car il avait raconté	à eux	*LES PAROLES*	DE LA REINE
: et comme	*elle a contredit*	**LE ROI.**	

:: « Comme donc	*elle a contredit*	**LE ROI**	Artaxerxès,
- [18] ainsi	demain	*les femmes*	**autres**
- DES CHEFS	DES PERSES	ET DES MÈDES,	
:: ayant entendu	ce qu'au ROI	a été dit	par elle,
- oseront	de même	NE PAS HONORER	LEURS HOMMES.
+ [19] Si donc il plait	AU ROI,		
:: qu'il prescrive	**un acte-royal**		
:: et qu'il écrive	selon les lois	DES PERSES	ET DES MÈDES,
:: et pas autrement	qu'il en soit ;		
. et que n'entre	plus	LA REINE	près de lui
. et que **sa royauté**	donne	**LE ROI**	
. à *une femme*	meilleure	qu'elle.	
:: [20] Et soit entendue	la loi	celle par LE ROI	
:: qu'il ferait	**en son royaume** ;		
. et ainsi	**toutes**	*les femmes*	
. montreront	HONNEUR	À LEURS HOMMES,	
· depuis le pauvre	jusqu'au riche. »		

+ [21] Or, plut	*LA PAROLE*	AU ROI	ET AUX CHEFS
+ et fit	**LE ROI**	*comme avait dit*	MOUKHAIOS ;
:: [22] et il envoya	dans **tout**	**le royaume**	
:: selon la province,	selon la langue	d'eux,	
:: afin que soit	leur crainte	dans leurs maisons.	

Séquence A1 : 1,1-22 275

La première partie rapporte la première réaction de Moukhaios (16) à la conduite de la reine que le roi avait dénoncée aux chefs (17ab) : comme un des « chefs », il voit bien que le tort fait au roi par la reine les atteint tous eux aussi.

La deuxième partie est le long discours de Moukhaios qui développe sa réaction initiale. Le premier morceau dit les conséquences inévitables de la conduite de la reine (17c.18c) sur les femmes des chefs (18ab.d). Le morceau suivant contient la mesures proposée au bon plaisir du roi (19a) : que soit édicté un acte-royal, conforme aux lois du royaume (19bcd), qui destitue la reine et prévoit son remplacement (19efg). Le troisième morceau prévoit la conséquence de cette « loi » quand elle sera entendue dans le royaume : l'honneur que toutes les femmes rendront à leurs maris. « Ne pas honorer leurs hommes » (18d) et « montreront honneur à leurs hommes » (20d) jouent le rôle de termes finaux pour les morceaux extrêmes, « les femmes autres » (18a) et « toutes les femmes » (20c) celui de termes extrêmes.

Dans la dernière partie, le roi accepte le conseil de Moukhaios (21) et l'exécute (22ab) pour que la « crainte » inspirée par le roi et ses princes gouverne chaque maison (22c).

Les parties extrêmes se répondent avec la reprise de « dire », « Moukhaios », « parole(s) », et « tous/tout ».

Les deux premières parties sont agrafées par la reprise de « elle a contredit le roi » (17b.17c).

Il est question de « la reine » dans les deux premières parties (16b.17a ; 19e), mais plus dans la dernière partie ; en revanche, « les chefs » sont présents tout au long (16a.c ; 18b ; 21a) et « le roi », son « royaume » et son « acte-royal » sont omniprésents.

INTÉRPRÉTATION[1]

Il ne semble pas que les différences entre les deux versions changent grand-chose pour leur contenu. La désobéissance de la reine inquiète le roi et les princes qui redoutent que sa conduite ait une influence néfaste sur leurs propres épouses. Un édit doit donc être promulgué annonçant que la royauté est retirée à Astin et qu'une autre la remplacera. Ainsi tout rentrera dans l'ordre et aucune femme du royaume ne sera tentée de manquer de respect à son mari.

---

[1] Si l'« Interprétation » précède ici la « Comparaison entre les deux versions », c'est uniquement pour des raisons pratiques de mise en page.

276 Version grecque : la première section (Est 1–2)

COMPARAISON DES DEUX VERSIONS

HÉBREU

1,[16] ET DIT MEMOUKÂN à la face DU ROI ET DES PRINCES : « PAS AU ROI SEUL A FAIT-DU-TORT VASHTI LA REINE, MAIS À TOUS LES PRINCES et à tous les peuples qui sont dans toutes les provinces DU ROI Akhashvérosh, [17] car sortira l'affaire de la reine vers toutes les femmes pour les faire-mépriser leurs maris à leurs yeux en disant : "Le roi Akhashvérosh avait dit de faire-venir Vashti la reine devant sa face et point n'est venue." [18] Et en ce jour même parleront les princesses de Perse et de Médie qui ont entendu l'affaire de la reine à tous les princes du roi, et cela causera mépris et fureur.
[19] SI pour le roi c'est bon, que sorte une parole de royauté de devant sa face ET QUE SOIT ÉCRIT dans les édits DE PERSE ET DE MÉDIE et ne passe pas QUE NE VIENDRA PLUS Vashti devant la face du roi Akhashvérosh ET SA ROYAUTÉ QU'IL LA DONNE LE ROI À UNE autre MEILLEURE QU'ELLE.
[20] ET SERA ENTENDU LE DÉCRET DU ROI LEQUEL IL A FAIT DANS tout SON ROYAUME car il est grand lui : ET TOUTES LES FEMMES DONNERONT HONNEUR À LEURS MARIS DU plus-grand et JUSQU'AU plus-petit. »
[21] Et fut-bonne LA PAROLE aux yeux DU ROI ET DES PRINCES ET FIT LE ROI SELON LA PAROLE DE MEMOUKÂN. [22] ET IL ENVOYA des lettres VERS TOUTES les provinces du roi, vers province et province selon son écriture et vers peuple et peuple SELON SA LANGUE, AFIN QUE SOIT tout homme gouvernant DANS SA MAISON et parlant selon la langue de son peuple.

De nouveau, le grec abrège l'hébreu : il compte 27 membres au lieu de 37. Tandis que l'hébreu est de la taille d'une séquence formée de deux passages, le grec ne comprend qu'un seul passage.

Le deuxième passage de l'hébreu compte 10 membres, organisés en deux morceaux (ci-dessous) ; la dernière partie du passage du grec qui lui correspond est de la taille d'un seul morceau qui totalise 5 membres (ci-contre).

+ 1,[21] Et fut-bonne	LA PAROLE		
– aux yeux	DU ROI	ET DES PRINCES	
– ET FIT	LE ROI		
+ SELON LA PAROLE	DE MEMOUKÂN.		
....	....	....	
– [22] ET IL ENVOYA	des lettres		
– VERS TOUTES	les provinces	du roi,	
:: vers province	et province	selon son écriture	
:: et vers peuple	et peuple	SELON SA LANGUE,	
= AFIN QUE SOIT	tout homme	gouvernant	DANS SA MAISON
= et parlant	selon la langue	de son peuple.	

Séquence A1 : 1,1-22

GREC

> 1,[16] ET DIT MOUKHAIOS AU ROI ET AUX CHEFS : « PAS AU ROI SEUL A FAIT-TORT ASTIN LA REINE, MAIS *aussi* À TOUS LES CHEFS *et gouverneurs* DU ROI. » [17] Car il avait raconté à eux les paroles de la reine et comme elle avait contredit le roi.
>
> « Comme donc elle a contredit le roi Artaxerxès, [18] ainsi demain les femmes autres des chefs des Perses et des Mèdes, ayant entendu ce qu'au roi a été dit par elle, oseront de même ne pas honorer leurs hommes. [19] SI *donc* il plait au roi, qu'il prescrive un acte-royal ET QU'IL ÉCRIVE selon les lois DES PERSES ET DES MÈDES, et pas autrement qu'il en soit ; *et* QUE N'ENTRE PLUS la reine près de lui ET QUE SA ROYAUTÉ DONNE LE ROI À UNE femme MEILLEURE QU'ELLE. [20] ET SOIT ENTENDUE LA LOI CELLE PAR LE ROI QU'IL FERAIT EN SON ROYAUME ; ET *ainsi* TOUTES LES FEMMES MONTRERONT HONNEUR À LEURS HOMMES, DEPUIS le pauvre JUSQU'AU riche. »
>
> [21] Or, plut LA PAROLE AU ROI ET AUX CHEFS ET FIT LE ROI COMME AVAIT DIT MOUKHAIOS ; [22] ET IL ENVOYA DANS TOUT le royaume selon la province, SELON LA LANGUE D'EUX, AFIN QUE SOIT *leur crainte* DANS LEURS MAISONS.

Ce sont surtout les versets 17-18 qui sont très différents entre les deux versions, même si le contenu reste proche.

Les divisions aussi sont différentes. Dans l'hébreu, le discours de Mémoukân est d'un seul tenant et ses deux parties occupent tout le premier passage (16-20) ; en grec, il est divisé en deux, interrompu par une phrase de récit (17ab), ce qui donne une composition concentrique autour du discours articulé de Moukhaios (17c-20).

+ [21] Or, plut	LA PAROLE	AU ROI	ET AUX CHEFS
+ ET FIT	LE ROI	COMME AVAIT DIT	MOUKHAIOS ;
:: [22] ET IL ENVOYA	DANS TOUT	le royaume	
:: selon la province,	SELON LA LANGUE	D'EUX,	
:: AFIN QUE SOIT	*leur crainte*	DANS LEURS MAISONS.	

278 Version grecque : la première section (Est 1–2)

4. Astin perd la couronne royale

L'ensemble de la séquence A1 : 1,1-22

COMPOSITION

La séquence comprend trois passages :

LE ROI ARTAXERXÈS	FAIT MONTRE DE	SA ROYAUTÉ	1,1-9

LA REINE ASTIN REFUSE L'INVITATION DU ROI		10-15

LA REINE ASTIN	N'EXERCERA PAS	LA ROYAUTÉ	16-22

Les trois passages sont nettement distincts. Le premier rapporte le festin des noces du roi pendant cent-quatre-vingts jours, puis le banquet de « six jours » (5) offert à Suse par le roi pour les hommes et par la reine pour les femmes.

Le deuxième passage a lieu « le septième jour » (10), donc après le banquet, et ce devait être le jour du couronnement de la reine (11), mais elle s'y refuse. Alors le roi consulte « ses amis » (13), mais trois chefs des Perses et des Mèdes viennent lui dire ce qu'il doit faire selon les lois (14-15).

Dans le troisième passage, c'est « Moukhaios » qui prend la parole. Ce n'est pas un des trois chefs et l'on peut donc penser qu'il fait partie des amis du roi. C'est son avis que le roi et les chefs adopteront.

À « la noce » du roi (5) aurait dû succéder le couronnement où Astin aurait été « faite reine » (11), mais, à cause de son refus, « la royauté » sera donnée à une autre (19).

On notera les reprises suivantes :
– « le roi Artaxerxès » quatre fois (2.9 ; 10 ; 17) ;
– « des Perses et des Mèdes » quatre fois aussi (3 ; 14 ; 18.19) ;
– « la reine Esther » quatre fois aussi (9 ; 12.15 ; 16)
– « loi » revient cinq fois, dont trois dans « selon la/les loi(s) » (8 ; 13.15 ; 19.20) ;
– « les chefs » sont mentionnés sept fois (3 ; 11.14 ; 16bis.18.21) ;
– « ses amis » est repris deux fois (3 ; 13) ;
– les cinq mentions des paroles de la reine : « Ainsi a dit la reine » (13), « les paroles de la reine » (17), « elle a contredit le roi » (17bis), « ce qu'elle a dit au roi » (18).

Séquence A1 : 1,1-22

1,[1] Or il advint après ces choses, aux jours d'Artaxerxès – celui-ci est l'Artaxerxès qui gouvernait depuis l'Inde cent-vingt-sept provinces –, [2] en ces jours-là, quand trônait **le roi Artaxerxès** en Suse la ville, [3] la troisième année de son règne, il fit un festin à *ses amis* et au reste des nations, et aux glorieux DES PERSES ET DES MÈDES et aux *CHEFS* des satrapes.
[4] Et après cela, après leur avoir montré la richesse de son royaume, et la gloire de l'allégresse de sa richesse, pendant cent-quatre-vingts jours, [5] quand furent remplis les jours de **la noce**, le roi fit un banquet pour les nations se trouvant dans la ville pendant six jours dans la cour du palais du roi, [6] ornée de byssus et de gazes tendus sur des cordes de byssus et de pourpres sur des socles d'or et d'argent, sur des colonnes de Paros et de pierre.
Des lits d'or et d'argent, sur une mosaïque d'émeraude pierre et de nacre et de pierre de Paros ; et des couvertures transparentes, diversement parées, brodées de roses en cercle. [7] Des coupes d'or et d'argent, et une coupelle en diamant exposée de trente-mille talents ; un vin abondant et doux, celui que buvait le roi lui-même.
[8] Et ce banquet n'advint pas SELON LA LOI établie ; ainsi avait voulu le roi et il avait ordonné à ses économes de faire sa volonté et celle des hommes. [9] Et LA REINE ASTIN fit un banquet pour les femmes dans la résidence royale où était **le roi Artaxerxès**.

[10] Dans le jour septième, le roi étant satisfait, il dit à Aman et Bazan et Tharra et Barazi et Zatholtha et Abataza et Tharaba, les sept eunuques serviteurs du **roi Artaxerxès**, [11] d'amener la reine vers lui pour la **faire-reine** et poser sur elle le diadème, et la montrer à tous les *CHEFS* et aux nations et sa beauté parce qu'elle était belle ; [12] mais LA REINE ASTIN ne lui obéit pas de venir avec les eunuques, et le roi fut affligé et il s'irrita.
[13] Et il dit à *ses amis* : « Ainsi a dit la reine, faites donc à ce sujet LOI et jugement. » [14] Et s'approchèrent de lui Arcesée, Sarsathée et Maliséar, les *CHEFS* DES PERSES ET DES MÈDES, les proches du roi, les premiers s'asseyant près du roi [15] et ils lui firent connaitre SELON LES LOIS comment il fallait faire à LA REINE ASTIN, car point n'avait fait ce que le roi avait prescrit au moyen des eunuques.

[16] Et Moukhaios dit au roi et aux *CHEFS* : « Ce n'est pas seulement au roi que LA REINE ASTIN a fait tort, mais aussi à tous les *CHEFS* et gouverneurs du roi. » [17] Car il leur avait rapporté **les paroles de la reine** et comment **elle avait contredit le roi**.
« Donc comme **elle a contredit le roi Artaxerxès**, [18] ainsi demain quand les femmes des *CHEFS* DES PERSES ET DES MÈDES auront entendu **ce qu'elle a dit au roi**, elles oseront de même ne pas honorer leurs maris. [19] Si donc il plait au roi, qu'il prescrive un acte royal et qu'il écrive SELON LES LOIS DES PERSES ET DES MÈDES, et qu'il n'en soit pas autrement ; et que la reine n'entre plus auprès de lui et que le roi donne **sa royauté** à une femme meilleure qu'elle. [20] Et que soit entendue LA LOI, celle que le roi ferait en son royaume ; et ainsi toutes les femmes montreront honneur à leurs maris, du plus pauvre jusqu'au plus riche. »
[21] Or cette parole plut au roi et aux *CHEFS* et le roi fit comme Moukhaios avait dit ; [22] et il envoya dans tout le royaume selon la province, selon leur langue, afin qu'ils soient craints dans leurs maisons.

280 Version grecque : la première section (Est 1–2)

COMPARAISON DES DEUX VERSIONS

HÉBREU

1,1 C'était aux jours d'Akhashvérosh, cet Akhashvérosh qui régnait depuis l'Inde et jusqu'à l'Éthiopie sur cent-vingt-sept provinces. 2 En ces jours-là, quand le roi Akhashvérosh siégeait sur le trône de sa royauté qui était à Suse-la-Citadelle, 3 la troisième année de son règne, il fit un banquet pour tous ses princes et ses serviteurs, l'armée de Perse et de Médie, les nobles et les princes des provinces devant lui, 4 pour leur faire voir la richesse de la gloire de son règne et l'éclat de la splendeur de sa grandeur, durant de nombreux jours, cent-quatre-vingts jours.

5 Ces jours-là étant remplis, le roi fit pour tout le peuple qui se trouvait à Suse-la-Citadelle, du plus grand au plus petit, **UN BANQUET DE SEPT JOURS** dans la cour du jardin du palais du roi. 6 Dentelle, mousseline et pourpre étaient retenues par des cordelettes de lin et d'écarlate à des anneaux d'argent et des colonnes d'albâtre ; il y avait des lits d'or et d'argent sur un pavement de jade et d'albâtre et de nacre et de jais. 7 Et on servait à boire dans des coupes d'or et chaque coupe était différente des autres, et le vin du royaume était abondant selon la main du roi. 8 Et selon l'édit, la boisson était sans limite, car c'est ainsi que le roi avait ordonné à tous les maitres de sa maison de faire selon la volonté de chaque homme. 9 La reine Vashti aussi fit un banquet pour les femmes dans la maison de royauté du roi Akhashvérosh.

10 **Au septième jour**, comme le cœur du roi était bien à cause du vin, il dit à Mehoumân, Bizta, Harbona, Bigta et Avagta, Zétar et Karkas, les sept eunuques qui servent devant la face du roi Akhashvérosh, 11 de faire venir la reine Vashti devant la face du roi avec la couronne de la royauté, pour faire voir aux peuples et aux princes sa beauté, car elle était belle à voir. 12 Mais la reine Vashti refusa de venir selon la parole du roi transmise par les eunuques, et le roi s'irrita beaucoup et sa colère s'enflamma en lui.
13 Et le roi dit aux sages, connaissant les temps, car c'est ainsi qu'allait la parole du roi devant la face de tous ceux qui connaissaient édit et droit. 14 Et proches de lui étaient Karshena, Shétar, Admata, Tarshish, Mérès, Marsena, **Memoukân**, les sept princes de Perse et de Médie qui voyaient la face du roi et siégeaient au premier rang dans le royaume : 15 « Comme édit, que faire à la reine Vashti du fait qu'elle n'a pas fait la parole du roi Akhashvérosh transmise par les eunuques ? »

16 **Memoukân** dit à la face du roi et des princes : « Ce n'est pas seulement au roi que la reine Vashti a fait du tort, mais à tous les princes et à tous les peuples qui sont dans toutes les provinces du roi Akhashvérosh, 17 car l'affaire de la reine sortira vers toutes les femmes pour les faire mépriser leurs maris à leurs yeux en disant: "Le roi Akhashvérosh avait dit de faire venir la reine Vashti devant sa face et elle n'est pas venue." 18 Et en ce jour même, les princesses de Perse et de Médie qui ont entendu l'affaire de la reine parleront à tous les princes du roi, et cela causera mépris et fureur. 19 Si cela parait bon au roi, qu'une parole de royauté sorte de sa face et que soit écrit dans les édits de Perse et de Médie et que cela ne passera pas : que Vashti ne viendra plus devant la face du roi Akhashvérosh et que le roi donne sa royauté à une de ses compagnes meilleure qu'elle. 20 Et le décret que le roi a fait soit entendu dans tout son royaume, car il est grand ; et toutes les femmes donneront honneur à leurs maris du plus grand au plus petit. »

21 Cette parole parut bonne aux yeux du roi et des princes et le roi agit selon la parole de Memoukân. 22 Il envoya des lettres à toutes les provinces du roi, à chaque province selon son écriture et à chaque peuple selon sa langue, afin de tout homme gouverne dans sa maison et parle selon la langue de son peuple.

Dans l'hébreu, le banquet de Suse dure sept jours (5) ; la sous-séquence centrale a lieu « le septième jour » du banquet (10) quand le roi, le cœur gai « à cause du vin », demande qu'on fasse venir la reine pour faire montre de sa beauté à tous. En grec, le grand festin est celui de la « noce » du roi (5). Le banquet de Suse dure « six jours » (5), après quoi, « le septième jour », le banquet étant donc achevé, ce devait être le jour du couronnement de la reine (11). Au début du passage central, il est dit que le roi est « satisfait », mais ce n'est pas à cause du vin.

Séquence A1 : 1,1-22

GREC

> 1,1 Or il advint après ces choses, aux jours d'Artaxerxès – celui-ci est l'Artaxerxès qui gouvernait depuis l'Inde cent-vingt-sept provinces –, 2 en ces jours-là, quand trônait le roi Artaxerxès en Suse la ville, 3 la troisième année de son règne, il fit un festin à ses amis et au reste des nations, et aux glorieux des Perses et des Mèdes et aux chefs des satrapes.
> 4 Et après cela, après leur avoir montré la richesse de son royaume, et la gloire de l'allégresse de sa richesse, pendant cent-quatre-vingts jours, 5 quand furent remplis les jours de LA NOCE, le roi fit un banquet pour les nations se trouvant dans la ville PENDANT SIX JOURS dans la cour du palais du roi, 6 ornée de byssus et de gazes tendus sur des cordes de byssus et de pourpres sur des socles d'or et d'argent, sur des colonnes de Paros et de pierre.
> Des lits d'or et d'argent sur une mosaïque d'émeraude pierre et de nacre et de pierre de Paros ; et des couvertures transparentes, diversement parées, brodées de roses en cercle. 7 Des coupes d'or et d'argent et une coupelle en diamant exposée de trente-mille talents ; un vin abondant et doux, celui que buvait le roi lui-même.
> 8 Et ce banquet n'advint pas selon la loi établie ; ainsi avait voulu le roi et il avait ordonné à ses économes de faire sa volonté et celle des hommes. 9 Et la reine Astin fit un banquet pour les femmes dans la résidence royale où était le roi Artaxerxès.

> 10 **Au septième jour**, le roi étant satisfait, il dit à Aman et Bazan et Tharra et Barazi et Zatholtha et Abataza et Tharaba, les sept eunuques serviteurs du roi Artaxerxès, 11 d'amener la reine vers lui POUR LA FAIRE-REINE et poser sur elle le diadème, et la montrer à tous les chefs et aux nations et sa beauté parce qu'elle était belle ; 12 mais la reine Astin ne lui obéit pas de venir avec les eunuques, et le roi fut affligé et il s'irrita.
> 13 Et il dit à ses amis : « **Ainsi a dit la reine**, faites donc à ce sujet loi et jugement. » 14 Et s'approchèrent de lui Arcesée, Sarsathée et Maliséar, les chefs des Perses et des Mèdes, les proches du roi, les premiers s'asseyant près du roi 15 et ils lui firent connaitre selon les lois comment il fallait faire à la reine Astin, car point n'avait fait ce que le roi avait prescrit au moyen des eunuques.

> 16 Et Moukhaios dit au roi et aux chefs : « Ce n'est pas seulement au roi que la reine Astin a fait tort, mais aussi à tous les chefs et gouverneurs du roi. » 17 Car il leur avait rapporté les paroles de la reine et comment elle avait contredit le roi.
> « Donc comme elle a contredit le roi Artaxerxès, 18 ainsi demain quand les femmes des chefs des Perses et des Mèdes auront entendu ce qu'elle a dit au roi, elles oseront de même ne pas honorer leurs maris. 19 Si donc il plait au roi, qu'il prescrive un acte royal et qu'il écrive selon les lois des Perses et des Mèdes, et qu'il en soit pas autrement ; et que la reine n'entre plus auprès de lui et que le roi donne sa royauté à une femme meilleure qu'elle. 20 Et que soit entendue la loi, celle que le roi ferait en son royaume ; et ainsi toutes les femmes montreront honneur à leurs maris, du plus pauvre jusqu'au plus riche. »
> 21 Or cette parole plut au roi et aux chefs et le roi fit comme Moukhaios avait dit ; 22 et il envoya dans tout le royaume selon la province, selon leur langue, afin qu'ils soient craints dans leurs maisons.

En hébreu, le passage entre les deux dernières sous séquences est naturel. À la fin de la sous-séquence centrale, le roi demande aux sept princes ce qu'il faut faire à la reine et, dans la dernière sous séquence, c'est Memokân, le dernier des sept princes, qui répond à la question. En grec, en revanche, dans la deuxième partie du passage, le roi interroge « ses amis », puis trois des chefs des Perses et des Mèdes lui font connaitre ce qu'il doit faire selon les lois, sans qu'on sache de quoi il s'agit. Dans le dernier passage, c'est un certain Moukhaios, peut-être un de ses amis, qui prend la parole et c'est son avis que le roi et les chefs suivront.

Seul le grec mentionne que la reine a parlé au roi, l'a contredit (13.17.18), mais sans rapporter aucune de ses paroles.

Interprétation

Des noces grandioses

Cent-quatre-vingts jours, six mois de festin pour un mariage royal, voilà de quoi laisser une marque dans l'histoire, même dans celle du royaume des Perses et des Mèdes. Voilà qui est à proprement parler fabuleux. Et ce n'est pas seulement le temps qui dépasse toute mesure, c'est aussi l'espace : aux cent-quatre-vingts jours du festin, il faut ajouter, pour ainsi dire, les cent-vingt-sept provinces d'un empire qui s'étend « depuis l'Inde » jusqu'on ne sait même pas où. Et, comme si cela ne suffisait pas, le roi Artaxerxès organise un autre banquet pour les diverses nations qui peuplent Suse, sa capitale. Le luxe de ces agapes est lui aussi inouï. Et la reine n'est pas en reste qui fait, elle aussi, un banquet réservé, comme il se doit, aux femmes.

Un petit grain de sable

Tout va pour le mieux dans le royaume des Perses et des Mèdes et voici qu'arrive le jour, « le septième jour », le jour où l'épouse du roi va être intronisée officiellement comme reine, couronnée par le grand roi son époux, du diadème royal. Le roi envoie les sept eunuques, ses serviteurs, pour l'escorter à sa rencontre. Coup de théâtre, totalement inattendu : elle refuse. Que s'est-il passé ? Pourquoi se dérobe-t-elle ? Le lecteur n'en sait absolument rien. Comme le roi, semble-t-il, il est médusé et n'en revient pas. Le contraste est frappant entre la toute-puissance d'un roi hors du commun et la décision, imprévue et inexpliquée, d'une femme. Fut-elle reine, épouse du souverain, c'est une femme qui a le pouvoir, exorbitant, de faire s'écrouler toute la magnificence de l'empire.

Un modèle

Une telle décision de la part d'une femme fait réagir non seulement le roi qui demande à ses amis de juger, mais aussi trois des plus proches du roi qui prennent l'initiative de s'approcher de lui et de lui faire connaitre ce qu'il devait faire à la reine qui lui avait désobéi. Et c'est en définitive l'avis de Moukhaios qui emporte l'adhésion de tous. La conduite de la reine risque d'être imitée par les femmes des chefs et même par toutes les femmes du royaume. Il est donc urgent de faire taire résolument les êtres les plus faibles que sont les femmes, si l'on veut préserver l'autorité de ceux qui gouvernent. Et du reste, le narrateur prendra bien soin de ne pas rapporter les paroles de la reine quand elle s'était permis de contredire le roi (17ab). Les petits et les faibles n'ont pas voix au chapitre. Il ne devrait pas être difficile de trouver une autre reine, meilleure qu'Astin, une reine qui saura se taire et obéir.

II. Esther reçoit la couronne royale

La séquence A2 : 2,1-23

La deuxième séquence de la première section comprend trois sous-séquences. Chacune des sous-séquences extrêmes (2,1-11 ; 18-23) comprend deux passages, tandis que la sous-séquence centrale n'en compte qu'un seul.

LA PUPILLE DE MARDOCHÉE   CANDIDATE À   LA ROYAUTÉ

QUE L'ON SÉLECTIONNE	LES PLUS BELLES FILLES DU ROYAUME	2,1-4
ESTHER EST RETENUE PARMI	LES PLUS BELLES FILLES DU ROYAUME	5-11

ESTHER DEVIENT REINE À LA PLACE D'ASTIN	12-17

LA PUPILLE DE MARDOCHÉE   EXERCE   LA ROYAUTÉ

LA REINE ESTHER	CONTINUE À OBÉIR À SON TUTEUR MARDOCHÉE	18-20
LA REINE ESTHER	TRANSMET AU ROI LE MESSAGE DE MARDOCHÉE	21-23

284   Version grecque : la première section (Est 1–2)

A. LA PUPILLE DE MARDOCHÉE CANDIDATE À LA ROYAUTÉ

La première sous-séquence : 2,1-11

La sous-séquence comprend deux passages.

1. QUE L'ON SÉLECTIONNE LES PLUS BELLES FILLES DU ROYAUME

Le premier passage : 2,1-4

COMPOSITION

: 2,[1] Et après	ces choses-	là,
: se lassa	LE ROI	de sa colère
– et plus	*ne mentionna*	LA REINE,
.. se souvenant	de ce qu'	elle avait dit
.. et comment	il avait jugé	elle.

[2] Et dirent	les serviteurs	DU ROI :	
....			
+ « Que l'on cherche	pour LE ROI	*des jeunes filles*	
:: *chastes,*	*belles*	*à voir* ;	
+ [3] qu'ordonne	LE ROI	aux comarques	
.. de toutes	les provinces	de son royaume	
+ et qu'ils choisissent	*des jeunes filles*		
:: *vierges,*	*belles*	*à voir*	
.. pour Suse	la ville	pour le gynécée.	
....			
– Qu'on les donne	à l'eunuque	DU ROI	
– gardien	des femmes		
– et qu'on donne	des cosmétiques	et le reste	des produits ;
= [4] et la femme	*QUI PLAIRA*	AU ROI	
= SERA REINE	à la place	d'Astin. »	

: *ET PLUT*	AU ROI	l'affaire
: et il fit	ainsi.	

Séquence A2 : 2,1-23   285

La partie centrale, de discours, est encadrée par deux courtes parties narratives. Dans la première, le roi oublie le passé, dans la dernière il se tourne vers l'avenir.

Dans la première partie, la colère du roi s'étant calmée (1ab), il a tiré un trait sur la reine. Les verbes traduits par « mentionner » et « se souvenir » sont de la même racine, le premier au passif, le second à l'actif. Le premier signifie qu'il ne l'appela plus, le second ce qu'il a gardé en mémoire et donc ce pourquoi il l'a écartée. Les deux derniers membres sont complémentaires, le premier ayant pour sujet la reine et ses paroles[1], le second la réaction du roi et sa décision.

Le discours des serviteurs du roi s'organise en deux morceaux. D'abord, la recherche de jeunes-filles, chastes/vierges, belles à voir » (2bc.3cd). Les deux derniers segments précisent le premier : la recherche sera faite par les comarques dans toutes les provinces (3ab) pour que les jeunes-filles soient envoyées à la capitale, et plus précisément au gynécée. Dans le deuxième morceau, elles seront préparées physiquement (3fgh), et celle qui sera choisie deviendra reine (4ab).

Les deux dernières parties sont agrafées par la reprise de « plaire » (4a.4c).

INTERPRÉTATION

« CE QU'ELLE AVAIT DIT »

Ce que le roi n'a pas pu oublier, ce n'est pas ce que la reine a fait quand elle lui a désobéi, refusant de se rendre à son invitation ; ce sont ses paroles dont il se souvient. Mais que lui a-t-elle donc dit pour qu'il ne lui ait pas pardonné, pour qu'il l'ait répudiée à tout jamais ? On a déjà entendu qu'il a rapporté ses paroles « à ses amis », puis « à tous les chefs et gouverneurs du roi ». Le roi et les princes sont bien conscients que ce qu'elle a dit ne manquera pas d'arriver aux oreilles des femmes des chefs et même de toutes les femmes du royaume. Le seul qui ne les aura jamais entendues est le lecteur. Quand maintenant il apprend que le roi se souvient de ce qu'elle a dit, sa curiosité est encore déçue et il se demandera une fois de plus pour quelle raison on s'entête à lui cacher la vérité.

---

[1] Le verbe « avait dit » est à la troisième personne du singulier dont le genre est neutralisé. *La Bible d'Alexandrie* opte pour le masculin, la TOB pour le féminin. Il semble que le féminin soit préférable, car le premier chapitre mentionne plusieurs fois les paroles de la reine, même s'il ne les cite pas et n'en dévoile pas le contenu : « Ainsi a dit la reine, faites donc à ce sujet loi et jugement » (1,13) ; « car il leur avait rapporté les paroles de la reine et comme elle avait contredit le roi » (17) ; « quand les femmes des chefs des Perses et des Mèdes auront entendu ce qu'elle a dit au roi... » (18).

286 Version grecque : la première section (Est 1–2)

COMPARAISON DES DEUX VERSIONS

HÉBREU

+ 2,[1] APRÈS	CES CHOSES-	LÀ,	
+ quand se fut apaisée	LA FUREUR	DU ROI	Akhashvérosh,
:: il se souvint	de Vashti	ET DE CE QU'	elle avait fait
:: et de ce qui	avait été décrété	contre elle.	

+ [2] ET DIRENT	les jeunes-gens	DU ROI	ses officiants :
....			
— « QU'ON CHERCHE	POUR LE ROI	DES JEUNES-FILLES	vierges
.. BELLES	À VOIR ;		
- [3] QUE COMMISSIONNE	LE ROI	DES COMMISSAIRES	
- DANS TOUTES	LES PROVINCES	DE SON ROYAUME.	
....			
— Et qu'ils rassemblent	toutes	LES JEUNES-FILLES	VIERGES
.. BELLES	À VOIR,		
- À SUSE-	LA-CITADELLE,	à la maison	des femmes,
- sous la main	de Hégaï,	L'EUNUQUE	DU ROI,
- GARDIEN	DES FEMMES,	ET QU'ON DONNE	LEURS ONGUENTS ;
= [4] ET LA jeune-fille	laquelle	sera-bonne	
= aux yeux	DU ROI		
= RÉGNERA	À LA PLACE	DE VASHTI. »	

+ Et fut-bonne	la parole
+ aux yeux	DU ROI
= ET IL FIT	AINSI.

Les deux versions sont de même longueur, la division en trois parties est la même. Le contenu est pratiquement identique.

Alors que dans l'hébreu le roi se souvient de ce qu'avait « fait » la reine (1c), en grec c'est de ce qu'elle avait « dit » (1d).

L'hébreu précise le nom du roi « Akhashvérosh » (1b), ainsi que celui de « l'eunuque du roi » chargé du gynécée, « Hégaï » (3f).

Séquence A2 : 2,1-23

GREC

: 2,[1] ET APRÈS	CES CHOSES-	LÀ,
: se lassa	LE ROI	DE SA COLÈRE
- et plus	ne se souvint	de la reine,
- *se souvenant*	DE CE QU'	elle avait dit
- et comment	il avait jugé	elle.

[2] ET DIRENT	les serviteurs	DU ROI :
....	....	....
+ « QUE L'ON CHERCHE	POUR LE ROI	DES JEUNES-FILLES
:: *chastes,*	BELLES	À VOIR ;
+ [3] QU'ORDONNE	LE ROI	AUX COMARQUES
.. DE TOUTES	LES PROVINCES	DE SON ROYAUME
+ et qu'ils choisissent	DES JEUNES-FILLES	
:: VIERGES,	BELLES	À VOIR
.. POUR SUSE	LA VILLE	pour le gynécée.
....	....	....
− *Qu'on les donne*	À L'EUNUQUE	DU ROI
− GARDIEN	DES FEMMES	
− ET QU'ON DONNE	DES COSMÉTIQUES	*et le reste* *des produits* ;
= [4] ET LA femme	qui plaira	AU ROI
= SERA REINE	À LA PLACE	D'ASTIN. »

: Et plut	AU ROI	l'affaire
: ET IL FIT	AINSI.	

L'organisation de la partie centrale est différente. L'hébreu fait de 3c-g une seule phrase où sont mis ensemble la sélection des jeunes-filles et leur remise au gardien des femmes ; en grec, l'ajout de « Qu'on les donne » (3f) fait que les deux opérations sont distinguées et séparées. Ainsi la limite entre les deux morceaux n'est pas la même : après 3b pour l'hébreu, après 3e pour le grec.

288 Version grecque : la première section (Est 1–2)

2. ESTHER EST RETENUE PARMI LES PLUS BELLES FILLES DU ROYAUME

Le deuxième passage : 2,5-11

COMPOSITION

+ 2,5 Et un homme	était	juif	*à Suse*	*la ville*
– *et le nom*	*à lui*	MARDOCHÉE,		
:: le (fils) de Jaïr,	de Séméï,	de Cisée,	de la tribu	de Benjamin,
: 6 lequel	était	un captif	de Jérusalem,	
: laquelle	avait capturée	Nabuchodonosor,	roi	de Babylone.
+ 7 Et était	à lui	une enfant	élevée,	
:: fille	d'Aminadab,	frère	de son père,	
– *et le nom*	*à elle*	ESTHER ;		
: or, à la mort	de ses	parents,		
.. il avait éduqué	elle	à lui-même	pour femme,	
.. et était	LA JEUNE-FILLE	belle	à voir.	

: 8 Or, lorsque	fut entendu	le du roi	édit,	
: furent réunies	DES JEUNES-FILLES	nombreuses	*à Suse*	*la ville*
: sous la main	de **Gaï** ;			
. et fut conduite	ESTHER	chez **Gaï**,	le gardien	DES FEMMES
. 9 et plut	à lui	LA JEUNE-FILLE		
. et elle trouva	grâce	devant lui.		
- Et il se hâta	de lui	donner	des cosmétiques	et sa part,
. et les sept	JEUNES-FILLES	désignées	pour elle	au palais ;
- il en usa	avec elle	bien		
. et les suivantes	d'elle	DANS LE GYNÉCÉE.		

– 10 Et ne révéla	ESTHER	ni sa race	ni sa patrie,
– car *MARDOCHÉE*	avait commandé	à elle	de ne pas le déclarer.
+ 11 Or chaque	jour	*MARDOCHÉE*	se promenait
+ dans la cour	DU GYNÉCÉE,		
+ observant	ce que	à ESTHER	il arriverait.

La première partie présente les personnages de « Mardochée » (5-6) puis d'« Esther » (7). Les premiers segments se correspondent : « un homme » et « une enfant » (5a.7a), leur « nom » (5b.7c) et leur généalogie (5c.7b) ; les seconds segments disent le malheur de la déportation (6ab), de la mort des parents d'Esther (7d), mais les deux derniers membres sont positifs (7ef). Dans le premier morceau sont mentionnés les noms de lieux perses aux extrémités, « Suse » et « Babylone », et juifs entre deux, « Benjamin » et « Jérusalem ».

Dans la deuxième partie, le premier morceau compte deux trimembres, le premier concernant les « jeunes-filles » nombreuses rassemblées à Suse, le second consacré à la « jeune-fille » singulière, « Esther ». Les deux segments sont agrafés par le nom de « Gaï », le gardien du harem (8c.8d). Le second morceau a pour sujet ce dernier qui s'occupe bien d'Esther (9c.9e) et de ses suivantes (9d.9f). « Jeune(s)-fille(s) » revient en 8b.9a.9d et « gynécée » correspond à « femmes », qui sont de même racine en grec (8d.9f).

Dans le troisième morceau, on revient aux deux personnages d'Esther et de Mardochée. Ce dernier veille sur sa nièce de deux façons : en lui faisant tenir secrète son appartenance au peuple juif (10) et en surveillant discrètement ce qui lui arriverait (11).

Les deux occurrences de « à Suse la ville » (5a.8b) jouent le rôle de termes initiaux pour les deux premières parties ; celles de « gynécée » (9f.11b) de termes finaux pour les deux dernières parties.

INTERPRÉTATION

CE QUI ARRIVERAIT À ESTHER

La jeune Esther s'est tôt retrouvée orpheline. Alors Mardochée la recueillit, pensant en faire plus tard sa femme. Puis vint l'ordre du roi de rassembler à Suse les plus belles filles du royaume, parmi lesquelles il choisira celle qui lui plaira davantage et dont il fera la reine, son épouse. Or il arriva qu'Esther fut sélectionnée pour être du nombre des candidates à la royauté. Si Mardochée lui ordonne de ne rien dire de ses origines, c'est sans doute qu'il craint que cela puisse nuire à son avenir. Souhaite-t-il qu'elle soit retenue la plus belle ou a-t-il peur de perdre sa future épouse ? Quand il la surveille en se promenant dans la cour du gynécée, quelles sont ses intentions ? Le narrateur se garde bien d'en rien dire et le lecteur ne peut que demeurer perplexe et attendre, comme Mardochée, ce qui arrivera à Esther.

COMPARAISON DES DEUX VERSIONS

HÉBREU

+ 2,5 UN HOMME	JUIF	ÉTAIT	À SUSE-	LA-CITADELLE
. ET SON NOM	MARDOCHÉE,	fils	DE YAÏR,	
. fils	DE SHIMÉÏ,	fils	DE QISH,	
. homme	BENJAMINITE,			
- 6 LEQUEL	AVAIT ÉTÉ DÉPORTÉE	DE JÉRUSALEM	avec la déportation,	
- laquelle	avait été déportée	avec Jékonias	roi	de Juda,
- LAQUELLE	AVAIT DÉPORTÉ	NABUCHODONOSOR	ROI	DE BABYLONE.
— 7 ET IL ÉTAIT	tuteur	de Hadassa,		
+ elle (est)	ESTHER	FILLE	de son oncle,	
— car pas	à elle	père	ni mère	
:: ET LA JEUNE-FILLE	(ÉTAIT) BELLE	d'aspect		
:: et bonne	À VOIR			
— ET À LA MORT	de son père	et de sa mère		
+ la prit	Mardochée	POUR LUI	comme fille.	

:: 8 ET IL FUT	QUAND FURENT OBÉIS	la parole	DU ROI	ET SON ÉDIT
: ET RASSEMBLÉES	LES JEUNES-FILLES	À SUSE-	LA-CITADELLE	
.. SOUS LA MAIN	DE HÉGAÏ			
: ET FUT PRISE	ESTHER	à la maison	du roi	
.. sous la main	DE HÉGAÏ	GARDIEN	DES FEMMES.	
: 9 ET FUT-BONNE	LA JEUNE-FILLE	à ses yeux		
: ET SUSCITA	FAVEUR	À SA FACE		
- ET IL SE HÂTA	SES ONGUENTS	ET SES PORTIONS	DE DONNER	À ELLE
- ET SEPT	JEUNES-FILLES	en vue	de donner	à elle
- de la maison	du roi			
. et il la transféra	et ses jeunes-filles			
. dans la bonne	maison	des femmes.		

- 10 N'AVAIT PAS DIT	ESTHER	SON PEUPLE	ET SA PARENTÉ
- CAR MARDOCHÉE	AVAIT ORDONNÉ	À ELLE	
- QUE	ELLE NE DISE PAS ;		
. 11 ET CHAQUE	JOUR	et jour	
. MARDOCHÉE	ALLAIT-ET-VENAIT		
. DEVANT	LA COUR	de la maison	des femmes
.. pour connaitre	la santé	d'Esther	
.. ET CE QUI	ÉTAIT FAIT	à elle.	

Séquence A2 : 2,1-23

GREC

+ 2,⁵ ET UN HOMME	ÉTAIT	JUIF	À SUSE	LA VILLE
− ET LE NOM	À LUI	MARDOCHÉE,		
:: le (fils) DE JAÏR,	DE SÉMEÏ,	DE CISÉE,	de la tribu	DE BENJAMIN,
: ⁶ LEQUEL	ÉTAIT	UN CAPTIF	DE JÉRUSALEM,	
: LAQUELLE	AVAIT CAPTURÉE	NABUCHODONOSOR,	ROI	DE BABYLONE.
+ ⁷ ET ÉTAIT	*à lui*	*une enfant*	*élevée,*	
:: FILLE	*d'Aminadab,*	**frère**	**de son père,**	
− *et le nom*	*à elle*	ESTHER ;		
: OR, À LA MORT	de ses	parents,		
.. **il avait éduquée**	elle	À LUI-MÊME	**pour femme,**	
.. ET ÉTAIT	LA JEUNE-FILLE	BELLE	À VOIR.	

: ⁸ OR, LORSQUE	FUT ENTENDU	LE DU ROI	ÉDIT,	
: FURENT RÉUNIES	DES JEUNES-FILLES	*nombreuses*	À SUSE	LA VILLE
: SOUS LA MAIN	DE GAÏ ;			
. ET FUT CONDUITE	ESTHER	CHEZ GAÏ,	LE GARDIEN	DES FEMMES
. ⁹ ET PLUT	À LUI	LA JEUNE-FILLE		
. ET ELLE TROUVA	GRÂCE	DEVANT LUI.		
- ET IL SE HÂTA	DE LUI	DONNER	DES COSMÉTIQUES	ET SA PART,
. ET LES SEPT	JEUNES-FILLES	*désignées*	*pour elle*	**au palais ;**
- *il en usa*	*avec elle*	*bien*		
. **et les suivantes**	d'elle	**dans le gynécée.**		

− ¹⁰ ET NE RÉVÉLA	ESTHER	NI SA RACE	NI SA PATRIE,
− CAR MARDOCHÉE	AVAIT COMMANDÉ	À ELLE	DE NE PAS LE DÉCLARER.
+ ¹¹ OR CHAQUE	JOUR	MARDOCHÉE	SE PROMENAIT
+ DANS LA COUR	**du gynécée,**		
+ **observant**	CE QUE	**à Esther**	IL ARRIVERAIT.

L'hébreu est plus développé que le grec : alors que l'hébreu compte 34 membres, le grec n'en a que 26. Seul l'hébreu parle de « Jékonias roi de Juda » (6b), donne le nom hébreu d'Esther : « Hadassa » (7a) et parle de « la santé d'Esther » (11d).

La division en parties est identique. Il en va de même pour la division en morceaux de la première partie, le premier présentant Mardochée, le second Esther. En revanche, l'organisation de la partie centrale est un peu différente, la limite entre les deux morceaux ne passant pas au même endroit. L'hébreu ajoute le transfert d'Esther et de ses suivantes dans un meilleur gynécée (9fg).

La différence majeure est qu'en hébreu Mardochée a adopté sa cousine comme « fille » (7g), tandis qu'en grec, il l'élève pour en faire sa « femme » (7e).

Version grecque : la première section (Est 1–2)

3. LA PUPILLE DE MARDOCHÉE CANDIDATE À LA ROYAUTÉ

L'ensemble de la première sous-séquence : 2,1-11

COMPOSITION

2,[1] Et après ces choses-là, le roi se lassa de sa colère et ne se souvint plus de la reine, se souvenant de ce qu'elle avait dit et comment il l'avait jugée.
  [2] Et les serviteurs du roi dirent : « Qu'on cherche pour le roi des JEUNES-FILLES chastes, **belles à voir** ; [3] que le roi ordonne aux comarques de toutes les provinces de son royaume et qu'ils choisissent des JEUNES-FILLES vierges, **belles à voir**, *POUR LA VILLE DE SUSE* POUR LE GYNÉCÉE. Qu'on les donne à l'eunuque du roi GARDIEN DES FEMMES et QU'ON LEUR DONNE DES COSMÉTIQUES et les autres produits ; [4] et la **FEMME** qui PLAIRA AU ROI sera reine à la place d'Astin. »
  Et l'affaire plut au roi, et il fit ainsi.

[5] Il y avait un homme juif à la ville de Suse du nom de Mardochée, fils de Jaïr, fils de Séméï, fils de Cisée, de la tribu de Benjamin, [6] lequel était un captif de Jérusalem, que Nabuchodonosor, roi de Babylone, avait capturée. [7] Il avait une enfant élevée, fille d'Aminadab, frère de son père, du nom d'Esther ; or, à la mort de ses parents, il l'avait éduquée pour en faire sa **FEMME**, et la JEUNE-FILLE était **belle à voir**.
  [8] Or, lorsque fut entendu l'édit du roi, de nombreuses JEUNES-FILLES furent réunies *À LA VILLE DE SUSE* sous la main de Gaï ; et Esther fut conduite chez Gaï, LE GARDIEN DES FEMMES. [9] La JEUNE-FILLE LUI PLUT et elle trouva grâce devant lui. Et IL SE HÂTA DE LUI DONNER DES COSMÉTIQUES et sa part, et les sept JEUNES-FILLES désignées pour elle au palais ; il en usa bien avec elle et avec ses suivantes DANS LE GYNÉCÉE.
  [10] Et Esther ne révéla ni sa race ni sa patrie, car Mardochée lui avait commandé de ne pas le déclarer. [11] Or, chaque jour, Mardochée se promenait dans la cour du gynécée, observant ce qu'il arriverait à Esther.

Ce sont surtout les parties centrales qui se correspondent : le conseil des serviteurs du roi (2-4b) est exécuté à la lettre (8-9). Cependant, la dernière phrase des serviteurs (4ab) qui doit conclure le processus conseillé ne se produit pas dans le deuxième passage. En revanche, c'est la fin de la présentation d'Esther qui lui correspond (7c), où sont repris « femme » comme en 4a, « jeune-fille » et « belle à voir » comme en 2 et 3. Le projet de Mardochée se voit contrarié par celui des serviteurs du roi et donc du roi lui-même.

COMPARAISON DES DEUX VERSIONS

La composition est la même, les divisions entre les deux passages ainsi qu'entre leurs parties étant identiques.

Séquence A2 : 2,1-23   293

HÉBREU

2,[1] Après ces choses-là, quand se fut apaisée la fureur du roi Akhashvérosh, il se souvint de Vashti et de ce qu'elle AVAIT FAIT et de ce qui avait été décrété contre elle.
[2] Et les jeunes-gens du roi, ses officiants, dirent : « Qu'on cherche pour le roi des jeunes-filles vierges belles à voir ; [3] que le roi commissionne des commissaires dans toutes les provinces de son royaume. Et qu'ils rassemblent toutes les jeunes-filles vierges belles à voir à Suse-la-Citadelle à la maison des femmes sous la main de Hégaï, eunuque du roi gardien des femmes et qu'on donne leurs onguents ; [4] et la jeune-fille laquelle sera bonne aux yeux du roi règnera à la place de Vashti. »
Et la parole parut-bonne aux yeux du roi et il fit ainsi.

---

[5] Un homme juif était à Suse-la-Citadelle et son nom était Mardochée, fils de Yaïr, fils de Shiméï, fils de Qish, homme benjaminite, [6] lequel avait été déporté de Jérusalem avec la déportation, laquelle avait été déportée avec Jékonias roi de Juda, laquelle avait déporté Nabuchodonosor roi de Babylone. [7] Et il était tuteur de Hadassa – c'est Esther – fille de son oncle, car elle n'avait ni père ni mère et la jeune-fille était belle d'aspect et bonne à voir et à la mort de son père et de sa mère, Mardochée la prit pour lui comme FILLE.
[8] Et quand furent obéis la parole du roi et son édit et quand furent rassemblées les jeunes-filles à Suse-la-Citadelle sous la main de Hégaï, Esther fut prise à la maison du roi sous la main de Hégaï gardien des femmes. [9] Et la jeune-fille parut-bonne à ses yeux et elle suscita faveur devant lui et il se hâta de lui donner ses onguents et ses portions et de lui donner sept jeunes-filles de regard de la maison du roi et il la transféra avec ses jeunes-filles dans la meilleure maison des femmes.
[10] Esther n'avait pas parlé de son peuple et de sa parenté car Mardochée lui avait commandé qu'elle n'en parle pas ; [11] et jour après jour Mardochée allait-et-venait devant la cour de la maison des femmes pour connaître la santé d'Esther et ce qu'on lui faisait.

Les deux différences majeures ont déjà été signalées :
– l'hébreu dit que le roi se souvint de ce que la reine « avait fait » et le grec de ce qu'elle « avait dit » (1) ;
– pour l'hébreu, Mardochée prend Esther comme sa « fille », pour le grec il entend en faire sa « femme » (7).

INTERPRÉTATION

Elle ne devrait pas différer fondamentalement de celle de l'hébreu. Les deux différences notées plus haut ont en effet été interprétées au niveau de chaque passage.

B. ESTHER DEVIENT REINE À LA PLACE D'ASTIN

La deuxième sous-séquence : 2,12-17

Cette sous-séquence ne comprend qu'un seul passage qui est formé de deux parties (2,12-14 et 15-17).

COMPOSITION

+ 2,[12] Or, tel	est	*le moment*	*d'une jeune-fille*	
+ D'ENTRER	CHEZ LE ROI,			
+ quand	SONT REMPLIS	les mois	dix	deux,
: car ainsi	SE REMPLISSENT	les jours	de la préparation :	
: mois	six	elle s'oint	d'huile	de myrrhe,
: et mois	six	d'aromates	et de cosmétiques	des femmes.
– [13] Et alors	ELLE ENTRE	CHEZ LE ROI,		
– et celui à qui	il parle	transmet	à elle	
– d'aller-avec	lui,	du gynécée	jusqu'au roi ;	
+ [14] le soir	ELLE (Y) ENTRE,			
+ et vers le jour	elle retourne	au gynécée	deuxième	
+ où (est) Gaï	L'EUNUQUE	du roi,	LE GARDIEN	DES FEMMES,
– et plus	ELLE ENTRE	CHEZ LE ROI,		
– à moins qu'	elle soit appelée	par (son) nom.		

+ [15] Or ÉTANT REMPLI	*le temps*	*d'ESTHER,*		
+ fille	d'Aminadab,	frère	du père	de Mardochée,
+ D'ENTRER	CHEZ LE ROI,			
– rien	ne négligea	de ce que	à elle	commanda
– L'EUNUQUE,	GARDIEN	DES FEMMES ;		
: car était	ESTHER	trouvant	grâce	
: auprès de tous	les voyant	elle.		
+ [16] ET ENTRA	ESTHER	CHEZ ARTAXERXÈS	LE ROI,	
+ le douzième	mois	qui	est	Adar,
+ la septième	année	de son règne ;		
= [17] et aima	le roi	ESTHER		
= et elle trouva	grâce	plus que toutes	les vierges,	
= et il posa	sur elle	le diadème	de reine.	

La première partie énonce les règles suivies pour l'admission d'une jeune-fille chez le roi, la deuxième raconte comment ces règles ont été appliquées à Esther. Les deux parties sont parallèles.

Les premiers morceaux (12.15) sont consacrés à la préparation de la jeune-fille ; les premiers segments précisent d'abord la durée de la préparation de toute jeune-fille (12c), puis l'identité d'Esther (15b) ; les segments suivants détaillent les étapes de la préparation (12def) et le fait qu'Esther se conforma aux ordres de l'eunuque (15de), trouvant grâce auprès de tous (15fg).

Les seconds morceaux sont différents. La règle prévoit trois temps : la convocation[2] (13), la nuit chez le roi depuis le soir où elle entre chez lui jusqu'au matin où elle rejoint le gynécée (14abc), enfin l'éventualité qu'elle soit rappelée (14de). Pour Esther, ce ne sont que deux temps : son entrée chez le roi, dûment datée (16), et son succès quand le roi la préfère à toutes les autres et la fait reine (17).

COMPARAISON DES DEUX VERSIONS

Voir pages suivantes.

INTERPRÉTATION

ESTHER EST DISTINGUÉE

Sur fond de parallélisme ressort la spécificité d'Esther. Elle n'exige rien, se contentant de suivre à la lettre tout ce que lui prescrit l'eunuque gardien du gynécée, faisant confiance à celui qui est chargé de préparer les jeunes filles à rencontrer le roi. Elle se distingue par la grâce qui touche tous ceux qui la voient. Le roi, lui aussi, est conquis par cette grâce qui la rend unique à ses yeux. C'est donc elle qu'il aime plus que toutes les autres jeunes filles et qu'il choisit comme reine.

---

[2] « Il n'est pas facile d'établir qui parle à qui » (*La Bible d'Alexandrie, 12 Esther*, 154) ; je suis l'interprétation de *La Bible d'Alexandrie* pour laquelle c'est le roi qui s'adresse à un eunuque pour qu'il transmette l'invitation à la jeune fille.

HÉBREU

+ 12 Quand arrivait	LE TOUR	D'UNE JEUNE-FILLE	et d'une jeune-fille	
+ DE VENIR	CHEZ LE ROI	Akhashvérosh,		
:: au terme	d'être	à elle,		
- selon la loi	des femmes,			
:: DIX	ET DEUX	MOIS		
— CAR AINSI	S'EMPLISSAIENT	LES JOURS	de leurs massages :	
: SIX	MOIS	À L'HUILE	DE MYRRHE	
: ET SIX	MOIS	AUX BAUMES	ET CRÈMES	DES FEMMES —
+ 13 ET AVEC CELA	la jeune-fille	VENAIT	CHEZ LE ROI	
.. et tout ce qu'	elle disait	était donné	à elle	
.. POUR VENIR	AVEC ELLE	de la maison	des femmes	
.. À la maison	DU ROI.			
+ 14 AU SOIR	ELLE	VENAIT		
+ et au matin	ELLE	RETOURNAIT		
.. à la maison	des femmes	LA DEUXIÈME,		
: sous la main	de Shaashgaz			
: L'EUNUQUE	DU ROI			
: GARDIEN	des concubines :			
- ELLE NE VENAIT PAS	de nouveau	CHEZ LE ROI		
- SAUF SI	désirait	elle	le roi	
- et ÉTAIT APPELÉE	PAR (SON) NOM.			

+ 15 Et quand arriva	LE TOUR	D'ESTHER		
+ FILLE	d'Abihaïl	oncle	DE MARDOCHÉE	
+ laquelle	il avait prise	pour lui	comme fille	
= POUR VENIR	CHEZ LE ROI			
— elle ne demanda pas	une chose			
— sauf	ce qu'	avait dit	Hégué	
— EUNUQUE	du roi,	GARDIEN	DES FEMMES.	
:: ET IL ADVINT	QU'ESTHER	TROUVA	GRÂCE	
:: aux yeux	DE TOUS	LES VOYANT ELLE		
+ 16 et elle fut prise	ESTHER	CHEZ LE ROI	ASSUÉRUS	
+ à la maison	de sa royauté			
- AU MOIS	dixième,			
- LUI	le mois	Tebet		
- L'ANNÉE	SEPTIÈME	DE SA ROYAUTÉ.		
+ 17 ET IL AIMA	LE ROI	ESTHER		
.. (plus) que toutes	les femmes			
+ ET ELLE TROUVA	GRÂCE	et faveur	devant sa face	
.. (PLUS) QUE TOUTES	LES VIERGES			
= ET IL MIT	LA COURONNE	DE LA ROYAUTÉ	sur sa tête	
= et il la fit-reine	à la place	de Vashti.		

Séquence A2 : 2,1-23 · 297

GREC

+ [12] Or tel	est	LE MOMENT	D'UNE JEUNE-FILLE	
+ D'ENTRER	CHEZ LE ROI,			
+ quand	sont remplis	LES MOIS	DIX	DEUX,
: CAR AINSI	SE REMPLISSENT	LES JOURS	de la préparation :	
: MOIS	SIX	*elle s'oint*	D'HUILE	DE MYRRHE,
: ET MOIS	SIX	D'AROMATES	ET DE COSMÉTIQUES	DES FEMMES.
— [13] ET ALORS	ELLE ENTRE	CHEZ LE ROI,		
— et celui à qui	il parle	transmet	à elle	
— D'ALLER-AVEC	LUI,	du gynécée	JUSQU'AU ROI ;	
+ [14] LE SOIR	ELLE (Y) ENTRE,			
+ ET vers le jour	ELLE RETOURNE	au gynécée	DEUXIÈME	
+ où (est) Gaï	L'EUNUQUE	DU ROI,	LE GARDIEN	des femmes,
— et plus	ELLE ENTRE	CHEZ LE ROI,		
— À MOINS QU'	ELLE SOIT APPELÉE	PAR (SON) NOM.		

+ [15] Or étant rempli	LE TEMPS	D'ESTHER,		
+ FILLE	d'Aminadab,	frère	du père	DE MARDOCHÉE,
+ D'ENTRER	CHEZ LE ROI,			
— rien	ne négligea	de ce que	à elle	commanda
— L'EUNUQUE,	GARDIEN	DES FEMMES ;		
: CAR ÉTAIT	ESTHER	TROUVANT	GRÂCE	
: auprès de TOUS	LES VOYANT	ELLE.		
+ [16] Et entra	ESTHER	CHEZ ARTAXERXÈS	LE ROI,	
+ le douzième	MOIS	QUI	EST	Adar,
+ LA SEPTIÈME	ANNÉE	DE SON RÈGNE ;		
= [17] ET AIMA	LE ROI	ESTHER		
= ET ELLE TROUVA	GRÂCE	PLUS QUE TOUTES	les vierges,	
= ET IL POSA	sur elle	LE DIADÈME	DE REINE.	

Dans les deux versions, les deux parties se correspondent, la première qui concerne toutes les jeunes-filles (12-14) et la deuxième qui concerne Esther (15-17). Quant aux divisions en morceaux de chaque partie, elles sont bien différentes. C'est que l'hébreu est bien plus développé que le grec (41 membres au lieu de 27 en grec) : chaque partie de l'hébreu compte trois morceaux, alors qu'en grec elle n'en compte que deux. Le parallélisme harmonieux du grec ne se retrouve pas en hébreu.

Le verset 13 qui, dans la première partie, précède l'entrée chez le roi est bien différent : dans l'hébreu, on donne à la jeune-fille tout ce qu'elle demande, dans le grec, elle est accompagnée chez le roi par celui à qui ce dernier a parlé.

La date à laquelle Esther est entrée chez le roi est différente : au dixième mois, c'est-à-dire Tebet, pour l'hébreu (16cd), au douzième mois, à savoir Adar, pour le grec (16b).

C. LA PUPILLE DE MARDOCHÉE EXERCE LA ROYAUTÉ

La troisième sous-séquence : 2,18-23

La sous-séquence comprend deux passages.

1. LA REINE ESTHER CONTINUE À OBÉIR À SON TUTEUR

Le premier passage : 2,18-20

COMPOSITION

+ 2,[18] ET FIT	le roi	un festin
+ pour tous	ses amis	et les grands,
+ sept	jours ;	
= et il exalta	les noces	d'ESTHER
= et une remise	IL FIT	à ceux sous son royaume.
:: [19] Et *MARDOCHÉE*	servait	à la cour
:: [20] et ESTHER	ne révéla pas	sa patrie.
– Ainsi en effet	avait commandé	à elle *MARDOCHÉE* :
. de craindre	Dieu	
. et de FAIRE	ses prescriptions,	
.. comme (quand)	elle était	avec lui ;
– et ESTHER	ne changea pas	sa conduite.

Le premier morceau traite des festivités des noces du roi : d'abord le « festin » de « sept jours » pour les autorités (18abc), après quoi l'exaltation des noces est complétée par une « remise » pour tous (18de). Les deux occurrences de « faire » font inclusion pour le morceau.

Dans le dernier morceau, les unimembres extrêmes se répondent : Mardochée ordonne (20b) et Esther ne change rien à la conduite qu'il lui dictait (20f). Au centre, un trimembre qui comporte les commandements de Mardochée – crainte de Dieu et obéissance à la loi – comme par le passé (20e).

Le morceau central (19.20a) met en parallèle Mardochée et Esther : ce qui laisse entendre que la discrétion d'Esther est de rigueur pour tous deux.

COMPARAISON DES DEUX VERSIONS

La composition est concentrique, mais en grec le morceau central comporte le silence d'Esther sur son origine, qui fait partie du dernier morceau en hébreu. Dans l'hébreu, si Esther ne dit pas sa naissance et son peuple, c'est parce que Mardochée le lui avait ordonné (20ab) ; en grec, ce que Mardochée commande à

Esther, c'est de craindre Dieu et d'obéir à sa loi (20bc), même si l'on sait déjà que Mardochée lui avait ordonné de ne pas dire son origine (10).

HÉBREU

+ 2,[18] ET FIT	LE ROI	UN BANQUET	grand
+ POUR TOUS	ses princes	et ses serviteurs,	
+ le banquet	d'Esther,		
− ET UN DÉGRÈVEMENT	pour les provinces	IL FIT	
− et il donna	des présents	comme la main	du roi.
: [19] Et au rassemblement	de jeunes-filles	une deuxième (fois),	
: ET MARDOCHÉE	était assis	à la porte	du roi.
- [20] PAS ESTHER	avait dit	sa naissance	et son peuple
- comme	AVAIT ORDONNÉ	À ELLE	MARDOCHÉE
.. ET la parole	de Mardochée	ESTHER	faisait
.. COMME (QUAND)	ELLE ÉTAIT	sous sa tutelle	AVEC LUI.

Dans les premiers morceaux, l'hébreu précise qu'il s'agit du « banquet d'Esther » (18c) et ajoute les cadeaux du roi (18e) ; en revanche, le grec donne la durée du festin (18c) et insiste sur la grandeur des noces (18d).

Dans le morceau central, l'hébreu ajoute un énigmatique deuxième rassemblement de jeunes filles, tandis que le grec met en parallèle Esther et Mardochée.

Dans les derniers morceaux, l'hébreu insiste sur l'obéissance d'Esther à son tuteur (20cd) ; en grec, sa fidélité est, certes, à Mardochée (20b), mais surtout à Dieu (20cd) que Mardochée lui commande de craindre.

GREC

+ 2,[18] ET FIT	LE ROI	UN FESTIN	
+ POUR TOUS	ses amis	et aux grands,	
+ sept	jours ;		
= et Il exalta	les noces	d'Esther	
= ET UNE REMISE	IL FIT	à ceux sous son royaume.	
:: [19] ET MARDOCHÉE	servait	à la cour	
:: [20] ET ESTHER	NE révéla PAS	sa patrie.	
− Ainsi en effet,	AVAIT COMMANDÉ	À ELLE	MARDOCHÉE :
. de craindre	Dieu		
. et de faire	ses prescriptions,		
.. COMME (QUAND)	ELLE ÉTAIT	AVEC LUI ;	
− ET ESTHER	ne changea pas	sa conduite.	

300 Version grecque : la première section (Est 1–2)

INTERPRÉTATION

DES NOCES POUR TOUS LES SUJETS DU ROI

Le roi décida de célébrer ses noces de manière particulièrement solennelle. Elles furent rehaussées par un festin qui ne dura pas moins de sept jours, le chiffre traditionnel de la totalité. Cette semaine de festivités réservées à tous les amis et les grands du roi se devait d'atteindre aussi tous les habitants du royaume, qui purent ainsi bénéficier d'une réduction d'impôts. Tous et chacun devaient partager la joie de leurs souverains.

L'ALLIANCE DE DIEU

Bien que le narrateur n'en dise rien, on peut penser que la mariée se réjouit des noces dont elle est le point de mire, admirée de tous pour sa grâce. Quant à Mardochée, dont on se rappelle qu'il avait élevé sa nièce pour en faire sa femme, il n'est pas dit qu'il se soit opposé à ce mariage royal. Ce qui est certain, c'est que, familier de la cour qu'il sert, il a recommandé à Esther d'être discrète sur son appartenance au peuple juif ; et surtout, d'être fidèle à son Dieu, l'époux d'Israël.

UNE DOUBLE FIDÉLITÉ

Ainsi, Esther sur le trône et Mardochée à la cour se reconnaissent tenus tous deux à une double fidélité. Au Dieu de l'alliance dont ils continueront à « faire les prescriptions » et au roi des Perses et des Mèdes dont Mardochée est le serviteur et dont Esther est l'épouse. Une fidélité n'empêche pas l'autre.

Séquence A2 : 2,1-23 · 301

2. LA REINE ESTHER TRANSMET AU ROI LE MESSAGE DE SON TUTEUR

Le deuxième passage : 2,21-23

COMPOSITION

: 2,[21] S'affligèrent	LES DEUX	EUNUQUES	DU ROI	chefs-des-gardes-du-corps
: qu'ait été promu	*MARDOCHÉE*			
: et ils cherchèrent	à tuer	Artaxerxès	LE ROI ;	
– [22] et fut dévoilé	à *MARDOCHÉE*	le propos		
– et il le signala	à Esther			
– et elle	découvrit		AU ROI	les (choses) du complot.
....				
: [23] Or interrogea	LE ROI	LES DEUX	EUNUQUES	
: et il pendit	eux ;			
– et ordonna	LE ROI	de classer	pour mémoire,	
– dans la royale	bibliothèque,			
– sur le bienfait	de *MARDOCHÉE*	en louange.		

Le premier morceau rapporte ce qui fut fait contre et pour le roi, le second ce que fit le roi. Le premier morceau commence par décrire le complot des deux eunuques, et la raison en est donnée au centre du premier trimembre, leur jalousie contre Mardochée (21b). Dans le deuxième trimembre, la cascade des dénonciations qui arrive jusqu'au roi (22).

Dans le deuxième morceau, le roi procède à l'interrogatoire des eunuques et les châtie (23ab), après quoi il fait consigner dans la bibliothèque « le bienfait » de Mardochée.

Les deux occurrences de « les deux eunuques » jouent le rôle de termes initiaux. Les premiers segments concernent les eunuques, leur crime et leur châtiment, les seconds segments traitent de Mardochée, son bienfait et sa récompense.

302   Version grecque : la première section (Est 1–2)

COMPARAISON DES DEUX VERSIONS

HÉBREU

+ 2,[21] En ces jours-	là		
+ Mardochée	était assis		
+ à la porte	du roi ;		
– FURENT MÉCONTENTS	Bigtân	et Téresh,	
– DEUX	EUNUQUES	DU ROI	
– parmi les gardiens	du seuil		
:: ET ILS CHERCHÈRENT	à porter	la main	
:: sur LE ROI	AKHASHVÉROSH.		
.. [22] Et fut connue	LA CHOSE	DE MARDOCHÉE	
- ET IL (LA) RAPPORTA	À ESTHER	la reine	
- et (le) dit	Esther	AU ROI	
.. au nom	de Mardochée.		
: [23] Et fut recherchée	la chose	et elle fut trouvée	
: et ils furent pendus	les deux	au bois ;	
– et (ce) fut écrit	dans le livre	des choses	des jours
– devant la face	du roi.		

Le grec abrège systématiquement l'hébreu. Aux trois segments du premier morceau de l'hébreu correspond le premier trimembre du grec :
– le 1er membre du grec (21a) résume le deuxième segment de l'hébreu (21def) ;
– le 3e membre du grec (21c) résume le bimembre final de l'hébreu (21gh) ;
– le 2e membre du grec (21b) résume le premier trimembre de l'hébreu (21abc).

Le deuxième trimembre de l'hébreu (22abc) résume les deux bimembres du second morceau de l'hébreu ; en effet, le dernier membre de l'hébreu (22d) n'est pas repris par le grec.

En revanche, le deuxième morceau du grec développe un peu le troisième morceau de l'hébreu, en particulier parce qu'il ajoute un dernier membre (23e). Ainsi, le grec donne plus de poids au fait que le bienfait de Mardochée a été consigné par écrit. En outre, on remarquera que dans tout le dernier morceau, l'hébreu utilise le passif, tandis que le grec fait du roi le sujet de toutes les actions.

Séquence A2 : 2,1-23   303

GREC

: 2,21 S'AFFLIGÈRENT	LES DEUX	EUNUQUES DU ROI	chefs-des-gardes-du-corps
: *qu'ait été promu*	*Mardochée*		
: ET ILS CHERCHÈRENT	à tuer	ARTAXERXÈS LE ROI ;	
– 22 et fut dévoilé	À MARDOCHÉE	LE PROPOS	
– et il le signala	À ESTHER		
– et elle	découvrit	AU ROI	*les (choses) du complot.*
: 23 *Or interrogea*	*le roi*	*les deux*	*eunuques*
: *et il pendit*	*eux* ;		
– *et ordonna*	*le roi*	*de classer*	*pour mémoire,*
– *dans la royale*	*bibliothèque,*		
– *sur le bienfait*	*de Mardochée*	*en louange.*	

INTERPRÉTATION

LA FIDÉLITÉ DE MARDOCHÉE

En bon serviteur du roi, Mardochée se montre fidèle et n'hésite pas à dénoncer les conjurés. Il passe par Esther qui transmet fidèlement l'information au roi. Tous deux se montrent donc loyaux envers le souverain. Il faut reconnaître que Mardochée est l'obligé du roi qui l'a promu. Le lecteur est informé que c'était cette promotion qui avait déclenché la jalousie des eunuques, mais rien ne dit que Mardochée le savait.

LA CONFIANCE DU ROI

Si le roi interroge les eunuques, c'est qu'il a pris au sérieux l'information que Mardochée lui a fait transmettre. Mais il se devait, en bonne justice, de vérifier si l'accusation était fondée en menant son enquête. Les faits étant avérés, le châtiment ne pouvait être que proportionné au crime : ayant voulu tuer le roi, ils devaient le payer de leur vie. Quant à celui qui lui avait sauvé la vie, il méritait que son intervention soit reconnue officiellement et que son nom soit inscrit dans la bibliothèque royale comme bienfaiteur du roi.

304   Version grecque : la première section (Est 1–2)

3. LA PUPILLE DE MARDOCHÉE EXERCE LA ROYAUTÉ

L'ensemble de la dernière sous-séquence : 2,18-23

COMPOSITION

2,[18] Et LE ROI fit un festin pour tous ses amis et les grands, durant sept jours ; et il exalta les noces d'ESTHER et il fit une remise à ceux de son royaume.

[19] Or *MARDOCHÉE* servait à la cour ; [20] et ESTHER **ne révéla pas** sa patrie.

Ainsi, en effet, *lui avait commandé MARDOCHÉE* : de craindre Dieu et de faire ses prescriptions, comme quand elle était avec lui ; et ESTHER ne changea pas sa conduite.

---

[21] Et les deux eunuques du ROI chefs des gardes du corps s'affligèrent de ce que *MARDOCHÉE* ait été promu et ils cherchèrent à tuer LE ROI Artaxerxès ; [22] le propos fut dévoilé à *MARDOCHÉE* et *il le signala à* ESTHER et **elle découvrit** au ROI les choses du complot.

[23] Or LE ROI interrogea les deux eunuques et il les pendit ; et LE ROI ordonna de classer pour mémoire, dans la bibliothèque royale, le bienfait de *MARDOCHÉE* à sa louange.

À part « roi » et les noms de « Mardochée » et d'« Esther », les deux passages n'ont pas d'autre vocabulaire en commun. Toutefois, il est possible de comprendre que la promotion de Mardochée (21b) fut de servir à la cour (19) ; il faut surtout noter que dans le premier passage Esther « ne déclara pas sa patrie » (20a), mais que dans le deuxième passage, sur l'instigation de Mardochée, « elle découvrit » au roi le complot (22).

COMPARAISON DES DEUX VERSIONS

Les deux séquences comprennent chacune deux passages dont les limites sont les mêmes.

Le rapport entre les deux passages est marqué essentiellement, dans l'hébreu, par la reprise de « Mardochée était assis à la porte du roi » au centre du premier passage (19) et au début du second (21), à quoi fait suite le mécontentement des deux eunuques. Le grec explicite que les deux eunuques sont affligés de la promotion de Mardochée (21), laquelle est évoquée au centre du premier passage (19).

En grec, le rapport entre les deux passages n'est pas évident à première vue. Pourtant, le contraste est frappant entre le fait qu'Esther cache son identité juive, mais qu'elle révèle au roi le complot des deux eunuques. Ainsi ressort sa double fidélité à Dieu et au roi.

Séquence A2 : 2,1-23

HÉBREU

2,[18] Et **LE ROI** fit un grand banquet pour tous ses princes et ses serviteurs, le banquet d'ESTHER, et il fit un dégrèvement pour les provinces et il donna des présents à la manière d'un **ROI**.

[19] Au deuxième rassemblement de jeunes-filles, MARDOCHÉE ÉTAIT ASSIS À LA PORTE DU **ROI**.

[20] ESTHER n'avait pas dit sa naissance et son peuple, comme *MARDOCHÉE* le lui avait ordonné, et ESTHER faisait **LA PAROLE** de *MARDOCHÉE*, comme quand elle était avec lui sous sa tutelle.

---

[21] En ces jours-là, MARDOCHÉE ÉTAIT ASSIS À LA PORTE DU **ROI** ; furent mécontents Bigtân et Téresh, deux eunuques du **ROI** parmi les gardiens du seuil, et ils cherchèrent à porter la main sur **LE ROI** Akhashvérosh.

[22] **LA CHOSE** fut connue de *MARDOCHÉE* et il la rapporta à **LA REINE** ESTHER et ESTHER le dit au **ROI** au nom de *MARDOCHÉE*.

[23] **LA CHOSE** fut instruite et elle fut établie et les deux furent pendus au bois et ce fut écrit dans le livre des **CHOSES** des jours devant **LE ROI**.

INTERPRÉTATION

MARDOCHÉE TUTEUR D'ESTHER

Esther est devenue reine, mais elle n'a rien changé à sa conduite, restant la pupille obéissante de Mardochée qu'elle était avant son mariage avec le roi. Selon ses recommandations, elle demeure fidèle à son Dieu, pratiquant ses commandements. Quand Mardochée découvre le complot des deux eunuques, il sait qu'il peut compter sur elle, qui ne manquera pas de transmettre fidèlement l'information au roi.

DOUBLE FIDÉLITÉ

L'alliance matrimoniale conclue avec le roi n'empêche pas Esther de rester fidèle à son Dieu et de continuer à observer ses commandements. Il en va de même pour Mardochée qui « sert » le roi à la cour, mais qui n'en demeure pas moins serviteur de son Dieu. Et quand leur roi se trouvera menacé de mort par les eunuques, tous deux manifesteront leur loyauté envers lui en dénonçant le complot des félons.

306 Version grecque : la première section (Est 1–2)

D. ESTHER REÇOIT LA COURONNE ROYALE
L'ensemble de la séquence A2 : 2,1-23

COMPOSITION

La séquence est formée de trois sous-séquences. Les sous-séquences extrêmes (2,1-11 ; 18-23) comprennent chacune deux passages ; la sous-séquence centrale n'en compte qu'un seul.

LA PUPILLE DE MARDOCHÉE   CANDIDATE À   LA ROYAUTÉ

| QUE L'ON SÉLECTIONNE | LES PLUS BELLES FILLES DU ROYAUME | 2,1-4 |
| ESTHER EST SÉLECTIONNÉE PARMI | LES PLUS BELLES FILLES DU ROYAUME | 5-11 |

| ESTHER EST COURONNÉE REINE | 12-17 |

LA PUPILLE DE MARDOCHÉE   EXERCE   LA ROYAUTÉ

| LA REINE ESTHER | CONTINUE À OBÉIR À SON TUTEUR MARDOCHÉE | 18-20 |
| LA REINE ESTHER | TRANSMET AU ROI LE MESSAGE DE MARDOCHÉE | 21-23 |

LES RAPPORTS ENTRE LES TROIS SOUS-SÉQUENCES

Les deux occurrences de « se souvenir » (1) et « souvenir » (23) font inclusion.

Au début de la dernière sous-séquence, « Esther ne révéla pas sa patrie » (20) rappelle « Et Esther ne révéla ni sa race ni sa patrie » à la fin de la première sous-séquence (10) ; ces deux mentions sont suivies par « car Mardochée lui avait commandé de ne pas le déclarer » (10) et par « Car ainsi lui avait commandé Mardochée » (20). Le même verbe se retrouve dans la sous-séquence centrale : Esther « ne négligea rien de ce que lui commanda l'eunuque » (15). Dans les trois cas, Esther fait ce qu'on lui commande.

Les rapports sont plus étroits entre les deux premières sous-séquences :
– « l'eunuque du roi, gardien des femmes » (3.14) ainsi que « le gardien des femmes » (8) ;
– les dons des « cosmétiques » et autres (3.9.12) ;

Séquence A2 : 2,1-23   307

– « sera reine » à la fin du premier passage (4) annonce « le diadème de reine » à la fin de la sous-séquence centrale (17) ;
– « fille d'Aminadab, frère de son père / du père de Mardochée » (7.15) ;
– Esther « trouva grâce devant » Gaï, le gardien des femmes (9), « auprès de tous ceux qui la voyaient » (15) et finalement aux yeux du roi (17).

« Prescription(s) » du roi (8) et de Dieu (20) ; dans les mêmes versets, « sa conduite » renvoie à « fut conduite ».

2,[1] Et après ces choses-là, le roi se lassa de sa colère et NE SE SOUVINT PLUS d'Astin, SE SOUVENANT de ce qu'elle avait dit et comment il l'avait jugée. [2] Et les serviteurs du roi dirent : « Qu'on cherche pour le roi des jeunes filles chastes, belles à voir ; [3] que le roi ordonne aux comarques de toutes les provinces de son royaume et qu'ils choisissent des jeunes-filles vierges, belles à voir, pour Suse la ville pour le gynécée. Qu'on les donne à **l'eunuque du roi gardien des femmes** et *qu'on leur donne des cosmétiques et les autres produits* ; [4] et la femme qui plaira au roi SERA REINE à la place d'Astin. » Et l'affaire plut au roi, et il fit ainsi.

[5] Il y avait un homme juif à la ville de Suse du nom de Mardochée, fils de Jaïr, fils de Séméï, fils de Cisée, de la tribu de Benjamin, [6] lequel était un captif de Jérusalem, que Nabuchodonosor, roi de Babylone, avait capturée. [7] Il avait une enfant élevée, FILLE D'AMINADAB, FRÈRE DE SON PÈRE, du nom d'Esther ; or, à la mort de ses parents, il l'avait éduquée pour en faire sa femme, et la jeune-fille était belle à voir. [8] Or, lorsque fut entendue *LA PRESCRIPTION* du roi, de nombreuses jeunes-filles furent réunies à la ville de Suse sous la main de Gaï ; et Esther FUT CONDUITE chez Gaï, **le gardien des femmes**. [9] La jeune-fille lui plut et ELLE TROUVA GRÂCE devant lui. Et il se hâta de *lui donner des cosmétiques et sa part*, et les sept jeunes-filles désignées pour elle au palais ; il en usa bien avec elle et avec ses suivantes dans le gynécée. [10] *ET ESTHER NE RÉVÉLA NI SA RACE NI SA PATRIE*, CAR MARDOCHÉE LUI AVAIT COMMANDÉ DE NE PAS LE DÉCLARER. [11] Or, chaque jour, Mardochée se promenait dans la cour du gynécée, observant ce qu'il arriverait à Esther.

[12] Or, tel est le moment où une jeune-fille entre chez le roi : quand sont remplis les douze mois. Car ainsi se remplissent les jours de la préparation : durant six mois elle s'oint d'huile de myrrhe, et six mois *d'aromates et des cosmétiques des femmes*. [13] Et alors, elle entre chez le roi, et celui à qui il parle lui transmet d'aller avec lui, du gynécée jusqu'au roi. [14] Le soir elle y entre, et vers le jour elle retourne au second gynécée où est Gaï **l'eunuque du roi, le gardien des femmes**, et elle n'entre plus chez le roi, à moins d'y être appelée par son nom.
[15] Or étant rempli le temps d'Esther, FILLE D'AMINADAB, FRÈRE DU PÈRE DE MARDOCHÉE, d'entrer chez le roi, elle ne négligea rien de CE QUE LUI COMMANDA **l'eunuque, gardien des femmes**. Car Esther TROUVAIT GRÂCE auprès de tous ceux qui la voyaient. [16] Esther entra chez le roi Artaxerxès, le douzième mois qui est Adar, la septième année de son règne. [17] Le roi aima Esther et ELLE TROUVA GRÂCE plus que toutes les vierges et il posa sur elle le diadème de REINE.

[18] Et le roi fit un festin à tous ses amis et aux grands, durant sept jours ; et il exalta les noces d'Esther et il fit une remise à ceux de son royaume. [19] Or Mardochée servait à la cour ; [20] *ET ESTHER NE RÉVÉLA PAS SA PATRIE*. CAR AINSI LUI AVAIT COMMANDÉ MARDOCHÉE : de craindre Dieu et de faire *SES PRESCRIPTIONS*, comme quand elle était avec lui ; et Esther ne changea pas *SA CONDUITE*.

[21] Et les deux eunuques du roi chefs-des-gardes-du corps s'affligèrent de ce que Mardochée ait été promu et ils cherchèrent à tuer le roi Artaxerxès ; [22] le propos fut dévoilé à Mardochée, et il le signala à Esther et elle découvrit au roi les choses du complot. [23] Or le roi interrogea les deux eunuques et il les pendit ; et le roi ordonna de classer pour SOUVENIR, dans la bibliothèque royale, le bienfait de Mardochée à sa louange.

308 Version grecque : la première section (Est 1–2)

COMPARAISON DES DEUX VERSIONS

HÉBREU

2,[1] Après ces choses-là, quand se fut apaisée la fureur du roi Akhashvérosh, il se souvint de Vashti et de ce qu'elle avait fait et de ce qui avait été décrété contre elle. [2] Et les jeunes gens du roi ses serviteurs dirent : « Qu'on cherche pour le roi des jeunes filles vierges belles à voir ; [3] que le roi commissionne des commissaires dans toutes les provinces de son royaume. Et qu'ils rassemblent toutes les jeunes filles vierges belles à voir à Suse-la-Citadelle à la maison des femmes sous la main de Hégaï, eunuque du roi gardien des femmes et qu'on donne leurs onguents ; [4] et la jeune fille qui sera bonne aux yeux du roi règnera à la place de Vashti. » Et la parole parut bonne aux yeux du roi et il fit ainsi.

[5] Un homme juif était à Suse-la-Citadelle et son nom était Mardochée, fils de Yaïr, fils de Shiméï, fils de Qish, homme benjaminite, [6] qui avait été déporté de Jérusalem avec la déportation qui avait été déportée avec Jékonias roi de Juda, laquelle avait déporté Nabuchodonosor roi de Babylone. [7] Et il était tuteur de Hadassa, c'est Esther, fille de son oncle, car elle n'avait ni père ni mère et la jeune fille était belle d'aspect et bonne à voir, et à la mort de son père et de sa mère, Mardochée LA PRIT POUR LUI COMME FILLE. [8] Et quand furent obéis la parole du roi et son édit et quand furent rassemblées les jeunes filles à Suse-la-Citadelle sous la main de Hégaï, Esther fut prise à la maison du roi sous la main de Hégaï gardien des femmes. [9] Et la jeune fille fut bonne à ses yeux et elle gagna sa faveur devant lui et il se hâta de lui donner ses onguents et ses portions et de lui donner sept jeunes filles de regard de la maison du roi et il la transféra avec ses jeunes filles dans la meilleure maison des femmes. [10] Esther n'avait pas parlé de son peuple et de sa naissance, car Mardochée lui avait ordonné qu'elle n'en parle pas ; [11] et jour après jour, Mardochée allait et venait devant la cour de la maison des femmes pour connaitre la santé d'Esther et ce qu'on lui faisait.

[12] Et quand arrivait le tour de chaque jeune fille pour venir chez le roi Akhashvérosh, après qu'elle a eu, selon le décret des femmes, douze mois – car ainsi s'emplissaient les jours de leurs massages, six mois à l'huile de myrrhe et six mois aux baumes et crèmes des femmes – [13] et avec cela la jeune fille venait chez le roi et tout ce qu'elle disait lui était donné pour venir avec elle de la maison des femmes à la maison du roi. [14] Au soir elle venait et au matin elle retournait à la deuxième maison des femmes, sous la main de Shaashgaz, l'eunuque du roi, gardien des concubines ; elle ne venait pas de nouveau chez le roi sauf si le roi la désirait et si elle était appelée par son nom.

[15] Et quand arriva le tour d'Esther, fille d'Abihaïl oncle de Mardochée, qu'il avait prise pour lui comme fille, pour venir chez le roi, elle ne demanda pas une chose sauf ce qu'avait dit Hégaï, eunuque du roi, gardien des femmes. Et Esther suscita grâce aux yeux de tous ceux qui la voyaient ; [16] et Esther fut prise chez le roi Akhashvérosh à la maison de sa royauté, au dixième mois – c'est le mois Tebet – la septième année de sa royauté. [17] Et le roi aima Esther plus que toutes les femmes ; et elle suscita grâce et faveur devant lui plus que toutes les vierges et il mit la couronne de la royauté sur sa tête et il la fit reine à la place de Vashti.

[18] Et le roi fit un grand banquet pour tous ses princes et ses serviteurs, le banquet d'Esther, et il fit un dégrèvement pour les provinces et il donna des présents comme la main du roi. [19] Au deuxième rassemblement de jeunes filles, Mardochée était assis à la porte du roi. [20] Esther n'avait pas dit sa naissance et son peuple, comme Mardochée le lui avait ordonné et Esther faisait le dire de Mardochée, comme quand elle était avec lui sous sa tutelle.

[21] En ces jours-là, Mardochée était assis à la porte du roi ; furent mécontents Bigtân et Téresh, deux eunuques du roi parmi les gardiens du seuil, et ils cherchèrent à porter la main sur le roi Akhashvérosh. [22] La chose fut connue de Mardochée et il la rapporta à la reine Esther et Esther le dit au roi au nom de Mardochée. [23] La chose fut instruite et elle fut établie et les deux furent pendus au bois et ce fut écrit dans le livre des choses des jours devant le roi.

Séquence A2 : 2,1-23 309

GREC

2,¹ Et après ces choses-là, le roi se lassa de sa colère et NE SE SOUVINT PLUS d'Astin, SE SOUVENANT de ce qu'elle avait dit et comment il l'avait jugée. ² Et les serviteurs du roi dirent : « Qu'on cherche pour le roi des jeunes filles chastes, belles à voir ; ³ que le roi ordonne aux comarques de toutes les provinces de son royaume et qu'ils choisissent des jeunes filles vierges, belles à voir, pour Suse la ville pour le gynécée. Qu'on les donne à l'eunuque du roi gardien des femmes et qu'on leur donne des cosmétiques et les autres produits ; ⁴ et la femme qui plaira au roi sera reine à la place d'Astin. » Et l'affaire plut au roi, et il fit ainsi.

⁵ Il y avait un homme juif à la ville de Suse du nom de Mardochée, fils de Jaïr, fils de Séméï, fils de Cisée, de la tribu de Benjamin, ⁶ lequel était un captif de Jérusalem, que Nabuchodonosor, roi de Babylone, avait capturée. ⁷ Il avait une enfant élevée, fille d'Aminadab, frère de son père, du nom d'Esther ; or, à la mort de ses parents, il l'avait éduquée POUR EN FAIRE SA FEMME, et la jeune fille était belle à voir. ⁸ Or, lorsque fut entendu l'édit du roi, de nombreuses jeunes filles furent réunies à la ville de Suse sous la main de Gaï ; et Esther fut conduite chez Gaï, le gardien des femmes. ⁹ La jeune fille lui plut et elle trouva grâce devant lui. Et il se hâta de lui donner des cosmétiques et sa part, et les sept jeunes filles désignées pour elle au palais ; il en usa bien avec elle et avec ses suivantes dans le gynécée. ¹⁰ Et Esther ne révéla ni sa race ni sa patrie, car Mardochée lui avait commandé de ne pas le déclarer. ¹¹ Or chaque jour Mardochée se promenait dans la cour du gynécée, observant ce qu'il arriverait à Esther.

¹² Or, tel est le moment où une jeune fille entre chez le roi : quand sont remplis les douze mois. Car ainsi se remplissent les jours de la préparation : durant six mois elle s'oint d'huile de myrrhe, et six mois d'aromates et des cosmétiques des femmes. ¹³ Et alors elle entre chez le roi, et celui à qui il parle lui transmet d'aller avec lui, du gynécée jusqu'au roi. ¹⁴ Le soir elle y entre, et vers le jour elle retourne au second gynécée où est Gaï l'eunuque du roi, le gardien des femmes, et elle n'entre plus chez le roi, à moins d'y être appelée par son nom.

¹⁵ Or étant rempli le temps d'Esther, fille d'Aminadab, frère du père de Mardochée, d'entrer chez le roi, elle ne négligea rien de ce que lui commanda l'eunuque, gardien des femmes. Car Esther trouvait grâce auprès de tous ceux qui la voyaient. ¹⁶ Esther entra chez le roi Artaxerxès, le douzième mois qui est Adar, la septième année de son règne. ¹⁷ Le roi aima Esther et elle trouva grâce plus que toutes les vierges et il posa sur elle le diadème de reine.

¹⁸ Et le roi fit un festin à tous ses amis et aux grands, durant sept jours ; et il exalta les noces d'Esther et il fit une remise à ceux de son royaume. ¹⁹ Or Mardochée servait à la cour ; ²⁰ et Esther ne révéla pas sa patrie. Car ainsi lui avait commandé Mardochée : DE CRAINDRE DIEU ET DE FAIRE SES PRESCRIPTIONS, comme quand elle était avec lui ; et Esther ne changea pas sa conduite.

²¹ Et les deux eunuques du roi, chefs des gardes du corps, s'affligèrent de ce que Mardochée ait été promu et ils cherchèrent à tuer le roi Artaxerxès ; ²² le propos fut dévoilé à Mardochée, et il le signala à Esther et elle découvrit au roi les choses du complot. ²³ Or le roi interrogea les deux eunuques et il les pendit ; et le roi ordonna de classer pour SOUVENIR, dans la bibliothèque royale, le bienfait de Mardochée à sa louange.

Le découpage en trois sous-séquences et en cinq passages est exactement le même. Les différences les plus significatives sont que :
– Mardochée considère Esther comme sa « fille », selon l'hébreu, et qu'il avait l'intention d'en faire sa « femme », selon le grec (7) ;
– le grec introduit le nom de « Dieu » quand Mardochée commande à Esther de le craindre et d'observer sa loi (20) ;
– l'inclusion marquée par la reprise de « se souvenir » et « souvenir » (1.23) est propre au grec.

Version grecque : la première section (Est 1–2)

INTERPRÉTATION

« IL L'AVAIT ÉDUQUÉE POUR EN FAIRE SA FEMME »

Quand son oncle paternel Aminadab et son épouse moururent prématurément, Mardochée se chargea de l'éducation de leur fille, Esther. Étant sans doute son plus proche parent, il était devenu son goël : il était donc son tuteur, remplaçant le père de l'orpheline qui, une fois devenue nubile, serait devenue sa femme. Les circonstances devaient en décider autrement puisque la jeune fille, retenue parmi les plus belles du royaume, plut à tous ceux qui la voyaient et au roi lui-même qui s'en éprit et la fit reine. Le narrateur ne dit rien des sentiments qu'a pu éprouver Mardochée à ce sujet. Cependant, quand la jeune fille fut conduite au gynécée, il lui ordonna de ne rien dire de son appartenance au peuple juif (10). Pourquoi une telle discrétion ? Le lecteur n'en est pas informé et il n'en saura pas davantage quand, Esther devenue épouse du roi qui la fit reine, on entendra qu'elle « ne révéla pas sa patrie » (20). Une telle insistance laisse entendre que c'était sans doute prudence de la part d'étrangers assimilés, mais qui n'avaient pas oublié d'où ils venaient et ce qui les distinguait de leurs hôtes perses.

ESTHER OBÉIT AU ROI ET À DIEU

L'édit du roi, sa « prescription » commande de réunir, de « conduire ensemble » les plus belles filles du royaume à Suse sous la main de Gaï, l'eunuque gardien des femmes ; ayant été sélectionnée, Esther se laisse « conduire » au gynécée (8). Elle obéit ainsi à la prescription du roi. Elle lui obéira quand il l'aimera et « posera sur elle le diadème de reine » (17). Toutefois, son cousin lui commande alors de « craindre Dieu et de faire ses prescriptions » et elle ne change par « sa conduite » (20). Son obéissance au roi ne l'empêche pas de continuer, comme elle l'avait toujours fait, à honorer son Dieu et à se conduire selon « les prescriptions » de sa loi.

UN BIENFAIT MÉMORABLE

La chute de la séquence attire d'autant plus l'attention qu'elle s'oppose nettement à son début. Le bienfait de Mardochée qui a sauvé la vie du roi fait un beau contraste avec le méfait de la reine Astin qui refusa de se rendre à l'invitation du roi. Si la séquence commence avec la *damnatio memoriae* de la reine déchue, elle s'achève par le « mémorial » de ce que fit Mardochée et son inscription dans la bibliothèque royale, à sa louange. Le lecteur peut donc s'attendre à ce qu'une suite soit donnée à cet évènement. Ce ne peut qu'être une pierre d'attente pour des développements ultérieurs.

III. Esther, pupille de Mardochée, devient reine à la place d'Astin

L'ensemble de la section A : 1,1–2,23

COMPOSITION

Les deux séquences sont de même construction :

Séquence A1 : ASTIN PERD LA COURONNE ROYALE

| LE ROI | ARTAXERXÈS | FAIT MONTRE DE | SA ROYAUTÉ | 1,1-9 |

LA REINE ASTIN REFUSE L'INVITATION DU ROI — 10-15

| LA REINE ASTIN | N'EXERCERA PAS | LA ROYAUTÉ | 16-22 |

Séquence A2 : ESTHER REÇOIT LA COURONNE ROYALE

| LA PUPILLE DE MARDOCHÉE | CANDIDATE À | LA ROYAUTÉ | 2,1-11 |

ESTHER DEVIENT REINE À LA PLACE D'ASTIN — 12-17

| LA PUPILLE DE MARDOCHÉE | EXERCE | LA ROYAUTÉ | 18-23 |

Alors que la séquence A1 comprend trois passages, la séquence A2 comprend trois sous-séquences, les sous-séquences extrêmes étant formées de deux passages. Par commodité, on dira ici que chaque séquence comprend trois unités.

Les trois unités de chaque séquence se correspondent de manière spéculaire.

312 Version grecque : la première section (Est 1–2)

LES RAPPORTS ENTRE LES UNITÉS EXTRÊMES

1,[1] Or il advint après ces choses, aux jours d'Artaxerxès – celui-ci est l'Artaxerxès qui gouvernait depuis l'Inde cent-vingt-sept provinces –, [2] en ces jours-là, quand trônait le roi Artaxerxès en Suse la ville, [3] la troisième année de son règne, IL FIT UN FESTIN À SES AMIS ET AU RESTE DES NATIONS, ET AUX GLORIEUX DES PERSES ET DES MÈDES ET AUX CHEFS DES SATRAPES.

[4] Et après cela, après leur avoir montré *les richesses* DE SON ROYAUME, et la gloire de l'allégresse de sa richesse, **PENDANT CENT-QUATRE-VINGTS JOURS**, [5] quand furent remplis les jours de LA NOCE, LE ROI FIT UN BANQUET POUR LES NATIONS SE TROUVANT DANS LA VILLE **PENDANT SIX JOURS** dans la cour du palais du roi, [6] ornée de byssus et de gazes tendus sur des cordes de byssus et de pourpres sur des socles d'or et d'argent, sur des colonnes de Paros et de pierre.

Des lits d'or et d'argent sur une mosaïque d'émeraude pierre et de nacre et de pierre de Paros ; et des couvertures transparentes, diversement parées, brodées de roses en cercle. [7] Des coupes d'or et d'argent et une coupelle en diamant exposée de trente-mille talents ; un vin abondant et doux, celui que buvait le roi lui-même.

[8] Et ce banquet n'advint pas selon la loi établie ; ainsi avait voulu LE ROI et IL AVAIT ORDONNÉ à ses économes de faire sa volonté et celle des hommes. [9] ET LA REINE ASTIN FIT UN BANQUET POUR LES FEMMES dans la résidence royale où était le roi Artaxerxès.

[...]

2,[18] Et LE ROI FIT UN FESTIN À TOUS SES AMIS ET AUX GRANDS, **PENDANT SEPT JOURS** ; et il exalta LES NOCES d'Esther et il fit *une remise* à ceux DE SON ROYAUME. [19] Or Mardochée servait à la cour ; [20] et Esther ne révéla pas sa patrie. Car ainsi lui avait commandé Mardochée : de craindre Dieu et de faire ses prescriptions, comme quand elle était avec lui ; et Esther ne changea pas sa conduite.

[21] Et les deux eunuques du roi, chefs des gardes du corps, s'affligèrent de ce que Mardochée ait été promu et ils cherchèrent à tuer le roi Artaxerxès ; [22] le propos fut dévoilé à Mardochée, et il le signala à Esther et elle découvrit au roi les choses du complot. [23] Or le roi interrogea les deux eunuques et il les pendit ; et LE ROI ORDONNA de classer pour souvenir, dans la bibliothèque royale, le bienfait de Mardochée à sa louange.

Aux trois banquets du début de la première séquence, de « cent-quatre-vingts jours » « pour ses amis... » (1,3-4), puis de « six jours » pour ceux de Suse (1,5) et enfin celui des femmes organisé par la reine (1,9) à l'occasion de « la noce » du roi et d'Astin, correspond à la fin de la deuxième séquence celui que le roi fit « pendant sept jours » pour les noces d'Esther (2,18).

Dans la première séquence, le roi fait montre des « richesses » de « son royaume » (1,4) ; dans la deuxième séquence, il fait « une remise à ceux de son royaume » (2,18).

À la fin des deux unités, « le roi » « ordonne » de traiter largement ses convives (1,8), puis de consigner dans la bibliothèque royale le bienfait de Mardochée (2,23).

L'ensemble de la section A : 1,1–2,23

LES RAPPORTS ENTRE LES PASSAGES CENTRAUX

> 1,[10] Dans **le septième jour**, le roi étant satisfait, il dit à Aman et Bazan et Tharra et Barazi et Zatholtha et Abataza et Tharaba, les sept EUNUQUES serviteurs DU ROI ARTAXERXÈS, [11] d'AMENER la reine *chez* lui pour LA FAIRE-REINE ET POSER SUR ELLE LE DIADÈME, et la montrer à tous les chefs et aux nations et sa beauté parce qu'elle était belle ; [12] mais la reine Astin ne lui obéit pas de VENIR avec LES EUNUQUES, et le roi fut affligé et il s'irrita.
>
> [13] Et il dit à ses amis : « Ainsi a dit la reine, faites donc à ce sujet loi et jugement. » [14] Et s'approchèrent de lui Arcesée, Sarsathée et Maliséar, les chefs des Perses et des Mèdes, les proches du roi, les premiers s'asseyant près du roi [15] et ils lui firent connaître selon les lois comment il fallait faire à la reine Astin, car point n'avait fait ce que le roi avait prescrit au moyen des EUNUQUES.

[...]

> 2,[12] Or, tel est le moment où une jeune-fille ENTRE *chez* le roi : quand sont remplis les douze mois. Car ainsi se remplissent les jours de la préparation : durant six mois, elle s'oint d'huile de myrrhe, et six mois d'aromates et des cosmétiques des femmes. [13] Et alors ELLE ENTRE *chez* le roi, et celui à qui il parle lui transmet d'aller avec lui, du gynécée jusqu'au roi. [14] Le soir elle y ENTRE, et vers le jour elle retourne au second gynécée où est Gaï, L'EUNUQUE du roi, le gardien des femmes, et ELLE N'ENTRE PLUS *chez* le roi, à moins d'y être appelée par son nom.
>
> [15] Or étant rempli le temps d'Esther, fille d'Aminadab, frère du père de Mardochée, d'ENTRER *chez* le roi, elle ne négligea rien de ce que lui commanda L'EUNUQUE, gardien des femmes. Car Esther trouvait grâce auprès de tous ceux qui la voyaient. [16] Esther ENTRA *chez* LE ROI ARTAXERXÈS, le douzième mois qui est Adar, **la septième année** de son règne. [17] Le roi aima Esther et elle trouva grâce plus que toutes les vierges et IL POSA SUR ELLE LE DIADÈME DE REINE.

Ces deux passages ont d'abord en commun d'être formés de deux parties. Au centre de la première séquence, le roi ordonne de lui « amener » Astin « pour la faire reine et poser sur elle le diadème » (1,11) mais elle refuse de « venir » (12) ; au centre de la deuxième séquence, « Esther entra chez le roi » (2,16), elle plut au roi qui « posa sur elle le diadème de reine » (17).

Le nom du « roi Artaxerxès » revient une fois dans chaque passage (1,10 ; 2,16).

À « amener chez » et à « venir » (1,11-12) correspondent les nombreuses occurrences de « entrer (chez) » (2,12.13.14bis.15.16)

« Eunuques » revient trois fois dans le premier passage (1,10.12.15) et deux fois au singulier dans le second (2,14.15).

On notera aussi la correspondance entre « le septième jour » (1,10) et « la septième année » (2,16).

314 Version grecque : la première section (Est 1–2)

LES RAPPORTS ENTRE LES UNITÉS MÉDIANES

[16] Et Moukhaios dit au roi et aux chefs : *« Ce n'est pas seulement au roi que la reine Astin a fait tort, mais aussi à tous les chefs et gouverneurs du roi. »* [17] Car il leur avait rapporté les paroles de la reine et comment elle avait contredit le roi.
« Donc comme elle a contredit le roi Artaxerxès, [18] *ainsi demain, quand les femmes des chefs des Perses et des Mèdes auront entendu ce qu'elle a dit au roi, elles oseront de même ne pas honorer leurs maris.* [19] *Si donc il plait au roi, qu'il prescrive un acte royal et qu'il écrive selon les lois des Perses et des Mèdes, et qu'il n'en soit pas autrement ; et que la reine n'entre plus auprès de lui et* que le roi donne sa royauté à une femme meilleure qu'elle. [20] *Et* QUE SOIT ENTENDUE LA LOI, CELLE QUE LE ROI FERAIT *en son royaume ; et ainsi toutes les femmes montreront honneur à leurs maris, du plus pauvre jusqu'au plus riche. »*
[21] Or cette parole plut au roi et aux chefs et le roi fit comme Moukhaios avait dit ; [22] et il envoya **dans tout le royaume selon la province**, selon leur langue, afin qu'ils soient craints dans leurs maisons.

[...]

[2,1] Et après ces choses-là, le roi se lassa de sa colère et ne se souvint plus d'Astin, se souvenant de ce qu'elle avait dit et comment il l'avait jugée. [2] Et les serviteurs du roi dirent : *« Qu'on cherche pour le roi des jeunes filles chastes, belles à voir ;* [3] *que le roi ordonne aux comarques* **de toutes les provinces de son royaume** *et qu'ils choisissent des jeunes filles vierges, belles à voir, pour Suse la ville pour le gynécée. Qu'on les donne à l'eunuque du roi gardien des femmes et qu'on leur donne des cosmétiques et les autres produits ;* [4] *et* la femme qui plaira au roi sera reine à la place d'Astin. »
Et l'affaire plut au roi, et il fit ainsi.

[5] Il y avait un homme juif à la ville de Suse du nom de Mardochée, fils de Jaïr, fils de Séméï, fils de Cisée, de la tribu de Benjamin, [6] lequel était un captif de Jérusalem, que Nabuchodonosor, roi de Babylone, avait capturée. [7] Il avait élevé une enfant élevée, fille d'Aminadab, frère de son père, du nom d'Esther ; or, à la mort de ses parents, il l'avait éduquée pour en faire sa femme, et la jeune fille était belle à voir. [8] Or, lorsque FUT ENTENDU L'ÉDIT DU ROI, de nombreuses jeunes filles furent réunies à la ville de Suse sous la main de Gaï ; et Esther fut conduite chez Gaï, le gardien des femmes. [9] La jeune fille lui plut et elle trouva grâce devant lui. Et il se hâta de lui donner des cosmétiques et sa part, et les sept jeunes filles désignées pour elle au palais ; il en usa bien avec elle et avec ses suivantes dans le gynécée. [10] Et Esther ne révéla ni sa race ni sa patrie, car Mardochée lui avait commandé de ne pas le déclarer. [11] Or, chaque jour, Mardochée se promenait dans la cour du gynécée, observant ce qu'il arriverait à Esther.

L'ensemble de la section A : 1,1–2,23   315

Les deux séquences sont agrafées par deux scènes où des courtisans donnent un conseil au roi, « Moukhaios » (1,16-20), puis « les serviteurs du roi » (2,2-4b). Ces conseils plurent au roi qui les suivit (1,21 ; 2,4c).

Le roi envoie son décret « dans tout le royaume selon la province » (1,22) et on lui conseille d'ordonner aux comarques « de toutes les provinces de son royaume » de choisir de belles jeunes filles (2,3).

La « loi » du roi devra être « entendue » (1,20) et, effectivement, son « édit » fut « entendu » (2,8).

AUTRES RAPPORTS

La noce du roi et d'Astin fut célébrée « la troisième année de son règne » (1,3 ; voir p. 279), et c'est « la septième année de son règne » qu'Esther entra chez le roi (2,16 ; voir p. 307).

Astin était « belle » (1,11 ; voir p. 279) et les jeunes filles rassemblées à Suse devaient être « belles à voir » (2,2-3), ce qui fut le cas d'Esther elle aussi (2,7 ; voir p. 307).

Au centre de la première séquence le roi « s'irrita » du refus qu'Astin opposa à son invitation (1,12 ; voir p. 279), mais au début de la deuxième séquence, il se fatigua de sa « fureur » (2,1 ; voir p. 307).

La première séquence insiste sur les « paroles » de la reine Astin, ce qu'elle « a dit », comment elle a « contredit » le roi (1,13.17.18 voir p. 279), ce qui est repris au début de la deuxième séquence (2,1 ; voir p. 307).

316 Version grecque : la première section (Est 1–2)

COMPARAISON DES DEUX VERSIONS

HÉBREU

Séquence A1 : VASHTI PERD LA COURONNE ROYALE

LE ROI AKHASHVÉROSH FAIT MONTRE DE SA ROYAUTÉ

UN BANQUET DE CENT-QUATRE-VINGTS JOURS	POUR TOUT LE ROYAUME	1,1-4
UN AUTRE BANQUET DE SEPT JOURS	POUR SUSE-LA-CITADELLE	5-9

LA REINE VASHTI REFUSE DE SE MONTRER	10-15

LA REINE VASHTI N'EXERCERA PLUS LA ROYAUTÉ

MEMOUKÂN	CONSEILLE AU ROI DE FAIRE UN ÉDIT POUR DÉTRÔNER VASHTI	16-20
LE ROI	SUIT LE CONSEIL ET PUBLIE SON ÉDIT DANS TOUT LE ROYAUME	21-22

Séquence A2 : ESTHER REÇOIT LA COURONNE ROYALE

LA PUPILLE DE MARDOCHÉE CANDIDATE À LA ROYAUTÉ

QUE L'ON SÉLECTIONNE	LES PLUS BELLES FILLES DU ROYAUME	2,1-4
ESTHER EST SÉLECTIONNÉE PARMI	LES PLUS BELLES FILLES DU ROYAUME	5-11

ESTHER DEVIENT REINE À LA PLACE DE VASHTI	12-17

LA PUPILLE DE MARDOCHÉE EXERCE LA ROYAUTÉ

LA REINE ESTHER	CONTINUE À OBÉIR À SON TUTEUR MARDOCHÉE	18-20
LA REINE ESTHER	TRANSMET AU ROI LE MESSAGE DE MARDOCHÉE	21-23

En hébreu, 1,1-9 forme une sous-séquence qui comprend deux passages, tandis qu'en grec 1,1-9 forme un seul passage qui comprend quatre parties dont les limites ne correspondent pas aux limites entre les deux passages de la sous-séquence de l'hébreu (voir p. 268-269).

De même, les versets 1,16-22 de l'hébreu s'organisent en deux passages qui forment une sous-séquence, tandis qu'en grec, ils sont considérés comme un unique passage, symétrique du premier passage de la séquence.

L'ensemble de la section A : 1,1–2,23

GREC

Séquence A1 : ASTIN PERD LA COURONNE ROYALE

LE ROI ARTAXERXÈS	FAIT MONTRE DE	SA ROYAUTÉ	1,1-9

LA REINE ASTIN REFUSE DE SE MONTRER	10-15

LA REINE ASTIN	N'EXERCERA PLUS	LA ROYAUTÉ	16-22

Séquence A2 : ESTHER REÇOIT LA COURONNE ROYALE

LA PUPILLE DE MARDOCHÉE CANDIDATE À LA ROYAUTÉ

QUE L'ON SÉLECTIONNE	LES PLUS BELLES FILLES DU ROYAUME	2,1-4
ESTHER EST SÉLECTIONNÉE PARMI	LES PLUS BELLES FILLES DU ROYAUME	5-11

ESTHER DEVIENT REINE À LA PLACE D'ASTIN	12-17

LA PUPILLE DE MARDOCHÉE EXERCE LA ROYAUTÉ

LA REINE ESTHER	CONTINUE À OBÉIR À SON TUTEUR MARDOCHÉE	18-20
LA REINE ESTHER	TRANSMET AU ROI LE MESSAGE DE MARDOCHÉE	21-23

Les séquences A2 sont de composition analogue, les limites entre passages et sous-séquences étant identiques.

Pour les différences de contenu, elles ont été exposées aux niveaux précédents des passages et des sous-séquences.

318   Version grecque : la première section (Est 1–2)

INTERPRÉTATION

Ce qui a été dit dans l'interprétation de l'ensemble de la Section A selon la version hébraïque peut être repris pour la version grecque. On pourra ajouter tel aspect commun aux deux versions qui n'a pas été relevé ; mais ce seront surtout les différences les plus notables entre l'hébreu et le grec qui devront retenir l'attention.

DEUX NOCES BIEN DIFFÉRENTES

La première noce avait donné lieu à des festivités impressionnantes : un premier banquet de six mois pour les autorités des cent-vingt-sept provinces du royaume, suivi d'un autre banquet de sept jours pour les habitants de la capitale. Quatre ans plus tard, ce sera seulement un banquet d'une seule semaine à Suse. La différence est saisissante. Mais ce qui frappe le plus, même si cela est moins apparent, c'est l'usage que le roi fait de ses richesses. Lors de son premier mariage, le banquet de six mois auquel étaient conviés les responsables des provinces était organisé « pour leur faire voir la richesse de la gloire de son règne et l'éclat de la splendeur de sa grandeur » (1,4) ; les dépenses exorbitantes engagées par un tel banquet n'avaient pas d'autre but que d'impressionner les foules. Au mariage d'Esther, le roi affecte ses richesses à une autre fonction : « il fit un dégrèvement pour les provinces et il donna des présents comme la main du roi » (2,18 hébreu). C'est en faisant « une remise à ceux de son royaume » qu'« il exalta les noces d'Esther » (2,18 grec).

ASTIN EST RÉDUITE AU SILENCE

On l'a déjà dit, mais il faut y revenir, tant cette différence est notable : Astin est réduite au silence. La première séquence le dit et le redit, et la deuxième le répète. Sa colère apaisée, le roi ne mentionne plus Astin, mais il n'a pas oublié ce qu'elle avait dit pour justifier son refus de se rendre à son invitation (2,1). Il est très étonnant que le narrateur y revienne si souvent, sans jamais rapporter la moindre des paroles qu'elle a prononcées et qui ont frappé si fortement le roi. On dirait une conspiration du silence où celui qui rapporte les faits semble ne pas vouloir offenser le roi en révélant ce que la reine a dit quand elle l'a « contredit ». Le lecteur reste sur sa faim, n'ayant toutefois pas renoncé à saisir un jour la raison d'une telle censure.

LA CRAINTE DE DIEU

Il faut reconnaitre qu'Astin n'est pas la seule que l'on fait taire. Esther aussi reçoit l'ordre de ne rien dire de son peuple et de sa patrie. Mardochée y tient fermement. Dans la version hébraïque, il y revient deux fois, avant qu'Esther ne rencontre le roi (2,10), et même après qu'elle a été couronnée comme reine selon l'hébreu (1,20). Dans le grec, il est certes possible de comprendre que le

commandement de Mardochée porte aussi sur le secret que la reine doit observer. Toutefois, l'accent porte sur tout autre chose : « craindre Dieu et faire ses
prescriptions » (2,20 grec). C'est la seule fois dans toute la section A que le nom
de Dieu est prononcé, son nom et sa loi. Cela est fait comme en passant, sans la
moindre insistance. Toutefois, comme toutes les « petites phrases », c'est ce qui
retient l'attention. Mardochée recommande à Esther d'être discrète au point de
cacher ses origines. Le narrateur, quant à lui, n'a pas les mêmes scrupules. Il a
tenu à informer le lecteur des recommandations secrètes de Mardochée à sa
pupille. Cette mention de Dieu devrait servir de pierre d'attente pour la suite de
l'histoire.

LES SORTS SONT RENVERSÉS

La section B

Est 3,1–9,19

Version grecque : la deuxième section (Est 3,1–9,19)

La deuxième section comprend dix séquences, organisées en trois sous-sections :

1re sous-section : AMAN ET SON PROJET DE DESTRUCTION

B1 : AMAN	OBTIENT DU ROI UN ÉDIT	POUR QUE LES JUIFS SOIENT EXTERMINÉS	3,1-13
Récitatif B : L'édit royal préparé par Aman			B et 3,14-15
B2 : Dans les pleurs et le jeûne,		la reine se risquera auprès du roi	4,1-17

2e sous-section : LES SORTS SONT RENVERSÉS

CHŒUR DES JUIFS : Mardochée, Esther et tout Israël supplient le Seigneur	C,1-30

B3 : Après le 1er banquet d'Esther, Aman projette de faire pendre Mardochée	D et 5,3-14
B4 : Aman commence à tomber devant Mardochée	6,1-14
B5 : Après le 2e banquet d'Esther, Aman est pendu à la place de Mardochée	7,1-10

3e sous-section : MARDOCHÉE ET SON PROJET DE SALUT

B6 : ESTHER	OBTIENT DU ROI UN ÉDIT	POUR QUE LES JUIFS SOIENT SAUVÉS	8,1-12
Récitatif E : L'édit royal préparé par Mardochée			E et 8,13-17
B7 : Dans la joie et les banquets,		les juifs célèbrent leur victoire	9,1-19

I. Aman et son projet de destruction

La première sous-section : 3,1–4,17

La sous-section comprend trois séquences : entre les versions grecques des séquences B1 et B2 du texte hébreu, la Septante a inséré le texte de l'édit du roi préparé par Aman :

B1 : AMAN OBTIENT DU ROI UN ÉDIT POUR QUE LES JUIFS SOIENT EXTERMINÉS	3,1-13

Récitatif B : COPIE DE L'ÉDIT PRÉPARÉ PAR AMAN	B,1-15–3,14-15

B2 : DANS LES PLEURS ET LE JEÛNE, LA REINE SE RISQUERA AUPRÈS DU ROI	4,1-17

1. Aman obtient du roi un édit
pour que les juifs soient exterminés

La séquence B1 : 3,1-15

La séquence comprend trois passages :

AMAN CHERCHE À	SE VENGER	DU JUIF MARDOCHÉE	3,1-7

AMAN OBTIENT DU ROI D'ANÉANTIR LE PEUPLE JUIF	8-11

AMAN ORGANISE	L'EXTERMINATION	DE TOUS LES JUIFS	12-13

324 Version grecque : la deuxième section (Est 3,1–9,19)

a. AMAN CHERCHE À SE VENGER DU JUIF MARDOCHÉE

Le premier passage : 3,1-7

COMPOSITION

Le passage comprend deux parties.

LA PREMIÈRE PARTIE : 3,1-4

:: 3,[1] Après cela,	glorifia	LE ROI	Artaxerxès
:: AMAN (fils d')	Amadathos	le Bougaïos	
:: et il éleva	lui		
:: et fit siéger-premier	de tous	les amis	de lui.
+ [2] Et tous	*les dans la cour*	se prosternaient	devant lui,
: comme en effet	avait ordonné	LE ROI	de faire,
– mais *MARDOCHÉE*	ne se prosternait pas	devant lui.	
+ [3] Et parlèrent	*les dans la cour*	DU ROI	à *MARDOCHÉE* :
– « *MARDOCHÉE*,	pourquoi	DÉSÉCOUTES-TU	les DU ROI *PAROLES* ? »
. [4] Chaque	jour	ils parlaient	à lui
. et IL N'ÉCOUTAIT PAS	eux		
- et ils informèrent	AMAN		
- (que) *MARDOCHÉE*	aux DU ROI	*LES PAROLES*	s'opposait ;
.. et avait indiqué	à eux	*MARDOCHÉE*	
.. que	juif	il était.	

Dans le premier morceau, le second segment (1cd) précise en quoi consiste la glorification d'Aman par le roi (1ab).

Dans le second morceau, le premier segment oppose « tous » qui se prosternent et « Mardochée » qui ne le fait pas ; au centre du segment, l'ordre du roi. Le deuxième segment correspond au premier : leurs premiers membres ont le même sujet « les dans la cour », la question finale (3b) renvoie aux deux derniers membres du premier segment (2bc).

Dans le troisième morceau, le premier segment est la cause du deuxième ; le dernier segment (4ef) donne la raison pour laquelle Mardochée s'oppose aux paroles du roi (4cd).

À la glorification d'Aman que rapporte le premier morceau s'oppose la conduite de Mardochée dans les deux autres morceaux. Les deux derniers morceaux sont agrafés par « parler » et « désécouter/ne pas écouter »[1] (3.4ab).

---

[1] Ainsi sont traduits les verbes *par-akouō* et *hyp-akouō*.

Séquence B1 : 3,1-15

LA DEUXIÈME PARTIE : 3,5-7

+ 3,⁵ Et ayant su	Aman		
+ que	ne se prosternait pas	devant lui	MARDOCHÉE
+ il s'irrita	beaucoup		
– ⁶ et il voulut	EXTERMINER		
– tous	les sous le d'Artaxerxès RÈGNE		juifs.
:: ⁷ Et il fit	un édit	dans l'année	douzième
:: du RÈGNE	d'Artaxerxès		
.. et il jeta	LES SORTS		
.. de jour	en jour	et de mois	en mois
– de sorte	DE PERDRE	en un seul	jour
– la race	de MARDOCHÉE.		
.. Et tomba	LE SORT	sur le quatorze	du mois
.. lequel	est	Adar.	

Dans le premier morceau, le premier segment (5) donne la raison pour laquelle Aman veut « exterminer » les juifs (6).

Le deuxième morceau expose les mesures prises par Aman pour « perdre » les juifs (7ef) : un édit (7ab) et le tirage au sort pour déterminer le jour de l'exécution de son projet (7cd).

Le troisième morceau, enfin, dit quel jour a été désigné par le sort.

« Exterminer » (6a) et son synonyme « perdre » (7e) remplissent la fonction de termes finaux pour les deux premiers morceaux ; « règne d'Artaxerxès » et « d'Artaxerxès règne » (6b.7b) de termes médians. Les deux derniers morceaux sont liés par « le(s) sort(s) » (7c.g) et « mois » (7d.g) ; « le quatorzième (jour) » (7g) rappelle « en un seul jour » (7e).

326 Version grecque : la deuxième section (Est 3,1–9,19)

COMPARAISON DES DEUX VERSIONS

PREMIÈRE PARTIE (3,1-4)

Hébreu

+ 3,[1] APRÈS	ces choses-	LÀ,
+ FIT-GRAND	LE ROI	AKHASHVÉROSH
+ HAMÂN	FILS DE HAMDATA	L'AGAGUITE
:: ET IL L'ÉLEVA	**et plaça**	**son trône**
:: au-dessus	DE TOUS	LES PRINCES
:: lesquels (étaient)	AVEC LUI.	
: [2] ET TOUS	les serviteurs	du roi
: qui (étaient)	À LA PORTE	du roi
= s'agenouillaient	et SE PROSTERNAIENT	DEVANT **Hamân**
= CAR AINSI	AVAIT COMMANDÉ pour lui	LE ROI
— MAIS MARDOCHÉE	ne s'agenouillait	ni NE SE PROSTERNAIT.
. [3] ET DIRENT	les serviteurs	du roi
. QUI (étaient)	À LA PORTE	DU ROI À MARDOCHÉE :
. « POURQUOI,	**toi,**	TU TRANSGRESSES LE COMMANDEMENT DU ROI ? »
- [4] Et il fut	que DISANT	À LUI JOUR APRÈS JOUR
- ET IL N'ÉCOUTAIT PAS	EUX,	
- ET ILS (LE) RAPPORTÈRENT	À HAMÂN,	
.. pour voir	si tiendraient	les PAROLES de MARDOCHÉE
.. CAR IL AVAIT RAPPORTÉ	À EUX	
.. QUE	LUI (ÉTAIT)	JUIF.

Il apparait clairement que :
– la composition globale est la même : les limites entre les morceaux se correspondent ;
– en revanche, la division en segments et en membres n'est pas la même.
– Pour les deux premiers morceaux, le grec abrège nettement l'hébreu.

Séquence B1 : 3,1-15

Grec

:: 3,[1] APRÈS CELA,	GLORIFIA	LE ROI	ARTAXERXÈS
:: AMAN (FILS D')	AMADATHOS	LE BOUGAÏOS	
:: ET IL ÉLEVA	LUI		
:: *et fit siéger-premier*	DE TOUS	LES AMIS	DE LUI.
+ [2] ET TOUS	LES DANS LA COUR	SE PROSTERNAIENT	DEVANT *lui,*
: COMME EN EFFET	AVAIT COMMANDÉ	LE ROI	*de faire,*
— MAIS MARDOCHÉE	NE SE PROSTERNAIT PAS	*devant lui.*	
. [3] ET PARLÈRENT	LES DANS LA COUR	DU ROI	À MARDOCHÉE :
. « *Mardochée,*	POURQUOI	DÉSÉCOUTES-TU	DES DU ROI PAROLES ? »
. [4] CHAQUE	JOUR	ILS PARLAIENT	À LUI
. ET IL N'ÉCOUTAIT PAS	EUX.		
- ET ILS INFORMÈRENT	AMAN		
- *(que)* MARDOCHÉE	*aux du roi*	LES PAROLES	*s'opposait* ;
.. ET AVAIT INDIQUÉ	À EUX	*Mardochée*	
.. QUE	JUIF	IL ÉTAIT.	

– Le premier morceau de l'hébreu comprend deux trimembres qui sont réduits à deux bimembres en grec ;

– alors que le second morceau de l'hébreu compte trois segments qui totalisent huit membres, celui du grec ne compte que deux segments qui totalisent cinq membres ;

– en revanche, les derniers morceaux sont de même longueur ; celui de l'hébreu est organisé en deux trimembres et celui du grec en trois bimembres. Si les membres 4d ont en commun « paroles » et « Mardochée », leur sens est différent : en grec, la proposition est une simple complétive qui énonce le fait rapporté en 2bc, tandis qu'en hébreu, c'est une finale qui se rapporte au fait que Mardochée a expliqué son attitude par le fait qu'il est juif, comme le disent les deux derniers membres du trimembre.

328 Version grecque : la deuxième section (Est 3,1–9,19)

DEUXIÈME PARTIE (3,5-7)

Hébreu

+ 3,5 ET vit	HAMÂN	
+ QUE POINT	MARDOCHÉE	s'agenouillait
+ ET SE PROSTERNAIT	À LUI	
– et se remplit	Hamân	de colère
.. 6 et fut méprisable	à ses yeux	
.. d'envoyer	la main	sur Mardochée seul,
:: car ils avaient rapporté	à lui	
:: le peuple	de Mardochée.	

....

.. ET CHERCHAIT	Hamân	
.. À EXTERMINER	TOUS	LES JUIFS
:: qui (étaient)	dans tout	LE RÈGNE D'AKHASHVÉROSH,
:: LE PEUPLE	DE MARDOCHÉE.	

....

:: 7 Au mois	premier,	
: lui (est)	le mois	de Nisan,
:: L'ANNÉE	DIX	ET DEUX DU ROI AKHASHVÉROSH,
- FUT JETÉ	le Pour,	
: lui (est)	LE SORT,	
- devant	Hamân,	
:: D'UN JOUR	À UN JOUR	
:: ET D'UN MOIS	AU MOIS	dix et deux,
: LEQUEL (est)	le mois	ADAR.

Le premier morceau du grec résume les deux premiers morceaux de l'hébreu (5-6) ; il ne reprend pas en particulier les deux premiers segments du verset 6 de l'hébreu (6a-d). Ce qui fait que le premier segment du grec (5abc) correspond au premier morceau de l'hébreu (5-6d), et que le deuxième segment du grec (6ab) correspond au deuxième morceau de l'hébreu (6e-h).

Grec

+ 3,[5] ET ayant su	AMAN		
+ QUE	NE SE PROSTERNAIT PAS	DEVANT LUI	MARDOCHÉE
+ il s'irrita	beaucoup		
– [6] ET IL VOULUT	EXTERMINER		
– TOUS	LES SOUS LE D'ARTAXERXÈS	RÈGNE	JUIFS.
:: [7] Et il fit	un édit	DANS L'ANNÉE	DOUZIÈME
:: DU RÈGNE	D'ARTAXERXÈS		
.. ET IL JETA	LES SORTS		
.. DE JOUR	EN JOUR	ET DE MOIS	EN MOIS
– de sorte	de perdre	en un seul	jour
– LA RACE	DE MARDOCHÉE.		
.. Et tomba	le sort	sur le quatorze	du mois
.. LEQUEL	est	ADAR.	

En revanche, au dernier morceau de l'hébreu correspondent les deux derniers morceaux du grec (7).

– L'hébreu fournit, en 7abc, une date plus précise que le grec : comme le grec, il donne l'année du règne, mais il dit aussi le mois.

– Alors que l'hébreu ne parle que du tirage au sort (7def), le grec avait mentionné « l'édit » (7a).

– L'hébreu dans son dernier segment fournit les modalités du tirage au sort, « de jour en jour » jusqu'au douzième mois ; le grec reprend ces données (7d), mais en finale ajoute le jour précis désigné par le sort, « le quatorze » d'Adar (7gh).

– Le grec ajoute aussi que les juifs devront périr « en un seul jour » (7e), c'est-à-dire le 14 Adar.

– « La race de Mardochée » du grec (7f) correspond à « le peuple de Mardochée » de l'hébreu (6d).

330 Version grecque : la deuxième section (Est 3,1–9,19)

L'ENSEMBLE DU PASSAGE : 1-7

:: 3,[1] Après cela,	glorifia	LE ROI	Artaxerxès
:: AMAN (fils d')	Amadathos	le Bougaïos	
:: et il éleva	lui		
:: et fit siéger-premier	de tous	les amis	de lui.
+ [2] Et tous	ceux dans la cour	se prosternaient	devant lui,
: comme en effet	avait commandé	LE ROI	de faire,
– mais *MARDOCHÉE*	NE SE PROSTERNAIT PAS	DEVANT LUI.	
. [3] Et parlèrent	ceux dans la cour	DU ROI	à *MARDOCHÉE* :
. « *MARDOCHÉE*,	pourquoi	désobéis-tu	aux paroles DU ROI ? »
. [4] Chaque	jour	ils parlaient	à lui
. et il n'écoutait pas	eux.		
- Et ils informèrent	AMAN		
- (que) *MARDOCHÉE*	s'opposait	aux paroles	DU ROI ;
.. et avait indiqué	à eux	*MARDOCHÉE*	
.. qu'	il était	JUIF.	

+ [5] Et AMAN	ayant su		
+ que *MARDOCHÉE*	NE SE PROSTERNAIT PAS	DEVANT LUI	
+ il s'irrita	beaucoup		
– [6] et il voulut	exterminer		
– tous	les JUIFS	dans le RÈGNE	d'Artaxerxès.
:: [7] Et il fit	un édit	dans l'année	douzième
:: du RÈGNE	d'Artaxerxès		
.. et il jeta	les sorts		
.. de jour	en jour	et de mois	en mois
– de sorte	de perdre	en un seul	jour
– la race	de *MARDOCHÉE*.		
.. Et le sort	tomba	sur le quatorze	du mois
.. lequel	est	Adar.	

Les deux parties sont complémentaires. La première rapporte la rébellion de Mardochée (2c) qui est dénoncée à Aman (4cd), la deuxième la réaction de ce dernier : Aman a su que Mardochée ne se prosterne devant lui (5b), comme la première partie l'avait raconté (2c) et comme les serviteurs du roi le lui avaient reproché (3-4). La première partie s'achève sur le qualificatif de « juif » que Mardochée avait révélé à ceux qui sont avec lui dans la cour du roi (4f), et dans la partie suivante, Aman veut exterminer « tous les juifs » (6b).

« Roi/règne » revient sept fois (1a.2b.3a.b.4d ; 6b.7b) et de même le nom de « Mardochée » (2c.3a.b.4d.e ; 5b.7f) ; celui d'« Aman » n'est repris que trois fois (1b.4c ; 5a).

Séquence B1 : 3,1-15 331

INTERPRÉTATION

Malgré les différences entre les deux versions, l'interprétation de la version grecque ne devrait pas être substantiellement différente de celle de l'hébreu.

b. AMAN OBTIENT DU ROI D'ANÉANTIR LE PEUPLE JUIF

Le deuxième passage : 3,8-11

COMPOSITION

+ 3,[8] *Et il parla*	AU ROI	*Artaxerxès*	*disant* :
- « Il existe	UNE NATION	dispersée	
- dans les nations	de tout	TON RÈGNE ;	
. leurs lois	(sont) différentes	de toutes	LES NATIONS
. aux lois	DU ROI	ils désobéissent	
= et il ne convient pas	AU ROI	de (le) permettre	à eux.
:: [9] S'il plait	AU ROI,		
:: qu'il soit décrété	de perdre	eux	
– et moi	j'inscrirai	au trésor	DU ROI
– D'ARGENT	talents	dix-mille. »	

- [10] Et retirant	LE ROI	son anneau,	
- il (le) donna	à la main	d'*AMAN*	
- pour sceller	les écrits	contre LES JUIFS.	

+ [11] *Et dit*	LE ROI	*à AMAN* :	
– « L'ARGENT	garde		
:: et à LA NATION	fais	comme tu veux. »	

Alors que les parties extrêmes rapportent le dialogue entre Aman et le roi, la partie centrale est de récit.

Le premier morceau du discours d'Aman (8b-f) se développe en trois temps : il est un peuple dispersé parmi les autres (8bc) qui n'obéit pas aux édits du roi (8de) et il ne faut donc pas le leur permettre (8f). Dans le morceau suivant, Aman propose au roi de perdre ce peuple (9ab), ce qui lui rapportera beaucoup d'argent (9cd).

Dans la dernière partie, le roi répond à la proposition d'Aman de manière spéculaire : « l'argent » (9cd) sera pour lui (11b) et il fera du peuple (9b) ce qu'il voudra (11c).

Dans la partie centrale, le roi donne son anneau à Aman, c'est-à-dire lui cède son pouvoir de sceller en son nom « les écrits contre les juifs ».

Aux deux occurrences de « nation » qui font inclusion (8b.11c) correspond « les juifs » dans la partie centrale (10c).

332 Version grecque : la deuxième section (Est 3,1–9,19)

COMPARAISON DES DEUX VERSIONS

HÉBREU

– 3,[8] ET DIT	Hamân	AU ROI	AKHASHVÉROSH :	
- « IL Y A	UN PEUPLE	unique	DISPERSÉ	et séparé
- parmi	LES PEUPLES	dans TOUTES	les provinces	DE TON ROYAUME
. et LEURS ÉDITS (SONT)	DIFFÉRENTS	DE TOUT	PEUPLE	
. et LES ÉDITS	DU ROI	ils ne sont pas	faisant	
= ET AU ROI	il n'y a pas	intérêt	à les laisser-en-repos.	
:: [9] SI	POUR LE ROI	(c'est) bon,		
:: QU'IL SOIT ÉCRIT	DE LES ANÉANTIR ;			
— ET DIX-	MILLE	TALENTS	D'ARGENT	
— je pèserai	aux mains	des agents	du royaume	
— pour les verser	AUX TRÉSORS	DU ROI. »		

- [10] ET RETIRA	LE ROI	SON ANNEAU
- de sur	sa MAIN ;	
.. et IL LE DONNA	À HAMÂN,	
.. fils	de Hamadata	l'Agaguite,
.. le persécuteur	des juifs.	

+ [11] ET DIT	LE ROI	À HAMÂN :	
— « L'ARGENT	(est) donné	à toi	
:: ET LE PEUPLE	pour lui FAIRE	COMME bon	à tes yeux. »

Les deux textes sont très semblables. La composition est identique, le vocabulaire est la plupart du temps le même, mais quelquefois la phraséologie est diverse. Le grec abrège l'hébreu dans les deux premières parties ; la partie centrale, qui comprend deux segments totalisant cinq membres en hébreu, ne comprend qu'un seul segment trimembre en grec.

À la fin de la partie centrale, l'hébreu insiste sur la qualification d'Hamân, son origine (10d) et son rapport aux juifs (10e), tandis que le grec indique la finalité de la remise de l'anneau à Aman (10c).

Séquence B1 : 3,1-15

GREC

+ 3,[8] ET IL PARLA	AU ROI	ARTAXERXÈS	disant :
- « IL EXISTE	UNE NATION	DISPERSÉE	
- DANS LES NATIONS	DE TOUT	TON RÈGNE ;	
. LEURS LOIS	(SONT) DIFFÉRENTES	DE TOUTES	LES NATIONS
. AUX LOIS	DU ROI	ils désobéissent	
= ET il ne convient pas	AU ROI	de (le) permettre	à eux.
:: [9] S'il plait	AU ROI,		
:: QU'IL SOIT DÉCRÉTÉ	DE PERDRE	EUX	
— et moi	j'inscrirai	*AU TRÉSOR*	*DU ROI*
— *D'ARGENT*	*TALENTS*	*DIX-MILLE.* »	

- [10] ET RETIRANT	LE ROI	SON ANNEAU,
- IL (LE) DONNA	À LA *MAIN*	D'AMAN
- pour sceller	les écrits	contre les juifs.

+ [11] ET DIT	LE ROI	À AMAN :
— « L'ARGENT	garde	
:: ET À LA NATION	FAIS	COMME tu veux. »

INTERPRÉTATION

L'interprétation du texte grec ne différera pas substantiellement de celle de l'hébreu.

334 Version grecque : la deuxième section (Est 3,1–9,19)

c. AMAN ORGANISE L'EXTERMINATION DE TOUS LES JUIFS

Le troisième passage : 3,12-13

COMPOSITION

+ 3,[12] Et furent appelés	les secrétaires	DU ROI	
+ au mois	premier	le treize.	
− Et ils écrivirent	comme avait commandé	Aman	
.. aux gouverneurs	et *aux chefs*	selon chaque	*province*
.. depuis l'Inde	jusqu'à l'Éthiopie,		
.. aux cent-	vingt-	sept	*provinces*
.. et *aux chefs*	des nations	selon leur	langue
− par Artaxerxès	LE ROI.		

+ [13] Et furent envoyées	par des porte-lettres	au d'Artaxerxès	RÈGNE
− pour exterminer	la race	*des juifs*	
. en un jour	seul	du mois	douzième
. lequel	est	Adar	
− et pour piller	les biens	*d'eux.*	

Le premier morceau de la première partie précise la date de la convocation des secrétaires, le second énumère les destinateurs aux extrémités (12c.12h) et entre deux les destinataires (12d-g).

Dans la deuxième partie sont énoncées les deux finalités visées par les lettres envoyées dans tout le royaume : l'extermination des juifs dont le jour est annoncé (13bcd) et le pillage de leurs biens (13e).

Les deux parties commencent avec un verbe aux mêmes modalités.

COMPARAISON DES DEUX VERSIONS

Le passage du grec correspond seulement aux deux premières parties de l'hébreu. En effet, l'expansion B de la version grecque est insérée non pas à la fin de la séquence B1 de l'hébreu, mais après le verset 13, c'est-à-dire avant la dernière partie. Le correspondant grec de la dernière partie de l'hébreu (14-15) servira de conclusion de la copie de l'édit (B). Encore une fois, le grec abrège notablement l'hébreu : deux morceaux au lieu de trois pour les premières parties (12), un seul morceau au lieu de trois pour les deuxièmes parties (13) ; au total, 21 membres pour le texte hébreu et 13 pour la version grecque.

INTERPRÉTATION

De nouveau, le sens de la version grecque n'est pas différent de celui de l'hébreu.

Séquence B1 : 3,1-15   335

HÉBREU

: 3,[12] FURENT CONVOQUÉS	LES LETTRÉS	DU ROI,	
: AU PREMIER	MOIS		
: AU TREIZIÈME	jour	en lui.	
— ET IL FUT ÉCRIT	COMME tout ce qu'	AVAIT COMMANDÉ	HAMÂN
.. aux préfets	du roi		
.. et AUX GOUVERNEURS	qui (étaient)	sur une province	et une province
.. ET AUX PRINCES	d'un peuple	et d'un peuple	
. une province	et une province	selon son écriture	
. et un peuple	et un peuple	SELON SA LANGUE.	
— Au nom	DU ROI	AKHASHVÉROSH	il fut écrit
— et il fut scellé	avec le sceau	du roi.	

: [13] ET FURENT ENVOYÉES	des lettres	par la main	des coursiers
: à toutes	les provinces	du roi,	
— POUR EXTERMINER,	pour tuer		
— et pour anéantir	tous	LES JUIFS,	
— depuis les jeunes	et jusqu'aux vieux,		
— enfants	et femmes,		
.. EN UN JOUR	SEUL,		
.. le treizième	DU DOUZIÈME	MOIS	
.. LUI (EST)	le mois	ADAR	
— ET LEUR BUTIN	POUR PILLER.		

GREC

+ 3,[12] ET FURENT APPELÉS	LES SECRÉTAIRES	DU ROI	
+ AU MOIS	PREMIER	LE TREIZE.	
— ET ILS ÉCRIVIRENT	COMME AVAIT COMMANDÉ	AMAN	
.. AUX GOUVERNEURS	ET AUX CHEFS	selon chaque	province
.. depuis l'Inde	jusqu'à l'Éthiopie,		
.. aux cent-	vingt-	sept	provinces
.. et aux chefs	des nations	SELON LEUR	LANGUE
— par Artaxerxès	le roi.		

+ [13] ET FURENT ENVOYÉES	par des porte-lettres	au d'Artaxerxès	règne
— POUR EXTERMINER	la race	DES JUIFS	
. EN UN JOUR	SEUL	DU MOIS	DOUZIÈME
. LEQUEL	est	ADAR	
— ET POUR PILLER	LES BIENS	d'eux.	

336 Version grecque : la deuxième section (Est 3,1–9,19)

d. AMAN OBTIENT DU ROI UN ÉDIT POUR QUE LES JUIFS SOIENT EXTERMINÉS

L'ensemble de la séquence B1 : 3,1-13

COMPOSITION

3,[1] Après cela, LE ROI ARTAXERXÈS glorifia *AMAN* fils d'Amadathos le Bougaïos et il l'éleva et le fit siéger-premier parmi tous ses amis. [2] Et tous ceux qui étaient dans la cour se prosternaient devant lui, comme le roi avait ordonné de faire, mais *MARDOCHÉE* ne se prosternait pas devant lui. [3] Et ceux de la cour du roi parlèrent à Mardochée : « *MARDOCHÉE*, pourquoi désobéis-tu aux paroles du roi ? » [4] Chaque jour ils lui parlaient et il ne les écoutait pas. Et ils informèrent *AMAN* que *MARDOCHÉE* s'opposait aux paroles du roi ; et *MARDOCHÉE* leur avait indiqué qu'il était juif.

[5] Et *AMAN* ayant su que *MARDOCHÉE* ne se prosternait pas devant lui, il s'irrita beaucoup [6] et il voulut **EXTERMINER** tous les juifs DU RÈGNE D'ARTAXERXÈS. [7] Et il fit un édit la douzième année du RÈGNE D'ARTAXERXÈS et il jeta les sorts de jour en jour et de mois en mois, pour **PERDRE** *en an seal joar* **la race de** *MARDOCHÉE*. Et le sort tomba sur le quatorze du mois qui est Adar.

[8] Et il parla AU ROI ARTAXERXÈS disant : « Il existe **une nation** dispersée parmi les nations de tout ton règne ; leurs lois sont différentes de toutes les nations, aux lois du roi ils désobéissent et il ne convient pas au roi de le leur permettre. [9] S'il plait au roi, qu'il soit décrété de les **PERDRE** et moi j'inscrirai au trésor du roi dix-mille talents *d'argent*. »

[10] Et le roi retirant son anneau, il le donna à la main d'*AMAN*
pour sceller les écrits contre LES JUIFS.

[11] Et le roi dit à *AMAN* : « Garde *l'argent* et fais à **la nation** comme tu veux. »

[12] Et les secrétaires du roi furent appelés le treize du premier mois. Et ils écrivirent, comme avait commandé *AMAN*, aux gouverneurs et aux chefs de chaque province depuis l'Inde jusqu'à l'Éthiopie, aux cent-vingt-sept provinces et aux chefs des nations selon leur langue au nom DU ROI ARTAXERXÈS.

[13] Et les lettres furent envoyées par des porte-lettres dans LE RÈGNE D'ARTAXERXÈS pour **EXTERMINER la race des** JUIFS *en an seal joar* du douzième mois qui est Adar et pour piller *leurs biens*.

Le premier passage rapporte le projet d'Aman contre Mardochée et son peuple, dans le second il obtient du roi la permission de le réaliser et dans le troisième il envoie les ordres pour son exécution.

Les deux mentions du « mois qui est Adar » (7d.13b) jouent le rôle de termes finaux pour les passages extrêmes, précédées par « perdre en un seul jour la race de Mardochée » et « exterminer la race des juifs en un seul jour » (7c.13b). « Le quatorze du mois qui est Adar » (7d) et « le treize du premier mois » (12a) remplissent la fonction de termes médians à distance pour ces deux passages.

Les deux occurrences de « le roi Artaxerxès » (1a.8a) jouent le rôle de termes initiaux pour les deux premiers passages. « L'argent » et « leurs biens » (11.13c) jouent le rôle de termes finaux pour les deux derniers passages.

« Le roi Artaxerxès » revient dans les premières parties des trois passages (1a.8a.12d) et « le règne d'Artaxerxès » dans les deuxièmes parties des passages extrêmes (6a.7b ; 13a).

Avec le nom du roi, celui d'« Aman » revient dans les trois passages (1a.4b.5a ; 10a.11 ; 12b).

Le nom de « Mardochée » revient six fois, mais seulement dans le premier passage (2c.3b.4b.c.5a.7c). La dernière fois, c'est avec « la race de », ce qui sera repris à la fin avec « la race des juifs » (13b) ; dans le passage central, le nom de Mardochée laisse la place à « nation » (8a.11) et à « les juifs » (10).

Le premier passage s'achève avec « exterminer » et « perdre » les juifs (6a.7c) ; « perdre » est repris dans le passage central (9b) et « exterminer » dans le dernier passage (13b).

338 Version grecque : la deuxième section (Est 3,1–9,19)

COMPARAISON DES DEUX VERSIONS

HÉBREU

3,¹ Après ces choses-là, le roi Akhashvérosh grandit Hamân fils de Hamdata l'Agaguite et il l'éleva et plaça son siège au-dessus de tous les princes qui sont avec lui. ² Et tous les serviteurs du roi qui sont à la porte du roi s'agenouillaient et se prosternaient devant Hamân, car c'est ainsi que le roi avait commandé pour lui, mais Mardochée ne s'agenouillait pas, ni ne se prosternait. ³ Les serviteurs du roi qui étaient à la porte du roi dirent à Mardochée : « Pourquoi, toi, tu transgresses le commandement du roi ? » ⁴ Et il advint qu'ils le lui disaient jour après jour mais il ne les écoutait pas ; alors ils le dirent à Hamân pour voir si les paroles de Mardochée tiendraient, car il leur avait rapporté qu'il était juif. ⁵ Hamân vit que Mardochée ne s'agenouillait et ne se prosternait pas devant lui et Hamân se remplit de colère ; ⁶ et il fut méprisable à ses yeux de porter la main sur le seul Mardochée, car on lui avait rapporté quel était le peuple de Mardochée et Hamân cherchait à exterminer tous les juifs qui étaient dans tout le règne d'Akhashvérosh, le peuple de Mardochée. ⁷ ***Au premier mois qui est le mois de Nisan***, la douzième année du roi Akhashvérosh, fut jeté le Pour — c'est le sort — devant Hamân, jour après jour et d'un mois au douzième mois qui est le mois d'Adar.

⁸ Hamân dit au roi Akhashvérosh : « Il y a un peuple unique dispersé et séparé parmi les peuples dans toutes les provinces de ton royaume et leurs édits sont différents de tout autre peuple et ils n'obéissent pas aux édits du roi et le roi il n'a pas intérêt à les laisser en repos. ⁹ Si cela parait bon au roi, qu'il soit écrit de les anéantir et je pèserai dix-mille talents d'argent aux mains des agents du royaume pour les verser aux trésors du roi. »
¹⁰ Et le roi retira son anneau de sa main
    et le donna à Hamân fils de Hamdata l'Agaguite, le persécuteur des juifs.
¹¹ Et le roi dit à Hamân : « L'argent t'est donné ainsi que le peuple pour lui faire comme il est bon à tes yeux. »

¹² Furent convoqués les lettrés du roi au premier mois au treizième jour et il fut écrit selon tout ce qu'avait commandé Hamân aux préfets du roi et aux gouverneurs de chaque province et aux princes de chaque peuple, chaque province selon son écriture et chaque peuple selon sa langue ; cela fut écrit au nom du roi Akhashvérosh et fut scellé avec l'anneau du roi.
¹³ Des lettres furent envoyées par des coursiers à toutes les provinces du roi *pour* exterminer, tuer et *anéantir tous les juifs*, depuis les jeunes et jusqu'aux vieux, enfants et femmes, *en un seul jour*, LE TREIZIÈME JOUR DU DOUZIÈME MOIS QUI EST LE MOIS ADAR et pour piller leur butin.
¹⁴ Copie de l'écrit pour être donnée comme édit dans chaque province fut promulguée à tous les peuples, afin qu'ils soient prêts pour ce jour-là. ¹⁵ Des coursiers sortirent rapides sur la parole du roi et l'édit fut donné à Suse-la-Citadelle. Et le roi et Hamân s'assirent pour boire et la ville de Suse fut désemparée.

Les ressemblances et différences de détail ont déjà été relevées au niveau de chaque passage.

Au niveau de la séquence, il faut d'abord remarquer que la composition est exactement la même : chacune comprend trois passages divisés en autant de parties dont les limites se correspondent. La seule différence est que la séquence grecque ne comprend pas la dernière partie du dernier passage de l'hébreu (14-15) ; celle-ci servira de conclusion narrative de la prochaine séquence, celle où est rapporté le texte de l'édit royal préparé par Aman.

Séquence B1 : 3,1-15

339

GREC

> 3,[1] Après cela, le roi Artaxerxès glorifia Aman fils d'Amadathos le Bougaïos et il l'éleva et le fit siéger-premier parmi tous ses amis. [2] Et tous ceux qui étaient dans la cour se prosternaient devant lui, comme le roi avait ordonné de faire, mais Mardochée ne se prosternait pas devant lui. [3] Et ceux de la cour du roi parlèrent à Mardochée : « Mardochée, pourquoi désobéis-tu aux paroles du roi ? » [4] Chaque jour ils lui parlaient et il ne les écoutait pas. Et ils informèrent Aman que Mardochée s'opposait aux paroles du roi ; et Mardochée leur avait indiqué qu'il était juif.
> [5] Et Aman ayant su que Mardochée ne se prosternait pas devant lui, il s'irrita beaucoup [6] et il voulut exterminer tous les juifs du règne d'Artaxerxès. [7] Et il fit un édit la douzième année du règne d'Artaxerxès et il jeta les sorts de jour en jour et de mois en mois, *pour perdre en un seul jour la race de Mardochée*. Et le sort tomba sur LE QUATORZE DU MOIS QUI EST ADAR.

> [8] Et il parla au roi Artaxerxès disant : « Il existe une nation dispersée parmi les nations de tout ton règne ; leurs lois sont différentes de toutes les nations, aux lois du roi ils désobéissent et il ne convient pas au roi de le leur permettre. [9] S'il plait au roi, qu'il soit décrété de les perdre et moi j'inscrirai au trésor du roi dix-mille talents d'argent. »
> [10] Et le roi retirant son anneau, il le donna à la main d'Aman
> pour sceller les écrits contre les juifs.
> [11] Et le roi dit à Aman : « Garde l'argent et fais à la nation comme tu veux. »

> [12] Et les secrétaires du roi furent appelés le treize du premier mois. Et ils écrivirent, comme avait commandé Aman, aux gouverneurs et aux chefs de chaque province depuis l'Inde jusqu'à l'Éthiopie, aux cent-vingt-sept provinces et aux chefs des nations selon leur langue au nom du roi Artaxerxès.
> [13] Et les lettres furent envoyées par des porte-lettres dans le règne d'Artaxerxès pour exterminer la race des juifs en un seul jour du douzième mois qui est Adar et pour piller leurs biens.

Il avait été noté pour chacun des passages que le grec abrège l'hébreu. Cela saute aux yeux au niveau de la séquence : la séquence de l'hébreu compte 485 mots, celle du grec 362 (le compte est fait sur la traduction française).

Selon le grec, l'extermination des juifs est fixée par le sort au 14 Adar à la fin du premier passage, avant que la décision du massacre ait été prise et entérinée par le roi (7) ; selon l'hébreu, la date (du 13 Adar) n'est pas mentionnée au moment où les sorts furent jetés, mais seulement à la fin de la deuxième partie du dernier passage (13), c'est-à-dire après que la décision a été approuvée par le roi, après que l'édit a été rédigé et, finalement, seulement au moment où les lettres qui le communiqueront à toutes les provinces sont envoyées, si bien que le lecteur peut se demander si la date a été fixée par le sort ou par Aman lui-même, qui n'aurait tenu aucun compte des sorts.

À la fin de la séquence (13), le grec adoucit les termes particulièrement violents de l'hébreu dans la formulation de la finalité de l'édit (13) :

Hébreu :	« pour exterminer, ***tuer et anéantir***	tous les juifs,	
	depuis les jeunes et jusqu'aux vieux, enfants et femmes,		en un seul jour »
Grec :	« pour exterminer	la race des juifs	en un seul jour »

340 Version grecque : la deuxième section (Est 3,1–9,19)

INTERPRÉTATION

Même si la version grecque est nettement plus courte que celle de l'hébreu, la signification ne change guère, car l'essentiel de l'information a été préservé. Cependant, il est possible de noter quelque différence entre les deux versions.

UN AMAN MOINS VIRULENT

Le grec atténue la dureté du portrait d'Aman. Alors qu'en hébreu Aman « voit » que Mardochée ne se prosterne pas devant lui, en grec il l'apprend, le contact n'étant pas direct. Quand l'hébreu explique que pour Aman « il fut méprisable à ses yeux de porter la main sur le seul Mardochée » et qu'« il cherchait à exterminer *tous* les juifs qui étaient dans *tout* le règne d'Akhashvérosh, le peuple de Mardochée », le grec est moins pathétique, se contentant de ces quelques mots : « il voulut exterminer tous les juifs du règne d'Artaxerxès ». Il en ira de même à la fin de la séquence où Aman apparait tout aussi résolu dans son projet mais moins acharné : « pour exterminer, tuer et anéantir tous les juifs » devient : « pour exterminer la race des juifs » ; et la double paire cruelle, « depuis les jeunes et jusqu'aux vieux, enfants et femmes », est tout simplement supprimée par le grec.

UN AMAN RESPECTUEUX DES SORTS

Sur la question des sorts, plusieurs commentateurs corrigent ou complètent l'hébreu en ajoutant la date du « quatorze Adar » prise du grec[2]. Il semble préférable de respecter le texte hébreu, d'autant que cette date est fournie plus loin, au moment où les lettres qui communiquent l'édit aux provinces sont envoyées. Si l'on peut penser que, pour l'hébreu, c'est Aman qui a choisi cette date, sans tenir compte des sorts, il n'en va pas de même pour le grec : ce sont les sorts qui ont indiqué la date précise où les juifs devaient être massacrés. Si tel est bien le cas, Aman serait présenté par la version grecque comme plus respectueux des rites, ne se permettant pas de passer outre et de tout décider par lui-même. Quoi qu'il en soit, cependant, son dessein de supprimer entièrement le peuple juif n'en reste pas moins son entière responsabilité.

---

[2] Par ex., Levenson, 70 ; M.V. FOX, *Character and Ideology in the Book of Esther*, 46-47.

2. L'édit royal préparé par Aman

Récitatif B : B,1-15 et 3,14-15

COMPOSITION

Le style de la lettre est particulièrement recherché, « grandiloquent, artificiel et alambiqué »[1], avec un usage pratiquement systématique de l'anastrophe[2]. Une première réécriture s'attachera à respecter scrupuleusement l'ordre des termes et des syntagmes pour que le lecteur puisse toucher du doigt les caractéristiques du texte ; après quoi, une seconde réécriture en sera proposée avec un ordre plus proche de celui de la langue française.

La séquence comprend trois passages :

L'INTRODUCTION	B,1a

LE TEXTE DE L'ÉDIT	B1b-7

LA CONCLUSION	3,14-15

a. L'INTRODUCTION

Le premier passage : B,1A

L'introduction narrative du texte de l'édit est très courte. Elle est de la taille d'un unimembre comprenant quatre termes :

[1a] Or de la lettre   est   la copie   celle-là :

b. LE TEXTE DE L'ÉDIT

Le deuxième passage : B,1b-7

Après l'adresse, la lettre elle-même comprend trois autres parties.

---

[1] C.A. MOORE, *Daniel, Esther, and Jeremiah: The Additions*, 191.

[2] « Renversement de l'ordre grammatical habituel » (Larousse). Ex : « De nombreuses étant chef nations et de tout étant commandant l'univers », au lieu de « Étant chef de nombreuses nations et étant commandant de tout l'univers ».

342 Version grecque : la deuxième section (Est 3,1–9,19)

LA PREMIÈRE PARTIE : 1B-F

+ [1b] Le roi	grand	Artaxerxès	
- aux de l'Inde	jusqu'à l'Éthiopie		
- cent-	vingt-	sept	des régions
- les chefs	et préfets	subordonnés	
+ ces (choses)	écrit :		

La courte partie est l'adresse, avec le nom de l'expéditeur (1b) et celui des destinataires (1cde) ; l'unimembre final est la proposition principale qui annonce le contenu de la lettre.

De façon plus lisible :

+ Le grand	roi	Artaxerxès	
- aux chefs	et préfets	subordonnés	
- des cent-	vingt-	sept	provinces
- de l'Inde	jusqu'à l'Éthiopie		
+ écrit	ces (choses) :		

LA DEUXIÈME PARTIE : 2

: [2] De nombreuses	étant chef	nations	
: et de tout	étant commandant	l'univers,	
+ J'AI VOULU,	non avec l'orgueil	de l'autorité	*étant exalté*
+ mais modérément	et avec douceur	toujours	*gouvernant,*
− les des subordonnés	calmes	constamment	**DISPOSER** vies
+ et le royaume	tranquille		
+ et parcourable	jusqu'aux frontières	*rendant,*	
− RENOUVELER	la désirée	par tous	les hommes paix.

Le premier segment (2ab) est une double proposition participiale de sens concessif. Le deuxième segment commence par le verbe de la principale, « j'ai voulu », suivi par des compléments de manière (2cd) qui s'opposent au premier segment, le dernier membre étant la première proposition infinitive complétive. Le troisième segment comprend, dans son dernier membre, la deuxième complétive (2h), précédée d'une participiale (2fg).

Récitatif B : B et 3,14-15

De façon plus lisible :

: [2] Étant chef	de nombreuses	nations		
: et commandant	de tout	l'univers,		
+ J'AI VOULU,	*sans être exalté*	par l'orgueil	de l'autorité	
+ *mais gouvernant*	toujours	modérément	et avec douceur,	
− ASSURER	constamment	la vie	des subordonnés	calme
+ et, *rendant*	le royaume			
+ tranquille	et parcourable	jusqu'aux frontières,		
− RESTAURER	la paix	désirée	par tous	les hommes.

LA TROISIÈME PARTIE : 3-4

: [3] Et demandant	à de moi	les conseillers		
: comment serait conduit	cela	à la frontière,		
. par sagesse	parmi nous	*éminent*		
. et dans le dévouement	*indéfectible*			
. et pour l'inébranlable	fidélité	*signalé*		
.. et second	DES RÈGNES	en dignité	*porté,*	
.. Aman				
+ [4] a dénoncé	à nous			
− parmi toutes	les par le monde	*tribus*		
− être mêlé	hostile	*un peuple*	tel	
:: *pour les lois*	opposé	à chaque	nation	
:: ET DES ROIS	faisant-fi	constamment	*des décrets*	
= pour ne pas soutenir	le de nous	dirigé	parfaitement	empire.

Dans le premier morceau, les deux derniers segments décrivent les éminentes qualités d'Aman (3c-f), un des conseillers consultés par le roi (3a) ; pour le mettre en valeur, son nom est retardé jusqu'à la fin (3g). Le deuxième morceau rapporte son avis : il existe un peuple mêlé aux autres hostile à tous (4bc), dont les lois sont différentes et qui ne respectent pas les décrets royaux (4de), étant donc un obstacle au gouvernement du roi (4f).

344 Version grecque : la deuxième section (Est 3,1–9,19)

De façon plus lisible :

: [3] Et demandant	à mes propres	conseillers		
: comment cela	serait conduit	à bonne-fin,		
. un (homme) *éminent*	parmi nous	par sa sagesse,		
. *indéfectible*	de dévouement,			
. *remarquable*	pour sa fidélité	inébranlable		
.. et se trouvant	second	DU ROYAUME	en dignité,	
.. Aman				

....

+ [4] a dénoncé	auprès de nous			
– *que parmi toutes*	*les tribus*	de par le monde		
– est mêlé	*un certain*	*peuple*	hostile	
:: opposé	*pour les lois*	à toutes les	nations	
:: et faisant-fi	constamment	*des décrets*	ROYAUX	
= pour ne pas soutenir	notre	empire	dirigé	parfaitement.

LA QUATRIÈME PARTIE : 5-7

= [5] AYANT CONSIDÉRÉ donc	cette nation	unique		
= en opposition	toute	avec tout	homme	
: *menant*	une conduite	de lois	étrangère	diverse
: et *pensant-mal*	contre les nôtres	AFFAIRES,		
: les pires	*faisant*	(choses) mauvaises		
.. et pour ne pas	le règne	en bon état	obtenir,	

....

+ [6] AVONS ORDONNÉ donc	*les signalés*	à vous	dans les écrits	
+ par Aman	chargé	DE NOS AFFAIRES		
+ et second	père	de nous		
– *tous*	avec femmes	et enfants		
– être détruits	*radicalement*	avec les des ennemis	épées	
– *sans aucune*	pitié	et retenue,		
. le quatorze	du douzième	mois	Adar	
. de la présente	année,			

....

- [7] de sorte que,	les anciens	et maintenant	hostiles,	
- en un jour	seul,			
- violemment	aux enfers	descendus,		
:: pour le suivant	temps			
:: stables	et tranquilles	AYONS	nous	
:: jusqu'à la fin	LES AFFAIRES.			

La partie forme une seule phrase : participiale (5), principale (6), consécutive (7). Le premier morceau est le considérant, le deuxième la décision et le troisième la conséquence qui en est attendue.

Dans le premier segment du morceau initial, il est reproché à la « nation unique » d'être opposée à « tout homme » (5ab). Le trimembre suivant déploie cette accusation : ses lois sont étrangères (5c) et ses actions mauvaises (5e), critiquant les nôtres (5d) ; ce qui met en danger le règne (5f).

Le deuxième morceau commence par la principale, où l'ordre du roi est consigné dans « les écrits » d'Aman (6abc) ; le trimembre suivant contient l'ordre d'exécuter les membres du peuple en question, « tous », « radicalement » et « sans aucune pitié » (6def), le dernier segment précisant la date du massacre (6gh).

Dans le troisième morceau, le premier segment donne la raison du suivant : l'élimination des gens « hostiles » (7abc) permettra le retour d'un temps tranquille (7def).

« Affaires » revient dans chaque morceau (5d.6b.7f).

De façon plus lisible :

= [5] AYANT donc CONSIDÉRÉ	que cette nation	unique		
= est toute	en opposition	avec tout	homme,	
: *menant*	une conduite	de lois	étrangère	diverse
: et *pensant-mal*	contre les nôtres	AFFAIRES,		
: *faisant*	les pires	(choses) mauvaises		
.. pour ne pas	obtenir	le règne	en bon état,	

+ [6] AVONS donc ORDONNÉ	que *ceux signalés*	à vous	dans les lettres
+ faites par Aman	chargé	DE NOS AFFAIRES	
+ et second	père	pour nous	
– *tous*	avec femmes	et enfants	
– seront détruits	*radicalement*	avec les épées	des ennemis
– *sans aucune*	pitié	et retenue,	
. le quatorze	du douzième	mois	Adar
. de la présente	année,		

- [7] de sorte que	les hostiles	d'hier	et de maintenant
- en un seul	jour		
- descendus	violemment	aux enfers,	
:: pour le temps	à venir		
:: nous	AYONS	NOS AFFAIRES	
:: stables	et tranquilles	jusqu'à la fin.	

346 Version grecque : la deuxième section (Est 3,1–9,19)

L'ENSEMBLE DU PASSAGE :

B,[1b] Le grand ROI Artaxerxès aux chefs et préfets subordonnés des cent-vingt-sept provinces de l'Inde jusqu'à l'Éthiopie écrit ceci :

> [2] Étant chef de nombreuses nations et commandant de tout L'UNIVERS, j'ai voulu, sans être exalté par l'orgueil de l'autorité mais gouvernant toujours modérément et avec douceur, assurer constamment la vie calme des subordonnés et, rendant LE ROYAUME tranquille et parcourable jusqu'aux *frontières*, restaurer la paix désirée par tous les hommes.
> [3] Demandant à mes conseillers comment cela pouvait être conduit *à bonne fin*, un homme éminent parmi nous par sa sagesse, indéfectible de dévouement, remarquable pour sa fidélité inébranlable et étant LE SECOND du ROYAUME en dignité, Aman
> [4] a dénoncé auprès de nous que, parmi toutes les tribus de par L'UNIVERS, est mêlé un certain peuple *HOSTILE*, opposé pour les lois à toutes les nations et faisant fi constamment des décrets ROYAUX pour ne pas soutenir notre empire dirigé parfaitement.
> [5] Ayant donc considéré que cette nation unique est toute en opposition avec tout homme, menant une conduite de lois étrangère diverse et pensant mal contre nos affaires, faisant les pires choses mauvaises pour ne pas obtenir LE ROYAUME en bon état,
> [6] nous avons donc ordonné que ceux qui vous sont signalés dans les lettres d'Aman, qui est chargé de nos affaires et SECOND père pour nous, que tous avec femmes et enfants soient détruits radicalement par l'épée de leurs ennemis, sans pitié et retenue aucune, le quatorze du douzième mois Adar de la présente année, [7] de sorte que, ces gens *HOSTILES* d'hier et d'aujourd'hui descendus violemment aux enfers en un seul jour, nous ayons pour le temps à venir nos affaires stables et tranquilles jusqu'à la fin.

Les deux premières parties de la lettre sont agrafées par la reprise du même terme traduit par « frontières » (2d) et par « à bonne fin » (3a) ; « univers » revient en 2a et 4a.

« Hostile(s) » revient à la fin des deux dernières parties (4b.7b) ; « second » en 3c et 6b.

« Roi/royaume/royaux » reviennent dans chaque partie (1b.2c.3c.4c.5c).

Récitatif B : B et 3,14-15

c. La conclusion

Le troisième passage : 3,14-15

COMPOSITION

: 3,14 Et les copies	des lettres	étaient promulguées	en (toute) province
: et il fut prescrit	à toutes	les nations	
: de prêts	être	pour ce jour-	là.
- 15 Et était urgée	l'affaire	aussi *à Suse*	
- et le roi	et Aman	s'enivraient	
- et était bouleversée	*la ville*.		

Le premier segment dit ce qui se passe « en toute province », pour « toutes les nations », le second dans la capitale, « la ville » de « Suse ».

COMPARAISON DES DEUX VERSIONS

HÉBREU

: 3,14 COPIE	DE L'ÉCRIT	pour être donnée	comme édit
: DANS TOUTE	PROVINCE	et province,	
: *FUT PROMULGUÉE*	À TOUS	LES PEUPLES	
= POUR ÊTRE	PRÊTS	POUR CE JOUR-	LÀ ;
:: 15 des coursiers	sortirent	rapides	
:: sur la parole	du roi.		
.. Et l'édit	fut donné	À SUSE-	la-Citadelle ;
.. ET LE ROI	ET HAMÂN	s'assirent	pour boire
.. ET LA VILLE	de Suse	FUT DÉSEMPARÉE.	

GREC

: 3,14 Et LES COPIES	DES LETTRES	*ÉTAIENT PROMULGUÉES*	EN (TOUTE) PROVINCE
: et il fut prescrit	À TOUTES	LES NATIONS	
: DE PRÊTS	ÊTRE	POUR CE JOUR-	LÀ.
- 15 Et était urgée	l'affaire	aussi À SUSE	
- ET LE ROI	ET AMAN	s'enivraient	
- ET ÉTAIT BOULEVERSÉE	LA VILLE.		

Le grec est nettement plus court que l'hébreu : deux segments au lieu de deux morceaux, soit six membres au lieu de neuf.

348 Version grecque : la deuxième section (Est 3,1–9,19)

d. L'ÉDIT ROYAL PRÉPARÉ PAR AMAN

L'ensemble du Récitatif B : B,1-7 ET 3,14-15

B,¹ Or telle est LA COPIE de LA LETTRE :

« Le grand ROI Artaxerxès aux chefs et préfets subordonnés des CENT-VINGT-SEPT PROVINCES DE L'INDE JUSQU'À L'ÉTHIOPIE ÉCRIT ceci :
² Étant chef de nombreuses NATIONS et commandant de tout l'univers, j'ai voulu, sans être exalté par l'orgueil de l'autorité mais gouvernant toujours modérément et avec douceur, assurer constamment la vie calme des subordonnés et, rendant LE ROYAUME tranquille et parcourable jusqu'aux frontières, restaurer la paix désirée par tous les hommes.
³ Demandant à mes conseillers comment cela pouvait être conduit à bonne fin, un homme éminent parmi nous par sa sagesse, indéfectible de dévouement, remarquable pour sa fidélité inébranlable et étant le second du ROYAUME en dignité, AMAN
⁴ a dénoncé auprès de nous que, parmi toutes les TRIBUS de par l'univers, est mêlé un certain PEUPLE hostile, opposé pour les lois à toutes les NATIONS et faisant fi constamment des décrets ROYAUX pour ne pas soutenir notre empire dirigé parfaitement.
⁵ Ayant donc considéré que cette NATION unique est toute en opposition avec tout HOMME, menant une conduite de lois étrangère diverse et pensant mal contre NOS AFFAIRES, faisant les pires choses mauvaises pour ne pas obtenir LE ROYAUME en bon état, ⁶ nous avons donc ordonné que ceux qui vous sont signalés dans LES LETTRES d'Aman, qui est chargé de NOS AFFAIRES et second père pour nous, que tous avec femmes et enfants soient détruits radicalement par l'épée de leurs ennemis, sans pitié et retenue aucune, le quatorze du douzième mois Adar de la présente année, ⁷ de sorte que, ces gens hostiles d'hier et d'aujourd'hui descendus violemment aux enfers en un seul jour, nous ayons pour le temps à venir NOS AFFAIRES stables et tranquilles jusqu'à la fin. »

3,¹⁴ Et LES COPIES DES LETTRES étaient promulguées EN TOUTE PROVINCE et il fut prescrit à toutes les NATIONS d'être prêtes pour ce jour-là. ¹⁵ Et L'AFFAIRE était urgée aussi à Suse et LE ROI et AMAN s'enivraient et la ville était bouleversée.

La séquence réunit l'expansion B et la traduction grecque de la dernière partie de la séquence B1 hébreu (3,14-15).

Les passages extrêmes reprennent « copie(s) » et « lettre(s) » ; « écrit » (*graphei*, 1c) rappelle « copie(s) » (*antigraphon*, B,1a ; 3,14a) et « les lettres » (*gegrammenois*, 6a).

« En toute province » (3,14a) renvoie à « cent-vingt-sept provinces de l'Inde jusqu'à l'Éthiopie » (B,1bc).

Les termes de la racine « roi » sont repris en B,1b.2c.3c.4c.5c ; 3,15b.

Le nom d'« Aman » revient en B,3c et en 3,15b.

Les trois « nos affaires » (B,5b.6b.7b) annoncent « l'affaire » en 3,15b.

« Cette nation unique » (B,5a), « un certain peuple » (B,4ab) s'opposent à « de nombreuses nations » (B,2a), « toutes les nations » (B,4b ; 3,14b), « toutes les tribus » (B,4a) et même « tout homme » (B,5a).

INTERPRÉTATION

UNE NATION UNIQUE

L'immense empire des Perses et des Mèdes regroupe dans ses cent-vingt-sept provinces qui s'étendent de l'Inde jusqu'à l'Éthiopie, de nombreuses nations évidemment différentes les unes des autres. Pourtant, une seule parmi toutes ces nations est dite « unique » par celui qui l'accuse. C'est d'abord parce qu'elle n'est pas contenue et limitée, comme tant d'autres, à un territoire particulier, mais se trouve mêlée « parmi toutes les tribus de par l'univers ». En outre, cette nation obéit à des lois spécifiques, différentes de celles des autres nations. Voilà déjà qui n'est pas supportable, bien que ce soit vrai. Le premier reproche fait aux autres, le plus commun, n'est-il pas qu'« ils ne sont pas comme nous » ?

UNE NATION HOSTILE

Pour obtenir une condamnation, surtout à l'extermination, il ne suffisait pas de dénoncer le caractère unique de ce peuple tellement différent des autres. Si on voulait que « toutes les nations soient prêtes », le jour venu, à le faire disparaitre de toute la surface de l'empire, il fallait le dépeindre comme ennemi de tous les autres et hostile aux autorités légitimes et au bien du royaume. Qui veut la fin, veut les moyens. Et parmi ces moyens, il y a bien sûr le mensonge. Les juifs sont donc présentés comme « opposés pour les lois à toutes les nations », « en opposition à tout homme ». Ils « font fi constamment des décrets royaux », ils sont largement nuisibles à la paix, ne soutiennent pas l'empire et « faisant les pires choses mauvaises » contre lui. Une telle accusation, portée par le second du royaume, au nom du roi, ne pourra manquer d'emporter l'adhésion de tous pour détruire par l'épée ce peuple dont les agissements ne méritent que d'être précipité aux enfers.

3. Dans les pleurs et le jeûne
la reine se risquera auprès du roi

La séquence B2 : 4,1-17

La séquence comprend trois passages :

MARDOCHÉE ET TOUS LES JUIFS SE LAMENTENT ET REVÊTENT LE SAC	4,1-4

MARDOCHÉE DEMANDE À ESTHER D'INTERVENIR AUPRÈS DU ROI	5-12

AVANT D'ALLER CHEZ LE ROI, ESTHER DEMANDE À TOUS DE JEÛNER	13-17

a. MARDOCHÉE ET TOUS LES JUIFS SE LAMENTENT ET REVÊTENT LE SAC

Le premier passage : 4,1-4

COMPOSITION

+ 4,[1] *MARDOCHÉE*	*ayant appris*	*ce qui s'accomplissait*	
. déchira	ses habits		
. et se revêtit	de **SAC**		
. et s'aspergea	de *CENDRE* ;		
- et s'élançant	par la grand-rue	de la ville	
- hurlait	d'une voix	*grande* :	
- « Est enlevée	une nation	non injuste. »	
+ [2] Et il vint	jusqu'à la porte	du roi	
+ et se tint (là)			
– car il n'était pas	permis	à lui	
– d'entrer	dans la cour		
– **SAC**	ayant	et *CENDRE*.	
- [3] Et en toute	province	où étaient mis	les écrits
- hurlement	et lamentation	et pleur	*grand* pour les juifs ;
. de **SAC**	et *CENDRE*	ils couvrirent	eux-mêmes.

: [4] Et entrèrent	les servantes	et les eunuques	de la reine
: et annoncèrent	à elle		
: et elle fut frappée	*ayant entendu*	*ce qui était advenu* ;	
. et elle envoya	vêtir	*MARDOCHÉE*	
. et retirer	à lui	**LE SAC**	
– mais lui	n'accepta pas.		

Version grecque : la deuxième section (Est 3,1–9,19)

+ 4,[1] *MARDOCHÉE*	*ayant appris*	*ce qui s'accomplissait*	
. déchira	ses habits		
. et se revêtit	de **SAC**		
. et s'aspergea	de *CENDRE* ;		
- et s'élançant	par la grand-rue	de la ville	
- il hurlait	d'une voix	*grande* :	
- « Est enlevée	une nation	non injuste. »	

+ [2] Et il vint	jusqu'à la porte	du roi
+ et se tint (là),		
– car il n'était pas	permis	à lui
– d'entrer	dans la cour	
– **SAC**	ayant	et *CENDRE*.

- [3] Et en toute	province	*où étaient mis*	*les écrits*
- hurlement	et lamentation	et pleur	*grand* pour les juifs ;
. de **SAC**	et *CENDRE*	ils couvrirent	eux-mêmes.

: [4] Et entrèrent	les servantes	et les eunuques	de la reine
: et annoncèrent	à elle		
- et elle fut frappée	*ayant entendu*	*ce qui était advenu* ;	
. et elle envoya	vêtir	*MARDOCHÉE*	
. et retirer	à lui	**LE SAC**	
– mais lui	n'accepta pas.		

Séquence B2 : 4,1-17   353

La première partie rapporte non seulement ce que fit Mardochée (1-2), mais aussi tous les juifs dans toutes les provinces du royaume (3), la seconde partie ce que firent les proches de la reine (4abc), puis la reine elle-même (4def).

La première partie se développe en trois morceaux distincts. Le premier morceau (1) commence par un unimembre qui donne la raison des actions qui suivront. Suit un trimembre où Mardochée troque « ses habits » qu'il déchire pour se vêtir de « sac » et se couvrir de « cendre », puis un autre trimembre qui rapporte ce qu'il crie par la grand-rue de la ville.

Le deuxième morceau le montre revenir à la porte du roi où il se tient dans la tenue de deuil qu'il a adoptée ; le second segment, de valeur concessive, dit la loi à laquelle il contrevient.

Quant au troisième morceau, qui ne comprend qu'un seul segment, il ajoute que les autres juifs, dans toutes les provinces, suivent l'exemple de Mardochée ; avec ses trois termes coordonnés appartenant au même champ sémantique, le deuxième membre amplifie les manifestations de deuil du peuple, et le troisième membre complète la panoplie avec « sac et cendre ».

Chacun des trois morceaux reprend le couple « sac » et « cendre » (1cd.2e. 3c). Dans le dernier segment, « où étaient mis les écrits » (3a) rappelle « ce qui s'accomplissait » du début (1a). « Grand(e) » revient dans les morceaux extrêmes (1f.3b).

Dans la deuxième partie, le premier segment est de type AAB : les deux premiers segments ont pour sujet « servantes et eunuques », tandis que le troisième dit ce que ressent la reine en les entendant. Le deuxième segment est lui aussi du même type, le troisième membre disant la réaction de Mardochée à ce que fait Esther.

« Ayant entendu ce qui était advenu » (4c) correspond à « ayant appris ce qui s'accomplissait » du début (1a). « Sac » (4e) renvoie aux trois occurrences de « sac et cendre » (1cd.2e.3c). Les deux occurrences de « Mardochée » (1a.4d) font inclusion.

354 Version grecque : la deuxième section (Est 3,1–9,19)

COMPARAISON DES DEUX VERSIONS

HÉBREU

+ 4,[1] MARDOCHÉE	APPRIT	tout	CE QUI SE FAISAIT
.. et IL DÉCHIRA	Mardochée	SES HABITS	
.. ET IL SE VÊTIT	DE SAC	ET CENDRE	
- ET IL SORTIT	dedans	LA VILLE	
- ET IL CLAMA	une clameur	GRANDE	et amère.
.[2] ET IL VINT	JUSQUE devant	LA PORTE	DU ROI
. CAR IL N'Y A PAS	DE VENIR	à la porte	du roi
. en vêtement	DE SAC.		
−[3] ET DANS TOUTE	PROVINCE	et province,	
− lieu	dans lequel	la parole	du roi
− et son décret	arrivaient		
.. (c'était) deuil	GRAND	POUR LES JUIFS	
.. et jeûne	ET PLEUR	ET LAMENTATION ;	
.. SAC	ET CENDRE	s'étendaient	pour de nombreux.

+ [4] ET VINRENT	LES JEUNES-FILLES	d'Esther	ET SES EUNUQUES
+ ET ILS RAPPORTÈRENT	À ELLE		
+ ET TREMBLA	la reine	beaucoup ;	
: ET ELLE ENVOYA	des habits		
: pour REVÊTIR	MARDOCHÉE		
: ET pour RETIRER	SON SAC	DE DESSUS LUI	
− MAIS POINT	NE VOULUT.		

Les constructions sont identiques. Les limites entre les deux parties sont les mêmes, et aussi entre les morceaux des premières parties.

Dans la version grecque, le premier morceau de la première partie est plus développé que dans l'hébreu, les deux bimembres de l'hébreu devenant des trimembres en grec ; et le dernier membre du grec (1g) est absent de l'hébreu. Le deuxième morceau aussi est plus développé en grec : un bimembre et un trimembre au lieu d'un seul trimembre en hébreu. En revanche, le troisième morceau du grec (3) est notablement plus court que l'hébreu ; seul l'hébreu signale le « jeûne » (3e). Au total, pour la première partie, le grec comprend 15 membres et l'hébreu 14.

Séquence B2 : 4,1-17

355

GREC

+ 4,[1] MARDOCHÉE	AYANT APPRIS	CE QUI S'ACCOMPLISSAIT		
. DÉCHIRA	SES HABITS			
. ET SE REVÊTIT	DE SAC			
. ET *s'aspergea*	DE CENDRE ;			
- ET S'ÉLANÇANT	par la grand-rue	DE LA VILLE		
- HURLAIT	d'une voix	GRANDE :		
- *« Est enlevée*	*une nation*	*non injuste. »*		
+ [2] ET IL VINT	JUSQU'À LA PORTE	DU ROI		
+ *et se tint (là)*				
— CAR IL N'ÉTAIT PAS	*permis*	*à lui*		
— D'ENTRER	dans la cour			
— SAC	*ayant*	*et cendre.*		
- [3] ET EN TOUTE	PROVINCE	où étaient mis	les écrits	
- hurlement	ET LAMENTATION	ET PLEUR	GRAND	POUR LES JUIFS ;
. DE SAC	ET CENDRE	ils couvrirent	eux-mêmes.	

: [4] ET ENTRÈRENT	LES SERVANTES	ET LES EUNUQUES	de la reine
: ET ANNONCÈRENT	À ELLE		
: ET ELLE FUT FRAPPÉE	ayant entendu	ce qui était advenu ;	
. ET ELLE ENVOYA	VÊTIR	MARDOCHÉE	
. ET RETIRER	À LUI	LE SAC	
— MAIS LUI	N'ACCEPTA PAS.		

La deuxième partie est légèrement abrégée dans le grec. Les deux membres 4de de l'hébreu sont réduits à un seul par le grec, si bien qu'au lieu de trois segments de l'hébreu, le grec n'en compte que deux.

INTERPRÉTATION

Les deux versions sont tellement proches que l'interprétation du grec ne sera pas très différente de celle de l'hébreu. Cependant, la protestation d'innocence que Mardochée proclame à haute voix (1g) attire d'autant plus l'attention qu'elle ne le concerne pas lui seulement, mais toute sa nation. Si le grec l'ajoute, c'est peut-être parce qu'on vient de lire les accusations injustes que l'édit du roi portait contre le peuple tout entier.

Quant au fait que le grec ne mentionne pas le jeûne des juifs dans toutes les provinces, on pourra comprendre qu'il était impliqué par le sac et la cendre comme ailleurs, ou bien que ce sera l'initiative d'Esther à la fin de la séquence.

Version grecque : la deuxième section (Est 3,1–9,19)

b. MARDOCHÉE DEMANDE À ESTHER D'INTERVENIR AUPRÈS DU ROI

Le deuxième passage : 4,5-12

LA PREMIÈRE PARTIE : 4,5-9

COMPOSITION

+ 4,[5] Or Esther	appela	AKHRATHAIOS	son eunuque
+ lequel	se tenait	*près d'elle*	
- et (l')envoya	apprendre	*pour elle*	
- auprès de *MARDOCHÉE*	le fait-exact. [6]		
+ [7] Or *MARDOCHÉE*	révéla	à lui	ce qui s'était passé
. et la promesse	qu'avait promise	AMAN	AU ROI
. dans le trésor	talents	dix-mille	
. afin qu'	*il détruise*	les juifs.	
: [8] Et la copie	qui à Suse	ayant été mise	
: *pour la perte*	d'eux		
– il donna	*à lui*	pour montrer	*à Esther*
– et il dit	*à lui*	de commander	*à elle*
- étant entrée	de supplier	LE ROI	
- et implorer	lui	pour le peuple :	
. « Te souvenant	des jours	de ton humiliation	
. quand tu étais nourrie	de ma main,		
.. puisque	AMAN	le second	DU ROI
.. *a parlé*	contre nous	*pour la mort,*	
:: invoque	le Seigneur		
:: *et parle*	AU ROI	pour nous	
:: et délivre-	nous	*de la mort.* »	
+ [9] Or entrant	AKHRATHAIOS		
+ parla	à elle	toutes	ces paroles- là.

Les deux segments de la première sous-partie sont complémentaires : mouvement centripète d'abord pour l'eunuque, centrifuge ensuite. Les membres médians s'achèvent avec le même pronom au datif.

Dans le premier morceau de la sous-partie centrale, Mardochée informe l'envoyé d'Esther de « ce qui s'était passé » (7a), et en particulier la promesse d'argent pour obtenir la perte des juifs (7bcd).

Dans le deuxième morceau, comme pour prouver ses dires, Mardochée demande à Akhrathaios de montrer à Esther une copie de l'édit du roi (8abc) et de lui commander d'intervenir auprès du roi (8def). Les membres médians (8cd) se correspondent en parallèle.

Le troisième morceau rapporte les paroles que Mardochée fait transmettre à la reine. S'appuyant sur le fait qu'elle lui doit la vie (8gh), il lui demande de contrer la parole de mort d'Aman (8ij) par la parole qu'elle adressera au roi (8lm). Les deux derniers segments s'achèvent avec « la mort ».

Les trois morceaux sont liés en particulier par les termes du même champ sémantique : « détruire » (7d), « la perte » (8b) et « la mort » (8j.m).

La dernière sous-partie (9) correspond à la première : Akhrathaios repart rapporter à Esther les « paroles » de Mardochée qui forment la sous-partie centrale.

358 Version grecque : la deuxième section (Est 3,1–9,19)

COMPARAISON DES DEUX VERSIONS

Hébreu

+ 4,5 ET APPELA	ESTHER	HATAK,
+ (un) des EUNUQUES	du roi	
+ LEQUEL	il avait placé	DEVANT ELLE ;
:: ET ELLE LE MANDA	À MARDOCHÉE	POUR SAVOIR
:: quoi (était)	cela	
:: et pour quoi	cela.	
= 6 Et sortit	Hatak	vers Mardochée
= vers la place	de la ville	
= laquelle (est)	devant	la porte du roi.
= 7 ET RAPPORTA	MARDOCHÉE	
= tout ce qui	lui ÉTAIT ARRIVÉ	
+ et la somme	d'argent	
+ laquelle	avait dit	HAMÂN
+ pour peser	DANS LES TRÉSORS	DU ROI
+ SUR LES JUIFS	POUR LES ANÉANTIR.	
– 8 ET UNE COPIE	de l'écrit	de l'édit
– lequel	avait été donné	À SUSE POUR LES EXTERMINER
– IL LUI DONNA	POUR FAIRE VOIR	À ESTHER
: et pour rapporter	à elle	et COMMANDER À ELLE
: D'ALLER	CHEZ LE ROI	POUR DEMANDER-GRÂCE à lui
: ET POUR DEMANDER	devant sa face	EN FAVEUR DE SON PEUPLE.
= 9 ET ALLA	HATAK	
= ET IL RAPPORTA	à Esther	LES PAROLES de Mardochée.

Les deux parties sont de même composition globale. Chacune comprend trois sous-parties : dans la première, Esther envoie un messager à Mardochée, dans la dernière ce messager revient vers elle, et lui rapporte ce que Mardochée lui a rapporté, ce qui constitue la sous-partie centrale.

Les deux parties sont exactement de même longueur : chacune compte 23 membres.

Séquence B2 : 4,1-17   359

Grec

+ 4,[5] OR ESTHER	APPELA	AKHRATHAIOS	*son* EUNUQUE	
+ LEQUEL	se tenait	PRÈS D'ELLE		
- ET (L')ENVOYA	APPRENDRE	*pour elle*		
- AUPRÈS DE MARDOCHÉE	le fait-exact. [6]			
+ [7] OR MARDOCHÉE	RÉVÉLA	*à lui*	CE QUI S'ÉTAIT PASSÉ	
. et la promesse	qu'avait promise	AMAN	*AU ROI*	
. DANS LE TRÉSOR	talents	dix-mille		
. AFIN QU'	IL DÉTRUISE	LES JUIFS.		
: [8] ET LA COPIE	QUI À SUSE	ayant été mise		
: POUR LA PERTE	d'eux			
— IL DONNA	À LUI	POUR MONTRER	À ESTHER	
— et il dit	à lui	de COMMANDER	À ELLE	
- ÉTANT ENTRÉE	DE SUPPLIER	LE ROI		
- ET IMPLORER	lui	POUR LE PEUPLE :		
. « *Te souvenant*	*des jours*	*de ton humiliation*		
. *quand tu étais nourrie*	*de ma main,*			
.. *puisque*	*Aman*	*le second*	*du roi*	
.. *a parlé*	*contre nous*	*pour la mort,*		
:: ***invoque***	***le Seigneur***			
:: *et parle*	*au roi*	*pour nous*		
:: *et délivre-*	*nous*	*de la mort. »*		
+ [9] OR ENTRANT	AKHRATHAIOS			
+ PARLA	à elle	*toutes*	CES PAROLES-	là.

On remarquera que le premier morceau de la sous-partie centrale du grec (7) abrège beaucoup celle de l'hébreu ; en revanche, les morceaux suivants sont de même longueur (8 ; 8a-f).

Les différences les plus notables sont que
– le grec n'a pas d'équivalent du verset 6 de l'hébreu, si bien que, en grec, la première sous-partie est formée de deux bimembres (soit quatre membres), tandis que l'hébreu compte trois trimembres (soit neuf membres) ;
– ce déséquilibre est compensé par le fait que le grec ajoute un troisième morceau à la fin de la sous-partie centrale (8g-m) qui n'a aucun équivalent dans l'hébreu.

La nouveauté la plus importante qu'apporte cette courte addition est évidemment le nom du « Seigneur » qu'Esther est invitée à invoquer par Mardochée (8k).

360   Version grecque : la deuxième section (Est 3,1–9,19)

LA DEUXIÈME PARTIE : 4,10-12

COMPOSITION

– [10] Or dit	ESTHER	à AKHRATHAIOS :	
– « Va	chez *MARDOCHÉE*	et *dis* que	
:: [11] « Les nations	toutes	**DU ROYAUME**	connaissent
- que tout	homme	ou femme	
- lequel	*entre*	**PRÈS DU ROI**	
- dans la cour	intérieure	pas appelé,	
.. il n'y a pas	pour lui	*de salut*	
.. sauf celui à qui	tend	**LE ROI**	le doré bâton
.. celui-là	*sera sauvé.*		
- Et moi,	je ne fus pas appelée	*à entrer*	**PRÈS DU ROI**
- sont	eux	jours	trente. »
+ [12] Et *rapporta*	AKHRATHAIOS	à *MARDOCHÉE*	
+ *toutes*	*les paroles*	d'ESTHER.	

Deux sous-parties narratives encadrent le discours d'Esther (11). Les sous-parties extrêmes contiennent les noms des personnages et les termes du champ sémantique de la parole.

Dans la partie centrale, Esther rappelle d'abord la loi connue de tous (11a) qui veut que, si l'on n'est « pas appelé » par le roi et qu'on entre près de lui (11bcd), on risque la mort (11efg), puis elle expose sa propre situation (11hi). « Ne pas être appelé » revient dans les deux morceaux (11d.h).

COMPARAISON DES DEUX VERSIONS

Malgré les différences mineures entre les deux textes, leur composition est la même, et aussi leur longueur (13 membres).

Dans les premières sous-parties, le grec met le second membre en discours direct. Dans les dernières sous-parties, le grec précise le sujet de la phrase et ajoute « toutes », ce qui fait que l'unimembre de l'hébreu devient un bimembre.

L'arrangement du premier morceau de la sous-partie centrale est bien différent, mais cela n'en affecte pas le sens. Cependant, on pourra noter que l'hébreu parle de « mise-à-mort » (11f) tandis que le grec utilise « salut » et « sauver » (11e.g).

Séquence B2 : 4,1-17

Hébreu

– [10] ET DIT	ESTHER	À HATAK		
– et le manda	vers MARDOCHÉE :			

: [11] « TOUS	les serviteurs	DU ROI		
: et le peuple	des provinces	du roi		
: SAVENT	QUE	TOUT HOMME	ET FEMME	
. QUI	VIENT	CHEZ LE ROI	DANS LA COUR	INTÉRIEURE
. qui	N'EST PAS APPELÉ,			
. un seul	édit à lui	la mise-à-mort,		
- À MOINS	QUE	LUI TENDE	LE ROI	
- LE SCEPTRE	D'OR.			
:: Et il est	QUE MOI	JE N'AI PAS ÉTÉ APPELÉE		
:: À VENIR	CHEZ LE ROI	cela (fait)	TRENTE	JOURS. »

= [12] Et ils rapportèrent	À MARDOCHÉE	LES PAROLES	D'ESTER.

Grec

– [10] OR DIT	ESTHER	À AKHRATHAIOS :	
– « Va	chez MARDOCHÉE	et dis que	

:: [11] « Les nations	TOUTES	DU ROYAUME	CONNAISSENT
- QUE TOUT	HOMME	OU FEMME	
- LEQUEL	ENTRE	PRÈS DU ROI	
- DANS LA COUR	INTÉRIEURE	PAS APPELÉ,	
.. il n'y a pas	pour lui	de salut	
.. SAUF CELUI À QUI	TEND	LE ROI	LE DORÉ	BÂTON
.. celui-là	sera sauvé.		
- ET MOI,	JE NE FUS PAS APPELÉE	À ENTRER	PRÈS DU ROI
- sont	eux	JOURS	TRENTE. »

+ [12] Et rapporta	Akhrathaios	À MARDOCHÉE
+ toutes	LES PAROLES	D'ESTHER.

362   Version grecque : la deuxième section (Est 3,1–9,19)

L'ENSEMBLE DU PASSAGE : 4,5-12

COMPOSITION

+ 4,[5] Or ESTHER	appela	AKHRATHAIOS	son eunuque
+ lequel	se tenait près	d'elle	
- et l'envoya	apprendre	pour elle	
- auprès de MARDOCHÉE	le fait-exact. [6]		

+ [7] Or MARDOCHÉE	révéla	à lui	ce qui s'était passé
. et la promesse	qu'avait promise	Aman	au roi
. dans le trésor	talents	dix-mille	
. afin qu'	IL DÉTRUISE	les juifs.	

: [8] Et la copie	qui à Suse	ayant été mise	
: pour LA PERTE	d'eux		
: il donna	à lui	pour montrer	à Esther
- et il dit	à lui	de commander	à elle
- de étant entrée	supplier	le roi	
- et implorer	lui	pour le peuple :	

. « *Te souvenant*	*des jours*	*de ton humiliation*	
. *quand tu étais nourrie*	*de ma main,*		
.. *puisque*	*Aman*	*le second*	*du roi*
.. *a parlé*	*contre nous*	*pour LA MORT,*	
:: *invoque*	*le Seigneur*		
:: *et parle*	*au roi*	*pour nous*	
:: *et délivre-*	*nous*	*de LA MORT. »*	

+ [9] Or entrant	AKHRATHAIOS		
+ parla	à elle	toutes	ces paroles- là.

− [10] Or dit	ESTHER	à AKHRATHAIOS :	

+ « *Va*	chez MARDOCHÉE	et dis que		
:: [11] *Les nations*	*toutes*	*du royaume*	*connaissent*	
- *que tout*	*homme*	*ou femme*		
- *lequel*	*entre*	*près du roi*		
- *dans la cour*	*intérieure*	*pas appelé,*		
.. *il n'y a pas*	*pour lui*	DE SALUT		
.. *sauf celui à qui*	*tend*	*le roi*	*le doré*	*bâton*
.. *celui-là*	SERA SAUVÉ.			
- *Et moi,*	*je ne fus pas appelée*	*à entrer*	*près du roi*	
- *sont*	*eux*	*jours*	*trente. »*	

+ [12] Et rapporta	AKHRATHAIOS	à MARDOCHÉE	
+ toutes	les paroles	d'ESTHER.	

Séquence B2 : 4,1-17 363

Les deux parties sont parallèles : deux sous-parties narratives encadrent une sous-partie plus développée où Mardochée d'abord et Esther ensuite se transmettent des informations par l'entremise de l'envoyé de la reine, Akhrathaios. Les deux sous-parties centrales s'achèvent par un message verbal que l'eunuque de la reine devra transmettre à son destinataire (8g-m.11). À « détruire » (7d), « perte » (8b), « mort » (8j.m) s'opposent « sauver/salut » (11e.g).

COMPARAISON DES DEUX VERSIONS

HÉBREU

> 4,5 Et Esther appela Hatak, un des eunuques du roi qu'il avait institué devant elle ; et elle le manda à Mardochée pour savoir ce qu'il y avait et pourquoi. 6 Et Hatak sortit vers Mardochée sur la place de la ville qui est devant la porte du roi.

>> 7 Et Mardochée rapporta tout ce qui lui était arrivé et la somme d'argent qu'Hamân avait dite pour verser dans les trésors du roi pour anéantir les juifs. 8 Et il lui donna une copie de l'écrit de l'édit qui avait été donné à Suse pour les exterminer, pour la faire voir à Esther et pour lui rapporter et lui commander d'aller chez le roi lui demander grâce et pour intercéder devant sa face en faveur de son peuple.

> 9 Et Hatak s'en alla et rapporta à Esther les paroles de Mardochée.

> 10 Et Esther dit à Hatak et le manda vers Mardochée :

>> 11 « Tous les serviteurs du roi et le peuple des provinces du roi savent que tout homme et femme qui vient chez le roi dans la cour intérieure n'y étant pas appelé, il n'est qu'un seul édit pour lui, la mise-à-mort ; à moins que le roi lui tende le sceptre d'or. Et il se fait que moi je n'ai pas été appelée à venir chez le roi depuis trente jours. »

> 12 Et on rapporta à Mardochée les paroles d'Esther.

GREC

> 4,5 Or Esther appela Akhrathaios son eunuque qui se tenait près d'elle et l'envoya auprès de Mardochée apprendre pour elle le fait-exact. 6

>> 7 Or Mardochée lui révéla ce qui s'était passé et la promesse qu'avait promise Aman au roi de dix-mille talents pour le trésor, afin qu'il détruise les juifs. 8 Et il lui donna la copie ayant été mise à Suse pour leur perte, pour la montrer à Esther et il lui dit de lui commander d'entrer pour supplier le roi et l'implorer pour le peuple : *« Te souvenant des jours de ton humiliation, quand tu étais nourrie de ma main, puisque qu'Aman, le second du roi, a parlé contre nous pour la mort, invoque le Seigneur et parle au roi pour nous et délivre-nous de la mort. »*

> 9 Or entrant, Akhrathaios lui dit toutes ces paroles.

> 10 Or Esther dit à Akhrathaios :

>> « Va chez Mardochée et dis-lui : 11 « Toutes les nations du royaume connaissent que tout homme ou femme qui entre auprès du roi dans la cour intérieure en n'étant pas appelé, il n'y a pas pour lui de *salut* ; sauf celui à qui le roi tend le doré bâton celui-là *sera sauvé*. Et moi, je n'ai pas été appelée à entrer près du roi depuis trente jours. »

> 12 Et Akhrathaios rapporta à Mardochée *toutes* les paroles d'Esther.

364   Version grecque : la deuxième section (Est 3,1–9,19)

Comme on l'a déjà dit au niveau des parties, le grec ne reprend pas le verset 6 de l'hébreu, mais cela n'a pas d'incidence sur le sens du texte.

La différence la plus notable est le fait que le grec ajoute un morceau entier à la fin du verset 8. C'est peut-être pour cela que dans le dernier verset (12), le grec ajoute « toutes » à « paroles d'Esther », se référant aussi à la totalité du verset 8. C'est dans cette courte addition que le nom du « Seigneur » est prononcé.

On notera aussi que l'addition s'achève par « délivre-nous de la mort », ce qui renvoie à « la mise-à-mort » du verset 11 de l'hébreu ; dans le grec, la « mise-à-mort » est remplacée par « sauver » et « le salut », ce qui donne au passage une autre tonalité.

INTERPRÉTATION

Ce qui a été dit dans l'interprétation de la version hébraïque du passage peut être repris pour le grec.

MARDOCHÉE FAIT APPEL À LA FOI D'ESTHER

C'est évidemment l'addition du verset 8 qui attire le plus l'attention dans la version grecque. Mardochée commence par rappeler à Esther sa condition première quand, orpheline nourrie par son tuteur, elle fut délivrée par lui de la mort. Il enchaine en évoquant ce nouveau danger de mort qui menace le « nous » de tous les juifs dont elle fait partie elle aussi. Il termine en faisant appel à sa condition actuelle qui la met en rapport étroit avec le roi : pour échapper à la mort, il lui faut intercéder auprès de lui. Mais, avant cela, c'est vers un autre roi qu'elle est appelée à se tourner, le seul qui mérite véritablement d'être invoqué comme « le Seigneur ».

UNE PETITE LUEUR D'ESPOIR

Le moins que l'on puisse dire, c'est que, dans sa réponse, Esther ne se montre pas particulièrement enthousiaste. Comme tout le monde, elle connait les règles et sait ce qu'elle risque à se présenter devant le roi sans y avoir été invitée ; et le fait qu'elle n'a pas été appelée par le roi depuis un mois n'est certainement pas de bon augure. Toutefois, contrairement à la version hébraïque, elle ne parle pas de « mise-à-mort », mais de « salut », et par deux fois. Il existe donc une possibilité que la personne qui aurait bravé l'interdit soit malgré tout sauvée. Les mots ont leur poids et tout espoir n'est pas perdu.

Séquence B2 : 4,1-17

c. Avant d'aller chez le roi, Esther demande à tous de jeûner

Le troisième passage : 4,13-17

Composition

+ 4,13 *Et dit*	*MARDOCHEE*	à Akhrathalos :	
+ « Va	*et dis*	à elle :	
. « ESTHER,	ne dis pas	à toi-même	
. que tu seras sauvée	seule	dans le royaume	
. parmi tous	LES JUIFS,		
- 14 car	si tu désobéis	en ce	temps
- d'ailleurs	un secours	et un abri	seront pour LES JUIFS
- mais toi	et aussi la maison	de ton père	PÉRIREZ.
= Et qui	sait		
= si pour ce temps-	ci	tu devins-reine ? »	

+ 15 Et renvoya	ESTHER	qui était venu	vers elle
+ vers *MARDOCHEE*	*disant* :		
- 16 « T'en allant	rassemble	LES JUIFS	de Suse
- et jeûnez	pour moi	et ne mangez	ni ne buvez
- pendant jours	trois,	nuit	et jour ;
. et moi	et mes servantes	ne nous nourrirons pas	
.. et alors	j'entrerai	près du roi	contre la loi
.. même si PÉRIR	moi	ce sera. »	
+ 17 Et s'en allant	*MARDOCHEE*	fit	
+ tout ce que	avait commandé	à lui	ESTHER.

La première partie rapporte le discours que Mardochée fait transmettre à Esther, la deuxième la réponse que la reine lui fait parvenir. Le premier discours est introduit par un morceau de récit (13ab), le second est encadré par deux morceaux de récit. « Celui qui était venu vers elle », au début de la deuxième partie (15a), renvoie à « Akhrathaios » au début de la première partie (13a). « Juifs » revient en 13e.14b et 16a ; « périr » en 14c et 16f.

366 Version grecque : la deuxième section (Est 3,1–9,19)

COMPARAISON DES DEUX VERSIONS

HÉBREU

+ 4,[13] ET DIT	MARDOCHÉE		
+ pour répondre à	Esther :		

: « N'IMAGINE PAS	TOI-MÊME		
: QUE TU ÉCHAPPERAS	en la maison	du roi	
: (PLUS) QUE TOUS	LES JUIFS,		
— [14] CAR SI te taisant	tu te tais	EN CE TEMPS-	CI,
:: SOULAGEMENT	ET DÉLIVRANCE	se lèveront	POUR LES JUIFS d'un lieu autre
— ET TOI	ET LA MAISON	DE TON PÈRE	VOUS SEREZ ANÉANTIS ;
- ET QUI	SAIT		
- SI POUR UN TEMPS	comme CELUI-CI	tu es arrivée	à la royauté ? »

= [15] Et dit	ESTHER		
= pour répondre	à MARDOCHÉE :		

- [16] « VA,	RASSEMBLE	tous	LES JUIFS
- qui se trouvent	À SUSE		
: ET JEÛNEZ	POUR MOI	ET NE MANGEZ	NI NE BUVEZ
: TROIS	JOURS,	NUIT	ET JOUR ;
: MOI AUSSI	ET MES JEUNES-FILLES	je jeûnerai	ainsi
.. ET AINSI	J'IRAI	CHEZ LE ROI	
.. que	pas comme l'édit		
— ET SI	JE SERAI ANÉANTIE,		
— je serai anéantie. »			

+ [17] ET S'ÉCARTA	MARDOCHÉE	ET IL FIT	
+ TOUT COMME	AVAIT ORDONNÉ	À LUI	ESTHER.

Les premières parties sont de même longueur et de même composition (même si en hébreu les deux morceaux sont considérés comme des sous-parties, de même que la partie suivante qui comprend trois sous-parties).

En revanche, la sous-partie centrale de la deuxième partie de l'hébreu (16) est beaucoup plus développée que son correspondant grec. En supprimant « tous » et « qui se trouvent » de l'hébreu (16ab), le grec réduit à un trimembre les deux bimembres de l'hébreu. De même, en substituant « que pas comme l'édit » de l'hébreu (16g) par un simple « contre la loi » et en faisant des deux propositions de la fin (16hi) une seule proposition (« même si périr moi ce sera »), le grec fait des trois segments de l'hébreu un seul trimembre. Ainsi, en grec, la deuxième partie est formée de trois morceaux, alors qu'en hébreu ce sont trois sous-parties.

On notera que, tandis que l'hébreu dit « si te taisant tu te tais » (14a), c'est-à-dire « si tu persistes à te taire » (BJ), le grec a « si tu désobéis ».

Séquence B2 : 4,1-17

GREC

+ 4,[13] ET DIT	MARDOCHÉE	*à Akhrathaios* :		
+ « Va	et dis	à elle :		
. « *Esther,*	NE DIS PAS	À TOI-MÊME		
. QUE TU SERAS SAUVÉE	*seule*	dans le royaume		
. PARMI TOUS	LES JUIFS,			
- [14] CAR	SI tu désobéis	EN CE	TEMPS	
- d'ailleurs	UN SECOURS	ET UN ABRI	seront	POUR LES JUIFS
- MAIS TOI	ET AUSSI LA MAISON	DE TON PÈRE	PÉRIREZ.	
= ET QUI	SAIT			
= SI POUR CE TEMPS-	CI	tu devins-reine ? »		

+ [15] Et renvoya	ESTHER	*qui était venu*	*vers elle*
+ vers MARDOCHÉE	disant :		
- [16] « T'EN ALLANT	RASSEMBLE	LES JUIFS	DE SUSE
- ET JEÛNEZ	POUR MOI	ET NE MANGEZ	NI NE BUVEZ
- PENDANT JOURS	TROIS,	NUIT	ET JOUR ;
. ET MOI	ET MES SERVANTES	ne nous nourrirons pas	
.. ET ALORS	J'ENTRERAI	PRÈS DU ROI	contre la loi
.. MÊME SI PÉRIR	moi	ce sera. »	
+ [17] ET S'EN ALLANT	MARDOCHÉE	FIT	
+ TOUT CE QUE	AVAIT COMMANDÉ	À LUI	ESTHER.

INTERPRÉTATION

Les différences entre les deux versions sont minimes. Toutefois, certaines peuvent être significatives.

« SI TU DÉSOBÉIS »

« Se taire » est intransitif, tandis que « désobéir » peut avoir un objet. On désobéit à quelqu'un ou à un ordre. Or Mardochée laisse le verbe sans objet. On peut penser qu'il n'avait pas besoin de le rappeler, puisqu'il avait ordonné à Esther de parler au roi en faveur de son peuple. Cependant, il avait commencé par lui dire d'invoquer le Seigneur. Si donc elle s'obstinait à se taire, cela signifierait qu'elle se dispenserait de se tourner vers le Seigneur pour le supplier de la soutenir dans son entreprise, en somme que, par omission, elle lui désobéirait. En omettant de nommer l'objet de la désobéissance, Mardochée pourrait ainsi inviter Esther à réfléchir sur la gravité de sa conduite.

Version grecque : la deuxième section (Est 3,1–9,19)

d. DANS LES PLEURS ET LE JEÛNE, LA REINE SE RISQUERA AUPRÈS DU ROI

L'ensemble de la séquence B2 : 4,1-17

COMPOSITION

4,[1] *MARDOCHÉE* ayant appris *ce qui s'accomplissait*, déchira ses habits et se revêtit de sac et s'aspergea de cendre ; et s'élançant par la grand-rue de la ville, il hurlait d'une voix grande : « Est enlevée une nation non injuste. » [2] Et il vint jusqu'à la porte du roi et se tint là bien qu'il ne lui fût pas permis *d'entrer dans la cour* ayant sac et cendre. [3] Et en toute province où étaient portés les écrits, hurlement, lamentation et grand pleur pour LES JUIFS ; et ils se couvrirent de sac et cendre.

[4] *Les servantes* et LES EUNUQUES de la reine entrèrent et lui annoncèrent, et elle fut frappée, ayant entendu *ce qui était advenu* ; et ELLE ENVOYA vêtir *MARDOCHÉE* et lui retirer le sac, mais il n'accepta pas.

[5] ESTHER appela AKHRATHAIOS SON EUNUQUE qui se tenait près d'elle et ELLE L'ENVOYA auprès de *MARDOCHÉE* pour apprendre le fait exact. [6]
> [7] *MARDOCHÉE* lui révéla *ce qui était advenu* et la promesse qu'Aman avait faite au roi de dix-mille talents pour le trésor, afin qu'il détruise LES JUIFS. [8] Et la copie qui à Suse ayant été portée pour leur perte, il la lui donna pour la montrer à ESTHER et il lui dit de lui COMMANDER, *étant entrée*, de supplier le roi et l'implorer pour le peuple : « Te souvenant des jours de ton humiliation, quand tu étais nourrie de ma main, puisqu'Aman le second du roi a parlé contre nous pour la mort, invoque le Seigneur et parle au roi pour nous et délivre-nous de la mort. »
[9] Entrant AKHRATHAIOS lui dit toutes ces paroles.

[10] Et ESTHER dit à AKHRATHAIOS : « VA chez *MARDOCHÉE* et dis-lui :
> [11] « Toutes les nations du royaume savent que tout homme ou femme *qui entre auprès du roi dans la cour intérieure* en n'ayant pas été appelé, il n'est point pour lui de *salut* ; seulement celui à qui le roi tend son bâton doré, celui-là *sera sauvé*. Et moi, je n'ai pas été appelée à entrer auprès du roi depuis trente jours. »
[12] AKHRATHAIOS rapporta à *MARDOCHÉE* toutes les paroles d'ESTHER.

[13] *MARDOCHÉE* dit à AKHRATHAIOS : « VA et dis-lui : « ESTHER, ne te dis pas à toi-même que *tu seras sauvée* seule dans le royaume parmi tous LES JUIFS, [14] car si tu désobéis en ce temps-ci, c'est d'ailleurs qu'un secours et un abri adviendront pour LES JUIFS, mais toi ainsi que la maison de ton père, vous périrez. Et qui sait si ce n'est pas pour ce temps-ci que tu es devenue reine ? »

[15] Et ESTHER RENVOYA vers *MARDOCHÉE* CELUI QUI ÉTAIT VENU VERS ELLE en disant : [16] « VA rassembler LES JUIFS de Suse et jeûnez pour moi, ne mangez ni ne buvez durant trois jours, nuit et jour ; et moi *mes servantes* ne nous nourrirons pas et alors *j'entrerai auprès du roi* contre la loi, même si je dois périr. » [17] Et *MARDOCHÉE* s'en alla faire tout ce qu'ESTHER lui AVAIT COMMANDÉ.

La séquence rapporte les multiples contacts indirects entre Mardochée et Esther, d'abord par l'entremise des « servantes et eunuques de la reine » qui « entrent » pour l'informer et qu'elle « envoya » vers Mardochée (4), puis elle lui « envoya » son eunuque Akhrathaios pour « apprendre le fait exact » (5). Une fois rentré de sa mission (9), Esther lui dit : « Va chez Mardochée » (10). Puis Mardochée lui dit : « Va et dis-lui » (13) et finalement « Esther renvoya vers Mardochée celui qui était venu vers elle » (15). Ce ne sont pas moins de sept allées et venues.

Les deux premiers passages sont liés par la reprise, en termes médians, de « ce qui était advenu » (4b.7a), ce qui renvoie à « ce qui s'accomplissait » du début (1a) et aussi de « eunuque(s) » (4a.5a) ; « qui entre auprès du roi dans la cour » (11ab) rappelle « bien qu'il ne lui fût pas permis d'entrer dans la cour » (2b).

Les deux derniers passages sont liés par la reprise, en termes médians, de « salut/sauver » (11c.13b). « Commander » revient en 8c et 17b.

Les noms des personnages, « Mardochée », « Esther », « Akhrathaios » et « les juifs », sans oublier « le roi », reviennent évidemment tout au long de la séquence.

INTERPRÉTATION

Les deux versions étant très proches, ce qui a été dit dans l'interprétation de l'hébreu vaut aussi pour le grec.

LE JEÛNE D'ESTHER

Comme Mardochée, tous les juifs du royaume entonnent la lamentation quand ils apprennent le malheur qui a été décrété contre eux. Se couvrant de sac et de cendre, leurs pleurs traduisent leur souffrance et leur angoisse, mais aussi, selon ce type de langage corporel traditionnel, un appel adressé à celui qui peut les sauver de la mort, comme il l'a toujours fait par le passé. Esther y ajoute le jeûne qui est une manifestation, en bonne et due forme, de la supplication. En effet, un jeûne strict de trois jours est entrepris pour obtenir de Dieu le salut et, dans le cas présent, en vue de la rencontre entre Esther et le roi pour laquelle l'intervention divine est jugée indispensable par la reine.

AU NOM DU SEIGNEUR

Si, par pudeur ou par prudence, son nom n'est pas prononcé dans la version hébraïque, Dieu n'en est pas absent pour autant. La version grecque, au contraire, n'hésite pas à le nommer, même s'il faut bien reconnaître que c'est la première fois qu'elle le fait dans la deuxième section. Elle ne l'a pas inséré dans la trame du récit hébraïque, mais à l'occasion d'une brève « addition » qui n'a aucun équivalent dans l'hébreu. Ce « Seigneur » est celui qu'Esther devra invoquer, comme un acteur prié d'intervenir dans l'histoire.

370 Version grecque : la deuxième section (Est 3,1–9,19)

COMPARAISON DES DEUX VERSIONS

HÉBREU

4,[1] Mardochée apprit tout ce qui se faisait et Mardochée déchira ses habits et il se vêtit de sac et cendre et il sortit dans la ville et il poussa une grande clameur amère. [2] Et il alla jusque devant la porte du roi car on ne peut aller à la porte du roi vêtu de sac. [3] Et dans chacune des provinces, lieu où la parole du roi et son édit arrivaient, c'était grand deuil pour les juifs et JEÛNE et pleur et lamentation ; sac et cendre était le lit de maintes gens.
[4] Et les jeunes-filles d'Esther et ses eunuques allèrent et le lui rapportèrent, et la reine trembla beaucoup ; et elle envoya des habits pour revêtir Mardochée et lui faire retirer son sac de dessus lui, mais il ne voulut pas.

---

[5] Et Esther appela Hatak, un des eunuques du roi qu'il avait institué devant elle et elle le manda à Mardochée pour savoir ce que c'était et pour quoi ; [6] et Hatak sortit vers Mardochée, sur la place de la ville qui est en face de la porte du roi.
[7] Et Mardochée rapporta tout ce qui lui était arrivé et la somme d'argent qu'Hamân avait dit qu'il pèserait dans les trésors du roi, pour anéantir les juifs. [8] Et il lui donna une copie de l'écrit de l'édit qui avait été donné à Suse pour les exterminer, pour le faire voir à Esther et pour lui rapporter et commander d'aller chez le roi lui demander grâce et intercéder devant lui en faveur de son peuple.
[9] Et Hatak alla et rapporta à Esther les paroles de Mardochée.
[10] Et Esther dit à Hatak en le mandant vers Mardochée :
[11] « Tous les serviteurs du roi et le peuple des provinces du roi savent que tout homme ou femme qui va chez le roi dans la cour intérieure sans être appelé, le seul édit pour lui est la mise à mort, à moins que le roi lui tende le sceptre d'or. Et il se trouve que moi, je n'ai pas été appelée à aller chez le roi depuis trente jours. »
[12] Et l'on rapporta à Mardochée les paroles d'Esther.

---

[13] Et Mardochée dit pour répondre à Esther : « N'imagine pas toi-même que tu échapperas dans la maison du roi plus que tous les juifs, [14] car si te taisant tu te tais en ce temps-ci, soulagement et délivrance se lèveront pour les juifs d'UN AUTRE LIEU, et toi et la maison de ton père vous serez anéantis ; et qui sait si ce n'est pas pour un temps comme celui-ci que tu es arrivée à la royauté ? »
[15] Et Esther dit pour répondre à Mardochée : [16] « Va, rassemble tous les juifs qui se trouvent à Suse et JEÛNEZ pour moi et ne mangez ni ne buvez trois jours, nuit et jour. Moi aussi et mes jeunes-filles JE JEÛNERAI ainsi et ainsi j'irai chez le roi, ce qui est contre l'édit, et si je dois être anéantie, je serai anéantie. » [17] Et Mardochée s'écarta et il fit tout comme Esther le lui avait commandé.

La composition du grec est exactement la même que celle de l'hébreu.

À part les variations de détail, la plus grande différence est l'addition grecque de 8d-g. Est ainsi introduit le nom de Dieu, « le Seigneur », qui n'est jamais mentionné dans tout le livre hébreu.

Ainsi la version grecque nomme le personnage auquel l'hébreu fait référence de manière discrète, quand Mardochée dit à Esther que, si elle ne fait rien, la délivrance pourra venir « d'un autre lieu » (14).

Par ailleurs, comme on l'a déjà dit, le jeûne ainsi que les pleurs et les lamentations, avec sac et cendre, sont un comportement typiquement religieux (Jg 20,26 ; 2S 12,15-23 ; Is 58,2-7 ; Jl 2,12-17).

Séquence B2 : 4,1-17

GREC

> 4,[1] Mardochée ayant appris ce qui s'accomplissait, déchira ses habits et se revêtit de sac et s'aspergea de cendre ; et s'élançant par la grand-rue de la ville, il hurlait d'une voix grande : « Est enlevée une nation non injuste. » [2] Et il vint jusqu'à la porte du roi et se tint là car il ne lui était pas permis d'entrer dans la cour ayant sac et cendre. [3] Et en toute province où étaient portés les écrits, hurlement, lamentation et grand pleur pour les juifs ; et ils se couvrirent de sac et cendre.
> [4] Les servantes et les eunuques de la reine entrèrent et lui annoncèrent, et elle fut frappée, ayant entendu ce qui était advenu ; et elle envoya vêtir Mardochée et lui retirer le sac, mais il n'accepta pas.

> [5] Esther appela Akhrathaios, son eunuque qui se tenait près d'elle, et elle l'envoya auprès de Mardochée pour apprendre le fait exact. [6]
>> [7] Mardochée lui révéla ce qui s'était passé et la promesse qu'Aman avait faite au roi de dix-mille talents pour le trésor, afin qu'il détruise les juifs. [8] Et la copie qui à Suse ayant été portée pour leur perte, il la lui donna pour la montrer à Esther et il lui dit de lui commander d'aller supplier le roi et l'implorer pour le peuple : *« Te souvenant des jours de ton humiliation, quand tu étais nourrie de ma main, puisqu'Aman le second du roi a parlé contre nous pour la mort, invoque* **LE SEIGNEUR** *et parle au roi pour nous et délivre-nous de la mort. »*
> [9] Entrant Akhrathaios lui dit toutes ces paroles.
> [10] Et Esther dit à Akhrathaios : « Va chez Mardochée et dis-lui :
>> [11] « Toutes les nations du royaume savent que tout homme ou femme qui entre auprès du roi dans la cour intérieure en n'ayant pas été appelé, il n'est point pour lui de salut ; seulement celui à qui le roi tend son bâton doré, celui-là sera sauvé. Et moi, je n'ai pas été appelée à entrer auprès du roi depuis trente jours. »
> [12] Akhrathaios rapporta à Mardochée toutes les paroles d'Esther.

> [13] Mardochée dit à Akhrathaios : « Va et dis-lui : « Esther, ne te dis pas à toi-même que tu seras sauvée seule dans le royaume parmi tous les juifs, [14] car si tu désobéis en ce temps-ci, c'est **D'AILLEURS** qu'un secours et un abri adviendra pour les juifs, mais toi ainsi que la maison de ton père, vous périrez. Et qui sait si ce n'est pas pour ce temps-ci que tu es devenue reine ? »
> [15] Et Esther renvoya vers Mardochée celui qui était venu vers elle, en disant : [16] « Va rassembler les juifs de Suse et JEÛNEZ pour moi, ne mangez ni ne buvez durant trois jours, nuit et jour ; et moi et mes servantes NE NOUS NOURRIRONS PAS et alors j'entrerai auprès du roi contre la loi, même si je dois périr. » [17] Et Mardochée s'en alla faire tout ce qu'Esther lui avait commandé.

Selon l'hébreu, au début de la séquence, les juifs dans les provinces ajoutent le « jeûne » aux autres manifestations de « deuil », « pleur », « lamentation », « sac et cendre » (3), et en fin de séquence, c'est Esther qui demande à Mardochée d'inviter tous les juifs de Suse à jeûner, comme elle-même et ses jeunes-filles (16). En grec, au contraire, il n'est pas dit au début que les juifs des provinces jeûnent ; c'est seulement Esther qui appelle les autres à se joindre à son propre jeûne.

4. Aman et son projet de destruction

L'ensemble de la sous-section B1–B2

COMPOSITION

L'expansion B est insérée entre les séquences B1 et B2 ; elle constitue le premier « récitatif ».

Séquence B1 : AMAN DÉCIDE LE ROI À EXTERMINER LE PEUPLE JUIF

HAMÂN CHERCHE À	SE VENGER	DU JUIF MARDOCHÉE	3,1-7

HAMÂN OBTIENT DU ROI D'ANÉANTIR LE PEUPLE JUIF	8-11

HAMÂN ORGANISE	L'EXTERMINATION	DE TOUS LES JUIFS	12-13

Récitatif B : COPIE DE L'ÉDIT ROYAL PRÉPARÉ PAR AMAN

INTRODUCTION : voici la copie de la lettre du roi	B,1A

Le texte de l'édit : DÉTRUIRE LE PEUPLE ENNEMI DU ROYAUME	B,1b-7

CONCLUSION : le roi et Aman s'enivrent	3,14-15

Séquence B2 : MARDOCHÉE DÉCIDE LA REINE À INTERCÉDER POUR LEUR PEUPLE

MARDOCHÉE ET TOUS LES JUIFS	SE LAMENTENT ET REVÊTENT LE SAC	4,1-4

MARDOCHÉE DEMANDE À ESTHER D'INTERVENIR AUPRÈS DU ROI	5-12

AVANT D'ALLER CHEZ LE ROI,	ESTHER DEMANDE À TOUS LES JUIFS DE JEÛNER	13-17

374 Version grecque : la deuxième section (Est 3,1–9,19)

B1 3,[1] Après cela, le roi Artaxerxès glorifia Aman fils d'Amadathos le Bougaïos et il l'éleva et le fit siéger-premier parmi tous ses amis. [2] Et tous ceux qui étaient dans la cour se prosternaient devant lui, comme le roi avait ordonné de faire, mais Mardochée ne se prosternait pas devant lui. [3] Et ceux de la cour du roi parlèrent à Mardochée : « Mardochée, pourquoi désobéis-tu aux paroles du roi ? » [4] Chaque jour ils lui parlaient et il ne les écoutait pas. Et ils informèrent Aman que Mardochée s'opposait aux paroles du roi ; et Mardochée leur avait indiqué qu'il était juif.

[5] Et Aman ayant su que Mardochée ne se prosternait pas devant lui, il s'irrita beaucoup [6] et **il voulut exterminer tous les juifs du règne d'Artaxerxès.** [7] Et il fit un édit la douzième année du règne d'Artaxerxès et il jeta les sorts de jour en jour et de mois en mois, **pour perdre *en un seul jour* la race de Mardochée.** Et le sort tomba sur le quatorze du mois qui est Adar.

> [8] Et il parla au roi Artaxerxès disant : « Il existe UNE NATION dispersée parmi les nations de tout ton règne ; leurs lois sont différentes de toutes les nations, aux lois du roi ils désobéissent et il ne convient pas au roi de le leur permettre. [9] S'il plait au roi, qu'il soit décrété de **les anéantir** et moi j'inscrirai au trésor du roi dix-mille talents d'argent. »
>> [10] Et le roi retirant son anneau, il le donna à la main d'Aman
>> pour sceller les écrits contre les juifs.
> [11] Et le roi dit à Aman : « Garde l'argent et fais à la nation comme tu veux. »

[12] Et les secrétaires du roi furent appelés le treize du premier mois. *Et ils écrivirent*, comme avait commandé Aman, aux gouverneurs et *aux chefs* de chaque province *depuis l'Inde jusqu'à l'Éthiopie*, *aux cent-vingt-sept provinces* et *aux chefs* des nations selon leur langue au nom du *roi Artaxerxès*.

[13] Et les lettres furent envoyées par des porte-lettres dans le règne d'Artaxerxès **pour faire disparaitre la race des juifs *en un seul jour*** du douzième mois qui est Adar et pour piller leurs biens.

Récitatif B B,[1] Or telle est LA COPIE de la lettre :

> « Le grand *roi Artaxerxès aux chefs* et préfets subordonnés des *cent-vingt-sept provinces de l'Inde jusqu'à l'Éthiopie écrit ceci* :
> [2] Étant chef de nombreuses nations et commandant de tout l'univers, j'ai voulu, sans être exalté par l'orgueil de l'autorité, mais gouvernant toujours modérément et avec douceur, assurer constamment la vie calme des subordonnés et, rendant le royaume tranquille et parcourable jusqu'aux frontières, restaurer la paix désirée par tous les hommes.
> [3] Demandant à mes conseillers comment cela pouvait être conduit à bonne fin, un homme éminent parmi nous par sa sagesse, indéfectible de dévouement, remarquable pour sa fidélité inébranlable et étant le second du royaume en dignité, Aman [4] a dénoncé auprès de nous que parmi toutes les tribus de par l'univers est mêlé UN CERTAIN PEUPLE hostile, opposé pour les lois à toutes les nations et *faisant fi constamment des décrets royaux* **pour ne pas soutenir notre empire dirigé parfaitement.**
> [5] Ayant donc considéré que CETTE NATION UNIQUE est toute en opposition avec tout homme, menant une conduite de lois étrangère diverse et pensant mal contre nos affaires, *faisant les pires choses mauvaises* **pour ne pas obtenir le royaume en bon état,** [6] nous avons donc ordonné que ceux qui vous sont signalés dans les lettres d'Aman, qui est chargé de nos affaires et second père pour nous, que **tous, avec femmes et enfants, soient détruits radicalement par l'épée de leurs ennemis, sans pitié et retenue aucune,** le quatorze du douzième mois Adar de la présente année, [7] de sorte que, ces gens hostiles d'hier et d'aujourd'hui **descendus violemment aux enfers *en un seul jour***, nous ayons pour le temps à venir nos affaires stables et tranquilles jusqu'à la fin. »

3,[14] Et les copies des lettres étaient promulguées en toute province et il fut prescrit à toutes les nations d'être prêtes pour ce jour-là. [15] Et l'affaire était urgée aussi à Suse et le roi et Aman s'enivraient, mais la ville était bouleversée.

La sous-section B1–B3 375

B2 4,[1] Mardochée ayant appris ce qui s'accomplissait, déchira ses habits et se revêtit de sac et s'aspergea de cendre ; et s'élançant par la grand-rue de la ville, il hurlait d'une voix grande : « Est enlevée UNE NATION non injuste. » [2] Et il vint jusqu'à la porte du roi et se tint là car il ne lui était pas permis d'entrer dans la cour ayant sac et cendre. [3] *Et en toute province où étaient portés les écrits*, hurlement, lamentation et grand pleur pour les juifs ; et ils se couvrirent de sac et cendre.

[4] Les servantes et les eunuques de la reine entrèrent et lui annoncèrent, et elle fut frappée, ayant entendu ce qui était advenu ; et elle envoya vêtir Mardochée et lui retirer le sac, mais il n'accepta pas.

> [5] Esther appela Akhrathaios son eunuque qui se tenait près d'elle et elle l'envoya auprès de Mardochée pour apprendre le fait exact. [6]
>
> [7] Mardochée lui révéla ce qui s'était passé et la promesse qu'Aman avait faite au roi de dix-mille talents pour le trésor, **afin qu'il détruise les juifs**. [8] Et LA COPIE qui à Suse ayant été portée pour leur perte, il la lui donna pour la montrer à Esther et il lui dit de lui commander d'aller supplier le roi et l'implorer pour le peuple : « *Te souvenant des jours de ton humiliation, quand tu étais nourrie de ma main*, **puisqu'Aman le second du roi a parlé contre nous pour la mort**, *invoque LE SEIGNEUR et parle au roi pour nous et délivre-nous de la mort.* »
> [9] Entrant Akhrathaios lui dit toutes ces paroles.
>
> [10] Et Esther dit à Akhrathaios : « Va chez Mardochée et dis-lui :
> [11] « Toutes les nations du royaume savent que tout homme ou femme qui entre auprès du roi dans la cour intérieure en n'ayant pas été appelé, il n'est point pour lui de salut ; seulement celui à qui le roi tend son bâton doré, celui-là sera sauvé. Et moi, je n'ai pas été appelée à entrer auprès du roi depuis trente jours. »
> [12] Akhrathaios rapporta à Mardochée toutes les paroles d'Esther.

[13] Mardochée dit à Akhrathaios : « Va et dis-lui : « Esther, ne te dis pas à toi-même que tu seras sauvée seule dans le royaume parmi tous les juifs, [14] car si tu désobéis en ce temps-ci, c'est d'ailleurs qu'un secours et un abri adviendra pour les juifs, mais toi ainsi que la maison de ton père, vous périrez. Et qui sait si ce n'est pas pour ce temps-ci que tu es devenue reine ? »

[15] Et Esther renvoya vers Mardochée celui qui était venu vers elle, en disant : [16] « Va rassembler les juifs de Suse et jeûnez pour moi, ne mangez ni ne buvez durant trois jours, nuit et jour ; et moi et mes servantes ne nous nourrirons pas et alors j'entrerai auprès du roi contre la loi, même si je dois périr. »
[17] Et Mardochée s'en alla faire tout ce qu'Esther lui avait commandé.

La séquence centrale rapportant le texte de l'édit royal préparé par Aman dont parle la première séquence, les rapports entre ces deux séquences sont évidemment très étroits :
– Aman a décidé d'exterminer tous les juifs pour se venger de Mardochée (3,6-7.9.13 ; B,6-7) ;
– pour cela, Aman les accuse devant le roi, parce que leurs lois sont différentes de celles des autres nations, et parce qu'ils désobéissent au roi (3,8) ; et dans le texte de l'édit, l'accusation est aggravée car les juifs seraient les ennemis du royaume (B,4.5) ;
– l'adresse de la lettre (B,1bc) reprend les termes du dernier passage de la première séquence (3,12) : « écrire », « chefs » des « provinces », « depuis l'Inde jusqu'à l'Éthiopie », « le roi Artaxerxès ».

La dernière séquence est liée aux précédentes par :
– le rappel de la décision d'Aman de détruire les juifs (4,7.8) ;
– le début de 4,3 rappelle le début de 3,14 ;
– Mardochée fait transmettre à Esther « copie » de la lettre (4,8 ; B,1a).

376   Version grecque : la deuxième section (Est 3,1–9,19)

COMPARAISON DES DEUX VERSIONS

HÉBREU

Séquence B1 : HAMÂN   DÉCIDE   LE ROI   À EXTERMINER   LE PEUPLE JUIF

HAMÂN CHERCHE À SE VENGER DU JUIF MARDOCHÉE	3,1-7

HAMÂN OBTIENT DU ROI D'ANÉANTIR LE PEUPLE JUIF	8-11

HAMÂN ORGANISE L'EXTERMINATION DE TOUS LES JUIFS	12-15

Séquence B2 : MARDOCHÉE   DÉCIDE   LA REINE À INTERCÉDER   POUR LEUR PEUPLE

MARDOCHÉE ET TOUS LES JUIFS REVÊTENT LE SAC ET JEÛNENT	4,1-4

MARDOCHÉE DEMANDE À ESTHER D'INTERVENIR AUPRÈS DU ROI	5-12

AVANT D'ALLER CHEZ LE ROI, ESTHER DEMANDE À TOUS LES JUIFS DE JEÛNER	13-17

GREC

Séquence B1 : AMAN DÉCIDE LE ROI À EXTERMINER LE PEUPLE JUIF

AMAN CHERCHE À	SE VENGER	DU JUIF MARDOCHÉE	3,1-7

AMAN OBTIENT DU ROI D'ANÉANTIR LE PEUPLE JUIF	8-11

AMAN ORGANISE	L'EXTERMINATION	DE TOUS LES JUIFS	12-13

Récitatif B : COPIE DE L'ÉDIT ROYAL PRÉPARÉ PAR AMAN

INTRODUCTION : voici la copie de la lettre du roi	B,1A

Le texte de l'édit : **DÉTRUIRE LE PEUPLE ENNEMI DU ROYAUME**	B,1b-7

CONCLUSION : le roi et Aman s'enivrent	3,14-15

Séquence B2 : MARDOCHÉE DÉCIDE LA REINE À INTERCÉDER POUR LEUR PEUPLE

MARDOCHÉE ET TOUS LES JUIFS	SE LAMENTENT ET REVÊTENT LE SAC	4,1-4

MARDOCHÉE DEMANDE À ESTHER D'INTERVENIR AUPRÈS DU ROI	5-12

AVANT D'ALLER CHEZ LE ROI,	ESTHER DEMANDE À TOUS LES JUIFS DE JEÛNER	13-17

– Les séquences B1 se correspondent exactement.

– La deuxième séquence du grec — le Récitatif B — est insérée entre les deux séquences de l'hébreu.

Version grecque : la deuxième section (Est 3,1–9,19)

INTERPRÉTATION

Rédigé « comme avait commandé Aman » (3,12), le texte de l'édit trahit les sentiments de leur auteur.

AMAN CALOMNIE LES JUIFS

Parce qu'il est juif, Mardochée refuse obstinément de se prosterner devant Aman, le second du roi, comme l'avait ordonné Artaxerxès. Devant le roi, Aman ne se plaint pas de ce que le seul Mardochée ne respecte pas cette ordonnance royale particulière ; pour se venger, il accuse tous les juifs de désobéir à l'ensemble des lois du royaume. Dans le texte de l'édit qui sera rédigé comme il l'entend, il va beaucoup plus loin encore : non seulement les juifs obéissent à des lois qui leur sont propres, négligeant celles du roi, mais encore ils s'opposent à toutes les autres nations et, surtout, pensant mal des affaires du royaume, commettent les pires choses contre lui. Il affirme de manière péremptoire, mais se garde bien de fournir quelque preuve que ce soit. Mardochée s'élèvera contre ce tissu de mensonges : « Est enlevée une nation non injuste » (4,1).

IL SE VANTE DE MANIÈRE ÉHONTÉE

Écrivant au nom du roi, ayant reçu de lui son anneau pour sceller son édit, Aman n'hésite pas à profiter d'une si belle occasion pour s'encenser lui-même. Il fait dire au roi qu'il est « un homme éminent [...] par sa sagesse, indéfectible de dévouement, remarquable pour sa fidélité inébranlable et étant le second du royaume en dignité » (B,3), mieux encore, qu'il est pour lui « un second père » (B,6). Tant il est vrai que l'on n'est jamais si bien servi que par soi-même.

IL VA JUSQU'À L'IDOLÂTRIE

Le nom de Dieu n'est prononcé qu'une seule fois dans la sous-section. C'est au cœur de la troisième séquence, quand Mardochée intime à la reine Esther d'implorer « le Seigneur » pour délivrer le peuple juif de la mort. Cela se trouve dans la petite addition de 4,8. Il est bien évident qu'on ne s'attendrait pas le moins du monde à le voir dans l'édit d'Aman. Et pourtant... Au début de l'addition majeure, Aman pousse la flagornerie jusqu'à l'idolâtrie. Sa perversion l'attribue au roi quand il lui fait déclarer d'entrée de jeu, non seulement qu'il est « chef de nombreuses nations », mais aussi « gouvernant de tout l'univers » (B,2). Or ce terme de « gouvernant » est un attribut divin, d'autant plus quand il est accompagné de « tout ». C'est ainsi qu'Esther s'adressera à Dieu dans sa prière : « Roi des dieux et gouvernant de tout principe » (C,23) ; et de même Mardochée dans le texte de l'édit qu'il rédigera au nom d'Artaxerxès : « Dieu, gouvernant toutes choses » (E,18).

II. La chute d'Aman

La deuxième sous-section : C.D.5,3–7,10

La deuxième sous-section comprend quatre séquences. La première, le « Chœur des juifs », est une supplication adressée à Dieu, qui l'exaucera dans les séquences suivantes. Les trois dernières séquences sont organisées de manière concentrique :

Chœur des juifs : Mardochée, Esther et tous les juifs supplient le Seigneur	C,1-30

B3 : Après le 1er banquet d'Esther, Aman projette de faire pendre Mardochée	D,1-16–5,3-14

B4 : Aman commence à tomber devant Mardochée	6,1-14

B5 : Après le 2e banquet d'Esther, Aman est pendu à la place de Mardochée	7,1-10

1. Mardochée, Esther et tous les juifs supplient le Seigneur

Le chœur des juifs : C,1-30

La séquence comprend trois passages : la prière de Mardochée (1-10) et la prière d'Esther (12-30), reliées par celle de « tout Israël » (11).

LA PRIÈRE	DE MARDOCHÉE	C,1-10

TOUT ISRAËL CRIE VERS LE SEIGNEUR	11

LA PRIÈRE	D'ESTHER	12-30

a. LA PRIÈRE DE MARDOCHÉE

Le premier passage : C,1-10

TEXTE

C,1 Et il supplia le Seigneur   se souvenant de toutes les œuvres du Seigneur   2 et il dit : « Seigneur, Seigneur, Roi,   de toutes-(choses) (tu es) gouvernant,   parce qu'en ton pouvoir tout est   et il n'y a pas de contredisant toi   dans le vouloir toi   sauver Israël,   3 parce que toi tu as fait le ciel et la terre   et toute merveille dans le sous le ciel   4 et Seigneur tu es de toutes-(choses)   et il n'y a pas de résistant à toi, le Seigneur.   5 Toi, toutes-(choses) tu connais,   toi tu sais, Seigneur,   que pas par démesure et pas par orgueil et pas par gloriole   j'ai fait cette-chose de ne pas me prosterner devant l'orgueilleux Aman,   6 parce qu'il m'aurait plu de baiser la plante de ses pieds   pour le salut d'Israël.   7 Mais j'ai fait cette-chose   pour ne pas mettre la gloire d'un homme   au-dessus de la gloire de Dieu ;   et je ne me prosternerai devant personne sauf toi, mon Seigneur,   et je ne ferai pas ces-choses par orgueil.   8 Et maintenant, Seigneur Dieu, Roi, Dieu d'Abraham,   épargne ton peuple,   car ils regardent nous pour la ruine   et ils projettent de détruire ton depuis le début héritage.   9 Ne délaisse pas ta part   que pour toi-même tu as rachetée de la terre d'Égypte ;   10 exauce ma supplication   et sois-propice à ta part-d'héritage   et retourne notre deuil en fête,   afin que vivants nous chantions ton nom, Seigneur, et ne laisse pas disparaitre la bouche des louant toi. »

V. 2C : « DE TOUTES-(CHOSES) » (TU ES) GOUVERNANT »

Les versets 2b-4 forment une seule phrase complexe. Introduites par « parce que », les deux causales requièrent une principale ; ce ne peut être que la proposition nominale du second membre de la phrase.

382 Version grecque : la deuxième section (Est 3,1–9,19)

COMPOSITION

Le passage est introduit et conclu par une courte partie narrative. La prière elle-même se développe en trois parties.

LA PREMIÈRE PARTIE DE LA PRIÈRE : 2-4

Dans le premier morceau, la proposition principale (2c) est introduite par trois vocatifs (2b).

Les deux morceaux suivants sont des causales qu'introduit le même « parce que ». Du point de vue syntaxique, les deux morceaux sont parallèles, mais du point de vue sémantique, les segments extrêmes (2de.4ab) se correspondent : les premiers membres reprennent « tout/toutes » et « être », les seconds membres étant très proches.

« Tout/toutes » revient dans chaque morceau (2c.2d.3b.4a) ; « Seigneur » est repris deux fois dans les segments extrêmes, faisant donc inclusion (2b.4a.b).

+ [2b] « SEIGNEUR,	SEIGNEUR,	Roi,	
+ DE TOUTES-(choses)	(tu es) gouvernant,		
:: *parce qu*'en ton pouvoir	TOUT	est	
– et il n'y a pas	de contredisant	toi	
= dans le vouloir	toi		
= sauver	Israël,		
:: [3] *parce que* toi	tu as fait	le ciel	et la terre
:: et TOUTE	merveille	dans le	sous le ciel
+ [4] et SEIGNEUR	tu es	DE TOUTES-(choses)	
– et il n'y a pas	de résistant	à toi,	LE SEIGNEUR.

LA DEUXIÈME PARTIE DE LA PRIÈRE : 5-7

Le premier segment du premier morceau juxtapose deux principales (5ab) dont les verbes sont synonymes, la première ayant « toutes-(choses) » comme objet, la seconde ayant comme objet la complétive du segment suivant (5cde) ; le dernier segment est une causale, introduite par le même *hoti* que le second segment.

Dans le deuxième morceau, le premier segment concerne le passé, le second le futur. Dans le dernier membre, « je ne ferais pas ces choses » correspond à « j'ai fait cette chose » dans le premier membre. L'opposition entre « personne » et « toi » dans le deuxième segment (7d) renvoie à celle de « un homme » et « Dieu » du segment précédent (7b.c).

Les deux occurrences de « Seigneur », accompagnées de « toi » font inclusion (5ab.7d). « J'ai fait cette chose » est repris dans les deux morceaux (5d.7a) ; à « pas par orgueil [...] j'ai fait cette chose » (5cd) répond à la fin « je ne ferai pas ces choses par orgueil » (7e). « Ne pas se prosterner » est repris en 5e et 7d.

Le chœur des juifs : C,1-30

+ [5] **Toi**,	toutes-(choses)	tu connais,	
+ **toi**	tu sais,	SEIGNEUR,	
: *que* pas par démesure	*ET PAS PAR ORGUEIL*	et pas par gloriole	
: J'AI FAIT	*CETTE-CHOSE*		
: de ne pas me prosterner	*DEVANT L'ORGUEILLEUX*	Aman,	
= [6] *parce qu*'il m'aurait plu	de baiser	la plante	de ses pieds
= pour le salut	d'Israël.		
: [7] Mais	*J'AI FAIT*	*CETTE-CHOSE*	
: pour ne pas mettre	la gloire	d'un homme	
: au-dessus de	la gloire	de Dieu ;	
: et je ne me prosternerai	devant personne	sauf **toi**,	MON SEIGNEUR,
: ET JE NE FERAI PAS	*CES-CHOSES*	*PAR ORGUEIL.*	

LA TROISIÈME PARTIE DE LA PRIÈRE : 8-10

Dans le premier morceau, le premier segment contient la principale (8c) qui commence avec une série de vocatifs (8ab). Le deuxième segment est une causale où « nous » est dit « ton héritage depuis le début ». Le troisième segment (9ab) commence par un impératif qui correspond à celui du troisième membre du premier segment ; « ton peuple » (8c) est « ta part » rachetée de l'Égypte (9). « Depuis le début » au centre (8e) renvoie d'une part à « Abraham » (8b) et au rachat « de la terre d'Égypte » d'autre part (9).

Le deuxième morceau est marqué par la première personne, du singulier (10a) puis du pluriel (10c.d). Le dernier segment commence par une finale où c'est l'intérêt des suppliants qui est mis en valeur (10d), tandis que le deuxième membre revient à l'impératif et insiste sur l'intérêt de Dieu (10e).

Le premier morceau est centré sur une causale, le deuxième s'achève par un segment commençant par une finale. « Ton héritage » (*klēronomia*), au centre du premier morceau (8e), suivi de « ta part » (*meris*, 9a), trouve un écho dans le second morceau avec « ta part-d'héritage » (*klēros*, 10b). « Seigneur » fait inclusion.

+ [8] Et maintenant,	SEIGNEUR	Dieu,	
+ **Roi**,	Dieu	d'Abraham,	
+ **épargne**	ton peuple,		
.. *car* ils regardent	nous	pour la ruine	
.. et ils projettent	de détruire	ton depuis le début	*HÉRITAGE* ;
+ [9] **ne délaisse pas**	*TA PART*		
+ que pour toi-même	tu as rachetée	de la terre	d'Égypte.
+ [10] **Exauce**	ma supplication		
+ et **sois-propice**	*À TA PART-D'HÉRITAGE*		
+ et **retourne**	notre deuil	en fête,	
.. afin que vivants	nous chantions	ton nom,	SEIGNEUR,
.. et **ne laisse pas disparaître**	la bouche	des louant toi. »	

384 Version grecque : la deuxième section (Est 3,1–9,19)

L'ENSEMBLE DU PASSAGE : 1-9

C,[1] Et il supplia   LE SEIGNEUR
se souvenant   de TOUTES les œuvres   du SEIGNEUR
[2] et il dit :

+ « SEIGNEUR,   SEIGNEUR,   ROI
+ de TOUTES-(choses)   (tu es) gouvernant,

:: *parce qu'*en ton pouvoir   TOUT   est
– et il n'est pas   de contredisant   toi

= dans le vouloir   toi
= SAUVER   ISRAËL,

···

:: [3] *parce que* toi   as fait   le ciel   et la terre
:: et TOUTE   merveille   dans le   sous le ciel

+ [4] et SEIGNEUR   tu es   de TOUTES-(choses)
– et il n'est pas   qui résiste   à toi,   LE SEIGNEUR.
+ [5] Toi,   TOUTES-(choses)   tu connais,
+ toi   tu sais,   SEIGNEUR,

: *que* pas par démesure   et pas par orgueil,   et pas par gloriole
: j'ai fait   cette-chose
: de ne pas me prosterner   devant l'orgueilleux   Aman,

= [6] *car* il m'aurait plu   de baiser   la plante   de ses pieds
= POUR LE SALUT   D'ISRAËL.

···

: [7] Mais   j'ai fait   cette-chose
: pour ne pas mettre   la gloire   d'un homme
: au-dessus de   la gloire   de Dieu ;

: et je ne me prosternerai   devant personne   sauf toi,   MON SEIGNEUR,
: et je ne ferai pas   ces-choses   par orgueil.

+ [8] Et maintenant,   SEIGNEUR   Dieu,
+ ROI,   Dieu   d'Abraham,
+ épargne   ton peuple,

.. *car* ils regardent   nous   pour la ruine,
.. et ils projettent   de détruire   ton depuis le début   héritage ;

= [9] ne délaisse pas   TA PART
= que pour toi-même   TU AS RACHETÉE   de la terre   d'Égypte.

···

+ [10] Exauce   ma supplication
+ et sois-propice   à ta part
+ et retourne   notre deuil   en fête,

.. afin que vivants   nous chantions   ton nom,   SEIGNEUR,
.. et ne laisse pas disparaître   la bouche   de tes louant. »

– Le nom du « Seigneur » revient dans l'introduction narrative (1a.b) et en termes extrêmes de chacune des trois parties de la prière (2b bis.4a.b ; 5b.7d ; 8a.10d) ;

Le chœur des juifs : C,1-30

– dans les deux premières parties de la prière, en même position, « pour le salut d'Israël » (6b) rappelle « sauver Israël » (2g) et dans la troisième partie, toujours en même position, le « salut » d'« Israël » est celui du passé quand le Seigneur a « racheté » de l'Égypte sa « part » (9)[1] ;
– les deux occurrences de « Roi » jouent le rôle de termes initiaux des parties extrêmes de la prière (2b.8b) ;
– l'introduction narrative et les deux premières parties de la prière sont liées par la reprise de « tout/toutes » (1b ; 2c.d.3b.4a ; 5a) ;
– la première partie de la prière s'adresse au Dieu créateur (3ab) et la dernière partie le présente d'abord comme « Dieu d'Abraham » (8b), puis comme libérateur de l'esclavage au pays d'Égypte (9ab) ;
– on peut aussi noter que *hoti*, traduit par « parce que », « que », « car », revient en tête des membres de 2d.3a ; 5c.6a ; 8d.

Le mouvement logique des trois parties de la prière est le suivant :
1. Mardochée dit sa foi dans la toute-puissance du Seigneur que personne ne pourrait empêcher de sauver Israël ;
2. il confesse que sa fidélité au Seigneur l'a empêché de se prosterner devant Aman pour sauver Israël ;
3. il demande donc au Seigneur d'épargner son peuple, de sorte qu'il puisse le chanter et le louer.

INTERPRÉTATION

UN NOUVEL EXODE

Mardochée en appelle à la puissance de celui qui a fait sortir son peuple du pays d'Égypte « à main forte et à bras étendu », qui l'a « racheté » et ne saurait donc renoncer à sa part d'héritage, en l'abandonnant à la fureur de ceux qui veulent le détruire. Le peuple d'Israël qu'Aman veut supprimer se trouve dans les mêmes conditions que les fils de Jacob en Égypte, et ce que demande Mardochée est une intervention divine semblable à celle qui a libéré son peuple de l'esclavage au pays d'Égypte. En somme, c'est d'un nouvel exode qu'il s'agit.

TON HÉRITAGE DÈS L'ORIGINE

Avant de faire appel à celui qui a racheté les fils d'Israël du pays d'Égypte, Mardochée s'adresse au « Dieu d'Abraham », le Dieu qui a fait sortir son élu d'Ur de Chaldée pour lui promettre une descendance plus nombreuse que les étoiles du ciel et une terre sur laquelle il pourrait s'installer. En Abraham se

---

[1] On remarquera que ces trois segments se trouvent au centre mathématique de chacune des parties, précédés et suivis du même nombre de membres : quatre dans la première partie, cinq dans les deux autres.

386 Version grecque : la deuxième section (Est 3,1–9,19)

trouve le début de l'histoire d'Israël, son acte de naissance. À travers le nom de celui qui fut le père d'Isaac qui engendra Jacob-Israël, c'est une nouvelle naissance que Mardochée implore pour son peuple.

UNE NOUVELLE CRÉATION

En deçà de l'exode des fils d'Israël sous la conduite de Moïse, en deçà aussi de l'élection d'Abraham, c'est au Dieu créateur que Mardochée commence par s'adresser. Si bien que, devant la menace de mort — « car leur mort était dans leurs yeux » — on comprend que c'est une nouvelle création que le suppliant sollicite. Avant d'être fils d'Israël, les juifs sont fils d'Adam, avant d'être le peuple élu, Israël est un peuple comme les autres, qui a le droit de vivre comme chacun d'entre eux.

b. LA PRIÈRE D'ESTHER

Le troisième passage : C,12-30

COMPOSITION

Après une partie narrative d'introduction, la prière elle-même comprend sept parties, organisées de manière concentrique.

LA PARTIE INTRODUCTIVE : 12-14B

+ 12 Et Esther	la reine	se réfugia	auprès du SEIGNEUR
+ dans l'agonie	de mort	enveloppée.	
:: 13 Et, ayant retiré	*les vêtements*	*de sa gloire,*	
– elle revêtit	les vêtements	de détresse	et de deuil
:: et au lieu	*d'arrogants*	*agréments,*	
– de cendre	et d'ordures	elle couvrit	sa tête
. et son corps	elle humilia	extrêmement,	
:: et tout lieu	*de parure*	*de son allégresse*	
– elle couvrit	de ses cheveux	emmêlés.	
+ 14 Et elle supplia	LE SEIGNEUR,	Dieu	d'Israël,
+ et elle dit :			

Dans les morceaux extrêmes, Esther se tourne vers « le Seigneur ». Le long morceau central dit le langage corporel de sa supplication, opposant toutes les parures qu'elle écarte (13a.c.f) et les signes de pénitence qu'elle adopte (13b.d.g).

Le chœur des juifs : C,1-30
387

LA PREMIÈRE PARTIE DE LA PRIÈRE : 14c-15

+ [14c] « Mon Seigneur,	notre Roi,	
+ **toi**	tu es	LE SEUL ;
– *secours*-	moi, (qui suis)	SEULE
– et n'ayant pas	*de secours*	sinon **toi**,
– [15] car mon danger (est)	dans ma main.	

Dans le premier segment, Esther invoque le Seigneur, dans le second elle le supplie. En termes médians, « le seul » et « seule ». Le dernier membre signifie « je risque ma vie » (voir Jg 12,3 ; 1S 28.21 ; Ps 119,109).

LA DEUXIÈME PARTIE DE LA PRIÈRE : 16

+ [16] **Moi**,	j'ai entendu,	dès ma naissance,	
+ dans la tribu	DE MA PARENTÉ,		
:: que **toi**,	Seigneur,	***tu as pris***	Israël
- *parmi toutes*	*les nations*		
- ET NOS PÈRES	*parmi tous*	*leurs ancêtres,*	
:: pour héritage	à jamais ;		
.. et ***tu as fait***	pour eux		
.. tout ce que	tu avais dit.		

Le premier morceau a pour sujet « moi », le second « toi » ; le second morceau est l'objet de « j'ai entendu ». Dans le deuxième morceau, « tu as fait pour eux » (16g) correspond à « tu as pris Israël » (16c) ; ainsi, « tout ce que tu as avais dit » (16h) semble renvoyer au fait que le Seigneur a fait d'Israël son « héritage à jamais ».

« Nos pères » (*patēr*, 16e) est de même racine de « ma parenté » (*patrias*, 16b) et, de même, « naissance » (*genetēs*, 16a) et « ancêtres » (*progonos*, 16e).

388 Version grecque : la deuxième section (Est 3,1–9,19)

LA TROISIÈME PARTIE DE LA PRIÈRE : 17-21

– ¹⁷ *Et maintenant*	nous avons péché	devant toi,	
– et tu nous as donnés	AUX MAINS	de nos ennemis	
– ¹⁸ parce que	NOUS AVONS GLORIFIÉ	leurs dieux.	
Juste	tu es,	Seigneur !	
– ¹⁹ *Et maintenant*	ils ne se sont pas contentés	de l'amertume	de notre servitude
– mais ils ont mis	LEURS MAINS	DANS LES MAINS	de leurs idoles,
: pour supprimer	le décret	*de ta bouche*	
: et faire-disparaître	ton héritage		
: ²⁰ et supprimer	*la bouche*	de tes louant	
: et éteindre	LA GLOIRE	de ta maison	et ton autel,
- ²¹ et pour ouvrir	*la bouche*	des nations	
- pour les vertus	*des néants*		
- et que soit admiré	un roi	de chair	à jamais.

Dans le premier morceau, un trimembre et un bimembre encadrent un unimembre (18b). Les segments extrêmes commencent avec « Et maintenant » et s'achèvent sur « leurs dieux » et « leurs idoles » ; le premier a « nous » comme sujet, l'autre les ennemis. « Mains » revient dans les deuxièmes membres. Au centre, la confession de la justice de Dieu signifie que c'est lui qui a permis ou causé ce qui arrive, parce que « nous avons glorifié leurs dieux » (18a), comme eux se fient en eux (19b).

Le deuxième morceau énumère les intentions des ennemis, ce qu'ils attendent de leurs idoles dans les mains desquelles ils ont mis leurs mains (19b) : fermer la bouche de Dieu en faveur de son héritage (19cd), fermer aussi celle de ceux qui le louent dans son temple (20), et au contraire ouvrir celle des païens qui vénèrent des divinités qui ne sont que des « néants » et un roi qui n'est que « de chair » (21).

D'un morceau à l'autre, « la gloire de ta maison » (20b) renvoie à « nous avons glorifié leurs dieux » (18a) ; « néants » et « roi de chair » (21bc) correspondent à « leurs dieux (18a) et « leurs idoles » (19b).

LA QUATRIÈME PARTIE DE LA PRIÈRE : 22-25

Dans le premier morceau, les deux membres des segments extrêmes commencent par un impératif, et dans le segment central, les impératifs se trouvent au début et à la fin. « Seigneur » se retrouve en même position dans les segments extrêmes. Les trois segments concernent la première personne du pluriel.

Dans le deuxième morceau qui, comme le premier, comprend trois bimembres, Esther demande pour elle-même le secours du « Roi des dieux » (23c-24b) ; le dernier segment exprime le résultat escompté de l'initiative d'Esther sur le roi.

Le troisième morceau est parallèle aux deux précédents : en « nous », l'unimembre initial correspond au premier morceau, tandis que dans le segment suivant, Esther demande l'aide du Seigneur pour elle-même.

Le chœur des juifs : C,1-30

– 22 Ne donne pas,	SEIGNEUR,	ton sceptre	à ceux qui ne sont pas
– et *qu'ils ne rient pas*	sur notre ruine,		
+ mais retourne	leur projet	contre eux	
+ et de QUI A COMMENCÉ	contre nous	fais-un-exemple ;	
+ 23 souviens-toi,	SEIGNEUR,		
+ manifeste-toi	au temps	de notre tribulation.	
: Et moi,	enhardis-moi,	ROI	des dieux
: et de tout	COMMENCEMENT	gouvernant ;	
: 24 donne	une parole	bien-rythmée	
: sur ma bouche	devant	le lion	
- et tourne	son cœur	à la haine	de qui nous guerroie,
- pour sa perte	et de tous ses pareils.		
+ 25 Et nous,	libère-nous	par ta main	
: et secours-	moi	(qui suis) seule	
: et n'ayant rien	à part toi,	SEIGNEUR !	

Alors que dans le premier morceau, chaque segment comprend deux impératifs, dans les deux autres chaque segment en compte un seul. À « Seigneur », qui marque les segments extrêmes du premier morceau, répondent les vocatifs du début du second morceau (23d) et de la fin du troisième (25c). On pourra noter que les quatrièmes termes de 22a, 23c et 24c mettent en rapport les ennemis et leurs dieux qui sont des néants.

LA CINQUIÈME PARTIE DE LA PRIÈRE : 26-27

+ 26 De toute-chose	connaissance	tu as	et tu sais
– que *je hais*	la gloire	des impies,	
– que *J'AI HORREUR*	de la couche	des incirconcis	et de tout étranger ;
+ 27 toi,	tu sais	ma nécessité,	
– que *J'AI HORREUR*	de l'insigne	de ma grandeur	
– qui est	sur ma tête	dans les jours	de ma représentation,
- *J'AI HORREUR* de	lui	comme d'un linge	souillé
- et ne porte pas	lui	dans les jours	de ma tranquillité.

Les deux premiers segments commencent avec « tu sais », les deux derniers s'achèvent avec « dans les jours de ma représentation/tranquillité ». Précédé par son synonyme « je hais » (26b), « j'ai horreur » revient dans chaque segment.

390 Version grecque : la deuxième section (Est 3,1–9,19)

LA SIXIÈME PARTIE DE LA PRIÈRE : 28-29

+ [28] Et *n'a pas* mangé	*ta servante*	à la table	d'Aman
: et *je n'ai pas* glorifié	le festin	du roi	
: et *je n'ai pas* bu	le vin	des libations ;	
+ [29] et *ne s'est pas* réjouie	*ta servante*		
: depuis le jour	de son changement	jusqu'à maintenant,	
= si ce n'est en toi,	Seigneur,	Dieu	d'Abraham.

Les premiers membres de chaque segment sont à la troisième personne du singulier dont « ta servante » est le sujet. Comme les trois membres du premier segment, le premier membre du second segment commence par un verbe affecté de la négation. Le dernier membre crée la surprise par la seule exception qui s'oppose à toutes les négations précédentes. À la fin des membres extrêmes, on remarquera le jeu de mots entre « Aman » et « Abraham ».

LA SEPTIÈME PARTIE DE LA PRIÈRE : 30

+ [30] Dieu,	le fort	sur tous,
– écoute	la voix	*des désespérés*
+ *et libère-nous*	de la main	des malfaisants
– *et libère-moi*	*de ma peur* ! »	

Les deux segments sont parallèles, « malfaisants » correspondant à « tous » ceux contre lesquels Dieu se montre « fort », et « ma peur » renvoyant à « désespérés ». Seul le dernier membre concerne le singulier de la reine et non plus le pluriel des trois membres précédents.

L'ENSEMBLE DU PASSAGE : 12-30

– Les vocatifs reviennent dans toutes les parties sauf la cinquième (14c bis.16a. 18a.22a.23a.b.25b.29b bis.30a) ;
– les impératifs ne se trouvent que dans la partie centrale et dans les parties extrêmes ; « secours-moi » revient en 14c et 25b, « libère-nous/moi » en 25a et 30a.b ;
– « moi qui suis seule et n'ai rien sinon toi », à la fin de la partie centrale (25), rappelle « moi qui suis seule et n'ai pas de secours sinon toi » dans l'introduction (14cd), et annonce « si ce n'est en toi » (29b) ;
– « main(s) » est repris en 15.17a.19b.c.25a.30a ;
– « gloire/glorifier » revient en 18a.20b.26a.28a ;
– « héritage » dans les deuxième et troisième parties (16b.20b).

Le chœur des juifs : C,1-30

C,¹⁴ᶜ « **Mon** Seigneur, **notre** Roi, toi tu es le seul. **Secours-moi**, *qui suis* seule *et n'ai pas de secours sinon toi*, ¹⁵ car mon danger est dans *ma main*.

¹⁶ Moi, j'ai entendu, dès ma naissance, dans la tribu de ma parenté, que toi, Seigneur, as pris Israël parmi toutes les nations et nos pères parmi tous leurs ancêtres, pour héritage à jamais ; et tu as fait pour eux tout ce que tu avais dit.

¹⁷ Et maintenant nous avons péché devant toi, et tu nous as donnés aux *mains* de nos ennemis ¹⁸ parce que nous avons glorifié leurs dieux. Tu es juste, Seigneur ! ¹⁹ Et maintenant ils ne se sont pas contentés de l'amertume de notre servitude, mais ils ont mis leurs *mains* dans les *mains* de leurs idoles, ²⁰ pour supprimer le décret de ta bouche et faire disparaître ton héritage et supprimer la bouche de ceux qui te louent et éteindre la gloire de ta maison et ton autel, ²¹ et pour ouvrir la bouche des nations pour les vertus des néants et que soit admiré un roi de chair à jamais.

²² *Ne donne pas*, Seigneur, ton sceptre à ceux qui ne sont pas et qu'ils ne rient pas sur notre ruine, mais *retourne* leur projet contre eux et de qui a commencé contre nous *fais-un-exemple* ; ²³ *souviens-toi*, Seigneur, *manifeste-toi* au temps de notre tribulation. Et moi, *enhardis-moi*, Roi des dieux et gouvernant de tout principe ; ²⁴ *donne* une parole bien rythmée sur ma bouche devant le lion et *tourne* son cœur à la haine de qui nous fait la guerre, pour sa perte et de tous ses pareils. ²⁵ Et nous, *LIBÈRE-NOUS* par *ta main* et **SECOURS-MOI** *qui suis* seule *et n'ai rien sinon toi*, Seigneur !

²⁶ De toute chose tu as connaissance et tu sais que je hais la gloire des impies, que j'ai horreur de la couche des incirconcis et de tout étranger ; ²⁷ toi, tu sais ma nécessité, que j'ai horreur de l'insigne de ma grandeur, qui est sur ma tête dans les jours de ma représentation, j'en ai horreur comme d'un linge souillé, et ne le porte pas dans les jours de ma tranquillité.

²⁸ Et ta servante n'a pas mangé à la table d'Aman et je n'ai pas glorifié le festin du roi et je n'ai pas bu le vin des libations ; ²⁹ et ta servante ne s'est pas réjouie depuis le jour de son changement jusqu'à maintenant, *si ce n'est en toi*, Seigneur, Dieu d'Abraham.

³⁰ Dieu, le fort sur tous, écoute la voix des désespérés et *LIBÈRE-NOUS* de *la main* des malfaisants et *LIBÈRE-MOI* de ma peur ! »

Au début de la première partie (14c), les deux vocatifs ont le possessif, de première personne du singulier (« mon Seigneur ») puis du pluriel (« notre roi ») ; cette même alternance se retrouve dans la dernière partie (30, « libère-nous » et « libère-moi ») et de même à la fin de la partie centrale (25, « libère-nous » et « secours-moi »).

Interprétation

« Je suis seule »

Dans son angoisse, Esther se dit « seule », mais elle ajoute aussitôt : « je n'ai rien sinon toi ». Cela pourrait paraître une contradiction dans les termes, car, si elle se croyait véritablement seule, elle ne dirait rien, elle ne parlerait à personne. Or toutes ses paroles sont adressées à celui dont elle ne cesse de prononcer les

392   Version grecque : la deuxième section (Est 3,1–9,19)

nom de « Seigneur », « Roi », « Dieu », « Dieu d'Abraham ». Il est vrai qu'elle seule devra affronter celui qu'elle appelle « le lion » (24) et que tout dépendra de l'issue de cette rencontre dont elle est chargée. Cependant, elle ira au nom de tout son peuple, ce « nous » qui accompagne sa supplication du début à la fin. Non, elle n'est pas seule, comme Moïse n'était pas seul quand il affrontait Pharaon. Ses premiers mots le disent éloquemment : « Mon Seigneur, notre roi ». Le Seigneur est son Seigneur, mais il est en même temps le Roi de tout le peuple des juifs au nom duquel et pour lequel elle intercédera.

« *TOI, TU ES LE SEUL* »

Celui auquel Esther s'adresse dans sa détresse est vraiment l'unique. C'est le seul qui puisse la libérer : « je n'ai pas de secours sinon toi » (14cd). C'est en lui seul que, dans tout le faste de la royauté, elle trouve sa joie (29). Elle reconnait qu'avec son peuple ils ont péché en glorifiant leurs dieux (17-18), qu'elle se hâte de qualifier d'« idoles » (19c) et de « néants » (21a). Le seul Seigneur, l'unique roi ne peut donner son sceptre « à ceux qui ne sont pas » (22a), à « un roi de chair » (21b). Personne d'autre que le « Seigneur, Dieu d'Abraham » n'est capable d'« écouter la voix des désespérés », de les « libérer de la main des malfaisants », de « libérer » Esther de sa peur (30b).

c. MARDOCHÉE, ESTHER ET TOUT ISRAËL SUPPLIENT LE SEIGNEUR

L'ensemble du Chœur des juifs : C,1-30

COMPOSITION

La séquence comprend trois passages : les deux prières de Mardochée et d'Esther sont reliées par celle de « tout Israël » (11).
– À « Et il supplia le Seigneur » (1) fait écho « Et elle supplia le Seigneur » (14) ;
– « mort » et « Israël » du court passage central (11) sont repris dans l'introduction narrative de la prière d'Esther (12.14) ;
– en termes initiaux, « Et maintenant » (8.17) ; « connaitre » – « savoir » (5.26) ;
– le « Seigneur » est appelé « Roi » (2.8 ; 14.23), en opposition au roi de chair (21.28), et « Dieu d'Abraham » (8 ; 29) ;
– « héritage/part » (8.9.10 ; 16.20) ; « gloire/glorifier » (5.7bis ; 13.18.20.26.28) ;
– « personne sauf toi » (7), « pas de secours sinon toi » (14), « rien sinon toi » (25), « si ce n'est en toi » (29) ;
– « ne laisse pas disparaitre/supprimer la bouche de ceux qui te louent » (10.20) ;
– les suites d'impératifs (8-10 ; 14.22-25.30) dont « retourne » (10.22) ;
– « Aman » est nommé par Mardochée (5) et par Esther (28) ;
– Mardochée invoque le Seigneur sous le nom de « de toutes choses gouvernant » (2b) et Esther sous celui de « gouvernant de tout principe » (23b).

Le chœur des juifs : C,1-30

C,1 *Et il supplia le Seigneur* se souvenant de toutes les œuvres du Seigneur [2] et il dit :

« Seigneur, Seigneur, ROI, DE TOUTES CHOSES TU ES GOUVERNANT, parce que tout est en ton pouvoir et il n'est personne qui puisse contredire ta volonté de sauver Israël, [3] parce que toi tu as fait le ciel et la terre et toute merveille qui est sous le ciel [4] et tu es Seigneur de toutes choses et il n'est personne qui puisse te résister, le Seigneur.

[5] Toi, *tu connais* toutes choses, toi *tu sais*, Seigneur, que ce n'est pas par démesure ni par orgueil, ni par gloriole que j'ai fait cela de ne pas me prosterner devant l'orgueilleux Aman, [6] car il m'aurait plu de baiser la plante de ses pieds pour le salut d'Israël. [7] Mais j'ai fait cette chose pour ne pas mettre la gloire d'un homme au-dessus de la gloire de Dieu ; et je ne me prosternerai *devant personne sauf toi, mon Seigneur*, et je ne ferai pas cela par orgueil.

[8] ET MAINTENANT, Seigneur Dieu, ROI, DIEU D'ABRAHAM, *épargne* ton peuple, car ils nous regardent pour la ruine et ils projettent de détruire ton antique *HÉRITAGE* ; [9] *ne délaisse pas TA PART* que pour toi-même tu as rachetée de la terre d'Égypte. [10] *Exauce* ma supplication et *sois-propice* à *TA PART-D'HÉRITAGE* et *RETOURNE* notre deuil en fête, afin que, vivants, nous chantions ton nom, Seigneur, et *NE LAISSE PAS-DISPARAÎTRE* LA BOUCHE DE CEUX QUI TE LOUENT. »

---

[11] Et tout *ISRAËL* criait de toutes leurs forces,   car *LEUR MORT* était dans leurs yeux.

---

[12] *La reine Esther se réfugia auprès du Seigneur, prise dans l'agonie de LA MORT.* [13] *Et, ayant retiré les vêtements de sa* gloire, *elle revêtit les vêtements de détresse et de deuil et au lieu d'arrogants agréments, de cendre et d'ordures elle couvrit sa tête et son corps elle humilia extrêmement, et tout lieu de parure de son allégresse elle couvrit de ses cheveux emmêlés.* [14] *Et elle supplia le Seigneur, Dieu d'ISRAËL, et elle dit :*

« Mon Seigneur, notre ROI, toi tu es le seul. *Secours-moi*, qui suis seule et *n'ai pas de secours sinon toi*, [15] car mon danger est dans ma main.

[16] Moi, j'ai entendu, dès ma naissance, dans la tribu de ma parenté, que toi, Seigneur, as pris Israël parmi toutes les nations et nos pères parmi tous leurs ancêtres, pour *HÉRITAGE* à jamais ; et tu as fait pour eux tout ce que tu avais dit.

[17] ET MAINTENANT nous avons péché devant toi, et tu nous as donnés aux mains de nos ennemis [18] parce que nous avons glorifié leurs dieux. Tu es juste, Seigneur ! [19] Et maintenant ils ne se sont pas contentés de l'amertume de notre servitude, mais ils ont mis leurs mains dans les mains de leurs idoles, [20] pour supprimer le décret de ta bouche et *FAIRE-DISPARAÎTRE TON HÉRITAGE* et supprimer LA BOUCHE DE CEUX QUI TE LOUENT et éteindre la gloire de ta maison et ton autel, [21] et pour ouvrir la bouche des nations pour les vertus des néants et que soit admiré un roi de chair à jamais.

[22] *Ne donne pas*, Seigneur, ton sceptre à ceux qui ne sont pas et *qu'ils ne rient pas* sur notre chute, mais *RETOURNE* leur projet contre eux et de qui a commencé contre nous *fais-un-exemple* ; [23] *souviens-toi*, Seigneur, *manifeste-toi* au temps de notre tribulation. Et moi, *enhardis-moi*, ROI des dieux et GOUVERNANT DE TOUT PRINCIPE ; [24] *donne* une parole bien rythmée sur ma bouche devant le lion et *tourne* son cœur à la haine de qui nous fait la guerre, pour sa perte et de tous ses pareils. [25] Et nous, *libère-nous* par ta main et *secours-moi* qui suis seule *et n'ai rien sinon toi, Seigneur* !

[26] De toute chose *tu as connaissance* et *tu sais* que je hais la gloire des impies, que j'ai horreur de la couche des incirconcis et de tout étranger ; [27] toi, tu sais ma nécessité, que j'ai horreur de l'insigne de ma grandeur, qui est sur ma tête dans les jours de ma représentation, j'en ai horreur comme d'un linge souillé, et ne le porte pas dans les jours de ma tranquillité.

[28] Et ta servante n'a pas mangé à la table d'Aman et je n'ai pas glorifié le festin du roi et je n'ai pas bu le vin des libations ; [29] et ta servante ne s'est pas réjouie depuis le jour de son changement jusqu'à maintenant, *si ce n'est en toi, Seigneur,* DIEU D'ABRAHAM.

[30] Dieu, le fort sur tous, *écoute* la voix des désespérés et *libère-nous* de la main des malfaisants et *libère-moi* de ma peur ! »

Interprétation

« *Notre roi* »

C'est sous le nom de « Seigneur » que Dieu est invoqué le plus souvent, pas moins de treize fois ; toutefois, par deux fois Mardochée l'appelle « Roi », et de même Esther. Dès le début de leur prière, il est pour l'un « Roi de toutes choses » (2) et pour la reine « notre Roi » (14). Elle ajoutera même qu'il est « Roi des dieux » (23) et elle le supplie de ne pas donner son « sceptre » à ceux qui ne sont pas (22), désignant par là aussi bien les ennemis que les idoles. Cela n'est évidemment pas indifférent au moment où Esther, sur l'injonction de Mardochée, s'apprête à affronter le roi son époux, cet homme qu'elle qualifie de « roi de chair » (21) dont elle n'a pas glorifié le festin (28).

« *Rien sinon toi* »

Le Seigneur et le Roi que Mardochée et Esther invoquent de concert « connait toutes choses » (5), « de toutes choses il a connaissance » (26). Il « sait » pourquoi Mardochée a refusé de se prosterner devant Aman, il « sait » aussi qu'Esther « hait la gloire des impies » (26) et qu'elle « n'a pas mangé à la table d'Aman » (28). C'est que la reine « ne s'est pas réjouie » sinon dans son Seigneur (29), c'est que Mardochée ne se prosternera pas devant Aman, devant personne d'autre que son Seigneur (7). Esther sait qu'elle n'a pas de secours sinon en son Dieu (14.25).

Dieu d'Israël et Seigneur de toutes choses

Mardochée supplie le Seigneur, « se souvenant de toutes les œuvres du Seigneur » (1). C'est d'abord au créateur qu'il s'adresse, celui qui « a fait le ciel et la terre et toute merveille qui est sous le ciel » (3). Mais les œuvres du Seigneur ne se limitent pas à la création. Et c'est pourquoi Mardochée invoquera le « Dieu d'Abraham » (8) et qu'Esther, de son côté, rappelle ce qu'elle a entendu dès sa jeunesse, comment Dieu « avait pris Israël parmi toutes les nations » (16), l'invoquant, elle aussi, comme « Dieu d'Abraham » (29). Israël est le peuple élu, et c'est aussi celui que, sous la direction de Moïse, le Seigneur « a racheté de la terre d'Égypte » (9) pour en faire son « héritage » (8.10 ; 16.20).

L'agonie de la mort

Tout Israël a la mort dans les yeux et Esther suffoque dans l'agonie de la mort. L'édit du roi préparé par Aman condamne les juifs à l'extermination, programmée pour le treize du dernier mois de l'année. Quant à la reine, c'est demain qu'il lui faudra affronter « le lion », le roi devant lequel elle se présentera sans avoir été invitée, risquant ainsi la peine capitale. À tous il ne reste que la bouche pour crier, pour supplier. Mardochée implore le Seigneur pour que leur « deuil » soit tourné en fête, pour que, « vivants », ils puissent chanter son nom et que ne disparaisse pas la bouche de ceux qui le louent (10). Esther, de son côté, compte sur le secours de son Seigneur, afin qu'il « donne une parole bien rythmée » dans sa bouche pour dompter le lion (24) ; ainsi ne sera pas supprimée « la bouche de ceux qui le louent » (20). Seule la prière pourra les sauver de la mort. Israël aurait-il été libéré par le Seigneur, si personne ne l'avait supplié ? Le salut est dû à la foi de Mardochée et d'Esther, qui s'exprime non seulement dans la prière, mais encore dans l'audace de se livrer au risque de la mort ; il est dû aussi à la réponse que Dieu ne manque pas de leur donner en intervenant dans leur histoire.

TOUT ISRAËL

Mardochée et Esther ne sont pas ensemble quand ils supplient le Seigneur. Ils sont séparés physiquement, mais ils ne sont pas seuls. Ils sont reliés par « tout Israël » (11) dont ils font partie. C'est qu'ils ne sont pas les seuls à être menacés de mort. Aman a demandé et obtenu du roi que soient exterminés tous les juifs. Ni Mardochée ni Esther ne prient que pour leur salut personnel. Dès le début Mardochée implore le Seigneur de « sauver Israël ». Le « je » de l'un et de l'autre est intimement lié au « nous » du peuple auquel ils appartiennent et dont ils se savent responsables.

2. Après le premier banquet d'Esther, Aman projette de faire pendre Mardochée

La séquence B3 : D,1–5,14

La séquence comprend trois passages :

LE ROI ÉPARGNE LA VIE D'ESTHER	D,1-16

ESTHER INVITE PAR DEUX FOIS LE ROI ET AMAN À SON BANQUET	5,3-8

AMAN PROJETTE LA MORT DE MARDOCHÉE	9-14

a. LE ROI ÉPARGNE LA VIE D'ESTHER

Le premier passage : D,1-16

Les deux premiers versets de la séquence B3 (hébreu) :

TM 5,¹ *Et il advint au troisième jour* qu'Esther revêtit le royauté et elle se tint dans la cour intérieure de la maison du roi, face à la maison du roi ; et le roi *était assis sur le trône de sa royauté* dans la maison de la royauté, face à l'entrée de la maison. ² Et il arriva, quand le roi vit la reine Esther se tenant dans la cour, qu'elle suscita grâce à ses yeux et le roi tendit à Esther le *sceptre d'or* qui était dans sa main et Esther s'approcha et toucha la tête du sceptre.

sont largement amplifiés par la Septante[1] :

LXX 1 *Et il advint au troisième jour*, quand elle cessa de prier, qu'elle quitta ses habits de servitude et s'enveloppa de sa gloire. 2 Et devenue splendide, invoquant le tous observant Dieu et sauveur, elle prit les deux servantes ; 3 et sur l'une elle s'appuyait comme alanguie 4 et l'autre suivait en soulevant son vêtement. 5 Et elle, était rougissante au comble de sa beauté et son visage joyeux comme adorable, mais son cœur gémissant de crainte. 6 Et étant entrée par toutes les portes, elle se tint en face du roi ; et lui *était assis sur le trône de sa royauté* et toute la robe de sa splendeur il avait revêtu, tout-entier d'or et de pierres précieuses, et il était à craindre extrêmement. 7 Et ayant levé son visage brûlant de gloire, au comble de la colère il regarda ; et tomba la reine et changea sa couleur de faiblesse et elle s'écroula sur la tête de la servante la précédant. 8 Et changea Dieu l'esprit du roi en douceur et angoissé, il bondit de son trône et il saisit elle dans ses bras jusqu'à ce qu'elle se relève. Et il réconfortait elle par des paroles apaisantes et il dit à elle : 9 « Quoi y a-t-il, Esther ? Moi, je suis ton frère, rassure-toi, 10 tu ne mourras pas ! car commune notre ordonnance est : 11 approche-toi ! » 12 Et ayant levé *le bâton doré*, il le posa sur son cou et il embrassa elle et dit : « Parle à moi. » Et elle dit à lui : 13 « J'ai vu toi, Seigneur, comme un ange de Dieu et s'est bouleversé mon cœur par crainte de ta gloire, 14 car admirable tu es, Seigneur, et ton visage de grâces est plein. » 15 Or dialoguant elle, elle tomba de faiblesse 16 et le roi était bouleversé et toute sa servitude réconfortait elle.

Les éléments communs sont limités à trois syntagmes.

[1] La numérotation des versets est celle de *La Bible d'Alexandrie*.

398 Version grecque : la deuxième section (Est 3,1–9,19)

COMPOSITION

Le passage comprend deux parties, chacune formée de deux sous-parties.

LA PREMIÈRE PARTIE : 1-7

+ D,[1] *Et il advint*	dans le jour	troisième,		
+ quand elle cessa	de prier,			
:: qu'elle quitta	ses habits	de servitude		
:: et s'enveloppa	de SA GLOIRE.			
+ [2] *Et devenue*	SPLENDIDE,			
+ invoquant	le tous	observant	Dieu	et sauveur,
+ elle prit	les deux	SERVANTES		
- [3] et sur l'une	elle s'appuyait	*comme* alanguie		
- [4] et l'autre	suivait	en soulevant	son vêtement ;	
+ [5] et elle, (était)	rougissante	*AU COMBLE*	de sa beauté	
+ et SON VISAGE	joyeux	*comme* adorable,		
– mais son cœur	gémissant	de CRAINTE.		
:: [6] Et étant entrée	par toutes	les portes,		
:: elle se tint	en face	du roi ;		
+ et lui	était assis	sur le trône	de sa royauté	
+ et toute	la robe	DE SA SPLENDEUR	il avait revêtu,	
+ tout-entier	d'or	et de pierres	précieuses,	
– et il était	À CRAINDRE	extrêmement.		
+ [7] Et ayant levé	SON VISAGE	brûlant	DE GLOIRE,	
+ *AU COMBLE*	de la colère	il regarda ;		
:: et tomba	la reine			
:: et changea	sa couleur	de faiblesse		
:: et elle s'écroula	sur la tête	DE LA SERVANTE	(la) précédant.	

Les deux morceaux de la première sous-partie commencent avec un verbe de même racine (1a.2a) ; dans leurs seconds membres, « invoquant [...] Dieu » renvoie à « prier » (1b.2b). Les derniers termes des morceaux s'opposent, « gloire » et « crainte » (1d.2h).

Bien préparée dans la première partie, elle affronte le roi dans la deuxième. Les deux morceaux se répondent en miroir : comportement de la reine aux extrémités (6ab.7cde) et du roi en contiguïté (6cde.7ab).

D'une sous-partie à l'autre, à « son visage » « au comble de sa beauté » (5ab) s'oppose « son visage » « au comble de la colère » (7ab) ; on notera les reprises de « gloire » (1d.7a), « splendide/splendeur » (2a.6d), « servante(s) » (2c.7e).

Séquence B3 : D,1-16–5,3-14   399

LA DEUXIÈME PARTIE : 8-16

:: D,[8] Et changea	DIEU	l'esprit	DU ROI	en douceur
:: et, angoissé,	il bondit	de son trône		
:: et il saisit	elle	dans ses bras		
:: jusqu'à ce qu'	elle se relève.			
+ Et IL RÉCONFORTAIT	ELLE	par des paroles	apaisantes	
+ *et il dit*	*à elle* :			
- [9] « Quoi	y a-t-il,	Esther ?		
- Moi, (je suis)	ton frère,	rassure-toi :	[10] tu ne mourras pas !	
- car commune	notre ordonnance	est :	[11] approche-toi ! »	
+ [12] Et ayant levé	le bâton	doré,		
+ il (le) posa	sur son cou			
+ et il embrassa	elle	et dit :	« Parle	à moi. »
. *Et elle dit*	*à lui* :			
.. [13] « J'ai vu	toi,	Seigneur,		
– comme un ange	de DIEU			
.. et S'EST BOULEVERSÉ	mon cœur	par crainte	de ta gloire,	
– [14] car admirable	tu es,	Seigneur,		
– et ton visage	de grâces	est plein. »		
:: [15] Or dialoguant	elle,			
:: elle tomba	de faiblesse			
:: [16] et LE ROI	ÉTAIT BOULEVERSÉ			
:: et toute	sa servitude	RÉCONFORTAIT	ELLE.	

Dans la première sous-partie, l'angoisse du roi (8b) se manifeste non seulement par ses gestes (8bc), mais aussi par le rythme saccadé de ses paroles (9).

La deuxième sous-partie commence par un dialogue entre le roi et son épouse. Lui ayant tendu son sceptre, il l'invite à parler (12abc), ce qu'elle fera longuement, en l'appelant « Seigneur » par deux fois (13a.14a). Ses paroles sont parallèles : ses yeux et son cœur (13a.c) comme « un ange » (13b), « admirable » et « plein de grâces » (14). Dans le second morceau, elle s'évanouit à nouveau, ce qui bouleverse le roi. Les deux protagonistes sont « bouleversés » (13c.16a).

Les morceaux extrêmes montrent « le roi » « angoissé » et « bouleversé » devant le malaise de la reine. Les morceaux médians rapportent leurs paroles. Le roi « réconforte » la reine (8e), puis ce seront tous ses serviteurs (16b). Le nom de « Dieu » revient en 8a et 13b.

400   Version grecque : la deuxième section (Est 3,1–9,19)

L'ENSEMBLE DU PASSAGE : 1-16

D,[1] Et il advint au troisième jour, quand elle cessa de prier, qu'elle quitta ses habits de SERVITUDE et s'enveloppa de sa GLOIRE.
[2] Et, devenue splendide, invoquant DIEU qui observe tous et est sauveur, elle prit ses deux servantes ; [3] sur l'une, elle s'appuyait comme alanguie [4] et l'autre suivait en soulevant son vêtement. [5] Et elle, elle était rougissante au comble de sa beauté et son VISAGE était joyeux comme adorable, mais son CŒUR gémissant de CRAINTE.

[6] Et ayant franchi toutes les portes, elle se tint en face du roi ; et *lui était assis sur le **trône de sa royauté*** et il avait revêtu tout l'appareil de sa splendeur, tout-entier D'OR et de pierres précieuses, et il était À CRAINDRE extrêmement.
[7] ET AYANT LEVÉ son VISAGE brulant de GLOIRE, au comble de la colère il regarda ; la reine TOMBA et sa couleur CHANGEA à cause de sa FAIBLESSE et elle s'écroula sur la tête de la servante qui la précédait.

[8] Et DIEU CHANGEA l'esprit du roi en douceur et, angoissé, *il bondit de son **trône*** et la saisit dans ses bras jusqu'à ce qu'elle se relève.
Et il la réconfortait par des paroles apaisantes et il lui dit : [9] « Qu'y a-t-il, Esther ? Moi, je suis ton frère : rassure-toi ! [10] Tu ne mourras pas car notre ordonnance est commune : [11] approche-toi ! »

[12] ET AYANT LEVÉ son bâton DORÉ, il le posa sur son cou et il l'embrassa et dit : « Parle-moi. » Et elle lui dit : [13] « Je t'ai vu, Seigneur, comme un ange de DIEU et mon CŒUR s'est bouleversé par CRAINTE de ta GLOIRE, [14] car tu es admirable, Seigneur, et ton VISAGE est plein de grâces. »
[15] Or, alors qu'elle parlait, elle TOMBA de FAIBLESSE [16] et le roi était bouleversé et toute sa SERVITUDE la réconfortait.

– Les deux occurrences de « servitude » remplissent la fonction de termes extrêmes (1.15) ;
– celles de « changea » de termes médians (7.8) ;
– celles de « tomba » et « faiblesse » de termes finaux (7.15).

   Par ailleurs, on notera que :
– « Dieu » est supplié (2) et il intervient (8) ; en outre, Esther voit le roi « comme un ange de Dieu » (13) ;
– la « gloire » est celle de la reine (1) et celle du roi (7.13) ;
– il est question du « visage » d'Esther d'abord (4) puis du roi, « brulant de gloire » (7) puis « plein de grâces » (14) ;
– la « crainte » est toujours celle d'Esther devant le roi (5.6 ; 13) ;
– son « cœur » est saisi de crainte (5) et elle le dira au roi (13) ;
– alors que le roi « était assis sur le trône de sa royauté » (6), « il bondit de son trône » (8) ;
– « ayant levé » d'abord « son visage brulant de gloire » (7), le roi « lève son bâton doré » (12) ;
– le roi est « tout-entier d'or » (6) et il lève « son bâton doré » (12).

Séquence B3 : D,1-16–5,3-14

INTERPRÉTATION

UNE CRAINTE ASSUMÉE

La crainte submerge Esther. S'apprêtant à franchir les portes qui conduisent au roi, « son cœur gémit de crainte ». Arrivée devant le roi, il lui apparait dans « tout l'appareil de sa splendeur » et la crainte qu'elle en éprouve la fait défaillir et elle s'écroule. L'attitude du roi, qui passe soudainement du comble de la colère à la douceur et aux embrassements, lui fait assumer sa crainte au point qu'elle peut la verbaliser et la confesser devant le roi. Mais l'épreuve a été trop rude et la voilà qui s'effondre à nouveau de faiblesse.

UNE GLOIRE PARTAGÉE

Pour se présenter au roi et tenter d'attirer ses faveurs, Esther revêt la « gloire » de ses vêtements royaux et arbore un « visage » joyeux « comme adorable ». Mais le roi lève vers elle « son visage brulant de gloire » et la regarde « au comble de la colère ». Pourtant, de manière soudaine et inattendue, le voilà qui bondit pour la relever et la réconforter. Alors, retrouvant la parole, elle reconnait devant lui et sa « gloire » et la grâce de son « visage ». Dans ses bras, leurs visages retrouvent et partagent la même gloire.

INVOQUÉ, DIEU INTERVIENT

Le changement radical de l'attitude du roi n'est pas dû à la beauté et à la gloire de la reine. On pourrait croire que le roi est frappé par l'évanouissement d'Esther et que c'est la crainte qu'il éprouve pour sa santé qui le fait passer du « comble de la colère » à la « douceur » et aux « paroles apaisantes ». Or tel n'est pas l'avis du narrateur. Il ne manque pas de rappeler d'abord qu'elle avait prié durant trois jours, et que, toute « splendide » qu'elle s'était ornée, au moment de se mettre en route, elle avait encore invoqué le Dieu Sauveur. Le retournement complet qui fait se lever le roi pour saisir la reine dans ses bras ne pouvait être dû qu'à l'intervention divine. Alors, Esther pourra reconnaitre dans le lion qu'elle craignait « comme un ange de Dieu ».

402 Version grecque : la deuxième section (Est 3,1–9,19)

b. Par deux fois Esther invite le roi et Aman à son banquet

Le deuxième passage : 5,3-8

COMPOSITION

+ 5,³ *Et dit*		le roi :		
- « *QUOI*	veux-tu,	*Esther*		
- et quelle	est	TA DEMANDE ? »		
. Jusqu'à la moitié	de mon royaume			
. *et ce sera*	*à toi.* »			

= ⁴ *Et dit*		Esther :		
• « Mon jour	insigne	*aujourd'hui*	est !	
. **SI** donc il plait	au roi,			
. **que viennent**	**et lui**	**et AMAN**	**au banquet**	
. **lequel**	**je ferai**	*aujourd'hui.* »		

+ ⁵ *Et dit*		le roi :		
: « Pressez	**AMAN**			
: afin que	nous fassions	la parole	d'ESTHER. »	
.. Et ils se rendent	tous-deux	**au banquet**		
.. lequel	avait dit	Esther.		

+ ⁶ *Or durant la beuverie*	*dit*	*le roi*	*à Esther* :	
- « *QUOI*	est-ce,	*reine*	*Esther*?	
. *Et sera*	*à toi*	toutes(les choses)	DEMANDÉES. »	

= ⁷ *Et elle dit* :				
• « Ma requête	et MA DEMANDE ?			
. ⁸ **SI** j'ai trouvé	grâce	devant	le roi,	
. **que viennent**	**le roi**	**et AMAN**	*demain*	
. **au banquet**	**que**	**je ferai**	pour eux ;	
= et *demain*	je ferai	ces(choses). »		

Les parties extrêmes sont parallèles. Dans les premières sous-parties, le roi demande à Esther ce qu'elle veut (3bc ; 6b) et lui promet que « ce sera à toi » (3de ; 6c). Dans les deuxièmes sous-parties, la reine répond d'abord par un unimembre exclamatif ou interrogatif (4b ; 7b) que suivent une conditionnelle et sa principale (4cde ; 8abc). La dernière sous-partie s'achève par un unimembre où Esther promet d'exprimer sa vraie requête : « ces(choses) » renvoie à « ma requête et ma demande ». Aux deux « aujourd'hui » de 4b.e correspondent les deux « demain » de 8b.d.

La partie centrale assure le passage de la première partie, qui a lieu dans le palais du roi où Esther s'était rendue sans y avoir été invitée, à la troisième partie qui se passe au palais de la reine où elle a organisé son banquet/beuverie (6a).

INTERPRÉTATION

LE ROI EST PRÊT À TOUT

À la première question que le roi pose à Esther, il ajoute une promesse extrêmement généreuse. Même si c'est là une formule toute faite, elle engage néanmoins celui qui la prononce. « La moitié de mon royaume », ce n'est vraiment pas rien. Quand ensuite, durant le banquet de vin, le roi relance sa question, il l'assortit d'une deuxième promesse ; mais celle-ci va bien au-delà de la première. Il ne s'agit plus seulement de la moitié de son royaume. Il promet à Esther « tout » ce qu'elle demandera. C'est que la reine a su aiguiser son désir en ajoutant un autre délai à sa véritable requête. On comprend qu'elle doive préparer le roi à entendre et accepter une demande à laquelle il ne s'attend pas le moins du monde et qu'il ne pourrait pas croire.

DE BANQUET EN BANQUET

Esther est assurée que sa requête sera reçue ; le roi ne lui a-t-il pas promis qu'il était prêt à lui céder jusqu'à la moitié de son royaume ? Et pourtant, elle ne lui expose pas sa demande, mais l'invite à un banquet de vin avec Aman. Au lieu de demander, elle offre. Le roi est intrigué par cette énigme, et c'est pourquoi il réitère sa question durant la beuverie. Il en est cependant pour ses frais, puisque la reine ne répond pas à la requête du roi, refuse de lui dire ce qu'il y a, mais les invite à nouveau pour le lendemain. Pour le lecteur aussi, l'énigme est redoublée. Il peut imaginer l'immense anxiété d'Esther et se demandera sans doute pourquoi elle y répond en faisant la fête, et par deux fois.

404 — Version grecque : la deuxième section (Est 3,1–9,19)

COMPARAISON DES DEUX VERSIONS

HÉBREU

+ 5,³ ET DIT	à elle	LE ROI :
- « QUOI à toi,	ESTHER	la reine,
- ET QUELLE EST	TA REQUÊTE ?	
- JUSQU'À LA MOITIÉ	DU ROYAUME	sera donnée À TOI. »
= ⁴ ET DIT	ESTHER :	
. « SI AU ROI	c'est bon,	
. QUE VIENNENT	LE ROI	ET HAMÂN *AUJOURD'HUI*
. AU BANQUET	QUE	J'AI FAIT pour lui.
+ ⁵ ET DIT	LE ROI :	
: « PRESSEZ	HAMÂN	
: DE FAIRE	LA PAROLE	D'ESTHER. »

− 5,⁵ᵈ ET VINRENT	le roi	et Hamân	
− AU BANQUET	QUE	faisait	ESTHER
+ ⁶ ET DIT	LE ROI	À ESTHER	
+ DURANT LE BANQUET	de vin :		
. « QUELLE (est)	ta demande,	et ce sera donné	À TOI ;
. et quelle (est)	ta requête,		
. jusqu'à la moitié	du royaume	et ce sera fait ? »	

= ⁷ Et répondit	Esther	ET ELLE DIT :	
− « MA DEMANDE	ET MA REQUÊTE ?		
: ⁸ SI J'AI TROUVÉ	GRÂCE	aux yeux	DU ROI
: et si au roi (c'est)	bon		
: de donner	ma demande	et de faire	ma requête,
- QUE VIENNENT	LE ROI	ET HAMÂN	
- AU BANQUET	QUE	JE FERAI	POUR EUX
- ET DEMAIN	JE FERAI	selon la parole	du roi. »

– En hébreu, 5,3-5c est la deuxième partie du premier passage de la séquence B3 ;
– 5,5d-8 constitue le passage central de la séquence, formé de deux parties (voir p. 145).

Séquence B3 : D,1-16–5,3-14

GREC

+ 5,[3] ET DIT	LE ROI :		
- « QUOI	veux-tu,	ESTHER	
- ET QUELLE	EST	TA DEMANDE ? »	
. JUSQU'À LA MOITIÉ	DE *mon* ROYAUME		
. et ce sera	À TOI. »		

= [4] ET DIT	ESTHER :		
• « *Mon jour*	*insigne*	*aujourd'hui*	*est !*
. SI *donc* il plait	AU ROI,		
. QUE VIENNENT	ET LUI	ET AMAN	AU BANQUET
. LEQUEL	JE FERAI	*AUJOURD'HUI.* »	

+ [5] ET DIT	LE ROI :		
: « PRESSEZ	AMAN		
: *afin que*	NOUS FASSIONS	LA PAROLE	D'ESTHER. »
.. ET ILS SE RENDENT	tous-deux	AU BANQUET	
.. LEQUEL	avait dit	ESTHER.	

+ [6] OR DURANT LA BEUVERIE	DIT	LE ROI	À ESTHER :
- « QUOI	*est-ce,*	*reine*	*Esther ?*
. Et sera	À TOI	*toutes(les choses)*	*demandées.* »

= [7] ET ELLE DIT :			
• « MA REQUÊTE	ET MA DEMANDE ?		
. [8] SI J'AI TROUVÉ	GRÂCE	devant	LE ROI,
. QUE VIENNENT	LE ROI	ET AMAN	*demain*
. AU BANQUET	QUE	JE FERAI	POUR EUX ;
= ET DEMAIN	JE FERAI	ces(choses). »	

Dans la version grecque, en revanche, 5,3-8 forme un seul passage, le passage central de la séquence B5.

– le grec abrège notablement l'hébreu en supprimant 6de et 8bc.

406 Version grecque : la deuxième section (Est 3,1–9,19)

c. AMAN PROJETTE LA MORT DE MARDOCHÉE

Le troisième passage : 5,9-14

COMPOSITION

:: 5,⁹ Et sortit	**AMAN**	de chez **LE ROI**		
+ très-joyeux	*RÉJOUI* ;			

:: mais à *VOIR*	**AMAN**	*MARDOCHÉE*	*LE JUIF*	*DANS LA COUR,*
– il fut en colère	extrêmement.			

:: ¹⁰ Et entrant	chez lui,			
:: il appela	*LES AMIS*	*ET ZOSARA*	*SA FEMME*	
+ ¹¹ et fit connaitre	à eux	sa richesse		
+ et la gloire	que	**LE ROI**	lui	accorda
+ et comme il fit	lui	premier	et conducteur	du royaume.

+ ¹² *Et dit*	**AMAN** :			

:: « N'a pas invité	la reine	avec **LE ROI**	
:: personne	au banquet	sinon moi	
:: et pour demain	je suis invité ;		
– mais cela	à moi	ne m'importe pas	
– quand *JE VOIS*	*MARDOCHÉE*	*LE JUIF*	*DANS LA COUR.* »

+ ¹⁴ *Et dit*	*à lui*	*ZOSARA*	*SA FEMME*	*ET LES AMIS* :

. « Qu'on coupe	pour toi	un bois	de coudées	cinquante
. et à l'aube	dis	**AU ROI**		
. et que soit pendu	*MARDOCHÉE*	sur le bois ;		
.. et toi,	sors	au banquet	avec **LE ROI**	
.. et *SOIS-RÉJOUI*. »				

= Et plut	le propos	à **AMAN**
= et il prépara	le bois.	

Séquence B3 : D,1-16–5,3-14 407

Dans la première sous-partie de la première partie, à la joie dont Aman est rempli au sortir de chez le roi, c'est-à-dire du banquet d'Esther avec le roi (9ab), s'oppose la colère qu'il éprouve à voir Mardochée dans la cour du roi (9cd). La deuxième sous-partie commence avec « entrant » qui s'oppose à « sortit » au début de la première sous-partie. Devant ses amis et sa femme qu'il a appelés, Aman se vante de « sa richesse » (11a) et de sa « gloire » de « premier » ministre (11bc).

Alors que la première partie était de récit, la deuxième est de discours. Dans la première sous-partie, à la satisfaction qu'Aman éprouve d'avoir été invité au banquet de la reine Esther, lui seul avec le roi (12bcd), s'oppose son dépit de voir Mardochée dans la cour du roi (12ef). Dans la deuxième sous-partie, les paroles de sa femme et ses amis correspondent, en sens inverse, à ce qu'il vient de dire : en faisant pendre Mardochée (14bcd), il ne le verra plus dans la cour (12ef), et en se rendant au second banquet d'Esther, il pourra se réjouir (14ef) comme au premier (12bcd). Le dernier morceau de cette sous-partie conclut le passage (14gh).

Les deux parties sont parallèles. Leurs premières sous-parties se correspondent : c'est d'abord la joie des invitations chez la reine (9ab ; 12bcd), mais c'est aussi la colère de voir Mardochée dans la cour du roi (9cd ; 12ef).

Les deuxièmes sous-parties sont, elles aussi, en rapport : Aman raconte sa « gloire » à ses amis et à sa femme (10-11), et ceux-ci lui disent comment mettre un comble à sa joie en faisant pendre Mardochée (14).

INTERPRÉTATION

Par rapport à celle de l'hébreu, l'interprétation de la version grecque ne change guère. Simplement, le grec est moins circonstancié que l'hébreu ; ainsi, il ne se croit pas obligé de redire que Mardochée ne se leva pas ni ne trembla devant Aman. Les abréviations de la version grecque donnent à son récit un ton moins dramatique, plus discret.

408 Version grecque : la deuxième section (Est 3,1–9,19)

COMPARAISON DES DEUX VERSIONS

HÉBREU

+ 5,[9] ET SORTIT	HAMÂN	ce jour-	là
+ JOYEUX	et bon	de cœur.	
....			
– MAIS QUAND VIT	HAMÂN	MARDOCHÉE	
– à la porte	du roi		
– et il ne se leva pas	ni ne trembla	devant lui	
– et fut rempli	Hamân	contre Mardochée	DE COLÈRE
– [10] mais se domina	Hamân.		

+ ET IL ALLA	DANS SA MAISON		
+ ET IL ENVOYA	et fit-venir	SES AMIS	
+ ET ZÉRESH	SA FEMME.		
....			
:: [11] ET IL RACONTA	À EUX	Hamân	
:: LA GLOIRE	DE SA RICHESSE	et la multitude	de ses fils
:: et tout ce dont	l'avait grandi	LE ROI	
:: et ce dont	il l'avait élevé	au-dessus des princes	
:: et des serviteurs	du roi.		

– [12] ET DIT	HAMÂN :		
....			
:: « Oui, N'A PAS FAIT-VENIR	Esther	LA REINE	AVEC LE ROI
:: AU BANQUET	qu'	elle a fait	SINON MOI
:: ET aussi DEMAIN	moi	on a appelé à elle	avec le roi.
....			
– [13] MAIS tout CELA	n'a pas	de valeur	POUR MOI
– toutes les fois	que	moi	JE VOIS
– MARDOCHÉE	LE JUIF		
– assis	à la porte	du roi. »	

– [14] ET DIRENT	À LUI	ZÉRESH	SA FEMME
– ET tous	SES AMIS :		
....			
- « Qu'on fasse	UN BOIS		
- sa hauteur	CINQUANTE	COUDÉES	
- ET AU MATIN	DIS	AU ROI	
- ET ILS PENDRONT	MARDOCHÉE	SUR LUI ;	
+ ET VA	AVEC LE ROI	AU BANQUET,	JOYEUX. »
....			
– ET FUT-BONNE	LA PAROLE	devant	HAMÂN
– ET IL FIT	LE BOIS.		

Séquence B3 : D,1-16–5,3-14

GREC

:: 5,[9] ET SORTIT	AMAN	*de chez le roi*		
+ *très*-JOYEUX	réjoui.			
:: OR À VOIR	AMAN	MARDOCHÉE	LE JUIF	dans la cour,
— IL FUT EN COLÈRE	extrêmement.			

:: [10] ET ENTRANT	CHEZ LUI,			
:: IL APPELA	LES AMIS	ET ZOSARA	SA FEMME	
+ [11] ET FIT CONNAITRE	À EUX	SA RICHESSE		
+ et LA GLOIRE	que	LE ROI	lui	accorda
+ et comme il fit	lui	premier	et conducteur	du royaume.

+ [12] ET DIT	AMAN :			
:: « N'A PAS INVITÉ	LA REINE	AVEC LE ROI		
:: *personne*	AU BANQUET	SINON MOI		
:: ET POUR DEMAIN	je suis invité.			
— MAIS CELA	À MOI	ne m'importe pas		
— *quand* JE VOIS	MARDOCHÉE	LE JUIF	dans la cour. »	

+ [14] ET DIRENT	À LUI	ZOSARA	SA FEMME	ET LES AMIS :
. « Qu'on coupe	*pour toi*	UN BOIS	DE COUDÉES	CINQUANTE
. ET À L'AUBE	DIS	AU ROI		
. ET QUE SOIT PENDU	MARDOCHÉE	SUR LE BOIS ;		
.. ET *toi*,	SORS	AU BANQUET	AVEC LE ROI	
.. ET SOIS-RÉJOUI. »				
= ET PLUT	LE PROPOS	À AMAN		
= ET IL PRÉPARA	LE BOIS.			

La version grecque est notablement plus courte que le texte hébreu. Dans le deuxième morceau de la première sous-partie, les cinq membres de l'hébreu (9c 10a) sont réduits à deux en grec (9cd). Il suffit quelquefois d'un seul mot omis pour qu'un trimembre de l'hébreu (10bcd) devienne un bimembre en grec (10ab), ou un bimembre (14ab) devienne un unimembre (14a).

Malgré toutes les abréviations du grec, la composition des deux versions est exactement la même : les limites entre les deux parties ainsi que de leurs deux sous-parties se correspondent.

410 Version grecque : la deuxième section (Est 3,1–9,19)

d. APRÈS LE PREMIER BANQUET D'ESTHER, AMAN PROJETTE DE FAIRE PENDRE MARDOCHÉE

L'ensemble de la séquence B3 : D,1–5,14

COMPOSITION

> D,[1] Et il advint au troisième jour, quand elle cessa de prier, qu'elle quitta ses habits de servitude et s'enveloppa de sa GLOIRE. [2] Et, devenue splendide, invoquant DIEU qui observe tous et est sauveur, elle prit ses deux servantes ; [3] sur l'une, elle s'appuyait comme alanguie, [4] et l'autre suivait en soulevant son vêtement. [5] Et elle, elle était rougissante au comble de sa beauté et son visage était joyeux comme adorable, mais son cœur gémissait de crainte. [6] Et ayant franchi toutes les portes, elle se tint en face du roi ; et lui était assis sur le trône de sa royauté et il avait revêtu tout l'appareil de sa splendeur, tout entier d'or et de pierres précieuses, et il était à craindre EXTRÊMEMENT. [7] Ayant levé son visage brûlant de GLOIRE, au comble de LA COLÈRE il regarda ; la reine tomba et sa couleur changea à cause de sa faiblesse et elle s'écroula sur la tête de la servante qui la précédait.
> [8] Et DIEU changea l'esprit du roi en douceur et, angoissé, il bondit de son trône et la saisit dans ses bras jusqu'à ce qu'elle se relève. Et il la réconfortait par des paroles apaisantes et il lui dit : [9] « Qu'y a-t-il, Esther ? Moi, je suis ton frère : rassure-toi ! [10] Tu ne mourras pas car notre ordonnance est pour le commun : [11] approche-toi ! » [12] Et ayant levé son bâton doré, il le posa sur son cou et il l'embrassa et dit : « Parle-moi. » *Et elle lui dit* : [13] « Je t'ai vu, Seigneur, comme un ange de DIEU et mon cœur s'est bouleversé par crainte de ta GLOIRE, [14] car tu es admirable, Seigneur, et ton visage est plein de grâces. » [15] Or, alors qu'elle parlait, elle tomba de faiblesse [16] et le roi était bouleversé et toute sa servitude la réconfortait.

> 5,[3] Le roi dit : « Que veux-tu, Esther, et quelle est ta demande ? Jusqu'à la moitié de mon royaume ce sera à toi. » [4] *Et Esther dit* : « C'est mon jour insigne aujourd'hui ! Si donc il plait au roi, qu'il vienne lui et AMAN au BANQUET que je ferai aujourd'hui. »
> [5] Et le roi dit : « Pressez AMAN afin que nous fassions la parole d'Esther. »
> Et ils se rendent tous deux au BANQUET qu'Esther avait dit.
> [6] Or, durant la beuverie, le roi dit à Esther : « Qu'est-ce, reine Esther ? Et sera à toi tout ce que tu as demandé. » [7] *Et elle dit* : « Ma requête et ma demande ! [8] Si j'ai trouvé grâce devant le roi, que le roi et AMAN viennent demain au BANQUET que je ferai pour eux ; et demain je ferai ces choses. »

> [9] AMAN sortit de chez le roi très joyeux, réjoui ; mais quand AMAN vit MARDOCHÉE le juif dans la cour, *IL FUT EN COLÈRE EXTRÊMEMENT*. [10] Entrant chez lui, il appela ses amis et Zosara sa femme [11] et il leur fit connaitre sa richesse et la GLOIRE que le roi lui avait accordée et comme il avait fait de lui le premier et conducteur du royaume.
> [12] Et AMAN dit : « La reine n'a invité au BANQUET avec le roi personne d'autre que moi et pour demain je suis encore invité ; [13] mais cela ne me plait pas quand je vois MARDOCHÉE le juif dans la cour. » [14] Zosara sa femme et ses amis lui dirent : « Qu'on coupe pour toi un bois de cinquante coudées et à l'aube dis au roi que MARDOCHÉE soit pendu sur le bois ; et toi, sors au BANQUET avec le roi et sois réjoui. » Le propos plut à AMAN et il prépara le bois.

Séquence B3 : D,1-16–5,3-14   411

Le premier passage comprend toute l'expansion D qui raconte la rencontre entre Esther et le roi. Le dernier passage rapporte la rencontre d'Aman avec les siens. Dans ces deux passages, alors que la première partie est de récit (D,1-7 ; 5,9-11), la deuxième partie est de dialogue (D,8-16 ; 5,12-14). Dans le premier passage, la « gloire » est celle de la reine (D,1) puis celle du roi (D,7.13), et dans le dernier, c'est celle que le roi a accordé à Aman (5,10). Au début, le roi est à craindre « extrêmement » et il se met en « colère » (D,6-7) ; à la fin, c'est Aman qui « fut en colère extrêmement » à la vue de Mardochée (5,9).

Le roi et la reine Esther sont présents dans les trois passages. Aman entre en scène dans la dernière partie du passage central et, à partir de là, il n'est plus question que de lui. Il est question de Mardochée seulement dans le dernier passage : il ne s'y trouve physiquement qu'au début (5,9), mais il est très présent dans le discours de ses ennemis (13.14). Le nom de « Dieu » n'apparait que dans le premier passage, par trois fois (D,2.8.13).

Le passage central articule les deux autres : sa première partie (5,3-4) se passe dans le palais royal comme le premier passage, sa dernière partie (6-8) au banquet d'Esther d'où Aman sortira pour se rendre chez lui, où il s'en vantera (12). La courte partie centrale (5) assure le passage entre le palais du roi et celui de la reine où se tient son banquet. Au centre de la séquence se vérifient donc les trois lois de la binarité, avec les deux questions que le roi adresse à Esther, de la question au centre et aussi du caractère énigmatique du centre.

412 Version grecque : la deuxième section (Est 3,1–9,19)

COMPARAISON ENTRE LES DEUX VERSIONS

HÉBREU

5,[1] ET IL ADVINT AU TROISIÈME JOUR qu'Esther revêtit la royauté et elle se tint dans la cour intérieure de la maison du roi, face à la maison du roi ; et le roi ÉTAIT ASSIS SUR LE TRÔNE DE SA ROYAUTÉ dans la maison de la royauté, face à l'entrée de la maison. [2] Et il arriva, quand le roi vit qu'elle se tenait dans la cour, qu'elle suscita grâce à ses yeux ; et le roi tendit à Esther LE SCEPTRE D'OR qui était dans sa main et Esther s'approcha et toucha la tête du sceptre.
[3] ET LE ROI lui dit : « Qu'as-tu, reine ESTHER, ET QUELLE EST TA REQUÊTE ? JUSQU'À LA MOITIÉ DU ROYAUME elle te sera donnée. » [4] ET ESTHER DIT : « SI C'EST BON POUR LE ROI, QUE LE ROI ET HAMÂN VIENNENT AUJOURD'HUI AU BANQUET QUE J'AI FAIT POUR LUI. » [5] ET LE ROI DIT : « PRESSEZ HAMÂN DE FAIRE LA PAROLE D'ESTHER. »

[5d] ET le roi et Hamân VINRENT AU BANQUET QUE faisait ESTHER. [6] ET LE ROI DIT À ESTHER DURANT LE BANQUET de vin : « Quelle est ta demande et elle te sera donnée et quelle est ta requête, jusqu'à la moitié du royaume et ce sera fait. » [7] ET Esther répondit ET DIT : « MA DEMANDE ET MA REQUÊTE ? [8] SI J'AI TROUVÉ GRÂCE AUX YEUX DU ROI et s'il est bon pour le roi de donner ma demande et de faire ma requête, QUE LE ROI ET HAMÂN VIENNENT AU BANQUET QUE JE FERAI POUR EUX ; ET DEMAIN JE FERAI selon la parole du roi. »

[9] HAMÂN SORTIT ce jour-là, JOYEUX et bon de cœur. MAIS QUAND HAMÂN VIT MARDOCHÉE à la porte du roi qui ne se leva pas ni ne trembla devant lui, Hamân FUT REMPLI DE COLÈRE contre Mardochée, [10] mais Hamân se domina. ET IL ALLA DANS SA MAISON ET IL ENVOYA FAIRE VENIR SES AMIS ET SA FEMME ZÉRESH. [11] ET Hamân LEUR RACONTA LA GLOIRE DE SA RICHESSE et la multitude de ses fils et tout ce dont l'avait grandi le roi et ce dont il l'avait élevé au-dessus des princes et des serviteurs du roi.
[12] ET HAMÂN DIT : « LA REINE Esther M'A FAIT VENIR AVEC LE ROI AU BANQUET QU'ELLE A FAIT, MOI SEUL, ET DEMAIN AUSSI ON M'A APPELÉ, moi, chez elle avec le roi ; [13] MAIS tout CELA n'a pas de valeur pour moi, chaque fois que, moi, je vois Mardochée le juif assis à la porte du roi. » [14] ET SA FEMME ZÉRESH ET TOUS SES AMIS LUI DIRENT : « QU'ON FASSE UNE POTENCE d'une hauteur DE CINQUANTE COUDÉES ET, AU MATIN, DIS AU ROI QU'ON Y PENDE MARDOCHÉE ; ET va avec LE ROI AU BANQUET, JOYEUX. » ET CETTE PAROLE FUT BONNE POUR HAMÂN ET IL FIT LA POTENCE.

La première partie du premier passage de l'hébreu (5,1-2) est très largement amplifié par le grec (D,1-16). Les deux versions n'ont que trois syntagmes en commun.

Cela provoque un découpage différent des deux premiers passages : alors que le dialogue entre le roi et Esther fait partie du premier passage de l'hébreu (5,3-5), son correspondant dans la version grecque est intégré au passage central avec le dialogue correspondant au lieu du banquet d'Esther (3-8).

On notera que pour ce deuxième dialogue, le grec abrège l'hébreu. De même, le grec abrège l'hébreu dans le dernier passage, surtout dans la première partie (9-11).

Séquence B3 : D,1-16–5,3-14   413

GREC

D,1 ET IL ADVINT AU TROISIÈME JOUR, *quand elle cessa de prier, qu'elle quitta ses habits de servitude et s'enveloppa de sa gloire.* 2 *Et, devenue splendide, invoquant Dieu qui observe tous et est sauveur, elle prit ses deux servantes* ; 3 *sur l'une, elle s'appuyait comme alanguie,* 4 *et l'autre suivait en soulevant son vêtement.* 5 *Et elle, elle était rougissante au comble de sa beauté et son visage était joyeux comme adorable, mais son cœur gémissait de crainte.* 6 *Et ayant franchi toutes les portes, elle se tint en face du roi ; et lui* ÉTAIT ASSIS SUR LE TRÔNE DE SA ROYAUTÉ *et il avait revêtu tout l'appareil de sa splendeur, tout entier d'or et de pierres précieuses, et il était à craindre extrêmement.* 7 *Ayant levé son visage brûlant de gloire, au comble de la colère il regarda ; la reine tomba et sa couleur changea à cause de sa faiblesse et elle s'écroula sur la tête de la servante qui la précédait.*

8 *Et Dieu changea l'esprit du roi en douceur et, angoissé, il bondit de son trône et la saisit dans ses bras jusqu'à ce qu'elle se relève. Et il la réconfortait par des paroles apaisantes et il lui dit :* 9 *« Qu'y a-t-il, Esther ? Moi, je suis ton frère : rassure-toi !* 10 *Tu ne mourras pas car notre ordonnance est pour le commun :* 11 *approche-toi ! »* 12 *Et ayant levé* SON BÂTON DORÉ, *il le posa sur son cou et il l'embrassa et dit : « Parle-moi. » Et elle lui dit :* 13 *« Je t'ai vu, Seigneur, comme un ange de Dieu et mon cœur s'est bouleversé par crainte de ta gloire,* 14 *car tu es admirable, Seigneur, et ton visage est plein de grâces. »* 15 *Or, alors qu'elle parlait, elle tomba de faiblesse* 16 *et le roi était bouleversé et toute sa servitude la réconfortait.*

5,3 LE ROI DIT : « **Que veux-tu,** ESTHER, ET QUELLE EST TA DEMANDE ? JUSQU'À LA MOITIÉ DE MON ROYAUME **ce sera à toi.** » 4 ET ESTHER DIT : « *C'est mon jour insigne aujourd'hui* ! SI DONC IL PLAIT AU ROI, QU'ILS VIENNENT LUI ET AMAN AU BANQUET QUE JE FERAI AUJOURD'HUI. »

5 ET LE ROI DIT : « PRESSEZ AMAN AFIN QUE NOUS FASSIONS LA PAROLE D'ESTHER. »

ET ILS SE RENDENT **tous deux** AU BANQUET QU'ESTHER **avait dit.**

6 OR, DURANT LA BEUVERIE, LE ROI DIT À ESTHER : « **Qu'est-ce, reine Esther ? Et sera à toi tout ce que tu as demandé.** » 7 ET ELLE DIT : « MA REQUÊTE ET MA DEMANDE ! 8 SI J'AI TROUVÉ GRÂCE DEVANT LE ROI, QUE LE ROI ET AMAN VIENNENT DEMAIN AU BANQUET QUE JE FERAI POUR EUX ; ET DEMAIN JE FERAI **ces choses.** »

---

9 AMAN SORTIT **de chez le roi** *très* JOYEUX, **réjoui** ; MAIS QUAND AMAN VIT MARDOCHÉE *le juif* **dans la cour**, IL FUT EN COLÈRE EXTRÊMEMENT. 10 ENTRANT CHEZ LUI, IL APPELA SES AMIS ET ZOSARA SA FEMME 11 ET IL LEUR FIT CONNAITRE SA RICHESSE ET *LA GLOIRE* **que le roi lui avait accordée et comme il avait fait de lui le premier et conducteur du royaume.**

12 ET AMAN DIT : « LA REINE N'A INVITÉ AU BANQUET AVEC LE ROI PERSONNE D'AUTRE QUE MOI ET POUR DEMAIN JE SUIS ENCORE INVITÉ ; 13 MAIS CELA **ne me plait pas quand** JE VOIS MARDOCHÉE LE JUIF **dans la cour.** » 14 ZOSARA SA FEMME ET SES AMIS LUI DIRENT : « **Qu'on coupe** *pour toi* UN BOIS DE CINQUANTE COUDÉES ET, À L'AUBE, DIS AU ROI QUE MARDOCHÉE SOIT PENDU *sur le bois* ; ET *toi*, *sors* AU BANQUET AVEC LE ROI ET SOIS RÉJOUI. » LE PROPOS PLUT À AMAN ET IL PRÉPARA LE BOIS.

INTERPRÉTATION

SOUS LE REGARD DU DIEU SAUVEUR

La séquence commence au troisième jour, le jour traditionnel du salut, au moment où Esther vient d'achever sa prière. Quand elle a quitté ses habits de deuil et de jeûne, ses habits « de servitude », pour revêtir ses atours de reine, au moment de partir pour la maison du roi, elle se tourne à nouveau vers Dieu, lui qui, selon les mots du narrateur, « observe tous et est sauveur » (D,2). Ainsi, c'est toute la séquence qui est donnée à lire en clé divine. Et, effectivement, Dieu ne tardera pas à intervenir pour changer le cœur du roi, le faire passer d'une « colère » extrême à la « douceur » d'un « frère ». Quand, à la fin, le lecteur voit Aman dresser sa potence, il ne peut oublier la présence du Dieu qui a sauvé Esther et qui ne saurait manquer d'en faire autant pour Mardochée le juif.

SOUS LE SUSPENSE DE LA REINE

« Que veux-tu, Esther ? » « Qu'est-ce, reine Esther ? » À ces deux questions que le roi lui adresse, Esther semble répondre chaque fois par une invitation à un banquet où elle convie aussi, avec le roi, son second, Aman. En réalité, elle ne répond que par un renvoi au lendemain. Le lecteur est intrigué au plus haut point, comme l'est le roi. Que veut-elle au juste ? Elle fait durer le suspense. Et, chose surprenante, le roi accepte d'attendre, ce qui n'est probablement pas dans ses habitudes. On ne fait pas attendre les rois.

3. Aman commence à tomber devant Mardochée

La séquence B4 : 6,1-14

La séquence comprend trois passages :

MARDOCHÉE N'A PAS ÉTÉ ÉLEVÉ	6,1-3

LE RÊVE D'AMAN SE BRISE	4-11

AMAN A COMMENCÉ À TOMBER	12-14

a. MARDOCHÉE N'A PAS ÉTÉ ÉLEVÉ

Le premier passage : 6,1-3

COMPOSITION

+ 6,[1] LE SEIGNEUR	écarta	le sommeil	du roi
+ la nuit	celle-là ;		
: et il dit	à son didascale		
: d'apporter	LES TEXTES	mémoires	des jours
: pour les lire	à lui.		
–[2] Or il trouva	LES TEXTES	écrits	sur MARDOCHÉE
– qu'il avait averti	le roi	sur les deux	eunuques du roi
.. quand ils gardaient	eux		
.. et avaient voulu	porter	les mains	sur Artaxerxès
::[3] Et dit	le roi :		
- « Quelle gloire	ou grâce	*avons-nous faite*	pour MARDOCHÉE ? »
:: Et dirent	les serviteurs	du roi :	
- « *Tu n'as fait*	pour lui	rien. »	

Dans le premier morceau, pour passer le temps de son insomnie (1ab), le roi demande qu'on lui fasse la lecture de la chronique des jours (1cde). Dans le second morceau, le didascale lit le récit qui rapporte comment Mardochée avait dénoncé les deux eunuques (2ab) qui, étant de garde, avaient voulu tuer le roi (2cd). Dans le troisième morceau, le roi s'enquiert de la récompense qu'il aurait accordée à Mardochée (3ab), mais on lui dit qu'il n'a rien fait de tel (3cd).

Six fois est mentionné le nom du « roi » « Artaxerxès », mais le premier terme du passage donne le nom de celui qui enclenche l'opération, « le Seigneur » (1a).

INTERPRÉTATION

LE SEIGNEUR

Comme la clé au début d'une partition donne le ton de son exécution, ainsi le premier mot du passage annonce comment lire et interpréter les évènements qu'il rapporte. Ce n'est pas quelque personnage du récit qui prononce le nom du « Seigneur », mais le narrateur. Ni le roi Artaxerxès, ni son didascale, ni les serviteurs du roi n'ont conscience de sa présence ; en tout cas, personne ne parle de lui. Mais le lecteur est d'emblée informé que tout ce qui va se passer est le fruit d'une intervention divine.

UNE HISTOIRE DE SALUT

Parmi tous les faits relatés dans les chroniques du royaume, le hasard veut que ce soit une histoire de salut que le didascale du roi se mette à lire. Grâce à un certain Mardochée, un attentat contre la vie du roi avait été éventé. Voilà de quoi retenir l'attention de celui qui avait ainsi échappé à la mort. Il ne semble pas que le roi se souvienne de cet évènement ; heureusement, les chroniques royales ont la mémoire longue.

UN OUBLI REGRETTABLE

Une action comme celle de Mardochée mérite certainement une récompense. Si le roi demande des informations à ce sujet, c'est sans doute que le rapport des chroniques n'en parle pas. Et c'est ce que confirmeront les serviteurs du roi : rien n'a été fait. On croit percevoir un reproche muet de la part des serviteurs, ou pour le moins un certain étonnement. Étonnement que ne manque pas de ressentir le lecteur qui, par conséquent, attend la suite de l'histoire. Le roi ne devrait pas tarder à remédier à un oubli si regrettable.

COMPARAISON DES DEUX VERSIONS

L'organisation du texte en trois morceaux est identique dans les deux versions.

Le grec abrège les deux derniers morceaux en ne reprenant pas quelques termes de l'hébreu, dont les noms des deux eunuques (2c).

En revanche, par l'adjonction de « le Seigneur » et « son didascale », le grec développe le premier morceau qui compte cinq membres au lieu de quatre de l'hébreu.

Séquence B4 : 6,1-14

HÉBREU

+ 6,[1] CETTE NUIT-	LÀ	fuyait	LE SOMMEIL	DU ROI
+ ET IL DIT	DE FAIRE-VENIR	LE LIVRE	DES MÉMOIRES,	
+ les choses	DES JOURS ;			
− et ils étaient	LISANT	devant	le roi.	
:[2] ET FUT TROUVÉ	ÉCRIT			
: ce qu'	AVAIT RAPPORTÉ	MARDOCHÉE		
- SUR Bigtana	et Téresh,			
- DEUX	EUNUQUES	DU ROI	parmi LES GARDIENS du seuil,	
.. lesquels	AVAIENT CHERCHÉ			
.. À ENVOYER	LA MAIN	SUR le roi	AKHASHVÉROSH.	
+[3] ET DIT	LE ROI :			
. « Quoi	A ÉTÉ FAIT,	honneur	et grandeur,	
. À MARDOCHÉE	pour cela ? »			
− ET DIRENT	les jeunes-gens	DU ROI	SES SERVITEURS :	
- « N'A ÉTÉ FAITE	AVEC LUI	UNE CHOSE. »		

GREC

+ 6,[1] Le Seigneur	écarta	LE SOMMEIL	DU ROI	
+ LA NUIT	CELLE-LÀ ;			
: ET IL DIT	à son didascale			
: D'APPORTER	LES TEXTES	MÉMOIRES	DES JOURS	
: pour les LIRE	à lui.			
−[2] OR IL TROUVA	les textes	ÉCRITS	sur MARDOCHÉE	
− QU'IL AVAIT AVERTI	le roi	SUR LES DEUX	EUNUQUES	DU ROI
.. QUAND ILS GARDAIENT	EUX			
.. ET AVAIENT VOULU	PORTER	LES MAINS	SUR ARTAXERXÈS	
::[3] ET DIT	LE ROI :			
- « Quelle gloire	ou grâce	AVONS-NOUS FAIT	POUR MARDOCHÉE ? »	
:: ET DIRENT	LES SERVITEURS	DU ROI :		
- « TU N'AS FAIT	POUR LUI	RIEN. »		

418 Version grecque : la deuxième section (Est 3,1–9,19)

b. LE RÊVE D'AMAN SE BRISE

Le deuxième passage : 6,4-11

COMPOSITION

Dans le premier morceau de la première partie, au « bienfait » que le roi veut faire à Mardochée (4a) s'oppose sa pendaison qu'Aman vient demander au roi (4efg). Au centre, la question du roi. Dans le deuxième morceau, les serviteurs répondent à la question que le roi avait posée au centre du premier morceau et le roi fait appeler Aman. Le troisième morceau commence par la question du roi à Aman (6abc), ce qui suscite de la part de ce dernier une réponse intérieure où il s'identifie à l'homme que le roi veut glorifier (6def).

Dans la partie centrale, Aman répond à la question du roi. Les deux morceaux se correspondent en miroir : le dernier segment (9def) répond au premier (7b) dont il reprend les termes. Dans les trimembres médians, aux « esclaves » correspondent les personnages « illustres » qui vêtiront l'homme et le feront chevaucher de manière royale.

Dans la dernière partie, le roi ordonne à Aman de faire à la lettre pour Mardochée ce qu'il a dit (10), ce qu'Aman exécute ponctuellement (11).

« L'homme que le roi veut glorifier » sert, en quelque sorte, de refrain : il se trouve aux extrémités de la partie centrale (7b.9ef) et en finale des parties extrêmes (6bc.ef ; 11ef). Le dernier morceau (11) correspond exactement au conseil donné par Aman dans le dernier morceau de la partie centrale (9). Le nom de « Mardochée » ne se trouve qu'aux extrémités (4a.f ; 10c.11b). On pourra noter aussi que « dans la cour » revient aussi aux extrémités : au début, c'est Aman qui s'y trouve (4b.d.5b), à la fin, c'est Mardochée (10c).

INTERPRÉTATION

LE BIENFAIT DE MARDOCHÉE

Aman arrive auprès du roi avec une seule idée en tête, celle de faire pendre ce Mardochée qu'il ne supporte pas. Il ne doute certainement pas que le roi lui accordera cette faveur, puisqu'il est son second. Or il ne sait pas que le roi a un autre projet, diamétralement opposé au sien. Le roi le prend de court. Sa question devance sa requête. Il veut « glorifier » un homme et il s'en remet à la sagesse d'Aman : il saura lui proposer ce qu'il y a de mieux pour le bienfait qu'il envisage.

LE RÊVE D'AMAN

Aman est tellement plein de lui-même qu'il est incapable d'imaginer que le roi veuille glorifier quelqu'un d'autre. Alors il se sert sans retenue : un vêtement royal, un cheval du roi, un triomphe par les rues de la ville. Le roi donne son aval, sans lésiner. Exécution immédiate ! En tant que le plus digne de tous les

Séquence B4 : 6,1-14   419

personnages illustres, Aman est chargé de mettre en œuvre scrupuleusement la « glorification » de son ennemi intime. Ce dont il est bien obligé de s'acquitter.

+ 6,4 S'informant	le roi	sur le bienfait	de *MARDOCHÉE*,
+ voici	Aman	DANS LA COUR.	
:: *Et dit*	*le roi* :		
- « Qui (est)	DANS LA COUR ? »		
– Or Aman	entrait	dire	au roi
– de pendre	*MARDOCHÉE*	sur le bois	
– lequel	il avait préparé.		

:: 5 *Et dirent*	*les serviteurs*	*du roi* :	
- « Voici que	Aman	se tient	DANS LA COUR. »
:: *Et dit*	*le roi* :		
- « Appelez-	le. »		

+ 6 *Et dit*	*le roi*	*à Aman* :	
- « Que	ferai-je	à l'homme	
- que	moi	je veux	glorifier ? »
– *Et dit*	*en lui-même*	*Aman* :	
. « Qui	veut	le roi	glorifier,
. si ce n'est	moi ? »		

– 7 Et il dit	au roi :			
: « Un homme	que	le roi	veut	glorifier ?
. 8 Qu'apportent	les esclaves	du roi		
. un vêtement	de byssus	que	le roi	revêt
. et un cheval	sur lequel	le roi	monte.	
. 9 Et soient donnés	à l'un	des amis	du roi	glorieux
. et qu'il vête	l'homme	que	le roi	aime
. et fasse monter	lui	sur le cheval ;		
.. et qu'il proclame	à travers la rue	de la ville	disant :	
.. « Ainsi	sera	à tout	homme	
.. que	le roi	glorifie ! »		

+ 10 Et dit	le roi	à Aman :		
: « Comme	tu as parlé,	ainsi	fais	
: à MARDOCHÉE	le juif	le servant	DANS LA COUR	
: et que ne manque	une tienne parole	de celles que	tu as dites. »	
. 11 Et prit	Aman	le vêtement	et le cheval	
. et il vêtit	MARDOCHÉE	et fit monter	lui	sur le cheval
.. et il alla	à travers la rue	de la ville		
.. et il proclama	disant :			
.. « Ainsi	sera	tout	homme	
.. que	le roi	veut	glorifier ! »	

420 Version grecque : la deuxième section (Est 3,1–9,19)

COMPARAISON DES DEUX VERSIONS

HÉBREU

+ 6,[4] ET DIT	LE ROI :		
: « QUI (EST)	DANS LA COUR ? »		
- ET HAMÂN	ÉTAIT VENU	dans la cour	
- de la maison	du roi	la première	
.. POUR DIRE	AU ROI		
.. DE PENDRE	MARDOCHÉE	SUR LA POTENCE	
.. LAQUELLE	IL AVAIT PRÉPARÉE	pour lui.	
— [5] ET DIRENT	LES JEUNES-GENS	DU ROI	à lui :
: « VOICI	HAMÂN	SE TENANT	DANS LA COUR. »
+ ET DIT	LE ROI :		
- « Qu'il vienne ! »			

L'ajout grec de 4ab établit un fort contraste entre « le bienfait » que le roi envisage pour Mardochée et sa pendaison qu'Aman est venu solliciter (4efg). Le découpage grec qui inclut le verset 6 permet de comprendre que « l'homme » que le roi veut « glorifier » est « Mardochée » à qui il veut faire un « bienfait ».

Le trimembre grec 4efg résume les cinq membres de l'hébreu (4c-g).

GREC

+ 6,[4] S'informant	le roi	sur le bienfait	de Mardochée,
+ voici	Aman	dans la cour.	
:: ET DIT	LE ROI :		
- « QUI (EST)	DANS LA COUR ? »		
— OR AMAN	ENTRAIT	DIRE	AU ROI
— DE PENDRE	MARDOCHÉE	SUR LA POTENCE	
— LAQUELLE	IL AVAIT PRÉPARÉE.		
:: [5] ET DIRENT	LES SERVITEURS	DU ROI :	
- « VOICI QU'	AMAN	SE TIENT	DANS LA COUR. »
:: ET DIT	LE ROI :		
- « Appelez-	le. »		
+ [6] Et dit	le roi	à Aman :	
- « Que	ferai-je	à l'homme	
- que	moi	je veux	glorifier ? »
— Et dit	en lui-même	Aman :	
. « Qui	veut	le roi	glorifier,
. si ce n'est	moi ? »		

Séquence B4 : 6,1-14   421

HÉBREU

6,[10] ET DIT	LE ROI	À HAMÂN :	
+ « Dépêche-toi,	prends	l'habit	et le cheval
.. COMME	TU AS DIT		
- ET FAIS	AINSI	À MARDOCHÉE	LE JUIF
- qui est assis	à la porte	du roi.	
:: NE NÉGLIGE	(AUCUNE) PAROLE		
.. DE tout	CE DONT	TU AS PARLÉ. »	

+ [11] ET PRIT	HAMÂN	L'HABIT	ET LE CHEVAL
- ET IL HABILLA	MARDOCHÉE		
- ET LE FIT-MONTER	À LA PLACE	DE LA VILLE.	
:: ET IL CRIA	DEVANT LUI :		
.. « AINSI	FAIT-ON	À L'HOMME	
.. QUE	LE ROI	DÉSIRE	HONORER. »

Le grec réduit les trois bimembres de l'hébreu 10b-g à un seul trimembre (10bcd). Ce qui fait que le verset 10 de l'hébreu est formé de deux morceaux, tandis que celui du grec compte deux segments.

En revanche, les quelques ajouts du grec au verset 11 transforment les deux trimembres de l'hébreu (11abc.def) en trois bimembres (11ab.cd.ef).

En fin de compte, les deux parties de l'hébreu sont réduites à deux morceaux dans la version grecque.

GREC

+ 6,[10] ET DIT	LE ROI	À AMAN :	
: « COMME	TU AS PARLÉ,	AINSI	FAIS
: À MARDOCHÉE	LE JUIF	le servant	dans la cour
: ET QUE NE MANQUE	UNE TIENNE PAROLE	DE CELLES QUE	TU AS DITES. »
. [11] ET PRIT	AMAN	LE VÊTEMENT	ET LE CHEVAL
. ET IL VÊTIT	MARDOCHÉE	ET FIT MONTER	LUI *sur le cheval*
.. *et il alla*	À TRAVERS LA RUE	DE LA VILLE	
.. ET IL PROCLAMA	DISANT :		
.. « AINSI	SERA	*tout*	HOMME
.. QUE	LE ROI	VEUT	GLORIFIER ! »

Version grecque : la deuxième section (Est 3,1–9,19)

HÉBREU

+ 6,[6] Et vint	Hamân			
+ ET DIT	à lui	LE ROI :		
• « QUE	FAIRE	POUR L'HOMME		
– QUE	le roi	DÉSIRE	HONORER ? »	

= ET DIT	HAMÂN	DANS SON CŒUR :	
- « À QUI	DÉSIRE	LE ROI	
- faire	honneur	PLUS QU'	À MOI ? »

= [7] ET DIT	Hamân	AU ROI :		
– « UN HOMME	QUE	LE ROI	DÉSIRE	HONORER ?
:: [8] QU'ON FASSE-VENIR	UN HABIT	de royauté		
:: QUE	S'HABILLE	avec lui	LE ROI,	
.. ET UN CHEVAL	QUE	MONTE	SUR LUI	LE ROI
.. et dont	soit donnée	la couronne	de la royauté	sur sa tête.
- [9] ET ON DONNERA	l'habit	et le cheval		
- à la main d'un homme	des princes	du roi	nobles.	
:: Et ils habilleront	L'HOMME			
– QUE	LE ROI	DÉSIRE	honorer	
.. ET ON LE FERA MONTER	SUR LE CHEVAL	À LA PLACE	DE LA VILLE.	
+ Et ils crieront	devant lui :			
• « AINSI	EST FAIT	À L'HOMME		
– QUE	LE ROI	désire	HONORER. »	

Le grec abrège :
– les deux bimembres de l'hébreu 6abcd en un trimembre (6abc) ;
– les deux bimembres de l'hébreu 8abcd en un trimembre (8abc) ;
– le bimembre et le trimembre de l'hébreu 9a-e en un trimembre (9abc).

Il s'ensuit que la partie centrale du grec (7-9) compte deux morceaux, alors que le parallèle hébreu est organisé en deux sous-parties, la seconde comptant trois morceaux.

Séquence B4 : 6,1-14

GREC

+ ⁶ ET DIT	LE ROI	à Aman :			
- « QUE	FERAI-JE	À L'HOMME			
- QUE	moi	JE VEUX	GLORIFIER ? »		
– ET DIT	EN LUI-MÊME	AMAN :			
. « QUI	VEUT	LE ROI	glorifier,		
. SI CE N'EST	MOI ? »				
– ⁷ ET IL DIT	AU ROI :				
: « UN HOMME	QUE	LE ROI	VEUT	GLORIFIER ?	
. ⁸ QU'APPORTENT	*les esclaves*	*du roi*			
. UN VÊTEMENT	de byssus	QUE	LE ROI	REVÊT	
. ET UN CHEVAL	SUR LEQUEL	LE ROI	MONTE.		
. ⁹ ET SOIENT DONNÉS	à l'un	des amis	du roi	glorieux	
. et qu'il vête	L'HOMME	QUE	LE ROI	aime	
. ET FASSE MONTER	LUI	SUR LE CHEVAL ;			
.. et qu'il proclame	*À TRAVERS LA RUE*	*DE LA VILLE*	disant :		
.. « AINSI	SERA	À *tout*	HOMME		
.. QUE	LE ROI	GLORIFIE ! »			

Chacun des changements observés depuis le premier verset jusqu'à la fin du texte pourra paraitre minime, mais l'accumulation des abréviations du grec ont pour résultat de modifier la composition de l'ensemble.

424   Version grecque : la deuxième section (Est 3,1–9,19)

HÉBREU

6,4 LE ROI DIT : « QUI EST DANS LA COUR ? » HAMÂN ÉTAIT VENU dans la première cour de la maison du roi POUR DIRE AU ROI DE PENDRE MARDOCHÉE SUR LA POTENCE QU'IL AVAIT PRÉPARÉE pour lui. 5 LES JEUNES-GENS DU ROI lui DIRENT : « VOICI HAMÂN SE TENANT DANS LA COUR. » ET LE ROI DIT : « Qu'il vienne ! »

> 6 Hamân vient et LE ROI lui DIT : « QUE FAIRE POUR UN HOMME QUE LE ROI DÉSIRE HONORER ? » HAMÂN DIT dans son cœur : « À QUI DÉSIRE LE ROI FAIRE HONNEUR PLUS QU'À MOI ? » 7 Hamân DIT AU ROI : « L'HOMME QUE LE ROI DÉSIRE HONORER ? » 8 QU'ON FASSE-VENIR UN HABIT de royauté DONT LE ROI S'HABILLE, ET UN CHEVAL SUR LEQUEL MONTE LE ROI et dont soit donnée la couronne de la royauté sur sa tête. 9 ET ON DONNERA l'habit et le cheval À LA MAIN D'UN DES PRINCES NOBLES DU ROI. ON HABILLERA L'HOMME QUE LE ROI DÉSIRE HONORER ET ON LE FERA MONTER SUR LE CHEVAL à la place DE LA VILLE. Et on criera devant lui : « AINSI EST FAIT À L'HOMME QUE LE ROI DÉSIRE HONORER. »

10 LE ROI DIT À HAMÂN : « Dépêche-toi, prends l'habit et le cheval COMME TU AS DIT ET FAIS AINSI À MARDOCHÉE LE JUIF qui est assis à la porte du roi. NE NÉGLIGE AUCUNE PAROLE DE TOUT CE DONT TU AS PARLÉ. » 11 HAMÂN PRIT L'HABIT ET LE CHEVAL ET IL HABILLA MARDOCHÉE ET LE FIT-MONTER À LA PLACE DE LA VILLE. Et il cria devant lui : « AINSI FAIT-ON À L'HOMME QUE LE ROI DÉSIRE HONORER. »

GREC

4 *Tandis que le roi s'informe sur le bienfait de Mardochée, voici Aman dans la cour.* LE ROI DIT : « QUI EST DANS LA COUR ? » OR AMAN ENTRAIT POUR DIRE AU ROI DE PENDRE MARDOCHÉE SUR LA POTENCE QU'IL AVAIT PRÉPARÉE. 5 LES SERVITEURS DU ROI DIRENT : « VOICI QU'AMAN SE TIENT DANS LA COUR. » ET LE ROI DIT : « Appelez- le. » 6 LE ROI DIT à AMAN : « QUE FERAI-JE À L'HOMME QUE MOI JE VEUX GLORIFIER ? » AMAN SE DIT en lui-même : « QUI LE ROI VEUT-IL GLORIFIER, SI CE N'EST MOI ? »

> 7 IL DIT AU ROI : « UN HOMME QUE LE ROI VEUT GLORIFIER ? » 8 *Que les esclaves du roi* APPORTENT UN VÊTEMENT de byssus QUE LE ROI REVÊT, ET UN CHEVAL SUR LEQUEL LE ROI MONTE. 9 QU'ON LES DONNE À L'UN DES GLORIEUX AMIS DU ROI ET QU'IL VÊTE L'HOMME QUE LE ROI AIME ET LE FASSE MONTER SUR LE CHEVAL ; et qu'il proclame à travers la rue DE LA VILLE disant : « AINSI SERA-T-IL FAIT À TOUT HOMME QUE LE ROI GLORIFIE ! »

10 ET LE ROI DIT À AMAN : « COMME TU AS PARLÉ, AINSI FAIS À MARDOCHÉE LE JUIF qui sert dans la cour ET QUE NE MANQUE PAS UNE SEULE DES PAROLES QUE TU AS DITES. » 11 AMAN PRIT LE VÊTEMENT ET LE CHEVAL ET IL VÊTIT MARDOCHÉE ET LE FIT MONTER *sur le cheval et il alla* À TRAVERS LA RUE DE LA VILLE et il proclama disant : « AINSI SERA-T-IL FAIT À TOUT HOMME QUE LE ROI VEUT GLORIFIER ! »

Alors que l'unité centrale de l'hébreu est constituée par les versets 6-9 qui comprennent la question du roi et la réponse d'Aman, en grec le centre est occupé par les seuls versets 7-9, à savoir la réponse d'Aman à la question du roi[1].

---

[1] Si toutefois mes analyses ne sont pas erronées.

Séquence B4 : 6,1-14

c. AMAN A COMMENCÉ À TOMBER

Le troisième passage : 6,12-14

COMPOSITION

+ 6,[12] Et retourna	*MARDOCHÉE*	dans la cour	
– et *AMAN*	revint	chez lui	
– triste	selon la tête.		
: [13] Et raconta	*AMAN*	ce qui était arrivé	à lui
: à Zosara	*sa femme*	*et aux amis.*	
:: Et dirent	à lui	*les amis*	*et la femme* :
= « *Si de la race*	*des juifs*	*(est) MARDOCHÉE*	
- tu as commencé	à être humilié	devant lui ;	
- tombant,	tu tomberas ;		
.. tu ne peux	de lui	te venger	
= *car un Dieu*	*vivant*	*(est) avec LUI.* »	
+ [14] Encore	eux	parlant,	
: surviennent	les eunuques		
: pressant	*AMAN*	au banquet	
: lequel	avait préparé	Esther.	

Les morceaux extrêmes sont narratifs, le morceau central est de discours. Le premier segment du premier morceau oppose Mardochée et Aman qui s'en retournent ; si Aman est triste, rien n'est dit des sentiments de Mardochée.

Le deuxième morceau rapporte ce que ses proches répondent au récit d'Aman (13ab). Les membres extrêmes (13d.h) mettent en parallèle « la race des juifs » et « un Dieu vivant » ; « lui » a comme référent « Mardochée ». Les membres médians annoncent la chute d'Aman (13ef.g).

Dans le troisième morceau, les eunuques ne tardent pas à presser Aman de se rendre au banquet de la reine.

INTERPRÉTATION

L'IRRUPTION DU DIEU VIVANT

Ce n'est pas le narrateur qui prononce le nom de « Dieu », ce sont les amis et la femme d'Aman. Et ils le qualifient de « vivant ». Ce n'est pas le dieu des morts. Un tel Dieu ne laissera pas Aman « se venger » de Mardochée, comme il l'avait prévu en le mettant à mort par pendaison. En revanche, le dernier verset donne l'impression que les eunuques du roi sont venus pour conduire Aman au supplice.

426 Version grecque : la deuxième section (Est 3,1–9,19)

COMPARAISON DES DEUX VERSIONS

HÉBREU

+ 6,[12] ET RETOURNA	MARDOCHÉE	à la porte	du roi ;
– ET HAMÂN	se précipita	DANS SA MAISON	
– en deuil	et voilé	DE TÊTE ;	
.. [13] ET RACONTA	HAMÂN		
.. À ZÉRESH	SA FEMME	ET À tous	SES AMIS
.. tout	CE QUI	LUI ÉTAIT ARRIVÉ.	
ET LUI DIRENT	ses sages	ET Zéresh	SA FEMME :
: « SI DE LA RACE	DES JUIFS	(EST) MARDOCHÉE	
- lequel	TU AS COMMENCÉ	À TOMBER	DEVANT LUI,
: TU NE POURRAS (rien)	contre lui		
- car POUR TOMBER	TU TOMBERAS	devant lui. »	
+ [14] EUX ENCORE	PARLANT	avec lui,	
: et LES EUNUQUES	du roi	ARRIVÈRENT	
: et se hâtèrent	de faire-venir	HAMÂN	AU BANQUET
: LEQUEL	AVAIT FAIT	ESTHER.	

GREC

+ 6,[12] ET RETOURNA	MARDOCHÉE	dans la cour	
– et Aman	revint	chez lui	
– triste	SELON LA TÊTE ;		
: [13] ET RACONTA	AMAN	CE QUI ÉTAIT ARRIVÉ	À LUI
: à Zosara	sa femme	et aux amis.	
:: ET DIRENT	À LUI	les amis	ET LA FEMME :
= « SI DE LA RACE	DES JUIFS	(EST) MARDOCHÉE	
- TU AS COMMENCÉ	à être humilié	DEVANT LUI ;	
- TOMBANT,	TU TOMBERAS ;		
.. TU NE PEUX	de lui	te venger	
= car un Dieu	vivant	(est) avec lui. »	
+ [14] ENCORE	EUX	PARLANT,	
: SURVIENNENT	LES EUNUQUES		
: pressant	AMAN	AU BANQUET	
: LEQUEL	AVAIT PRÉPARÉ	ESTHER.	

La composition est la même. Le grec abrège le deuxième segment du premier morceau. Ce sont surtout les morceaux centraux qui diffèrent, parce que le grec ajoute un dernier membre où Dieu est nommé (13h).

Séquence B4 : 6,1-14 — 427

d. Aman commence à tomber devant Mardochée

L'ensemble de la séquence B4 : 6,1-14

COMPOSITION

6,[1] LE SEIGNEUR écarta du roi le sommeil cette nuit-là ; il dit à son didascale d'apporter les textes mémoires des jours pour les lui lire. [2] Or il trouva les textes écrits sur MARDOCHÉE, disant qu'il avait averti le roi sur les deux EUNUQUES du roi quand ils étaient de garde et avaient voulu porter les mains sur Artaxerxès [3] Et le roi dit : « QUELLE GLOIRE ou grâce AVONS-NOUS FAITE pour MARDOCHÉE ? » Les serviteurs du roi dirent : « TU N'AS RIEN FAIT pour lui. »

[4] Tandis que le roi s'informe sur le bienfait de MARDOCHÉE, voici AMAN dans la cour. Le roi dit : « Qui est dans la cour ? » Or AMAN entrait pour dire au roi de pendre Mardochée sur le bois QU'IL AVAIT PRÉPARÉ. [5] Les serviteurs du roi dirent : « Voici qu'AMAN se tient dans la cour. » Et le roi dit : « Appelez-le. » [6] Le roi dit à AMAN : « QUE FERAI-JE à l'homme que moi je veux GLORIFIER ? » AMAN se dit en lui-même : « Qui le roi veut-il GLORIFIER, si ce n'est moi ? »
     [7] Il dit au roi : « Un homme que le roi veut GLORIFIER ? [8] Que les esclaves du roi apportent un vêtement de byssus que le roi revêt et un cheval sur lequel le roi MONTE. [9] Qu'on les donne à l'un des GLORIEUX amis du roi et qu'il vête l'homme que le roi aime et le FASSE-MONTER sur le cheval ; et qu'il proclame à travers la rue de la ville disant : « Ainsi sera-t-il à tout homme que le roi GLORIFIE ! »
[10] Et le roi dit à AMAN : « Comme tu as parlé, ainsi FAIS à MARDOCHÉE le juif qui sert dans la cour et que ne manque pas une seule des paroles que tu as dites. » [11] AMAN prit le vêtement et le cheval et il vêtit MARDOCHÉE et le FIT-MONTER sur le cheval et il alla à travers la rue de la ville et il proclama disant : « Ainsi sera-t-il à tout homme que le roi veut GLORIFIER ! »

[12] MARDOCHÉE retourna dans la cour et AMAN revint chez lui, la tête toute triste. [13] AMAN raconta ce qui lui était arrivé à sa femme Zosara et aux amis. Ses amis et sa femme lui dirent : « Si MARDOCHÉE est de la race des juifs, tu as commencé à être humilié devant lui ; TOMBANT, tu TOMBERAS. Tu ne peux te venger de lui car UN DIEU VIVANT est avec lui. » [14] Ils parlaient encore que surviennent les EUNUQUES pour presser AMAN d'aller au banquet QU'AVAIT PRÉPARÉ Esther.

– « Le Seigneur » (1) et « un Dieu vivant » (13) font inclusion ; « eunuques » se retrouvent aussi dans les parties extrêmes (2.14).
– « gloire/glorifier » revient dans les deux premiers passages (3 ; 6bis.7.9bis.11) et de même « que » « faire » dont le sujet est d'abord le roi (3ter ; 6), puis Aman (10) ; on notera aussi la reprise de « les serviteurs du roi dirent » (3.5).
– Alors que le nom de « Mardochée » se trouve dans les trois passages, celui d'«Aman » ne revient que dans les deux derniers.
– Dans le deuxième passage, Aman « avait préparé » la potence pour Mardochée (4), dans le dernier, c'est Esther qui « avait préparé » un banquet pour le roi et pour Aman (14) ; Aman se voit « monter » un des chevaux du roi (8.9), c'est Mardochée qu'il fera monter (11), tandis que lui « tombera » (13). On notera que « amis » est repris en 9 et en 13.

428 Version grecque : la deuxième section (Est 3,1–9,19)

COMPARAISON DES DEUX VERSIONS

HÉBREU

6,[1] CETTE NUIT-LÀ, fuyait LE SOMMEIL DU ROI ET IL DIT DE FAIRE-VENIR LE LIVRE DES MÉMOIRES, les paroles DES JOURS ; et ils LISAIENT devant le roi. [2] FUT TROUVÉ ÉCRIT CE QU'AVAIT RAPPORTÉ MARDOCHÉE SUR Bigtana et Térèsh, DEUX EUNUQUES DU ROI PARMI LES GARDIENS du seuil, EUX QUI AVAIENT CHERCHÉ À PORTER LA MAIN SUR le roi AKHASHVÉROSH. [3] LE ROI DIT : « QU'A-T-IL ÉTÉ FAIT, D'HONNEUR ET DE GRANDEUR, À MARDOCHÉE pour cela ? » LES JEUNES-GENS DU ROI ses serviteurs DIRENT : « N'a été faite AVEC LUI AUCUNE CHOSE. »

[4] LE ROI DIT : « QUI EST DANS LA COUR ? » HAMÂN ÉTAIT VENU dans la première cour de la maison du roi POUR DIRE AU ROI DE PENDRE MARDOCHÉE SUR LA POTENCE QU'IL AVAIT PRÉPARÉE pour lui. [5] LES JEUNES-GENS DU ROI LUI DIRENT : « VOICI HAMÂN QUI SE TIENT DANS LA COUR. » LE ROI DIT : « Qu'il vienne ! »

[6] HAMÂN vient ET LE ROI LUI DIT : « QUE faire POUR UN HOMME QUE le roi DÉSIRE HONORER ? » HAMÂN DIT DANS SON CŒUR : « À QUI LE ROI DÉSIRE-T-IL FAIRE HONNEUR PLUS QU'À MOI ? » [7] Hamân DIT AU ROI : « L'HOMME QUE LE ROI DÉSIRE HONORER ? [8] Qu'on FASSE-VENIR UN HABIT DE ROYAUTÉ DONT LE ROI S'HABILLE, ET UN CHEVAL QUE MONTE LE ROI et dont soit donnée la couronne de la royauté sur sa tête. [9] ON DONNERA L'HABIT ET LE CHEVAL À LA MAIN D'UN DES PRINCES NOBLES DU ROI. ON HABILLERA L'HOMME QUE LE ROI DÉSIRE HONORER ET ON LE FERA MONTER SUR LE CHEVAL À LA PLACE DE LA VILLE. ET ON CRIERA DEVANT LUI : « AINSI EST FAIT À L'HOMME QUE LE ROI DÉSIRE HONORER ! »

[10] LE ROI DIT À HAMÂN : « Dépêche-toi, prends l'habit et le cheval COMME TU AS DIT ET FAIS AINSI À MARDOCHÉE LE JUIF QUI est assis à la porte du roi ; NE NÉGLIGE AUCUNE CHOSE DE TOUT CE DONT TU AS PARLÉ. » [11] HAMÂN PRIT L'HABIT ET LE CHEVAL ET IL HABILLA MARDOCHÉE ET LE FIT-MONTER À LA PLACE DE LA VILLE. ET IL CRIA DEVANT LUI : « AINSI FAIT-ON À L'HOMME QUE LE ROI DÉSIRE HONORER ! »

[12] MARDOCHÉE RETOURNA À LA PORTE du roi ; ET HAMÂN SE PRÉCIPITA DANS SA MAISON, en deuil et la tête voilée. [13] HAMÂN RACONTA À ZÉRESH SA FEMME ET À TOUS SES AMIS TOUT CE QUI LUI ÉTAIT ARRIVÉ. SES sages ET ZÉRESH SA FEMME LUI DIRENT : « SI MARDOCHÉE EST DE LA RACE DES JUIFS LEQUEL TU AS COMMENCÉ à tomber DEVANT LUI, tu ne pourras rien contre lui CAR POUR TOMBER TU TOMBERAS DEVANT LUI. » [14] TANDIS QU'ILS PARLAIENT ENCORE avec lui, LES EUNUQUES du roi ARRIVÈRENT ET SE HÂTÈRENT DE FAIRE-VENIR HAMÂN AU BANQUET QU'AVAIT fait ESTHER.

La version grecque est légèrement plus brève que l'hébreu, car elle ne reprend pas certains de ses éléments, en particulier en 4, 8 et 10.

En revanche, le grec ajoute un bimembre au début de 4, dont l'effet est d'expliciter le rapport entre les deux premières parties : « le bienfait » qui, dans la première partie, avait été omis au moment où Mardochée avait éventé le complot des deux eunuques contre le roi, sera réalisé dans la deuxième partie.

Séquence B4 : 6,1-14

GREC

6,¹ **LE SEIGNEUR** écarta DU ROI LE SOMMEIL CETTE NUIT-LÀ ; IL DIT *à son didascale* D'APPORTER LES TEXTES MÉMOIRES DES JOURS pour les lui LIRE. ² OR IL TROUVA LES TEXTES ÉCRITS SUR MARDOCHÉE DISANT QU'IL AVAIT AVERTI LE ROI SUR LES DEUX EUNUQUES DU ROI QUAND ILS ÉTAIENT DE GARDE ET AVAIENT VOULU PORTER LES MAINS SUR ARTAXERXÈS ³ ET LE ROI DIT : « QUELLE GLOIRE OU GRÂCE AVONS-NOUS FAITE POUR MARDOCHÉE ? » LES SERVITEURS DU ROI DIRENT : « TU n'as fait RIEN POUR LUI. »

---

⁴ *Tandis que le roi s'informe sur le bienfait de Mardochée, voici Aman dans la cour.* LE ROI DIT : « QUI EST DANS LA COUR ? » OR AMAN ENTRAIT POUR DIRE AU ROI DE PENDRE MARDOCHÉE SUR LA POTENCE QU'IL AVAIT PRÉPARÉE. ⁵ LES SERVITEURS DU ROI DIRENT : « VOICI QU'AMAN SE TIENT DANS LA COUR. » ET LE ROI DIT : « Appelez-le. » ⁶ LE ROI DIT À AMAN : « QUE ferai-je À L'HOMME QUE moi JE VEUX GLORIFIER ? » AMAN SE DIT EN LUI-MÊME : « QUI LE ROI VEUT-IL GLORIFIER, SI CE N'EST MOI ? »

> ⁷ IL DIT AU ROI : « UN HOMME QUE LE ROI VEUT GLORIFIER ? ⁸ QUE *les esclaves du roi* APPORTENT UN VÊTEMENT DE BYSSUS QUE LE ROI REVÊT ET UN CHEVAL SUR LEQUEL LE ROI MONTE. ⁹ QU'ON LES DONNE À L'UN DES GLORIEUX AMIS DU ROI ET QU'IL VÊTE L'HOMME QUE LE ROI AIME ET LE FASSE-MONTER SUR LE CHEVAL ; ET QU'IL PROCLAME À TRAVERS LA RUE DE LA VILLE DISANT : « AINSI SERA-T-IL À TOUT HOMME QUE LE ROI GLORIFIE ! »

¹⁰ ET LE ROI DIT À AMAN : « COMME TU AS PARLÉ, AINSI FAIS À MARDOCHÉE LE JUIF QUI sert dans la cour ET QUE NE MANQUE PAS UNE SEULE DES PAROLES QUE TU AS DITES. » ¹¹ AMAN PRIT LE VÊTEMENT ET LE CHEVAL ET IL VÊTIT MARDOCHÉE ET LE FIT-MONTER *sur le cheval et il alla À TRAVERS LA RUE DE LA VILLE* ET IL PROCLAMA DISANT : « AINSI SERA-T-IL À TOUT HOMME QUE LE ROI VEUT GLORIFIER ! »

---

¹² MARDOCHÉE RETOURNA DANS LA COUR ET AMAN REVINT CHEZ LUI, la tête toute triste. ¹³ AMAN RACONTA CE QUI LUI ÉTAIT ARRIVÉ À SA FEMME ZOSARA ET AUX AMIS. SES amis ET SA FEMME LUI DIRENT : « SI MARDOCHÉE EST DE LA RACE DES JUIFS, TU AS COMMENCÉ à être humilié DEVANT LUI ; TOMBANT, TU TOMBERAS. Tu ne peux te venger de lui *car* **UN DIEU VIVANT** *est avec lui.* » ¹⁴ ILS PARLAIENT ENCORE QUE SURVIENNENT LES EUNUQUES POUR PRESSER AMAN D'ALLER AU BANQUET QU'AVAIT préparé ESTHER.

L'ajout grec le plus frappant est l'introduction du nom du « Seigneur », le « Dieu vivant », ces deux noms divins encadrant le passage (1.13) ; tandis qu'au début, c'est le narrateur qui mentionne l'intervention du Seigneur, à la fin, ce sont les amis et la femme d'Aman qui prévoient son action en faveur de Mardochée.

430 Version grecque : la deuxième section (Est 3,1–9,19)

INTERPRÉTATION

LE SEIGNEUR DU DÉBUT À LA FIN

Le premier mot du passage « annonce la couleur ». C'est le narrateur qui le prononce, les personnages de l'histoire n'étant pas conscients de la présence et de l'initiative du « Seigneur », ni le roi, ni son didascale, ni ses serviteurs. Après cela, il n'est plus question de lui et il faudra attendre la fin pour entendre non plus le narrateur, mais les amis et la femme d'Aman déclarer qu'« un Dieu vivant » est avec Mardochée et qu'il ne permettra pas à son ennemi mortel de se venger de lui, mais au contraire qu'il le fera tomber. Voilà qui ne manque pas de surprendre ! Il est vraiment inattendu de voir les adversaires païens de Mardochée énoncer ce qu'il faut bien appeler une confession de foi en son Dieu.

4. Après le second banquet d'Esther,
Aman est pendu à la place de Mardochée

La séquence B5 : 7,1-10

La séquence comprend trois passages :

ESTHER DEMANDE LA VIE, POUR ELLE ET POUR SON PEUPLE	7,1-4

AMAN TOMBE	5-8

AMAN EST PENDU SUR LE BOIS QU'IL AVAIT PRÉPARÉ POUR MARDOCHÉE	9-10

432   Version grecque : la deuxième section (Est 3,1–9,19)

a. ESTHER DEMANDE LA VIE, POUR ELLE ET POUR SON PEUPLE

Le premier passage : 7,1-4

COMPOSITION

Le premier morceau de la première partie situe la scène : le premier segment marque le début du banquet de vin (1ab), le suivant ce qui arrive « le deuxième jour » (2ab). Le second morceau rapporte les paroles du roi, d'abord sur la situation de la reine (2c), puis sur sa requête (2def).

La réponse d'Esther commence par sa requête qui vise le futur (3bcd). Le morceau suivant décrit la situation, rappelant d'abord ce qui a été décidé contre elle et son peuple. À « moi et aussi mon peuple » (4a) correspond « nous et nos enfants » (4c) ; commençant avec « pour », les seconds membres (4b.d) insistent sur le côté économique de l'opération, « pillage » et « asservissement » des « esclaves et servantes ». Dans le dernier segment (4ef), Esther avoue n'avoir pas voulu entendre ces menaces car elle ne croyait pas possible que le calomniateur puisse faire partie de la cour du roi.

Séquence B5 : 7,1-10

– 7,[1] Or entra	le roi	et Aman	
– pour *boire-avec*	la reine ;		
+ [2] *or dit*	*le roi*	*à Esther*	
+ le deuxième	jour	durant *la beuverie* :	
....	....	....	....
: « Quoi	est-il,	Esther	la reine ?
- Et quoi	TA DEMANDE	et quoi	TA REQUÊTE,
- et ce sera	à toi,		
- jusqu'à la moitié	de mon royaume ? »		

+ [3] *Et répondant,*	*elle dit* :		
....	....	....	....
- « Si j'ai trouvé	grâce	devant	le roi,
- que soit donnée	ma vie	POUR MA DEMANDE	
- et mon peuple	POUR MA REQUÊTE.		
....	....	....	....
: [4] Car nous fûmes vendus,	moi	et aussi mon peuple,	
: pour la destruction,	le pillage	et l'asservissement,	
: nous	et nos enfants,		
: pour esclaves	et servantes ;		
– et j'ai refusé-d'entendre			
– car pas digne (est)	le calomniateur	de la cour	du roi. »

434 Version grecque : la deuxième section (Est 3,1–9,19)

COMPARAISON DES DEUX VERSIONS

HÉBREU

– 7,[1] ET ALLA	LE ROI	ET HAMÂN	
– POUR BANQUETER	AVEC Esther	LA REINE ;	
+ [2] ET DIT	LE ROI	À ESTHER	
+ AUSSI AU JOUR	DEUXIÈME	AU BANQUET	de vin :
....			
: « QUELLE (EST)	TA DEMANDE,	ESTHER	LA REINE ?
. ET ELLE SERA DONNÉE	À TOI ;		
: ET QUELLE (EST)	TA REQUÊTE ?		
. JUSQU'À LA MOITIÉ	DU ROYAUME	et ce sera fait. »	

+ [3] ET RÉPONDIT	Esther	la reine	et ELLE DIT :
....			
- « SI J'AI TROUVÉ	GRÂCE	*aux yeux*	DU ROI
- et si	pour le roi	(c'est) bon,	
. QUE ME SOIENT DONNÉS	MA VIE	POUR MA DEMANDE	
. ET MON PEUPLE	POUR MA REQUÊTE.		
....			
: [4] CAR NOUS SOMMES VENDUS,	MOI	ET MON PEUPLE,	
: POUR ÊTRE EXTERMINÉS,	**pour être tués**	**et pour être anéantis** ;	
.. et si	EN ESCLAVES	ET EN SERVANTES	nous avions été vendus,
.. je me tairais,			
.. **car point**	**l'oppression**	**ne vaudrait**	
.. **le dérangement**	DU ROI. »		

Les premiers morceaux (1-2b) sont les mêmes, avec seulement deux petites abréviations dans le grec. En revanche, les morceaux suivants (2cf) sont bien différents. En hébreu, ce sont deux bimembres parallèles équivalents ; en grec, au contraire, c'est d'abord un unimembre où le roi veut s'informer auprès de la reine sur ce qui se passe (2c), puis un trimembre où il lui demande ce qu'elle veut (2def).

Le premier morceau de la réponse d'Esther comprend deux bimembres en hébreu, mais le grec ne reprend pas le membre 3c de l'hébreu et c'est un trimembre (3bcd). C'est surtout dans les derniers morceaux que les deux versions diffèrent. L'hébreu insiste sur l'extermination (4b), tandis que le grec souligne l'exploitation par le « pillage et l'asservissement » (4a-d). Au contraire, l'hébreu exclut totalement cet aspect (4cd). Les derniers segments sont eux aussi très différents. En hébreu, s'il n'avait été question que de « l'oppression » de l'esclavage, on n'aurait pas dérangé le roi pour si peu ; dans la version grecque, Esther dit qu'elle n'a pas voulu croire que celui qui avait calomnié les juifs puisse être « de la cour du roi ».

Séquence B5 : 7,1-10

GREC

– 7,[1] OR ENTRA	LE ROI	ET AMAN	
– POUR BOIRE-AVEC	LA REINE ;		
+ [2] OR DIT	LE ROI	À ESTHER	
+ LE DEUXIÈME	JOUR	DURANT LA BEUVERIE :	
: « *Quoi*	*est-il*,	ESTHER	LA REINE ?
- *Et* QUOI	TA DEMANDE	ET QUOI	TA REQUÊTE
- ET CE SERA	À TOI,		
- JUSQU'À LA MOITIÉ	DE MON ROYAUME ? »		

+ [3] ET RÉPONDANT,	ELLE DIT :		
- « SI J'AI TROUVÉ	GRÂCE	devant	LE ROI,
- QUE SOIT DONNÉE	MA VIE	POUR MA DEMANDE	
- ET MON PEUPLE	POUR MA REQUÊTE.		
: [4] CAR NOUS FÛMES VENDUS,	MOI	ET *aussi* MON PEUPLE,	
: POUR LA DESTRUCTION,	le pillage	et l'asservissement.	
: *nous*	*et nos enfants*,		
: POUR ESCLAVES	ET SERVANTES ;		
— et j'ai refusé-d'entendre			
— car pas digne (est)	le calomniateur	de la cour	DU ROI. »

INTERPRÉTATION

LA SITUATION

La première question que le roi pose à Esther (2c) laisse entendre qu'il se doute de quelque chose. Il semble avoir perçu que la reine a quelque chose sur le cœur qu'elle n'ose pas exprimer. C'est pourquoi il l'encourage en lui promettant qu'elle sera exaucée, même si cela devait lui coûter la moitié de son royaume. Ce qu'elle lui expose n'est effectivement pas rien : son peuple, et donc elle-même, ont été calomniés et sont destinés à être vendus, pillés et réduits en esclavage. C'est à n'y pas croire ! D'autant plus que le calomniateur fait partie de la cour du roi...

LA REQUÊTE

Ce que demande la reine n'est rien d'autre que « la vie », pour elle et pour son peuple. C'est qu'ils sont menacés de « destruction » ; privés de leurs biens et de leur liberté, asservis, ils seraient réduits à néant. C'est vraiment pour eux une question de vie ou de mort.

436 Version grecque : la deuxième section (Est 3,1–9,19)

b. AMAN TOMBE

Le deuxième passage : 7,5-8

COMPOSITION

+ 5 Et dit	le roi :		
. « Qui (est)	celui-là		
. qui	a osé		
. faire	cette action-	là ? »	
··			
+ 6 *Et dit*	*Esther* :		
. « Un homme	ennemi,		
. AMAN	le mauvais	celui-là ! »	
= Et AMAN	fut bouleversé		
= à cause du roi	et de LA REINE.		

+ 7 Or le roi	se leva	du banquet	*vers le jardin*
- et AMAN	suppliait	LA REINE	
.. car il voyait	lui-même	dans des maux	étant ;
+ 8 et revint	le roi	*du jardin*	
- et AMAN	était tombé	sur la couche	
.. implorant	LA REINE.		
··			
:: *Et dit*	*le roi* :		
. « Ainsi	même (ma) femme		
. tu violentes	dans ma maison ! »		
= Et AMAN	ayant entendu		
= détourna	le visage.		

Dans la première partie, à la question du roi Esther répond en fournissant l'identité de « celui-là » (5b.6c). En finale, les paroles d'Esther bouleversent Aman (6de).

Les deux trimembres du premier morceau de la deuxième partie sont parallèles : pendant que le roi est sorti au jardin, Aman supplie la reine, et quand le roi revient, il trouve Aman en fâcheuse position. Dans le second morceau, aux paroles du roi, Aman est confus.

Les morceaux finaux des deux parties sont parallèles ; aux accusations de la reine (6abc) puis du roi (8def), Aman ne peut rien répondre, sinon par ses réactions corporelles.

INTERPRÉTATION

« CELUI-LÀ QUI OSE »

La question du roi ne laisse aucun doute sur ce qu'il pense de « l'action » décidée contre le peuple d'Esther et donc contre la reine. Qui donc a osé une chose pareille ? Ayant ensuite appris que c'est son second qui est le coupable, lui en qui il avait mis toute sa confiance, il sort un instant dans le jardin pour accuser le coup. Rentrant dans le palais, il découvre Aman vautré sur la couche de la reine. Ainsi il ose aller jusqu'à violenter son épouse, et dans sa maison !

LA REINE PEUT PARLER

Jusque-là, Esther mourait de peur en face du roi, à cause de sa majesté et de sa colère, à cause surtout de la confiance qu'il accordait à son second, celui qui l'avait convaincu de détruire les juifs, accusés de tous les maux. Maintenant qu'elle constate combien il désapprouve le projet d'Aman, elle se trouve encouragée à parler et elle peut dénoncer le mauvais.

AMAN EST RÉDUIT AU SILENCE

Aman avait été fort éloquent pour convaincre le roi de prendre la décision de persécuter les juifs. Devant ses arguments, le roi n'avait pas discuté ; il lui avait remis son anneau pour qu'il puisse sceller l'édit qu'il était chargé de rédiger au nom du roi. Maintenant, la situation se renverse du tout au tout. C'est la reine qui parle et le roi ; tous deux accusent Aman qui reste sans voix, n'ayant rien à répondre pour se disculper. Seul son corps parle : il est bouleversé et détourne son visage.

438 Version grecque : la deuxième section (Est 3,1–9,19)

COMPARAISON DES DEUX VERSIONS

HÉBREU

+ [5] ET DIT	LE ROI	Akhashvérosh
+ et il dit	à Esther	la reine :
- « QUI	est-il	CELUI-LÀ
- et où	celui-là	est-il
. dont	est plein	le cœur
. de FAIRE	ainsi ? »	
– [6] ET DIT	ESTHER :	
.. « L'HOMME	oppresseur	et ENNEMI,
.. (c'est) HAMÂN	LE MAUVAIS	CELUI-LÀ. »
= ET HAMÂN	FUT TERRIFIÉ	
= devant la face	DU ROI	ET DE LA REINE.

+ [7] ET LE ROI	SE LEVA	dans sa colère	
+ DU BANQUET	de vin		
+ VERS LE JARDIN	du pavillon ;		
– ET HAMÂN	se dressa		
– pour REQUÊTER	sa vie	à Esther	LA REINE
:: CAR IL AVAIT VU	qu'était achevé	pour lui	
:: LE MALHEUR	de la part	du roi.	
- [8] ET LE ROI	RETOURNA	DU JARDIN	du pavillon
- à la maison	du banquet	de vin	
- ET HAMÂN	ÉTAIT TOMBÉ	SUR LE LIT	
- lequel	Esther	(était) dessus.	
+ ET DIT	LE ROI :		
: « AUSSI	POUR VIOLER	la reine,	
: avec moi	DANS LA MAISON ? »		
= La parole	sortit	de la bouche	du roi
= et LA FACE	d'HAMÂN	ils couvrirent.	

Le découpage et la composition sont très semblables, même si la deuxième partie de l'hébreu compte trois morceaux et celle du grec seulement deux.

Le grec abrège notablement l'hébreu. Son premier morceau ne comprend que quatre membres, alors que l'hébreu en compte six.

Séquence B5 : 7,1-10

GREC

+ [5] ET DIT	LE ROI :		
. « QUI	CELUI-LÀ		
. qui	a osé		
. FAIRE	cette action-	là ? »	
+ [6] ET DIT	ESTHER :		
. « UN HOMME	ENNEMI,		
. AMAN	LE MAUVAIS	CELUI-LÀ ! »	
= ET AMAN	FUT BOULEVERSÉ		
= À CAUSE DU ROI	ET DE LA REINE.		

+ [7] OR LE ROI	SE LEVA	DU BANQUET	VERS LE JARDIN
— ET AMAN	SUPPLIAIT	LA REINE	
:: CAR IL VOYAIT	lui-même	DANS DES MAUX	étant.
- [8] ET REVINT	LE ROI	DU JARDIN	
- ET AMAN	ÉTAIT TOMBÉ	SUR LA COUCHE	
- implorant	la reine.		
+ ET DIT	LE ROI :		
: « AINSI	MÊME (ma) femme		
: TU VIOLENTES	DANS MA MAISON ? »		
= Et AMAN	ayant entendu		
= détourna	LE VISAGE.		

C'est surtout la deuxième partie qui est abrégée. Les trois segments, qui totalisent sept membres au verset 7 de l'hébreu, sont réduits à un trimembre en grec ;
de même, le verset 8 de l'hébreu, qui compte deux bimembres, est réduit à un
trimembre en grec. Ainsi aux deux morceaux de l'hébreu (7 et 8) correspond un
seul morceau dans le grec.

INTERPRÉTATION

Le sens ne change guère, sauf dans les derniers segments : alors qu'à la fin du
texte hébreu, le roi ordonne que le visage d'Hamân soit voilé, ce qui équivaut à
une condamnation à mort, à la fin de la version grecque, il ne s'agit que de
l'attitude d'Aman qui n'ose plus regarder le roi.

440 Version grecque : la deuxième section (Est 3,1–9,19)

c. AMAN EST PENDU SUR LE BOIS QU'IL AVAIT PRÉPARÉ POUR MARDOCHÉE

Le troisième passage : 7,9-10

COMPOSITION

– 7,⁹ Et dit	Bougathan	
– un	des eunuques	au roi :
: « Voici	aussi UN BOIS	
: QU'AVAIT PRÉPARÉ	AMAN	pour MARDOCHÉE
: qui avait parlé	pour le roi	
.. et se dresse	chez AMAN	UN BOIS
.. de coudées	cinquante. »	
⋯⋯⋯⋯⋯⋯⋯⋯⋯⋯⋯⋯⋯⋯⋯⋯		
+ Et dit	le roi :	
« Qu'il soit crucifié	dessus ! »	
⋯⋯⋯⋯⋯⋯⋯⋯⋯⋯⋯⋯⋯⋯⋯⋯		
= ¹⁰ Et fut pendu	AMAN	sur LE BOIS
= lequel	IL AVAIT PRÉPARÉ	pour MARDOCHÉE
:: et alors	le roi	se calma de sa rage.

Dans le premier morceau, en deux segments, Bougathan informe le roi qu'une potence, un « bois », avait été préparé pour Mardochée (9cde) et qu'il se trouve chez Aman (9fg). Le court morceau central énonce la sentence, qui est exécutée dans le dernier morceau. L'unimembre final énonce la conséquence sur le roi de la conclusion de l'affaire

Dans les morceaux extrêmes est répété qu'Aman avait préparé la potence pour Mardochée (9d.10b).

COMPARAISON DES DEUX VERSIONS

La composition est exactement la même. Le premier morceau est légèrement abrégé par le grec. On notera aussi qu'au centre le grec change « Pendez-le » par « Qu'il soit crucifié ».

INTERPRÉTATION

Le peu de différences entre les deux versions fait que l'interprétation sera pratiquement la même.

Séquence B5 : 7,1-10

HÉBREU

− [9] ET DIT	HARBONA,		
− UN	DES EUNUQUES	à la face	DU ROI :
: « Aussi	VOICI	LA POTENCE	
: laquelle	avait faite	HAMÂN	POUR MARDOCHÉE
: LEQUEL	AVAIT PARLÉ	bon	POUR LE ROI
.. EST DRESSÉE	dans la maison	D'HAMÂN	
.. haute	DE CINQUANTE	COUDÉES. »	
....			
+ ET DIT	LE ROI :		
− « Pendez-le	SUR ELLE. »		
....			
= [10] ET ILS PENDIRENT	HAMÂN	SUR LA POTENCE	
= LAQUELLE	IL AVAIT PRÉPARÉE	POUR MARDOCHÉE	
:: ET LA COLÈRE	DU ROI	s'apaisa.	

GREC

− [9] ET DIT	BOUGATHAN,		
− UN	DES EUNUQUES	AU ROI :	
: « VOICI	AUSSI UNE POTENCE		
: qu'avait préparée	AMAN	POUR MARDOCHÉE	
: QUI AVAIT PARLÉ	POUR LE ROI		
.. *et* SE DRESSE	CHEZ AMAN	*une potence*	
.. DE COUDÉES	CINQUANTE. »		
....			
+ ET DIT	LE ROI :		
« Qu'il soit crucifié	DESSUS. »		
....			
= [10] ET FUT PENDU	AMAN	SUR LA POTENCE	
= LAQUELLE	IL AVAIT PRÉPARÉE	POUR MARDOCHÉE	
:: ET *alors*	LE ROI	se calma	DE SA RAGE.

442 Version grecque : la deuxième section (Est 3,1–9,19)

d. Après le second banquet d'Esther, Aman est pendu à la place de Mardochée

L'ensemble de la séquence B5 : 7,1-10

COMPOSITION

7,[1] Le roi entra et AMAN pour boire avec LA REINE. [2] Or le roi dit à Esther, le deuxième jour durant la beuverie : « Qu'y a-t-il, REINE Esther ? Quelle est ta demande et quelle est ta REQUÊTE ? Ce sera à toi, jusqu'à la moitié de mon royaume. »

[3] Répondant, elle dit : « Si j'ai trouvé grâce devant le roi, que soit donnée ma vie pour ma demande et mon peuple pour ma REQUÊTE. [4] Car nous avons été vendus, moi et aussi mon peuple, pour la destruction, le pillage et l'asservissement, nous et nos enfants pour esclaves et servantes. Et j'avais refusé-d'entendre car le calomniateur n'est pas DIGNE de la cour du roi. »

[5] Le roi dit : « Qui celui-là qui a osé faire cette action-là ? » [6] Et Esther dit : « Un homme ennemi, c'est AMAN le mauvais celui-là ! » AMAN fut bouleversé à cause du roi et de LA REINE.

[7] Le roi se leva du banquet vers le jardin et AMAN suppliait LA REINE car il voyait qu'il était lui-même dans des malheurs. [8] Le roi revint du jardin et AMAN IMPLORANT LA REINE était tombé sur sa couche. Et le roi dit : « Ainsi même ma femme tu violentes dans ma maison ? » AMAN ayant entendu, détourna son visage.

[9] Bougathan, un des eunuques, dit au roi : « Voici aussi une potence qu'AMAN avait préparée pour Mardochée, lui qui avait parlé pour le roi ; et se dresse chez AMAN une potence de cinquante coudées. »

Le roi dit : « Qu'il soit crucifié dessus ! »

[10] AMAN fut pendu sur la potence qu'il avait préparée pour Mardochée ; et alors le roi se calma de sa rage.

Les trois passages sont intimement liés du point de vue narratif. « Le calomniateur » anonyme dénoncé par Esther à la fin du premier passage (4c) est identifié au début du passage suivant dans la personne d'Aman, qualifié d'« ennemi » et de « mauvais » (6b). « Ayant entendu », à la fin du deuxième passage (8c), rappelle « j'avais refusé-d'entendre » à la fin du premier passage (4c). « Requête » (2c.3b), « digne » (4c) et « implorant » (8a) sont tous de même racine.

Après qu'Aman, dans le deuxième passage, a été dénoncé par la reine (6) et que le roi l'a surpris à violenter sa femme (8), la sentence tombe dans le dernier passage (9), immédiatement suivie de son exécution (10). La mort d'Aman s'oppose à « la destruction » qu'il avait projetée pour le peuple de la reine (4b).

Séquence B5 : 7,1-10   443

INTERPRÉTATION

Étant donné la similitude des deux versions, l'interprétation ne devrait pas changer de manière significative, tout au moins à ce niveau.

COMPARAISON DES DEUX VERSIONS

HÉBREU

7,[1] Le roi alla avec Hamân pour banqueter avec la reine Esther ; [2] et le roi dit à Esther aussi au deuxième jour au banquet de vin : « Quelle est ta demande, reine Esther ? Elle te sera donnée ; et quelle est ta requête ? Jusqu'à la moitié du royaume et ce sera fait. »

[3] La reine Esther répondit et dit : « Si j'ai trouvé grâce aux yeux du roi et si pour le roi c'est bon, que me soient donnés ma vie pour ma demande et mon peuple pour ma requête. [4] Car nous sommes vendus, moi et mon peuple, pour être exterminés, pour être tués et pour être anéantis ; si comme esclaves et servantes nous avions été vendus, je me tairais, car cette oppression ne vaudrait pas qu'on dérange le roi. »

[5] Le roi Akhashvérosh dit, et il dit à la reine Esther : « Qui est-il, celui-là, et où celui-là est-il, dont le cœur est plein de faire ainsi ? » [6] Esther dit : « L'homme oppresseur et ennemi, c'est Hamân le mauvais celui-là. » Et Hamân fut terrifié en face du roi et de la reine.

[7] Le roi se leva dans sa colère du banquet de vin vers le jardin du pavillon ; et Hamân se dressa pour requêter sa vie à la reine Esther car il avait vu qu'était achevé pour lui le malheur de la part du roi. [8] Le roi retourna du jardin du pavillon à la maison du banquet de vin et Hamân était tombé sur le lit sur lequel Esther se trouvait. Et le roi dit : « Aussi pour violer la reine, avec moi dans la maison ? » À peine la parole sortit de la bouche du roi qu'ils couvrirent la face d'Hamân.

[9] Harbona, un des eunuques à la face du roi, dit : « Aussi voici que la potence qu'avait faite Hamân pour Mardochée, dont la parole avait été bonne pour le roi, est dressée dans la maison d'Hamân, haute de cinquante coudées. »

Et le roi dit : « Pendez-le sur elle. »

[10] Ils pendirent Hamân sur la potence qu'il avait préparée pour Mardochée et la colère du roi s'apaisa.

Malgré les abréviations du grec, la composition est identique dans les deux versions. L'hébreu a été considéré comme une séquence formée de trois passages et le grec comme un passage formé de trois parties.

5. Les sorts sont renversés

L'ensemble de la sous-section C–B5

COMPOSITION

Les supplications du « Chœur des juifs » sont exaucées par le Seigneur dans les trois séquences suivantes, B3, B4, B5.

Chœur des juifs C : MARDOCHÉE, ESTHER ET TOUT ISRAËL SUPPLIENT LE SEIGNEUR

LA PRIÈRE DE MARDOCHÉE		C,1-10
TOUT ISRAËL CRIE VERS LE SEIGNEUR		11
LA PRIÈRE D'ESTHER		12-30

Séquence B3 : APRÈS LE 1ER BANQUET D'ESTHER, AMAN PROJETTE DE FAIRE PENDRE MARDOCHÉE

LE ROI ÉPARGNE LA VIE D'ESTHER		D,1-16
ESTHER INVITE PAR DEUX FOIS LE ROI ET AMAN À SON BANQUET		5,3-8
AMAN PROJETTE LA MORT DE MARDOCHÉE		9-14

Séquence B4 : AMAN COMMENCE À TOMBER DEVANT MARDOCHÉE

MARDOCHÉE N'A PAS ÉTÉ ÉLEVÉ		6,1-3
LE RÊVE D'AMAN SE BRISE		4-11
AMAN A COMMENCÉ À TOMBER		12-14

Séquence B5 : APRÈS LE 2E BANQUET D'ESTHER, AMAN EST PENDU À LA PLACE DE MARDOCHÉE

ESTHER DEMANDE LA VIE, POUR ELLE ET POUR SON PEUPLE		7,1-4
AMAN TOMBE		5-8
AMAN EST PENDU SUR LE BOIS QU'IL AVAIT PRÉPARÉ POUR MARDOCHÉE		9-10

446 Version grecque : la deuxième section (Est 3,1–9,19)

1. LES RAPPORTS ENTRE LES SÉQUENCES B3 ET B5

D,[1] Et il advint *au troisième jour*, quand elle cessa de prier, qu'elle quitta ses vêtements de servitude et s'enveloppa de sa gloire. [2] Et, devenue splendide, invoquant Dieu qui observe tous et est sauveur, elle prit ses deux servantes ; [3] sur l'une, elle s'appuyait comme alanguie, [4] et l'autre suivait en soulevant son vêtement. [5] Et elle, elle était rougissante au comble de sa beauté et son *visage* était joyeux comme adorable, mais son cœur gémissait de crainte. [6] Et ayant franchi toutes les portes, elle se tint en face du roi ; et lui était assis sur le trône de sa royauté et il avait revêtu tout l'appareil de sa splendeur, tout entier d'or et de pierres précieuses, et il était à craindre extrêmement. [7] Ayant levé son *visage* brûlant de gloire, au comble de la COLÈRE il regarda ; la reine TOMBA et sa couleur changea à cause de sa faiblesse et elle s'écroula sur la tête de la servante qui la précédait.

[8] Et Dieu changea l'esprit du roi en douceur et, angoissé, il bondit de son trône et la saisit dans ses bras jusqu'à ce qu'elle se relève. Et il la réconfortait par des paroles apaisantes et il lui dit : [9] « Qu'y a-t-il, Esther ? Moi, je suis ton frère : rassure-toi ! [10] Tu ne mourras pas car notre ordonnance est pour le commun : [11] approche-toi ! » [12] Et ayant levé son sceptre d'or, il le posa sur son cou et il l'embrassa et dit : « Parle-moi. » Et elle lui dit : [13] « Je t'ai vu, Seigneur, comme un ange de Dieu et mon cœur S'EST BOULEVERSÉ par crainte de ta gloire, [14] car tu es admirable, Seigneur, et ton *visage* est plein de grâces. » [15] Or alors qu'elle parlait, elle TOMBA de faiblesse [16] et le roi ÉTAIT BOULEVERSÉ et toute sa servitude la réconfortait.

5,[3] Le roi dit : « Que veux-tu, Esther, **et quelle est ta demande ?** *Jusqu'à la moitié de mon royaume ce sera à toi.* » [4] Et Esther dit : « C'est mon jour insigne aujourd'hui ! Si donc il plait au roi, qu'il vienne lui et Aman au BANQUET que je ferai aujourd'hui. » [5] Et le roi dit : « Pressez Aman afin que nous fassions la parole d'Esther. » Et ils se rendent tous deux au BANQUET qu'Esther avait dit.

[6] Or, durant la BEUVERIE, le roi dit à Esther : « Qu'est-ce, reine Esther ? *Et sera à toi tout ce que tu as demandé.* » [7] Et elle dit : « **Ma requête et ma demande !** [8] Si j'ai trouvé grâce devant le roi, que le roi et Aman viennent demain au banquet que je ferai pour eux ; et demain je ferai ces choses. »

---

[9] Aman sortit de chez le roi très joyeux, réjoui ; mais quand Aman vit Mardochée le juif dans la cour, IL FUT-EN-COLÈRE extrêmement. [10] Entrant chez lui, il appela ses amis et Zosara sa femme [11] et il leur fit connaitre sa richesse et la gloire que le roi lui avait accordée et comme il avait fait de lui le premier et conducteur du royaume.

[12] Et Aman dit : « La reine n'a invité au BANQUET avec le roi personne d'autre que moi et pour demain je suis encore invité ; [13] mais cela ne me plait pas quand je vois Mardochée le juif dans la cour. » [14] Zosara sa femme et ses amis lui dirent : « Qu'on coupe pour toi UNE POTENCE DE CINQUANTE COUDÉES et à l'aube dis au roi que Mardochée *SOIT PENDU SUR LA POTENCE* ; et toi, sors au banquet avec le roi et sois réjoui. » Le propos plut à Aman et **il prépara la potence**.

La sous-section C–B5

7,[1] Le roi entra et Aman pour BOIRE avec la reine. [2] Or le roi dit à Esther, *le deuxième jour* durant la BEUVERIE : « Qu'y a-t-il, reine Esther ? Quelle est ta demande et quelle est ta requête ? *Ce sera à toi, jusqu'à la moitié de mon royaume.* »
[3] Répondant, elle dit : « Si j'ai trouvé grâce devant le roi, que soit donnée ma vie pour ma demande et mon peuple pour ma requête. [4] Car nous avons été vendus, moi et aussi mon peuple, pour la destruction, le pillage et la servitude, nous et nos enfants pour esclaves et servantes. Et j'avais refusé d'entendre car le calomniateur n'est pas digne de la cour du roi. »

[5] Le roi dit : « Qui est celui-là qui a osé faire cette action-là ? » [6] Et Esther dit : « Un homme ennemi, c'est Aman le mauvais celui-là ! » Aman FUT BOULEVERSÉ à cause du roi et de la reine. [7] Le roi se leva du FESTIN vers le jardin et Aman suppliait la reine car il voyait qu'il était lui-même dans des malheurs. [8] Le roi revint du jardin et Aman, implorant la reine, ÉTAIT TOMBÉ sur sa couche. Et le roi dit : « Ainsi même ma femme tu violentes dans ma maison ? » Aman ayant entendu, détourna son *visage*.

[9] Bougathan, un des eunuques, dit au roi : « Voici aussi une potence qu'Aman avait préparée pour Mardochée, lui qui avait parlé pour le roi ; et se dresse chez Aman UNE POTENCE DE CINQUANTE COUDÉES. » Le roi dit : « Qu'il soit crucifié dessus ! » [10] Aman *FUT PENDU SUR LA POTENCE* qu'il avait préparée pour Mardochée ; et alors le roi se calma de sa COLÈRE.

– « Au troisième jour » (D,1) et « le deuxième jour » (7,2) remplissent la fonction de termes initiaux.

– En termes finaux : « une potence de cinquante coudées », « soit/fut pendu sur la potence », « il prépara la potence »/« qu'il avait préparée » (5,14 ; 7,9-10).

– Dans le passage central de la première séquence et dans le premier de l'autre, le roi demande à Esther ce qu'elle veut, lui promettant qu'elle obtiendra tout ce qu'elle désire, fût-ce la moitié du royaume ; elle introduit sa réponse par une conditionnelle : « Si donc il plait au roi », « Si j'ai trouvé grâce devant le roi » (5,3-4.6-8 ; 7,2-3).

– C'est surtout à ces deux endroits qu'il est question de « banquet », « beuverie/ boire », « festin » (5,4.5.6.12 ; 7,1.2.7).

– Le premier passage de la première séquence et le passage central de la seconde ont plusieurs termes en commun : la reine et le roi sont « bouleversés » (D,13.15) puis c'est Aman (7,6), la reine « tombe » (D,7.15), puis c'est Aman (7,8) ; il est d'abord question du « visage » d'Esther et du roi (D,5.7.14), puis de celui d'Aman (7,8).

– D'une séquence à l'autre, on pourra noter la reprise de la « colère » du roi dans les passages extrêmes (D,7 ; 7,10) et d'Aman à la fin de la première séquence (5,9) ; et aussi des termes appartenant au champ sémantique de la servitude : « servitude » (*therapeia*, D,1.15 ; *douleia*, 7,4), « servante(s) » (*habra*, D,2.7) « esclaves, servantes » (*pais, paidiskē*, 7,4).

448 Version grecque : la deuxième section (Est 3,1–9,19)

2. *LES RAPPORTS ENTRE LA SÉQUENCE CENTRALE ET LES DEUX AUTRES*

B3 D,[1] Et il advint *au troisième jour*, quand elle cessa de prier, qu'elle quitta ses vêtements de servitude et s'enveloppa de sa **gloire**. [2] Et, devenue splendide, invoquant DIEU qui observe tous et est sauveur, elle prit ses deux servantes ; [3] sur l'une, elle s'appuyait comme alanguie, [4] et l'autre suivait en soulevant son vêtement. [5] Et elle, elle était rougissante au comble de sa beauté et son visage était joyeux comme adorable, mais son cœur gémissait de crainte. [6] Et ayant franchi toutes les portes, elle se tint en face du roi ; et lui était assis sur le trône de sa royauté et il avait revêtu tout l'appareil de sa splendeur, tout entier d'or et de pierres précieuses, et il était à craindre extrêmement. [7] Ayant levé son visage brûlant de **gloire**, au comble de la colère il regarda ; la reine TOMBA et sa couleur changea à cause de sa faiblesse et elle s'écroula sur la tête de la servante qui la précédait.

[8] Et Dieu changea l'esprit du roi en douceur et, angoissé, il bondit de son trône et la saisit dans ses bras jusqu'à ce qu'elle se relève. Et il la réconfortait par des paroles apaisantes et il lui dit : [9] « Qu'y a-t-il, Esther ? Moi, je suis ton frère : rassure-toi ! [10] Tu ne mourras pas car notre ordonnance est pour le commun : [11] approche-toi ! » [12] Et ayant levé son sceptre d'or, il le posa sur son cou et il l'embrassa et dit : « Parle-moi. » Et elle lui dit : [13] « Je t'ai vu, SEIGNEUR, comme un ange de DIEU et mon cœur s'est bouleversé par crainte de ta **gloire**, [14] car tu es admirable, SEIGNEUR, et ton visage est plein de grâces. » [15] Or, alors qu'elle parlait, elle TOMBA de faiblesse [16] et le roi était bouleversé et toute sa servitude la réconfortait.

5,[3] Le roi dit : « Que veux-tu, Esther, et quelle est ta demande ? Jusqu'à la moitié de mon royaume ce sera à toi. » [4] Et Esther dit : « C'est mon jour insigne aujourd'hui ! Si donc il plait au roi, qu'il vienne lui et Aman au banquet que je ferai aujourd'hui. »

[5] Et le roi dit : « Pressez Aman afin que nous fassions la parole d'Esther. »

Et ils se rendent tous deux au banquet qu'Esther avait dit.

[6] Or, durant la BEUVERIE, le roi dit à Esther : « Qu'est-ce, reine Esther ? Et sera à toi tout ce que tu as demandé. » [7] Et elle dit : « Ma requête et ma demande ! [8] Si j'ai trouvé grâce devant le roi, que le roi et Aman viennent demain au banquet que je ferai pour eux ; et demain je ferai ces choses. »

---

[9] Aman sortit de chez le roi *très joyeux, réjoui* ; mais quand Aman vit Mardochée le juif dans la cour, il fut en colère extrêmement. [10] Entrant chez lui, il appela ses amis et Zosara sa femme [11] et il leur fit connaitre sa richesse et la gloire que le roi lui avait accordée et comme il avait fait de lui le premier et conducteur du royaume.

[12] Et Aman dit : « La reine n'a invité au banquet avec le roi personne d'autre que moi et pour demain je suis encore invité ; [13] mais cela ne me plait pas quand je vois Mardochée le juif dans la cour. » [14] Zosara sa femme et ses amis lui dirent : « Qu'on coupe pour toi un bois de cinquante coudées et à l'aube dis au roi que Mardochée soit pendu sur le bois ; et toi, sors au banquet avec le roi et sois réjoui. » Le propos plut à Aman et *IL PRÉPARA* le bois.

– En termes initiaux, « au troisième jour » (D,1), « cette nuit-là » (6,1), « le deuxième jour » (7,2).

– La reine « tombe » (D,7.15) puis Aman (6,13 ; 7,8).

– En termes médians des deux dernières séquences, « beuverie/boire » (6,14 ; 7,1-2) ; le même terme se retrouve au centre de la première séquence (5,6).

– « Gloire » revient dans le premier passage de B3 (D,1.7.13) et surtout dans le passage central de B4 (6,3.6bis.7.9bis.11).

– Les passages finaux des deux premières séquences se correspondent. Aman rentre d'abord chez lui « très joyeux, réjoui » (5,9) puis « la tête toute triste » (6,12) ; il fait un récit à sa femme et ses amis, et ceux-ci lui répondent (5,10.14 ; 6,13).

La sous-section C–B5

B4 6,[1] LE SEIGNEUR écarta du roi le sommeil *cette nuit-là* ; il dit à son didascale d'apporter les textes mémoires des jours pour les lui lire. [2] Or il trouva les textes écrits sur Mardochée disant qu'il avait averti le roi sur les deux eunuques du roi quand ils étaient de garde et avaient voulu porter les mains sur Artaxerxès [3] Et le roi dit : « Quelle **gloire** ou grâce avons-nous faite pour Mardochée ? » Les serviteurs du roi dirent : « Tu n'as rien fait pour lui. »

[4] Tandis que le roi s'informe sur le bienfait de Mardochée, voici Aman dans la cour. Le roi dit : « Qui est dans la cour ? » Or Aman entrait pour dire au roi de pendre Mardochée sur le bois qu'il avait préparé. [5] Les serviteurs du roi dirent : « Voici qu'Aman se tient dans la cour. » Et le roi dit : « Appelez-le. » [6] Le roi dit à Aman : « Que ferai-je à l'homme que je veux **glorifier** ? » Aman se dit en lui-même : « Qui le roi veut-il **glorifier**, si ce n'est moi ? »
[7] Il dit au roi : « Un homme que le roi veut **glorifier** ? [8] Que les esclaves du roi apportent un vêtement de byssus que le roi revêt et un cheval sur lequel le roi monte. [9] Qu'on les donne à l'un des **glorieux** amis du roi et qu'il vête l'homme que le roi aime et le fasse-monter sur le cheval ; et qu'il proclame à travers la rue de la ville disant : « Ainsi sera-t-il à tout homme que le roi **glorifie** ! »
[10] Et le roi dit à Aman : « Comme tu as parlé, ainsi fais à Mardochée le juif qui sert dans la cour et que ne manque pas une seule des paroles que tu as dites. » [11] Aman prit le vêtement et le cheval et il vêtit Mardochée et le fit-monter sur le cheval et il alla à travers la rue de la ville et il proclama disant : « Ainsi sera-t-il à tout homme que le roi veut **glorifier** ! »

[12] Mardochée retourna dans la cour et Aman revint chez lui, *la tête toute triste*. [13] Aman raconta ce qui lui était arrivé à sa femme Zosara et aux amis. **Ses amis et sa femme lui dirent** : « Si Mardochée est de la race des juifs, tu as commencé à être humilié devant lui ; TOMBANT, TU TOMBERAS. Tu ne peux te venger de lui car un DIEU VIVANT est avec lui. » [14] Ils parlaient encore que surviennent LES EUNUQUES pour presser Aman d'aller à la BEUVERIE qu'*AVAIT PRÉPARÉ* Esther.

B5 7,[1] Le roi entra et Aman pour BOIRE avec la reine. [2] Or le roi dit à Esther, *le deuxième jour* durant la BEUVERIE : « Qu'y a-t-il, reine Esther ? Quelle est ta demande et quelle est ta requête ? Ce sera à toi, jusqu'à la moitié de mon royaume. »
[3] Répondant, elle dit : « Si j'ai trouvé grâce devant le roi, que soit donnée ma vie pour ma demande et mon peuple pour ma requête. [4] Car nous avons été vendus, moi et aussi mon peuple, pour la destruction, le pillage et la servitude, nous et nos enfants pour esclaves et servantes. Et j'avais refusé d'entendre car le calomniateur n'est pas digne de la cour du roi. »

[5] Le roi dit : « Qui celui-là qui a osé faire cette action-là ? » [6] Et Esther dit : « Un homme ennemi, c'est Aman le mauvais celui-là ! » Aman fut bouleversé à cause du roi et de la reine. [7] Le roi se leva du banquet vers le jardin et Aman suppliait la reine car il voyait qu'il était lui-même dans des malheurs. [8] Le roi revint du jardin et Aman, implorant la reine, ÉTAIT TOMBÉ sur sa couche. Et le roi dit : « Ainsi même ma femme tu violentes dans ma maison ? » Aman ayant entendu, détourna son visage.

[9] Bougathan, un des EUNUQUES, dit au roi : « Voici aussi une potence qu'Aman *AVAIT PRÉPARÉE* pour Mardochée, lui qui avait parlé pour le roi ; et se dresse chez Aman une potence de cinquante coudées. » Le roi dit : « Qu'il soit crucifié dessus ! » [10] Aman fut pendu sur la potence qu'*IL AVAIT PRÉPARÉE* pour Mardochée ; et alors le roi se calma de sa colère.

– À « il avait averti le roi » au début de B4 (6,2) répond « lui qui avait parlé pour le roi » à la fin de B5 (7,9).
– « Préparer » se retrouve à la fin des trois séquences (5,14 ; 6,14 ; 7,10), « eunuques » à la fin des deux dernières (6,14 ; 7,9).
– « Dieu » et « le Seigneur » reviennent dans les deux premières séquences (D,2.13-14 ; 6,1.13).

450   Version grecque : la deuxième section (Est 3,1–9,19)

3. LES RAPPORTS ENTRE LE « CHŒUR DES JUIFS » ET LES TROIS AUTRES SÉQUENCES

Dans le « Chœur des juifs », Mardochée et Esther, mais aussi « tout Israël » supplient le Seigneur de les délivrer. Dans les trois séquences qui suivent, le Seigneur répond, non pas en paroles mais en actions :

– B3 : « *Dieu* changea l'esprit du roi en douceur » (D,8) ;
– B4 : « *Le Seigneur* écarta du roi le sommeil cette nuit-là » (6,1).

Les noms divins qui reviennent en nombre dans le « Chœur des juifs » se retrouvent aussi dans la séquence B3 :

– Esther « invoquant *Dieu* qui observe tous et est *sauveur* » (D,2) ;
– « Et *Dieu* changea l'esprit du roi en douceur » (D,8) ;
– « Seigneur » et « ange de Dieu » sont ensuite attribués par Esther au roi Artaxerxès (D,13-14).

Et dans la séquence B4 :

– « *Le Seigneur* écarta du roi le sommeil cette nuit-là » (6,1) ;
– les amis et la femme d'Aman lui disent, à propos de Mardochée : « *un Dieu vivant est avec lui* » (6,13).

Ce que Mardochée, Esther et tout Israël demandent, c'est d'être libérés de la main des « ennemis » (C,17) et des « mal-faisants » (C,30). C'est ainsi qu'Aman sera accusé par Esther devant le roi : « Un homme ennemi, c'est Aman le mauvais celui-là » (7,6). C'est lui qui voulait « détruire » le peuple juif (C,8.20 ; 7,4).

Les rapports sont particulièrement étroits entre le « Chœur des juifs » et le premier passage de la séquence suivante, à savoir l'expansion D. Ce passage est la suite chronologique immédiate de la prière, « au troisième jour » du jeûne, « quand elle cessa de prier » (D,1). Avant de se mettre en route pour aller chez le roi, elle « invoque Dieu » de nouveau (D,2).

Au début du troisième passage du « Chœur des juifs », la reine, « ayant retiré les vêtements de sa gloire, elle revêtit les vêtements de détresse et de deuil » (C,13) ; au début de la séquence B3, « elle quitta ses vêtements de servitude et s'enveloppa de sa gloire » (D,1) pour aller affronter le roi. La dramatisation extrême de cette expansion grecque des deux premiers versets du chapitre 5 de l'hébreu marque bien la tension que traduisait la supplication, celle de la reine en particulier. Esther avait toutes les raisons de craindre cette rencontre à laquelle elle n'avait pas été invitée au péril de sa vie. Sans l'intervention de Dieu (D,8), elle n'aurait pas pu échapper à la colère du roi.

« Gloire/glorifier » revient 5 fois dans la prière d'Esther (C.13.20.26.28) et 4 fois en B3 (D,1.7.13 ; 5,11).

En B3, « le roi » (Artaxerxès) et son « royaume » sont mentionnés très souvent ; dans sa prière, Esther appelle le Seigneur « notre Roi » (C,14) et « Roi

La sous-section C–B5   451

des dieux » (23), opposé à « un roi de chair » (21) et même au « roi » dont elle n'a pas glorifié le festin (28).

C,[1] Et il supplia le Seigneur se souvenant de toutes les œuvres du Seigneur [2] et il dit :
« SEIGNEUR, SEIGNEUR, ROI, de toutes choses tu es gouvernant, parce que tout est en ton pouvoir et il n'est personne qui puisse contredire ta volonté de sauver Israël, [3] parce que toi tu as fait le ciel et la terre et toute merveille qui est sous le ciel [4] et tu es SEIGNEUR de toutes choses et il n'est personne qui puisse te résister, LE SEIGNEUR.
[5] Toi, tu connais toutes choses, toi tu sais, SEIGNEUR, que ce n'est pas par démesure ni par orgueil, ni par gloriole que j'ai fait cela de ne pas me prosterner devant l'orgueilleux Aman, [6] car il m'aurait plu de baiser la plante de ses pieds pour le salut d'Israël. [7] Mais j'ai fait cette chose pour ne pas mettre la gloire d'un homme au-dessus de la gloire de DIEU ; et je ne me prosternerai devant personne sauf toi, MON SEIGNEUR, et je ne ferai pas cela par orgueil.
[8] Et maintenant, SEIGNEUR DIEU, ROI, DIEU D'ABRAHAM, épargne ton peuple, car ils nous regardent pour la ruine et ils projettent de DÉTRUIRE ton antique héritage ; [9] ne délaisse pas ta part que pour toi-même tu as rachetée de la terre d'Égypte. [10] Exauce ma supplication et sois-propice à ta part-d'héritage et retourne notre deuil en fête, afin que, vivants, nous chantions ton nom, SEIGNEUR, et ne laisse pas disparaître la bouche de ceux qui te louent. »

---

[11] Et tout Israël criait de toutes leurs forces,   car leur mort était dans leurs yeux.

---

[12] La reine Esther se réfugia auprès du Seigneur, prise dans l'agonie de la mort. [13] Et, ayant retiré les vêtements de sa gloire, elle revêtit les vêtements de détresse et de deuil et au lieu d'arrogants agréments, de cendre et d'ordures elle couvrit sa tête et son corps elle humilia extrêmement, et tout lieu de parure de son allégresse elle couvrit de ses cheveux emmêlés. [14] Et elle supplia LE SEIGNEUR, DIEU d'Israël, et elle dit :
« MON SEIGNEUR, NOTRE ROI, toi tu es le seul. Secours-moi, qui suis seule et n'ai pas de secours sinon toi, [15] car mon danger est dans ma main.
[16] Moi, j'ai entendu, dès ma naissance, dans la tribu de ma parenté, que toi, SEIGNEUR, as pris Israël parmi toutes les nations et nos pères parmi tous leurs ancêtres, pour héritage à jamais ; et tu as fait pour eux tout ce que tu avais dit.
[17] Et maintenant nous avons péché devant toi, et tu nous as donnés aux mains de nos ENNEMIS [18] parce que nous avons glorifié leurs dieux. Tu es juste, SEIGNEUR ! [19] Et maintenant ils ne se sont pas contentés de l'amertume de notre servitude, mais ils ont mis leurs mains dans les mains de leurs idoles, [20] pour supprimer le décret de ta bouche et DÉTRUIRE ton héritage et supprimer la bouche de ceux qui te louent et éteindre la gloire de ta maison et ton autel, [21] et pour ouvrir la bouche des nations pour les vertus des néants et que soit admiré un roi de chair à jamais.
[22] Ne donne pas, SEIGNEUR, ton sceptre à ceux qui ne sont pas et qu'ils ne rient pas sur notre chute, mais retourne leur projet contre eux et de qui a commencé contre nous fais-un-exemple ; [23] souviens-toi, SEIGNEUR, manifeste-toi au temps de notre tribulation. Et moi, enhardis-moi, ROI DES DIEUX et gouvernant de tout principe ; [24] donne une parole bien rythmée sur ma bouche devant le lion et tourne son cœur à la haine de qui nous fait la guerre, pour sa perte et de tous ses pareils. [25] Et nous, libère-nous par ta main et secours-moi qui suis seule et n'ai rien sinon toi, SEIGNEUR !
[26] De toute chose tu as connaissance et tu sais que je hais la gloire des impies, que j'ai horreur de la couche des incirconcis et de tout étranger ; [27] toi, tu sais ma nécessité, que j'ai horreur de l'insigne de ma grandeur, qui est sur ma tête dans les jours de ma représentation, j'en ai horreur comme d'un linge souillé, et ne le porte pas dans les jours de ma tranquillité.
[28] Et ta servante n'a pas mangé à la table d'Aman et je n'ai pas glorifié le festin du roi et je n'ai pas bu le vin des libations ; [29] et ta servante ne s'est pas réjouie depuis le jour de son changement jusqu'à maintenant, si ce n'est en toi, SEIGNEUR, DIEU D'ABRAHAM.
[30] DIEU, le fort sur tous, écoute la voix des désespérés et libère-nous de la main des MAL-FAISANTS et libère-moi de ma peur ! »

452 Version grecque : la deuxième section (Est 3,1–9,19)

COMPARAISON ENTRE LES DEUX VERSIONS

HÉBREU

Séquence B3 : APRÈS LE 1ᴱᴿ BANQUET D'ESTHER, AMAN PROJETTE DE FAIRE PENDRE MARDOCHÉE

REÇUE PAR LE ROI, ESTHER L'INVITE AVEC HAMÂN À UN BANQUET		5,1-5c
AU BANQUET, ESTHER LES INVITE À UN DEUXIÈME BANQUET		5d-8
LIBÉRÉ DE MARDOCHÉE, HAMÂN IRA JOYEUX AU BANQUET D'ESTHER		9-14

Séquence B4 : AMAN COMMENCE À TOMBER DEVANT MARDOCHÉE

MARDOCHÉE N'A PAS ÉTÉ ÉLEVÉ		6,1-3
LE RÊVE D'HAMÂN SE BRISE		4-11
HAMÂN A COMMENCÉ À TOMBER		12-14

Séquence B5 : APRÈS LE 2ᴱ BANQUET D'ESTHER, AMAN EST PENDU À LA PLACE DE MARDOCHÉE

ESTHER DEMANDE LA VIE, POUR ELLE ET POUR SON PEUPLE		7,1-4
HAMÂN TOMBE		5-8
HAMÂN EST PENDU, SUR LE BOIS QU'IL AVAIT FAIT POUR MARDOCHÉE		9-10

L'Addition C, au début de la sous-section grecque, constitue une séquence qui n'a pas son équivalent en hébreu.

La sous-section C–B5

GREC

Chœur des juifs C : MARDOCHÉE, ESTHER ET TOUT ISRAËL SUPPLIENT LE SEIGNEUR

LA PRIÉRE DE MARDOCHÉE		C,1-10
TOUT ISRAËL CRIE VERS LE SEIGNEUR		11
LA PRIÉRE D'ESTHER		12-30

Séquence B3 : APRÈS LE 1ER BANQUET D'ESTHER, AMAN PROJETTE DE FAIRE PENDRE MARDOCHÉE

LE ROI ÉPARGNE LA VIE D'ESTHER		D,1-16
ESTHER INVITE PAR DEUX FOIS LE ROI ET AMAN À SON BANQUET		5,3-8
AMAN PROJETTE LA MORT DE MARDOCHÉE		9-14

Séquence B4 : AMAN COMMENCE À TOMBER DEVANT MARDOCHÉE

MARDOCHÉE N'A PAS ÉTÉ ÉLEVÉ		6,1-3
LE RÊVE D'AMAN SE BRISE		4-11
AMAN A COMMENCÉ À TOMBER		12-14

Séquence B5 : APRÈS LE 2E BANQUET D'ESTHER, AMAN EST PENDU À LA PLACE DE MARDOCHÉE

ESTHER DEMANDE LA VIE, POUR ELLE ET POUR SON PEUPLE		7,1-4
AMAN TOMBE		5-8
AMAN EST PENDU SUR LE BOIS QU'IL AVAIT PRÉPARÉ POUR MARDOCHÉE		9-10

454 Version grecque : la deuxième section (Est 3,1–9,19)

Interprétation

La prière est exaucée

La sous-section commence par une séquence toute entière consacrée à la supplication, de Mardochée d'abord, plus longuement de la reine Esther ensuite, et de « tout Israël ». Quand, au début de la séquence suivante, Esther, ayant cessé de prier, s'est préparée avec le plus grand soin pour rejoindre le roi, elle invoque encore le Dieu sauveur au moment de se mettre en chemin. Le Seigneur ne tardera pas à répondre en changeant le cœur du roi qui abandonne sa colère et devient toute douceur pour son épouse. De même au tout début de la troisième séquence « le Seigneur écarta le sommeil du roi », et cette intervention déclenche un renversement radical : Aman, venu pour demander au roi de pendre Mardochée, se voit contraint de le glorifier devant tous et donc de renoncer à son projet de mort. Quand il revient chez lui et raconte son malheur, les proches ne peuvent que lui assurer qu'il tombera devant celui qu'« un Dieu vivant » protège. Ainsi, le Seigneur avait été supplié au début par deux juifs, et quand son nom est prononcé pour la dernière fois, c'est par la femme d'Aman et ses amis, des païens qui reconnaissent non seulement son existence, mais son pouvoir contre lequel personne ne saurait résister.

Le bâton de la vie ou le bois de la mort

La menace de mort pèse sur Esther comme sur Mardochée et, à travers eux, sur tous les juifs. Quand la reine se présente devant le roi son époux sans y avoir été invitée, celui-ci se montre brulant de colère. Et si le Seigneur n'était pas intervenu pour adoucir son cœur, Esther n'aurait pas été épargnée. Ce qu'elle redoutait tant se serait sans aucun doute produit. Elle n'aurait pas échappé à la mort. Elle aura dû attendre bien longtemps pour que le roi lève son bâton doré et le pose sur son cou. Tandis qu'Esther est sauvée, Mardochée se trouve promis à la mort sur le bois où il sera pendu par le cou. Deux instruments de bois, un pour la vie, l'autre pour la mort.

Aujourd'hui et demain

Aujourd'hui, Esther a échappé à la mort. C'est pour elle « un jour insigne ». Cela doit se fêter, et c'est pourquoi elle invite le roi à un banquet qu'elle offre au roi ainsi qu'à son second. Voilà la faveur qu'elle demande. Elle n'a que faire de la moitié du royaume. N'est-elle pas la reine de tout le royaume ? Mais le roi a bien compris que la reine a quelque chose sur le cœur, et donc une faveur à demander. C'est pourquoi, durant le banquet, il réitère sa question et lui promet de la satisfaire. Certes, elle est sauvée de la colère du roi, mais elle sait que quelqu'un d'autre nourrit un ressentiment profond contre Mardochée et contre tout son peuple. Elle comprend toutefois qu'il lui faut attendre. Demain est un autre jour.

III. Mardochée et son projet de salut

La troisième sous-section : 8,1–9,19

La sous-section comprend trois séquences : entre les versions grecques des séquences B6 et B7 du texte hébreu, la Septante a inséré le texte de l'édit du roi préparé par Mardochée :

B7 : ESTHER OBTIENT DU ROI UN ÉDIT	POUR QUE LES JUIFS SOIENT SAUVÉS	8,1-12

B8 : **TEXTE DE L'ÉDIT PRÉPARÉ À LA DEMANDE D'ESTHER**	E,1-24–8,13

B9 : DANS LA JOIE ET LES BANQUETS,	LES JUIFS CÉLÈBRENT LEUR SALUT	9,1-19

1. Esther obtient du roi un édit pour que les juifs soient sauvés

La séquence B6 : 8,1-12

La séquence comprend trois passages :

ESTHER DEMANDE AU ROI L'ANNULATION DU PROJET D'AMAN CONTRE LES JUIFS	8,1-4

LE ROI ACCEPTE QUE SOIENT ÉCRITES DE NOUVELLES LETTRES	5-8

LES LETTRES EN FAVEUR DES JUIFS SONT ÉCRITES ET ENVOYÉES DANS TOUT LE ROYAUME	9-12

456 Version grecque : la deuxième section (Est 3,1–9,19)

a. ESTHER DEMANDE AU ROI
L'ANNULATION DU PROJET D'AMAN CONTRE LES JUIFS

Le premier passage : 8,1-4

COMPOSITION

+ 8,[1] Et en ce	jour,		
+ le roi	Artaxerxès	fit-cadeau	à ESTHER
.. de tout ce que	possédait	*AMAN*	le calomniateur.
....			
– Et *MARDOCHÉE*	fut appelé	par le roi	
: car avait révélé	ESTHER		
: qu'il était parent	d'elle ;		
– [2] et prit	le roi	l'anneau	
: lequel	il avait enlevé	à *AMAN*	
: et donna	lui	à *MARDOCHÉE*.	
....			
+ Et institua	ESTHER	*MARDOCHÉE*	
.. sur toutes(les choses)	d'*AMAN*		

:: [3] Et ajoutant	elle parla	au roi	
:: *et se prosterna*	aux pieds	de lui	
- et demanda	de supprimer	le d'*AMAN*	mal
- et tout ce qu'	il avait fait	aux juifs ;	
+ [4] et tendit	le roi	à ESTHER	le bâton doré
+ *et se releva*	ESTHER	et se tint près	du roi.

Aux extrémités de la première partie, le roi donne à Esther tous les biens d'Aman (1abc) et la reine en confie la gestion à Mardochée (2de). Dans le morceau central, le roi convoque le parent de la reine (1def) et lui donne son anneau (2abc). Ainsi, non seulement les possessions d'Aman passent à Mardochée, mais aussi le pouvoir que lui avait confié le roi. Les noms des personnages reviennent chacun trois fois, « le roi » (1b.d.2a), « Esther » (1b.e.2d), « Aman » (1c.2b.e), « Mardochée » (1d.2c.d).

La séquence B6 : 8,1-12   457

Dans la deuxième partie, Esther « se prosterne » devant le roi dans le premier segment (3b) et, dans le dernier, elle « se relève » (4b). Dans le segment central, elle expose sa demande (3cd).

Dans la première partie, Esther et Mardochée reçoivent les biens et le pouvoir d'Aman ; dans la deuxième, Esther demande que le roi y ajoute une autre faveur, celle de supprimer le mal qu'Aman avait projeté contre les juifs.

INTERPRÉTATION

MARDOCHÉE REÇOIT LES BIENS ET LA FONCTION D'AMAN

Aman « le calomniateur » ayant été justicié, le roi offre à la reine les immenses richesses qui faisaient sa gloire et dont il ne manquait pas de se vanter. C'est une manière pour lui de reconnaitre le tort que son second avait voulu infliger aux juifs et par conséquent à la reine elle-même. Celle-ci présente au roi son ancien tuteur, auquel le roi s'empresse de donner son anneau pour qu'il puisse sceller en son nom les actes royaux. Alors, Esther confie à Mardochée la gestion des richesses que le roi a confisquées à Aman et dont il a fait cadeau à son épouse. Ainsi, Mardochée se voit promu par le couple royal au poste qu'occupait son adversaire et il devient le second du royaume.

ESTHER DEMANDE LA RÉVOCATION DU PROJET D'AMAN CONTRE SON PEUPLE

Recevoir les possessions d'Aman et l'anneau que lui avait donné le roi n'est certes pas rien, mais cela ne saurait suffire. L'édit que le calomniateur avait scellé au nom du roi contre les juifs est toujours en vigueur et il est urgent de le révoquer. Sinon, tout le peuple juif reste sous le coup des ordres qui ont été communiqués aux responsables des cent-vingt-sept provinces du royaume. C'est pourquoi la reine Esther se hâte de se prosterner aux pieds du roi pour lui demander de compléter ses mesures en abolissant le décret d'extermination des juifs.

458 Version grecque : la deuxième section (Est 3,1–9,19)

COMPARAISON DES DEUX VERSIONS

HÉBREU

+ 8,[1] EN CE JOUR-	LÀ,			
+ donna	LE ROI	AKHASHVÉROSH	À ESTHER	la reine
+ la maison	D'HAMÂN,	l'oppresseur	des juifs ;	
:: ET MARDOCHÉE	vint	en face	DU ROI	
:: CAR AVAIT RACONTÉ	ESTHER	ce que	lui (était)	POUR ELLE.
:: [2] ET retira	LE ROI	son ANNEAU		
:: LEQUEL	IL AVAIT ENLEVÉ	À HAMÂN		
:: ET IL LE DONNA	À MARDOCHÉE ;			
+ ET MIT	ESTHER	MARDOCHÉE	SUR la maison D'HAMÂN.	

+ 8,[3] ET AJOUTA	Esther	et ELLE PARLA	en face	DU ROI
+ ET elle tomba	EN FACE	DE SES PIEDS		
+ et elle pleura	ET SUPPLIA	lui		
- DE FAIRE PASSER	LE MALHEUR	D'HAMÂN	l'Agaguite	
- ET son projet	LEQUEL	il avait projeté	CONTRE LES JUIFS.	

= [4] ET TENDIT	LE ROI	À ESTHER	LE SCEPTRE	D'OR
= ET SE LEVA	ESTHER			
= ET ELLE SE TINT	EN FACE	DU ROI	[5] et elle dit :	
. « Si	pour le roi	(c'est) bon		
- et si	j'ai trouvé	grâce	à sa face	
. et convient	la chose	en face	du roi	
- et bonne	moi	à ses yeux,		
:: qu'on écrive	pour révoquer	les lettres,		
:: le projet	d'Hamân	fils d'Hamdata	l'Agaguite,	
.. lesquelles	il avait écrites	pour anéantir	les juifs	
.. lesquels (sont)	dans toutes	les provinces	du roi ;	
– [6] car comment	pourrais-je	voir	le malheur	
– lequel	trouvera	mon peuple		
– et comment	pourrais-je	voir	l'anéantissement	de ma parenté ? »

La séquence B6 : 8,1-12 — 459

GREC

+ 8,[1] ET EN CE	JOUR,		
+ LE ROI	ARTAXERXÈS	fit-cadeau	À ESTHER
.. de tout ce que	possédait	AMAN	le calomniateur.
— ET MARDOCHÉE	fut appelé	PAR LE ROI	
: CAR AVAIT RÉVÉLÉ	ESTHER		
: qu'il était parent	D'ELLE ;		
— [2] ET prit	LE ROI	L'ANNEAU	
: LEQUEL	IL AVAIT ENLEVÉ	À AMAN	
: ET DONNA	LUI	À MARDOCHÉE.	
+ ET INSTITUA	ESTHER	MARDOCHÉE	
.. SUR toutes(les choses)	D'AMAN		

:: [3] ET AJOUTANT	ELLE PARLA	AU ROI		
:: ET se prosterna	AUX PIEDS	DE LUI		
- ET DEMANDA	DE SUPPRIMER	LE D'AMAN	MAL	
- ET tout ce qu'	il avait fait	AUX JUIFS ;		
+ [4] ET TENDIT	LE ROI	À ESTHER	LE BÂTON	DORÉ
+ ET SE RELEVA	ESTHER	ET SE TINT PRÈS	DU ROI.	

À part quelques ajouts de l'hébreu et un certain nombre de variations, les
textes des deux versions sont très proches.

Cependant, ils sont organisés de manière différente. Ce qui ne constitue qu'un
seul passage dans la version grecque est réparti dans deux passages de l'hébreu :
– le premier passage de l'hébreu correspond à la première partie du premier
passage du grec (1-2) ;
– à la deuxième partie du passage de la version grecque (3-4) correspond dans
l'hébreu la première partie du deuxième passage (3) et le premier segment de sa
deuxième partie (4abc).

460 Version grecque : la deuxième section (Est 3,1–9,19)

b. LE ROI ACCEPTE QUE SOIENT ÉCRITES DE NOUVELLES LETTRES

Le deuxième passage : 8,5-8

COMPOSITION

= 5 *Et dit*	*Esther* :	
: « **S**'il PLAIT	à toi	
: et j'ai trouvé	GRÂCE,	
– que soit expédié	de faire-revenir	LES LETTRES
– envoyées	par AMAN	
– LES ÉCRITS	DE FAIRE-PÉRIR	les juifs
– qui sont	dans ton royaume.	
:: 6 *Comment* en effet	*je pourrais*	
- voir	le malheur	de mon peuple
:: et *comment*	*je pourrais*	
- être sauvée	DANS LA PERTE	de ma patrie ? »

+ 7 *Et dit*	*le roi*	*à Esther* :	
: « **Si** toutes	les possessions	d'AMAN	
: j'ai données	et J'AI FAIT-GRÂCE	à toi	
: et lui	j'ai pendu	sur le bois	
: parce que les mains	il avait porté	contre les juifs,	
– quoi	encore	veux-tu ?	
:: 8 ÉCRIVEZ,	vous aussi,	en mon nom	
.. comme il PLAIT	à vous		
-- *et scellez*	*avec mon anneau* ;		
:: car tout ce qui	EST ÉCRIT,	le roi	ayant ordonné,
-- *et qui est scellé*	*avec mon anneau*		
.. il n'est pas	à eux	de (le) contester. »	

La première partie rapporte la supplique d'Esther, la seconde la réponse du roi.

Le discours d'Esther comprend deux morceaux. Dans le premier, après la formule de politesse (5bc) vient la demande que soient retirées « les lettres » d'Aman (5de), le troisième segment donnant le contenu de ces « écrits » (5fg). Le second morceau est une double question qui met en parallèle le malheur des juifs (6ab) et celui de la reine (cd). Dans les derniers segments reviennent deux termes de même racine, « faire-périr » et « perte » (5f.6d). À la fin des segments du dernier morceau, « mon peuple » et « ma patrie » renvoient à « les juifs » de 5f.

La réponse du roi se développe aussi en deux morceaux. Le premier se termine par une question (7f), introduite par une longue conditionnelle complexe (7b-e). Le roi demande à Esther ce qu'elle veut de plus que « les possessions » d'Aman et son exécution. Dans le deuxième morceau, un ordre double (8abc) est suivi d'une causale qui assure que le nouvel écrit ne pourra être contesté (8def).

Les deux discours se répondent de manière spéculaire. Les morceaux médians (6 et 7b-f) sont des questions, et dans les morceaux extrêmes, le roi répond positivement à la requête d'Esther : ce qu'Esther avec Mardochée sont autorisés à « écrire » (8a.d) et à « sceller » avec l'anneau du roi (8c.e) s'opposera aux « lettres », aux « écrits » par Aman pour faire périr les juifs (5d.f). On notera aussi que les deux discours commencent par « Si » (5b.7b).

INTERPRÉTATION

« QUOI ENCORE ? »

La mort du calomniateur ne suffit pas à Esther. Et certainement encore moins le fait d'avoir reçu « toutes ses possessions ». Ce ne sont pas seulement les richesses accumulées qu'il a laissées derrière lui. Il reste encore « les lettres », « les écrits » qui ordonnaient — qui ordonnent — de faire périr les juifs. Ces écrits ne sont pas « lettre morte » avec lui. L'ordre d'extermination du peuple d'Esther reste valide et doit absolument être révoqué, si l'on veut être sûr qu'il ne soit pas exécuté.

ESTHER REÇOIT LA CHARGE D'UN NOUVEL ÉCRIT

Esther est exaucée. C'est elle qui reçoit la charge de la rédaction d'un nouvel écrit. Le texte hébreu disait que le roi s'était adressé « à Esther la reine et à Mardochée le juif ». Le grec efface le nom de Mardochée, laissant toute la place à Esther. Certes, le pluriel des impératifs — « Écrivez » et « scellez » — est conservé, mais cela ne veut pas dire que Mardochée soit impliqué dans la pensée du roi. Simplement, la reine ne sera évidemment pas seule pour écrire et sceller les lettres. Ce sont les juifs qui, à travers la personne de la reine, sont autorisés à se défendre.

462 Version grecque : la deuxième section (Est 3,1–9,19)

COMPARAISON DES DEUX VERSIONS

HÉBREU

= 8,[4] Et tendit	le roi	à Esther	le sceptre	d'or
= et se leva	Esther			
= et elle se tint	en face	du roi	[5] ET ELLE DIT :	
....				
. « SI	pour le roi	(c'est) bon		
- ET si	J'AI TROUVÉ	GRÂCE	à sa face	
. et convient	la chose	en face	du roi	
- et bonne	moi	à ses yeux,		
....				
:: qu'on écrive	POUR RÉVOQUER	LES LETTRES,		
:: le projet	D'HAMÂN	fils d'Hamdata	l'Agaguite,	
.. lesquelles	IL AVAIT ÉCRITES	POUR ANÉANTIR	LES JUIFS	
.. LESQUELS (SONT)	dans toutes	les provinces	du roi ;	
— [6] CAR COMMENT	POURRAIS-JE	VOIR	LE MALHEUR	
— lequel	trouvera	MON PEUPLE		
— ET COMMENT	POURRAIS-JE	voir	L'ANÉANTISSEMENT	DE MA PARENTÉ ? »

+ [7] ET DIT	LE ROI	Akhashvérosh		
+ À ESTHER	la reine	et à Mardochée	le juif :	
....				
:: « Voici	la maison	D'HAMÂN	J'AI DONNÉE	à Esther
:: ET LUI	on a PENDU	AU BOIS		
:: PARCE QU'	IL AVAIT ENVOYÉ	SA MAIN	CONTRE LES JUIFS ;	
— [8] et VOUS,	ÉCRIVEZ	aux juifs		
— COMME bon	vos yeux	AU NOM	DU ROI	
— ET SCELLEZ	AVEC LE SCEAU	du roi		
.. CAR l'écrit	lequel	EST ÉCRIT	au nom	du roi
.. ET EST SCELLÉ	AVEC LE SCEAU	du roi		
.. IL N'EST PAS	révocable. »			

Comme on le verra plus tard, quand seront comparées les deux séquences, le passage central de la version grecque (8,5-8) correspond à presque tout le premier passage (8,5-6) et à la première moitié du second passage (7-8) de la sous-séquence centrale de l'hébreu.

La séquence B6 : 8,1-12

GREC

= 8,[5] ET DIT	*Esther* :	
: « S'il plait	à toi	
: ET J'AI TROUVÉ	GRÂCE,	
− que soit expédié	DE FAIRE-REVENIR	LES LETTRES
− envoyées	PAR AMAN	
− LES ÉCRITS	DE FAIRE-PÉRIR	LES JUIFS
− QUI SONT	dans ton royaume.	
:: [6] COMMENT EN EFFET	JE POURRAIS	
- VOIR	LE MALHEUR	DE MON PEUPLE
:: ET COMMENT	JE POURRAIS	
- être sauvée	DANS LA PERTE	DE MA PATRIE ? »

+ [7] ET DIT	LE ROI	À ESTHER :	
: « Si toutes	les possessions	D'AMAN	
: J'AI DONNÉS	*et j'ai fait-grâce*	à toi	
: ET LUI	j'ai PENDU	SUR LE BOIS	
: PARCE QUE LES MAINS	IL AVAIT PORTÉES	CONTRE LES JUIFS,	
− *quoi*	*encore*	*veux-tu ?*	
:: [8] ÉCRIVEZ,	VOUS AUSSI,	EN MON NOM	
.. COMME il plait	à vous		
-- ET SCELLEZ	AVEC MON ANNEAU ;		
:: CAR tout ce qui	EST ÉCRIT,	le roi	ayant ordonné,
-- ET QUI EST SCELLÉ	AVEC mon ANNEAU		
.. IL N'EST PAS	*à eux*	de (le) contester. »	

Comme souvent, le grec abrège l'hébreu, ne reprenant pas le segment 5de de l'hébreu, ni « fils d'Hamadata l'Agaguite » (5g), ni ce qui fait du bimembre 7ab de l'hébreu un unimembre dans le grec (7a), le nom de Mardochée étant ainsi effacé.

En revanche, le grec transforme le trimembre 7cde de l'hébreu en deux bimembres (7bc et 7de) et il y ajoute la question de l'unimembre suivant : « quoi encore veux-tu ? (7f).

464 Version grecque : la deuxième section (Est 3,1–9,19)

c. LES LETTRES EN FAVEUR DES JUIFS
SONT ÉCRITES ET ENVOYÉES DANS TOUT LE ROYAUME

Le troisième passage : 8,9-12

COMPOSITION

+ [9] Et furent appelés	*LES LETTRÉS*	DANS LE PREMIER	MOIS
.. *lequel*	*est*	*Nisan*	
.. le troisième	et vingtième,	cette même	année
+ ET IL FUT ÉCRIT	AUX JUIFS	ce qui	avait été ordonné
- aux intendants	et aux chefs	des satrapes,	
- *depuis l'Inde*	*jusqu'à l'Éthiopie*		
. *cent-*	*vingt-*	*sept*	*satrapies,*
. selon province	et province	selon chaque	langue.

+ [10] ET IL FUT ÉCRIT	de par le roi		
+ et il fut scellé	avec son anneau		
+ et ils envoyèrent	*LES LETTRES*	par les porte-livres	
....			
:: [11] *comment*	il était commandé	À EUX	
.. *d'user*	de leurs lois	*dans toute*	*ville*
.. et de se secourir	ENTRE EUX		
.. *d'user*	de leurs adversaires	et de leurs opposants	
.. *comme*	ils voudraient,		
. [12] en un jour	seul	*dans tout le royaume*	*d'Artaxerxès*
. le treize	DU DOUZIÈME	MOIS	
. *lequel*	*est*	*Adar.*	

La première partie rapporte la rédaction de l'écrit avec le concours des « lettrés », la deuxième leur scellement et leur expédition ainsi que leur contenu.

Dans la première partie, le premier segment précise la date exacte où furent appelés les lettrés, le second les destinataires de l'écrit, le troisième les modalités selon les provinces dans tout le royaume.

La deuxième partie forme une seule phrase complexe. Les trois propositions principales forment le premier morceau (10). Le second morceau détaille le contenu de l'écrit : d'abord la liberté pour les juifs de suivre leurs propres lois (11ab), puis de se défendre contre leurs ennemis (11cde), le dernier segment précisant le jour de l'opération (12).

Les segments extrêmes donnent les dates (mois et jour du mois) de la convocation des lettrés (9) et du conflit entre les juifs et leurs ennemis (12). En outre, dans les segments finaux, « dans tout le royaume d'Artaxerxès » (12a) renvoie aux deux premiers membres du dernier segment de la première partie (9fg). Dans les

La séquence B6 : 8,1-12   465

segments centraux, les pronoms « eux » (11a.c) ont comme référent les « juifs » (9d).

Il faut aussi noter l'emploi systématique du passif, quatre fois (9a.d.10a.b).

INTERPRÉTATION

ANONYMAT

Le seul nom propre est celui d'Artaxerxès qui est prononcé au dernier verset. Certes, « les lettrés » sont convoqués qui mettront en forme le texte dont on leur dictera le contenu ; mais il n'est pas dit qui a écrit le document, qui l'a scellé, ni même qui l'a envoyé. Le contraste est fort avec le texte hébreu où Mardochée est présenté comme celui qui orchestre toute l'affaire. Pourquoi un tel effacement de ce personnage ? Il n'est pas interdit de penser que ces passifs pourraient être des passifs divins, cette manière biblique d'indiquer, sans le dire explicitement, que c'est Dieu qui conduit les évènements.

RETENUE

La première chose que prévoit l'édit envoyé dans tout le royaume sous le sceau du roi est que les juifs sont autorisés à suivre leurs propres lois. Le texte hébreu ne dit rien de tel, mais est nettement plus belliqueux : il prévoit « d'exterminer et de tuer et d'anéantir » les ennemis, « enfants et femmes » et aussi de « piller leur butin ». La version grecque est beaucoup moins violente, laissant aux juifs de voir comment ils « useraient de leurs adversaires ». Elle est toute en retenue.

UNE DIVERGENCE DE CALENDRIER

Selon le texte hébreu, les lettrés sont appelés le vingt-trois Siwân, troisième mois de l'année, tandis que la version grecque situe l'évènement le même jour du mois, mais en Nisân qui est le premier mois. Selon l'hébreu, Esther et Mardochée auraient mis deux mois entiers pour réagir au projet d'Aman et le contrer. Selon le grec, comme l'édit d'Aman avait été promulgué le 13 Nisân, ce ne serait que dix jours plus tard, le 23 que, après l'exécution d'Aman, les lettrés auraient été de nouveau convoqués. Ce qui n'est pas invraisemblable, au contraire.

466 Version grecque : la deuxième section (Est 3,1–9,19)

COMPARAISON DES DEUX VERSIONS

HÉBREU

+ 8,[9] FURENT APPELÉS	LES LETTRÉS	du roi	
: en ce temps-	là	au mois	troisième
: lui (est)	le mois	de Siwân	
: AU TROIS	ET VINGT	en lui.	
- ET IL FUT ÉCRIT	selon tout ce qu'	avait commandé	**Mardochée** AUX JUIFS
- et AUX PRÉFETS	ET GOUVERNEURS	et princes	des provinces,
. lesquels	DEPUIS L'INDE	ET JUSQU'À KOUSH,	
. SEPT	ET VINGT	ET CENT	PROVINCES,
.. UNE PROVINCE	ET UNE PROVINCE	selon son écriture	
.. et un peuple	et un peuple	SELON SA LANGUE	
:: et aux juifs	selon leur écriture	et selon leur langue.	

+ 8,[10] ET **il** écrivit	AU NOM	DU ROI	Akhashvérosh	
+ ET **il** scella	AVEC LE SCEAU	du roi		
: ET **il** envoya	DES LETTRES	par la main	des coursiers	à cheval
: montant	des équipages	impériaux		
: fils	de sélectionnés,			
. [11] (à savoir) que	donne	le roi	aux juifs	
. lesquels	DANS TOUTE	VILLE	et ville	
- de se rassembler	et de se tenir	sur leur vie		
- d'exterminer	et de tuer	et d'anéantir		
.. toute armée	de peuple	et de province		
.. opprimant	eux	enfants	et femmes	
.. et leur butin	pour piller,			
+ [12] EN UN JOUR	SEUL			
. DANS TOUTES	les provinces	du roi	AKHASHVÉROSH	
+ AU TROIS	DIX	DU MOIS	DEUX	DIX
+ LUI (EST)	le mois	D'ADAR.		

La séquence B6 : 8,1-12 467

GREC

+ [9] FURENT APPELÉS	LES LETTRÉS	dans le premier	mois
.. lequel	est	Nisan	
.. LE TROISIÈME	ET VINGTIÈME,	*cette même*	*année*
+ ET IL FUT ÉCRIT	AUX JUIFS	ce qui	avait été ordonné
- AUX INTENDANTS	ET AUX CHEFS	des satrapes,	
- DEPUIS L'INDE	JUSQU'À L'ÉTHIOPIE		
. CENT-	VINGT-	SEPT	SATRAPIES,
. *selon* PROVINCE	ET PROVINCE	SELON CHAQUE	LANGUE.

+ [10] ET il fut écrit	DE PAR LE ROI	
+ ET il fut scellé	AVEC SON ANNEAU	
+ ET furent envoyées	LES LETTRES	par les porte-livres
....		
:: [11] comment	il était commandé	à eux
.. *d'user*	*de leurs lois*	DANS TOUTE · · · VILLE
.. et de se secourir	entre eux	
.. *et d'user*	*de leurs adversaires*	*et de leurs opposants*
.. *comme*	*ils voudraient,*	
. [12] EN UN JOUR	SEUL	DANS TOUT le royaume D'ARTAXERXÈS
. LE TREIZE	DU DOUZIÈME	MOIS
. LEQUEL	EST	ADAR.

Le grec abrège fort l'hébreu : 19 membres au lieu de 27. Le trimembre final de la première partie de l'hébreu est réduit à un seul membre par le grec (9h) ; dans la deuxième partie, le premier morceau de l'hébreu est résumé en un trimembre par le grec (10abc). C'est surtout le verset 11 qui est bien différent : le grec atténue beaucoup la violence de l'hébreu en remplaçant les quatre derniers membres de l'hébreu (11defg) par deux membres plus discrets.

Dans l'hébreu, les lettrés sont appelés au troisième mois, Siwân, tandis qu'en grec c'est au premier mois, Nisan.

Le premier point de l'édit, selon le grec, est que les juifs devront « user de leurs lois », ce qui est absent de l'hébreu.

468 Version grecque : la deuxième section (Est 3,1–9,19)

D. ESTHER OBTIENT DU ROI UN ÉDIT
POUR QUE LES JUIFS SOIENT SAUVÉS

L'ensemble de la séquence B6 : 8,1-12

COMPOSITION

8,[1] Et en ce jour, le roi ARTAXERXÈS fit-cadeau à ESTHER de *tout ce que possédait* à AMAN le calomniateur. Et Mardochée fut appelé par le roi car ESTHER avait révélé qu'il était son parent ; [2] et le roi prit *l'anneau* qu'il avait enlevé à AMAN et le donna à Mardochée. Et ESTHER institua Mardochée sur toutes les affaires d'AMAN.

[3] Et elle parla de nouveau au roi et se prosterna à ses pieds et demanda de supprimer le mal d'AMAN et tout ce qu'il avait fait aux JUIFS ; [4] et le roi tendit à ESTHER le bâton doré et ESTHER se releva et se tint près du roi.

[5] Et ESTHER dit : « Si cela te plait et si j'ai trouvé grâce, que soit expédié de faire-revenir LES LETTRES ENVOYÉES par AMAN, **LES ÉCRITS** de faire-périr les JUIFS qui sont dans ton royaume. [6] Comment en effet pourrais-je voir le malheur de MON PEUPLE et comment pourrais-je être sauvée dans la perte de MA PATRIE ? »

[7] Et le roi dit à ESTHER : « Si je t'ai donné *toutes les possessions d'AMAN* et si je t'ai fait-grâce et si je l'ai pendu sur le bois parce qu'il avait porté les mains contre les JUIFS, que veux-tu encore ? [8] **ÉCRIVEZ**, vous aussi, en mon nom comme il vous plait et *scellez avec mon anneau* ; car de tout ce qui **EST ÉCRIT** que le roi a ordonné et qui *est scellé avec mon anneau*, personne ne peut le contester. »

[9] Et LES LETTRÉS furent appelés le vingt-trois du premier mois qui est Nisan, cette même année, et **IL FUT ÉCRIT** aux JUIFS ce qui avait été ordonné aux intendants et aux chefs des satrapes depuis l'Inde jusqu'à l'Éthiopie, cent-vingt-sept satrapies, selon chaque province et selon chaque langue.

[10] Et **CE FUT ÉCRIT** de par le roi et *ce fut scellé avec son anneau* et LES LETTRES FURENT ENVOYÉES par les porte-livres : [11] comment il LEUR était ordonné d'user de leurs lois dans toute ville et de se secourir entre EUX et d'user de leurs adversaires et de leurs opposants comme ils voudraient, [12] en un seul jour, dans tout le royaume d'ARTAXERXÈS le treize du douzième mois qui est Adar.

Les rapports entre les trois passages :

– « Le roi » (1bis.2.3.4bis ; 7.8 ; 10) ;
– « juifs » (3 ; 5 avec « mon peuple » et « ma patrie » ; 7 ; 9 avec les pronoms de 11) ;
– « anneau » (2 ; 8bis ; 10).

Les rapports entre les deux premiers passages :

– le nom d'« Esther » revient sept fois (1bis.2.4bis.5.7) ;
– celui d'« Aman » revient six fois (1.2bis.3.5.7) ;
– « Si je t'ai donné toutes les possessions d'Aman » (7) renvoie à « fit cadeau de tout ce que possédait Aman » (1).

Les rapports entre les deux derniers passages :

– « Lettrés/lettres » (5 ; 9.10) ;
– « écrire/écrits » (5.8bis ; 9.10) ;
– « envoyer » (5 ; 10) ;
– « sceller avec mon/son anneau » (8bis ; 10) ;
– « dans ton/tout le royaume » (5 ; 12) ;
– les synonymes traduits par « vouloir » (7 ; 11).

Les deux occurrences du nom d'« Artaxerxès » font inclusion (1.12).

INTERPRÉTATION

ESTHER EST EXAUCÉE

Ayant introduit Mardochée auprès du roi, lui ayant confié la gestion des possessions d'Aman, Esther prend l'initiative d'implorer le roi en faveur de son peuple. Les juifs en effet demeurent sous la menace d'extermination d'Aman, car l'édit qu'il avait scellé au nom du roi reste valide. C'est pourquoi elle presse le roi de le révoquer. Le roi accède à son désir et lui donne carte blanche pour écrire un nouveau document qui sauvera les juifs du désastre. Ce document sera scellé de l'anneau royal qu'il avait donné à Mardochée ; personne ne pourra donc le contester.

L'EFFACEMENT RELATIF DE MARDOCHÉE

Il pourrait sembler que Mardochée ait disparu de la scène et que tout se passe sans lui. Il est vrai que son nom n'apparait plus après la première scène. Certes, il est présenté au roi, celui-ci lui donne son anneau, mais il ne dit pas un mot, laissant la parole à Esther. Il n'est pas dit que ce soit lui qui ait écrit le nouvel édit ou même qu'il l'ait inspiré. Il est toutefois loin d'être passif, car si l'écrit fut scellé de l'anneau du roi, c'est lui qui le détient et il est le seul à pouvoir en faire usage. Discrétion ne veut pas dire inaction. Mardochée est l'agent humain de ce que le Seigneur a décidé d'accomplir pour son peuple.

470 Version grecque : la deuxième section (Est 3,1–9,19)

COMPARAISON DES DEUX VERSIONS

HÉBREU

8,[1] En ce jour-là, le roi Akhashvérosh donna à la reine Esther la maison d'Hamân, l'oppresseur des juifs, et *MARDOCHÉE* vint en face du roi, car Esther avait raconté ce qu'il était pour elle. [2] Et le roi retira son sceau qu'il avait enlevé à Hamân et il le donna à *MARDOCHÉE* ; et Esther établit *MARDOCHÉE* sur la maison d'Hamân.

[3] Et à nouveau Esther parla en face du roi et elle tomba en face de ses pieds et elle pleura et le supplia de révoquer le malheur d'Hamân l'Agaguite et le projet qu'il avait projeté contre les juifs. [4] Et le roi tendit à Esther le sceptre d'or et Esther se leva et se tint en face du roi [5] et elle dit : « Si cela parait bon pour le roi et si j'ai trouvé grâce à sa face et si la chose convient en face du roi et si je suis bonne à ses yeux, qu'on écrive pour révoquer les lettres, le projet d'Hamân, fils d'Hamdata l'Agaguite, qu'il avait écrites pour anéantir les juifs qui sont dans toutes les provinces du roi, [6] car comment pourrais-je voir le malheur que trouvera mon peuple et comment pourrais-je voir l'anéantissement de ma parenté ? »

[7] Et le roi Akhashvérosh dit à la reine Esther et à *MARDOCHÉE* le juif : « Voici que j'ai donné la maison d'Hamân à Esther et lui on l'a pendu au bois, parce qu'il avait envoyé sa main contre les juifs ; [8] et vous, écrivez aux juifs comme il semble bon à vos yeux au nom du roi et scellez avec le sceau du roi, car l'écrit qui est écrit au nom du roi et scellé avec le sceau du roi, il est impossible de le révoquer.
[9] Et on convoqua les sages du roi en ce temps-là, au troisième mois qui est le mois de Siwân, le vingt-trois du mois. Et on écrivit selon tout ce qu'avait commandé *MARDOCHÉE* aux juifs et aux préfets et aux gouverneurs et aux princes des provinces depuis l'Inde et jusqu'à Koush, cent-vingt-sept provinces, chaque province selon son écriture et chaque peuple selon sa langue et aux juifs selon leur écriture et selon leur langue.

[10] Et *IL* écrivit au nom du roi Akhashvérosh et *IL* scella avec le sceau du roi et *IL* envoya des lettres par des coursiers à cheval montant des équipages impériaux, fils de sélectionnés, [11] à savoir que le roi donne aux juifs qui sont dans chaque ville de se rassembler et de se tenir sur leurs gardes, d'exterminer, de tuer et d'anéantir toute armée de peuple et de province qui opprimerait enfants et femmes et de piller leurs biens, [12] en un seul jour, dans toutes les provinces du roi Akhashvérosh au treize du douzième mois qui est le mois d'Adar.
[13] Copie de l'écrit sera donnée comme édit dans chaque province et promulguée pour tous les peuples, pour que les juifs soient prêts pour ce jour-là, afin de se venger de leurs ennemis. [14] Des coursiers montant des équipages impériaux sortirent, rapides et véloces, sur la parole du roi et l'édit fut donné à Suse-la-Citadelle.

[15] Et *MARDOCHÉE* sortit de la face du roi dans un habit royal, pourpre et dentelle, et une grande couronne d'or et un manteau de lin et d'écarlate ; et la ville de Suse criait et se réjouissait. [16] Pour les juifs ce fut lumière, joie, allégresse et honneur ; [17] et dans chaque province et dans chaque ville où la parole du roi et son édit étaient arrivés, ce fut joie et allégresse pour les juifs, banquet et jour bon ; et nombreux parmi les peuples du pays se faisaient juifs, car était tombé sur eux la terreur des juifs.

La séquence de la version grecque se limite aux douze premiers versets du texte hébreu. En effet, c'est à ce point que le grec insérera la « copie de l'écrit » obtenue par Esther — l'Addition E — qui constituera la séquence suivante (B8). La traduction des versets 13-17 du texte hébreu viendra conclure cette séquence B8 de la version grecque.

La séquence B6 : 8,1-12

GREC

8,[1] Et en ce jour, le roi Artaxerxès fit cadeau à Esther de tout ce que possédait Aman le calomniateur. Et Mardochée fut appelé par le roi car Esther avait révélé qu'il était son parent ; [2] et le roi prit l'anneau qu'il avait enlevé à Aman et le donna à Mardochée. Et Esther institua Mardochée sur tous les biens d'Aman.

[3] Et de nouveau elle parla au roi et se prosterna à ses pieds et lui demanda de supprimer le mal d'Aman et tout ce qu'il avait fait aux juifs ; [4] et le roi tendit à Esther le bâton doré et Esther se releva et se tint près du roi.

[5] Et Esther dit : « Si cela te plait et si j'ai trouvé grâce, que soit expédié de faire revenir les lettres envoyées par Aman, les écrits de faire périr les juifs qui sont dans ton royaume. [6] Comment en effet pourrais-je voir le malheur de mon peuple et comment pourrais-je être sauvée dans la perte de ma patrie ? »

[7] Et le roi dit à Esther : « Si je t'ai donné toutes les possessions d'Aman et si je t'ai fait grâce et si je l'ai pendu sur le bois parce qu'il avait porté les mains contre les juifs, que veux-tu encore ? [8] Écrivez, vous aussi, en mon nom comme il vous plait et scellez avec mon anneau ; car tout ce qui est écrit, le roi l'ayant ordonné, et qui est scellé avec mon anneau, personne ne peut le contester. »

[9] Et les lettrés furent appelés au premier mois qui est Nisan, le vingt-trois, cette même année, et il fut écrit aux juifs ce qui avait été ordonné aux intendants et aux chefs des satrapes depuis l'Inde jusqu'à l'Éthiopie, cent-vingt-sept satrapies, selon chaque province, selon chaque langue.

[10] Et il fut écrit de par le roi et il fut scellé avec son anneau et les lettres furent envoyées par les porte-livres : [11] comment il leur était ordonné d'user de leurs lois dans toute ville et de se secourir entre eux et d'user de leurs adversaires et de leurs opposants comme ils voudraient, [12] en un jour seul dans tout le royaume d'Artaxerxès, le treize du douzième mois qui est Adar.

Étant donné que la séquence de la version grecque ne reprend pas la totalité de la séquence de l'hébreu, la répartition du matériel commun donne une composition bien différente.

– La première partie du premier passage du grec (1-2) correspond au premier passage de l'hébreu ;

– en revanche, la matière du premier passage de la sous-séquence centrale de l'hébreu (3-6) est répartie entre la deuxième partie du premier passage (3-4) et la première partie du deuxième passage (5-6) du grec ;

– la deuxième partie du passage central du grec (7-8) a son parallèle dans la première partie du passage central de l'hébreu ;

– la deuxième partie du passage central de l'hébreu (9) constitue la première partie du dernier passage du grec ;

– et enfin, la deuxième partie du dernier passage du grec (10-12) résume la première partie de l'avant-dernier passage de l'hébreu.

2. L'édit royal préparé par Mardochée

Le récitatif E : E,1–8,17

COMPOSITION

La séquence comprend trois passages :

INTRODUCTION :	voici la copie de la lettre du roi	E,1A

Le texte de l'édit : **DIEU GOUVERNE TOUTES CHOSES**		E,1b-24

CONCLUSION :	Mardochée sort en tenue royale	8,13-17

Comme pour le premier édit, seront fournies deux réécritures : la première respecte scrupuleusement l'ordre des mots de l'original pour que le lecteur se rende compte de son style particulier, la seconde veut être lisible pour un lecteur francophone.

a. INTRODUCTION : VOICI LA COPIE DE LA LETTRE DU ROI

Le premier passage : E,1a

Le texte de l'édit est introduit par un court unimembre narratif :

[1] Les(choses)　　sont　　　　la copie　de la lettre　souscrites :

De façon plus lisible :

[1] Les(choses)　souscrites　sont　　la copie　　de la lettre :

474 Version grecque : la deuxième section (Est 3,1–9,19)

b. LE TEXTE DE L'ÉDIT : DIEU GOUVERNE TOUTES CHOSES

Le deuxième passage : E,1b-24

L'ADRESSE : 1B-E

+ 1b « LE ROI	GRAND	ARTAXERXÈS		
- aux depuis l'Inde	jusqu'à l'Éthiopie			
- cent-	vingt-	sept	satrapies	
- aux de province	gouverneurs	et à qui de nos (affaires)	s'occupent,	salut !

L'unimembre initial porte le nom de l'expéditeur, le trimembre suivant celui des destinataires.

De façon plus lisible :

+ 1b « LE GRAND	ROI	ARTAXERXÈS		
- aux cent-	vingt-	sept	satrapies	
- depuis l'Inde	jusqu'à l'Éthiopie,			
- aux gouverneurs	de province	et à qui s'occupent	de nos (affaires),	salut !

LE CORPS DE L'ÉDIT : E,2-24

La première partie : 2-9

Dans la première sous-partie, les morceaux extrêmes commencent avec « beaucoup » (*polloi*, 2a.5a ; la deuxième fois précédé de « souvent », *pollakis*) ; alors que dans ces morceaux, il ne s'agit que des rapports entre « beaucoup » et leurs « bienfaiteurs » (2a.e), les « gouvernants » (6b), dans le morceau central, outre leur relation hostile aux « hommes » (4a), se moquent aussi de la justice de « Dieu » (4bcd). « Non seulement [...] mais... » revient dans les deux premiers morceaux (2c.e.4a.b), et « malice » (*kakoētheia*, 6a) rappelle « faire-du-mal » (*kakopoiein*, 2c).

La deuxième sous-partie actualise ce que la première sous-partie exposait de manière générale. Le premier morceau oppose aux « histoires les plus anciennes » (7b) le présent de « ce qui est sous vos pieds » (7c) et qui n'est qu'« indignités » déraisonnables (7d). Dans le deuxième morceau, le roi promet de remédier à une telle « peste » en promettant de « veiller », pour l'avenir, à restaurer « la paix » (8) ; le dernier segment dit les moyens qu'il utilisera pour cela.

+ ² **BEAUCOUP**,	grâce à l'abondante	*des bienfaisants*	bonté
+ très fréquemment	honorés	d'autant plus	SE SONT ENORGUEILLIS ;
- et non seulement	à nos sujets	ILS CHERCHENT	À FAIRE-DU-MAL
- et, la mesure	ne pouvant	supporter,	
- aussi contre leurs	*bienfaiteurs*	ILS TENTENT	de machiner.

= ⁴ Et la reconnaissance	non seulement	des hommes	détruisant
: mais aussi	par les des ignorants-le-bien	flagorneries	excités,
: toutes(choses)	observant	toujours	Dieu,
: qui-hait-le-mauvais	ILS S'IMAGINENT	échapper à	la justice.

+ ⁵ Or *SOUVENT*	*BEAUCOUP*	des en autorités	constitués,	
+ des confiés	pour prendre-en-main	amis	les affaires,	
- une persuasion	complices	de sangs	innocents	ayant rendus
- A ENVELOPPÉS	de malheurs	irréparables,		
- ⁶ avec la DE LA MALICE	mensongère	tromperie	ayant trompé	
- la des gouvernants	irréprochable	bonne-foi.		

:: ⁷ Or observer	EST POSSIBLE			
. non tant	des plus anciennes	par nous transmises	histoires	
. tout ce qui	est	sous les pieds de vous	cherchant	
. déraisonnablement	accomplis	par la des indignités	des puissants	peste.

+ ⁸ Et à assurer	pour après cela	pour le règne	tranquille
+ à tous	les hommes	avec la paix	NOUS VEILLERONS,
+ ⁹ opérant	par des changements	les choses sous la vue	venant,
+ jugeant	toujours	avec une courtoise	réponse.

Alors que toute la première sous-partie est générale, essentiellement à la troisième personne (sauf en 2c), la deuxième passe à la première personne du pluriel de majesté (7b.8b), s'adressant à une deuxième personne du pluriel (7c).

476 Version grecque : la deuxième section (Est 3,1–9,19)

De façon plus lisible :

+ [2] *BEAUCOUP*,	grâce à l'abondante	bonté	*des bienfaiteurs*,
+ très fréquemment	honorés	d'autant plus	SE SONT ENORGUEILLIS ;
– et ILS CHERCHENT	À FAIRE-DU-MAL	non seulement	à nos sujets
– et, ne pouvant	supporter	la mesure,	
– ILS TENTENT aussi	de machiner	contre leurs propres	*bienfaiteurs*.
= [4] Et détruisant	non seulement	la reconnaissance	des hommes
: mais aussi, excités	par les flagorneries	des ignorants-le-bien,	
: Dieu	observant	toujours	toutes(choses),
: ILS S'IMAGINENT	échapper	à la justice	qui-hait-le-mauvais.
+ [5] Or *SOUVENT*	*BEAUCOUP*	de constitués	en responsabilités,
+ amis	ayant reçu-la confiance	pour gérer	les affaires,
– une persuasion	les ayant rendus	complices	de sangs innocents,
– LES A ENVELOPPÉS	de malheurs	irréparables,	
– [6] ayant trompé	avec la tromperie	mensongère	DE LA MALICE
– la bonne-foi	irréprochable	des gouvernants.	

:: [7] Or IL EST POSSIBLE	d'observer		
. non tant	les histoires	les plus anciennes	par nous transmises,
. (mais) tout ce qui	est	sous vos pieds,	si vous cherchez,
. déraisonnablement	accompli	par la peste	des indignités des puissants.
+ [8] Et à assurer	pour après cela	pour le règne	tranquille
+ avec la paix	à tous	les hommes	NOUS VEILLERONS,
+ [9] opérant	par des changements	les choses	venant sous la vue,
+ jugeant	toujours	avec une réponse	mesurée.

La deuxième partie : 10-16

La première sous-partie rapporte les agissements d'Aman. Dans le premier morceau, le premier segment dit les limites du personnage, tandis que les deux suivants comment il a bien été traité par le roi : non seulement il a été bien reçu comme étranger (10d-11a), mais encore il est arrivé au plus haut degré du pouvoir (11bcd). Dans le second morceau est rapporté son complot contre le roi (12) et son projet de faire périr (13d) Mardochée, Esther et tous les juifs (13abc). Enfin, le dernier morceau explicite le but de toutes ces manœuvres, la prise du pouvoir par les Macédoniens. La sous-partie est encadrée par « Macédonien(s) » (10a.14c) et « Perses » (10b.14c).

Le récitatif E : E,1–8,17

– [10] Ainsi Aman,	(fils d')Amadathos,	un Macédonien,			
– en toute vérité	étranger	au des Perses	sang		
– et beaucoup	éloigné	de notre	bonté,		
+ reçu-comme-hôte	par nous,				
+ [11] AVAIT REÇU	ce que nous avons	pour tous les peuples	d'amitié,		
+ au point	jusque	d'être proclamé	notre père		
+ et d'être révéré	par tous,				
+ le deuxième	du royal	trône	visage	rester.	
....					
– [12] Ne supportant pas	l'orgueil,				
– IL S'APPLIQUA À	le pouvoir	***nous ôter***	et l'esprit		
: [13] et notre	sauveur,	toujours	bienfaiteur,	Mardochée	
: et une irréprochable	de notre royauté	compagne,	Esther,		
: avec tout	le de ceux-ci	peuple,			
:: par les des tortueux	manœuvres	sophismes,	demandant	la perte,	
....					
[14] car par les mesures	celles-ci,	IL PENSA,			
prenant	nous	isolés,			
la des Perses	domination	par les Macédoniens	***remplacer***.		
+ [15] Mais nous,	les sous le triple-scélérat	livrés	à la disparition juifs,		
+ avons trouvé	non malfaiteurs	étant			
+ par de très justes	gouvernés	lois,			
- [16] étant	les fils	du Très-Haut,			
- très-grand	vivant	Dieu,			
- le guidant	pour nous	et pour nos ancêtres			
- le royaume	dans le très-bel	état.			

Dans la deuxième sous-partie, l'auteur dit tout le bien qu'il pense des juifs persécutés par Aman, qualifié de « triple-scélérat » (15a). Dans le deuxième segment, c'est leur rapport à Dieu qui est loué, dans le troisième leur relation avec le roi et son royaume.

Les deux sous-parties opposent « les Macédoniens », représentés par « Aman », et « les juifs », représentés par « Mardochée » et « Esther » (13ab). On pourra remarquer qu'Aman a été proclamé « père » du roi (11b), tandis que les juifs sont « fils » de Dieu (16a).

478 Version grecque : la deuxième section (Est 3,1–9,19)

De façon plus lisible :

– ¹⁰ Ainsi Aman,	(fils d')Amadathos,	un MACÉDONIEN,		
– en toute vérité	étranger	au sang	des PERSES	
– et beaucoup	éloigné	de notre	bonté,	
+ reçu-comme-hôte	par nous,			
+ ¹¹ AVAIT REÇU	ce que nous avons	d'amitié	pour tous	LES PEUPLES,
+ jusqu'	au point	d'être proclamé	notre père	
+ et d'être révéré	par tous,			
+ de rester	le second	visage	du trône	ROYAL.
– ¹² Ne supportant pas	l'orgueil,			
– IL S'APPLIQUA À	*nous ôter*	le pouvoir	et la vie	
: ¹³ et de notre	sauveur,	toujours	bienfaiteur,	Mardochée
: et d'une irréprochable	compagne	de notre ROYAUTÉ,	Esther,	
: avec tout	LE PEUPLE	de ceux-ci,		
:: par les manœuvres	de tortueux	sophismes	demandant	la perte,
– ¹⁴ car IL PENSA	par de telles	mesures,		
– nous	ayant pris	isolés,		
– *remplacer*	la domination	des PERSES	par les MACÉDONIENS.	
– ¹⁵ Mais nous,	les juifs	livrés	par le triple-scélérat	à la disparition,
+ AVONS TROUVÉ	qu'ils sont	non malfaiteurs		
+ gouvernés	par de très justes	lois,		
- ¹⁶ étant	les fils	du Très-Haut,		
- le très-grand	le vivant	Dieu,		
- conduisant	pour nous	et pour nos ancêtres		
- LE ROYAUME	dans un très-bel	état.		

La troisième partie : 17-24

Les deux morceaux de la première sous-partie forment une seule phrase
complexe. Le premier morceau commence par la principale, suivie immédiatement par une participiale (17ab) régissant des subordonnées (17c-18a.18bc) ;
commençant par une participiale, le second morceau comprend les compléments
infinitifs du verbe principal « Vous ferez » (17a). Ainsi, « cette lettre » (19a) se
substitue aux « lettres envoyées par Aman » (17b). Les deux morceaux s'achèvent avec une intervention de Dieu, « une digne [...] punition » pour Aman
(18bc), « allégresse » au lieu de « perte » pour les juifs (21).

Le récitatif E : E,1–8,17

– [17] Bien donc	**VOUS FEREZ**;	ne tenant-pas-compte	
– des par Aman,	(fils d')Amadathos,	envoyées	LETTRES,
:: pour le lui	ces choses	ayant fait	
:: [18] aux de Suse	portes	ayant été pendu	avec sa maison,
.. *le digne*	de *toutes*(choses)	gouvernant	**DIEU**
.. *rapidement*	*ayant donné*	*à lui*	*châtiment*,
+ [19] une copie	DE CETTE LETTRE	ayant mis	en tout lieu,
+ ouvertement	aux juifs	**de permettre**	les propres lois
+ [20] et de **renforcer**	eux		
:: de sorte que	les dans le temps	de la tribulation	s'opposant à eux
:: ils repoussent	le treize	du douzième	mois Adar
:: en ce même	jour,		
.. [21] car celui-ci	le sur *tout*	puissant	**DIEU**
.. contre la destruction	de la choisie	race	
.. *a fait*	*pour eux*	*allégresse*.	
+ [22] Et vous donc,	parmi vos éponymes	fêtes,	
+ en mémorable	jour	par tous	banquets CÉLÉBREZ,
. [23] de sorte que	maintenant	et après cela,	
. le salut	soit pour nous	et les bienveillants	Perses,
. et aux contre nous	complotant	le mémorial	de la ruine.
– [24] Toute ville	ou province	en un mot	
– laquelle	selon cela	ne fera pas	
.. par le fer	et le feu	**SERA DÉVASTÉE**	avec colère,
.. non seulement	aux hommes	impraticable	
.. mais aussi	aux bêtes-sauvages	et aux oiseaux,	
.. et pour tout	le temps	odieuse	**SERA RENDUE**. »

Les deux morceaux de la seconde sous-partie sont complémentaires. Le premier invite à « célébrer », le second menace ceux qui ne le feraient pas. Les destinataires sont ceux de toute la lettre, juifs et Perses qui font mémoire de leur commun « salut » et de la « ruine » de leurs ennemis (23bc), à savoir « toute ville ou province » (24a). D'un morceau à l'autre, « pour tous les temps » (24f) correspond à « maintenant et après cela » (23a).

Les quatre morceaux se répondent en miroir. Dans les morceaux extrêmes, il est question de châtiments (18ac.24c-f), dans les morceaux médians, au contraire, d'« allégresse » et de « réjouissance » (21c.22b).

480 Version grecque : la deuxième section (Est 3,1–9,19)

De façon plus lisible :

– [17] **VOUS FEREZ** donc	bien,	ne tenant-pas-compte		
– DES LETTRES	envoyées	par Aman,	(fils d')Amadathos,	
:: du fait que lui,	ayant fait	ces choses,		
:: [18] a été crucifié	avec sa maison	aux portes	de Suse,	
.. **DIEU**	gouvernant	*toutes*(choses)		
.. *lui*	*ayant donné*	*rapidement*	*une digne*	*punition,*
+ [19] une copie	DE CETTE LETTRE	ayant mis	en tout	lieu,
+ *de laisser*	aux juifs	ouvertement	les propres	lois
+ [20] et de *soutenir*	eux,			
:: de sorte que	ceux qui s'opposent	à eux	au temps	de la tribulation
:: ils les repoussent	le treize	du douzième	mois	Adar
:: en ce même	jour,			
.. [21] car ce (jour)	**LE DIEU**	puissant	*sur tout*	
.. au lieu de la ruine	de la race	élue		
.. *a fait*	*pour eux*	*allégresse.*		
+ [22] Et vous donc,	en vos fêtes	éponymes,		
+ CÉLÉBREZ	ce jour	insigne	par toute (sorte)	de réjouissance,
. [23] de sorte que	*maintenant*	*et après cela*		
. le salut	soit pour nous	et pour les Perses	bienveillants,	
. et pour les complotant	contre nous	le mémorial	de leur perte.	
– [24] Toute ville	ou province	en général		
– laquelle	ne fera pas	selon cela		
.. **SERA DÉVASTÉE**	avec colère	par le fer	et le feu,	
.. impraticable	non seulement	aux hommes,		
.. mais aussi	aux bêtes-sauvages	et aux oiseaux,		
.. et **SERA RENDUE**	odieuse	*pour tous*	*les temps*. »	

L'ENSEMBLE DU PASSAGE

La première partie est générale. Elle traite de « beaucoup » (2a.5a) de personnes auxquelles ont été confiées des responsabilités, qui se moquent de Dieu et ne respectent pas les hommes auxquels elles font du mal (2-6) ; et ceci se passe aussi de nos jours sous nos yeux, ce à quoi le roi réagira (7-9).

La deuxième partie expose un cas particulier de ce mal, celui d'« Aman » (10a), qui, ayant été élevé à la plus haute position, en est venu par orgueil à vouloir supprimer le roi et exterminer la race des juifs (10-14) ; mais le roi tient ces derniers en haute estime (15-16).

Le récitatif E : E,1–8,17 481

Dans la dernière partie, le roi s'adresse à tous ses sujets pour leur ordonner de ne pas tenir compte des lettres envoyées par Aman, mais de s'en tenir à la présente lettre qui soutient les juifs (17-21) ; tous sont invités à célébrer la victoire, sous peine de châtiment (22-24).

E,[1b] « Le grand roi Artaxerxès aux cent-vingt-sept satrapies depuis l'Inde jusqu'à l'Éthiopie, aux gouverneurs de province et à ceux qui s'occupent de nos affaires, salut !

[2] BEAUCOUP, grâce à l'abondante bonté des bienfaiteurs, très fréquemment honorés d'autant plus sont devenus-arrogants ; et ils cherchent à faire-du-mal non seulement à nos sujets et, ne pouvant supporter la mesure, ils tentent aussi de machiner contre leurs propres bienfaiteurs. [4] Et détruisant non seulement la reconnaissance des hommes mais aussi, excités par les flagorneries des ignorants-le-bien, DIEU *observant toujours toutes-choses*, ils s'imaginent échapper à la justice qui-hait-le-mauvais. [5] Or, souvent, beaucoup de constitués en responsabilités, amis ayant-reçu-la-confiance pour gérer les affaires, une persuasion les ayant rendus complices de sangs innocents, les a enveloppés de malheurs irréparables, [6] ayant trompé avec la tromperie mensongère de la malice la bonne-foi irréprochable des gouvernants.

[7] Or il est possible d'observer non tant les histoires les plus anciennes par nous transmises, mais tout ce qui est sous vos pieds, si vous cherchez, déraisonnablement accompli par la peste des indignités des puissants. [8] Mais nous veillerons à assurer pour après cela pour le règne tranquille avec la paix à tous les hommes, [9] opérant par des changements les choses venant sous la vue, jugeant toujours avec une réponse mesurée.

[10] AINSI AMAN, *fils d'Amadathos*, un Macédonien, en toute vérité étranger au sang des Perses et beaucoup éloigné de notre bonté, reçu-comme-hôte par nous, [11] avait reçu ce que nous avons d'amitié pour tous les peuples, au point d'avoir été proclamé notre père et d'être honoré-de-la-prosternation par tous, de rester le second visage du trône royal. [12] Ne supportant pas l'orgueil, il s'appliqua à nous ôter le pouvoir et la vie [13] et de notre sauveur, toujours bienfaiteur, Mardochée et d'une irréprochable compagne de notre royauté, Esther, avec tout le peuple de ceux-ci, par les manœuvres de tortueux sophismes demandant LA PERTE, [14] car il pensa par de telles mesures, nous ayant pris isolés, remplacer la domination des Perses par les Macédoniens.

[15] Mais nous, les juifs livrés par le triple-scélérat à la disparition, avons trouvé qu'ils sont non-malfaiteurs, gouvernés par de très justes lois, [16] étant les fils du *Très-Haut, le Très-grand, le Vivant DIEU*, conduisant pour nous et pour nos ancêtres le royaume dans un très-bel état.

[17] *Vous ferez donc bien*, ne tenant-pas-compte des lettres envoyées par Aman, *fils d'Amadathos*, du fait que lui, ayant fait ces choses, [18] a été crucifié avec sa maison aux portes de Suse, DIEU *gouvernant toutes-choses* lui ayant donné rapidement une digne punition, [19] une copie de cette lettre ayant mis en tout lieu, de laisser aux juifs ouvertement les propres lois [20] et de les soutenir, de sorte que ceux qui s'opposent à eux au temps de la tribulation ils les repoussent le treize du douzième mois Adar en ce même jour, [21] car ce jour, le DIEU *puissant sur toutes-choses*, au lieu de la ruine de la race élue, a fait pour eux allégresse.

[22] *Et vous donc*, en vos fêtes éponymes, célébrez ce jour insigne par toute sorte de réjouissance, [23] de sorte que maintenant et après cela, le salut soit pour nous et pour les Perses bienveillants, et pour ceux qui ont comploté contre nous le mémorial de LEUR PERTE. [24] Toute ville ou province en général, laquelle ne fera pas selon cela, sera dévastée avec colère par le fer et le feu, impraticable non seulement aux hommes, mais aussi aux bêtes-sauvages et aux oiseaux, et sera rendue odieuse pour tous les temps. »

482 Version grecque : la deuxième section (Est 3,1–9,19)

Le nom de « Dieu » revient dans les trois parties, chaque fois accompagné d'un qualificatif indiquant sa toute-puissance :
– « Dieu observant toujours toutes-choses » (4),
– « le Très-Haut, le Très-grand, le Vivant, Dieu » (16),
– « Dieu gouvernant toutes-choses » (18),
– « Dieu puissant sur toutes-choses » (21).

c. CONCLUSION : MARDOCHÉE SORT EN TENUE ROYALE

Le troisième passage : 8,13-17

+ 8,[13] Pour que les copies	SOIENT AFFICHÉES	visiblement
+ dans tout	le royaume	
:: et prêts	soient	TOUS LES JUIFS
:: pour ce	jour	
:: à combattre	leurs	adversaires,
+ [14] donc les cavaliers	SORTIRENT	se hâtant
+ pour les par le roi	dits	accomplir
+ et FUT AFFICHÉE	*la prescription*	aussi à SUSE.
....		
– [15] Et Mardochée	SORTIT	
. revêtu	du royal	vêtement
. et une couronne	ayant	d'or
. et d'un diadème	de byssus	pourpre ;
= et voyant	ceux de SUSE	*SE RÉJOUIRENT.*

+ [16] Et POUR LES JUIFS	advint	
+ lumière	et allégresse ;	
- [17] dans toute ville	et province	
- où ÉTAIT AFFICHÉE	*la prescription*	
- où ÉTAIT AFFICHÉE	l'affiche,	
+ *RÉJOUISSANCE*	et allégresse	POUR LES JUIFS
+ coupe	et allégresse.	
....		
= Et beaucoup	parmi les nations	se firent circoncire
= et SE FIRENT JUIFS	par peur	DES JUIFS.

Dans le premier morceau de la première partie, les ordres énoncés dans les deux premiers segments sont exécutés par les cavaliers qui « sortirent » afficher les copies, même à Suse. « Que les copies soient affichées » et « fut affichée la prescription » font inclusion pour le morceau (13a.14c). Le deuxième morceau rapporte que Mardochée « sortit » lui aussi ; le trimembre suivant décrit sa tenue royale et l'unimembre final la joie que cela cause aux habitants de la capitale.

Le premier morceau de la deuxième partie énonce l'effet sur les juifs des évènements rapportés dans la première partie. Les segments extrêmes (16ab. 17de) se répondent, reprenant « pour les juifs » et « allégresse ». Au centre, la raison d'une telle joie (17abc). Le deuxième morceau ajoute un second effet, non plus sur les juifs, mais sur les nations : beaucoup se firent juifs (17fg).

Dans les deux parties revient deux fois le faitque les copies de « la prescription » furent « affichées », aux extrémités du premier morceau de la première partie (13a.14c) et au centre du premier morceau de la deuxième partie (17bc). En outre, « se réjouissent » les habitants de Suse (15e) et les juifs (17d).

INTERPRÉTATION

MISSION ACCOMPLIE

C'est seulement quand il a porté à bonne fin sa mission que Mardochée peut sortir et se montrer à tous dans la gloire royale dont il a été revêtu. Avant cela, il lui avait fallu arriver jusqu'à la dernière étape du contre-édit qui devait libérer les juifs de la menace d'Aman qui pesait sur eux. Maintenant que le nouvel édit est non seulement rédigé et scellé au nom du roi, mais qu'il a aussi été envoyé et affiché dans tout le royaume, alors son auteur peut paraitre devant le peuple de Suse.

JOIE POUR TOUS

Ce ne sont pas seulement les juifs qui se réjouissent de ce qui vient d'être accompli par Mardochée : ce sont « ceux de Suse » sans distinction (15e). Évidemment, l'allégresse des juifs explose partout « dans toute ville et province ». À cela s'ajoute une certaine crainte qui pousse beaucoup à se faire juifs, pas seulement en paroles, mais en allant jusqu'à se faire circoncire pour être agrégés officiellement au peuple de ceux qui, de victimes désignées, sont maintenant autorisés, par décret royal, à combattre leurs ennemis.

484   Version grecque : la deuxième section (Est 3,1–9,19)

COMPARAISON DES DEUX VERSIONS

HÉBREU

- 8,[13] COPIE	de l'écrit	pour être donné	(comme) édit
- DANS TOUTE	province	et province	
- promulgué	à tous	les peuples	
. et pour QUE SOIENT	LES JUIFS	PRÊTS	
. POUR CE JOUR-	LÀ		
. pour se venger	DE LEURS ENNEMIS.		
— [14] DES COURSIERS	montant	des équipages	impériaux
— SORTIRENT	RAPIDES	et véloces	
— SUR LA PAROLE	DU ROI		
— ET L'ÉDIT	fut donné	À SUSE-	la-Citadelle.

+ [15] ET MARDOCHÉE	SORTIT	de la face	du roi
:: DANS UN HABIT	DE ROYAUTÉ,	POURPRE	et dentelle,
:: ET UNE COURONNE	D'OR	grande	
:: et un manteau	de lin	et d'écarlate ;	
= et la ville	DE SUSE	criait	et SE RÉJOUISSAIT.

.. [16] POUR LES JUIFS	CE FUT	LUMIÈRE	
.. et joie	ET ALLÉGRESSE	et honneur.	
- [17] ET DANS TOUTE	PROVINCE	et province	
- ET dans toute	VILLE	et ville,	
. lieu	dans lequel	la parole	du roi
. et son édit	était arrivés,		
— JOIE	ET ALLÉGRESSE	POUR LES JUIFS,	
— BANQUET	et jour	bon.	
= ET NOMBREUX	PARMI LES PEUPLES	du pays	SE FAISAIENT-JUIFS
= car était tombée	LA TERREUR	DES JUIFS	sur eux.

La version grecque regroupe en un seul passage la deuxième partie du troisième passage de la sous-séquence centrale de la séquence B6 de l'hébreu (13-14) et la dernière sous-séquence de cette même séquence qui est de la taille d'un passage (15-17).

Le récitatif E : E,1–8,17

GREC

+ 8,[13] *Que* LES COPIES	soient affichées	*visiblement*
+ DANS TOUT	le royaume	
:: ET QUE PRÊTS	SOIENT	*tous* LES JUIFS
:: POUR CE	JOUR	
:: à combattre	LEURS	ADVERSAIRES ;
+ [14] *donc* LES CAVALIERS	SORTIRENT	SE HÂTANT
+ POUR LES PAR LE ROI	DITS	*accomplir*
+ et fut affichée	LA PRESCRIPTION	*aussi* À SUSE.
— [15] ET MARDOCHÉE	SORTIT	
. *revêtu*	DU ROYAL	VÊTEMENT
. ET UNE COURONNE	*ayant*	D'OR
. et d'un diadème	de byssus	POURPRE ;
= *et voyant*	CEUX DE SUSE	SE RÉJOUIRENT.

+ [16] ET POUR LES JUIFS	ADVINT	
+ LUMIÈRE	ET ALLÉGRESSE ;	
- [17] DANS TOUTE VILLE	ET PROVINCE	
- où était affichée	la prescription	
- où était affichée	l'affiche,	
+ RÉJOUISSANCE	ET ALLÉGRESSE	POUR LES JUIFS
+ COUPE	et allégresse.	
= ET BEAUCOUP	PARMI LES NATIONS	*se firent circoncire*
= et SE FIRENT JUIFS	PAR PEUR	DES JUIFS.

Le matériel est très semblable mais, comme souvent, le grec abrège l'hébreu :
– le trimembre initial de l'hébreu (13abc) devient un bimembre en grec (13ab) ;
le morceau de l'hébreu formé d'un trimembre et d'un unimembre (14abcd) devient un trimembre en grec (14abc) ;
– les deux bimembres de l'hébreu en 17abcd deviennent un trimembre en grec (17abc).

486 Version grecque : la deuxième section (Est 3,1–9,19)

D. L'ÉDIT ROYAL PRÉPARÉ PAR MARDOCHÉE

L'ensemble du Récitatif E : E,1–8,17

COMPOSITION

Entre la très courte introduction et la conclusion ne revient que le terme « copie(s) » (E,1 ; 8,13).

Entre l'introduction et le texte de l'édit revient :
– « lettre » (E,1.19).

Entre le texte de l'édit et la conclusion reviennent :
– « juifs : se faire juif » (E,15.19 ; 8,13.16.17ter),
– « Mardochée » (E,13 ; 8,15),
– « allégresse » (E,21 ; 8,16.17bis),
– à quoi on peut ajouter les synonymes traduits par « réjouissance/se réjouir » (E,22 ; 8,15.16).

INTERPRÉTATION

ACTUALISATIONS

Les différences entre la version grecque de cet édit et le texte hébreu montrent comment son rédacteur, longtemps après l'époque où le récit originel fut écrit, l'a adapté à son époque. Ainsi, d'Agaguite (voir p. 98) Aman est devenu Macédonien : d'ennemi juré des fils d'Israël, il s'est transformé en ennemi jugé des Perses. C'est pourquoi il complote contre le roi, devenu complice des deux eunuques qui voulaient le tuer (2,21-23 ; voir p. 301). À la fin de la première addition, il était déjà dit qu'Aman « cherchait à faire du mal à Mardochée et à son peuple, à cause des deux eunuques du roi » (voir p. 261).

THÉOLOGISATION

Si le nom de « Dieu » n'apparait pas une seule fois dans tout le récit hébreu, il n'en va pas de même dans la version grecque, et en particulier dans le texte du second édit du grand roi Artaxerxès. Ce Dieu qui « observe » et « gouverne toutes choses » (4.18) est le juge qui hait le mal et punit les coupables, mais il est aussi celui qui est « puissant sur toutes choses », sauve l'innocent et le remplit d'« allégresse » (21). C'est le Dieu qui gouverne le royaume des Perses dans le présent, mais aussi déjà au temps de leurs « ancêtres » (16). Ce n'est pas seulement le Dieu des juifs, mais de tous les hommes. Toutefois, les juifs, « gouvernés par de très justes lois » (15), sont reconnus entretenir avec lui une relation particulière et privilégiée : ils sont « les fils du Très-Haut, le Très-grand, le Vivant » (16).

Le récitatif E : E,1–8,17 — 487

E,¹ Les choses souscrites sont LA COPIE de la LETTRE :

« Le grand roi Artaxerxès aux cent-vingt-sept satrapies depuis l'Inde jusqu'à l'Éthiopie, aux gouverneurs de province et à ceux qui s'occupent de nos affaires, salut !

² Beaucoup, grâce à l'abondante bonté des bienfaiteurs, très fréquemment honorés d'autant plus sont devenus arrogants ; et ils cherchent à faire du mal non seulement à nos sujets et, ne pouvant supporter la mesure, ils tentent aussi de machiner contre leurs propres bienfaiteurs. ⁴ Et détruisant non seulement la reconnaissance des hommes mais aussi, excités par les flagorneries des ignorants le bien, Dieu observant toujours toutes choses, ils s'imaginent échapper à la justice qui hait le mauvais. ⁵ Or souvent, beaucoup de constitués en responsabilités, amis ayant reçu la confiance pour gérer les affaires, une persuasion les ayant rendus complices de sangs innocents, les a enveloppés de malheurs irréparables, ⁶ ayant trompé avec la tromperie mensongère de la malice la bonne foi irréprochable des gouvernants.
⁷ Or il est possible d'observer non tant les histoires les plus anciennes par nous transmises, mais tout ce qui est sous vos pieds, si vous cherchez, déraisonnablement accompli par la peste des indignités des puissants. ⁸ Mais nous veillerons à assurer pour après cela pour le règne tranquille avec la paix à tous les hommes, ⁹ opérant par des changements les choses venant sous la vue, jugeant toujours avec une réponse mesurée.

¹⁰ Ainsi Aman, fils d'Amadathos, un Macédonien, en toute vérité étranger au sang des Perses et beaucoup éloigné de notre bonté, reçu comme hôte par nous, ¹¹ avait reçu ce que nous avons d'amitié pour tous les peuples, au point d'avoir été proclamé notre père et d'être honoré de la prosternation par tous, de rester le second visage du trône royal. ¹² Ne supportant pas l'orgueil, il s'appliqua à nous ôter le pouvoir et la vie ¹³ et de notre sauveur, toujours bienfaiteur, *MARDOCHÉE* et d'une irréprochable compagne de notre royauté, Esther, avec tout le peuple de ceux-ci, par les manœuvres de tortueux sophismes demandant la perte, ¹⁴ car il pensa par de telles mesures, nous ayant pris isolés, remplacer la domination des Perses par les Macédoniens.
¹⁵ Mais nous, LES JUIFS livrés par le triple scélérat à la disparition, avons trouvé qu'ils sont nonmalfaiteurs, gouvernés par de très justes lois, ¹⁶ étant les fils du Très-Haut, le Très-grand, le Dieu Vivant, conduisant pour nous et pour nos ancêtres le royaume dans un très bel état.

¹⁷ Vous ferez donc bien, ne tenant pas compte des écrits envoyés par Aman, fils d'Amadathos, du fait que lui, ayant fait ces choses, ¹⁸ a été crucifié avec sa maison aux portes de Suse, Dieu gouvernant toutes choses lui ayant donné rapidement une digne punition, ¹⁹ UNE COPIE de cette LETTRE ayant mis en tout lieu, de laisser aux JUIFS ouvertement les propres lois ²⁰ et de les soutenir, *de sorte que ceux qui s'opposent à eux au temps de la tribulation ils les repoussent le treize du douzième mois Adar en ce même jour*, ²¹ car ce jour, le Dieu puissant sur toutes choses, au lieu de la ruine de la race élue, a fait pour eux allégresse.
²² Et vous donc, en vos fêtes éponymes, célébrez ce jour insigne par toute sorte de *réjouissance*, ²³ de sorte que maintenant et après cela le salut soit pour nous et pour les Perses bienveillants, et pour ceux qui ont comploté contre nous le mémorial de leur perte. ²⁴ Toute ville ou province en général, laquelle ne fera pas selon cela, sera dévastée avec colère par le fer et le feu, impraticable non seulement aux hommes, mais aussi aux bêtes sauvages et aux oiseaux, et sera rendue odieuse pour tous les temps. »

8,¹³ Que LES COPIES soient affichées visiblement dans tout le royaume et que tous LES JUIFS *soient prêts pour ce jour à combattre leurs adversaires* ; ¹⁴ donc les cavaliers sortirent en hâte pour accomplir les paroles du roi et la prescription fut affichée aussi à Suse. ¹⁵ Et *MARDOCHÉE* sortit, revêtu du vêtement royal et ayant une couronne d'or et un diadème de byssus pourpre ; et à cette vue les habitants de Suse *se réjouirent*. ¹⁶ Et pour LES JUIFS, ce fut lumière et allégresse ; ¹⁷ dans toute ville et province où la prescription était affichée, où était affichée l'affiche, *réjouissance* et allégresse pour LES JUIFS, coupe et allégresse. Et beaucoup parmi les nations se firent circoncire et SE FIRENT JUIFS par peur des JUIFS.

UN PÈRE QUI ÔTE LA VIE

Le contraste est strident entre le « Dieu vivant », qui sauve la vie de ses fils, et cet homme proclamé père du roi, devant qui tous doivent se prosterner et qui, en fin de compte, s'appliqua à lui ravir le pouvoir et la vie. Un seul peut être appelé père, celui qui donne la vie, et un seul est digne qu'on se prosterne devant lui, le seul qui observe et gouverne toutes choses, le Tout-puissant. Les autres ne sont que des idoles, ces faux-dieux qui reçoivent tout et ne donnent jamais rien, sinon la mort.

L'APPARITION DE MARDOCHÉE

Une fois les cavaliers sortis en hâte pour faire afficher dans tout le royaume les copies de la prescription royale qui permet aux juifs de combattre leurs ennemis, voilà que Mardochée sort à son tour. Il apparait dans toute la splendeur royale de son élévation. On comprend alors que c'est lui qui a préparé le texte de la prescription et qui en a organisé la diffusion partout, « aussi à Suse ». C'est pourquoi les habitants de la capitale, au vu du nouvel édit et de celui qui l'a scellé au nom du roi, se réjouissent.

ALLÉGRESSE POUR LES JUIFS

Si les habitants de Suse se réjouissent, à combien plus forte raison les juifs, non seulement dans la capitale, mais aussi « dans toute ville et province » du royaume, jubilent, comblés d'allégresse. La « lumière » se lève pour eux après les sombres menaces qu'Aman avait fait peser sur eux. Tant et si bien qu'ils sont rejoints par tous ceux qui, voulant s'agréger à leur peuple, se font circoncire. Une crainte salutaire en effet les avait saisis au vu de ce qui était arrivé.

3. Dans la joie et les banquets, les juifs célèbrent leur salut

La séquence B7 : 9,1-19

La séquence comprend trois passages :

LE 13 ADAR, LES JUIFS FRAPPENT LEURS ENNEMIS	DANS LES PROVINCES ET DANS LA VILLE DE SUSE	9,1-11

ESTHER DEMANDE AU ROI UN JOUR DE PLUS POUR SUSE	12-14

LE 14 ADAR, LES JUIFS FRAPPENT AUSSI A SUSE	COMME ILS AVAIENT FAIT AILLEURS LA VEILLE	15-19

a. LE 13 ADAR, LES JUIFS FRAPPENT LEURS ENNEMIS DANS LES PROVINCES ET DANS LA VILLE DE SUSE

Le premier passage : 9,1-11

COMPOSITION

LA PREMIÈRE PARTIE : 9,1-4

+ 9,[1] Car le douzième	mois,	*le treize*	*du mois,*	
+ lequel	est	Adar,		
+ étaient prêtes	les lettres	écrites	par LE ROI.	
: [2] *En ce jour-*	*là,*	périrent	les ennemis	*des Juifs,*
: car personne	ne s'opposa,	*craignant*	eux,	
- [3] car les chefs	des satrapes	et les rois	et les royaux	lettrés
- respectèrent	*les juifs*			
- car *la crainte*	de Mardochée	était	en eux ;	
- [4] car s'était répandue	la prescription	DU ROI		
- afin qu'il fût nommé	dans tout	le royaume.		

490 Version grecque : la deuxième section (Est 3,1–9,19)

Le premier morceau donne la date de l'évènement rapporté dans toute la partie (1ab). Au jour même où les lettres du roi étaient prêtes (1c), « en ce jour-là » les ennemis des juifs périssent (2a). Le deuxième morceau insiste sur la raison d'un tel fait : la crainte (2b) de Mardochée (3c). Le dernier segment explique que la crainte de Mardochée est due à la faveur que lui accorde le roi.

+ 9,[1] Car le douzième	mois,	*le treize*	*du mois,*
+ lequel	est	Adar,	
+ étaient prêtes	les lettres	écrites	par LE ROI.
: [2] *En ce jour-*	*là,*	périrent	les adversaires *des juifs,*
: car personne	ne s'opposa,	*craignant*	eux,
- [3] car les chefs	des satrapes	et les rois	et les royaux lettrés
- respectèrent	*les juifs*		
- car *la crainte*	de Mardochée	était	en eux ;
- [4] car s'était répandue	la prescription	DU ROI	
- afin qu'il fût nommé	dans tout	le royaume.	

À la fin des deux morceaux, « la prescription du roi » (4a) correspond à « les lettres écrites par le roi » (1c).

LA DEUXIÈME PARTIE : 9,6-11

+ 9,[6] Et A SUSE	la ville		
+ *tuèrent*	les juifs	hommes	CINQ-CENTS
: [7] et Pharsannestaïn	et Delphôn	et Phasga	
: [8] et Phardatha	et Baréa	et Sarbakha	
: [9] et Marmasmim	et Arouphaios	et Arsaios	et Zabouthaios,
:: [10] LES DIX	fils	d'Aman	(fils)d'Amadathos
:: le vantard,	l'ennemi	des juifs	et ils pillèrent.
= [11] En ce jour-	là	fut donné	LE NOMBRE au roi
= *des morts*	À SUSE.		

Le premier morceau dit combien d'hommes les juifs tuèrent dans la capitale : outre les « cinq-cents » hommes (6), « les dix » fils d'Aman (7-10). Dans le deuxième morceau de ce « nombre » de « morts », le roi fut informé.

Les deux occurrences de « Suse » font inclusion ; « nombre » renvoie à « cinq-cents » plus « dix » (6b.10a), et « morts » à « tuèrent » (6b).

La séquence B7 : 9,1-19   491

L'ENSEMBLE DU PASSAGE : 9,1-11

9,[1] Car le douzième	mois,	le treize	du mois,
lequel	est	Adar,	
étaient prêtes	les lettres	écrites	par **LE ROI**.
[2] EN CE JOUR-	LÀ	***PÉRIRENT***	*les adversaires* DES JUIFS,
car personne	ne s'opposa,	craignant	eux,
[3] car les chefs	des satrapes	et les rois	et les royaux lettrés
respectèrent	LES JUIFS		
car la crainte	de Mardochée	était	en eux ;
[4] car s'était répandue	la prescription	**DU ROI**	
afin qu'il fut nommé	dans tout	le royaume.	

[6] Et à Suse	la ville		
TUÈRENT	LES JUIFS	hommes	cinq-cents
[7] et Pharsannestaïn	et Delphôn	et Phasga	
[8] et Phardatha	et Baréa	et Sarbakha	
[9] et Marmasmim	et Arouphaios	et Arsaios	et Zabouthaios,
[10] les dix	fils	d'Aman	(fils)d'Amadathos
le vantard,	*l'ennemi*	DES JUIFS	et ils pillèrent.
[11] EN CE JOUR-	LÀ	fut donné	le nombre AU ROI
DES MORTS	à Suse.		

Tandis que la première partie réfère ce qui se passa « dans tout le royaume »
(4b), là où gouvernent « les chefs des satrapes et les rois et les lettrés royaux »
(3a), la deuxième partie dit ce qui arriva dans la capitale.

« Dans tout le royaume » et « Et à Suse la ville » jouent le rôle de termes
médians (4b.6a) qui agrafent les deux parties. « En ce jour-là » est repris au
début des deuxièmes morceaux (2a.11a). À « périrent » (2a) correspondent
« tuèrent » (6b) et « morts » (11b).

Version grecque : la deuxième section (Est 3,1–9,19)

COMPARAISON DES DEUX VERSIONS

HÉBREU

+ 9,[1] ET AU DEUX	DIXIÈME	MOIS,	
+ LUI	LE MOIS	D'ADAR,	
+ AU TROISIÈME	DIXIÈME	JOUR	DANS LUI,

: quand	arriva		
: LA PAROLE	DU ROI	ET SON ÉDIT	
: pour être fait	EN (CE) JOUR,		

– quand	espéraient	LES ENNEMIS	DES JUIFS
.. dominer	sur eux,		

– fut renversé	cela			
.. quand	dominèrent	les juifs	eux	sur leurs haïssant.

: [2] Se rassemblèrent	les juifs	dans leurs villes	
: dans toutes	les provinces	du roi	Akhashvérosh
: pour envoyer	la main	sur les cherchant	leur malheur

= et UN HOMME	NE TINT PAS	devant eux	
= car tomba	LEUR TERREUR	sur tous	les peuples.

- [3] Et tous	LES PRINCES	des provinces	
- et LES SATRAPES	et les gouverneurs		
- et les faisant	le travail	qui (est)	au roi

= SOUTENAIENT	LES JUIFS		
= CAR ÉTAIT TOMBÉE	LA TERREUR	DE MARDOCHÉE	SUR EUX,

. [4] CAR grand (était)	Mardochée	dans la maison	DU ROI
. et sa réputation	allait	DANS TOUTES	LES PROVINCES
. car l'homme	Mardochée	allait	et était grand.

+ [5] Et frappèrent	les juifs	tous	leurs ennemis
+ frappement	d'épée	et tuerie	et anéantissement

– et ils firent	à leurs haïssant	selon leur volonté.

– [6] ET DANS SUSE-	LA-CITADELLE	ILS TUÈRENT	LES JUIFS
– et anéantirent	CINQ-	CENTS	HOMMES.

. [7] ET PARSHÂNDATA	ET DALFÔN	et Aspata,	
. [8] ET PORATA	et Adalya	et Aridata	
. [9] et Parmashta	et Arisaï	et Aridaï	et Waïzata,

- [10] LES DIX	FILS	D'AMÂN	fils	D'HAMDATA
- OPPRESSEUR	DES JUIFS	ils tuèrent		

= *mais sur le butin*	*n'envoyèrent pas*	*leurs mains.*

: [11] EN CE JOUR-	LÀ			
: vint	LE NOMBRE	DES TUÉS	DANS SUSE-	la-Citadelle
: DEVANT	LE ROI.			

La séquence B7 : 9,1-19

GREC

9,[1] *Car* LE DOUZIÈME	MOIS,	LE TREIZE	DU MOIS,
LEQUEL	EST	ADAR,	
étaient prêtes	LES LETTRES	ÉCRITES	PAR LE ROI.
[2] EN CE JOUR-	LÀ	**périrent**	LES ADVERSAIRES DES JUIFS,
car PERSONNE	NE S'OPPOSA,	CRAIGNANT	**eux,**
[3] *car* LES CHEFS	DES SATRAPES	**et les rois**	**et les royaux** **lettrés**
RESPECTÈRENT	LES JUIFS		
CAR LA CRAINTE	DE MARDOCHÉE	ÉTAIT	EN EUX ;
[4] CAR **s'était répandue**	**la prescription**	DU ROI	
afin qu'il fût nommé	DANS TOUT	LE ROYAUME.	

[6] ET À SUSE	LA VILLE		
TUÈRENT	LES JUIFS	HOMMES	CINQ-CENTS
[7] ET PHARSANNESTAÏN	ET DELPHÔN	**et Phasga**	
[8] ET PHARDATHA	**et Baréa**	**et Sarbakha**	
[9] **et Marmasmim**	**et Arouphaios**	**et Arsaios**	**et Zabouthaios,**
[10] LES DIX	FILS	D'AMAN	D'AMADATHOS
le vantard,	L'ENNEMI	DES JUIFS	*et ils pillèrent.*
[11] EN CE JOUR-	LÀ	**fut donné**	LE NOMBRE AU ROI
DES MORTS	À SUSE.		

Plus qu'ailleurs, le grec abrège l'hébreu : 19 membres au lieu de 37, soit près de la moitié.
– La première partie du grec correspond aux deux premières parties de l'hébreu ;
– Dans la dernière partie du grec, ce ne sont que deux morceaux au lieu de trois dans l'hébreu : en effet, en grec « tuèrent » (6b) a pour objet non seulement « hommes cinq-cents », mais aussi « les dix fils d'Aman », tandis qu'en hébreu « Et Parshândata [...] oppresseur des juifs » sont objet de « ils tuèrent » de 10b.
– On notera que le grec dit que les juifs « pillèrent » (10b), alors que l'hébreu dit le contraire (10c). Toutefois, en 9,15 il sera dit qu'ils ne pillèrent rien. Il semble bien que la négation ait été omise par erreur[1].

---

[1] Voir C.A. MOORE, *Daniel, Esther and Jeremiah : the Additions*, 242. La traduction de *La Bible d'Alexandrie* coupe diversement : « ... l'ennemi des Juifs ; et ils pillèrent [11] ce jour-là : et le nombre des morts à Suse fut remis au roi », ajoutant le « et » avant « le nombre des morts », semblant vouloir éviter de dire que les juifs pillèrent les fils d'Aman ; mais elle ne s'explique pas sur son choix.

INTERPRÉTATION

LA CRAINTE

Aucune mention de renversement entre deux camps adverses, pas de conflit, de bataille, mais une simple notation d'une neutralité remarquable : « périrent les adversaires des juifs », comme si les ennemis étaient morts d'eux-mêmes, comme s'ils n'avaient pas été tués par les juifs. Le sujet réel de l'action est la crainte, nommée deux fois (2b.3c), évoquée une troisième fois (4). Les juifs sont craints, parce que Mardochée l'est, et si Mardochée est craint, c'est parce que le roi a prescrit qu'il soit nommé dans tout le royaume. En définitive, c'est la crainte du roi qui fait que personne ne s'opposa à ce qu'il avait ordonné.

LE COMMANDITAIRE

Pour ce qui s'est passé à Suse, cette fois-ci le sujet de « tuèrent » est dévoilé sans ambages : ce sont « les juifs ». Et le nombre des victimes n'est pas occulté : « cinq-cents hommes », plus « les dix fils d'Aman ». Mais le récit ne s'arrête pas là. « En ce jour-là » annonce, comme déjà plus haut, ce qui pourra apparaitre comme l'essentiel de la nouvelle : le nombre des morts de Suse est donné au roi. Voilà qui résonne comme un compte-rendu de mission. Le premier responsable de toute l'affaire est celui qui l'a ordonné par ses lettres.

La séquence B7 : 9,1-19   495

b. ESTHER DEMANDE AU ROI UN JOUR DE PLUS POUR SUSE

Le deuxième passage : 9,12-14

COMPOSITION

+ 9,^{12} Et dit	le roi	à Esther :		
: « Ont tué	LES JUIFS	dans Suse	la ville	
: hommes	cinq-cents ;			
: et dans le pays	comment	crois-tu	QU'ILS EN ONT USÉ ?	
- Quoi donc	demandes-tu	encore ?		
- Et ce sera	à toi. »			

= ^{13} Et dit	Esther	au roi :		
: « Qu'il soit donné	AUX JUIFS	D'EN USER	de même	demain,
- de sorte que	les dix	fils	soient pendus	d'Aman. »
: ^{14} Et il permit	qu'ainsi	il advienne		
- et il fit afficher	pour LES JUIFS	de la ville		
- que les corps	des fils	d'Aman	soient pendus.	

Dans la première partie, le roi pose deux questions à la reine, la première (12d) précédée d'une constatation concernant le passé (12bc), la seconde (12e) suivie d'une promesse pour l'avenir (12f).

La deuxième partie commence avec la demande d'Esther (13abc), suivie de la réponse du roi exprimée de manière narrative. Les deux segments s'achèvent de la même manière. La requête d'Esther semble double : que les juifs puissent tuer d'autres ennemis (13b) et que les cadavres des fils d'Aman soient exposés (13c). Le roi accepte l'une (14a) et l'autre requête (14bc).

À l'avant-dernier membre de la première partie (12e) correspond la requête de la reine (13bc), et la promesse du dernier membre (12f) est tenue dans le dernier segment de la deuxième partie (14).

496 Version grecque : la deuxième section (Est 3,1–9,19)

COMPARAISON DES DEUX VERSIONS

HÉBREU

+ 9,[12] ET DIT	LE ROI	À ESTHER	la reine :
. « DANS SUSE-	LA-CITADELLE	TUÈRENT	LES JUIFS
. et anéantirent	CINQ-	CENTS	HOMMES
. et les dix	fils	d'Hamân.	
- Dans le reste	des provinces	du roi	
- quoi	auront-ils fait ?		
:: Et QUELLE (EST)	TA DEMANDE	et ce sera donné	À TOI
:: et quelle (est)	ta requête	encore	et elle sera faite ? »

– [13] ET DIT	ESTHER:		
: « Si (c'est)	pour le roi	bon,	
- QUE SOIT DONNÉ	AUSSI	DEMAIN	
- AUX JUIFS	qui (sont)	à Suse	
:: de faire	comme l'édit	d'aujourd'hui	
.. et que LES DIX	FILS D'HAMÂN	ILS PENDENT	sur le bois. »

+ [14] Et dit	le roi :	
: « Qu'il soit fait	ainsi ! »	
:: Et fut donné	l'édit	à Suse
.. et les dix	FILS D'HAMÂN	ILS PENDIRENT.

GREC

+ 9,[12] ET DIT	LE ROI	À ESTHER :		
: « ONT TUÉ	LES JUIFS	DANS SUSE	LA VILLE	
: HOMMES	CINQ-CENTS ;			
: *et* dans le pays	comment	*crois-tu*	qu'ils en ont usé ?	
- QUOI DONC	DEMANDES-TU	*encore* ?		
- Et ce sera	À TOI. »			

= [13] ET DIT	ESTHER	*au roi* :		
: « QU'IL SOIT DONNÉ	AUX JUIFS	*d'en user*	DE MÊME	DEMAIN,
- de sorte que	LES DIX	FILS	SOIENT PENDUS	D'AMAN. »
: [14] Et il permit	qu'ainsi	il advienne		
- et il fit afficher	pour les juifs	de la ville		
- que les corps	DES FILS	D'AMAN	SOIENT PENDUS.	

La séquence B7 : 9,1-19 497

Le grec abrège fort les deux premières parties de l'hébreu. En outre, son dernier segment, qui est narratif (14), est intégré à la seconde partie, alors que son correspondant hébreu constitue la troisième partie du passage où l'ordre du roi est au style direct.

La différence majeure touche la demande d'Esther. Selon l'hébreu, sa requête est double, ses deux propositions étant coordonnées par « et » : d'abord « faire comme l'édit d'aujourd'hui », c'est-à-dire tuer les ennemis (13e), et ensuite que les corps des fils d'Hamân soient pendus (13f) ; selon le grec, au contraire, la deuxième proposition est une consécutive, introduite par « de sorte que » (13c), et le verset suivant (14) confirme que ce que le roi permet n'est pas autre chose que l'exposition des corps des fils d'Aman.

INTERPRÉTATION

LE ROI EST PRÊT À TOUT

Le roi Artaxerxès informe la reine de ce qui est arrivé à Suse en ce treizième jour du mois d'Adar. Il l'informe du nombre de morts qu'on vient de lui communiquer. Si les juifs ont tué cinq-cents hommes dans la capitale, il se demande – et lui demande – à combien se montera celui des victimes dans le reste de son immense pays ! Et pourtant, il se dit prêt à y ajouter ce que la reine voudra. Il n'est que de demander.

LA REINE EST RAISONNABLE

Esther ne désire qu'une seule chose : que les corps des dix fils d'Aman soient pendus. Il ne suffit pas qu'ils aient été tués, qu'ils aient perdu la vie, il faut encore qu'ils soient déshonorés, exposés à la vue de tous. La population pourra ainsi voir quel est le châtiment qui s'abat sur ceux qui, comme leur père, ont trahi la justice par le mensonge et ainsi avili le roi. Et pour que nul n'en ignore, le roi fait afficher sa décision.

498 Version grecque : la deuxième section (Est 3,1–9,19)

c. LE 14 ADAR, LES JUIFS FRAPPENT AUSSI A SUSE
COMME ILS AVAIENT FAIT AILLEURS LA VEILLE

Le troisième passage : 9,15-19

COMPOSITION

+ 9,[15] Et se réunirent	LES JUIFS	À SUSE	
:: *le quatorze*	*d'Adar*		
= et ils tuèrent	hommes	trois-cents	
.. et rien	ne pillèrent.		
– [16] Et le reste	DES JUIFS	DANS LE ROYAUME	se réunirent
– et à eux-mêmes	ils se secoururent	et se reposèrent	de leurs ennemis
= car ils détruisirent	d'entre eux	dix-mille-	cinq-cents
:: *le treize*	*d'Adar*		
.. et rien	ne pillèrent ;		
– [17] et ils se reposèrent	*le quatorze*	*du même mois*	
– *et célébrèrent*	*ce même*	*jour*	de repos
.. *avec réjouissance*	ET ALLÉGRESSE.		
+ [18] Et LES JUIFS	DE SUSE	LA VILLE	se réunirent
:: *aussi le quatorze*	et ne se reposèrent pas		
– *et célébrèrent*	*aussi le quinze*		
.. avec réjouissance	ET ALLÉGRESSE.		

– [19] C'est pourquoi donc	LES JUIFS		
– ceux dispersés	DANS TOUTE PROVINCE	À L'EXTÉRIEUR	
:: célèbrent	*le quatorze*	*d'Adar*	
:: jour	bon	AVEC ALLÉGRESSE	
= *envoyant*	*des parts*	chacun	*à son voisin.*
+ Mais ceux habitant	DANS LES MÉTROPOLES		
:: aussi *le quinze*	*d'Adar*		
:: jour	D'ALLÉGRESSE	bon	célèbrent
= *envoyant*	*des parts*	*à leurs voisins.*	

Dans la première partie, les morceaux extrêmes traitent des juifs de la ville de « Suse » : « le 14 Adar » (15b.18b), « ils tuèrent trois cents hommes » (15c) « et ne se reposèrent pas » (18b) ce jour-là, mais « le 15 » (18c).

Au centre de la partie, ce que firent les juifs « dans le royaume » (16a), c'est-à-dire en dehors de la capitale Suse, « le 13 Adar », quand ils « détruisirent dix-mille-cinq-cents » personnes (16c). Le morceau central est ainsi lié au premier morceau par les chiffres des hommes tués par les juifs et par le fait qu'« ils ne pillèrent rien » (15d.16e). Il est d'autre part lié au dernier morceau par la mention du jour de repos et de réjouissance, « le 14 Adar » pour les juifs des provinces (17), mais « le 15 » pour ceux de Suse (18cd) ; ainsi, les deux morceaux s'achèvent avec « et célébrèrent [...] avec réjouissance et allégresse[2] » (17bc.18cd).

Les deux morceaux de la deuxième partie opposent les juifs « dispersés dans les provinces » et ceux des « métropoles ». Les premiers « célèbrent » « le 14 Adar », les autres « le 15 » ; ils célèbrent de la même façon, comme le disent les deux derniers membres de chaque morceau.

Commençant par « C'est pourquoi donc », la deuxième partie est une sorte d'explication complémentaire, regardant seulement les jours de repos et de fête, différents pour les juifs qui vivent dans les grandes villes et ceux qui vivent en dehors.

---

[2] *La Bible d'Alexandrie* traduit ce terme par « bonne chère ». Toutefois, la connotation religieuse du couple « réjouissance et allégresse » ne doit pas être sous-estimée : en effet, ces deux termes sont employés ensemble dans le contexte des célébrations rituelles : « Ils gravirent le mont Sion *avec joie et allégresse* et offrirent des holocaustes parce qu'ils étaient revenus en paix sans perdre aucun des leurs » (1M 5,54 ; voir aussi 1M 4,59 ; 2M 3,30).

500 Version grecque : la deuxième section (Est 3,1–9,19)

COMPARAISON ENTRE LES DEUX VERSIONS

HÉBREU

+ 9,15 SE RASSEMBLÈRENT	LES JUIFS	lesquels (sont)	À SUSE	
+ aussi le jour	QUATRE	DIX	du mois	D'ADAR
+ ET ILS TUÈRENT	à Suse	TROIS-	CENTS	HOMMES,
: mais sur le butin	n'envoyèrent pas	leurs mains.		
:: 16 ET LE RESTE	DES JUIFS	lesquels	dans les provinces	du roi
:: SE RASSEMBLÈRENT	et se tenant	sur leurs vies	ET SE REPOSANT	DE LEURS ENNEMIS
:: et tuant	de leurs haïssant	cinq	et septante	mille ;
: mais sur le butin	n'envoyèrent pas	leurs mains		
: 17 au jour	TROIS	DIX	du mois	D'ADAR
— ET SE REPOSANT	LE QUATRE	DIX	en lui	
= et faisant	lui	JOUR	DE BANQUET	ET DE JOIE.

+ 18 ET LES JUIFS	lesquels (sont)	À SUSE		
+ SE RASSEMBLÈRENT	le trois	dix	en lui	
+ ET	LE QUATRE	DIX	en lui	
— et se reposant	LE CINQ	DIX	en lui	
= et faisant	lui	jour	DE BANQUET	ET DE JOIE.
:: 19 C'EST POURQUOI	LES JUIFS	ruraux		
:: habitant	dans les villes	rurales		
: font	le jour	QUATRE	DIX	
: du mois	D'ADAR			
= JOIE	ET BANQUET	ET JOUR	BON	
= ET ENVOYANT	DES PORTIONS	(TOUT) HOMME	POUR SON PROCHAIN.	

Le matériel est très semblable, mais organisé de manière différente. En effet, les deux versions distinguent d'une part les juifs de Suse la capitale, ou des « métropoles » qui combattirent le 13 et le 14 Adar et donc se reposèrent et festoyèrent le 15, et d'autre part les juifs des provinces, ou juifs ruraux, qui combattirent le 13 et se reposèrent le 14. Il faut toutefois remarquer une différence de taille concernant le contenu en 16c : alors que dans le texte hébreu les juifs tuèrent le 13 Adar « soixante-quinze-mille » hommes (75 000), selon la version grecque, ils n'en détruisirent que « dix-mille-cinq-cents » (10 500).

L'hébreu a deux parties qui présentent, en parallèle, d'abord les juifs de Suse (15 ; 18), puis ceux des provinces ou villes rurales (16-17 ; 19).

La séquence B7 : 9,1-19   501

GREC

+ 9,[15] ET SE RÉUNIRENT	LES JUIFS	À SUSE	
:: LE QUATORZE	D'ADAR		
= ET ILS TUÈRENT	HOMMES	TROIS-CENTS	
.. et rien	ne pillèrent.		
— [16] ET LE RESTE	DES JUIFS	dans le royaume	SE RÉUNIRENT
— et à eux-mêmes	ils se secoururent	ET SE REPOSÈRENT	DE LEURS ENNEMIS
= car ils détruisirent	d'entre eux	dix-mille-	cinq-cents
:: LE TREIZE	D'ADAR		
.. et rien	ne pillèrent ;		
— [17] ET ILS SE REPOSÈRENT	LE QUATORZE	du même mois	
— et célébrèrent	ce même	JOUR	de repos
.. AVEC RÉJOUISSANCE	ET ALLÉGRESSE.		
+ [18] ET LES JUIFS	DE SUSE	la ville	SE RÉUNIRENT
:: AUSSI LE QUATORZE	et ne se reposèrent pas		
— et célébrèrent	aussi LE QUINZE		
.. AVEC RÉJOUISSANCE	ET ALLÉGRESSE.		

— [19] C'EST POURQUOI donc	LES JUIFS		
— ceux dispersés	dans toute province	à l'extérieur	
:: célèbrent	LE QUATORZE	D'ADAR	
:: JOUR	BON	AVEC ALLÉGRESSE	
= ENVOYANT	DES PARTS	CHACUN	À SON VOISIN.
+ Mais ceux habitant	dans les métropoles		
:: aussi le quinze	d'Adar		
:: jour	d'allégresse	bon	célèbrent
= envoyant	des parts	à leurs voisins.	

Le grec distingue les juifs de Suse et ceux « du royaume » de façon différente : dans la première partie, ceux de Suse dans les morceaux extrêmes (15 ;
18) et ceux des provinces au centre (16-17). Ainsi, son verset 18 est intégré à la
première partie, tandis qu'en hébreu, il constitue le premier morceau de la
deuxième partie.

C'est pourquoi le grec ajoute un dernier morceau (19f-i) — qui n'a pas
d'équivalent dans l'hébreu —, afin d'avoir une deuxième partie où les juifs
« dispersés dans toute province » (19a-e) fassent pendant à ceux des « métropoles », c'est-à-dire les grandes villes comme celle de Suse.

INTERPRÉTATION

UN BILAN NETTEMENT REDIMENSIONNÉ

On sait, par expérience, que les estimations peuvent varier énormément, en fonction de ceux qui les fournissent, mais aussi en fonction des époques. Les organisateurs d'un évènement ont tendance à majorer les chiffres pour affirmer leur succès, quand les forces de l'ordre sont tentées au contraire de les diminuer. Souvent aussi, l'histoire ramènera les estimations à des proportions plus proches de la vérité des faits, alors que, sur le moment, les acteurs avaient célébré leur victoire de manière dithyrambique frôlant l'épopée. Bien plus tardive que l'original hébreu, la version grecque semble avoir corrigé les excès d'enthousiasme de l'hébreu.

UNE ATMOSPHÈRE PLUS LITURGIQUE QUE GUERRIÈRE

Certes, toute la première partie rappelle comment les juifs de Suse et ceux du reste du royaume se sont défaits de leurs ennemis, trois-cents ici, dix-mille-cinq-cents là, mais le narrateur passe et s'arrête sur le repos, la célébration et la réjouissance. Quant à la deuxième partie, elle est toute consacrée au présent des commémorations, jour bon et allégresse, le quatorze Adar pour ceux des campagnes et le quinze pour ceux des villes. Les massacres ne sont pas effacés, bien sûr, ils sont cependant rappelés dans la fête rituelle qui commémore des temps de plus en plus lointains. Le rite semble avoir pris le pas sur l'histoire.

d. DANS LA JOIE ET LES BANQUETS, LES JUIFS CÉLÈBRENT LEUR SALUT

L'ensemble de la séquence B7 : 9,1-19

COMPOSITION

La séquence comprend trois passages :

LE 13 ADAR, LES JUIFS FRAPPENT LEURS ENNEMIS	DANS LES PROVINCES ET DANS LA VILLE DE SUSE	9,1-11

ESTHER DEMANDE AU ROI UN JOUR DE PLUS POUR SUSE	12-14

LE 14 ADAR, LES JUIFS FRAPPENT AUSSI A SUSE	COMME ILS AVAIENT FAIT AILLEURS LA VEILLE	15-19

La séquence B7 : 9,1-19   503

9,1 Car le douzième mois, *le treize du mois, lequel est Adar*, les lettres écrites par le roi étaient prêtes. 2 *En ce jour-là*, **périrent les ennemis des juifs**, car personne ne s'y opposa, les craignant, 3 car les chefs des satrapes et les rois et les lettrés royaux respectèrent les juifs car la crainte de Mardochée était en eux ; 4 car la prescription du roi s'était répandue afin qu'il fût nommé DANS TOUT LE ROYAUME.

5.6 Et À SUSE LA VILLE **les juifs tuèrent cinq-cents hommes** 7 et Pharsannestaïn et Delphôn et Phasga 8 et Phardatha et Baréa et Sarbakha 9 et Marmasmim et Arouphaios et Arsaios et Zabouthaios, 10 **les dix fils d'Aman** fils d'Amadathos le vantard, l'ennemi des juifs, et ILS PILLÈRENT. 11 *En ce jour-là* fut donné au roi le nombre des morts À SUSE.

> 12 Et le roi dit à Esther : « Les juifs ont tué DANS LA VILLE DE SUSE **cinq-cents hommes** ; et DANS LE PAYS comment crois-tu qu'ils en ont usé ? Que demandes-tu donc encore ? Ce sera à toi. »
> 13 Et Esther dit au roi : « Que soit donné aux juifs d'en user de même demain, de sorte que les dix fils d'Aman soient pendus. » 14 Et il permit qu'il en soit ainsi et il fit afficher pour les juifs DE LA VILLE que les corps des fils d'Aman soient pendus.

15 Et **les juifs** se réunirent À SUSE *le quatorze d'Adar* et **ils tuèrent trois-cents hommes**, MAIS ILS NE PILLÈRENT RIEN.

16 *ET LE RESTE DES JUIFS DANS LE ROYAUME* se réunirent et se secoururent eux-mêmes et se repo-sèrent de leurs ennemis, car **ils détruisirent d'entre eux dix-mille-cinq-cents**, *le treize d'Adar*, MAIS ILS NE PILLÈRENT RIEN. 17 Et ils se reposèrent *le quatorze du même mois* et célébrèrent ce même jour de repos avec réjouissance et allégresse.

18 Et **les juifs** de LA VILLE DE SUSE se réunirent aussi *le quatorze* **et ne se reposèrent pas** et célébrèrent aussi *le quinze* avec réjouissance et allégresse.

19 C'est donc pourquoi LES JUIFS QUI SONT DISPERSÉS DANS TOUTE PROVINCE À L'EXTÉRIEUR célèbrent *le quatorze d'Adar* comme jour bon avec allégresse, en envoyant des parts chacun à son voisin.

Mais ceux qui habitent DANS LES MÉTROPOLES célèbrent aussi *le quinze d'Adar* : jour d'allégresse bon, en envoyant des parts à leurs voisins.

Le premier passage réfère ce qui s'est passé le 13 Adar, « en ce jour-là » (2.11) : d'une part « dans tout le royaume » où « périrent les ennemis des juifs » (1-4), et d'autre part « à Suse la ville » où « les juifs tuèrent cinq-cents hommes » (6-11).

Dans le passage central, Esther demande au roi que les juifs de Suse puissent continuer la bataille un jour de plus, ce qui lui est accordé.

C'est pourquoi le dernier passage distingue ce qui se fit à Suse « le 14 » (15.18) et ce que firent les juifs des provinces du royaume : « le 13 » ils combat-tirent — et c'est seulement alors qu'est donné le nombre des tués (16) —, et « le 14 » ils se reposèrent et firent fête (17) ; au verset 18, après avoir dit que les juifs de Suse ne se reposèrent pas le 14, le narrateur ajoute qu'ils célébrèrent « le 15 ». Alors, le dernier passage s'achève sur une nouvelle partie où l'on redit que les juifs des provinces célèbrent le 14, tandis que ceux des métropoles le font le 15 ; mais cette dernière partie concerne non pas les juifs qui combattirent la douzième année d'Artaxerxès (3,7), mais ceux qui, au présent, de génération en génération, commémorent ces évènements passés.

504 Version grecque : la deuxième section (Est 3,1–9,19)

COMPARAISON ENTRE LES DEUX VERSIONS

HÉBREU

> 9,[1] Et au douzième mois, c'est *le mois d'Adar, le treize du mois*, quand arriva la parole du roi et son édit pour qu'il soit fait *en ce jour*, quand les ennemis des juifs espéraient les dominer, il y eut un renversement quand les juifs dominèrent ceux qui les haïssaient.
> [2] *LES JUIFS SE RASSEMBLÈRENT DANS LEURS VILLES, DANS TOUTES LES PROVINCES* du roi Akhashvérosh, **pour porter la main contre ceux qui cherchaient leur malheur et pas un seul homme ne tint devant eux**, car leur terreur était tombée sur tous les peuples. [3] Et tous les princes des provinces et les satrapes et les gouverneurs et fonctionnaires du roi soutenaient les juifs, car la terreur de Mardochée était tombée sur eux, [4] car Mardochée était grand dans la maison du roi et sa réputation se répandait dans toutes les provinces, car l'homme Mardochée allait grandissant. [5] Et les juifs frappèrent tous leurs ennemis — frappement d'épée et tuerie et anéantissement — et ils firent à ceux qui les haïssaient comme ils voulurent.
> [6] ET DANS SUSE-LA-CITADELLE les juifs **tuèrent et anéantirent cinq-cents hommes**. [7] Et Parshândata et Dalfôn et Aspata, [8] et Porata et Adalya et Aridata [9] et Parmashta et Arisaï et Aridaï et Waïzata, [10] *les dix fils d'Hamân* fils d'Hamdata oppresseur des juifs, ils tuèrent, *mais sur le butin ne jetèrent pas les mains*. [11] *En ce jour-là*, le nombre des tués DANS SUSE-LA-CITADELLE parvint devant le roi.

> [12] Le roi dit à la reine Esther : « DANS SUSE-LA-CITADELLE les juifs **tuèrent et anéantirent cinq-cents hommes** et *les dix fils d'Hamân*. DANS LE RESTE DES PROVINCES DU ROI qu'auront-ils fait ? Quelle est ta demande ? Cela te sera donné ! Et quelle est ta requête encore ? Elle sera faite ! »
> [13] Esther dit : « Si cela est bon pour le roi, que demain aussi soit donné AUX JUIFS DE SUSE de faire selon l'édit d'aujourd'hui et que *les dix fils d'Hamân* soient pendus au bois. » [14] Et le roi dit : « Qu'il soit fait ainsi ! » Et l'édit fut donné À SUSE et *les dix fils d'Hamân* furent pendus.

> [15] Et LES JUIFS DE SUSE se rassemblèrent aussi *le quatorze du mois d'Adar* et **ils tuèrent À SUSE trois-cents hommes ;** *mais sur le butin ne jetèrent pas les mains*.
> [16] *ET LE RESTE DES JUIFS QUI SONT DANS LES PROVINCES DU ROI se rassemblèrent*, se tenant sur le qui-vive et se reposant de leurs ennemis et **tuant soixante-quinze-mille** de ceux qui les haïssaient ; *mais sur le butin ne jetèrent pas les mains* [17] *le treize du mois d'Adar* et ils se reposèrent *le quatorze*, en faisant de ce jour un jour de banquet et de joie.
> [18] LES JUIFS DE SUSE se rassemblèrent *le treize du mois* et *le quatorze*, et ils se reposèrent *le quinze*, faisant de ce jour un jour de banquet et de joie.
> [19] C'est pourquoi *LES JUIFS RURAUX HABITANT DANS LES VILLES RURALES* font du *quatorze du mois d'Adar* joie et banquet et jour de fête et envoient des portions chacun à son prochain.

En hébreu, le premier passage commence par une introduction générale de ce qui arriva le 13 Adar, puis distingue entre ce qui arriva dans les provinces (2-5) et dans la capitale (6-11) ; le grec abrège, mais garde le même ordre entre ce qui advint « dans tout le royaume » (1-4) et à Suse (6-11).

Le passage central est très semblable dans les deux versions : Esther demande et obtient qu'à Suse la bataille reprenne un jour de plus, le 14 Adar.

La séquence B7 : 9,1-19   505

GREC

> 9,[1] Car le douzième mois, *le treize du mois, lequel est Adar*, les lettres écrites par le roi étaient prêtes. [2] *En ce jour-là* **périrent les ennemis des juifs, car personne ne s'y opposa**, les craignant, [3] car les chefs des satrapes et les rois et les lettrés royaux respectèrent les juifs car la crainte de Mardochée était en eux ; [4] car la prescription du roi s'était répandue afin qu'il fût nommé *DANS TOUT LE ROYAUME*.
>
> [5.6] Et À **SUSE LA VILLE** les juifs **tuèrent cinq-cents hommes** [7] et Pharsannestaïn et Delphôn et Phasga [8] et Phardatha et Baréa et Sarbakha [9] et Marmasmim et Arouphaios et Arsaios et Zabouthaios, [10] *les dix fils d'Aman* fils d'Amadathos le vantard, l'ennemi des juifs, *et ils pillèrent*. [11] *En ce jour-là* fut donné au roi le nombre des morts À **SUSE**.

> > [12] Et le roi dit à Esther : « Les juifs **ont tué** DANS LA VILLE DE **SUSE** cinq-cents hommes ; et *DANS LE PAYS* comment crois-tu qu'ils en ont usé ? Que demandes-tu donc encore ? Ce sera à toi. »
> > [13] Et Esther dit au roi : « Que soit donné aux juifs d'en user de même demain, de sorte que *les dix fils d'Aman* soient pendus. » [14] Et il permit qu'il en soit ainsi et il fit afficher pour les juifs DE LA VILLE que les corps *des fils d'Aman* soient pendus.

> [15] Et les juifs se réunirent À **SUSE** *le quatorze d'Adar* et **ils tuèrent trois-cents hommes**, *mais ils ne pillèrent rien.*
>
> > [16] *ET LE RESTE DES JUIFS DANS LE ROYAUME* se réunirent et se secoururent eux-mêmes et se reposèrent de leurs ennemis, car **ils détruisirent d'entre eux dix-mille-cinq-cents**, *le treize d'Adar, mais ils ne pillèrent rien.* [17] Et ils se reposèrent *le quatorze du même mois* et célébrèrent ce même jour de repos avec réjouissance et allégresse.
>
> [18] Et les juifs de **LA VILLE DE SUSE** se réunirent aussi *le quatorze* et ne se reposèrent pas, et célébrèrent aussi *le quinze* avec réjouissance et allégresse.
>
> [19] C'est donc pourquoi *LES JUIFS QUI SONT DISPERSÉS DANS TOUTE PROVINCE À L'EXTÉRIEUR* célèbrent *le quatorze d'Adar* comme jour bon avec allégresse, en envoyant des portions chacun à son voisin.
>
> Mais ceux qui habitent **DANS LES MÉTROPOLES** célèbrent aussi *le quinze d'Adar* : jour d'allégresse bon, en envoyant des portions à leurs voisins.

Les derniers passages ne sont pas organisés de la même façon. En hébreu, la composition est parallèle. Dans la première partie est rapporté ce qui advint à Suse le 14 Adar (16), puis ce qui se passa dans les provinces le 13 et le 14 ; dans la deuxième partie, c'est d'abord ce qui arriva à Suse le 13 et le 14 Adar, puis ce que font les juifs ruraux, au présent, le 14 Adar.

Dans le grec, au contraire, la première partie rapporte ce qui est arrivé autrefois à Suse (15.18) et dans les provinces du royaume (16-17), tandis que toute la deuxième partie dit ce que les juifs des provinces (19ab) et des métropoles (19cd) font pour célébrer, dans le présent, ce qui s'était passé jadis.

506 Version grecque : la deuxième section (Est 3,1–9,19)

Hébreu	Grec
² Les juifs se rassemblèrent dans leurs villes, dans toutes les provinces du roi Akhashvérosh, **pour porter la main contre ceux qui cherchaient leur malheur, et pas un seul homme ne tint devant eux**, car leur terreur était tombée sur tous les peuples.	² En ce jour-là **périrent les ennemis des juifs, car personne ne s'y opposa**, les craignant.
⁵ Les juifs frappèrent tous leurs ennemis – frappement d'épée et tuerie et anéantissement – et ils firent à ceux qui les haïssaient comme ils voulurent.	
⁶ Et dans Suse-la-Citadelle, les juifs **tuèrent *et anéantirent* cinq-cents hommes**.	⁶ Et à Suse la ville, les juifs **tuèrent cinq-cents hommes**
¹² « **Dans Suse-la-Citadelle les juifs tuèrent *et anéantirent* cinq-cents hommes et les dix fils d'Hamân**.	¹² « **Les juifs tuèrent dans la ville de Suse cinq-cents hommes**
¹⁵ ... et **ils tuèrent à Suse trois-cents hommes** ;	¹⁵ ... **à Suse** ...**ils tuèrent trois-cents hommes**,
¹⁶ ... et **tuant soixante-quinze-mille** de ceux qui les haïssaient ;	¹⁶ ... car **ils détruisirent** d'entre eux **dix-mille-cinq-cents**...

– au verset 2, le grec ne nomme pas ceux qui firent périrent les ennemis ;
– le grec supprime le verset 5 de l'hébreu qui est particulièrement violent ;
– en 6 et 12, le grec ne reprend pas « et anéantirent » ;
– en 12, le grec n'ajoute pas « les dix fils d'Aman » ;
– en 16, le grec réduit le nombre des tués de 75 000 à 10 500.

Interprétation

Violence contenue

La version grecque ne supprime pas la violence, mais elle l'atténue systématiquement. Dès le début, le ton est délibérément adouci : « les ennemis périrent » est une formulation qui évite de nommer ceux qui firent périr les ennemis, qui efface aussi le rude « porter la main contre », qui remplace « leur terreur tombée sur tous les peuples » par un simple « les craignant ». Quant au verset 5 où claque l'incise « frappement d'épée et tuerie et anéantissement », il est pudiquement passé sous silence. Certes, il faut bien dire ensuite que « les juifs tuèrent », mais on évitera d'ajouter qu'ils « anéantirent ». Le nombre des tués dans Suse est le même, « cinq-cents » le 13 Adar et « trois-cents » le lendemain, mais dans les provinces il est très fortement diminué, plus de sept fois moins.

La séquence B7 : 9,1-19

COMMÉMORATION AMPLIFIÉE

Le récit hébreu parait rédigé le lendemain de la bataille, encore dans le feu de l'action ; dans la version grecque, au contraire, le temps ayant émoussé le tranchant de la violence, le conflit semble être raconté beaucoup plus tard. Nous sommes davantage aux temps des célébrations annuelles de la libération. C'est pourquoi le morceau final de l'hébreu, qui dit pourquoi les juifs ruraux célèbrent le 14 Adar, se voit amplifié par le grec qui consacre toute sa partie finale à exposer non seulement pourquoi les juifs des provinces fêtent le 14, mais aussi pourquoi ceux des villes le font le jour suivant, le 15 Adar.

4. Mardochée et son projet de salut

L'ensemble de la sous-section B6–B7

COMPOSITION

L'expansion E est insérée entre les séquences B6 et B7.

Séquence B6 : ESTHER OBTIENT DU ROI UN ÉDIT POUR QUE LES JUIFS SOIENT SAUVÉS

ESTHER DEMANDE AU ROI L'ANNULATION DU PROJET D'AMAN CONTRE LES JUIFS	8,1-4

LE ROI ACCEPTE QUE SOIENT ÉCRITES DE NOUVELLES LETTRES	5-8

LES LETTRES EN FAVEUR DES JUIFS SONT ÉCRITES ET ENVOYÉES DANS TOUT LE ROYAUME	9-12

Récitatif E : L'ÉDIT ROYAL PRÉPARÉ PAR MARDOCHÉE

INTRODUCTION : voici la copie de la lettre du roi	E,1A

Le texte de l'édit : **DIEU GOUVERNE TOUTE CHOSE**	E,1b-24

CONCLUSION : Mardochée sort en tenue royale	8,13-17

Séquence B7 : DANS LA JOIE ET LES BANQUETS, LES JUIFS CÉLÈBRENT LEUR SALUT

LE 13 ADAR, LES JUIFS FRAPPENT LEURS ENNEMIS	DANS LES PROVINCES ET À SUSE-LA-CITADELLE	9,1-11

ESTHER DEMANDE AU ROI UN JOUR DE PLUS POUR SUSE	12-14

LE 14 ADAR, LES JUIFS FRAPPENT AUSSI A SUSE	COMME ILS AVAIENT FAIT AILLEURS LA VEILLE	15-19

510   Version grecque : la deuxième section (Est 3,1–9,19)

B7   8,¹ Et en ce jour, **le roi Artaxerxès** fit cadeau à ESTHER de tout ce que possédait AMAN le calomniateur. Et *MARDOCHÉE* fut appelé par le roi, car ESTHER avait révélé qu'il était son parent ; ² et le roi prit l'anneau qu'il avait enlevé à AMAN et le donna à *MARDOCHÉE*. Et ESTHER institua *MARDOCHÉE* sur tous les biens d'AMAN. ³ Et de nouveau elle parla au roi et se prosterna à ses pieds et lui demanda de supprimer *le mal* d'AMAN et *tout ce qu'il avait fait aux juifs* ; ⁴ et le roi tendit à ESTHER le bâton doré et ESTHER se releva et se tint près du roi.

⁵ Et ESTHER dit : « S'il plait à toi et si j'ai trouvé grâce, que soit expédié de faire revenir **LES LETTRES** envoyées par AMAN, les écrits de *faire-périr les juifs qui sont dans ton royaume*. ⁶ Comment en effet pourrais-je voir le malheur de mon peuple et comment pourrais-je être sauvée dans la perte de ma patrie ? » ⁷ Et le roi dit à ESTHER : « Si je t'ai donné toutes les possessions d'AMAN et si je t'ai fait grâce et que je l'ai pendu sur le bois parce que *il avait porté les mains contre les juifs*, que veux-tu encore ? ⁸ Écrivez, vous aussi, en mon nom comme il vous plait et scellez avec mon anneau ; car tout ce qui est écrit, le roi l'ayant ordonné, et qui est scellé avec mon anneau, personne ne peut le contester. »

⁹ Et les lettrés furent appelés au premier mois qui est Nisan, le vingt-trois, cette même année, et il fut écrit aux juifs ce qui avait été ordonné aux intendants et aux chefs des satrapes depuis l'Inde jusqu'à l'Éthiopie cent-vingt-sept satrapies, selon chaque province, selon chaque langue. ¹⁰ Et il fut écrit de par le roi et il fut scellé avec son anneau et **LES LETTRES** furent envoyées par les porte-livres, ¹¹ comment il leur était ordonné d'user de leurs lois dans toute ville et de se secourir entre eux et d'user de leurs adversaires et de leurs opposants comme ils voudraient, ¹² *en un jour seul* dans **tout le royaume d'Artaxerxès** le treize du douzième mois qui est Adar.

LES RAPPORTS ENTRE LES DEUX PREMIÈRES SÉQUENCES (B7 ET B8)

– La séquence B7 commence avec « le roi Artaxerxès » (8,1) et la lettre de la séquence B8 commence avec « Le grand roi Artaxerxès » (B,1b), les deux syntagmes jouant donc le rôle de termes initiaux.

– La séquence B7 s'achève avec « tout le royaume d'Artaxerxès » (12) et la suivante commence avec « Le grand roi Artaxerxès » (B,1b), ces deux syntagmes remplissant la fonction de termes médians.

– « Depuis l'Inde jusqu'à l'Éthiopie cent-vingt-sept satrapies », dans le dernier passage de B7 (9), est repris en sens inverse au début de B8 (E,1b).

– « Esther » revient en 8,1bis.2.4bis.7 et en E,13.

– « Mardochée » en 8,1.2bis et E,13.

– « Aman » en 8,1.2bis.3.5.7 et en E,10.17 suivi de « fils d'Amadathos ».

– « Les/la lettre(s) (copie) » en 8,5.10 et en E,1a.19 (« les copies » en 8,13).

– « En un jour seul [...] le treize du douzième mois qui est Adar » en 8,12 et en E,20 « le treize du douzième mois Adar en ce même jour ».

– Aman avait prévu d'exterminer les juifs : 8,3.5.7 ; E,13.15.

– Les juifs sont sauvés de leurs ennemis : 8,11 ; E,19.20 et 8,13.

L'ensemble de la sous-section B7–B9

B8 E,[1] Les choses souscrites sont **la copie de LA LETTRE** :

« **Le grand roi Artaxerxès** aux cent-vingt-sept satrapies depuis l'Inde jusqu'à l'Éthiopie, aux gouverneurs de province et à ceux qui s'occupent de nos affaires, salut !

[2] Beaucoup, grâce à l'abondante bonté des bienfaiteurs, très fréquemment honorés d'autant plus sont devenus arrogants ; et ils cherchent à faire du mal non seulement à nos sujets et, ne pouvant supporter la mesure, ils tentent aussi de machiner contre leurs propres bienfaiteurs. [4] Et détruisant non seulement la reconnaissance des hommes mais aussi, excités par les flagorneries de ceux qui ignorent le bien, Dieu observant toujours toutes choses, ils s'imaginent échapper à la justice qui hait le mauvais. [5] Or souvent, pour beaucoup de constitués en responsabilités, amis ayant reçu la confiance pour gérer les affaires, une persuasion les ayant rendus complices de sangs innocents les a enveloppés de malheurs irréparables, [6] ayant trompé avec la tromperie mensongère de la malice la bonne foi irréprochable des gouvernants. [7] Or il est possible d'observer non tant les histoires les plus anciennes par nous transmises, mais tout ce qui est sous vos pieds, si vous cherchez, déraisonnablement accompli par la peste des indignités des puissants. [8] Mais nous veillerons à assurer après cela un règne tranquille avec la paix à tous les hommes, [9] opérant par des changements les choses venant sous la vue, jugeant toujours avec une réponse mesurée.

[10] Ainsi AMAN, *d'Amadathos*, un Macédonien, en toute vérité étranger au sang des Perses et beaucoup éloigné de notre bonté, reçu comme hôte par nous, [11] avait reçu ce que nous avons d'amitié pour tous les peuples, au point d'avoir été proclamé notre père et d'être honoré de la prosternation par tous, de rester le second visage du trône royal. [12] Ne supportant pas l'orgueil, il s'appliqua à nous ôter le pouvoir et la vie [13] et de notre sauveur, toujours bienfaiteur, *MARDOCHÉE* et d'une irréprochable compagne de notre royauté, ESTHER, avec tout le peuple de ceux-ci, par les manœuvres de tortueux sophismes *demandant la perte*, [14] car il pensa par de telles mesures, nous ayant pris isolés, remplacer la domination des Perses par les Macédoniens. [15] Mais nous, *les juifs livrés par le triple scélérat à la disparition*, avons trouvé qu'ils ne sont pas malfaiteurs, gouvernés par de très justes lois, [16] étant les fils du Très-Haut, le Très-grand, le Dieu Vivant, conduisant pour nous et pour nos ancêtres le royaume dans un très bel état.

[17] Vous ferez donc bien, ne tenant pas compte des écrits envoyés par AMAN, fils d'Amadathos, du fait que lui, ayant fait ces choses, [18] a été crucifié avec sa maison aux portes de Suse, Dieu gouvernant toutes choses lui ayant donné rapidement une digne punition, [19] **une copie** de cette **LETTRE** ayant mis en tout lieu, de laisser aux juifs ouvertement les propres lois [20] et de les soutenir, de sorte que ceux qui s'opposent à eux au temps de la tribulation ils les repoussent le treize du douzième mois Adar *en ce même jour*, [21] car ce jour le Dieu puissant sur toutes choses, au lieu de la ruine de la race élue, a fait pour eux allégresse. [22] Et vous donc, en vos fêtes éponymes, célébrez ce jour insigne par toute sorte de réjouissance, [23] de sorte que maintenant et après cela, le salut soit pour nous et pour les Perses bienveillants, et pour ceux qui ont comploté contre nous le mémorial de leur perte. [24] Toute ville ou province en général, laquelle ne fera pas selon cela, sera dévastée avec colère par le fer et le feu, impraticable non seulement aux hommes, mais aussi aux bêtes sauvages et aux oiseaux, et sera rendue odieuse pour tous les temps. »

8,[13] Que **les copies** soient affichées visiblement dans tout le royaume et que tous les juifs soient prêts pour ce jour à combattre leurs adversaires ; [14] donc les cavaliers sortirent en hâte pour accomplir les paroles du roi et la prescription fut affichée aussi à Suse. [15] Et *MARDOCHÉE* sortit, revêtu du vêtement royal et ayant une couronne d'or et un diadème de byssus pourpre ; et à cette vue, les habitants de Suse se réjouirent. [16] Et pour les juifs ce fut lumière et ALLÉGRESSE ; [17] dans toute ville et province où la prescription était affichée, où était affichée l'affiche, *RÉJOUISSANCE* et ALLÉGRESSE pour les juifs, coupe et ALLÉGRESSE. Et beaucoup parmi les nations se firent circoncire et se firent juifs par peur des juifs.

B8 E,[1] Les choses souscrites sont la copie de **LA LETTRE** :

« Le grand roi Artaxerxès aux cent-vingt-sept satrapies depuis l'Inde jusqu'à l'Éthiopie, aux gouverneurs de province et à ceux qui s'occupent de nos affaires, salut !

[2] Beaucoup, grâce à l'abondante bonté des bienfaiteurs, très fréquemment honorés d'autant plus sont devenus arrogants ; et ils cherchent à faire du mal non seulement à nos sujets et, ne pouvant supporter la mesure, ils tentent aussi de machiner contre leurs propres bienfaiteurs. [4] Et détruisant non seulement la reconnaissance des hommes mais aussi, excités par les flagorneries de ceux qui ignorent le bien, <mark>Dieu observant toujours toutes choses</mark>, ils s'imaginent échapper à la justice qui hait le mauvais. [5] Or souvent beaucoup de constitués en responsabilités, amis ayant reçu la confiance pour gérer les affaires, une persuasion les ayant rendus complices de sangs innocents, les a enveloppés de malheurs irréparables, [6] ayant trompé avec la tromperie mensongère de la malice la bonne foi irréprochable des gouvernants. [7] Or il est possible d'observer non tant les histoires les plus anciennes par nous transmises, mais tout ce qui est sous vos pieds, si vous cherchez, déraisonnablement accompli par la peste des indignités des puissants. [8] Mais nous veillerons à assurer pour après cela pour le règne tranquille avec la paix à tous les hommes, [9] opérant par des changements les choses venant sous la vue, jugeant toujours avec une réponse mesurée.

[10] Ainsi AMAN, *d'Amadathos*, un Macédonien, en toute vérité étranger au sang des Perses et beaucoup éloigné de notre bonté, reçu comme hôte par nous, [11] avait reçu ce que nous avons d'amitié pour tous les peuples, au point d'avoir été proclamé notre père et d'être honoré de la prosternation par tous, de rester le second visage du trône royal. [12] Ne supportant pas l'orgueil, il s'appliqua à nous ôter le pouvoir et la vie [13] et de notre sauveur, toujours bienfaiteur, *MARDOCHÉE* et d'une irréprochable compagne de notre royauté, ESTHER, avec tout le peuple de ceux-ci, par les manœuvres de tortueux sophismes *demandant la perte*, [14] car il pensa par de telles mesures, nous ayant pris isolés, remplacer la domination des Perses par les Macédoniens. [15] Mais nous, *les juifs livrés par le triple scélérat à la disparition*, avons trouvé qu'ils ne sont pas malfaiteurs, gouvernés par de très justes lois, [16] étant les fils du <mark>Très-Haut, le Très-grand, le Dieu Vivant, conduisant pour nous et pour nos ancêtres le royaume dans un très bel état.</mark>

[17] Vous ferez donc bien, ne tenant pas compte des écrits envoyés par AMAN, *fils d'Amadathos*, du fait que lui, ayant fait ces choses, [18] a été crucifié avec sa maison aux portes de Suse, <mark>Dieu gouvernant toutes choses</mark> lui ayant donné rapidement une digne punition, [19] une copie de cette **LETTRE** ayant mis en tout lieu, *de laisser aux juifs ouvertement les propres lois* [20] *et de les soutenir, de sorte que ceux qui s'opposent à eux au temps de la tribulation ils les repoussent* le treize du douzième mois Adar en ce même jour, [21] car ce jour <mark>le Dieu puissant sur toutes choses</mark>, au lieu de la ruine de la race élue, a fait pour eux allégresse. [22] Et vous donc, en vos fêtes éponymes, célébrez ce jour insigne par toute sorte de réjouissance, [23] de sorte que maintenant et après cela le salut soit pour nous et pour les Perses bienveillants, et pour ceux qui ont comploté contre nous le mémorial de leur perte. [24] Toute ville ou province en général, laquelle ne fera pas selon cela, sera dévastée avec colère par le fer et le feu, impraticable non seulement aux hommes mais aussi aux bêtes sauvages et aux oiseaux, et sera rendue odieuse pour tous les temps. »

8,[13] Que les copies soient affichées visiblement dans tout le royaume et que tous les juifs soient prêts pour ce jour à combattre leurs adversaires ; [14] donc les cavaliers sortirent en hâte pour accomplir les paroles du roi et la prescription fut affichée aussi à Suse. [15] Et *MARDOCHÉE* sortit, revêtu du vêtement royal et ayant une couronne d'or et un diadème de byssus pourpre ; et à cette vue, les habitants de Suse se réjouirent. [16] Et pour les juifs ce fut lumière et ALLÉGRESSE ; [17] dans toute ville et province où la prescription était affichée, où était affichée l'affiche, *RÉJOUISSANCE* et ALLÉGRESSE pour les juifs, coupe et ALLÉGRESSE. Et beaucoup parmi les nations se firent circoncire et se firent juifs par peur des juifs.

L'ensemble de la sous-section B7–B9

B9 9,[1] Car le douzième mois, le treize du mois qui est Adar, LES LETTRES écrites par le roi étaient prêtes. [2] En ce jour-là périrent les ennemis des juifs, car personne ne s'y opposa, les craignant, [3] car les chefs des satrapes et les rois et les lettrés royaux respectèrent les juifs, car la crainte de MARDOCHÉE était en eux ; [4] car la prescription du roi s'était répandue afin qu'il fut nommé dans tout le royaume. [5.6] Et à Suse la ville, les juifs tuèrent cinq-cents hommes [7] et Pharsannestaïn et Delphôn et Phasga [8] et Phardatha et Baréa et Sarbakha [9] et Marmasmim et Arouphaios et Arsaios et Zabouthaios, [10] les dix fils d'AMAN fils d'Amadathos le vantard, l'ennemi des juifs, et ils pillèrent. [11] En ce jour-là fut donné au roi le nombre des morts à Suse.

[12] Et le roi dit à ESTHER : « Les juifs ont tué dans la ville de Suse cinq-cents hommes ; et dans le pays comment crois-tu qu'ils en ont usé ? Que demandes-tu donc encore ? Ce sera à toi. » [13] Et ESTHER dit au roi : « Que soit donné aux juifs d'en user de même demain, de sorte que les dix fils d'AMAN soient pendus. » [14] Et il permit qu'il en soit ainsi et il fit afficher pour les juifs de la ville que les corps des fils d'AMAN soient pendus.

[15] Et les juifs se réunirent à Suse le quatorze d'Adar et ils tuèrent trois-cents hommes, mais ils ne pillèrent rien. [16] Et le restant des juifs dans le royaume se réunirent et se secoururent eux-mêmes et se reposèrent de leurs ennemis, car ils détruisirent d'entre eux dix-mille-cinq-cents, le treize d'Adar, mais ils ne pillèrent rien. [17] Et ils se reposèrent le quatorze du même mois et célébrèrent ce même jour de repos avec réjouissance et allégresse. [18] Et les juifs de la ville de Suse se réunirent aussi le quatorze et ne se reposèrent pas et célébrèrent aussi le quinze avec RÉJOUISSANCE et ALLÉGRESSE. [19] C'est donc pourquoi les juifs qui sont dispersés dans toute province à l'extérieur célèbrent le quatorze d'Adar comme jour bon avec ALLÉGRESSE, en envoyant des portions chacun à son voisin. Mais ceux qui habitent dans les métropoles célèbrent aussi le quinze d'Adar, jour D'ALLÉGRESSE bon, en envoyant des portions à leurs voisins.

LES RAPPORTS ENTRE LES DEUX DERNIÈRES SÉQUENCES (B8 ET B9)

– En termes finaux des deux séquences, trois occurrences de « allégresse » (8,16.17b.c ; 9,18.19c.d) et une de « réjouissance (8,17 ; 9,18).

– « Le treize du douzième mois Adar en ce même jour » en E,20 et « le douzième mois, le treize du mois qui est Adar » en 9,1 ainsi que « le treize d'Adar » en 16.

– « Esther » revient en E,13 et en 9,12.13.

– « Mardochée » en E,13 et en 9,3.

– « Aman (fils d'Amadathos) » en E,10 et en 9,10.13.14.

– « Les/la lettre(s) » en E,1a.19 et en 9,1.

Les juifs sont sauvés de leurs ennemis : E,19.20 et 8,13 ; 9,2.6.15-16.18.

Version grecque : la deuxième section (Est 3,1–9,19)

COMPARAISON DES DEUX VERSIONS

HÉBREU

B6 : MARDOCHÉE OBTIENT DU ROI UN ÉDIT POUR QUE LES JUIFS SE DÉFENDENT CONTRE LEURS ENNEMIS

MARDOCHÉE	VIENT	DEVANT LE ROI	ET REÇOIT SON ANNEAU	8,1-2

MARDOCHÉE ÉCRIT UN NOUVEL ÉDIT AU NOM DU ROI	3-14

MARDOCHÉE	SORT	DE DEVANT LE ROI	EN VÊTEMENTS ROYAUX	15-17

B7 : DANS LA JOIE ET LES BANQUETS, LES JUIFS CÉLÈBRENT LEUR VICTOIRE

LE 13 ADAR, LES JUIFS FRAPPENT LEURS ENNEMIS	DANS LES PROVINCES ET À SUSE-LA-CITADELLE	9,1-11

ESTHER DEMANDE AU ROI UN JOUR DE PLUS POUR SUSE	12-14

LE 14 ADAR, LES JUIFS FRAPPENT AUSSI À SUSE	COMME ILS AVAIENT FAIT AILLEURS LA VEILLE	15-19

Les titres des dernières séquences (B7 de l'hébreu, B9 du grec) sont les mêmes, car leur contenu est très semblable ; en revanche, les titres des premières séquences (B6 de l'hébreu, B7 du grec) sont différents car Mardochée s'efface, apparemment, devant Esther.

L'ensemble de la sous-section B7–B9

GREC

B7 : ESTHER OBTIENT DU ROI UN ÉDIT POUR QUE LES JUIFS SOIENT SAUVÉS

ESTHER DEMANDE AU ROI L'ANNULATION DU PROJET D'AMAN CONTRE LES JUIFS	8,1-4

LE ROI ACCEPTE QUE SOIENT ÉCRITES DE NOUVELLES LETTRES	5-8

LES LETTRES EN FAVEUR DES JUIFS SONT ÉCRITES ET ENVOYÉES DANS TOUT LE ROYAUME	9-12

B8 : L'ÉDIT ROYAL PRÉPARÉ PAR MARDOCHÉE

INTRODUCTION : voici la copie de la lettre du roi	E,1A

Le texte de l'édit : DIEU GOUVERNE TOUTE CHOSE	E,1b-24

CONCLUSION : Mardochée sort en tenue royale	8,13-17

B9 : DANS LA JOIE ET LES BANQUETS, LES JUIFS CÉLÈBRENT LEUR SALUT

LE 13 ADAR, LES JUIFS FRAPPENT LEURS ENNEMIS	DANS LES PROVINCES ET À SUSE-LA-CITADELLE	9,1-11

ESTHER DEMANDE AU ROI UN JOUR DE PLUS POUR SUSE	12-14

LE 14 ADAR, LES JUIFS FRAPPENT AUSSI À SUSE	COMME ILS AVAIENT FAIT AILLEURS LA VEILLE	15-19

L'Addition E est insérée entre les versets 12 et 13 du chapitre 8. La première séquence grecque est donc amputée des treize derniers versets de la séquence B6 de l'hébreu pour constituer la conclusion de la séquence centrale du grec (B8).

Le texte de l'édit royal est marqué par les références à « Dieu », « observant toujours toutes choses », « gouvernant toutes choses », « puissant sur toutes choses » (E,4.18.21 et aussi 16).

Interprétation

Dieu qui gouverne toutes choses

Au début, la reine Esther présente au roi Mardochée son parent. Et le roi lui remet son anneau, lui confiant ainsi son pouvoir. Mais il ne sera plus question de lui durant toute la première séquence. Il semble que ce soit au contraire Esther qui mène le jeu. Toutefois, toutes les opérations de rédaction du nouvel édit, de son scellement, de son envoi dans toutes les provinces sont au passif, comme si le narrateur avait voulu taire systématiquement le nom de leur auteur. À se demander si tous ces passifs ne seraient pas, discrètement, des passifs divins. Le texte de l'édit confirmera largement cette intuition, quand il insiste sur la toute-puissance divine qui « observe toujours toutes choses » (E,4), « gouverne toutes choses » (18), ce « Dieu puissant sur toutes choses » (21). Les juifs sont « les fils du Très-Haut, le Très-grand, le Dieu vivant », mais le roi ajoute qu'il « conduit pour nous et pour nos ancêtres le royaume dans un très bel état » (16). C'est le Dieu des juifs, mais il gouverne aussi le royaume des Perses ; et non seulement aujourd'hui, mais aussi par le passé, du temps des ancêtres, depuis « toujours ».

L'exaltation de Mardochée

Après une telle confession de foi en la toute-puissance divine, inspirée par Mardochée mais écrite au nom du roi et scellée avec son anneau, le parent d'Esther peut sortir dans une gloire resplendissante qui lui a été conférée par le roi Artaxerxès, mais à travers lui par celui qui gouverne toutes choses. La joie qu'éprouvent et démontrent les habitants de Suse à la vue de Mardochée, la lumière et l'allégresse des juifs représentent non seulement le fruit de son apparition glorieuse, mais portent à son comble son exaltation. La crainte révérencielle que Mardochée suscite parmi les païens les incite à se joindre à eux et à entrer par la circoncision dans l'alliance d'Abraham.

Repousser et combattre les adversaires

Si certains parmi les nations sont favorables aux juifs, au point même de se faire juifs, ce n'est certes pas le cas de tous. Même si c'est un juif qui a remplacé Aman comme second du roi, ses coreligionnaires demeurent menacés par leurs ennemis qui n'ont pas baissé la garde. Le nouvel édit du roi prévoit qu'ils pourront se défendre et combattre leurs adversaires. Même si la version grecque abaisse de manière significative le nombre des victimes, qui passe de 75 000 à 10 500 pour ceux des provinces, la violence est tout de même au rendez-vous. On peut s'en scandaliser, mais que serait-il arrivé si les juifs ne s'étaient pas défendus devant ceux qui, comme Aman, en voulaient à leur vie et rêvaient de les faire disparaitre ?

IV. Les sorts sont renversés

L'ensemble de la section B : 3,1–9,19

COMPOSITION

La deuxième section comprend neuf séquences, organisées en trois sous-sections :

1ʳᵉ sous-section : AMAN ET SON PROJET DE DESTRUCTION

B1 : AMAN	OBTIENT DU ROI UN ÉDIT	POUR QUE LES JUIFS SOIENT EXTERMINÉS	3,1-13
B2 : L'édit royal préparé par Aman			B,1-15 et 3,14-15
B3 : Dans les pleurs et le jeûne,	la reine se risquera auprès du roi		4,1-17

2ᵉ sous-section : QUESTION DE VIE OU DE MORT

B4 : Mardochée et Esther	supplient le Seigneur	C,1-30
B5 : Sauver la vie ou donner la mort		D–5,3-14
B6 : Mardochée et Esther	sont sauvés	6,1–7,10

3ᵉ sous-section : MARDOCHÉE ET SON PROJET DE SALUT

B7 : ESTHER	OBTIENT DU ROI UN ÉDIT	POUR QUE LES JUIFS SOIENT SAUVÉS	8,1-12
B8 : L'édit royal préparé par Mardochée			E,1-24–8,13-17
B9 : Dans la joie et les banquets,	les juifs célèbrent leur victoire		9,1-19

518　　　Version grecque : la deuxième section (Est 3,1–9,19)

LES RAPPORTS ENTRE LES SOUS-SECTIONS EXTRÊMES

Les deux sous-sections se correspondent en parallèle.

Les rapports entre les séquences B1 et B7

B1 : Hamân obtient du roi un édit pour que les juifs soient exterminés

> 3,[1] *Après cela*, LE ROI ARTAXERXÈS glorifia AMAN FILS D'AMADATHOS LE VANTARD et il l'éleva et le fit siéger-premier parmi tous ses amis. [2] Et tous ceux qui étaient dans la cour se prosternaient devant lui, comme le roi avait ordonné de faire, mais Mardochée ne se prosternait pas devant lui. [3] Et ceux de la cour du roi parlèrent à Mardochée : « Mardochée, pourquoi désobéis-tu aux paroles du roi ? » [4] Chaque jour ils lui parlaient et il ne les écoutait pas. Et ils informèrent Aman que Mardochée s'opposait aux paroles du roi ; et Mardochée leur avait indiqué qu'il était juif.
>
> [5] Et Aman ayant su que Mardochée ne se prosternait pas devant lui, il s'irrita beaucoup [6] et il voulut exterminer tous les juifs du règne d'Artaxerxès. [7] Et il fit un édit la douzième année du règne d'Artaxerxès et il jeta les sorts de jour en jour et de mois en mois, pour **PERDRE** en un seul jour la race de Mardochée. Et le sort tomba sur le quatorze du mois qui est Adar.

> [8] Et il parla au roi Artaxerxès disant : « Il existe une nation dispersée parmi les nations de tout ton règne ; leurs lois sont différentes de toutes les nations, aux lois du roi ils désobéissent et il ne convient pas au roi de le leur permettre. [9] *S'il plaît au roi*, *que soit* décrété de les **PERDRE** et moi j'inscrirai au trésor du roi dix-mille talents d'argent. »
>
> [10] *ET LE ROI RETIRANT SON ANNEAU, IL LE DONNA* à la main d'AMAN pour sceller les écrits contre les juifs.
>
> [11] Et le roi dit à Aman : « Garde l'argent et fais à la nation comme tu veux. »

> [12] Et les secrétaires du roi furent appelés le treize du premier mois. Et ils écrivirent, comme avait commandé Aman, aux gouverneurs et aux chefs de chaque province depuis l'Inde jusqu'à l'Éthiopie, aux cent-vingt-sept provinces et aux chefs des nations selon leur langue au nom du roi Artaxerxès.
>
> [13] Et les lettres furent envoyées par des porte-livres dans le règne d'Artaxerxès pour faire-disparaître la race des juifs en un seul jour du douzième mois qui est Adar et pour piller leurs biens.

– Les deux séquences commencent avec « Après cela/Et en ce jour, le roi Artaxerxès » et avec « Aman fils d'Amadathos le vantard », « le calomniateur » (3,1 ; 8,1) ;
– le roi avait d'abord retiré son anneau et l'avait donné à Aman (3,10), puis il le donnera à Mardochée (8,2) ;
– « S'il plaît au roi, que soit... » (3,9 ; 8,5) ;
– Aman voulait « perdre » les juifs (3,7 ; 8,5-6) ; le grec remplace « exterminer » et « anéantir » de l'hébreu (3,6.9) par « faire-périr/perte » (3,7.9), et surtout ne reprend pas la triade « exterminer, tuer et anéantir » appliquée par l'hébreu aux ennemis des juifs (3,13 ; 8,11, voir p. 335) ;

L'ensemble de la section B

519

B7 : Esther obtient du roi un édit pour que les juifs soient sauvés

8,[1] *Et en ce jour*, LE ROI ARTAXERXÈS fit-cadeau à Esther de tout ce que possédait AMAN LE CALOMNIATEUR. Et Mardochée fut appelé par le roi car Esther avait révélé qu'il était son parent ; [2] *ET LE ROI PRIT L'ANNEAU* qu'il avait enlevé à Aman *ET LE DONNA* à Mardochée. Et Esther institua Mardochée sur toutes les affaires d'Aman.

[3] Et elle parla de nouveau au roi et se prosterna à ses pieds et demanda de supprimer le mal d'Aman et tout ce qu'il avait fait aux juifs ; [4] et le roi tendit à Esther le bâton doré et Esther se releva et se tint près du roi.

[5] Et Esther dit : « *Si cela te plait* et si j'ai trouvé grâce, *que soit* expédié de faire-revenir les lettres envoyées par Aman, les écrits de **FAIRE-PÉRIR** les juifs qui sont dans ton royaume. [6] Comment en effet pourrais-je voir le malheur de mon peuple et comment pourrais-je être sauvée dans **LA PERTE** de ma patrie ? »

[7] Et le roi dit à Esther : « Si je t'ai donné toutes les possessions d'Aman et si je t'ai fait-grâce et si je l'ai pendu sur le bois parce qu'il avait porté les mains contre les juifs, que veux-tu encore ? [8] Écrivez, vous aussi, en mon nom comme il vous plait et scellez avec mon anneau ; car de tout ce qui est écrit que le roi a ordonné et qui est scellé avec mon anneau, personne ne peut le contester. »

[9] Et les lettrés furent appelés le vingt-trois du premier mois qui est Nisan, cette même année, et il fut écrit aux juifs ce qui avait été ordonné aux intendants et aux chefs des satrapes depuis l'Inde jusqu'à l'Éthiopie, cent-vingt-sept satrapies, selon chaque province et selon chaque langue.

[10] Et ce fut écrit de par le roi et ce fut scellé avec son anneau et les lettres furent envoyées par les porte-livres : [11] comment il leur était ordonné d'user de leurs lois dans toute ville et de se secourir entre eux et d'user de leurs adversaires et de leurs opposants comme ils voudraient, [12] en un seul jour, dans tout le royaume d'Artaxerxès le treize du douzième mois qui est Adar.

– à partir de la convocation des lettrés (3,12 ; 8,9), les deux récits de l'écriture des édits et de leur envoi dans les provinces reprennent largement les mêmes termes (3,12-13 ; 8,9-12), mais dans le premier cas, c'est Aman qui agit contre les juifs, et dans le deuxième cas, c'est Mardochée pour leur défense.

520   Version grecque : la deuxième section (Est 3,1–9,19)

Les rapports entre les séquences B2 et B8

B2 : L'édit royal préparé par Aman

B,[1] Or telle est **LA COPIE DE LA LETTRE** :

« LE GRAND ROI ARTAXERXES *aux chefs* et préfets subordonnés des *cent-vingt-sept provinces de l'Inde jusqu'à l'Éthiopie* écrit ceci :

[2] Étant chef de nombreuses nations et commandant de tout l'univers, j'ai voulu, sans être exalté par l'orgueil de l'autorité, mais gouvernant toujours modérément et avec douceur, assurer constamment la vie calme des subordonnés et, rendant le royaume tranquille et parcourable jusqu'aux frontières, restaurer la paix désirée par tous les hommes.

[3] Demandant à mes conseillers comment cela pouvait être conduit à bonne fin, un homme éminent parmi nous par sa sagesse, indéfectible de dévouement, remarquable pour sa fidélité inébranlable et étant *le second du royaume en dignité*, AMAN [4] a dénoncé auprès de nous que parmi toutes les tribus de par l'univers est mêlé un certain peuple hostile, opposé pour les lois à toutes les nations et faisant fi constamment des décrets royaux pour ne pas soutenir notre empire dirigé parfaitement.

[5] Ayant donc considéré que cette nation unique est toute en opposition avec tout homme, menant une conduite de lois étrangère diverse et pensant mal contre nos affaires, faisant les pires choses mauvaises pour ne pas obtenir le royaume en bon état, [6] nous avons donc ordonné que ceux qui vous sont signalés dans les lettres d'Aman, qui est chargé de nos affaires et **second père pour nous**, que tous avec femmes et enfants **SOIENT PERDUS** radicalement par l'épée de leurs ennemis, sans pitié et retenue aucune, *le quatorze du douzième mois Adar* de la présente année, [7] de sorte que, ces gens hostiles d'hier et d'aujourd'hui descendus violemment aux enfers en un seul jour, nous ayons pour le temps à venir nos affaires stables et tranquilles jusqu'à la fin. »

3,[14] Et **LES COPIES** des lettres étaient promulguées *en toute province* et il fut prescrit à TOUTES LES NATIONS D'ÊTRE PRÊTS POUR CE JOUR-LÀ. [15] Et était urgée l'affaire AUSSI À SUSE et le roi et Aman s'enivraient et *était bouleversée la ville*.

– Dans les introductions se retrouve « la copie de la lettre », et le texte de l'édit commence par le nom du destinateur, « Le grand roi Artaxerxès », et des destinataires, « chefs » des « 127 provinces/satrapies de l'Inde jusqu'à l'Éthiopie » (B,1a ; E,1a) ;

– en position semblable, « la paix désirée par tous les hommes », « à tous les hommes » (B,2 ; E,8) ;

– « Aman » « le second du royaume en dignité », « le second visage du trône royal » (B,3 ; E,11) ;

– « second père pour nous » (B,6), « notre père » (E,11) ;

– Aman demande « la perte » des juifs (B,6 ; E,13), mais il sera lui-même « perdu » (E,23) ;

– alors qu'Aman présente le roi comme « commandant de tout l'univers » (B,2), Mardochée insiste sur la toute-puissance de « Dieu » (E,4.16.18.21) ;

– Aman a projeté le massacre des juifs pour le 14 Adar (B,6), mais Mardochée ordonne que les juifs repoussent leurs ennemis le 13 du même mois (E,20) ;

– le grec fait d'Aman un Macédonien qui a comploté contre le roi (E,10 ; voir p. 481).

L'ensemble de la section B 521

B8 : L'édit royal préparé par Mardochée

E,[1] Les choses souscrites sont **LA COPIE DE LA LETTRE** :

« LE GRAND ROI ARTAXERXES *aux cent-vingt-sept satrapies depuis l'Inde jusqu'à l'Éthiopie, aux chefs* de province et à ceux qui s'occupent de nos affaires, salut !

[2] Beaucoup, grâce à l'abondante bonté des bienfaiteurs, très fréquemment honorés d'autant plus sont devenus arrogants ; et ils cherchent à faire du mal non seulement à nos sujets et, ne pouvant supporter la mesure, ils tentent aussi de machiner contre leurs propres bienfaiteurs. [4] Et détruisant non seulement la reconnaissance des hommes mais aussi, excités par les flagorneries des ignorants le bien, DIEU **observant toujours toutes choses**, ils s'imaginent échapper à la justice qui hait le mauvais. [5] Or souvent, beaucoup de constitués en responsabilités, amis ayant reçu la confiance pour gérer les affaires, une persuasion les ayant rendus complices de sangs innocents, les a enveloppés de malheurs irréparables, [6] ayant trompé avec la tromperie mensongère de la malice la bonne foi irréprochable des gouvernants.

[7] Or il est possible d'observer non tant les histoires les plus anciennes par nous transmises, mais tout ce qui est sous vos pieds, si vous cherchez, déraisonnablement accompli par la peste des indignités des puissants. [8] Mais nous veillerons à assurer pour après cela un règne tranquille avec la paix à tous les hommes, [9] opérant par des changements les choses venant sous la vue, jugeant toujours avec une réponse mesurée.

[10] Ainsi AMAN, fils d'Amadathos, un Macédonien, en toute vérité étranger au sang des Perses et beaucoup éloigné de notre bonté, reçu comme hôte par nous, [11] avait reçu ce que nous avons d'amitié pour tous les peuples, au point d'avoir été proclamé **notre père** et d'être honoré de la prosternation par tous, de rester *le second visage du trône royal*. [12] Ne supportant pas l'orgueil, il s'appliqua à nous ôter le pouvoir et la vie [13] et de notre sauveur, toujours bienfaiteur, Mardochée et d'une irréprochable compagne de notre royauté, Esther, avec tout le peuple de ceux-ci, par les manœuvres de tortueux sophismes demandant **LA PERTE**, [14] car il pensa par de telles mesures, nous ayant pris isolés, remplacer la domination des Perses par les Macédoniens.

[15] Mais nous, les juifs livrés par le triple scélérat à la disparition, avons trouvé qu'ils sont nonmalfaiteurs, gouvernés par de très justes lois, [16] étant les fils du Très-Haut, le Très-grand, LE DIEU VIVANT, **conduisant pour nous et pour nos ancêtres le royaume dans un très bel état**.

[17] Vous ferez donc bien, ne tenant pas compte des écrits envoyés par AMAN, fils d'Amadathos, du fait que lui, ayant fait ces choses, [18] a été crucifié avec sa maison aux portes de Suse, DIEU **gouvernant toutes choses** lui ayant donné rapidement une digne punition, [19] une copie de cette lettre ayant mis en tout lieu, de laisser aux juifs ouvertement les propres lois [20] et de les soutenir, de sorte que ceux qui s'opposent à eux au temps de la tribulation ils les repoussent *le treize du douzième mois Adar* en ce même jour, [21] car ce jour LE DIEU **puissant sur toutes choses**, au lieu de la ruine de la race élue, a fait pour eux allégresse.

[22] Et vous donc, en vos fêtes éponymes, célébrez ce jour insigne par toute sorte de réjouissance, [23] de sorte que maintenant et après cela, le salut soit pour nous et pour les Perses bienveillants, et pour ceux qui ont comploté contre nous le mémorial de **LEUR PERTE**. [24] Toute ville ou province en général, laquelle ne fera pas selon cela, sera dévastée avec colère par le fer et le feu, impraticable non seulement aux hommes mais aussi aux bêtes sauvages et aux oiseaux, et sera rendue odieuse pour tous les temps. »

8,[13] Que LES COPIES soient affichées visiblement *dans tout le royaume* et que TOUS LES JUIFS SOIENT PRÊTS POUR CE JOUR à combattre leurs adversaires ; [14] donc les cavaliers sortirent en hâte pour accomplir les paroles du roi et la prescription fut affichée AUSSI À SUSE. [15] Et Mardochée sortit, revêtu du vêtement royal et ayant une couronne d'or et un diadème de byssus pourpre ; et à cette vue, *les habitants de Suse se réjouirent*. [16] Et pour les juifs ce fut lumière et allégresse ; [17] dans toute ville et province où la prescription était affichée, où était affichée l'affiche, réjouissance et allégresse pour les juifs, coupe et allégresse. Et beaucoup parmi les nations se firent circoncire et se firent juifs par peur des juifs.

522   Version grecque : la deuxième section (Est 3,1–9,19)

Les rapports entre les séquences B3 et B9

B3 : Dans les pleurs et le jeûne, la reine se risquera auprès du roi

4,[1] Mardochée, ayant appris ce qui s'accomplissait, *DÉCHIRA SES HABITS* et se revêtit de *SAC* et s'aspergea de *CENDRE* ; et s'élançant par la grand-rue de la ville, *IL HURLAIT D'UNE VOIX GRANDE* : « Est enlevée une nation non injuste. » [2] Et il vint jusqu'à la porte du roi et se tint là, car il ne lui était pas permis d'entrer dans la cour ayant *SAC* et *CENDRE*. [3] Et en toute province où étaient portés les écrits, *CRI*, *LAMENTATION* et *GRAND PLEUR* pour les juifs ; et ils se couvrirent de *SAC* et *CENDRE*.

[4] Les servantes et les eunuques de la reine entrèrent et lui annoncèrent, et elle fut frappée, ayant entendu ce qui était advenu ; et elle envoya vêtir Mardochée et lui retirer le sac, mais il n'accepta pas.

> [5] Esther appela Akhrathaios, son eunuque qui se tenait près d'elle, et elle l'envoya auprès de Mardochée pour apprendre le fait exact. [6]
> [7] Mardochée lui révéla ce qui s'était passé et la promesse qu'Aman avait faite au roi de dix-mille talents pour le trésor, afin qu'il **FASSE-PÉRIR** les juifs. [8] Et la copie qui à Suse ayant été portée pour leur **PERTE**, il le lui donna pour la montrer à Esther et il lui dit de lui commander d'aller supplier le roi et l'implorer pour le peuple : « Te souvenant des jours de ton humiliation, quand tu étais nourrie de ma main, puisqu'Aman le second du roi a parlé contre nous pour la mort, invoque LE SEIGNEUR et parle au roi pour nous et délivre-nous de la mort. »
> [9] Entrant, Akhrathaios lui dit toutes ces paroles.
>
> [10] Et Esther dit à Akhrathaios : « Va chez Mardochée et dis-lui :
> [11] « Toutes les nations du royaume savent que tout homme ou femme qui entre auprès du roi dans la cour intérieure en n'ayant pas été appelé, il n'est point pour lui de salut ; seulement celui à qui le roi tend son bâton doré, celui-là sera sauvé. Et moi, je n'ai pas été appelée à entrer auprès du roi depuis trente jours. »
> [12] Akhrathaios rapporta à Mardochée toutes les paroles d'Esther.

[13] Mardochée dit à Akhrathaios : « Va et dis-lui : « Esther, ne te dis pas à toi-même que tu seras sauvée seule dans le royaume parmi tous les juifs, [14] car si tu désobéis en ce temps-ci, c'est d'ailleurs qu'un secours et un abri adviendront pour les juifs, mais toi, ainsi que la maison de ton père, vous **PÉRIREZ**. Et qui sait si ce n'est pas pour ce temps-ci que tu es devenue reine ? »

[15] Et Esther renvoya vers Mardochée celui qui était venu vers elle en disant : [16] « Va RASSEMBLER les juifs de Suse et *JEÛNEZ* pour moi, *NE MANGEZ NI NE BUVEZ* durant trois jours, nuit et jour ; et moi et mes servantes *NE NOUS NOURRIRONS PAS* et alors j'entrerai auprès du roi contre la loi, même si je dois **PÉRIR**. » [17] Et Mardochée s'en alla faire tout ce qu'Esther lui avait commandé.

– Au début de la séquence B3, de la part de Mardochée, ce ne sont que manifestations de « cri », « hurlement », « lamentation » et « grand pleur », « sac et cendre », vêtements déchirés (4,1-3), et à la fin de la séquence, Esther et tous les juifs entament un « jeûne » de trois jours sans « manger » ni « boire » (16) ; au contraire, à la fin de la séquence B9, ce n'est que « réjouissance », « jour bon », « allégresse[1] » et « portions » échangées (9,17-19) ;

---

[1] Rappelons que *La Bible d'Alexandrie* traduit par « bonne chère ».

L'ensemble de la section B

B9 : Dans la joie et les banquets, les juifs célèbrent leur salut

9,[1] Car le douzième mois, le treize du mois, lequel est Adar, les lettres écrites par le roi étaient prêtes. [2] En ce jour-là **PÉRIRENT** les ennemis des juifs, car personne ne s'y opposa, les craignant, [3] car les chefs des satrapes et les rois et les lettrés royaux respectèrent les juifs car la crainte de Mardochée était en eux ; [4] car la prescription du roi s'était répandue, afin qu'il fût nommé dans tout le royaume.

[5.6] Et à Suse la ville, les juifs **TUÈRENT** cinq-cents hommes [7] et Pharsannestaïn et Delphôn et Phasga [8] et Phardatha et Baréa et Sarbakha [9] et Marmasmim et Arouphaios et Arsaios et Zabouthaios, [10] les dix fils d'Aman fils d'Amadathos le vantard, l'ennemi des juifs, et ils pillèrent. [11] En ce jour-là fut donné au roi le nombre des morts à Suse.

> [12] Et le roi dit à Esther : « Les juifs **ONT TUÉ** dans la ville de Suse cinq-cents hommes ; et dans le pays, comment crois-tu qu'ils en ont usé ? Que demandes-tu donc encore ? Ce sera à toi. »
> [13] Et Esther dit au roi : « Que soit donné aux juifs d'en user de même demain, de sorte que les dix fils d'Aman soient pendus. » [14] Et il permit qu'il en soit ainsi et il fit afficher pour les juifs de la ville que les corps des fils d'Aman soient pendus.

[15] Et les juifs SE RÉUNIRENT à Suse le quatorze d'Adar et **ILS TUÈRENT** trois-cents hommes, mais ils ne pillèrent rien.

[16] Et le reste des juifs dans le royaume SE RÉUNIRENT et se secoururent eux-mêmes et se reposèrent de leurs ennemis, car ils **FIRENT-PÉRIR** d'entre eux dix-mille-cinq-cents, le treize d'Adar, mais ils ne pillèrent rien. [17] Et ils se reposèrent le quatorze du même mois et célébrèrent ce même jour de repos avec RÉJOUISSANCE et ALLÉGRESSE.

[18] Et les juifs de la ville de Suse SE RÉUNIRENT aussi le quatorze et ne se reposèrent pas et célébrèrent aussi le quinze avec RÉJOUISSANCE et ALLÉGRESSE.

[19] C'est donc pourquoi les juifs qui sont dispersés dans toute province à l'extérieur célèbrent le quatorze d'Adar comme JOUR BON avec ALLÉGRESSE, en envoyant des PORTIONS chacun à son voisin.

Mais ceux qui habitent dans les métropoles célèbrent aussi le quinze d'Adar, JOUR D'ALLÉGRESSE BON, en envoyant des PORTIONS à leurs voisins.

– dans la séquence B3, le jeûne est provoqué par le projet d'Aman de « faire périr » les juifs (4,7-8) et la reine doit affronter le risque de « périr » (11.14.16) ; au contraire, dans la séquence B9, ce sont les ennemis des juifs qui « périrent » (9,2), ces derniers les « tuant » (9,6.12.15), les « faisant-périr » (16) ;
– à la fin de la séquence B3, la reine Esther demande à Mardochée de « rassembler » les juifs pour un jeûne de trois jours (4,16) ; dans la séquence B9, les juifs « se réunissent » pour se défendre contre leurs ennemis (9,15.16.18).

524   Version grecque : la deuxième section (Est 3,1–9,19)

LES RAPPORTS ENTRE LES TROIS SOUS-SECTIONS

B1 3,[1] Après cela, le roi Artaxerxès glorifia Aman, fils d'Amadathos le Bougaïos, et il l'éleva et le fit siéger-premier parmi tous ses amis. [2] *Et tous ceux qui étaient dans la cour se prosternaient devant lui, comme le roi avait ordonné de faire, mais Mardochée ne se prosternait pas devant lui.* [3] *Et ceux de la cour du roi parlèrent à Mardochée : « Mardochée, pourquoi désobéis-tu aux paroles du roi ? »* [4] *Chaque jour, ils lui parlaient et il ne les écoutait pas. Et ils informèrent Aman que Mardochée s'opposait aux paroles du roi ; et Mardochée leur avait indiqué qu'il était juif.* [5] *Et Aman ayant su que Mardochée ne se prosternait pas devant lui, il s'irrita beaucoup* [6] et il voulut **EXTERMINER** tous les juifs du règne d'Artaxerxès. [7] Et il fit un édit la douzième année du règne d'Artaxerxès et il jeta les sorts de jour en jour et de mois en mois, pour **PERDRE** en un seul jour la race de Mardochée. Et le sort tomba sur le quatorze du mois qui est Adar.

    [8] Et il parla au roi Artaxerxès disant : « Il existe une nation dispersée parmi les nations de tout ton règne ; leurs lois sont différentes de toutes les nations, aux lois du roi ils désobéissent et il ne convient pas au roi de le leur permettre. [9] S'il plaît au roi, qu'il soit décrété de les **PERDRE**, et moi j'inscrirai au trésor du roi dix-mille talents d'argent. » [10] Et le roi retirant son anneau, il le donna à la main d'Aman pour sceller les écrits contre les juifs. [11] Et le roi dit à Aman : « Garde l'argent et fais à la nation comme tu veux. »

[12] Et les secrétaires du roi furent appelés le treize du premier mois. Et ils écrivirent, comme avait commandé Aman, aux gouverneurs et aux chefs de chaque province depuis l'Inde jusqu'à l'Éthiopie, aux cent-vingt-sept provinces et aux chefs des nations selon leur langue au nom du roi Artaxerxès. [13] Et les lettres furent envoyées par des porte-lettres dans le règne d'Artaxerxès pour **EXTERMINER** la race des juifs en un seul jour du douzième mois qui est Adar et pour piller leurs biens.

B3 4,[1] Mardochée, ayant appris ce qui s'accomplissait, *déchira ses habits et se revêtit de sac et s'aspergea de cendre* ; et s'élançant par la grand-rue de la ville, il hurlait d'une voix grande : « Est enlevée une nation non injuste. » [2] Et il vint jusqu'à la porte du roi et se tint là, car il ne lui était pas permis d'entrer dans la cour *ayant sac et cendre*. [3] Et en toute province où étaient portés les écrits, hurlement, lamentation et grand pleur pour les juifs ; *et ils se couvrirent de sac et cendre*. [4] Les servantes et les eunuques de la reine entrèrent et lui annoncèrent, et elle fut frappée, ayant entendu ce qui était advenu ; et elle envoya vêtir Mardochée et lui retirer le sac, mais il n'accepta pas.

    [5] Esther appela Akhrathaios, son eunuque qui se tenait près d'elle, et elle l'envoya auprès de Mardochée pour apprendre le fait exact. [6] [7] Mardochée lui révéla ce qui s'était passé et la promesse qu'Aman avait faite au roi de dix-mille talents pour le trésor, afin qu'il **PERDE** les juifs. [8] Et la copie qui à Suse ayant été portée pour leur **PERTE**, il la lui donna pour la montrer à Esther et il lui dit de lui commander d'aller supplier le roi et l'implorer pour le peuple [...]

[13] Mardochée dit à Akhrathaios : « Va et dis-lui : « Esther, ne te dis pas à toi-même que tu seras sauvée seule dans le royaume parmi tous les juifs, [14] car si tu désobéis en ce temps-ci, c'est d'ailleurs qu'un secours et un abri adviendront pour les juifs, mais toi, ainsi que la maison de ton père, **VOUS PÉRIREZ**. Et qui sait si ce n'est pas pour ce temps-ci que tu es devenue reine ? » [15] Et Esther renvoya vers Mardochée celui qui était venu vers elle en disant : [16] « Va rassembler les juifs de Suse et jeûnez pour moi, ne mangez ni ne buvez durant trois jours, nuit et jour ; et moi et mes servantes ne nous nourrirons pas et alors j'entrerai auprès du roi contre la loi, même si je dois **PÉRIR**. » [17] Et Mardochée s'en alla faire tout ce qu'Esther lui avait commandé.

Dans sa prière, Mardochée justifie devant Dieu son refus de se prosterner devant Aman (C,5-7), comme il est rapporté au début de la première séquence de la section, B1 (3,2-5). Il supplie ensuite le Seigneur de ne pas laisser « perdre » son peuple (C,8), qu'Aman avait voulu « exterminer » et « perdre » (3,6-7).

L'ensemble de la section B

B4 C, [1] Et il supplia le Seigneur, se souvenant de toutes les œuvres du Seigneur, [2] et il dit : « Seigneur, Seigneur, Roi, de toutes choses tu es gouvernant, parce que tout est en ton pouvoir et il n'est personne qui puisse contredire ta volonté de sauver Israël, [3] parce que toi tu as fait le ciel et la terre et toute merveille qui est sous le ciel [4] et tu es Seigneur de toutes choses et il n'est personne qui puisse te résister, le Seigneur. [5] Toi, tu connais toutes choses, toi tu sais, Seigneur, que ce n'est pas par démesure ni par orgueil, ni par gloriole que *j'ai fait cela de ne pas me prosterner devant l'orgueilleux Aman*, [6] car il m'aurait plu de baiser la plante de ses pieds pour le salut d'Israël. [7] *Mais j'ai fait cette chose pour ne pas mettre la gloire d'un homme au-dessus de la gloire de Dieu ; et je ne me prosternerai devant personne sauf toi, mon Seigneur, et je ne ferai pas cela par orgueil.* [8] Et maintenant, Seigneur Dieu, Roi, Dieu d'Abraham, épargne ton peuple, car ils nous regardent pour la ruine et ils projettent de **PERDRE** ton antique héritage ; [9] ne délaisse pas ta part que pour toi-même tu as rachetée de la terre d'Égypte. [10] Exauce ma supplication et sois-propice à ta part-d'héritage et retourne notre deuil en fête, afin que, vivants, nous chantions ton nom, Seigneur, et ne laisse pas-disparaître la bouche de ceux qui te louent. » [11] Et tout Israël criait de toutes leurs forces, car leur mort était dans leurs yeux.

[12] La reine Esther se réfugia auprès du Seigneur, prise dans l'agonie de la mort. [13] *Et, ayant retiré les vêtements de sa gloire, elle revêtit les vêtements de détresse et de deuil, et au lieu d'arrogants agréments, de cendre et d'ordures elle couvrit sa tête et son corps elle humilia extrêmement, et tout lieu de parure de son allégresse elle couvrit de ses cheveux emmêlés.* [14] Et elle supplia le Seigneur, Dieu d'Israël, et elle dit : « Mon Seigneur, notre Roi, toi tu es le seul. Secours-moi, qui suis seule et n'ai pas de secours sinon toi, [15] car mon danger est dans ma main. [16] Moi, j'ai entendu, dès ma naissance, dans la tribu de ma parenté, que toi, Seigneur, as pris Israël parmi toutes les nations et nos pères parmi tous leurs ancêtres, pour héritage à jamais ; et tu as fait pour eux tout ce que tu avais dit. [17] Et maintenant nous avons péché devant toi, et tu nous as donnés aux mains de nos ennemis [18] parce que nous avons glorifié leurs dieux. Tu es juste, Seigneur ! [19] Et maintenant, ils ne se sont pas contentés de l'amertume de notre servitude, mais ils ont mis leurs mains dans les mains de leurs idoles, [20] pour supprimer le décret de ta bouche et **EXTERMINER** ton héritage et supprimer la bouche de ceux qui te louent et éteindre la gloire de ta maison et ton autel, [21] et pour ouvrir la bouche des nations pour les vertus des néants et que soit admiré un roi de chair à jamais. [22] Ne donne pas, Seigneur, ton sceptre à ceux qui ne sont pas et qu'ils ne rient pas sur notre chute, mais retourne leur projet contre eux et de qui a commencé contre nous fais-un-exemple ; [23] souviens-toi, Seigneur, manifeste-toi au temps de notre tribulation. Et moi, enhardis-moi, Roi des dieux et gouvernant de tout principe ; [24] donne une parole bien rythmée sur ma bouche devant le lion et tourne son cœur à la haine de qui nous fait la guerre, pour sa perte et de tous ses pareils. [25] Et nous, libère-nous par ta main et secours-moi qui suis seule et n'ai rien sinon toi, Seigneur ! [26] De toute chose tu as connaissance et tu sais que je hais la gloire des impies, que j'ai horreur de la couche des incirconcis et de tout étranger ; [27] toi, tu sais ma nécessité, que j'ai horreur de l'insigne de ma grandeur, qui est sur ma tête dans les jours de ma représentation, j'en ai horreur comme d'un linge souillé, et ne le porte pas dans les jours de ma tranquillité. [28] Et ta servante n'a pas mangé à la table d'Aman et je n'ai pas glorifié le festin du roi et je n'ai pas bu le vin des libations ; [29] et ta servante ne s'est pas réjouie depuis le jour de son changement jusqu'à maintenant, si ce n'est en toi, Seigneur, Dieu d'Abraham. [30] Dieu, le fort sur tous, écoute la voix des désespérés et libère-nous de la main des malfaisants et libère-moi de ma peur ! »

Quant à Esther, elle imite Mardochée qui, comme il est rapporté au début de la séquence B3, déchire ses habits et se couvre de sac et de cendre (4,1-2), ainsi que tous les autres juifs (4,3) : elle se dépouille de ses vêtements royaux et se couvre comme lui de « cendre » (C,13). C'est qu'elle a appris de Mardochée qu'Aman avait projeté de « perdre » et d'« exterminer » les juifs (4,7 ; C,20).

526 Version grecque : la deuxième section (Est 3,1–9,19)

B5 D,[1] Et il advint au troisième jour, quand elle cessa de prier, qu'elle quitta ses habits de servitude et s'enveloppa de sa gloire. [2] Et, devenue splendide, invoquant Dieu qui observe tous et est sauveur, elle prit ses deux servantes ; [3] sur l'une, elle s'appuyait comme alanguie, [4] et l'autre suivait en soulevant son vêtement. [5] Et elle, elle était rougissante au comble de sa beauté et son visage était joyeux comme adorable, mais son cœur gémissait de crainte. [6] Et ayant franchi toutes les portes, elle se tint en face du roi ; et lui était assis sur le trône de sa royauté et il avait revêtu tout l'appareil de sa splendeur, tout entier d'or et de pierres précieuses, et il était à craindre extrêmement. [7] Ayant levé son visage brûlant de gloire, au comble de la colère il regarda ; la reine tomba et sa couleur changea à cause de sa faiblesse et elle s'écroula sur la tête de la servante qui la précédait. [8] Et Dieu changea l'esprit du roi en douceur et, angoissé, il bondit de son trône et la saisit dans ses bras jusqu'à ce qu'elle se relève. Et il la réconfortait par des paroles apaisantes et il lui dit : [9] « Qu'y a-t-il, Esther ? Moi, je suis ton frère : rassure-toi ! [10] Tu ne mourras pas car notre ordonnance est pour le commun : [11] approche-toi ! » [12] Et ayant levé son bâton doré, il le posa sur son cou et il l'embrassa et dit : « Parle-moi. » Et elle lui dit : [13] « Je t'ai vu, Seigneur, comme un ange de Dieu et mon cœur s'est bouleversé par crainte de ta gloire, [14] car tu es admirable, Seigneur, et ton visage est plein de grâces. » [15] Or, alors qu'elle parlait, elle tomba de faiblesse [16] et le roi était bouleversé et toute sa servitude la réconfortait.

5,[3] Le roi dit : « Que veux-tu, Esther, et quelle est ta demande ? Jusqu'à la moitié de mon royaume ce sera à toi. » [4] Et Esther dit : « C'est mon jour insigne aujourd'hui ! Si donc il plait au roi, qu'ils viennent lui et Aman au banquet que je ferai aujourd'hui. » [5] Et le roi dit : « Pressez Aman afin que nous fassions la parole d'Esther. » Et ils se rendent tous deux au banquet qu'Esther avait dit. [6] Or, durant la beuverie, le roi dit à Esther : « Qu'est-ce, reine Esther ? Et sera à toi tout ce que tu as demandé. » [7] Et elle dit : « Ma requête et ma demande ! [8] Si j'ai trouvé grâce devant le roi, que le roi et Aman viennent demain au banquet que je ferai pour eux ; et demain je ferai ces choses. »

[9] Aman sortit de chez le roi très joyeux, réjoui ; mais quand Aman vit Mardochée le juif dans la cour, il fut en colère extrêmement. [10] Entrant chez lui, il appela ses amis et Zosara sa femme [11] et il leur fit connaitre sa richesse et la gloire que le roi lui avait accordée et comme il avait fait de lui le premier et conducteur du royaume. [12] Et Aman dit : « La reine n'a invité au banquet avec le roi personne d'autre que moi et pour demain je suis encore invité ; [13] mais cela ne me plait pas quand je vois Mardochée le juif dans la cour. » [14] Zosara sa femme et ses amis lui dirent : « Qu'on coupe pour toi un bois de cinquante coudées et à l'aube dis au roi que *MARDOCHÉE SOIT PENDU* sur le bois ; et toi, sors au banquet avec le roi et sois réjoui. » Le propos plut à Aman et il prépara le bois.

Les deux séquences B5 et B6 s'achèvent avec le projet que fait Aman de « pendre » Mardochée (B5 : 5,14) mais qui se retourne contre lui (B6 : 7,10). Au centre de la dernière séquence de la section, ce seront aussi ses fils dont les corps seront pendus (B9 : 9,13-14) :

9,[12] Et le roi dit à Esther : « Les juifs ont tué dans la ville de Suse cinq-cents hommes ; et dans le pays comment crois-tu qu'ils en ont usé ? Que demandes-tu donc encore ? Ce sera à toi. »
[13] Et Esther dit au roi : « Que soit donné aux juifs d'en user de même demain, *DE SORTE QUE LES DIX FILS D'AMAN SOIENT PENDUS.* » [14] Et il permit qu'il en soit ainsi et il fit afficher pour les juifs de la ville *QUE LES CORPS DES FILS D'AMAN SOIENT PENDUS.*

L'ensemble de la section B

527

B6   6,[1] Le Seigneur écarta du roi le sommeil cette nuit-là ; il dit à son didascale d'apporter les textes mémoires des jours pour les lui lire. [2] Or il trouva les textes écrits sur Mardochée disant qu'il avait averti le roi sur les deux eunuques du roi quand ils étaient de garde et avaient voulu porter les mains sur Artaxerxès [3] Et le roi dit : « Quelle gloire ou grâce avons-nous faite pour Mardochée ? » Les serviteurs du roi dirent : « Tu n'as rien fait pour lui. »

[4] Tandis que le roi s'informe sur le bienfait de Mardochée, voici Aman dans la cour. Le roi dit : « Qui est dans la cour ? » Or Aman entrait pour dire au roi de pendre Mardochée sur le bois qu'il avait préparé. [5] Les serviteurs du roi dirent : « Voici qu'Aman se tient dans la cour. » Et le roi dit : « Appelez-le. » [6] Le roi dit à Aman : « Que ferai-je à l'homme que moi je veux glorifier ? » Aman se dit en lui-même : « Qui le roi veut-il glorifier, si ce n'est moi ? » [7] *Il dit au roi : « Un homme que le roi veut glorifier ?* [8] *Que les esclaves du roi apportent un vêtement de byssus que le roi revêt* et un cheval sur lequel le roi monte. [9] *Qu'on les donne à l'un des glorieux amis du roi et qu'il vête l'homme que le roi aime* et le fasse-monter sur le cheval ; et qu'il proclame à travers la rue de la ville disant : « Ainsi sera-t-il à tout homme que le roi glorifie ! » [10] Et le roi dit à Aman : « Comme tu as parlé, ainsi fais à Mardochée le juif qui sert dans la cour et que ne manque pas une seule des paroles que tu as dites. » [11] *Aman prit le vêtement et le cheval et il vêtit Mardochée et le fit-monter sur le cheval et il alla à travers la rue de la ville et il proclama disant : « Ainsi sera-t-il à tout homme que le roi veut glorifier ! »*

[12] Mardochée retourna dans la cour et Aman revint chez lui, la tête toute triste. [13] Aman raconta ce qui lui était arrivé à sa femme Zosara et aux amis. Ses amis et sa femme lui dirent : « Si Mardochée est de la race des juifs, tu as commencé à être humilié devant lui ; tombant, tu tomberas. Tu ne peux te venger de lui car un Dieu vivant est avec lui. » [14] Ils parlaient encore que surviennent les eunuques pour presser Aman d'aller au banquet qu'avait préparé Esther.

7,[1] Le roi entra et Aman pour boire avec la reine. [2] Or le roi dit à Esther, le deuxième jour durant la beuverie : « Qu'y a-t-il, reine Esther ? Quelle est ta demande et quelle est ta requête ? Ce sera à toi, jusqu'à la moitié de mon royaume. » [3] Répondant, elle dit : « Si j'ai trouvé grâce devant le roi, que soient donnés ma vie pour ma demande et mon peuple pour ma requête. [4] Car nous avons été vendus, moi et aussi mon peuple, pour la destruction, le pillage et la servitude, nous et nos enfants pour esclaves et servantes. Et j'avais refusé d'entendre car le calomniateur n'est pas digne de la cour du roi. »

[5] Le roi dit : « Qui celui-là qui a osé faire cette action-là ? » [6] Et Esther dit : « Un homme ennemi, c'est Aman le mauvais celui-là ! » Aman fut bouleversé à cause du roi et de la reine. [7] Le roi se leva du banquet vers le jardin et Aman suppliait la reine car il voyait qu'il était lui-même dans des malheurs. [8] Le roi revint du jardin et Aman implorant la reine était tombé sur sa couche. Et le roi dit : « Ainsi même ma femme tu violentes dans ma maison ? » Aman, ayant entendu, détourna son visage.

[9] Bougathan, un des eunuques, dit au roi : « Voici aussi une potence qu'Aman avait préparée pour Mardochée, lui qui avait parlé pour le roi ; et se dresse chez Aman une potence de cinquante coudées. » Le roi dit : « Qu'il soit crucifié dessus ! » [10] *AMAN FUT PENDU SUR LA POTENCE QU'IL AVAIT PRÉPARÉE POUR MARDOCHÉE* ; et alors le roi se calma de sa rage.

La glorification de Mardochée par Aman dans le premier passage de la dernière séquence de la sous-section centrale (B6 : 6,7-11) annonce son élévation par le roi à la fin de la séquence centrale de la dernière sous-section (B8 . 8,15) .

8,[13] Que les copies soient affichées visiblement dans tout le royaume et que tous les juifs soient prêts pour ce jour à combattre leurs adversaires ; [14] donc les cavaliers sortirent en hâte pour accomplir les paroles du roi et la prescription fut affichée aussi à Suse. [15] *Et Mardochée sortit, revêtu du vêtement royal et ayant une couronne d'or et un diadème de byssus pourpre ; et à cette vue, les habitants de Suse se réjouirent.* [16] *Et pour les juifs ce fut lumière et allégresse* ; [17] dans toute ville et province où la prescription était affichée, où était affichée l'affiche, réjouissance et allégresse pour les juifs, coupe et allégresse. Et beaucoup parmi les nations se firent circoncire et se firent juifs par peur des juifs.

528 Version grecque : la deuxième section (Est 3,1–9,19)

COMPARAISON DES DEUX VERSIONS

HÉBREU

1re sous-section : HAMÂN ET SON PROJET DE DESTRUCTION

| B1 : HAMÂN | OBTIENT DU ROI UN ÉDIT | POUR QUE LES JUIFS SOIENT EXTERMINÉS PAR LEURS ENNEMIS | 3,1-15 |

| B2 : Dans les pleurs et le jeûne, | la reine se risquera auprès du roi | 4,1-17 |

2e sous-section : LA CHUTE D'HAMÂN

| B3 : Au premier banquet d'Esther, | Hamân s'exalte devant les siens malgré Mardochée | 5,1-14 |

| **B4 : Hamân commence à tomber devant Mardochée** | 6,1-14 |

| B5 : Au second banquet d'Esther, | Hamân est élevé sur la potence faite pour Mardochée | 7,1-10 |

3e sous-section : MARDOCHÉE ET SON PROJET DE SALUT

| B6 : MARDOCHÉE | OBTIENT DU ROI UN ÉDIT | POUR QUE LES JUIFS SE DÉFENDENT CONTRE LEURS ENNEMIS | 8,1-17 |

| B7 : Dans la joie et les banquets, | les juifs célèbrent leur victoire | 9,1-19 |

– L'addition B, insérée deux versets avant la fin de la séquence B1 de l'hébreu, constitue, avec 3,14-15, la séquence B2 du grec. Ainsi, la première sous-section grecque comprend trois séquences, alors que l'hébreu n'en comprend que deux (B1.B2).
– De même, l'addition E, insérée cinq versets avant la fin de la séquence B6 de l'hébreu, constitue, avec 8,13-17, la séquence B8 du grec. Ainsi, la troisième sous-section grecque comprend trois séquences, au lieu de deux en hébreu (B6.B7).

L'ensemble de la section B

GREC

1re sous-section : AMAN ET SON PROJET DE DESTRUCTION

B1 : AMAN	OBTIENT DU ROI UN ÉDIT	POUR QUE LES JUIFS SOIENT EXTERMINÉS	3,1-13
B2 : L'édit royal préparé par Aman		B,1-15 et 3,14-15	
B3 : Dans les pleurs et le jeûne,	la reine se risquera auprès du roi	4,1-17	

2e sous-section : QUESTION DE VIE OU DE MORT

B4 : Mardochée et Esther	supplient le Seigneur	C,1-30
B5 : Sauver la vie ou donner la mort	D,1-16–5,3-14	
B6 : Mardochée et Esther	sont sauvés	6,1–7,10

3e sous-section : MARDOCHÉE ET SON PROJET DE SALUT

B7 : ESTHER	OBTIENT DU ROI UN ÉDIT	POUR QUE LES JUIFS SOIENT SAUVÉS	8,1-17
B8 : L'édit royal préparé par Mardochée		E,1-24–8,13-17	
B9 : Dans la joie et les banquets,	les juifs célèbrent leur victoire	9,1-19	

Dans le grec comme dans l'hébreu, les sous-sections centrales comprennent trois séquences. Cependant, elles sont organisées différemment.
– La première séquence du grec est constituée de l'addition C, qui n'a pas d'équivalent en hébreu.
– La deuxième séquence du grec (B5) correspond à la première séquence de l'hébreu (B3), même si l'addition D amplifie notablement les deux premiers versets de l'hébreu (5,1-2).
– La troisième séquence du grec (B6) regroupe les deux dernières séquences de l'hébreu (B4.B5).
Tandis que l'hébreu comprend sept séquences, le grec en compte neuf.

530 Version grecque : la deuxième section (Est 3,1–9,19)

Quelques données chiffrées (les comptes sont faits sur le grec, sans les numéros de versets, espaces compris) :

B1 :   1 927
 B2 :   1 902
B3 :   2 520   6 349

  B4 :   3 493
   B5 :   3 006
  B6 :   3 469   9 968

B7 :   1 825
 B8 :   3 946
B9 :   2 063   7 834

La sous-section centrale est nettement plus développée que les sous-sections extrêmes. L'équilibre des masses y est remarquable, les deux séquences extrêmes (B4 et B6) étant pratiquement de même longueur.

On remarquera que l'édit de Mardochée (B8) est deux fois plus long que celui d'Aman (B2).

SPÉCIFICITÉS DE LA VERSION GRECQUE

Aman différent de Hamân

Dans le texte hébreu, Hamân est dit « l'Agaguite », ce qui rappelle Agag, roi des Amalécites, ennemi juré d'Israël, qui s'était opposé à lui quand il sortait d'Égypte. Mardochée est dit « le juif », de la tribu de Benjamin, celle du roi Saül, qui combattit et vainquit Amaleq, mais laissa la vie sauve à Agag, son roi, contre l'ordre du Seigneur (voir p. 98).

Dans la version grecque, Aman est devenu « le Bougaios », qui signifierait « le vantard ». Mais il est aussi dit « Macédonien », ennemi traditionnel des Perses qui seront vaincus par Alexandre le Macédonien ; en outre, il complote avec les eunuques contre la vie du roi Artaxerxès[2].

Le Seigneur Dieu

Le nom de Dieu n'apparait pas une seule fois dans l'Esther hébreu. Dans la version grecque, en revanche, il est non seulement explicitement nommé, invoqué, mais il intervient aussi dans l'histoire.
– Il faut attendre la dernière séquence de la première sous-section pour entendre Mardochée dire à Esther : « Invoque le Seigneur et parle au roi pour nous et délivre-nous de la mort » (B3 : 4,8). Ces mots constituent la fin de la courte « addition » de 4,8a.

[2] Voir *La Bible d'Alexandrie*, 12 Esther, 89-95.

L'ensemble de la section B

– La première séquence de la sous-section centrale (B4) est constituée par l'addition B. Mardochée puis Esther y supplient longuement le Seigneur.
– Au début de la séquence suivante (B5), dans l'addition C, au moment de se rendre chez le roi, Esther « invoque le Seigneur qui observe tous et est sauveur » (D,2) ; elle est mal reçue par le roi, mais « Dieu changea l'esprit du roi en douceur » (D,8).
– Dans la dernière séquence de la même sous-section centrale (B6), ce n'est plus dans des additions que le nom de Dieu apparait, mais dans la traduction de l'hébreu. Au début de la séquence, l'insomnie du roi est attribuée à l'intervention de Dieu : « Le Seigneur écarta du roi le sommeil cette nuit-là » (6,1). Et plus loin, ce seront les proches d'Aman qui lui affirmeront : « Tu ne peux te venger de lui (de Mardochée), car un Dieu vivant est avec lui » (6,13).
– Enfin, au cœur de la dernière sous-section, dans le nouvel édit rédigé par Mardochée qui constitue essentiellement la séquence B8, le Seigneur est présenté ainsi : « Dieu observant toujours toutes choses » (E,4), « le Dieu Vivant, conduisant pour nous et pour nos ancêtres le royaume dans un très bel état » (E,16), « Dieu gouvernant toutes choses » (E,18), « le Dieu puissant sur toutes choses » (E,21).
– Il faut rappeler que ces dernières affirmations s'opposent, à distance, à la manière dont Aman avait présenté le roi au début de l'édit qu'il avait rédigé en son nom : « commandant de tout l'univers », faisant du roi une véritable idole (séquence B2 : B,2 ; voir p. 378).

INTERPRÉTATION

LA PRIÈRE AU CŒUR

Toute la section est dominée par la prière, majestueux portique d'entrée de la sous-section centrale, mais aussi clé de lecture de toute la section. Cette prière attire d'autant plus l'attention que c'est la seule de toute la section — et même de tout le livre. Elle est préparée à la fin de la première sous-section, au moment où la menace de destruction avait jeté les juifs dans « hurlement, lamentation et pleur », sous « le sac et la cendre » (4,3) ; alors, Mardochée avait invité Esther à invoquer le Seigneur avant de parler au roi pour que tous soient sauvés de la mort (4,8). Elle trouvera un écho au début de la séquence suivante quand Esther, au moment de se mettre en route pour affronter le roi, s'en va « invoquant Dieu qui observe tous et est sauveur » (D,2).

SUPPLICATION

Ces prières sont des supplications et c'est bien ainsi qu'elles sont introduites par le narrateur, pour celle de Mardochée, celle d'Esther, celle aussi de tout Israël qui « criaient de toutes leurs forces ». C'est qu'ils se trouvent au moment le plus critique de toute l'histoire, affrontés à la « ruine » et à la destruction

532 Version grecque : la deuxième section (Est 3,1–9,19)

(C,8), à la « tribulation » (23), en somme à la « mort » (11.12). C'est qu'Aman avait convaincu le roi de perdre le peuple juif et qu'il avait promulgué un édit dans toutes les provinces pour mettre en œuvre ce projet de mort.

CREDO

Le cri de tout Israël retentit, les impératifs de la supplication abondent dans les prières de Mardochée et d'Esther ; toutefois, ce n'est pas ainsi que leurs prières commencent. Adressées au « Seigneur », « Roi » par Mardochée, à « *Mon* Seigneur, *notre* Roi » par Esther (14), ce sont d'abord des confessions de foi. Le Dieu invoqué est le créateur, le « Seigneur de toutes choses » (3-4), mais aussi et surtout le « Dieu d'Abraham » (8.29), Dieu de l'alliance conclue avec Israël, choisi comme sa part d'héritage (16), celui qui l'a sauvé, qui l'a « racheté de la terre d'Égypte » (9). En somme, c'est le credo d'Israël qui est proclamé haut et fort au centre de la section. Dans la séquence précédente, Mardochée l'avait déjà rappelé à Esther quand il lui avait fait dire par Akhrathaios : « Si tu désobéis en ce temps-ci, c'est d'ailleurs qu'un secours et un abri adviendront pour les juifs » (4.14). Et, dans la séquence suivante, c'est le Dieu « sauveur » qu'Esther invoque au moment d'affronter le lion (D,2). Tous deux manifestent ainsi leur foi en celui qui n'a jamais cessé de sauver Israël.

FIDÉLITÉ À LA LOI

Si la confession de foi est le premier ressort de la supplication, il en est aussi un autre : la protestation de fidélité à la Loi. Ce que ne manquent pas de faire aussi bien Esther que Mardochée. Tous deux en appellent à la connaissance divine. Dieu « sait » et « connait » (5.26) leur attachement au Seigneur et à sa loi. Mardochée justifie son comportement devant Aman par son obéissance au décalogue : « Il n'existera pas pour toi d'autres dieux en face de moi [...] Tu ne te prosterneras pas devant eux » (Ex 20.3.5). À plus forte raison a-t-il refusé de plier le genou devant un homme, fût-il le second du roi ! (séquence B1 : 3,1-4). C'est cette fidélité à la loi de Dieu qui a déclenché la persécution impitoyable contre tout le peuple d'Israël. Esther aussi protestera de la même fidélité, malgré les obligations de son statut de reine (C,26-29). Obligée de partager la couche des incirconcis dont elle a horreur, elle verra, après son épreuve, comment « beaucoup parmi les nations se firent circoncire et se firent juifs » (8,17).

« LA BOUCHE DE CEUX QUI TE LOUENT »

Il est un dernier ressort, puissant lui aussi, pour obtenir du Seigneur le salut. C'est celui de la louange qui cesserait, si la bouche de ceux qui désirent de tout leur cœur la chanter venait à « disparaitre » (C,10.20). Il n'est pas dit par la suite, quand les juifs seront sauvés, qu'ils « chantent » et « louent » le Seigneur ; cependant, ces deux termes seront pour ainsi dire remplacés par le couple « réjouissance » et « allégresse » (voir p. 499) à la fin des deux dernières

L'ensemble de la section B   533

séquences de la section (Séquence B8 : E,21.22 ; 8,15-17 ; Séquence B9 : 9,17-19). Le chant et la louange de Dieu ne pouvaient manquer dans la bouche de ceux qui furent sauvés, comme l'édit inspiré par Mardochée l'avait annoncé, « car ce jour le Dieu puissant sur toutes choses, au lieu de la ruine de la race élue, a fait pour eux allégresse » (E,21).

MARDOCHÉE, TUTEUR D'ESTHER, DEVIENT SECOND DU ROI À LA PLACE D'AMAN

La section C

Est 9,20–10,3

536 Version grecque : la troisième section (Est 9,20–10,3)

La troisième section comprend deux séquences :

C1 : MARDOCHÉE ET ESTHER INSTITUENT LA FÊTE DE POURIM	9,20-32

C2 : MARDOCHÉE EST INSTITUÉ SECOND DU ROI	10,1-3

1. Mardochée et Esther instituent la fête de Pourim

La séquence C1 : 9,20-32

La première séquence comprend trois passages :

MARDOCHÉE ÉCRIT UNE LETTRE AUX JUIFS	9,20-22

LA CÉLÉBRATION DE POURIM	23-28

ESTHER ET MARDOCHÉE ÉCRIVENT UNE LETTRE AUX JUIFS	29-32

La séquence C1 : 9,20-32

a. MARDOCHÉE ÉCRIT UNE LETTRE AUX JUIFS

Le premier passage : 9,20-22

COMPOSITION

+ 9,[20] Écrivit	Mardochée	ces paroles	en un livre
.. et il envoya-dire	AUX JUIFS,		
+ tous ceux qui	étaient	dans le royaume	d'Artaxerxès,
.. ceux près	et ceux loin,		
= [21] D'INSTITUER	CES JOURS	BONS	
= et DE CÉLÉBRER	le quatorze	et le quinze	d'ADAR,
:: [22] car en ces	JOURS		
:: s'étaient reposés	LES JUIFS	de leurs ennemis,	
- et le mois	dans lequel	fut retourné	pour eux,
- lequel	est	ADAR,	
- du deuil	à la joie	et des douleurs	À UN BON JOUR,
= DE CÉLÉBRER	tout-entier	EN BONS	JOURS
= de noces	et d'allégresse,		
= envoyant	des parts	aux amis	et aux pauvres.

Dans le premier morceau, le premier segment donne le nom de l'expéditeur du « livre » (20a), puis des destinataires (20b) ; le deuxième segment dit de quels « juifs » il s'agit précisément, ceux qui habitent « dans le royaume » (20c), tous (20d).

Les deux morceaux suivants disent les ordres que Mardochée a envoyés aux juifs. Dans le deuxième morceau, ils doivent « célébrer » les deux jours d'Adar, le 14 et le 15 ; dans le troisième, ils sont même tenus de « célébrer » aussi « le mois » d'« Adar » « tout-entier » (22c.f).

D'un morceau à l'autre, outre les deux occurrences de « célébrer » (21b.22f) et de « Adar » (21b.22d), reviennent « jour(s) » « bon(s) » (21a.22a ; 22e.f). Leurs seconds segments (22ab et 22fgh) sont complémentaires : dans l'avant-dernier morceau, il dit la raison de la célébration, à savoir l'évènement passé qu'elle commémore, dans le dernier morceau, il dit ce qu'il faut faire, dans le présent et le futur, durant la célébration. Les termes finaux s'opposent : « les ennemis » (22b) et « les amis et les pauvres » (22h).

538 Version grecque : la troisième section (Est 9,20–10,3)

COMPARAISON DES DEUX VERSIONS

HÉBREU

+ 9,²⁰ ET ÉCRIVIT	MARDOCHÉE	ces choses-	là
+ ET IL ENVOYA	des lettres	à tous	LES JUIFS
- lesquels (sont)	dans toutes	les provinces	du roi AKHASHVÉROSH
- LES PROCHES	ET LES LOINTAINS,		
··········			
: ²¹ POUR ÉTABLIR	sur eux	qu'ils soient	faisant
: LE jour	QUATRE	DIX	du mois D'ADAR
: ET LE jour	CINQ	DIX	chaque année et année,
.. ²² comme LES JOURS	lesquels	ILS SE REPOSÈRENT	en eux
. LES JUIFS	DE LEURS ENNEMIS		
.. ET LE MOIS	LEQUEL	FUT RENVERSÉ	POUR EUX
. DU TOURMENT	À LA JOIE	ET DU DEUIL	EN JOUR BON,
··········			
:: pour faire	d'eux	DES JOURS	de banquet et de joie
:: ET ENVOI	DE PORTIONS	(chaque) homme	À SON PROCHAIN
:: et de cadeaux	AUX PAUVRES.		

L'hébreu est un peu plus développé que le grec : à cause des abréviations du grec, en 21 le trimembre de l'hébreu est réduit par le grec à un bimembre.

Les premiers morceaux sont très semblables, même si la formulation n'est pas exactement la même.

Pour les deux derniers morceaux, la division est différente : dans l'hébreu, aux deux jours de fête, les 14 et 15 d'Adar, est coordonné « le mois », et c'est pour cet ensemble que le dernier morceau dit ce qu'il faut faire : en effet, « d'eux » en 22e renvoie aux « jours » de 22a et au « mois » de 22c. En grec, si l'analyse est exacte, une distinction est faite entre les deux jours de fête, 14-15 Adar (21-22b) et « le mois [...] tout-entier » (22c-h) ; « tout entier » de 22f ne peut que qualifier « le mois » de 22c.

Dans le dernier morceau, les jours « de banquet et de joie » de l'hébreu deviennent « de noces et d'allégresse » en grec. Par ailleurs, l'hébreu distingue entre « les portions » échangées avec le « prochain » et les « cadeaux » envoyés aux pauvres, alors que le grec met sur le même plan « amis et pauvres » pour l'envoi des portions.

La séquence C1 : 9,20-32   539

GREC

+ 9,[20] ÉCRIVIT	MARDOCHÉE	ces paroles	en un livre
.. ET IL ENVOYA-DIRE	AUX JUIFS,		
+ tous ceux qui	étaient	dans le royaume	D'ARTAXERXÈS,
.. CEUX PRÈS	ET CEUX LOIN,		
....			
= [21] D'INSTITUER	*ces jours*	*bons*	
= *et de célébrer*	LE QUATORZE	ET LE QUINZE	D'ADAR,
:: [22] car en ces	JOURS		
:: S'ÉTAIENT REPOSÉS	LES JUIFS	DE LEURS ENNEMIS,	
....			
- ET LE MOIS	DANS LEQUEL	FUT RETOURNÉ	POUR EUX,
- *lequel*	*est*	*Adar,*	
- DU DEUIL	À LA JOIE	ET DES DOULEURS	À UN BON JOUR,
= de célébrer	*tout-entier*	*en bons*	JOURS
= de noces	et d'allégresse,		
= ENVOYANT	DES PARTS	AUX AMIS	ET AUX PAUVRES.

INTERPRÉTATION

LA FÊTE DU SALUT

Les différences entre les deux versions n'entrainent pas de modifications majeures pour l'interprétation de la version grecque. On relèvera cependant que le grec distingue plus nettement les deux jours de fête proprement dits et le mois d'Adar tout entier qui doit être lui aussi un mois festif, fortement marqué par les échanges de nourriture, non seulement avec les amis, mais aussi avec les pauvres. Ainsi, la commémoration du salut passé est actualisée par le salut accordé à ceux qui en ont besoin aujourd'hui. Ces jours, ce mois entier sont des « jours bons » pour tous, pour les fils comme pour leurs pères, pour les pauvres comme pour ceux qui ont de quoi festoyer.

LA FÊTE DES NOCES

Le grec qualifie les « bons jours » de la fête de « noces ». Il est certes possible de comprendre le choix de ce terme comme une manière de parler, la célébration de Pourim étant comparable par sa joie à celle d'un mariage. Toutefois, on peut le prendre à la lettre et plusieurs y voient une allusion à l'alliance entre Dieu et son peuple. Ce serait une façon, bien dans la ligne de la version grecque, de signaler la dimension religieuse de Pourim.

540 Version grecque : la troisième section (Est 9,20–10,3)

b. LA CÉLÉBRATION DE POURIM

Le deuxième passage : 9,23-28

COMPOSITION

Ce passage comprend deux parties.

La première partie : 9,23-25

+ ²³ Et acceptèrent	LES JUIFS		
+ comme	avait écrit	à eux	*MARDOCHÉE* :
– ²⁴ *comment* Aman,	(fils d')Amadathos	le Macédonien,	les avait combattus,
– comme	il avait fait	un édit	
– et le sort	pour exterminer	eux,	
:: ²⁵ et *comment*	il était entré	chez le roi,	
:: disant	DE FAIRE-PENDRE	*MARDOCHÉE* ;	
– mais tout ce qu'	il avait entrepris		
– d'amener	SUR LES JUIFS	de maux,	
: sur lui-même	étaient advenu		
: et IL FUT PENDU	lui	et ses fils.	

Le premier segment introduit les deux autres morceaux qui exposent ce qu'« avait écrit Mardochée ».

Les deux segments du second morceau commencent avec « comment » ; ils relatent deux actions d'Aman, la guerre déclarée aux juifs, par un « édit » et par le tirage au « sort » de la date de leur extermination (24), puis par la demande faite au roi de faire pendre Mardochée (25ab).

Le dernier morceau oppose les « maux » qu'Aman avait prévus (25cd) et qui se sont retournés contre lui (25ef).

« Mardochée » revient en finale des deux premiers morceaux (23b.25b). « Les juifs » sont repris au début des morceaux extrêmes (23a.25d). Les deux derniers morceaux s'achèvent avec la pendaison (25b.f).

La séquence C1 : 9,20-32

La deuxième partie : 9,26-28

- ²⁶ *À cause de* cela	furent appelés	*CES JOURS*	DESTINÉES,
- *à cause des* SORTS	car en leur dialecte	ils sont appelés	DESTINÉES,
.. *à cause des* paroles	de cette lettre,		
.. et de tout-ce-qu'	ils avaient souffert	à cause de ces (choses)	
.. et de tout-ce-qu'	à eux	était advenu.	
: ²⁷ Et il institua	et acceptèrent	les juifs	pour eux
: et *pour leur semence*	et pour les se joignant	à eux	
: et certes pas	autrement	n'en useront.	
- Et *CES JOURS* (sont)	**un mémorial**		
- rappelé	*de génération*	*en génération,*	
- en chaque ville,	chaque famille,	chaque province ;	
. ²⁸ et *CES JOURS*	DES DESTINÉES	seront gardés	en tout temps,
. et **le mémorial**	d'eux	ne manquera	*aux générations*.

Dans le premier morceau, « les sorts » (26b), appelés « Destinées », du premier segment, sont explicités dans le deuxième segment par ce qui leur « était advenu » de souffrances, comme relaté dans « les paroles de cette lettre ».

Dans le second morceau, le premier segment joint au début l'institution de la fête par Mardochée et son acceptation par les juifs, le troisième membre ajoutant qu'ils y seront fidèles ; au centre (27b), ce n'est pas seulement « pour eux » que les juifs acceptent cette célébration, mais aussi pour leur descendance, leur « semence » et les prosélytes. Les deux segments suivants commencent avec « et ces jours », qui sont « un mémorial » (27d.28b). Dans le premier de ces deux segments, la dimension temporelle (27e) est complétée par la dimension spatiale (27f) ; le dernier segment ne reprend que l'aspect temporel, « en tout temps », « aux générations ». Les trois segments insistent sur la pérennité de la commémoration qui est « pour leur semence » (27b), « de génération en génération » (27e), « en tout temps » et « aux générations » (28a.b).

« Ces jours » et « Destinées » sont repris dans les segments extrêmes, faisant inclusion.

542 Version grecque : la troisième section (Est 9,20–10,3)

L'ensemble du passage : 9,23-28

+ [23] ET ACCEPTÈRENT	LES JUIFS		
+ comme	AVAIT ÉCRIT	à eux	Mardochée :
....	....	....	....
– [24] comment Aman,	fils-d'Amadathos	le Macédonien,	les avait combattus,
– comme	il avait fait	un édit	
– et *LE SORT*	pour exterminer	eux,	
:: [25] et comment	il était entré	chez le roi,	
:: disant	de faire-pendre	Mardochée ;	
....	....	....	....
– mais TOUT-CE-QU'	il avait entrepris		
– d'amener	SUR LES JUIFS	de maux,	
: sur lui-même	*ÉTAIT ADVENU*		
: et il fut pendu	lui	et ses fils.	

- [26] À cause de cela	furent appelés	ces jours	DESTINÉES,
- à cause *DES SORTS*	car en leur dialecte	ils sont appelés	DESTINÉES,
.. à cause des paroles	DE CETTE LETTRE,		
.. et de TOUT-CE-QU'	ils avaient souffert	à cause de ces (choses)	
.. et de TOUT-CE-QU'	à eux	*ÉTAIT ADVENU.*	
....	....	....	....
: [27] Et il institua,	ET ACCEPTÈRENT	LES JUIFS	pour eux
: et pour leur semence	et les se joignant	à eux	
: et certes pas	autrement	n'en useront.	
- Et ces jours (sont)	un mémorial		
- rappelé	de génération	en génération,	
- en chaque ville,	chaque famille,	chaque province ;	
. [28] et ces jours	DES DESTINÉES	seront gardés	en tout temps,
. et le mémorial	d'eux	ne manquera	aux générations.

La séquence C1 : 9,20-32 543

– « Et acceptèrent les juifs » revient au début des morceaux extrêmes (23a.27a) ;
– dans les premiers morceaux de chaque partie, « cette lettre » (26c) est ce qu'« avait écrit » Mardochée (23b) ;
– « les sorts », appelés « Destinées » au début et à la fin de la deuxième partie (26ab.28a), rappellent « le sort » jeté par Aman pour exterminer les juifs (24c) ;
– « juifs » revient non seulement en 23a et 27a, mais aussi en 25d ;
– « tout-ce-que » (*hosa* ; 25c, repris en 26d.e) est ce qu'Aman « avait entrepris » contre les juifs, ce qu'« ils avaient souffert » et qui leur « était advenu » (26de) ;
– « était advenu » revient à la fin des morceaux médians (25e.26e) ;
– en termes finaux, « aux générations » (28b) s'oppose à « ses fils » (25f) : alors que les fils d'Aman sont pendus comme leur père, n'ayant pas de descendance, les fils d'Israël font mémoire de leur libération « de génération en génération » (27e), et ce mémorial ne manquera pas « aux générations » (28b).

INTERPRÉTATION

MARDOCHÉE SEUL

L'institution de la fête des Destinées est due à l'initiative du seul Mardochée. Personne parmi les juifs n'avait commencé à célébrer cette commémoration avant d'avoir reçu la lettre de celui qui avait osé affronter Aman, le Macédonien. Celui-ci avait non seulement décidé de faire périr tous les juifs, mais avait voulu anticiper le massacre en obtenant du roi que son ennemi personnel soit pendu. Même l'intervention de la reine auprès du roi est passée sous silence pour laisser toute la place à Mardochée.

« CE QUI ÉTAIT ADVENU »

La version grecque pourrait donner l'impression que Mardochée est le maitre et que tout dépend de lui seul : la victoire sur Aman, le salut du peuple juif, l'institution de la commémoration des Destinées. Toutefois, un passif redoublé laisse entendre que l'auteur du salut n'est pas un homme : le sujet réel des deux « était advenu » n'est pas nommé, mais on comprend de qui il s'agit.

544 Version grecque : la troisième section (Est 9,20–10,3)

COMPARAISON DES DEUX VERSIONS

HÉBREU

+ 9,[23] ET ACCEPTÈRENT	LES JUIFS		
+ ce qu'ils	avaient commencé	à faire	
+ et ce qu'	AVAIT ÉCRIT	MARDOCHÉE	SUR EUX :
– [24] qu'HAMÂN	FILS DE	HAMDATA	l'Agaguite,
– l'oppresseur	de tous	les juifs,	
– avait projeté	contre les juifs	pour les anéantir	
:: ET il avait jeté	le Pour,	lui (c'est)	LE SORT,
:: POUR les terroriser	et LES ANÉANTIR ;		
+ [25] et quand elle vint	à la face	du ROI,	
+ IL DIT	avec une lettre		
: que retournerait	son projet	mauvais	
: lequel	il avait projeté	contre les juifs	sur sa tête
: ET qu'on PENDRAIT	LUI	ET SES FILS	sur le bois.

- [26] C'EST POURQUOI	ON A APPELÉ	CES JOURS-	là
- POURIM	d'après le nom	de POUR.	
.. C'est pourquoi	SELON TOUS LES MOTS	DE CETTE MISSIVE-	LÀ
.. ET CE QU'	ils ont vu	SUR CELA	
.. ET CE QUI	ÉTAIT ARRIVÉ	SUR EUX,	
– [27] ils établirent	ET ACCEPTÈRENT	LES JUIFS	SUR EUX
– ET SUR LEUR DESCENDANCE	ET SUR tous	LES S'ATTACHANT	SUR EUX :
: et on ne passera pas	d'être	faisant	
: ces deux	jours-	là	
: selon leur écriture	et selon leur temps	en toute année	et année,
- [28] ET DE CES JOURS-	LÀ	ON SE SOUVIENDRA	et l'on fera
- EN TOUT ÂGE	ET ÂGE,	FAMILLE	ET FAMILLE,
- PROVINCE	ET PROVINCE	ET VILLE	ET VILLE,
. ET LES JOURS	DE CES POURIM-	LÀ	
. ne passeront pas	du milieu	des juifs	
. ET LEUR SOUVENIR	NE FINIRA PAS	DANS LEUR DESCENDANCE.	

Le texte hébreu est nettement plus long que la version grecque : il compte 29 membres au lieu de 24. C'est que le grec ne reprend pas 23b.24bc.27cde.28e.

La séquence C1 : 9,20-32

545

GREC

+ [23] ET ACCEPTÈRENT	LES JUIFS		
+ comme	AVAIT ÉCRIT	À EUX	MARDOCHÉE :
– [24] comment AMAN,	FILS-D'AMADATHOS	le Macédonien,	*les avait combattus,*
– *comme*	*il avait fait*	*un édit*	
– ET LE SORT	POUR EXTERMINER	EUX,	
:: [25] et comment	il était entré	chez le ROI,	
:: DISANT	*de faire-pendre*	*Mardochée* ;	
– mais tout-ce-qu'	il avait entrepris		
– d'amener	sur les juifs	de maux,	
: sur lui-même	était advenu		
: ET IL FUT PENDU	LUI	ET SES FILS.	

- [26] À CAUSE DE CELA	FURENT APPELÉS	CES JOURS	DESTINÉES,
- à cause des SORTS	*car en leur dialecte*	*ils sont appelés*	*Destinées,*
.. À CAUSE DES PAROLES	DE CETTE LETTRE,		
.. ET DE TOUT-CE-QU'	ils avaient souffert	À CAUSE DE CES (CHOSES)	
.. ET DE TOUT-CE-QU'	À EUX	ÉTAIT ADVENU.	
: [27] Et il institua	ET ACCEPTÈRENT	LES JUIFS	POUR EUX
: ET POUR LEUR SEMENCE	ET LES SE JOIGNANT	À EUX	
: *et certes pas*	*autrement*	*n'en useront.*	
- ET CES JOURS (SONT)	UN MÉMORIAL		
- *rappelé*	DE GÉNÉRATION	EN GÉNÉRATION,	
- EN CHAQUE VILLE,	CHAQUE FAMILLE,	CHAQUE PROVINCE ;	
. [28] ET CES JOURS	DES DESTINÉES	*seront gardés*	*en tout temps,*
. ET LE MÉMORIAL	D'EUX	NE MANQUERA	AUX GÉNÉRATIONS.

– Aman est dit « le Macédonien » en grec, au lieu de « l'Agaguite » en hébreu ;
– en hébreu, c'est la reine qui « vint à la face du roi » pour obtenir que le projet d'Hamân se retourne contre lui (25), tandis que dans le grec, c'est Aman qui va chez le roi pour lui demander de faire pendre Mardochée, ce qui lui retombera dessus ;
– en hébreu, le verbe par lequel commence le verset 27 est au pluriel comme le verbe suivant, et les deux ont pour sujet « les juifs » (ce qui renvoie à 23) ; en grec, il est au singulier, de sorte que l'on comprend que c'est « Mardochée » qui en est le sujet (comme en 23).

En somme, le moins que l'on puisse dire, c'est que le grec est une traduction très libre de l'hébreu.

546 Version grecque : la troisième section (Est 9,20–10,3)

c. ESTHER ET MARDOCHÉE ÉCRIVENT UNE LETTRE AUX JUIFS

Le troisième passage : 9,29-32

COMPOSITION

+ 9,[29] ET ÉCRIVIT	ESTHER	LA REINE,	fille	d'Aminadab,
+ et *MARDOCHÉE*	le juif,			
– tout ce qu'	ils avaient fait			
– et la ratification	de LA LETTRE	des Destinées. [30]		
+ [31] Et *MARDOCHÉE*	ET ESTHER	LA REINE		
– *instituèrent*	pour eux-mêmes	selon eux-mêmes,		
– et alors	*instituant*			
– selon leur autorité	et selon leur volonté.			
+ [32] Et ESTHER	par une parole	*institua*	pour toujours	
+ et CE FUT ÉCRIT	en un mémoire.			

Dans le premier morceau, la précédence est donnée à Esther sur Mardochée (29ab) pour la rédaction de l'écrit où sont consignées leurs actions (29c) et la ratification de la première lettre de Mardochée (29d).

Les deux premiers membres du deuxième morceau ne sont pas très clairs, mais ils insistent sur le fait que Mardochée et Esther « instituent » la fête d'un commun accord ; il semble que le couple « selon leur autorité et selon leur volonté » corresponde à « pour eux-mêmes selon eux-mêmes ». Le dernier segment attribue à la seule Esther l'institution, mais le passif « ce fut écrit » laisse entendre que la rédaction de l'écrit n'est pas due qu'à elle. « Instituer » se retrouve dans les trois segments.

Les deux occurrences de « écrire » font inclusion (29a.32b). En termes initiaux des deux morceaux, les noms d'« Esther » et de « Mardochée » sont repris en sens inverse.

COMPARAISON DES DEUX VERSIONS

Le grec ne reprend ni le verset 30 de l'hébreu, où sont précisés les destinataires de la lettre, ni le dernier membre de 31, où il est question de jeûne et de prières. Ainsi, l'hébreu compte trois morceaux qui sont réduits à deux en grec.

En outre, la formulation du verset 31 est bien différente dans les deux versions.

La séquence C1 : 9,20-32   547

HÉBREU

+ 9,²⁹ ET ÉCRIVIT	ESTHER	LA REINE	FILLE	d'Abihaïl
+ ET MARDOCHÉE	LE JUIF	en toute	AUTORITÉ	
+ POUR ÉTABLIR	LA MISSIVE	DE CES POURIM	ceux-là	la deuxième.
: ³⁰ Et il envoya	des lettres	à tous	les juifs	
: aux sept	et vingt	et cent	provinces	du royaume d'Akhashvérosh,
= paroles	de paix	et de vérité,		
: ³¹ pour ÉTABLIR	les jours	de ces Pourim- là		en leurs temps
:: ainsi qu'	AVAIENT ÉTABLI	sur eux	MARDOCHÉE	le juif
:: ET ESTHER	LA REINE			
:: et ainsi qu'ils	AVAIENT ÉTABLI	sur eux	et sur leur descendance	
= des paroles	de jeûnes	et leurs clameurs.		
+ ³² ET LE DIRE	D'ESTHER	ÉTABLIT		
+ les paroles	de ces Pourim- là			
+ ET IL FUT ÉCRIT	dans la lettre.			

GREC

+ 9,²⁹ ET ÉCRIVIT	ESTHER	LA REINE,	FILLE	d'Aminadab,
+ ET MARDOCHÉE	LE JUIF,			
– tout ce qu'	ils avaient fait			
– ET LA RATIFICATION	DE LA LETTRE	DES DESTINÉES. ³⁰		
+ ³¹ ET MARDOCHÉE	ET ESTHER	LA REINE		
– INSTITUÈRENT	pour eux-mêmes	selon eux-mêmes,		
– et alors	INSTITUANT			
– selon leur AUTORITÉ et selon leur volonté.				
+ ³² ET ESTHER	PAR UNE PAROLE	INSTITUA	pour toujours	
+ ET CE FUT ÉCRIT	en un mémoire.			

INTERPRÉTATION

TOUS DEUX ENSEMBLE

C'est Esther qui rédige, avec Mardochée aussi, pour coucher par écrit ce que tous deux avaient fait et pour ratifier la lettre que seul Mardochée avait écrite aux juifs. L'institution de la fête des Destinées est, elle aussi, due aux deux protagonistes, sans qu'il soit possible, sinon de les distinguer, du moins de les séparer. Mais à la fin, place à la reine, comme il se doit, même si le mémoire est, pour ainsi dire, signé de leurs deux noms.

548   Version grecque : la troisième section (Est 9,20–10,3)

d. MARDOCHÉE ET ESTHER INSTITUENT LA FÊTE DE POURIM

L'ensemble de la séquence C1 : 9,20-32

COMPOSITION

LES RAPPORTS ENTRE LES PASSAGES EXTRÊMES

+ 9,20 ÉCRIVIT	*MARDOCHÉE*	*CES PAROLES*	EN UN LIVRE
.. et il envoya-dire	aux juifs,		
+ tous ceux qui	étaient	dans le royaume	d'Artaxerxès,
.. ceux près	et ceux loin,		
= 21 D'INSTITUER	ces jours	bons	
= et de *CÉLÉBRER*	le quatorze	et le quinze	d'Adar,
:: 22 car en ces	jours		
:: s'étaient reposés	les juifs	de leurs ennemis,	
- et le mois	dans lequel	fut retourné	pour eux,
- lequel	est	Adar,	
- du deuil	à la joie	et des douleurs	à un bon jour,
= de *CÉLÉBRER*	tout-entier	en bons	jours
= de noces	et d'allégresse,		
= envoyant	des parts	aux amis	et aux pauvres.

[...]

+ 29 ET ÉCRIVIT	Esther	la reine,	fille d'Aminadab,
+ et *MARDOCHÉE*	le juif,		
— tout ce qu'	ils avaient fait		
— et la ratification	de LA LETTRE	des Destinées. 30	
+ 31 Et *MARDOCHÉE*	et Esther	la reine	
— INSTITUÈRENT	pour eux-mêmes	selon eux-mêmes,	
— et alors	INSTITUANT		
— selon leur autorité	et selon leur volonté.		
+ 32 Et Esther	*PAR UNE PAROLE*	INSTITUA	pour toujours
+ et CE FUT ÉCRIT	EN UN MÉMOIRE.		

– « Écrire », « parole(s) », « livre/mémoire » (20a.32) font inclusion ;
– aux trois occurrences de « instituer » dans le dernier passage (31b.c.32a) correspondent celles de « instituer » et de « célébrer » dans le premier passage (21a.b.22f) ;
– le nom de « Mardochée » revient en 20a et en 29b.31a.

La séquence C1 : 9,20-32

LES RAPPORTS ENTRE LES TROIS PASSAGES

9,20 *MARDOCHÉE ÉCRIVIT ces paroles* en *UN LIVRE* et il envoya dire aux JUIFS, tous ceux qui étaient dans le royaume d'Artaxerxès, les proches et les lointains, 21 d'INSTITUER **ces jours** heureux et de célébrer le quatorze et le quinze d'Adar, 22 car en **ces jours** les JUIFS s'étaient reposés de leurs ennemis ; et le mois qui est Adar, où fut retourné pour eux du deuil à la joie et des douleurs à un heureux **jour**, de le célébrer tout entier en heureux **jours** de noces et d'allégresse, en envoyant des parts aux amis et aux pauvres.

23 Et les JUIFS acceptèrent comme *MARDOCHÉE* leur *AVAIT ÉCRIT* : 24 comment Aman, fils d'Amadathos, le Macédonien, les avait combattus, comment il avait fait un édit et le sort pour les exterminer, 25 et comment il était entré chez le roi, lui disant de faire pendre *MARDOCHÉE* ; mais tous les maux qu'il avait entrepris d'amener sur les JUIFS étaient arrivés sur lui-même et il fut pendu, lui et ses fils.

26 À cause de cela, ces jours furent appelés *Destinées*, à cause des sorts, car en leur dialecte ils sont appelés *Destinées*, à cause des *paroles* de cette *LETTRE* et de tout ce qu'ils avaient souffert à cause de cela et de tout ce qu'il leur était arrivé. 27 Et IL INSTITUA, et les JUIFS acceptèrent pour eux et pour leur descendance et ceux qui se joindraient à eux, et certes n'en useront pas autrement. Et **ces jours** sont un MÉMORIAL rappelé de génération en génération, en chaque ville, chaque famille, chaque province ; 28 et **ces jours** des *Destinées* seront gardés en tout temps, et leur MÉMORIAL ne manquera pas aux générations.

29 Et la reine Esther, fille d'Aminadab, ÉCRIVIT avec *MARDOCHÉE* le JUIF tout ce qu'ils avaient fait et la ratification de la *LETTRE* des *Destinées*. 30 31 Et *MARDOCHÉE* et la reine Esther INSTITUÈRENT pour eux-mêmes selon eux-mêmes, et alors INSTITUANT selon leur autorité et selon leur volonté. 32 Et Esther par *une parole* INSTITUA pour toujours et CE FUT ÉCRIT en un MÉMORIAL.

Dans le deuxième passage, les juifs acceptent ce que « Mardochée leur avait écrit » (23) dans le « livre » qu'il leur avait envoyé (20) et qui est appelé « lettre » en 26. Dans le troisième passage, Esther et Mardochée « écrivent » un autre document pour ratifier celui dont il avait été question jusque-là (29). « Parole(s) » est repris en 20.26 et 32.

Alors que le nom de « Mardochée » revient dans les trois passages (20 ; 23.25 ; 29.31), ainsi que « juif(s) » (20.22 ; 23.25.27 ; 29), celui d'« Esther » n'apparait que dans le dernier passage (29.31.32).

« Instituer » revient dans les trois passages (21 ; 27 ; 31bis.32), « jour(s) » seulement dans les deux premiers passages (21.22ter ; 27.28) ; « Destinées » n'est repris que dans le dernier versant (26bis.28 ; 29), ainsi que « mémorial » (27.28 ; 32).

550 Version grecque : la troisième section (Est 9,20–10,3)

COMPARAISON DES DEUX VERSIONS

HÉBREU

9,[20] Et Mardochée écrivit ces choses-là et il envoya des **LETTRES** à tous les juifs qui sont dans toutes les provinces du roi Akhashvérosh, les proches et les lointains, [21] pour **ÉTABLIR** sur eux qu'ils fassent le quatorze du mois d'Adar et le quinze année après année, [22] comme les jours où les juifs se reposèrent de leurs ennemis et le mois où se renversa pour eux du tourment à la joie et du deuil en jour de fête, pour faire d'eux des jours de banquet et de joie et envoi de portions l'un à l'autre et de cadeaux aux pauvres.

[23] Et les juifs acceptèrent ce qu'ils avaient commencé à faire et ce que leur avait écrit Mardochée : [24] qu'Hamân fils de Hamdata l'Agaguite, l'oppresseur de tous les juifs, avait projeté contre les juifs de les anéantir et il avait jeté le Pour – c'est le sort – de les terroriser et les anéantir ; [25] et quand elle vint en présence du roi, il dit avec une **LETTRE** que retournerait sur sa tête son projet mauvais qu'il avait projeté contre les juifs et qu'on les pendrait lui et ses fils sur le bois.

[26] C'est pourquoi on a appelé ces jours-là Pourim, d'après le nom de Pour. C'est pourquoi, selon tous les termes de cette **missive**-là et ce qu'ils ont vu sur cela et ce qui était arrivé sur eux, [27] *les juifs* **ÉTABLIRENT** et acceptèrent pour eux et pour leur descendance et pour tous ceux qui s'attachaient à eux : et on ne passera pas de faire ces deux jours-là selon leur écriture et selon leur temps année après année, [28] et de ces jours-là on se souviendra et l'on fera en tout âge, dans chaque famille, chaque province et chaque ville, et les jours de ces Pourim-là ne passeront pas du milieu des juifs et leur souvenir ne finira pas chez leur descendance.

[29] Et la reine Esther, fille d'Abihaïl, écrivit avec Mardochée le juif en toute autorité pour **ÉTABLIR** la deuxième **missive** de ces Pourim-là. [30] Et il envoya des **LETTRES** à tous les juifs aux cent-vingt-sept provinces du royaume d'Akhashvérosh, paroles de paix et de vérité, [31] pour **ÉTABLIR** les jours de ces Pourim-là en leurs temps, ainsi qu'**AVAIENT ÉTABLI** sur eux Mardochée le juif et Esther la reine et ainsi qu'*ils* **AVAIENT ÉTABLI** sur eux et sur leur descendance des paroles de jeûnes et leurs clameurs. [32] Et le dire d'Esther **ÉTABLIT** les paroles de ces Pourim-là et ce fut écrit dans la **LETTRE**.

La composition en trois passages ayant les mêmes limites est identique dans les deux versions.

Dans l'hébreu, ce n'est pas seulement Mardochée qui établit la commémoration (21 ; 31ab), mais aussi l'ensemble des juifs : « les juifs établirent » (27) ; « ils avaient établi » (31bc).

Dans le grec, au contraire, c'est le seul Mardochée (21 ; 27), auquel cependant se joint Esther dans le dernier passage (29.31), son rôle étant même prépondérant en finale (32). Telle est la différence essentielle entre les deux versions.

La séquence C1 : 9,20-32   551

GREC

> 9,[20] Mardochée écrivit ces paroles en un LIVRE et il envoya dire aux juifs, tous ceux qui étaient dans le royaume d'Artaxerxès, les proches et les lointains, [21] d'INSTITUER ces jours heureux et de célébrer le quatorze et le quinze d'Adar, [22] car en ces jours les juifs s'étaient reposés de leurs ennemis ; et le mois qui est Adar, où fut retourné pour eux du deuil à la joie et des douleurs à un heureux jour, de le célébrer tout entier en heureux jours de noces et d'allégresse, en envoyant des parts aux amis et aux pauvres.

> [23] Et les juifs acceptèrent comme Mardochée leur avait écrit : [24] comment Aman, fils d'Amadathos, le Macédonien, les avait combattus, comme il avait fait un édit et le sort pour les exterminer, [25] et comment il était entré chez le roi, lui disant de faire pendre Mardochée ; mais tous les maux qu'il avait entrepris d'amener sur les juifs étaient arrivés sur lui-même et il fut pendu, lui et ses fils.
>
> [26] À cause de cela, ces jours furent appelés Destinées, à cause des sorts car en leur dialecte ils sont appelés Destinées, à cause des paroles de cette lettre et de tout ce qu'ils avaient souffert à cause de cela et de tout ce qu'il leur était arrivé. [27] Et *il* INSTITUA, et les juifs acceptèrent pour eux et pour leur descendance et ceux qui se joindraient à eux, et certes n'en useront pas autrement. Et ces jours sont un MÉMORIAL rappelé de génération en génération, en chaque ville, chaque famille, chaque province ; [28] et ces jours des Destinées seront gardés en tout temps, et leur MÉMORIAL ne manquera pas aux générations.

> [29] Et la reine Esther, fille d'Aminadab, écrivit avec Mardochée le juif tout ce qu'ils avaient fait et la ratification de la lettre des Destinées. [30] [31] Et Mardochée et la reine Esther INSTITUÈRENT pour eux-mêmes selon eux-mêmes, et alors INSTITUANT selon leur autorité et selon leur volonté. [32] Et Esther par une parole INSTITUA pour toujours et ce fut écrit en un MÉMORIAL.

Le dernier mot de l'hébreu est « lettre » (*sēper*, 32), qui renvoie à « lettres » (20.30) et à « missive » (26.29). En grec, c'est « mémorial » comme en 27.28.32, qui renvoie à « livre » (*biblion*) du début (20) ; car c'est ainsi qu'est nommée « la lettre » (26.29) écrite par Mardochée.

CONTEXTE

« EN MÉMORIAL DANS UN LIVRE »

Les derniers mots de la séquence rappellent Ex 17,14. Après la victoire sur les Amalécites, « Yhwh dit à Moïse : "*Écris cela en mémorial dans un livre* et mets dans les oreilles de Josué que j'effacerai complètement la mémoire d'Amaleq de dessous les cieux" ».

552   Version grecque : la troisième section (Est 9,20–10,3)

INTERPRÉTATION

MARDOCHÉE ET ESTHER

L'initiative des célébrations des Destinées revient à Mardochée. Les juifs l'acceptent selon les termes de la lettre qu'il leur a envoyée à ce sujet. Cette lettre sera ensuite ratifiée dans un autre écrit rédigé en commun par la reine Esther et son parent Mardochée. Ce sont donc eux deux qui ont institué « selon eux-mêmes », « selon leur autorité et selon leur volonté » (31) ces jours « de noces et d'allégresse » (22).

UN LIVRE MÉMORIAL

Le « mémorial » de ce qui est arrivé au peuple juif, menacé d'extermination par Aman mais sauvé par son Dieu, « fut écrit » dans « un livre ». On peut, à bon droit, se demander si une telle formulation peut se limiter à indiquer la lettre que Mardochée écrivit aux juifs pour leur dire d'instituer la célébration des 14 et 15 Adar, cette commémoration qui sera appelée « Destinées ». Par rapport au texte hébreu, la version grecque est certainement bien postérieure à la rédaction du récit originel. Et il n'est donc pas interdit de penser que ce « livre-mémorial » puisse désigner aussi la mise par écrit du document que le lecteur a sous les yeux.

2. Mardochée est institué second du roi

La séquence C2 : 10,1-3

La séquence ne comprend qu'un seul court passage.

COMPOSITION

+ 10,[1] *Et écrivit*	LE ROI	des taxes
+ sur *LE ROYAUME*	de la terre	et de la mer
+ [2] et sa force	et courage	
+ et la richesse	et la GLOIRE	de *SON RÈGNE* ;
.. voici	*c'est écrit*	dans le livre
.. des rois	des Perses	et des Mèdes — en mémorial.
+ [3] Et Mardochée	remplaçait	LE ROI — Artaxerxès
+ et grand	il était	dans *LE ROYAUME* ;
.. et GLORIFIÉ	par les juifs	et aimé,
.. *il racontait*	sa conduite	à toute — sa nation.

Le premier morceau est consacré au roi. Les deux premiers segments énumèrent ce que le roi « écrivit » : les « taxes »[1] qu'il impose dans tout son royaume d'abord (1), puis toutes ses qualités (2a) et celles de son règne (2b). Le troisième segment ajoute que tout cela « est écrit » dans les chroniques.

Le deuxième morceau traite de Mardochée. Le premier segment dit sa place dans le royaume, comme lieutenant du roi, tandis que le second segment le situe dans son rapport avec le peuple juif.

D'un morceau à l'autre, « glorifié » (3c) rappelle « gloire » (2b). Il n'est pas question d'écrit dans le second morceau, mais seulement de récit : « il racontait » (3d). Ce dernier verbe fait pendant au premier, « Et écrivit » (1a), mais aussi à « c'est écrit » (2c). Il est possible de voir un certain parallélisme entre les deux morceaux : à ce qui « est écrit » dans le livre des chroniques sur les activités et les qualités du roi (2cd) correspond ce que Mardochée « raconte » de ses œuvres à son peuple (3cd). Les premiers membres de chaque morceau se correspondent aussi, si l'on comprend que « les taxes » (1a) ont été instituées par celui qui « remplaçait le roi » (3a).

---

[1] La *Bible d'Alexandrie* suit l'édition critique de R. Hanhart qui retient le texte du manuscrit B, où « les taxes » ne sont pas mentionnées.

554   Version grecque : la troisième section (Est 9,20–10,3)

COMPARAISON DES DEUX VERSIONS

HÉBREU

+ 10,[1] ET imposa	LE ROI	Akhashvérosh	un impôt
+ SUR LA TERRE	et sur les îles	DE LA MER.	
+ [2] Et toutes	les œuvres	DE SA PUISSANCE	ET DE SA VAILLANCE
− et la somme	de la grandeur	de Mardochée	
− par laquelle	l'avait grandi	le roi	
.. ne (sont-ils) pas	eux	ÉCRITS	
.. SUR LE LIVRE	des choses	des jours	
.. DES ROIS	DE MÉDIE	ET DE PERSE ?	
: [3] Car MARDOCHÉE	le juif		
: (était) le second	POUR LE ROI	AKHASHVÉROSH	
- ET GRAND	POUR LES JUIFS		
- et agréé	par la multitude	de ses frères,	
.. cherchant	le bien	de son peuple	
.. et parlant	la paix	à toute sa descendance.	

GREC

+ 10,[1] ET écrivit	LE ROI	des taxes	
+ sur le royaume	DE LA TERRE	ET DE LA MER	
:: [2] ET SA FORCE	ET COURAGE	*et richesse*	
:: *et gloire*	*de son règne* ;		
.. *voici*	C'EST ÉCRIT	DANS LE LIVRE	
.. DES ROIS	DES PERSES	ET DES MÈDES	*en mémorial.*
+ [3] ET MARDOCHÉE	*remplaçait*	LE ROI	ARTAXERXÈS
+ ET GRAND	*il était*	*dans le royaume* ;	
= *et glorifié*	PAR LES JUIFS	et aimé,	
= il racontait	*sa conduite*	à toute	sa nation.

Le grec ne reprend pas les deux derniers membres du second segment de l'hébreu (2bc). Tandis qu'en hébreu les œuvres du roi (2abc) sont le sujet de la phrase nominale interrogative que constitue tout le verset 2, en grec ces œuvres (2ab) sont le second objet du verbe « écrivit » (1a). Le premier verbe du grec est « écrivit », ce qui englobe l'ensemble de ce qu'a fait le roi, « taxes » comprises. En revanche, le premier verbe de l'hébreu est « imposa », et ce qui est écrit dans les chroniques du royaume ne comprend que le contenu du verset 2.

La séquence C2 : 10,1-3   555

Dans le dernier morceau, le grec ne reprend pas les membres 3de de l'hébreu. Alors qu'en hébreu il est dit que Mardochée est « grand » « pour les juifs », en grec, il est tel « dans le royaume » ; en outre, ce que dit Mardochée à son peuple est bien différent dans les deux versions, « la paix » en hébreu, en grec le récit de « sa conduite », c'est-à-dire de ce qu'il a fait.

INTERPRÉTATION

MARDOCHÉE, SECOND DU ROI

C'est d'abord la « gloire » du roi qui est soulignée longuement. Celle de Mardochée vient en deuxième lieu, comme il se doit. Et c'est seulement par les juifs que Mardochée est « glorifié ». Dans le royaume, il est « grand », puisqu'il « remplace » le roi Artaxerxès, puisqu'il est son second. C'est sans doute que « les taxes » que le roi fait consigner dans les chroniques ont été inspirées par Mardochée.

IL RACONTE SA CONDUITE

Le roi consigne par écrit tout ce qui le concerne, ce qu'il a fait, à commencer par « les taxes » imposées à tout le royaume, jusque dans ses iles. Puis viennent ses qualités personnelles et la gloire du royaume qui en découle. Quant à Mardochée, le récit de sa conduite qu'il fait à sa nation ne doit pas être celui de ses actions en faveur du royaume perse ; s'il est « glorifié » et « aimé » par les juifs, ce doit être ce qu'il a fait pour eux, tout ce qui a été raconté dans le livre qui est sur le point de se conclure.

3. Mardochée, tuteur d'Esther,
devient second du roi, à la place d'Aman

L'ensemble de la section C : 9,20–10,3

COMPOSITION

9,20 *MARDOCHÉE* ÉCRIVIT ces paroles en UN LIVRE et il envoya dire aux JUIFS, tous ceux qui étaient dans le royaume d'Artaxerxès, les proches et les lointains, 21 d'instituer ces jours heureux et de célébrer le quatorze et le quinze d'Adar, 22 car en ces jours les juifs s'étaient reposés de leurs ennemis ; et le mois qui est Adar, où fut retourné pour eux du deuil à la joie et des douleurs à un heureux jour, de le célébrer tout entier en heureux jours de noces et d'allégresse, en envoyant des parts aux amis et aux pauvres.

> 23 Et LES JUIFS acceptèrent comme *MARDOCHÉE* leur AVAIT ÉCRIT : 24 comment Aman, fils d'Amadathos, le Macédonien, les avait combattus, comment il avait fait un édit et le sort pour les exterminer, 25 et comment il était entré chez le roi, lui disant de faire pendre *MARDOCHÉE* ; mais tous les maux qu'il avait entrepris d'amener sur les juifs étaient arrivés sur lui-même et il fut pendu, lui et ses fils.
>
> 26 À cause de cela, ces jours furent appelés Destinées, à cause des sorts car en leur dialecte, ils sont appelés Destinées, à cause des paroles de cette lettre et de tout ce qu'ils avaient souffert à cause de cela et de tout ce qu'il leur était arrivé. 27 Et il institua, et LES JUIFS acceptèrent pour eux et pour leur descendance et ceux qui se joindraient à eux, et certes n'en useront pas autrement. Et ces jours sont un MÉMORIAL rappelé de génération en génération, en chaque ville, chaque famille, chaque province ; 28 et ces jours des Destinées seront gardés en tout temps, et leur MÉMORIAL ne manquera pas aux générations.

29 Et la reine Esther, fille d'Aminadab, ÉCRIVIT avec *MARDOCHÉE* le juif tout ce qu'ils avaient fait et la ratification de la lettre des Destinées. 30 31 Et *MARDOCHÉE* et la reine Esther instituèrent pour eux-mêmes selon eux-mêmes, et alors instituant selon leur autorité et selon leur volonté. 32 Et Esther par une parole institua pour toujours et *CE FUT ÉCRIT* en un MÉMORIAL.

10,1 Et le roi ÉCRIVIT des taxes sur le royaume de la terre et de la mer 2 et sa force et son courage et la richesse et la gloire de son royaume ; voici, *C'EST ÉCRIT* dans LE LIVRE des rois des Perses et des Mèdes en MÉMORIAL. 3 Et *MARDOCHÉE* remplaçait le roi Artaxerxès et il était grand dans le royaume ; et glorifié par LES JUIFS et aimé, il racontait sa conduite à toute sa nation.

Les deux occurrences de « écrivit » (9,20 ; 10,1) jouent le rôle de termes initiaux pour les deux séquences.

Le nom de « Mardochée » revient dans chaque passage (9,20 ; 23.25 ; 29.31 ; 10,3).

« Un livre » est repris en 9,20 et 10,2.

« Être écrit » et « mémorial » qui suit ce verbe reviennent en 9,32 et 10,2.

L'ensemble de la section C

INTERPRÉTATION

TOUT EST ÉCRIT

Mardochée écrit, le roi aussi. Et la reine Esther se joint à Mardochée pour écrire une nouvelle lettre qui ratifiera la première. Ce sont deux « livres » qui seront écrits, celui que Mardochée envoya aux juifs de tout le royaume (9,20), celui des rois des Perses et des Mèdes (10,2). En somme, toute la section est celle de la mise par écrit de ce qui est advenu jusqu'à ce point, le double « mémorial », des juifs et des païens. Tant et si bien qu'on a l'impression qu'il s'agit d'une sorte de colophon de tout le livre d'Esther.

MARDOCHÉE OMNIPRÉSENT

Il n'est question que de Mardochée, du début à la fin. Et l'on pourrait se demander pourquoi le livre est appelé le livre d'Esther, alors que c'est son parent qui a tout organisé. C'est lui qui a écrit à tous les juifs pour instaurer la célébration annuelle des Destinées, c'est lui qu'Aman avait voulu faire pendre, c'est lui aussi qui rédigea avec Esther la seconde lettre, c'est lui qui « remplaçait le roi Artaxerxès » et lui a fait imposer « les taxes ». Et la section s'achève sur le rappel de « sa conduite » dont on se souvient que ce fut son refus de se prosterner devant Aman qui a déclenché tout le drame que rapporte le livre.

« ET LA REINE ESTHER »

L'omniprésence de Mardochée pourrait en arriver à faire oublier la reine Esther. Or celle-ci forme avec son tuteur un couple qui encadre solidement la première séquence, et « le mémorial » qu'elle institue contient « ce qu'ils avaient fait », elle et Mardochée. Sa présence et son action sont discrètes, comme il seyait aux femmes de l'époque, mais il ne faudrait pas oublier que, si Mardochée est le second du roi, Esther en est l'épouse. Ce que « racontait » Mardochée à sa nation de « sa conduite » ne pouvait pas ne pas comprendre le rôle majeur que la reine avait joué dans toute cette histoire qui mérite bien de porter son nom, « pour toujours ».

« DE DIEU EST ADVENU CELA »

Postlude : F,1-11

560 La version grecque : « De Dieu est advenu cela »

Ajoutée après le dernier chapitre, la dernière expansion comprend deux passages :

MARDOCHÉE INTERPRÈTE LE SONGE DU COMBAT DE DEUX PEUPLES	1-10

LE COLOPHON	11

A. MARDOCHÉE INTERPRÈTE LE SONGE DU COMBAT ENTRE DEUX PEUPLES

Le premier passage : F,1-10

COMPOSITION

Dans la première partie, « cela » à la fin du second segment (1b) est repris par « ces choses-là » et « celles-là » du dernier segment (2b.c). Il s'agit des évènements que le songe annonçait.

Le premier morceau de la deuxième partie identifie « la petite source qui est devenue un fleuve » à « Esther » ; dans le deuxième morceau, « les deux dragons » sont Mardochée et Aman (4), ce dernier représentant « les nations » (5), tandis qu'« Israël » est le peuple de Mardochée (6). Alors que « les nations » veulent « détruire » les juifs (5b), ceux-ci en appellent à « Dieu » (6b).

Dans le premier morceau de la troisième partie, les deux trimembres sont parallèles : le merveilleux salut de Dieu (6cd.6fg) délivre des « maux » infligés par « les nations » privées des prodiges réservés à Israël. Le second morceau explicite l'opposition entre « son peuple » et « les nations » avec celle des « deux sorts » établis par Dieu (7) et qui seront manifestés « au jour du jugement » (8), quand Dieu fera justice à son peuple (9).

La dernière partie donne la date précise de « ces jours-là » (10abc) et de ce qui s'y fera (10def).

Les deux dernières parties sont liées par la reprise de « jour(s) » (8b.10a), et aussi, en termes finaux, de « Dieu » et « peuple » (9a.10ef). Les deux parties centrales sont liées par les termes médians « sauver » (6b.6c). « Deux » revient dans les seconds morceaux des parties centrales (4a.7a.8a). « Israël » se trouve en termes finaux des deuxième et quatrième parties (6a.10f). « Dieu » est le premier mot prononcé par Mardochée (1b) ; les noms de « Dieu » et « Seigneur » apparaissent neuf fois (1b.6b.c.d.f.7b.8c.9a.10e).

Postlude : F,1-11

F,[1] Et dit	Mardochée :		
- « De DIEU	est advenu	cela	
· [2] car je me souviens	du songe		
· que je vis	sur *ces choses*-	là,	
· car rien	n'a été omis	de celles-là	*une chose.*

- [3] La petite	source		
- qui est devenue	*un fleuve*		
.. et elle était	lumière	et soleil	
.. et eau	nombreuse ;		
:: Esther	est	*ce fleuve,*	
:: laquelle	épousa	le roi	
:: et il (la) fit	reine.		
: [4] Or les	DEUX	dragons,	
: moi	je suis	et Aman.	
− [5] Or *LES NATIONS* (sont)	les s'assemblant		
− pour détruire	le nom	des juifs.	
+ [6] Or **LA NATION**	mienne,	c'est **ISRAËL**,	
+ ceux qui crièrent	vers DIEU	*ET FURENT SAUVÉS.*	

+ *ET A SAUVÉ*	LE SEIGNEUR	**SON PEUPLE,**	
+ et a délivré	LE SEIGNEUR	nous	
− de tous	ces maux-	là,	
+ et a fait	DIEU	des prodiges	
+ et des merveilles	grandes		
− que jamais	il n'y en eut	*PARMI LES NATIONS.*	
= [7] Pour cela,	il a fait	des sorts	DEUX,
.. l'un	**POUR LE PEUPLE**	de DIEU,	
.. et un	*POUR TOUTES*	*LES NATIONS ;*	
= [8] et vinrent	CES DEUX	sorts-	là
.. à l'heure	et au temps	et au JOUR	du jugement
.. devant	DIEU	*ET CHEZ TOUTES*	*LES NATIONS.*
+ [9] Et s'est souvenu	DIEU	**DE SON PEUPLE,**	
+ il a fait-justice	à l'héritage	de lui.	

· [10] Et seront	pour eux	ces JOURS-	là,
· dans *le mois*	d'Adar		
· les quatorze	et quinze	de *ce mois,*	
- avec assemblée	et joie	et allégresse	
- devant	DIEU	pour les générations	pour toujours,
- **DANS LE PEUPLE**	de lui,	**ISRAËL.** »	

562 La version grecque : « De Dieu est advenu cela »

Interprétation

L'ŒUVRE DE DIEU

« De Dieu est advenu cela ! » La première de ses œuvres est le songe de Mardochée, une révélation divine de ce qui devait arriver par la suite et qui se trouve énuméré par la lecture qu'au terme de l'aventure Mardochée se trouve en mesure d'en faire. C'est d'abord l'accession d'Esther à la royauté qui résume en un verset (3) toute la première section du livre. Les nations assemblées pour détruire Israël, à l'instigation d'Aman (4-5), est ce qui est raconté dans la première séquence de la deuxième section (B1), après quoi Israël crie vers Dieu (6ab) comme le rapporte la troisième séquence (B3). Les prodiges qui ont sauvé Israël (6c-h) sont ceux que raconte la sous-section centrale (B4–6), où la situation se renverse. Après quoi, les sorts sont décrétés « pour le peuple de Dieu » et pour les nations (7), ainsi qu'il est dit dans la première séquence de la dernière sous-section (B7) et ils se réalisent quand Dieu fait justice pour son peuple (8-9), ce que narre la dernière séquence de cette même section (B9). Enfin, la dernière partie prévoit les réjouissances des jours où sera célébrée la libération (10), ce qui correspond à la troisième et dernière section du livre.

B. LE COLOPHON

Le deuxième passage : F,11

Composition

: F,[11] L'année	quatrième,		
: régnant	**PTOLÉMÉE**	et *CLÉOPÂTRE*,	
- *apporta*	DOSITHÉE		
- qui disait	être	prêtre	et lévite,
- ainsi que son fils	**PTOLÉMÉE,**		
.. *la présente*	*lettre*	des Destinées	
.. laquelle	ils disaient	exister	
.. et avoir été traduite	par LYSIMAQUE	(fils) de **PTOLÉMÉE,**	de ceux de Jérusalem.

Après la date (11ab), viennent les sujets du verbe principal (cde), puis le complément d'objet, « la présente lettre » (fgh). Chaque segment comprend deux noms propres ; « Ptolémée » qui vient en tête (11b), et aussi le nom de deux autres personnages, en seconde position dans les deux derniers segments.

Postlude : F,1-11

CONTEXTE

PTOLÉMÉE ET CLÉOPÂTRE

Les noms des souverains d'Égypte permettent de situer géographiquement le pays de ceux à qui était destinée « la présente lettre », c'est-à-dire l'édition du livre en langue grecque. Il n'en va pas de même pour la date, car il n'y eut pas qu'un seul Ptolémée dont l'épouse se nommait Cléopâtre[1].

INTERPRÉTATION

Appelée « la lettre des Destinées », la présente version grecque d'Esther est apportée par Dosithée et son fils pour les communautés des juifs hellénisés installés en Égypte. Venant de Jérusalem, ce prêtre de la tribu de Lévi et son fils Ptolémée attestent que cette traduction a été réalisée à Jérusalem par Lysimaque. Tous ces juifs portent des noms grecs et paraissent affectionner particulièrement le nom de celui qui règne dans leur pays d'adoption. Il semble que le traducteur, Lysimaque fils de Ptolémée, soit membre de la diaspora égyptienne mais qui a travaillé à Jérusalem, ce qui serait une preuve du sérieux et de la fidélité de sa traduction.

---

[1] « Les dates les plus couramment envisagées sont 114-113, 78-77 ou 49-48 av. J.C. » (Macchi, 543, nt. 70)

564 La version grecque : « De Dieu est advenu cela »

C. « DE DIEU EST ADVENU CELA »

L'ensemble de la séquence de l'Épilogue : F,1-11

COMPOSITION

F,[1] **Mardochée DIT** : « De Dieu est advenu cela, [2] car je me souviens du songe que je vis sur ces choses-là, car rien n'a été omis de celles-là une chose.

> [3] La petite source qui est devenue un fleuve et elle était lumière et soleil et eau nombreuse ; Esther est ce fleuve, laquelle épousa le roi et il la fit reine. [4] Or les deux dragons, c'est moi et Aman. [5] Or les nations sont celles qui s'assemblent pour détruire le nom des juifs. [6] Or ma nation, c'est Israël, ceux qui crièrent vers Dieu et furent sauvés.

> Et le Seigneur a sauvé son peuple, et le Seigneur nous a délivrés de tous ces maux-là, et Dieu a fait des prodiges et de grandes merveilles telles qu'il n'y en eut jamais parmi les nations. [7] Pour cela, des sorts il en a fait deux, l'un pour le peuple de Dieu et un pour toutes les nations ; [8] et ces deux sorts-là vinrent à l'heure et au temps et au jour du jugement devant Dieu et chez toutes les nations. [9] Et Dieu s'est souvenu de son peuple, il a fait justice à son héritage.

[10] Et pour eux ces jours-là, au mois d'Adar, les quatorze et quinze de ce mois, seront avec assemblée et joie et allégresse devant Dieu, pour les générations pour toujours, dans son peuple Israël. »

[11] La quatrième année du règne de Ptolémée et Cléopâtre, **Dosithée**, qui DISAIT être prêtre et lévite, ainsi que **son fils Ptolémée**, apportèrent la présente lettre des Destinées qu'ils DISAIENT exister et avoir été traduite par Lysimaque, fils de Ptolémée, qui étaient de ceux de Jérusalem.

Le seul terme commun entre les deux séquences est le verbe « dire ». Le premier passage est ce que « dit » Mardochée : que le songe s'est vérifié dans la réalité ; dans le second passage, c'est Dosithée et son fils Ptolémée qui « disent » à la fois que « la lettre des Destinées » existe et que sa traduction lui correspond.

INTERPRÉTATION

DOUBLE BINARITÉ, DOUBLE FIDÉLITÉ

Il y a d'un côté le songe et de l'autre la réalité. Or Mardochée atteste que la réalité a correspondu au songe : le fleuve du rêve est Esther, les deux dragons sont Mardochée et Aman, les nations qui s'affrontent sont les païens et Israël. De même, il y a le texte et sa traduction. Dosithée et son fils attestent que les deux se correspondent exactement ; en effet, le traducteur, Lysimaque, porte un nom grec comme son père Ptolémée, ce qui signifie qu'il connait bien le grec, mais il est de Jérusalem, ce qui veut dire qu'il maitrise aussi l'hébreu, la langue originale du livre des Destinées. La fidélité de Dieu qui s'était manifestée et dans le songe et dans la réalité est aussi celle qui se manifeste dans le texte et la traduction qu'il inspire.

LA VERSION GRECQUE

L'ensemble du livre

568 L'Un et l'autre Livre d'Esther

A. COMPOSITION

La version grecque du livre d'Esther est organisée en trois sections (A, B, C), encadrées par un Prélude et un Postlude :

Prélude : Mardochée	entre en lice			A,1-17

A. Esther,	pupille de Mardochée,	devient reine	à la place de Vashti	1,1–2,23

B. **LES SORTS SONT RENVERSÉS**				3,1–9,19

B. Mardochée,	tuteur d'Esther,	devient second du roi	à la place d'Aman	9,20–10,3

Postlude : « De Dieu	est advenu cela »			F,1-11

1. Données chiffrées

Les comptes sont faits sur le grec, en nombre de signes, espaces compris, sans les numéros de versets.

Prélude :			1 874	
A1 :	**3 225**			
A2 :	**3 407**		**6 632**	
B1 :	**1 903**			
Récitatif B :	**1 892**			
B2 :	**2 490**	**6 285**		
Choeur des juifs :	**3 470**			
B3 :	**2 972**			
B4 :	**2 100**			
B5 :	**1 324**	**9 866**		
B6 :	**1 803**			
Récitatif E :	**3 916**			
B7:	**2 029**	**7 748**	**23 899**	
C1:	**1 708**			
C2:	**382**		**2 090**	
Postlude :			1 343	
Total :			**35 838**	

L'ensemble de la version grecque

L'Épilogue est plus court que le Prologue. De même, la dernière section (C) est nettement plus courte que la première (A) ; et le même phénomène d'abréviation se reproduit à l'intérieur de la dernière section où la deuxième séquence (C2) est beaucoup plus courte que la première (C1).

La section centrale est la plus développée : avec 23 899 signes, elle représente le double du reste du texte.

Prologue,   section A,   section C,   Épilogue :
 1 874   +   6 632   +   2 090   +   1 343   = 23 878.

ADDITIONS ET ABRÉVIATIONS

On a dit au début de l'introduction que la version grecque est nettement plus longue que le texte hébreu (105 versets en plus des 167 du texte massorétique). Cependant, tout au long de l'étude de la version grecque, il s'est avéré que le grec abrège l'hébreu, ce qui compense en partie le fait que le grec comporte huit additions, six majeures et deux mineures. Comme on ne peut pas davantage additionner de l'hébreu et du grec que des carottes et des choux, les comptes sont faits sur la traduction française, en nombre de mots.

	GREC			HÉBREU
unités	traductions	additions		
Prélude :		A	341	
A1 :	621			705
A2 :	659			786
B1 :	361			541
Récitatif B :		B	285	
3,14-15 :	41			56
B2 :	499	4,8	80	512
Chœur des juifs :		C	767	
B3 :		D	305	96
5,3-14 :	381			309
B4 :	448			480
B5 :	288			364
B6 :				
Récitatif E :		E	600	
8,13-17 :	123			151
B7 :	375	9,19	21	507
C1 :	333			408
C2 :	76			99
Postlude		F	269	
Totaux :	4 205	2 668		5 014

Les additions comptent 2 668 mots de plus que les 5 014 de l'hébreu, mais le grec abrège le texte hébreu de 5 014 − 4 205 = 809 mots.

570 — L'Un et l'autre Livre d'Esther

2. LES RAPPORTS ENTRE LE PRÉLUDE ET LE POSTLUDE

Chacune des deux séquences est formée de deux passages, le second étant nettement plus court que le premier.

Les premiers passages rapportent d'abord le « songe » que vit Mardochée, puis l'interprétation qu'il en fait, après les évènements (A,1.4.11 ; F,1). « Les deux grands dragons » qui se combattaient (A,5) sont Mardochée et Aman (F,4), « la petite source » devenue un « fleuve », « d'eau abondante, « lumière et soleil » (A,9-10), c'est Esther (F,3). « Toutes les nations » (A,6 ; F,5.7.8) qui veulent faire la guerre à « la nation des justes », « peuple » de Dieu, « Israël » (A,6.8 ; F,6-10) sont les nations païennes qui entendent détruire le peuple d'Israël. Mais le peuple juste « hurla vers Dieu » (A,8 ; F,6) et fut sauvé. Le nom de « Dieu », qui revient deux fois dans le récit du songe (A,8.11), est repris sept fois dans son interprétation finale (F,1.6bis.7.8.9.10), accompagné de deux occurrences de « le Seigneur » (6bis), sept et neuf étant tous deux chiffres de la plénitude.

Les deuxièmes passages sont de contenu très différent. Le premier rapporte comment Mardochée éventa un complot contre le roi, ce qui contraria Aman et lui fit chercher le moyen de faire du mal à Mardochée ; le roi écrivit le fait dans les mémoires du royaume et Mardochée aussi le mit par écrit. Le dernier passage raconte comment la traduction du livre réalisée à Jérusalem fut apportée en Égypte. Le point commun entre les deux passages est la double écriture : celle de l'action de Mardochée consignée par écrit deux fois, celle de « la lettre des Destinées » dans sa langue originelle et dans sa traduction grecque.

Les passages extrêmes commencent par une notation de temps semblable (A,1 ; F,11). Le nom de « Jérusalem » ne revient que dans ces deux passages (A,3 ; F,11).

L'ensemble de la version grecque 571

Prélude

A,[1] *La deuxième année du règne d'Artaxerxès le grand*, le premier de Nisan, Mardochée, fils de Yaïr, fils de Shiméï, fils de Qish, de la tribu de Benjamin, vit un SONGE. [2] C'était un juif habitant à Suse la ville, homme grand, servant à la cour du roi ; [3] il était de la déportation que fit Nabuchodonosor, roi de Babylone de JÉRUSALEM, avec Jékonias, roi de Juda.

[4] Et tel est le SONGE : et voici cris et fracas, tonnerres et séisme, bouleversement sur la terre ; [5] et voici *deux grands dragons*, vinrent l'un et l'autre prêts à combattre, et ils poussèrent un grand cri. [6] Et à leur cri toutes les nations s'apprêtèrent à la guerre pour guerroyer la nation des justes. [7] Et voici : jour de ténèbres et d'obscurité, tribulation et détresse, malheur et grand bouleversement sur la terre. [8] Et toute la nation juste fut bouleversée, craignant leurs propres maux, et ils s'apprêtèrent à périr et HURLÈRENT VERS DIEU. [9] Or, de leur hurlement, arriva comme d'**une petite source**, un **grand fleuve, d'eau abondante** ; [10] **la lumière et le soleil** se levèrent et les humbles furent exaltés et dévorèrent les puissants.

[11] S'étant réveillé, Mardochée ayant vu ce SONGE-là et ce que DIEU voulait faire, le tenait dans son cœur et de toutes les façons s'efforçait de le comprendre jusqu'à la nuit.

[12] Mardochée logeait à la cour avec Bigtân et Téresh, deux eunuques du roi, gardes de la cour ; [13] ayant entendu leurs raisonnements et leurs desseins, il examina et apprit qu'ils s'apprêtaient à porter les mains sur le roi Artaxerxès, et il informa le roi sur eux [14] le roi et questionna les deux eunuques, et ayant avoué, ils furent emmenés.

[15] Le roi écrivit ces faits-là dans les mémoires et Mardochée écrivit sur ces faits-là.

[16] Le roi commanda à Mardochée de servir à la cour et lui donna des dons pour ces choses ; [17] mais Aman, fils de Hamdata, le Bouguéen, était en honneur devant le roi et il cherchait de faire-du-mal à Mardochée et à son peuple, à cause des deux eunuques du roi.

Postlude

F,[1] Mardochée dit : « De DIEU est advenu cela, [2] car je me souviens du SONGE que je vis sur ces choses-là, car rien n'a été omis de celles-là une chose.
[3] **La petite source** qui est devenue **un fleuve** et elle était **lumière et soleil** et **eau abondante** ; Esther est ce fleuve, laquelle épousa le roi et il la fit reine. [4] Or *les deux dragons*, c'est moi et Aman. [5] Or les nations sont celles qui s'assemblent pour détruire le nom des juifs. [6] Or ma nation, c'est Israël, ceux qui HURLÈRENT VERS DIEU et furent sauvés.
Et *LE SEIGNEUR* a sauvé son peuple, et *LE SEIGNEUR* nous a délivrés de tous ces maux- là, et DIEU a fait des prodiges et de grandes merveilles telles qu'il n'y en eut jamais parmi les nations. [7] Pour cela, des sorts il en a fait deux, l'un pour le peuple de DIEU et un pour toutes les nations ; [8] et ces deux sorts-là vinrent à l'heure et au temps et au jour du jugement devant DIEU et chez toutes les nations. [9] Et DIEU s'est souvenu de son peuple, il a fait justice à son héritage.
[10] Et pour eux ces jours-là, au mois d'Adar, les quatorze et quinze de ce mois, seront avec assemblée et joie et allégresse devant DIEU, pour les générations pour toujours, dans son peuple Israël. »

[11] *La quatrième année du règne de Ptolémée et Cléopâtre*, Dosithée qui disait être prêtre et lévite, ainsi que son fils Ptolémée, apportèrent la présente lettre des Destinées qu'ils disaient exister et avoir été traduite par Lysimaque, fils de Ptolémée, qui étaient de ceux de JÉRUSALEM.

3. Les rapports entre les sections extrêmes (A et C)

Comme pour le texte hébreu, les titres donnés à ces deux sections traduisent ce qui semble le rapport le plus important entre elles :

A : Esther,   pupille de Mardochée,   devient reine   à la place d'Astin
C : Mardochée,   tuteur d'Esther,   devient second du roi à la place d'Aman.

La chose est claire pour la section A ; elle peut, en revanche, paraître moins évidente pour la section C. Dans la section A, la première séquence raconte comment Astin a perdu son titre de reine, tandis que la seconde séquence rapporte le choix d'Esther comme reine à la place d'Astin. Dans la section C, l'institution des Destinées commémore le renversement des sorts quand Aman fut pendu à la place de Mardochée (9,25-26) et que ce dernier reçut le statut de second du roi, jusque-là exercé par Aman : « Mardochée remplaçait le roi Artaxerxès et il était grand dans le royaume » (10,3).

Un certain nombre d'autres rapports méritent d'être relevés :
– Au début, le roi fait montre de « la richesse de son royaume et la gloire... » (1,4) ; à la fin, ce sont « la richesse et la gloire de son royaume » qui sont mis par écrit (10,2).
– Les largesses immenses et somptueuses que fait le roi au début (1,4-8) sont remplacées à la fin par « des taxes sur le royaume de la terre et de la mer » (10,1).
– Alors qu'à la fin de A2, le roi « fit une remise à ceux de son royaume » (2,18), au début de C2, « il écrivit des taxes sur le royaume de la terre et de la mer » (10,1).
– À la fin de A2, ce que fit Mardochée pour sauver le roi de l'attentat des deux eunuques fut classé « *pour mémorial* dans la bibliothèque royale » (2,23), et en C2 les œuvres du roi « c'est écrit dans le livre des rois des Perses et des Mèdes *en mémorial* » (10,2).
– Tandis qu'en A2 Mardochée demande à Esther de ne pas dévoiler son identité juive (2,10.20), en C2 le second du roi est appelé « Mardochée le juif » (9,29).
– Il est question de « noce(s) » : dans la séquence A1, celle d'Astin (1,5), et dans la séquence A2, celle d'Esther (2,18) ; dans la séquence C1, les jours de Pourim sont dits « jours de noces et d'allégresse » (9,22).
– La séquence A1 insiste sur le fait que la reine Astin a parlé au roi (1,13.17ter. 18) et la séquence A2 y revient en commençant (2,1), mais on a déjà noté que ses paroles ne sont pas rapportées, comme si la reine était réduite au silence. À la fin de la séquence C1, en revanche, Esther parle : « Et Esther *par une parole* institua pour toujours » la fête des Destinées, et même cette parole fut couchée par écrit : « et ce fut écrit dans un mémorial » (10,32). Il est remarquable que toute la section C est marquée par la parole écrite (9,20.23.29.32 ; 10,1.2).

L'ensemble de la version grecque 573

4. LES RAPPORTS D'ENSEMBLE

DIEU, LE SEIGNEUR

Le texte hébreu ne mentionne jamais le nom de Dieu, même si sa présence, bien que fort discrète, est indéniable (voir p. 123.245). La version grecque, au contraire, le révèle de manière explicite. En réalité, elle n'a fait, en quelque sorte, que l'expliciter et le nommer.

La caractéristique majeure des expansions est le fait qu'elles mentionnent le nom de Dieu auquel les juifs ont recours et qui intervient dans l'histoire :

A : Le songe de Mardochée
– 8 : « tout le peuple juste [...] s'apprêtèrent à périr et hurlèrent vers *Dieu* » ;
– 11 : « Mardochée ayant vu ce songe-là et ce que *Dieu* voulait faire ».

B : L'édit du roi préparé par Aman (voir p. 348)
C'est la seule expansion où le nom de Dieu n'est pas mentionné. Il n'est évidemment pas nommé par l'ennemi des juifs.

C : Les prières de Mardochée et d'Esther
Il est clair que dans de telles prières les noms de celui à qui elles sont adressées revient très souvent (voir p. 393), dès le début : « *Seigneur, Seigneur, Roi* de toutes choses » (2) et de même Esther : « *Mon Seigneur, notre roi* » (12) et jusqu'à la fin : « *Dieu*, le fort sur tous » (26).

D : La rencontre entre Esther et le roi (voir p. 400)
– 2 :« invoquant *Dieu* qui observe tous et est sauveur » ;
– 8 : « Et *Dieu* changea l'esprit du roi en douceur ».

E : L'édit du roi préparé par Mardochée (voir p. 481)
– 4 : « *Dieu* observant toujours toutes-choses »
– 16 : « étant les fils du Très-Haut, le Très-grand, le Vivant *Dieu* »
– 18 : « *Dieu* gouvernant toutes-choses »
– 21 : « *Dieu* puissant sur toutes-choses »

F : Mardochée interprète le songe
Comme on l'a dit (voir p. 561.560), les noms divins reviennent neuf fois dans cette dernière expansion qui commence ainsi : « De *Dieu* est advenu cela ».

Le nom de Dieu n'est pas réservé aux additions. En effet, la Septante l'a introduit aussi dans la traduction du texte hébreu :
– dans la séquence A2 : « Esther ne révéla pas sa patrie. Car ainsi lui avait commandé Mardochée : de craindre *Dieu* et de faire ses prescriptions, comme quand elle était avec lui » (2,20) ;
– dans la séquence B4, au centre du livre, là où bascule la situation : d'abord au début de la séquence, « *Le Seigneur* écarta du roi le sommeil cette nuit-là » (6,1),

574 L'Un et l'autre Livre d'Esther

puis dans la dernière scène où les amis et la femme d'Aman lui disent : « Si Mardochée est de la race des juifs, tu as commencé à être humilié devant lui ; tombant, tu tomberas. Tu ne peux te venger de lui car *un Dieu vivant* est avec lui » (6,13).

LE PREMIER VERSANT : LA PAROLE DE MARDOCHÉE

Le Prélude et la section A s'achèvent par le récit de deux complots ourdis par « deux eunuques » contre le roi, dénoncés par Mardochée, faits consignés par le roi dans les annales. Mardochée fut récompensé la première fois, mais pas la seconde.

Fin du Prélude

A,[12] Mardochée logeait à la cour avec Bigtân et Téresh, DEUX EUNUQUES DU ROI, *gardes de la cour* ; [13] ayant entendu leurs raisonnements et leurs desseins, il examina et apprit qu'ils s'apprêtaient à **porter les mains sur le roi Artaxerxès**, et il informa le roi sur eux [14] Le roi et questionna les deux eunuques, et ayant avoué, ils furent emmenés.
[15] *Le roi écrivit ces faits-là dans les mémoires* et Mardochée écrivit sur ces faits-là.
[16] Le roi commanda à Mardochée de servir à la cour et LUI DONNA DES DONS pour ces choses ; [17] mais ***Aman***, fils de Hamdata, le Bouguéen, était en honneur devant le roi et il cherchait de ***faire-du-mal à Mardochée*** et à son peuple, à cause des DEUX EUNUQUES DU ROI.

Fin de la section A

2,[21] Et LES DEUX EUNUQUES DU ROI, *chefs-des-gardes-du corps*, s'affligèrent de ce que Mardochée ait été promu et ils cherchèrent à **tuer le roi Artaxerxès** ; [22] le propos fut dévoilé à Mardochée, et il le signala à Esther et elle découvrit au roi les choses du complot. [23] Or le roi interrogea les deux eunuques et il les pendit ; *et le roi ordonna de classer pour souvenir, dans la bibliothèque royale, LE BIENFAIT DE MARDOCHÉE* à sa louange.

Début de la séquence centrale B4

6,[1] Le Seigneur écarta du roi le sommeil cette nuit-là ; il dit à son didascale d'apporter *les textes mémoires des jours* pour les lui lire. [2] Or il trouva *les textes écrits* sur Mardochée disant qu'il avait averti le roi sur les DEUX EUNUQUES DU ROI *quand ils étaient de garde* et avaient voulu **porter les mains sur Artaxerxès**. [3] Et le roi dit : « Quelle GLOIRE OU GRÂCE avons-nous faite pour Mardochée ? » Les serviteurs du roi dirent : « Tu n'as rien fait pour lui. »

[4] Tandis que le roi s'informe sur LE BIENFAIT DE MARDOCHÉE, voici ***Aman*** dans la cour. Le roi dit : « Qui est dans la cour ? » Or ***Aman*** entrait pour dire au roi de ***pendre Mardochée sur la potence qu'il avait préparée***.

Au début de la séquence centrale du livre, durant l'insomnie causée par le Seigneur, le roi se fait lire les annales et le hasard de Dieu veut qu'on lise au roi le récit du second complot. Celui-ci s'informe et apprend que Mardochée n'a pas été récompensé. Il pense à y remédier quand Aman entre pour lui demander de faire pendre Mardochée. Déjà après le premier complot, Aman « cherchait à faire du mal à Mardochée » (A,17).

L'ensemble de la version grecque   575

Dans l'affaire des deux complots, la parole de Mardochée a un double effet :
d'abord de sauver la vie du roi, et aussi de causer le châtiment des conjurés dont
la mort sanctionne la félonie.

Il faut aussi noter que la parole de Mardochée, adressée à Esther dans la
courte addition de la séquence B2, vise elle aussi à sauver la vie : « parle au roi
pour nous et délivre-nous de la mort » (4,8). Il ne s'agit plus de sauver la vie du
roi, mais de celle du peuple juif. Cette parole de Mardochée invite Esther à
prendre la parole, ce qu'elle fera dans le second versant du livre. Lors du second
complot, Mardochée avait déjà demandé à sa pupille de transmettre sa parole de
dénonciation au roi.

LE DEUXIÈME VERSANT : LA PAROLE D'ESTHER

Une des différences entre le texte hébreu et sa version grecque de la Septante
se trouve dans la première séquence, A1, qui rapporte la chute de la première
reine. Le texte hébreu dit simplement que Vashti refuse de se rendre, « avec la
couronne de la royauté », à l'invitation du roi qui voulait montrer sa beauté
« aux peuples et aux princes ». Selon le grec, le roi convoque la reine Astin,
d'abord pour « poser sur elle le diadème » et aussi pour la montrer à tous. Ce qui
est déjà une belle différence, le grec semblant moins violent que l'hébreu, plus
respectueux de la femme. Toutefois, la différence la plus notable, comme on l'a
déjà noté (p. 281), c'est qu'Astin a parlé au roi, qu'elle l'a « contredit ». Et le
texte insiste :

– « Et il (le roi) dit à ses amis : "Ainsi *a dit la reine*... » (1,13) ;
– « Car il (le roi) leur avait rapporté *les paroles de la reine* et comment *elle avait
contredit le roi* » (17) ;
– « Donc comme *elle a contredit le roi* Artaxerxès, [18] ainsi demain quand les femmes
des chefs des Perses et des Mèdes auront entendu *ce qu'elle a dit au roi*, elles oseront de
même ne pas honorer leurs maris » (17-18) ;

Et la séquence suivante, A2, y revient en commençant :

– « Et après ces choses-là, le roi se lassa de sa colère et ne se souvint plus d'Astin,
se souvenant de *ce qu'elle avait dit* et comment il l'avait jugée » (2,1).

Si le roi a rapporté ce qu'Astin lui a dit, si ses amis ont entendu ces paroles, et
de même les femmes des chefs des Perses et des Mèdes, le lecteur en revanche
reste sur sa faim, ne sachant rien de ce que la reine a bien pu dire au roi. Il lui est
donc impossible de ne pas se demander la raison d'un tel silence de la part du
narrateur. Il pourrait même soupçonner qu'on a voulu le lui cacher, et même
faire taire la reine...

Une telle modification apportée par la Septante au texte hébreu ne peut pas ne
pas remplir une fonction dans la nouvelle version du livre. Parmi les personnages
principaux qui parlent, il n'y a, à part le roi, qu'Aman, Mardochée et Esther.

576 L'Un et l'autre Livre d'Esther

– Aman adresse la parole à ses amis et à sa femme (B3 : 5,12-13) et deux fois au roi, quand il lui demande d'exterminer les juifs (B1 : 3,8b-9) et quand il lui répond au sujet de l'homme que le roi veut honorer (B4 : 6,7-9).

– Mardochée s'adresse deux fois « à la cantonade », très brièvement dans la séquence B2 (4,1g), plus longuement dans l'Épilogue (F,1-10), deux fois à Esther par l'entremise d'Akhrathaios (B2 : l'addition de 4,8 et 4,13-14) et une fois à Dieu (Chœur des juifs : C,2-10).

– Esther s'adresse deux fois à Mardochée par l'entremise d'Akhrathaios (B2 : 4,11.16), une fois à Dieu, très longuement (Chœur des juifs : C,14-30) et six fois au roi dans quatre séquences (B3 : D,13-14 ; 5,4.7 ; B5 : 7,3-4 ; B6 : 8,5-6 ; B7 : 9,13). On sait que le grec a dramatisé à l'extrême la rencontre entre Esther et le roi après les trois jours de jeûne, tant et si bien qu'il n'aura pas fallu moins que l'intervention de Dieu pour changer le cœur du roi et lui faire abandonner son immense colère (B3 : l'addition D,1-16). À partir de ce moment-là, elle n'hésite plus à parler. Tout le second versant du livre, à partir du dernier passage du Chœur des juifs suivi de la rencontre de la reine avec le roi, est marqué par les multiples prises de paroles d'Esther.

Ainsi, le « silence » d'Astin a pour effet de mettre en valeur les paroles de celle qui lui a succédé comme reine : ce sont elles qui auront été prononcées au péril de la vie d'Esther et qui furent décisives pour le retournement radical qui marque toute l'histoire.

À la veille de la sous-section centrale, Mardochée passe le relai de la parole à Esther quand il lui intime de parler au roi (B2 : 4,8).

DE LA PAROLE À L'ÉCRIT ET... AU LIVRE

Prélude : dès le début, la parole de Mardochée, qui a dénoncé le complot des deux eunuques, est couchée par écrit par le roi dans les mémoires de l'état, mais aussi par Mardochée (Prélude : A,15).

Séquence A1 : les paroles de la reine Astin qui « contredit » le roi ont pour effet qu'un acte royal sera écrit, qui répudie la reine pour que les femmes du royaume ne soient pas tentées d'imiter sa désobéissance (1,19-20).

Séquence A2 : à la fin de la séquence suivante, le bienfait de Mardochée qui a fait savoir au roi par l'entremise d'Esther le complot ; leur double parole est consignée « dans la bibliothèque royale », « pour mémoire » (2,23).

Séquence B1 : à la fin de la première séquence de la section centrale, le décret royal qu'Aman a obtenu du roi pour perdre les juifs est mis par écrit (3,12) et « les lettres » sont envoyées dans tout le royaume (13).

Récitatif B : donne « la copie de *la lettre* ».

Séquence B4 : durant son insomnie, le roi se fait lire « les textes mémoires des jours » où sont relatées les paroles adressées par Mardochée au roi par l'entremise d'Esther (6,1-2).

Séquence B6 : Esther demande au roi que soient retirés « *les lettres* envoyées par Aman, *les écrits* de faire périr les juifs » (8,5), et le roi lui répond : « *Écrivez,*

L'ensemble de la version grecque   577

vous aussi en mon nom [...] car tout ce qui *est écrit* que le roi a ordonné... » (8), ce qui fut fait (9-10).

Récitatif E : « Les choses souscrites sont la copie de *la lettre* » (F,1.17.19).

Séquence B7 : la séquence commence par le rappel que « le douzième mois, le treize du mois, lequel est Adar, *les lettres écrites* par le roi étaient prêtes » (9,1).

Séquence C1 : la troisième section rapporte au début que « Mardochée *écrivit* ces paroles dans un livre » (9,20) et à la fin que « la reine Esther, fille d'Aminadab, *écrivit* avec Mardochée le juif tout ce qu'ils avaient fait et la ratification de la lettre des Destinées » (9,29), et pour conclure : « Et Esther par une parole institua pour toujours et *ce fut écrit* en un mémorial » (32).

Séquence C2 : « Et le roi *écrivit* des taxes sur le royaume de la terre et de la mer ; et sa force et courage et la richesse et la gloire de son règne, voici *c'est écrit* dans le livre des Perses et des Mèdes en mémorial » (10,1).

Postlude : le deuxième passage est le « colophon » qui rapporte comment « la présente *lettre* des Destinées », traduite par Lysimaque, fut apportée par Dosithée et son fils Ptolémée (F,11).

Outre « paroles », « écrits/écrire », « lettres », revient souvent le terme « mémorial » (1,1 ; 2,23 / 8,12 ; 9,27.28.32 / 10,2). Les paroles doivent être mises par écrit pour que leur mémoire en soit attestée officiellement et conservée de génération en génération. Et tout cela aboutit dans un livre qui est lu, année après année, pour qu'on n'oublie pas comment le Seigneur a sauvé son peuple.

LE PASSAGE PAR LA MORT

La « mort » est évoquée au tournant du livre et *seulement dans les additions*.
– C'est d'abord Mardochée qui, juste avant la sous-section centrale de la section B, fait dire à Esther : « puisqu'Aman le second du roi a parlé contre nous pour *la mort*, invoque le Seigneur et parle au roi pour nous et délivre-nous de *la mort* » (B2 : 4,8). Ce à quoi Esther répond : « j'entrerai auprès du roi contre la loi, même si je dois *périr* » (16).
– Dans la séquence suivante, au centre du « Chœur des juifs », « tout Israël criait de toutes leurs forces, car *leur mort* était dans leurs yeux » (C,11), suivi par : « La reine Esther se réfugia auprès du Seigneur, prise dans l'agonie de *la mort* » (12)
– Dans la séquence suivante, lors de la rencontre entre Esther et le roi, la reine « tombe » à cause de la crainte (B3 ; D,7.15), mais le roi lui dit : « tu ne mourras pas » (10). « Tomber » dans la **B**ible est un synonyme de « mourir », mais aussi dans le langage courant, par exemple dans l'expression « tomber au champ d'honneur ».

Ainsi, l'unique occurrence de « mourir » et les quatre seules occurrences de « mort » se trouvent condensées au centre du livre : « mort » deux fois en B2, deux fois dans la prière d'Esther, « tomber » deux fois aussi au moment de la rencontre d'Esther avec le roi.

B. CONTEXTE

LE PASSAGE PAR LA MORT

Au sortir de l'Égypte, les fils d'Israël ont été sauvés parce qu'ils ont eu le courage d'affronter la mort en entrant dans la mer où ce sont leurs ennemis qui seront engloutis, et « en ce jour-là, le Seigneur sauva Israël de la main des Égyptiens et Israël vit les Égyptiens *morts* sur le rivage de la mer » (Ex 14,30)[1].

L'épreuve de l'exil est vécue comme un passage par la mort : destruction des institutions économiques, politiques, religieuses du pays, déportation de la population dans le pays vainqueur. Ce que déplore le livre des Lamentations[2], ce que prophétisait déjà Amos au centre de son livre où est annoncée la fin d'Israël, sur lequel seront entonnés les chants de deuil[3].

Le psaume de la Passion par excellence, le Ps 22, commence par le cri de Jésus en croix : « Mon Dieu, mon Dieu, pourquoi m'as-tu abandonné ? ». Il est focalisé sur ces mots adressés à Dieu : « Et dans la poussière de *la mort* tu me couches » (16). Il s'achève cependant sur la vie et la louange qui se transmettra de génération en génération[4].

C. INTERPRÉTATION

UN SONGE À ENTENDRE

Tout commence par un rêve. Le narrateur dit que Mardochée le « vit ». Cependant, ce rêve commence par « cri et fracas, tonnerres » ; et « toute la nation juste [...] hurlèrent vers Dieu » et « de leur hurlement arriva comme d'une petite source, un grand fleuve, d'eau abondante ». En somme, un songe qui se donne essentiellement à entendre. Au réveil, Mardochée « s'efforçait de le comprendre jusqu'à la nuit ». Une parole doit toujours être interprétée, encore plus si c'est une parole de Dieu qui s'exprime sous la forme d'un rêve. Dès le début du livre, avant même son début, dans le Prélude le ton est donné. Le livre d'Esther est celui de la parole.

L'ÉNIGME DES PAROLES DE LA REINE ASTIN

Le Prélude est propre à la version de la Septante, mais dans la première séquence qui rapporte la chute de la reine Astin, la Septante a modifié de manière significative le texte hébreu. Astin ne s'est pas contentée de refuser de

---

[1] Voir R. MEYNET, *Appelés à la liberté*, « Le passage de la mer » (Ex 14), 25-50.
[2] Voir R. MEYNET, *Comment ? Les Lamentations de Jérémie*, 171-176.
[3] Voir P. BOVATI – R. MEYNET, *Le livre du prophète Amos*, « Séquence B4 : Lamentation funèbre sur la vierge d'Israël », 159-185 ; ID., *La fin d'Israël. Paroles d'Amos*.
[4] Voir R. MEYNET, *Le Psautier. Premier livre (Ps 1–41)*, « Le Psaume 22 », 271-288.

se rendre à l'invitation du roi, elle a accompagné sa conduite d'une parole. Or ces paroles ne nous ont pas été transmises ; certes, on nous dit que le roi les a rapportées à ses amis, que les femmes des chefs des Perses et des Mèdes les auront entendues. Quant au lecteur, qui aimerait bien savoir ce que la reine a dit, sans doute pour expliquer, justifier son refus, il n'en saura rien. Comme si le narrateur avait censuré la reine, lui avait fermé la bouche. Étrange énigme, mais qui a, pour le moins, le mérite d'attirer l'attention sur la parole.

LA PAROLE QUI SAUVE LA VIE

Esther se voit choisie et remplace Astin dans le cœur et dans le lit du roi. Elle avait su conquérir les faveurs de Gaï, l'eunuque du roi, gardien des femmes. C'est une longue histoire, mais muette, en tout cas sans qu'aucune parole soit rapportée. Cependant, tout à la fin de cette deuxième séquence, il est raconté comment Mardochée signala à Esther le complot ourdi contre le roi par deux eunuques, et comment la reine transmit la parole de son cousin au roi, lequel prit les mesures qui s'imposaient. C'était la deuxième fois que la parole de Mardochée sauvait la vie du roi. En effet, le Prélude s'achevait lui aussi par un récit semblable où Mardochée informait le roi d'un autre complot contre sa vie.

LA PAROLE QUI TUE

La parole peut sauver la vie, mais elle peut aussi donner la mort. Ainsi celle d'Aman. Il voulait faire du mal à Mardochée depuis le premier complot contre le roi qu'il avait éventé. Ne supportant pas que Mardochée refuse de se prosterner devant lui, il projette d'exterminer, non seulement cet ennemi personnel, mais tous les membres de son peuple. Mêlant adroitement, de manière perverse, la vérité et le mensonge, le second du roi n'a pas de mal à convaincre le souverain de décréter le génocide. Quand la situation se renversera, la mort qu'il voulait donner se retournera inévitablement contre lui et ses fils, et contre tous ceux qu'il avait mobilisés contre les juifs. La mort engendre la mort. Les massacres finaux qui scandalisent quelque lecteur moderne ne doivent pas faire oublier l'horreur de l'extermination programmée de tout un peuple.

LES PAROLES DE L'ÉDIT

On pourrait se demander pourquoi la version grecque a tenu à insérer dans son récit le texte de l'édit du roi préparé par les bons soins d'Aman, comme elle le fera plus tard pour le contre-édit rédigé par Mardochée. Il est certain que leur style officiel, particulièrement amphigourique, contribue puissamment à renforcer la couleur locale de cette histoire persane. Toutefois, l'essentiel n'est pas là, tant s'en faut. C'était certainement un des moyens les plus puissants pour mettre en valeur l'importance de la parole. Citer la lettre *in extenso*, tel un document officiel d'archive, avec son style si remarquable, tranchant si fort sur la langue du récit, devait frapper l'oreille en même temps qu'attirer le regard.

580 — L'Un et l'autre Livre d'Esther

LA PAROLE QUI AFFRONTE LA MORT

Arrivés au cœur du livre, au moment crucial où tout va se jouer, une autre addition, d'autant plus incisive qu'elle est plus courte, va déclencher le renversement qui fera basculer le récit de la mort à la vie : « puisqu'Aman, le second du roi, a parlé contre nous pour la mort, invoque le Seigneur et parle au roi pour nous et délivre-nous de la mort » (4,8). Ces mots de Mardochée appellent Esther à prononcer deux paroles successives, la première conditionnant la seconde. Elle devra d'abord implorer Dieu avant de parler au roi, le prier pour avoir la force de s'adresser à celui qui a le pouvoir de la mettre à mort au lieu de l'écouter.

UNE SUPPLICATION AU CŒUR DE LA MORT

Comment la version grecque aurait-elle pu ne pas focaliser toute sa relecture sur une double et même triple supplication, puisqu'elle avait fait le choix de tout orienter sur le jeu de la parole ? Elle qui avait dressé les deux colonnes parallèles des édits royaux, il eût été impensable qu'elle omît de couronner l'édifice par le fronton solennel de la prière que tout Israël adressa à son Dieu et son Roi. Si « tout Israël criait de toutes leurs forces », c'est que « leur mort était dans leurs yeux » (C,11). Ils en étaient arrivés à un point où ils ne pouvaient voir qu'elle. Toutefois, leur foi, reposant sur l'expérience qu'ils avaient du salut, les convainquait qu'ils seraient entendus, que leur parole atteindrait leur but, les oreilles et le cœur du Seigneur, lui qui gouverne toute chose.

LE TROISIÈME JOUR, JOUR INSIGNE

Le jour venu, Esther doit affronter le lion qui lui apparait dans toute la splendeur de sa force et la violence de sa fureur. Elle a osé braver la loi qui interdit à quiconque, même à la reine, de se présenter devant lui sans avoir été appelé. Foudroyée par la terreur, elle tombe et s'écroule. Sans l'intervention de Dieu qui soudain change l'esprit du roi en douceur, elle ne se serait jamais relevée. Alors, contre toute attente, elle l'entend lui promettre : « Rassure-toi ! Tu ne mourras pas ». Et ce qu'il ajoute ne manque pas de surprendre : « Parle-moi ! » Mardochée l'avait suppliée de parler au roi, et maintenant, c'est le roi qui lui demande de parler. Il avait autrefois fait taire Astin, aujourd'hui il demande à Esther de lui parler ! Ce qu'elle fait aussitôt, pour lui dire à la fois la crainte qu'elle a éprouvée et son admiration. « Or, alors qu'elle parlait, elle tomba » de nouveau. Décidément, c'en était trop. Le retour à la vie reste marqué par la mort.

LA LIBÉRATION DE LA PAROLE

À partir de ce moment-là, il est remarquable que ce soit le roi qui, chaque fois, lui donne la parole par ses questions, toujours les mêmes : « Que veux-tu, Esther, et quelle est ta demande ? » (B3 : 5,3), « Qu'est-ce, reine Esther ? » (6), « Qu'y a-t-il, reine Esther ? Quelle est ta demande et quelle est ta requête ? »

L'ensemble de la version grecque   581

(B5 : 7,2). Et puis, l'instant décisif étant venu : « Qui est celui-là qui a osé faire cette action-là ? » (5). Les jeux sont faits désormais et Aman est pendu sur le bois qu'il avait préparé pour Mardochée. Alors, plus de question du roi. La parole d'Esther est libérée. « Et elle parla de nouveau au roi [...] et demanda de supprimer le mal d'Aman et tout ce qu'il avait fait aux juifs » (B6 : 8,3). Elle enchaine : « Si cela te plait,... » (5), et c'est maintenant elle qui pose au roi une question : « Comment en effet pourrais-je voir le malheur de mon peuple et comment pourrais-je être sauvée dans la perte de ma patrie ? » (6). Renversement des rôles qui aboutira à la rédaction du contre-édit préparé par Mardochée et scellé de l'anneau royal. Finalement, au soir du 13 Adar, après que périrent les ennemis des juifs, le roi sera amené à poser une dernière question à Esther, et celle-ci obtiendra de poursuivre la bataille un jour de plus à Suse.

LA MISE PAR ÉCRIT DE LA PAROLE

Et le roi fit mettre par écrit sa décision pour qu'elle soit affichée aux yeux de tous (B7 : 9,14). C'est que la parole doit revêtir la forme écrite pour avoir force de loi. Et aussi pour servir de « mémorial » pour les générations futures. La version grecque de la Septante insiste sur cet aspect de la parole depuis le début et le tiendra fermement jusqu'à la fin. C'est d'abord, dès le Prélude, l'inscription par le roi « dans les Mémoires » officiels des Perses et des Mèdes de ce que fit Mardochée pour sauver la vie du souverain, menacée par les eunuques qui voulaient porter les mains sur lui. Mais, comme si cela ne suffisait pas, Mardochée lui aussi « écrivit sur ces faits-là » (A,15). Ce n'est pas le lieu de répéter la longue liste des mises par écrit qui jalonnent tout le livre. Les deux édits fournis au lecteur, celui d'Aman et celui de Mardochée, témoigne de manière particulièrement forte de l'importance que la version grecque accorde à l'écrit. Et le dernier verset du livre, que l'on peut à juste titre appeler son colophon, a clairement pour fonction de sceller la thématique de la mise par écrit par la mention de « la lettre des Destinées » et de sa traduction.

DIEU PARLE

« La version grecque, plus récente, encadre le texte hébreu par le récit d'un songe prémonitoire, vérifié ensuite. De ce fait, l'œuvre pourrait être rangée parmi les apocalypses, qui aiment procéder par décryptage des songes »[5]. Apocalypse signifie révélation. L'Esther grec porte à la lumière ce qui est latent dans l'hébreu. Du reste, l'aspect de conte oriental du livre tout entier l'apparente à un songe. Or un rêve doit être interprété. Le grec interprète l'hébreu tout en conservant le charme onirique de l'original. Il révèle le nom, qui demeurait tu, d'un personnage qui n'était pas absent de l'hébreu. Un personnage qui ne dira rien non plus dans le grec, mais auquel Mardochée et Esther, et tout Israël, parlent longuement au centre du livre et qui répondra, mais seulement par ses

---

[5] R. BEAUCHAMP, *Cinquante portraits bibliques*, « Esther ou les déguisements », 235.

actes. Dès le début, il s'était exprimé par un songe, pour signifier « ce qu'il voulait faire ». Mardochée s'efforçait de le comprendre jusqu'à la nuit. Mais la nuit s'était prolongée jusqu'à la fin. Et c'est seulement après la fin qu'il put réaliser que « de Dieu est advenu cela ». C'est dans la nuit que Dieu s'exprime, par le songe, par l'insomnie aussi. Par l'obscurité du livre scellé, que lui seul peut ouvrir.

Conclusion

Burlesque et terrifiant. Tel est le livre de la fête de Pourim, le carnaval juif. Ce jour-là, on le lit à la synagogue où l'on se rend déguisé. Les enfants couvrent du vacarme de leurs crécelles le nom d'« Hamân le méchant », chaque fois qu'il est prononcé par le lecteur. Les hommes seront tenus de boire jusqu'au moment où ils seront incapables de distinguer entre « maudit soit Hamân ! » et « béni soit Mardochée ! ». Ce qui donne lieu à des scènes pittoresques jusque dans les rues de Méa Shéarim, le quartier ultra-orthodoxe de Jérusalem, où des personnes, fort respectables, se déplacent en vacillant pour avoir obéi scrupuleusement au précepte.

Il faut reconnaître que le livre d'Esther prête à sourire, tellement il est extravagant. Il commence fort, avec un banquet que le roi perse offre aux plus hauts responsables de son immense empire qui s'étend de l'Inde jusqu'à l'Éthiopie — cent-vingt-sept provinces —, un banquet qui dure cent-quatre-vingts jours, c'est-à-dire six mois ! Puis, lors d'un autre banquet pour les habitants de la capitale, survient un incident qui donne lieu à une décision grotesque : la reine Vashti, convoquée par le roi éméché, décline l'invitation à se rendre au banquet où le roi aurait voulu faire montre de sa beauté devant ses commensaux. Les conseillers du roi prennent la chose très au sérieux. Ils sont d'avis qu'il convient de promulguer un édit solennel pour tuer dans l'œuf la rébellion prévisible de toutes les femmes du royaume qui, imitant la reine désobéissante, mépriseraient leurs maris. Et ainsi fut fait. Vashti détrônée, on organisera un immense concours de beauté dans chacune des cent-vingt-sept provinces de l'empire, pour sélectionner, parmi la foule des plus belles filles retenues, celle qui deviendra la nouvelle reine. Voilà qui prend la tournure d'un conte de fées. Et c'est l'arrivée d'une jeune orpheline juive qui conquiert le cœur du roi et qu'il fait reine. De manière plutôt invraisemblable, elle a réussi, sur le conseil de son cousin et tuteur Mardochée, à dissimuler son appartenance au peuple juif.

Le livre d'Esther est un conte. Un conte burlesque et merveilleux qui enchante mais que personne, bien entendu, ne saurait prendre pour un récit historique. Et pourtant, l'histoire, et l'histoire récente, a révélé son caractère éminemment prophétique. Devenu premier ministre, Hamân, le second du roi, est irrité au plus haut point parce que Mardochée refuse de se prosterner devant lui, comme le roi en a donné l'ordre. Ayant appris que le rebelle est juif, il convainc le souverain d'émettre un édit pour exterminer tout ce peuple des juifs qui obéissent à d'autres lois que celles du royaume. Tous devront être anéantis, hommes, femmes et enfants, en un seul jour, fixé par le sort, le treize du dernier mois de l'année. Voilà que le conte bascule dans le tragique et l'insoutenable. Telle est la « solution finale », décrétée par un autre Hamân il y a quatre-vingts ans, qu'on appellera, quand elle aura été largement appliquée, la Shoah, la « catastrophe ». À une telle catastrophe, les juifs de Perse et de Médie finiront par échapper. La réalité a dépassé la fiction, et de très loin. Ce qui fait que ce conte est réel, actuel.

Grâce à Mardochée et à la reine Esther, le plan d'Hamân sera déjoué. La situation sera renversée et, au jour prévu, ce sont les juifs qui l'emporteront sur leurs ennemis dans tout le royaume, laissant derrière eux près de quatre-vingt mille morts selon le texte hébreu, dix-mille-cinq-cents selon le grec. Le conte a donc une fin heureuse. Heureuse pour ceux qui échappent ainsi à l'extermination, mais sanglante pour ceux qui avaient juré leur anéantissement. On aura beau dire que, quand on pense à l'immensité de l'empire et de sa population, le nombre des victimes est, somme toute, très modeste. Il suffit de diviser le nombre des morts par 127, le nombre des provinces du royaume, pour se rendre compte du chiffre, finalement limité, des victimes de ceux qui voulaient perpétrer un génocide total. Il n'empêche que, au moins à notre époque — si sensible et délicate —, un tel massacre ne laisse pas de poser question. Autrement dit, le conte s'achève de manière sapientielle, sur une énigme. Qui rejaillit, de manière rétrospective sur tout le livre.

Le livre d'Esther est énigmatique, tout d'abord parce qu'il se présente sous différentes formes, comme autant de masques ou de déguisements, bien de circonstance pour la fête de Pourim. La première forme est celle du texte hébreu et c'est celle-ci qui est d'abord analysée dans le présent commentaire, selon les procédures de l'analyse rhétorique biblique. Cependant, le texte hébreu se présente aussi sous un costume grec qu'il a revêtu, de son propre aveu, à destination des juifs d'Égypte qui l'ont eux-mêmes taillé à Jérusalem. C'est ce même livre, habillé à la grecque, qui fait l'objet de la deuxième partie du commentaire. Des autres formes qu'a revêtues le livre, en particulier celles de la version grecque dite Lucianique (ou Texte Alpha) et celle de la Vieille Latine, il ne pouvait en être question dans les limites du présent commentaire. Sans parler de la Vulgate de saint Jérôme qui a traduit en latin les additions de la Septante, mais n'en a pas revêtu le texte hébreu, laissant ce costume, comme au vestiaire, à la fin du livre.

La forme du texte hébreu obéit aux lois de la rhétorique biblique et sémitique. Son architecture se déploie en trois grandes sections. Les sections extrêmes comprennent chacune deux séquences ; la première section raconte la chute de la reine Vashti et l'accession d'Esther à la royauté, la dernière rapporte la victoire des juifs contre leurs ennemis et l'instauration de la fête de Pourim qui célèbre cet heureux dénouement. Quant à la longue section centrale, c'est un drame qui se développe en sept séquences organisées de manière concentrique autour du moment où tout bascule, quand Hamân est pris à son propre piège et où Mardochée, libéré, est promu à sa place comme second du roi et sauve son peuple.

Le vêtement grec que le texte hébreu endosse dans la traduction de la Septante, au lieu de dissimuler son contenu et sa signification, les révèle au grand jour. Dans le texte hébreu, la présence de Dieu est tellement discrète— son nom n'y étant pas prononcé une seule fois —, que plusieurs commentateurs sont d'avis qu'il ne s'agit dans ce livre que d'une histoire strictement profane dont Dieu est rigoureusement absent. Les additions de la Septante ont pour fonction de souligner la

Conclusion 585

présence de Dieu dans toute cette affaire : c'est vers lui que se tournent les juifs, Mardochée et Esther en tête, pour le supplier de les sauver, et Dieu les exauce en intervenant dans l'histoire. Du point de vue de la forme, il s'agissait de savoir si le déguisement s'adaptait bien au corps du texte hébreu, respectant sa silhouette, la mettant même en valeur. Or il s'avère que les additions sont greffées aux points stratégiques de la structure du texte hébreu : avant le début et après la fin pour les expansions extrêmes (A et F), au cœur des sous-sections extrêmes de la section centrale pour les deux édits, celui rédigé par Hamân (B) et celui que composa Mardochée (E), en introduction de la sous-section centrale de la section centrale pour la prière de Mardochée, d'Esther et de tous les juifs (C), enfin pour la rencontre décisive d'Esther et du roi (D). Le vêtement grec sied fort bien à l'hébreu, il lui est admirablement ajusté.

À Pourim, l'imagination se donne libre cours dans le choix des déguisements. Évidemment, beaucoup d'hommes et d'enfants se déguisent en Mardochée, et Esther a la faveur d'un grand nombre de femmes et de filles. Toutefois, certaines personnes en sont venues non pas à se travestir, mais à s'identifier à quelque personnage du conte. Et cela dans la réalité la plus crue. Ainsi, le 31 octobre 1938, Édith Stein écrivait à une amie[1] :

> Le Seigneur a pris ma vie pour tous. Je dois toujours penser à la reine Esther qui fut, justement, choisie du milieu de son peuple pour intervenir pour le peuple devant le roi. Je suis une très pauvre et impuissante petite Esther, mais le roi qui m'a choisie est immensément grand et miséricordieux. C'est là une grande consolation.

Juive allemande devenue chrétienne et carmélite, réfugiée au Carmel de Echt en Hollande, elle fut arrêtée par deux officiers SS le 2 août 1942 et déportée à Auschwitz-Birkenau où, une semaine plus tard, avec sa sœur Rosa elles furent gazées.

---

[1] É. STEIN, *Source cachée*, 309.

Bibliographie
des ouvrages mentionnés

BEAUCHAMP, P., *Psaumes nuit et jour*, Paris 1980.

——, *Cinquante portraits bibliques*, Paris 2000.

BERG, S.B., *The Book of Esther: Motifs, Themes, Structures*, SBLDS 44, Chico (CA) 1979.

BOVATI, P. – MEYNET, R., *Le Livre du prophète Amos*, RhBib 2, Paris 1994.

BUSH, F.W., *Ruth, Esther*, WBC 9, Dallas (TX) 1996.

CLINES, D.J.A., *The Esther Scroll: The Story of the Story*, JSOTS 30; Sheffield 1984.

CRAWFORD, S.W. – GREENSPOON, L.J., ed., *The Book of Esther in Modern Research*, JSOTS 380, London 2003.

FOX, M.V., «The Structure of the Book of Esther», in A. ROFÉ, ed., *I.L. Seeligmann Memorial Volume*, Jerusalem 1983, 291-303.

——, *Character and Ideology in the Book of Esther. Second Edition with a New Postscript on a Decade of Esther Scholarship*, Eugene (OR) 2010.

HEVENESI, G., *Scintillae Ignatianae*, Vienne 1705.

JOÜON, P., *Grammaire de l'hébreu biblique*, Rome 1923.

La Bible d'Alexandrie. 2, Esther, Paris 2012.

LARKIN, K.J.A., *Ruth and Esther*, OTG, Sheffield 1996.

LEVENSON, J.D., *Esther. A Commentary*, OTL, London 1997.

MACCHI, J.-D., *Le livre d'Esther*, Commentaire de l'Ancien Testament 014e, Genève 2016.

MEYNET, R., *Mort et ressuscité selon les Écritures*, Paris 2003.

——, *« Selon les Écritures ». Lecture typologique des récits de la Pâque du Seigneur*, Theologia 7, Rome 2012.

——, « Résurgence de l'exégèse typologique. Une dimension essentielle de l'intertextualité », *Gr.* 94 (2013) 549-572.

——, *Appelés à la liberté*, RhSem 5, Paris 2008.

——, *Le Cantique des cantiques*, RBSem 25, Leuven 2020.

——, *Traité de rhétorique biblique*, RhSem 4, Paris 2007 ; 2e éd. revue et corrigée, RhSem 12, Pendé 2013 ; 3e édition revue et augmentée, RBSem 28, Leuven 2021.

MEYNET, R., *Le Psautier. Premier livre (Ps 1–41)*, RBSem 16, Leuven 2008.

———, *Comment ? Les Lamentations de Jérémie*, RBSem 34, Leuven 2021.

———, voir BOVATI, P.

Midrash Tehillîm, Vilna 1891, Jérusalem 1977[2].

MINISSALE, A., *Ester. Nuova versione, introduzione e commento*, I libri biblici. Primo Testamento 27, Milano 2012.

MOORE, C.A., *Esther: Introduction, Translation and Notes*, AB 7B, Garden City (NY) 1971.

———, *Daniel, Esther, and Jeremiah: The Additions*, AB 44, Garden City (NY) 1977.

NOFFKE, E., *Ester*, Nuova versione della Bibbia dai testi antichi 25, Cinisello Balsamo (MI) 2017.

QUEEN-SUTHERLAND, K., *Ruth & Esther*, Macon (GA) 2016.

RADDAY, Y., « Chiasm in Joshua, Judges and Others », *LB* 3 (1973) 6-13.

STEIN, É., *Source cachée. Œuvres spirituelles*, Genève – Paris 1998.

SWETE, H.B., *The Old Testament in Greek according to the Septuagint*, Cambridge 1901-1905.

TOMASINO, A.J., « Interpreting Esther from the Inside Out: Hermeneutical Implications of the Chiastic Structure of the Book of Esther », *JBL* 138 (2019) 101-120.

VIALLE, C., *Une analyse comparée d'Esther TM et LXX. Regard sur deux récits d'une même histoire*, BEThL 233, Leuven 2010.

VÍLCHEZ LÍNDEZ, J., *Rut y Ester*, Nueva Biblia Española-Narraciones 2; Estella (Navarra) 1998 ; trad. italienne, *Rut ed Ester*, Roma 2004.

INDEX DES AUTEURS CITÉS

Beauchamp : 126, 581
Berg : 9, 589
Bovati : 578
Clines : 10, 589
Fox : 8, 9, 10, 11, 340, 589
Hanhart : 553
Hevenesi : 219
Joüon : 120
La Bible d'Alexandrie : 7, 249, 250,
    273, 285, 295, 397, 493, 499,
    522, 530, 553
Levenson : 9, 10, 11, 340, 589
Macchi : 8, 11, 14, 29, 120, 250,
    252, 563, 589

Meynet : 13, 17, 242, 578
Midrash Tehillîm : 126
Minissale : 10, 11, 589
Moore : 7, 10, 11, 341, 493, 589
Queen-Sutherland : 10, 589
Radday : 8, 9, 10, 589
Stein : 585
Swete : 249
Tomasino : 9, 10, 589
Vialle : 7, 589
Vílchez Líndez : 10, 11, 589
Wénin : 603

INDEX DES RÉFÉRENCES BIBLIQUES

Gn 6,8 : 65
Gn 11,28 : 58
Gn 12,1 : 58
Gn 18,3 : 65
Gn 22,4 : 126
Gn 23,7.12 : 98
Gn 24,7 : 58
Gn 32,17 : 120
Gn 39,4-6 : 243
Gn 41,40-43 : 191, 233
Gn 41,41-42 : 101, 243
Gn 41,46-49 : 234, 243
Gn 42,17 : 126
Gn 45,4-8 : 243
Gn 45,7-8 : 126

Ex 1,8-14 : 243
Ex 1,15-16 : 243
Ex 1,22 : 243
Ex 12,1-14 : 243
Ex 12,2 : 98
Ex 14,25 : 159
Ex 15,22 : 126
Ex 17,8-16 : 98, 244
Ex 20,5 : 98
Ex 23,24 : 98
Ex 40,1.17 : 98

Lv 23,5 : 98
Lv 25,25-28 : 61
Lv 25,26 : 40
Lv 25,47-55 : 61

Nb 9,1-2 : 98
Nb 26,55-56 : 99

Dt 12,11 : 120
Dt 14,23 : 120

Dt 15,20 : 120
Dt 25,17-18 : 98

Jos 2,16 : 126
Jos 4,19 : 98

1S 3,20 : 28
1S 14,42 : 99
1S 15 : 98, 244

2S 17,11 : 28

1R 5,8 : 183
1R 10 : 33
1R 10,9 : 33
1R 10,24 : 33

2R 20,5.8 : 126

1Ch 12,16 : 98
1Ch 12,33 : 34
1Ch 29,30 : 34

1M 7,47 : 200
1M 7,49 : 198

2M 15,30-35 : 200
2M 15,36 : 198

Jr 22,10 : 58

Os 6,2 : 126

Jon 1,7 : 99
Jon 2,1 : 126
Jon 4,7-10 : 123

Ps 7,16-17 : 166

Ps 22 : 125
Ps 22,30 : 98
Ps 26,27 : 166
Ps 95,6 : 98
Ps 104,15 : 139

Pr 23,29-35 : 33

Qo 8,11 : 40

Mt 16,21 : 126
Mt 18,23-35 : 101

Ac 1,23-26 : 99

TABLE DES MATIÈRES

Introduction 7
Sigles et abréviations 13
Lexique des termes techniques 15

Première partie
LE TEXTE HÉBREU

PERSPECTIVE CAVALIÈRE DU LIVRE HÉBREU D'ESTHER 19

ESTHER, PUPILLE DE MARDOCHÉE, DEVIENT REINE À LA PLACE DE VASHTI

La section A : 1,1–2,23 23

I. VASHTI PERD LA COURONNE ROYALE
La séquence A1 : 1,1-22 25

A. Le roi Akhashvérosh fait montre de sa royauté
La première sous-séquence : 1,1-9 26
1. Un banquet de cent-quatre-vingts jours pour tout le royaume : 1,1-4 26
2. Un autre banquet de sept jours pour Suse-la-Citadelle : 1,5-9 29
3. *Le roi Akhashvérosh fait montre de sa royauté* : 1,1-9 32

B. La reine Vashti refuse de se montrer
La deuxième sous-séquence : 1,10-15.. 34

C. La reine Vashti n'exercera plus la royauté
La troisième sous-séquence : 1,16-22 40
1. Mamoukân conseille de faire un édit pour détrôner Vashti : 1,16-20 40
2. Le roi suit le conseil et publie son édit : 1,21-22 43
3. *La reine Vashti n'exercera plus la royauté* : 1,16-22 45

D. *VASHTI PERD LA COURONNE ROYALE* 47

II. ESTHER REÇOIT LA COURONNE ROYALE
La séquence A2 : 2,1-23 55

A. La pupille de Mardochée candidate à la royauté
La première sous-séquence : 2,1-11 56
1. Que l'on sélectionne les plus belles filles du royaume : 2,1-4 56
2. Esther est retenue parmi les plus belles filles du royaume : 2,5-11 58
3. *La pupille de Mardochée candidate à la royauté* : 2,1-11 63

594   L'Un et l'autre Livre d'Esther

B. Esther devient reine à la place de Vashti
La deuxième sous-séquence : 2,12-17 65

C. La pupille de Mardochée exerce la royauté
La troisième sous-séquence : 2,18-23 70
1. La reine Esther continue à obéir à son tuteur : 2,18-20 71
2. La reine Esther transmet au roi le message de son tuteur : 1,21-22 .. 72
3. *La pupille de Mardochée exerce la royauté* : 2,18-22 74

D. *ESTHER REÇOIT LA COURONNE ROYALE* 75

3. Esther, pupille de Mardochée, devient reine à la place de Vashti
L'ensemble de la section A : 1,1–2,23 83

LES SORTS SONT RENVERSÉS

La section B : 3,1–9,19 91

I. HAMÂN ET SON PROJET DE DESTRUCTION

La sous-section B1–B2 : 3,1–4,17 93

1. Hamân obtient du roi un édit
pour que les juifs soient exterminés par leurs ennemis
La séquence B1 : 3,1-15 93
a. Hamân cherche à se venger du juif Mardochée : 3,1-7 94
b. Hamân obtient du roi d'anéantir le peuple juif : 3,8-11 100
c. Hamân organise l'extermination de tous les juifs : 3,12-15 103
d. *Hamân obtient du roi un édit*
pour que les juifs soient exterminés par leurs ennemis : 3,1-15 107

2. Dans les pleurs et le jeûne, la reine se risquera auprès du roi
La séquence B2 : 4,1-17 111
a. Mardochée et tous les juifs revêtent le sac et jeûnent : 4,1-4 112
b. Mardochée demande à Esther d'intervenir auprès du roi : 4,5-12 115
c. Avant d'aller chez le roi, Esther demande à tous de jeûner : 4,3-17 .. 120
d. *Dans les pleurs et le jeûne, la reine se risquera auprès du roi* : 4,1-17 124

3. Hamân et son projet de destruction
L'ensemble de la sous-section B1–B2 127

Table des matières 595

II. LA CHUTE D'HAMÂN

La sous-section B3–B5 : 5,1–7,10 131

1. Après le premier banquet d'Esther,
   Hamân projette de faire pendre Mardochée
   La séquence B3 : 5,1-14 133

   a. Reçue par le roi, Esther l'invite avec Hamân à son banquet : 5,1-5c ... 134
   b. Au banquet, Esther les invite à un deuxième banquet : 5,5d-8 138
   c. Libéré de Mardochée, Hamân ira joyeux au banquet d'Esther : 5,9-14 ... 140
   d. *Après le premier banquet d'Esther,*
      Hamân projette de faire pendre Mardochée : 5,2–6,3 144

2. Hamân commence à tomber devant Mardochée
   La séquence B4 : 6,1-14 147

   A. Mardochée n'a pas été élevé
      La première sous-séquence : 6,1-3 148

   B. Le rêve d'Hamân se brise
      La deuxième sous-séquence : 6,4-11 149
      a. Hamân est venu pour faire pendre Mardochée : 6,4-5 150
      b. Le rêve d'Hamân : 6,6-9 151
      c. Hamân est contraint d'honorer Mardochée : 6,10-11 152
      d. *Le rêve d'Hamân se brise : 6,4-11* 154

   C. Hamân a commencé à tomber
      La troisième sous-séquence : 6,12-14 156

   D. *Hamân commence à tomber devant Mardochée : 6,1-14* 157

3. Après le second banquet d'Esther,
   Hamân est pendu à la place de Mardochée
   La séquence B5 : 7,1-10 161

   a. Esther demande la vie, pour elle et pour son peuple : 7,1-4 162
   b. Hamân tombe : 7,5-8 164
   c. Hamân est pendu sur le bois qu'il avait fait pour Mardochée : 7,9-10 ... 166
   d. *Après le second banquet d'Esther,*
      Hamân pendu à la place de Mardochée : 7,1-10 167

4. La chute d'Hamân
   L'ensemble de la sous-section B3–B5 171

596   L'Un et l'autre Livre d'Esther

III. Mardochée et son projet de salut

La sous-section B6–B7 : 8,1–9,19   177

1. Mardochée obtient du roi un édit
pour que les juifs se défendent contre leurs ennemis
La séquence B6 : 8,1-17   177

A. Mardochée vient devant le roi et reçoit son anneau
La première sous-séquence : 8,1-2   178

B. Mardochée écrit un nouvel édit au nom du roi
La deuxième sous-séquence : 8,3-14   179
    a. Esther supplie le roi de révoquer l'édit contre les juifs : 8,3-6   180
    b. Le roi dit à Esther et Mardochée d'écrire un nouvel édit : 8,7-9   182
    c. Mardochée envoie l'édit pour la défense des juifs : 8,10-14   183
    d. *Mardochée écrit un nouvel édit au nom du roi* : 8,3-14   186

C. Mardochée sort de devant le roi en vêtements royaux
La troisième sous-séquence : 8,15-17   188

D. *Mardochée obtient du roi un édit*
pour que les juifs se défendent contre leurs ennemis : 8,1-17   189

2. Dans la joie et les banquets,
les juifs célèbrent leur victoire
La séquence B7 : 9,1-19   193

    a. Le 13 Adar, les juifs frappent leurs ennemis
     dans les provinces et à Suse-la-Citadelle : 9,1-11   194
    b. Esther demande au roi un jour de plus pour Suse : 9,12-14   199
    c. Le 14 Adar, les juifs frappent aussi à Suse
     comme ils avaient fait ailleurs la veille : 9,15-19   201
    d. *Dans la joie et les banquets,*
     les juifs célèbrent leur victoire : 9,1-19   204

3. Mardochée et son projet de salut
L'ensemble de la sous-section B6–B7   207

IV. Les sorts sont renversés

L'ensemble de la section B : 3,1–9,19   211

Table des matières   597

MARDOCHÉE, TUTEUR D'ESTHER, DEVIENT SECOND DU ROI À LA PLACE D'HAMÂN

La section C : 9,20–10,3 221

1. MARDOCHÉE ET ESTHER INSTITUENT LA FÊTE DE POURIM

La séquence C1 : 9,20-32 222

    a. Mardochée écrit une lettre aux juifs : 9,20-22 222
    b. La célébration de Pourim : 9,23-28 224
    c. Esther et Mardochée écrivent une lettre aux juifs : 9,29-32 228
    d. *Mardochée et Esther instituent la fête de Pourim* : 9,20-32 230

2. MARDOCHÉE EST INSTITUÉ SECOND DU ROI

La séquence C2 : 10,1-3 233

3. MARDOCHÉE, TUTEUR D'ESTHER, DEVIENT SECOND DU ROI À LA PLACE D'HAMÂN

L'ensemble de la section C : 9,20–10,3 234

LE TEXTE HÉBREU L'ENSEMBLE DU LIVRE 237

Deuxième partie
LA VERSION GRECQUE DES SEPTANTE

PERSPECTIVE CAVALIÈRE DE LA VERSION GRECQUE D'ESTHER   248

MARDOCHÉE ENTRE EN LICE

Prélude : A,1-17

A. Mardochée voit en songe le combat de deux peuples : A,1-11 256
B. Mardochée évente le complot des deux eunuques : A,12-17 258
C. *Mardochée entre en lice* : A,1-17 260

ESTHER, PUPILLE DE MARDOCHÉE, DEVIENT REINE À LA PLACE D'ASTIN

La section A : 1,1–2,23 263

I. ASTIN PERD LA COURONNE ROYALE

La séquence A1 : 1,1-22 265

    1. Le roi Artaxerxès fait montre de sa royauté : 1,1-9 266

598   L'Un et l'autre Livre d'Esther

2. La reine Astin refuse de se montrer : 1,10-15 270
3. La reine Astin n'exercera pas la royauté : 1,16-22 274
4. *Astin perd la couronne royale* : 1,1-22 278

II. ESTHER REÇOIT LA COURONNE ROYALE
La séquence A2 : 2,1-23 283

A. La pupille de Mardochée candidate à la royauté
La première sous-séquence : 2,1-11 284

1. Que l'on sélectionne les plus belles filles du royaume : 2,1-4 284
2. Esther est retenue parmi les plus belles filles du royaume : 2,5-11 .. 288
3. *La pupille de Mardochée candidate à la royauté* : 2,1-11 292

B. Esther devient reine à la place d'Astin : 2,12-17 294

C. La pupille de Mardochée exerce la royauté
La troisième sous-séquence : 2,18-23 298
1. La reine Esther continue à obéir à son tuteur : 2,18-20 298
2. La reine Esther transmet au roi le message de son tuteur : 2,21-23 .. 301
3. *La pupille de Mardochée exerce la royauté* : 2,18-23 304

D. Esther reçoit la couronne royale
L'ensemble de la séquence A2 : 2,1-23 306

III. Esther, pupille de Mardochée, devient reine à la place d'Astin
L'ensemble de la section A : 1,1–2,23 311

LES SORTS SONT RENVERSÉS

La section B : 3,1–9,19 321

I. AMAN ET SON PROJET DE DESTRUCTION

La sous-section B1–Récitatif B–B2 : 3,1–4,17 323

1. Aman obtient du roi un édit pour que les juifs soient exterminés
La séquence B1 : 3,1-15 323

a. Aman cherche à se venger du juif Mardochée : 3,1-7 324
b. Aman obtient du roi d'anéantir le peuple juif : 3,8-11 331
c. Aman organise l'extermination de tous les juifs : 3,12-13 334
d. *Aman obtient du roi un édit*
pour que les juifs soient exterminés : 3,1-13 336

2. L'édit royal préparé par Aman
Le Récitatif B : B,1-15 & 3,14-15 341
a. L'introduction : B,1a 341

Table des matières   599

b. Le texte de l'édit : B,1b-7 341
c. La conclusion : 3,14-15 347
d. *L'édit royal préparé par Aman : B,1-15 et 3,14-15* 348

3. Dans les pleurs et le jeûne la reine se risquera auprès du roi
La séquence B2 : 4,1-17 351
a. Mardochée et tous les juifs se lamentent et revêtent le sac : 4,1-4 351
b. Mardochée demande à Esther d'intervenir auprès du roi : 4,5-12 356
c. Avant d'aller chez le roi, Esther demande à tous de jeûner : 4,13-17   365
d. *Dans les pleurs et le jeûne
la reine se risquera auprès du roi : 4,1-17* 368

4. Aman et son projet de destruction
L'ensemble de la sous-section B1–2 373

II. LA CHUTE D'AMAN

La sous-section C.B3–B6 : C–7,10 379

1. Mardochée, Esther et tout Israël supplient le Seigneur
Le Chœur des juifs : C,1-30 381
a. La prière de Mardochée : C,1-11 381
b. La prière d'Esther : C,12-30 386
c. *Mardochée, Esther et tout Israël supplient le Seigneur : C,1-30* 392

2. Après le premier banquet d'Esther, Aman projette de faire pendre Mardochée
La séquence B3 : D,1–5,14 397
a. Le roi épargne la vie d'Esther : D,1-16 397
b. Par deux fois Esther invite le roi et Aman à son banquet : 5,3-8 402
c. Aman projette la mort de Mardochée : 5,9-14 406
d. *Après le premier banquet d'Esther,
Aman projette de faire pendre Mardochée : D,1–5,14* 410

3. Aman commence à tomber devant Mardochée
La séquence B4 : 6,1-14 415
a. Mardochée n'a pas été élevé : 6,1-3 415
b. Le rêve d'Aman se brise : 6,4-11 418
c. Aman a commencé à tomber : 6,12-14 425
d. *Aman commence à tomber devant Mardochée : 6,1-14* 427

4. Après le second banquet d'Esther, Aman est pendu à la place de Mardochée
La séquence B5 : 7,1-10 431
a. Esther demande la vie, pour elle et pour son peuple : 7,1-4 432
b. Aman tombe : 7,5-8 436

600   L'Un et l'autre Livre d'Esther

c. Aman est pendu
sur le bois qu'il avait préparé pour Mardochée : 7,9-10 440
d. *Après le second banquet d'Esther,*
Aman est pendu à la place de Mardochée : 7,1-10 442

5. Les sorts sont renversés
L'ensemble de la sous-section C.B3–B6 445

III. Mardochée et son projet de salut

La troisième sous-section : 8,1–9,19 455

1. Esther obtient du roi un édit pour que les juifs soient sauvés
La séquence B6 : 8,1-12 455
a. Esther demande au roi
l'annulation du projet d'Aman contre les juifs : 8,1-4 456
b. Le roi accepte que soient écrites de nouvelles lettres : 8,5-8 460
c. Les lettres en faveur des juifs sont écrites
et envoyées dans tout le royaume : 8,9-12 464
d. *Esther obtient du roi un édit pour que les juifs soient sauvés* : 8,1-12   468

2. L'édit royal préparé par Mardochée
Le Récitatif E : E,1–8,17 473
a. Introduction : voici la copie de la lettre du roi : E,1a 473
b. Le texte de l'édit : Dieu gouverne toutes choses : E,1b-24 474
c. Conclusion : Mardochée sort en tenue royale : 8,13-17 482
d. *L'édit royal préparé par Mardochée* : E,1–8,17 486

3. Dans la joie et les banquets, les juifs célèbrent leur salut
La séquence B7 : 9,1-19 489
a. Le 13 Adar, les juifs frappent leurs ennemis
dans les provinces et à Suse-la-Citadelle : 9,1-11 489
b. Esther demande au roi un jour de plus pour Suse : 9,12-14 495
c. Le 14 Adar, les juifs frappent aussi a Suse
comme ils avaient fait ailleurs la veille : 9,15-19 498
d. *Dans la joie et les banquets, les juifs célèbrent leur salut* : 9,1-19 502

4. Mardochée et son projet de salut
L'ensemble de la sous-section B6–7 509

IV. Les sorts sont renversés

L'ensemble de la section B : 3,1–9,19 517

Table des matières

MARDOCHÉE, TUTEUR D'ESTHER, DEVIENT SECOND DU ROI À LA PLACE D'AMAN

La section C : 9,20–10,3 535

1. Mardochée et Esther instituent la fête de Pourim
   La séquence C1 : 9,20-32 536
   a. Mardochée écrit une lettre aux juifs : 9,20-22 537
   b. La célébration de Pourim : 9,23-28 540
   c. Esther et Mardochée écrivent une lettre aux juifs : 9,29-32 546
   d. *Mardochée et Esther instituent la fête de Pourim* : 9,20-32 548

2. Mardochée est institué second du roi
   La séquence C2 : 10,1-3 553

3. Mardochée, tuteur d'Esther, devient second du roi à la place d'Aman
   L'ensemble de la section C : 9,20–10,3 556

« DE DIEU EST ADVENU CELA »
Postlude : F,1-11

A. Mardochée interprète le songe du combat entre deux peuples : F,1-10 .. 561
B. Le colophon : F,11 563
C. *« De Dieu est advenu cela »* : F,1-11 564

LA VERSION GRECQUE DES SEPTANTE
L'ENSEMBLE DU LIVRE 567

Conclusion 583
Bibliographie 587
Index des auteurs cités 589
Index des références bibliques 591

RHÉTORIQUE BIBLIQUE
Collection dirigée par Roland Meynet et Pietro Bovati

1. ROLAND MEYNET, *L'Évangile selon saint Luc. Analyse rhétorique*, Éd. du Cerf, Paris 1988.
2. PIETRO BOVATI – ROLAND MEYNET, *Le Livre du prophète Amos*, Éd. du Cerf, Paris 1994.
3. ROLAND MEYNET, *Jésus passe. Testament, jugement, exécution et résurrection du Seigneur Jésus dans les évangiles synoptiques*, PUG Editrice – Éd. du Cerf, Rome – Paris 1999.

RHÉTORIQUE SÉMITIQUE
Collection dirigée par Roland Meynet avec Jacek Oniszczuk

1. ROLAND MEYNET, *L'Évangile de Luc*, Lethielleux, Paris 2005.
2. TOMASZ KOT, *La Lettre de Jacques. La foi, chemin de la vie*, Lethielleux, Paris 2006.
3. MICHEL CUYPERS, *Le Festin. Une lecture de la sourate* al-Mâ'ida, Lethielleux, Paris 2007.
4. ROLAND MEYNET, *Traité de rhétorique biblique*, Lethielleux, Paris 2007.
5. ROLAND MEYNET, *Appelés à la liberté*, Lethielleux, Paris 2008.
6. ROLAND MEYNET, *Une nouvelle introduction aux évangiles synoptiques*, Lethielleux, Paris 2009.
7. ALBERT VANHOYE, *L'Épître aux Hébreux. «Un prêtre différent»*, Gabalda, Pendé 2010.
8. ROLAND MEYNET, *L'Évangile de Luc*, Gabalda, Pendé 2011[3].
9. MICHEL CUYPERS, *La Composition du Coran*, Gabalda, Pendé 2012.
10. ROLAND MEYNET, *La Lettre aux Galates*, Gabalda, Pendé 2012.
11. ROLAND MEYNET, *Traité de rhétorique biblique*, Gabalda, Pendé 2013[2].
12. ROLAND MEYNET – J. ONISZCZUK, *Exercices d'analyse rhétorique*, Gabalda, Pendé 2013.
13. JACEK ONISZCZUK, *La première lettre de Jean*, Gabalda, Pendé 2013.
14. ROLAND MEYNET, *La Pâque du Seigneur. Passion et résurrection de Jésus dans les évangiles synoptiques*, Gabalda, Pendé 2013.
15. MICHEL CUYPERS, *Apocalypse coranique. Lecture des trente-trois sourates du Coran*, Gabalda, Pendé 2014.
16. ROLAND MEYNET, *L'Évangile de Marc*, Gabalda, Pendé 2014.

RETORICA BIBLICA
collana diretta da Roland Meynet, Pietro Bovati e Jacek Oniszczuk

EDIZIONI DEHONIANE ROMA

1. ROLAND MEYNET, *Il Vangelo secondo Luca. Analisi retorica*, ED, Roma 1994.

2. PIETRO BOVATI – ROLAND MEYNET, *Il libro del profeta Amos*, ED, Roma 1995.

3. ROLAND MEYNET, *«E ora, scrivete per voi questo cantico». Introduzione pratica all'analisi retorica. 1. Detti e proverbi*, ED, Roma 1996.

EDIZIONI DEHONIANE BOLOGNA

4. ROLAND MEYNET, *Una nuova introduzione ai Vangeli sinottici*, EDB, Bologna 2001.

5. ROLAND MEYNET, *La Pasqua del Signore. Testamento, processo, esecuzione e risurrezione di Gesù nei vangeli sinottici*, EDB, Bologna 2002.

6. TOMASZ KOT, *La fede, via della vita. Composizione e interpretazione della Lettera di Giacomo*, EDB, Bologna 2003.

7. ROLAND MEYNET, *Il Vangelo secondo Luca. Analisi retorica*, seconda edizione, EDB, Bologna 2003.

8. GIORGIO PAXIMADI, *E io dimorerò in mezzo a loro. Composizione e interpretazione di Es 25–31*, EDB, Bologna 2004.

9. ROLAND MEYNET, *Una nuova introduzione ai Vangeli sinottici*, seconda edizione rivista e ampliata, EDB, Bologna 2006.

10. ROLAND MEYNET, *Trattato di retorica biblica*, EDB, Bologna 2008.

11. JACEK ONISZCZUK, *La Prima Lettera di Giovanni*, EDB, Bologna 2008.

12. ROLAND MEYNET – JACEK ONISZCZUK, ed., *Retorica biblica e Semitica 1. Atti del primo convegno RBS*, EDB, Bologna 2009.

13. ROLAND MEYNET, *Chiamati alla libertà*, EDB, Bologna 2010.

14. ALBERT VANHOYE, *L'epistola agli Ebrei. «Un sacerdote differente»*, EDB, Bologna 2010.

15. JACEK ONISZCZUK, *La passione del Signore secondo Giovanni (Gv 18–19)*, EDB, Bologna 2011.

16. ROLAND MEYNET – JACEK ONISZCZUK, ed., *Retorica biblica e Semitica 2. Atti del secondo convegno RBS*, EDB, Bologna 2011.

17. ROLAND MEYNET, *La lettera ai Galati*, EDB, Bologna 2012.

18. GERMANO LORI, *Il Discorso della Montagna, dono del Padre (Mt 5,1–8,1)*, EDB, Bologna 2013.

RHETORICA SEMITICA
Series directed by Roland Meynet

ESPAÑOL

1. R. MEYNET, *Llamados a la libertad*, Convivium Press – G&B Press, Miami – Rome 2008.

2. A. VANHOYE, *Un sacerdote diferente. La epístola a los Hebreos*, Convivium Press – G&B Press, Miami – Rome 2011.

3. R. MEYNET, *Una nueva introducción a los Evangelios Sinópticos*, Convivium Press – G&B Press, Miami – Rome 2012.

ENGLISH

1. R. MEYNET, *Called to Freedom*, Convivium Press – G&B Press, Miami – Rome 2009.

2. M. CUYPERS, *The Banquet. A Reading of the Fifth Sura of the Qur'an*, Convivium Press – G&B Press, Miami – Rome 2009.

3. R. MEYNET, *A New Introduction to the Synoptic Gospels*, Convivium Press – G&B Press, Miami – Rome 2010.

4. A. VANHOYE, *A Different Priest. The Epistle to the Hebrews*, Convivium Press – G&B Press, Miami – Rome 2011 (Association of Catholic Publishers Finalist for 2012: «Excellence in Publishing Awards»).

RETORICA BIBLICA E SEMITICA
Collection dirigée par Roland Meynet et Jacek Oniszczuk

1. JACEK ONISZCZUK, *Incontri con il Risorto in Giovanni* (Gv 20–21), G&B Press, Roma 2013.

2. ROLAND MEYNET – JACEK ONISZCZUK, *Esercizi di analisi retorica*, G&B Press, Roma 2013.

3. ROLAND MEYNET – JACEK ONISZCZUK, ed., *Studi del terzo convegno RBS. International Studies on Biblical and Semitic Rhetoric*, G&B Press, Roma 2013.

4. ROLAND MEYNET, *Luke: the Gospel of the Children of Israel*, G&B Press, Roma 2015.

5. ROLAND MEYNET – JACEK ONISZCZUK, ed., *Studi del quarto convegno RBS. International Studies on Biblical and Semitic Rhetoric*, G&B Press, Roma 2015.

6. ROLAND MEYNET, *Les huit psaumes acrostiches alphabétiques*, G&B Press, Roma 2015.

7. ROLAND MEYNET, *Le fait synoptique reconsidéré*, G&B Press, Roma 2015.

8. ROLAND MEYNET, *Il vangelo di Marco*, G&B Press, Roma 2016.

RHETORICA BIBLICA ET SEMITICA
Collection dirigée par Roland Meynet, Jacek Oniszczuk († 2017) et Francesco Graziano

9. ROLAND MEYNET, *Les psaumes des montées*, Peeters, Leuven 2017.

10. MICHEL CUYPERS, *Le Festin. Une lecture de la sourate* al-Mâ'ida, deuxième édition, Peeters, Leuven 2017.

11. ROLAND MEYNET – JACEK ONISZCZUK, ed., *Studi del quinto convegno RBS. International Studies on Biblical and Semitic Rhetoric*, Peeters, Leuven 2017.

12. ROLAND MEYNET, *Le Psautier. Cinquième livre (Ps 107–150)*, Peeters, Leuven 2017.

13. JACEK ONISZCZUK, *Incontri con il Risorto in Giovanni (Gv 20–21)*, 2° edizione, Peeters, Leuven 2018.

14. ROLAND MEYNET, *Il vangelo di Marco*, Peeters, Leuven 2018.

15. JACEK ONISZCZUK (†), *«Se il chicco di grano caduto in terra non muore...» (Gv 11–12)*, Peeters, Leuven 2018.

16. ROLAND MEYNET, *Le Psautier. Premier livre (Ps 1–41)*, Peeters, Leuven 2018.

17. MASSIMO GRILLI – † JACEK ONISZCZUK – ANDRÉ WÉNIN, ed., *Filiation, entre Bible et cultures. Hommage à Roland Meynet*, Peeters, Leuven 2019.

18. FRANCESCO GRAZIANO – ROLAND MEYNET, ed., *Studi del sesto convegno RBS. International Studies on Biblical and Semitic Rhetoric*, Peeters, Leuven 2019.

19. ROLAND MEYNET, *Le Psautier. Troisième livre (Ps 73–89)*, Peeters, Leuven 2019.

20. ROLAND MEYNET, *Le Psautier. Deuxième livre (Ps 42/43–72)*, Peeters, Leuven 2019.

21. PIETRO BOVATI – ROLAND MEYNET, *Il libro del profeta Amos. Seconda edizione rivista*, Peeters, Leuven 2019.

22. FRANCESCO GRAZIANO, *La composizione letteraria del Vangelo di Matteo*, Peeters, Leuven 2020.

23. ROLAND MEYNET, *Le Psautier. Quatrième livre (Ps 90–106)*, Peeters, Leuven 2020.

24. ROLAND MEYNET, *Le Psautier. L'ensemble du Livre des Louanges*, Peeters, Leuven 2020.

25. ROLAND MEYNET, *Le Cantique des cantiques*, Peeters, Leuven 2020.

26. ROLAND MEYNET, *La Lettre aux Galates. Deuxième édition revue*, Peeters, Leuven 2021.

27. ROLAND MEYNET, *La Pâque du Seigneur. Passion et résurrection de Jésus dans les évangiles synoptiques. Troisième édition revue*, Peeters, Leuven 2021.

28. ROLAND MEYNET, *Traité de rhétorique biblique. Troisième édition revue et amplifiée*, Peeters, Leuven 2021.

29. ROLAND MEYNET – JACEK ONISZCZUK, *Exercices d'analyse rhétorique biblique. Deuxième édition revue*, Peeters, Leuven 2021.

30. FRANCESCO GRAZIANO – ROLAND MEYNET – BERNARD WITEK, ed., *Studi del settimo convegno RBS. International Studies on Biblical and Semitic Rhetoric*, Peeters, Leuven 2021.

31. ROLAND MEYNET, *Qohélet*, Peeters, Leuven 2021.

32. ROLAND MEYNET, *The Psalter: Book One (Ps 1–41)*, Peeters, Leuven 2021.

33. ROLAND MEYNET, *The Psalter: Book Two (Ps 42/43–72)*, Peeters, Leuven 2021.

34. ROLAND MEYNET, *Comment ? Les Lamentations de Jérémie*, Peeters, Leuven 2021.

35. ROLAND MEYNET, *The Psalter: Book Three (Ps 73–89)*, Peeters, Leuven 2021.

36. ROLAND MEYNET, *Ruth*, Peeters, Leuven 2022.

37. ROLAND MEYNET, *The Psalter: Book Four (Ps 90–106)*, Peeters, Leuven 2022.

38. ROLAND MEYNET, *The Psalter: Book Five (Ps 107–150)*, Peeters, Leuven 2022.

39. ROLAND MEYNET, *L'Un et l'autre Livre d'Esther*, Peeters, Leuven 2022.